Marlies Kriegenherdt

Georgien

„Ein Gast wurde von Gott gesandt!"
Georgisches Sprichwort

Impressum

Marlies Kriegenherdt
Reise Know-How Georgien

erschienen im
Reise Know-How Verlag Peter Rump GmbH
Osnabrücker Str. 79
33649 Bielefeld

© Peter Rump 2008, 2011, 2013
**4., neu bearbeitete
und komplett aktualisierte Auflage 2015**

Alle Rechte vorbehalten.

Gestaltung
Umschlag: G. Pawlak, P. Rump (Layout);
 M. Luck (Realisierung)
Inhalt: G. Pawlak (Layout);
 M. Luck (Realisierung)
Fotonachweis: die Autorin (mk)
Titelfoto: die Autorin (Motiv: Sommerresidenz
 der Fürsten Tschawtschawadse in Zinandali)
Karten: der Verlag, C. Raisin, Th. Buri;
 world mapping project™ (Kapitelübersichtskarten)

Lektorat: C. Tiemann
Lektorat (Aktualisierung): M. Luck

Druck und Bindung
Wilhelm & Adam, Heusenstamm

ISBN 978-3-8317-2649-3

Printed in Germany

Dieses Buch ist erhältlich in jeder Buchhandlung
Deutschlands, der Schweiz, Österreichs, Belgiens
und der Niederlande.
Bitte informieren Sie Ihren Buchhändler
über folgende Bezugsadressen:

Deutschland
 Prolit GmbH, Postfach 9, D-35461 Fernwald (Annerod)
 sowie alle Barsortimente
Schweiz
 AVA Verlagsauslieferung AG
 Postfach 27, CH-8910 Affoltern
Österreich
 Mohr Morawa Buchvertrieb GmbH
 Sulzengasse 2, A-1230 Wien
Niederlande, Belgien
 Willems Adventure, www.willemsadventure.nl

Wer im Buchhandel trotzdem kein Glück hat,
bekommt unsere Bücher auch über unseren
Büchershop im Internet: www.reise-know-how.de

Wir freuen uns über Kritik, Kommentare und Verbesserungsvorschläge, gern auch per E-Mail an info@reise-know-how.de.

Alle Informationen in diesem Buch sind von der Autorin mit größter Sorgfalt gesammelt und vom Lektorat des Verlages gewissenhaft bearbeitet und überprüft worden.

Da inhaltliche und sachliche Fehler nicht ausgeschlossen werden können, erklärt der Verlag, dass alle Angaben im Sinne der Produkthaftung ohne Garantie erfolgen und dass Verlag wie Autorin keinerlei Verantwortung und Haftung für inhaltliche und sachliche Fehler übernehmen.

Die Nennung von Firmen und ihren Produkten und ihre Reihenfolge sind als Beispiel ohne Wertung gegenüber anderen anzusehen. Qualitäts- und Quantitätsangaben sind rein subjektive Einschätzungen der Autorin und dienen keinesfalls der Bewerbung von Firmen oder Produkten.

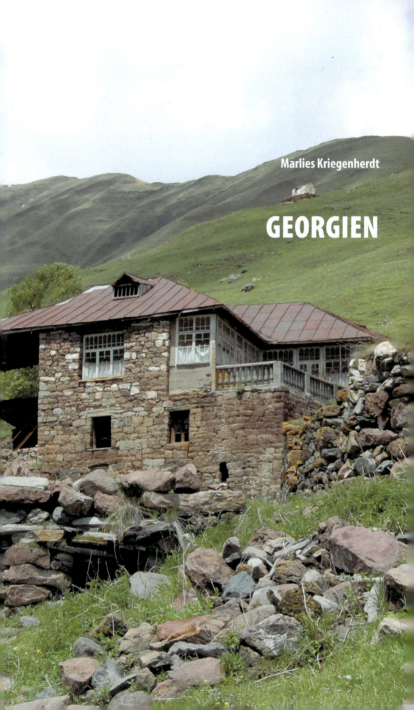

Auf der Reise zu Hause
www.reise-know-how.de

- Ergänzungen nach Redaktionsschluss
- kostenlose Zusatzinformationen und Downloads
- das komplette Verlagsprogramm
- aktuelle Erscheinungstermine
- Newsletter abonnieren

Bequem einkaufen im Verlagsshop

Oder Freund auf Facebook werden

Vorwort

Als 2008 die erste Auflage dieses Reiseführers erschien, gab es in Georgien viele Orte ohne Hotels und Gaststätten, die Straßen waren in einem traurigen Zustand. Weite Gebiete des Landes waren mangels Unterkünften, Restaurants und sonstiger touristischer Infrastruktur praktisch nicht bereisbar. Nach der Unabhängigkeit von der Sowjetunion 1991 hatten Auseinandersetzungen mit Abchasien, Adscharien und Südossetien begonnen, die ihrerseits die Unabhängigkeit von Georgien verlangten. Das kleine Land wurde von Flüchtlingen vor allem aus Abchasien regelrecht überschwemmt und die gesamte touristische Infrastruktur in Mitleidenschaft gezogen. Dann begann im Jahr 2008 auch noch eine zum Glück nur fünftägige militärische Auseinandersetzung mit Russland. Viele hatten Georgien als Reiseziel schon abgeschrieben.

Aber – das Land ist wiederauferstanden! Überall wurde und wird investiert, Neueröffnungen allerorten, in Gastronomie und Hotellerie, vom Hostel bis zum 5-Sterne-Hotel. Straßen werden instand gesetzt, Wanderwege markiert, fast überall gibt es Geldautomaten, und in vielen touristisch interessanten Orten wurden Touristeninformationszentren eröffnet. Ja, man darf wohl von einem Quantensprung im touristischen Sektor sprechen! Und dieser Trend hält an. Der Tourismus ist inzwischen wohl der florierendste Wirtschaftszweig des kleinen Landes.

Die Georgier sind nette und unverstellte Menschen, ihre Gastfreundschaft ist sprichwörtlich. Das kulturell und landschaftlich sehr reizvolle Land bietet viele Möglichkeiten der Urlaubs- und Reisegestaltung. In den Bergen des Kaukasus, lange noch nicht so kommerzialisiert wie etwa die Alpen, kann man in aller Ruhe wandern und trifft oft stundenlang keinen anderen Menschen. Erholung pur in ursprünglicher Natur! Und die palmengesäumten Steinstrände des Schwarzen Meeres bieten in der Saison viel Abwechslung und Trubel.

Der Gast ist jederzeit und überall herzlich willkommen!

Marlies Kriegenherdt

Das Land im Überblick

- **Name:** Georgien (dt.), Sakartwelo (georg.)
- **Lage:** zwischen Schwarzem und Kaspischem Meer im Kaukasus; im Norden grenzt es an Russland, im Süden an die Türkei, an Armenien und Aserbaidschan.
- **Hauptstadt:** Tbilisi (Tiflis)
- **Staatsform:** Republik
- **Staatspräsident:** *Giorgi Margwelaschwili*
- **Fläche:** 69.700 km^2
- **Einwohner:** 4,7 Millionen
- **Bevölkerungsdichte:** 67 Einwohner/km^2
- **Amtssprache:** Georgisch
- **Unabhängigkeit:** seit 9. April 1991
- **Währung:** Lari (GEL); 10 Lari = 4,24 €
- **Kfz-Kennzeichen:** GE
- **Internet-TLD:** .ge
- **Vorwahl:** 00995
- **Zeit:** MEZ + 3 Std. (im Sommer: + 2 Std.)

Nicht verpassen!

In jedem Kapitel sind einige (touristische) Highlights hervorgehoben – man erkennt sie an der **gelben Hinterlegung.**

MEIN TIPP: Besonders empfehlenswerte Unterkünfte und sonstige besondere Tipps der Autorin sind entsprechend gekennzeichnet.

Hinweis

Die **Internet- und E-Mail-Adressen** in diesem Buch können – bedingt durch den Zeilenumbruch – so getrennt werden, dass ein Trennstrich erscheint, der nicht zur Adresse gehören muss!

Angaben in diesem Buch

Mehr noch als bei anderen Ländern besteht für einen Reiseführer zu Georgien die Gefahr, dass die genannten Preise im Moment der Drucklegung schon wieder überholt sind. Georgien ist ein Land im Umbruch, in dem sich viele Dinge, vor allem **Telefonnummern, Preise und Öffnungszeiten,** sehr schnell ändern. Die in diesem Buch angegebenen Daten sind daher Richtwerte. Besuchen Sie vor Reiseantritt die Verlags-Website **www.reise-know-how.de.** Unter dem Link zu vorliegendem Reiseführer finden Sie aktuelle Informationen der Autorin zu wichtigen Änderungen zwischen den Buchauflagen.

In den Kopfzeilen und Überschriften der Ortsbeschreibungen wird auf die **Stadtpläne und Kapitel-Übersichtskarten** verwiesen (mit Angabe der genauen Lage in der jeweiligen Karte = Planquadrat).

Inhalt

Vorwort	4
Das Land im Überblick	5
Exkurse	7
Routenvorschläge	7
Kartenverzeichnis und Blattschnitt	9
Die Regionen im Überblick	10
Reiseinfos auf einen Blick	12

Im Land unterwegs 17

1 Tbilisi und Umgebung 19

Tbilisi – die Hauptstadt	19
Die Umgebung von Tbilisi	80

2 Imeretien 101

Das antike Kolchis	101
Kutaisi	105
Die Umgebung von Kutaisi	119

3 Swanetien und das nordwestliche Bergland 127

Das Land der Wehrtürme	127
Sugdidi	136
Anaklia	141
Von Sugdidi nach Mestia	144
Mestia	145
Ushguli	155
Unter-Swanetien	158
Ratscha-Letschchumi	159

4 Die Georgische Heerstraße und Chewsuretien 169

Die Geschichte der Heerstraße	169
Der Verlauf der Heerstraße	173
Festung Ananuri	174
Passanauri	175
Gudauri	176
Dshwari Ucheltechili	177
Die Schlucht von Truso	178
Das Sno-Tal	179
Stepanzminda (Kasbegi)	181
Chewsuretien	188

5 Kachetien 199

Tuschetien	199
Telawi	211
Die Umgebung von Telawi	217
Gurdshaani	224
Signachi	228
Die Umgebung von Signachi	236
Naturschutzgebiet Lagodechi	239
Dedopliszqaro	245
Kloster Dawit Garedscha	246

6 Unter-Kartlien 251

Deutsche Besiedlung & archäologische Fundstätten	251
Bolnisi	255
Die Umgebung von Bolnisi	258
Dmanisi	261

7 Samzche-Dschawachetien 265

Bordshomi	265
Nationalpark Bordshomi-Charagauli	275
Bakuriani	276
Azkuri	283

Exkurse

Tbilisi und Umgebung
Die Schwefelbäder in Abanotubani 44
Das Fräulein Stinnes in Tiflis 47
Michail Semjonowitsch Woronzow 50
Die Heilige Nino und
die Christianisierung Georgiens 86
Josif Wissarionowitsch
Dshugaschwili – genannt Stalin 93

Imeretien
Jason und das Goldene Vlies 106

Swanetien
Abchasien 132
Bertha von Suttner in Georgien 138
Weihnachtsbäume für Europa 162

Chewsuretien
Autonome Region Südossetien 172
Prometheus am Felsen des Kasbek 187

Kachetien
Vorsicht: Riesenbärenklau! 209
Wein in Kachetien 215
Hotel Intourist Palace 315

Land und Leute
Deutsche Forscher im Kaukasus 396
Deutsche Kriegsgefangene 419
Die sowjetischen Geheimdienste 421
Georgischer Aufstand auf Texel 426
Geheimdienstchef Lawrenti Berija 428
Bidsina Iwanischwili –
Premierminister für ein Jahr 432
Leben in Armut 436
Architektur in Georgien 438
Der Kurort Gagra in Abchasien 443
Manfred von Ardenne in Sochumi 445
Deutsche Siedler in Georgien 446
Ältestes Goldbergwerk entdeckt 455

Routenvorschläge

Georgien ist kaum größer als Bayern und mit Ausnahme des Höhlenklosters Dawit Garedscha verkehrsmäßig gut erschlossen, auch wenn der Reisekomfort nicht dem uns Gewohnten entspricht. Es ist daher problemlos möglich, **von Tbilisi aus sternförmige Touren** zu unternehmen. In der Regel kann man sein Gepäck im Hotel in Tbilisi aufbewahren und mit dem Tagesrucksack reisen. Im Folgenden drei Touren mit unterschiedlicher Reisedauer.

3 Tage
Eine gute Gelegenheit, **Tbilisi** zu erkunden, einschließlich der Schwefelbäder von Abanotubani, des historisches Bäderviertels und eines Abends im Theater am Rustaweli-Boulevard. Für einen Halbtagesausflug nach **Mzcheta oder Gori** bleibt auch noch genügend Zeit.

1 Woche
Neben der Erkundung der **Hauptstadt** hat man Zeit für einen zweitägigen Ausflug nach Kasbegi an der **Georgischen Heerstraße** oder in die Perle Kachetiens, nach **Signachi**. Alternativ könnte man das **Höhlenkloster Wardzia** an der türkischen Grenze oder **Achalziche** erkunden.

2 Wochen
Nach einer Einstimmung in **Tbilisi** bietet sich eine Fahrt nach **Kutaisi** an, um die Stadt und ihre Umgebung in Kolchis zu erkunden. Kutaisi ist ein guter Ausgangspunkt für eine Weiterreise nach **Sugdidi,** von wo man mit der Marschrutka nach **Mestia** in Swanetien gelangt. Nach der Rückkehr nach Sugdidi nimmt man die Marschrutka nach **Poti** und von dort nach **Batumi** am Schwarzen Meer. Nach ein paar Tagen reist man mit dem Schlafwagenzug nach Tbilisi zurück und spart so die Kosten für eine Übernachtung. Es sollte immer noch Zeit bleiben für **Kachetien,** um z.B. Telawi und seine herrliche Umgebung sowie Signachi erkunden zu können.

Achalziche	283
Die Umgebung von Achalziche	290

8 Adscharien — 295

Überblick	295
Batumi	300
Die südliche Umgebung von Batumi	320
Die nördliche Umgebung von Batumi	321
Atscharis Zqali Cheoba	323
Poti	339

9 Praktische Tipps A–Z — 343

Anreise	344
Ausrüstung und Kleidung	350
Auto- und Motorradfahren	351
Behinderte auf Reisen	354
Die beste Reisezeit	354
Diplomatische Vertretungen	355
Ein- und Ausreisebestimmungen	355
Einkaufen und Souvenirs	357
Elektrizität	357
Essen und Trinken	357
Feste und Feiertage	365
Fotografieren	366
Geldfragen	366
Georgien im Internet	367
Gesundheit	368
Internetcafés	369
Lernen und Arbeiten	369
Mit Kindern unterwegs	371
Notfälle	371
Öffnungszeiten	373
Orientierung	374
Post	375
Radfahren	376
Sicherheit	377
Sport und Erholung	378
Sprache und Schrift	378
Telefonieren	379
Unterkunft	380
Verhaltenstipps	385
Verkehrsmittel	387
Versicherungen	390
Zeitverschiebung	391

10 Land und Leute — 393

Geografie	394
Verwaltungsgliederung	398
Klima	402
Flora und Fauna	403
Umwelt- und Naturschutz	408
Geschichte und Politik	408
Medien	434
Wirtschaft	435
Tourismus	437
Deutschland und Georgien	440
Bevölkerung	447
Religionen	447
Alltagsleben, Sitten und Bräuche	449
Bildung und Soziales	453
Kunst und Kultur	455

11 Anhang — 463

Reise-Gesundheitsinfos	464
Orts- und Straßennamen	466
Fahrplan der georgischen Bahn	468
Kleiner Sprachführer	470
Georgisches Alphabet	472
Zahlen	473
Literaturtipps	
Georgien und Kaukasus	474
Register	482
Die Autorin/Danksagung	491

Übersichtskarten und Stadtpläne

Karten

Kaukasusraum: Umschlag vorn	
Georgien: Umschlag hinten	
Die Regionen im Überblick	10
Verwaltungsregionen	398
Tbilisi und Unter-Kartlien	**20**
Gori	90
Mzcheta	84
Tbilisi	
Achwlediani-Straße	66
Altstadt/Sololaki	48
Awlabari	38
Metro	28
Zentrum	26
Imeretien	**102**
Kutaisi	110
Swanetien	**128, 130**
Mestia	146
Oni	164
Chewsuretien	**170**
Stepanzminda	180
Kachetien	**170, 200**
Gurdshaani	226
Lagodechi	242
Signachi	230
Telawi	212
Unter-Kartlien	**252**
Samzche-Dschawachetien	**266**
Achalziche	284
Bakuriani	278
Bordshomi	270
Adscharien	**296**
Batumi	304
Chulo	328

Die Regionen im Überblick

1 Tbilisi und Umgebung | 19

Die Landeshauptstadt, in Deutschland auch **Tiflis** genannt, ist Dreh- und Angelpunkt jeder Georgienreise. Die geschichtsträchtige Altstadt verfügt über eine außergewöhnliche Vielzahl an historischen Gebäuden.

2 Imeretien | 101

Im Kolchis-Reich der alten Griechen kämpfte Jason einst um das Goldene Vlies und seine Prinzessin Medea. In **Kutaisi** (S. 105) wurde Dawit der Erbauer (Agmaschenebeli) 16-jährig zum König gekrönt.

3 Swanetien und das nordwestliche Bergland | 127

Jahrhundertealte Wehrtürme vor der Kulisse majestätischer Gletscher trotzen noch heute Schneelawinen, obwohl ohne einen Nagel erbaut. Zahlreiche Neubauten bieten dem Wanderfreund zeitgemäßen Komfort in modernen Unterkünften.

4 Die Georgische Heerstraße und Chewsuretien | 169

Auf den Spuren von Alexandre Dumas führt die ehemals berühmte Heerstraße

Die Regionen im Überblick

6 Unter-Kartlien | 251

Schon vor 1,75 Mio. Jahren lebten hier die wahrscheinlich ältesten Europäer. Aber auch die älteste erhaltene georgische Schrift kann man bewundern und das Schicksal der deutschen Kolonisten (Siedler) erkunden.

7 Samzche-Dschawachetien | 265

Schon die Zaren der Romanow-Dynastie erholten sich in **Bordshomi** (S. 265) und suchten Heilung durch das mehrfach ausgezeichnete Mineralwasser. Aber auch Wandern und Reiten im größten Naturpark Georgiens, Skifahren in **Bakuriani** (S. 276) oder eine Fahrt mit der Schmalspurbahn sind möglich. Nicht versäumen: die renovierte Festungsanlage Rabati in **Achalziche** (S. 283).

zum Berg **Kasbeg** (S. 187), an den einst Prometheus gekettet gewesen sein soll.

5 Kachetien | 199

Kachetien gilt als die Wiege des Weinbaus, den man hier in seiner georgischen Ausprägung mit der Lagerung des Weins in Kwewris (Tongefäßen) auf das Beste studieren kann. Aber auch Wander- oder Reiturlaub über den Wolken in den Bergen Tuschetiens bieten sich an.

8 Adscharien | 295

An der Schwarzmeerküste löst die dynamische Entwicklung in **Batumi** (S. 300), die im gesamten Kaukasus ihresgleichen sucht, Erstaunen aus. Reisende können unter Palmen flanieren, einfach nur im Straßencafé dem Treiben zusehen oder das adscharische Bergland erkunden.

Reiseinfos auf einen Blick

Anreise | 344

Tbilisi ist **auf dem Luftweg** von Düsseldorf, Frankfurt, München und Wien per Nonstop-Verbindung erreichbar.

Die Anreise **mit der Bahn** ist über Odessa an der ukrainischen Schwarzmeerküste möglich, die Weiterreise erfolgt dann mit der Fähre nach Poti bzw. Batumi. Zur Türkei gibt es keine Bahnverbindungen mehr; eine Wiederaufnahme ist für die nächsten Jahre geplant, doch ein Eröffnungstermin der Strecke ist noch unbekannt.

Schikanöse Personen-, Ausweis- und Gepäckkontrollen sind weder bei der Ein- noch bei der Ausreise zu erwarten.

Armut

Georgien ist ein armes Land, die **wirtschaftliche Situation für viele Menschen schwierig**. Trotzdem trifft man weder auf aggressives Betteln noch auf unseriöse, selbst ernannte Guides oder aufdringliche Händler. Bettler sitzen oft vor Kirchen und erwarten schweigend eine kleine Hilfe. Auch eine Art Berufsbettlertum hat sich herausgebildet.

Essen und Trinken | 357

Die georgische Küche wird zu Recht als eine der besten im Kaukasus angesehen. Der georgische **Weinbau** hat eine uralte Tradition, man sollte getrost einige Weine probieren.

Flughafen Tbilisi | 25

Der Flughafen ist **überschaubar**. An- und Abflughalle haben verschiedene Eingänge; das Gebäude besteht aber praktisch aus einer einzigen Halle. **Geldwechsel** an den Schaltern und Geldautomaten diverser Banken möglich. Niemals Geld bei Privatpersonen tauschen!

Folgende Geschäfte befinden sich in der **Ankunftshalle**: Rechts neben dem Kaffee Cappadokia die Autoverleiher Avis, Tel. 00995 (32) 2 92 35 94, und Sixt (www.sixt.com), DHL, Tel. 00995 (32) 2 69 60 60, ferner eine Apotheke und Aviaservice (IATA-Schalter für Airlines bzw. Tickets). In der **Abflughalle** findet man einen Infoschalter, einen Souvenirladen (Georgian Corner), den T&G Coffee Shop und eine Filiale der Tao-Privatbank. Ungefähr in der Mitte des Gebäudes befinden sich weitere Airline-Schalter. Im Obergeschoss sind Passkontrolle, Duty Free und ein Café (Geld möglichst passend bereithalten, denn Wechselgeld wird gern „vergessen") untergebracht.

Gastfreundschaft

Die **Wärme und Hilfsbereitschaft** der Georgier lassen den Urlaub zu einem unvergesslichen Erlebnis werden. Die Gastfreundschaft ist sprichwörtlich und für manchen Mitteleuropäer, der in wirtschaftlich weit besseren Verhältnissen lebt, ein Grund zum Nachdenken. Eile ist hier unbekannt und für ein Schwätzchen haben die Leute immer Zeit.

Geld | 366

Die Bezahlung in **georgischen Lari (GEL)** ist im gesamten Land gesetzlich vorgeschrieben, auch in Hotels, die ihre Preise in US-Dollar oder Euro angeben. In abgelegenen Gegenden sollte man genügend Lari bei sich haben, da es nicht überall Geldautomaten gibt. In touristischen Gegenden befinden sich zahllose **Wechselstuben,** der Euro erzielt den besten Kurs. MasterCard und VISA sind die beliebtesten **Kreditkarten,** mit denen vorerst aber nur in einigen Geschäften und Hotels bezahlt werden kann.

Geldautomaten finden sich vor allem in der Hauptstadt Tbilisi und in den größeren Orten; der Ausbau des Automatennetzes ist aber in vollem Gange. Die Maschinen akzeptieren auch Maestro-/EC-Karten. Die Anzeige erfolgt auch in Englisch.

Reiseschecks kann man in Banken einlösen, generell ist aber von der umständlichen Prozedur abzuraten.

Wer dringend Geld braucht, kann es sich z.B. über Western Union überweisen lassen.

Georgien ist für mitteleuropäische Verhältnisse ein **sehr günstiges Reiseland,** vor allem, wenn man auf eigene Faust unterwegs ist.

Handeln

Für uns ungewöhnlich: In den preiswerteren Quartieren bis hin zur Mittelklasse sollte man auf jeden Fall nach **Rabatt** (russ. *skidka*, engl. *discount*) fragen; auch bei Taxifahrten ist Handeln angesagt, vor allem in Tbilisi, aber auch in Batumi, Mzcheta und Achalziche.

Kommunikation

In allen größeren Orten findet man mittlerweile **Internetcafés,** wenn auch weit spärlicher als beispielsweise in südostasiatischen Ländern. Auch viele Hotels und sogar Privatvermieter bieten zum Teil kostenlosen Internetzugang. Anschlussmöglichkeiten für den privaten Laptop (WLAN, oft WiFi genannt) haben oft sogar die Zimmer in Mittelklassehotels.

Organisiert reisen oder auf eigene Faust?

Touren kann man bei spezialisierten Anbietern in Europa oder über Reisebüros in Tbilisi buchen. Es ist aber auch ohne Weiteres möglich, auf eigene Faust und **mit öffentlichen Verkehrsmitteln** das Land zu erkunden, was natürlich viel preisgünstiger ist.

Reisebüros

Nach Erlangung der Unabhängigkeit sind im Land zahlreiche private Reisebüros entstanden, die inzwischen eine gewisse Professionalität erworben haben und auch in Englisch, zum Teil auch auf Deutsch korrespondieren. Ihre Angebote sind aber **nicht die billigsten,** um es milde auszudrücken. Dennoch sind sie eine Alternative für Reisende, die sich nicht um öffentliche Verkehrsmittel und Unterbringung kümmern wollen und einen Dolmetscher dabeihaben möchten. Einige Reisebüros vermitteln auch Unterkünfte. Privatzimmer als Unterkunft sollte man möglichst vor Ort buchen, da einige Reisebüros deren Lari-Preise 1 zu 1 in Dollar oder Euro umrechnen oder noch teurer anbieten.

Reisezeit | 402

Reisen nach Georgien sind im Prinzip ganzjährig möglich, die beste Reisezeit sind aber **das Frühjahr und der Herbst.** Im Hochsommer kann es in Tbilisi und Umgebung sehr heiß werden, gepaart mit einer hohen Luftfeuchtigkeit. Dann ist es in den Nationalparks in den Bergen wiederum sehr angenehm. An den Küsten des Schwarzen Meeres mit ihrem subtropischen Klima ist im Sommer Hochsaison.

Sicherheit | 377

Im Großen und Ganzen ist Georgien ein **sicheres Reiseland.** Dennoch sollte man auf Bahnhöfen, Märkten, im Gedränge usw. (wie in jedem anderen Land auch) wachsam sein, um Taschendieben das Leben schwer zu machen. Auch nächtliche Spaziergänge durch dunkle Parks und Gassen sollten unterlassen werden.

Infolge der aktuellen politischen Situation wird von Reisen ins Autonome Gebiet Südossetien und nach Abchasien dringend abgeraten.

Sprache und Schrift | 378

Georgisch ist die offizielle Amtssprache, **Russisch** wichtige Verkehrssprache. In Hostels und Hotels sowie in den Touristeninformationszentren spricht man in der Regel (gut) englisch.

Einige georgische Worte können natürlich hilfreich sein. Hierfür liegt im REISE KNOW-HOW Verlag der Sprachführer „Georgisch – Wort für Wort" vor.

Das Georgische hat seine eigene Schrift, es wird nicht in kyrillischen Buchstaben notiert. Die Übertragung in unsere lateinische Schrift orientiert sich in diesem Buch an der Aussprache im Deutschen, damit der Reisende Ortsnamen usw. möglichst korrekt ausspricht. Häufig wird jedoch eine Transliteration verwendet, die sich von der Aussprache her eher ans Englische anlehnt. In den **Übersichtskarten** in diesem Buch, wie in den meisten Karten, findet sich diese Schreibweise.

Letztlich sollte man sich als Reisender mit beiden Systemen vertraut machen, weil man immer wieder auf unterschiedliche Schreibweisen stoßen wird. Im Anhang finden sich **Orts- und Straßennamen in englischer und deutscher Transkription,** die (großen) Ortschaften werden in diesem Buch in deutscher, englischer und georgischer Schreibweise genannt.

Transportmittel | 387

Man kann Georgien per Flugzeug erreichen und mit Bus, Marschrutka, Bahn oder Taxi bereisen. Auch Mietwagen stehen zur Verfügung.

Umbenennung von Straßen, Plätzen und Metrostationen

Der Umbenennungswahn hält an, manche Straßen wurden mehrfach umbenannt, ohne dass die Straßenschilder ausgewechselt worden wären (nur in Ausnahmefällen). In Tbilisi ist derjenige im Vorteil, der Kyrillisch lesen kann, da er sich zumindest an den alten Namen orientieren kann. Ist kein Straßenschild vorhanden, kann es sinnvoll sein, ein Haus mit Hausnummer (auch die können sich ändern) zu suchen, denn zu Sowjetzeiten war es üblich, den Straßennamen auf dem Hausnummernschild zu vermerken. Die Menschen verwenden weitestgehend die alten Namen. Durch die häufige Umbenennungen kann es passieren, dass eben erst erschienene Stadtpläne noch einen alten Straßennamen enthalten. Der Hauptbahnhof in Tbilisi wurde umbenannt in Zentraluri Sadguri (dt. Zentralbahnhof), gebräuchlich ist aber weiterhin die Bezeichnung Wagslis Moedani. Die Metrostation Elektrodepo heißt jetzt Goziridse.

Unterkunft | 380

In Georgien findet man inzwischen **Unterkünfte aller Preisklassen,** vom Hostel für Backpacker über das Privatzimmer bei Familien und Hotels der Mittelklasse bis zum 5-Sterne-Hotel. Hier ist in den letzten drei Jahren sehr viel Positives geschehen, und täglich eröffnen neue Beherbergungsbetriebe. Was Service und Preis-Leistungsverhältnis anbelangt, ist aber noch Raum für Verbesserungen.

In diesem Buch wurden auch Unterkünfte, Restaurants etc. aufgenommen, die Georgisch- oder Russischkenntnisse voraussetzen. Hat man diese nicht, können ggfs. Hotelangestellte oder andere Personen helfen – die Georgier sind sehr hilfsbereit, irgendwie kommt man immer weiter.

Visum | 355

Reisende mit einem Pass der EU oder der Schweiz können sich innerhalb eines Halbjahres (180 Tage) **bis zu 90 Tage visumfrei** in Georgien aufhalten. In dieser Zeit sind Aus- und Wiedereinreisen möglich, die Aufenthaltstage werden nach Wiedereinreise weitergezählt. Der addierte, komplette Aufenthalt in Georgien darf jedoch 90 Tage innerhalb von 180 Tagen nicht überschreiten.

Wandern und Reiten im Gebirge

Georgiens Gebirge laden zur Erkundung ein. Egal ob in der Umgebung von Mestia, in den Talschaften Tuschetiens, in den Höhenlagen Chewsuretiens oder in der Schlucht des Atscharisqali-Flusses (Atscharis Zqali Cheoba), man hat **reichlich Gelegenheit** zu ausgedehnten Wanderungen oder Reittouren, ohne (noch) auf viele Menschen zu treffen.

Auch vogelkundlich oder botanisch Interessierte finden ein reiches Betätigungsfeld. In Ratscha-Letschchumi kann man Höhlen besichtigen, weitere Höhlen werden zugänglich gemacht.

Hinweis: Wer in den Bergen wandert, wird zwangsläufig auf **Hirtenhunde** treffen, die ein Territorium bewachen (das als solches nicht erkennbar sein muss). Tipp: Weidegründe mit Hirten und ihren Tieren weiträumig umgehen oder sich durch lautes Rufen oder Pfeifen bemerkbar machen. Der Hirte ruft die Hunde dann zu sich und man kann sogar zu ihm hingehen. Der Autorin ist (noch) kein Fall von Hundebissen zu Ohren gekommen.

Adscharien | 295
Georgische Heerstraße
 und Chewsuretien | 169
Imeretien | 101
Kachetien | 199
Samzche-Dschawachetien | 265
Swanetien und
 nordwestliches Bergland | 127
Tbilisi und Umgebung | 19
Unter-Kartlien | 251

Im Land unterwegs

Eine Legende besagt: Als Gott einst den Menschen Land gab, kamen die Georgier zu spät. Doch sie klagten nicht, sondern begannen zu singen und zu tanzen. Das gefiel Gott: Er gab ihnen das Land, das er eigentlich für sich vorgesehen hatte.

◁ Das Höhlenkloster Wardzia am Mtkwari-Fluss in Samzche-Dschawachetien

NICHT VERPASSEN!

🡪 **Friedensbrücke über den Mtkwari-Fluss:** Abendspaziergang zum neu gestalteten Rike-Ufer | 34

🡪 **Zminda-Sameba-Kathedrale:** die größte im gesamten Kaukasus | 40

🡪 **Rustaweli-Boulevard:** eine gute Einstimmung auf die Hauptstadt | 51

🡪 **Rund um den Agmaschenebeli-Boulevard:** wo früher hauptsächlich Deutsche wohnten | 59

🡪 **Funicular:** mit der Seilbahn hinauf auf den Mtazminda-Berg – Superblick auf Tbilisi und den Glaspalast Bidsina Iwanischwilis | 71

Diese Tipps sind gelb hinterlegt.

Plastik „Berikaoba" vor dem 2012 abgerissenen Puppenmuseum

1 TBILISI UND UMGEBUNG

Die meisten Georgien-Besucher werden ihre Reise in Tbilisi beginnen oder zumindest mehrere Tage in dieser von südlichem Flair geprägten Stadt verbringen. In Deutschland ist auch der Name **Tiflis** gebräuchlich, der aus dem Türkischen stammen soll, wobei andere Quellen auf einen persischen Ursprung verweisen. Die Bezeichnung Tiflis hat sich vor allem in Westdeutschland eingebürgert. Tatsächlich hieß Tbilisi von 1845 bis 1936 offiziell Tiflis. Danach wurde die Stadt wieder in Tbilisi umbenannt – dieser Name wird in diesem Buch verwendet.

Tbilisi – die Hauptstadt 21/C1
თბილისი

Der Legende nach soll **König Wachtang Gorgassali** (446–502), der König von Kartlien, dem zentralen Teil Ostgeorgiens, gern in den dichten Wäldern des Mtkwari-Tals gejagt haben. Eines Tages schoss er mit seinem Pfeil einen Fasan an. Der Vogel konnte jedoch entkommen und flüchtete sich zu einer heißen Quelle, in deren Wasser er umgehend gesundete. Der König war davon so beeindruckt, dass er beschloss, seine Hauptstadt hierher zu verlegen, die bis dahin im nicht weit entfernten Mzcheta angesiedelt war.

Tbili bedeutet im Georgischen „warm", *Tbilisi* „Quelle". Und tatsächlich sprudeln noch heute an den Nordosthängen des Mtabori **heiße Quellen** mit kohlensäurehaltigem Schwefelwasser.

Stadtgeschichte

Schon in der zweiten Hälfte des 4. Jh. n.Chr., d.h. rund hundert Jahre vor der Regentschaft Wachtang Gorgassalis, gab

Tbilisi und Unter-Kartlien

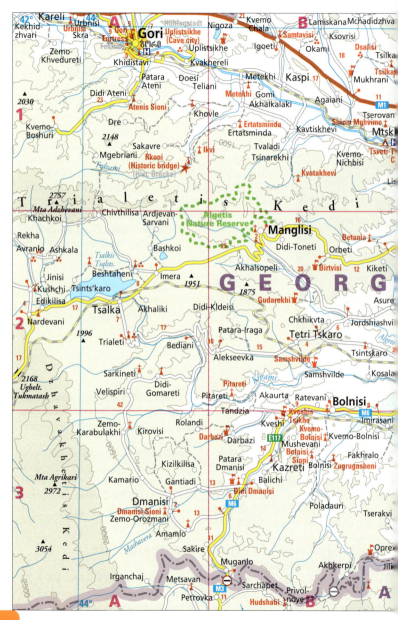

Tbilisi und Unter-Kartlien

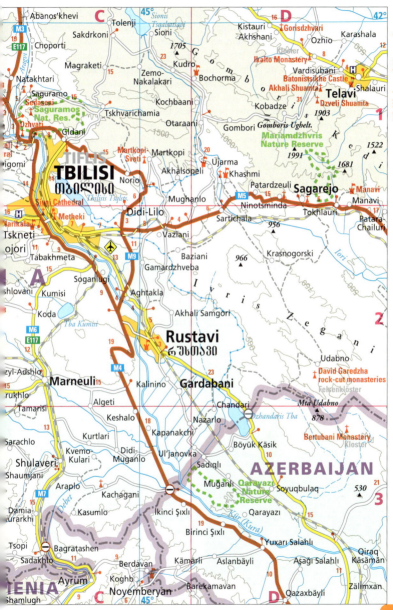

es hier eine **Festung,** wie Archäologen nachweisen konnten. Wachtang Gorgassali befreite die Stadt im 5. Jh. und verlegte seine **Hauptstadt** von Mzcheta hierher. Im 6. Jh. kam sie jedoch unter oströmische Verwaltung, im 7. Jh. wurde sie von den Arabern, danach von den Persern und schließlich von den Seldschuken erobert. Die Stadt war Schnittpunkt mehrerer Handelsrouten zwischen Asien und Europa, darunter der **Seidenstraße,** wodurch sie zu Reichtum kam.

Dawit der Erbauer befreite Tbilisi 1121 und machte es erneut zur Hauptstadt. Die reiche Stadt hatte eine magische Anziehungskraft, denn schon im 13. Jh. wurde Tbilisi von den Choresmiern, im 14. Jh. von den Truppen *Tamerlans (Timur der Lahme)* eingenommen. Im 17. Jh. waren die Türken die Herren der Stadt und nach einer kurzen Rückeroberung durch den georgischen König *Rustum* auch Anfang des 18. Jh.

1735 eroberte Schah *Nadir von Persien* Tbilisi. Er setzte jedoch den georgischen König *Theimuras* als Statthalter ein. Unter Theimuras' Sohn *Irakli* konnte sich die Stadt entwickeln, bis 1795 der persische Schah *Aga Mohammed Khan* sie eroberte und bis auf die Grundmauern zerstören ließ. Chroniken berichten, dass 22.000 Menschen in die Sklaverei verschleppt wurden.

1799 kamen Eroberer aus dem Norden: Der russische Generalmajor *Lasarus* nahm die Stadt ein – die russische Herrschaft dauerte praktisch bis zum Jahr 1991. 1801 wurde Tbilisi Gouvernementshauptstadt des Gouvernorats **Transkaukasien** und damit auch Teil des Russischen Reichs. Als Vizekönig wurde **Graf Michail Woronzow** eingesetzt und gleichzeitig in den Fürstenrang erhoben. Der Diplomatensohn Woronzow hatte in Europa studiert und wollte Kaukasien an Europa heranführen. Er erließ ganz oder teilweise die Steuern auf Waren, die in Tbilisi umgeschlagen wurden.

Die Stadtmauern wurden abgerissen und die Stadt erheblich erweitert. Sie sollte ein **repräsentatives Zentrum** nach europäischen Maßstäben erhalten. Daher rief Woronzow den italienischen Architekten *Giovanni Scudieri* als Chefarchitekten in die Stadt. Der heutige **Rustaweli-Boulevard** mit seinen prächtigen Palästen – darunter dem des Vizekönigs –, Hotels, Theatern und Museen wurde angelegt. Woronzow gründete das erste **Theater** und die erste öffentliche **Bibliothek** in Transkaukasien. *Heinrich Scharrer,* ein deutscher Landschaftsar-

chitekt, legte in seinem Auftrag den Alexandergarten und den Botanischen Garten an und Tbilisi erhielt **Eisenbahnanschluss.** 1872 wurde die Eisenbahnlinie nach Poti am Schwarzen Meer eingeweiht, 1883 die Linie nach Baku am Kaspischen Meer.

Diese Entwicklung spiegelte sich natürlich auch in der wachsenden Einwohnerzahl wider. Hatte Tbilisi 1811 kaum mehr als 8500 Einwohner, so waren es 1886 bereits 104.000. Die Stadt war immer multiethnisch: Neben Georgiern lebten hier Armenier, Russen, Deutsche, Polen und Perser. Gegen Ende des 19. Jh. schließlich lebten 170.000 Menschen in Tbilisi und die Infrastruktur musste verbessert werden. 1883 fuhr die erste Pferdestraßenbahn durch die Straßen, 1904 wurde die erste elektrische Straßenbahn eingeweiht.

Am 16. Mai 1918 wurde die Stadt Sitz der Ersten Georgischen Republik unter *Noe Shordania*. Obwohl von Russland anerkannt, marschierte im Februar die 11. Armee der Roten Arbeiter- und Bauernarmee in Tbilisi ein. Es folgte die Eingliederung in die Sowjetunion. 1936 wurde Tbilisi zur Hauptstadt der **Grusinischen Sozialistischen Sowjetrepublik** erklärt. Es kam zur Ansiedlung zahlreicher Industriebetriebe, besonders in den 1940er Jahren, was eine Versiebenfachung des Territoriums der Stadt infolge eines enormen Bevölkerungswachstums zur Folge hatte. In den 1950er Jahren entstanden zahlreiche Neubaugebiete aus meist uniformen **Wohnblöcken.**

1966 erhielt Tbilisi, wie viele Hauptstädte der ehemaligen 15 Sowjetrepubliken, die erste **Metrolinie,** 1979 die zweite; der Bau einer dritten ist geplant, scheitert aber bislang an der Finanzierung.

Unter dem Einfluss von Glasnost und Perestroika kam es 1989 zu Demonstrationen und Hungerstreiks für eine staatliche Unabhängigkeit. Im April 1989 landeten hier sowjetische Fallschirmjäger unter Oberst *Lebed* und gingen mit Giftgas und scharf geschliffenen Spaten gegen die Demonstranten vor, wobei 20 Menschen ums Leben kamen und viele schwer verletzt wurden.

Erwähnt sei noch, dass Tbilisi **Städtepartnerschaften** mit Saarbrücken (seit 1975) und Innsbruck (seit 1982) unterhält.

◁ Willkommen im Staatlichen Marionettentheater

▷ Balkon mit Holzschnitzereien in der Altstadt

Bauboom in Tbilisi und Georgien

Tbilisi verfügt über eine außergewöhnliche Vielzahl an historischen Gebäuden, z.B. Kirchen, Moscheen, Synagogen, Schwefelbäder aus dem 17. und 18. Jh. sowie unzählige Gebäude im Stil des russischen Neoklassizismus, im maurischen Stil, im Jugendstil oder mit persischem Einschlag. Die **Altstadt (Kala)** blieb während der Sowjetherrschaft weitgehend verschont von Zerstörungen. Bis heute leben hier Georgier, Armenier, Aserbaidschaner, Juden und Russen zusammen und ihre gesamte Lebensweise wird von den **typisch georgischen Häusern** mit Innenhöfen und Balkonen, Weinranken und Nachbarschaftshilfe geprägt. Viele Gebäude verfallen allerdings. In den 1990er Jahren gelangten auch viele Wohnungen auf nicht immer nachvollziehbare Weise in den Besitz der Bewohner, die sich aber ihrer Verantwortung nicht bewusst waren bzw. nicht die Mittel für Pflege und Renovierung hatten.

Obwohl die geschichtsträchtige Altstadt Tbilisis 1999 und nochmals 2007 für das Weltkulturerbe der UNESCO vorgeschlagen wurde, verhindert ausgerechnet der aktuelle Bauboom die Aufnahme in die Liste. Tbilisis Bürgermeister *Gigi Ugulawa*, der zu den mächtigsten Männern des Landes zählt, initiierte das **Programm „Das neue Leben des alten Tbilisi"**. Inhalt ist aber nicht die Restaurierung der alten Gebäude, sondern Modernisierung und damit Verteuerung und letztendlich die Vertreibung der ansässigen Bevölkerung.

Das Modell von Signagi steht hier und anderswo Pate, soll heißen, es wird zwar neu gebaut, doch in einer vage an den alten Stil erinnernden Art, die den Charakter der Häuser auf einige **touristische Stereotypen** reduziert. Geschichte und Authentizität der Gebäude bleiben dabei auf der Strecke. Ein Problem ist auch das mangelnde Wissen und fehlende Interesse der örtlichen Bevölkerung am Denkmalschutz. Die Menschen haben in der Regel ganz andere Sorgen: Für sie ist es viel wichtiger, dass Wasser und Strom vorhanden sind und auch nicht gleich abgeschaltet werden, wenn evtl. die Rechnung nicht (pünktlich) bezahlt werden konnte. Fürs ganze Land gilt, dass es für umfassende Sanierungen höchste Zeit ist – mit Straßenumbenennungen, denen die Mehrheit der (Tbilisier) Bevölkerung gleichgültig begegnet, ist es da nicht getan.

Orientierung

Tbilisi liegt in einem Talkessel zu beiden Seiten der **Mtkwari** (russisch: Kura). Dieser Talkessel schützt die Stadt vor den starken Herbststürmen und ist gleichzeitig der Grund für die **drückende Hitze im Sommer,** besonders im August (bis zu 50°C). Die Mtkwari durchschlängelt die Stadt etwa von West nach Ost. Der Teil rechts des Flusses, in dem sich auch der Prachtboulevard Rustaweli befindet, steigt zum Heiligen Berg, dem Mtazminda, an. Am linken, nördlichen Flussufer, das auf weiten Strecken einem Steilufer gleicht, befinden sich die am meisten fotografierten Motive der Stadt, die wie Vogelnester auf der Metechi-Kante liegen.

Die Stadtteile beiderseits der Mtkwari sind durch eine Metrolinie miteinander verbunden und leicht zu erkunden. Im

Süden befinden sich die Altstadt, die Schwefelbäder und die Festung Narikala sowie die Theater und viele neue Hotels. Nördlich des Flusses liegt der Bahnhof und es führt die Straße zum Flughafen.

Tbilisi ist eine Stadt im Aufbruch, der auch bitter nötig ist. Die meisten Straßen und Wohnhäuser sind in einem beklagenswerten Zustand, Fußwege verdienen die Bezeichnung oft nicht mehr. Vor allem im Zentrum gibt es zahlreiche **Bauarbeiten.** Lastwagen dürfen Tbilisi nicht durchfahren.

Ankunft am Flughafen und Fahrt in die Stadt

Formalitäten

Die **Passkontrolle** geht schnell und professionell vonstatten. Jeder Einreisende wird fotografiert. Die Mitarbeiter der Passkontrolle sprechen englisch. An eine Zollkontrolle kann sich die Autorin nicht erinnern, das sollte aber nicht zu Leichtsinn veranlassen.

Nach Passieren der letzten Tür vor Verlassen des Transitraumes (Gepäckfließband) warten an einer Barriere dicht gedrängt Abholer auf Verwandte, aber auch bestellte Fahrer mit dem Schild in der Hand und – Schlepper.

Geldwechsel

In der Ankunftshalle gibt es sowohl **Geldautomaten** als auch **Bankschalter,** die nachts geöffnet haben. Hier sollte man eine erste Summe tauschen und sich auch kleine Scheine bzw. für den Bus Münzen geben lassen. Der Geldwechsel verläuft professionell und unkompliziert. Sollte ein Geldautomat Ihre Geldkarte nicht akzeptieren, nicht nervös werden. Gehen Sie einfach zu einem anderen Automaten in der Nachbarschaft. Zuweilen hat man schlicht das Nachfüllen der Automaten vergessen!

Taxis

Ankunft und Abflug der meisten Flugzeuge ist zwischen Mitternacht und 5 Uhr morgens. Es empfiehlt sich, mit der Unterkunft eine Abholung inkl. Preis auszumachen; Hotels und Hostels berechnen zwar eigene Tarife, dafür geht aber alles unkompliziert vonstatten. Sonst muss man **eines der lizenzierten (!) Taxis** nehmen, die vor der Ankunftshalle warten. Der Preis bis zur Innenstadt (russ. *Zentr Goroda*), also die Gegend um den Rustaweli-Boulevard, darf max. 25 Lari betragen! Zu den Stadtteilen Were, Wake oder Saburtalo rechne man mit 30 Lari, aber nicht mehr! Grundsätzlich gilt: Zuerst nach dem Preis fragen und erst dann das Gepäck einladen (lassen) und einsteigen!

Von der Nutzung **privater Taxis** – oft ein Familienvater, der Angehörige zum Flughafen gebracht hat oder schlicht und ergreifend schwarz betriebene Taxis – sei dringend abgeraten! Entweder es fehlt die Ortskenntnis – in Tbilisi wurden bisher über 130 Straßen umbenannt, einige davon mehrmals – oder es kommt zu anderen Problemen: Aussagen wie „Wir werden uns über den Preis schon einig" oder „Für Sie mache ich einen besonderen Preis" (warum eigentlich?) sollten die inneren Alarmglocken ganz laut

Tbilisi Metro

klingeln lassen – Finger weg von solchen unseriösen Lockangeboten!

Und noch ein Hinweis: Die **Innenstadt** (russ. *Zentr Goroda*) ist die Gegend um den Rustaweli-Boulevard und schließt die Metrostation Mardshanischwili ein. Nun gibt es geschäftstüchtige Fahrer, die plötzlich das Stadtzentrum nicht mehr kennen wollen. Selbst Unterkünfte, die nur 50 m vom Rustaweli-Boulevard entfernt liegen, gehören ihrer Meinung nach nicht mehr zum Zentrum, und entsprechend fällt dann die Preisgestaltung aus …

Hinweise, das von Ihnen genannte Hotel sei geschlossen, abgebrannt oder belegt, sollten Sie kaltlassen – der Fahrer sucht für ein bestimmtes Hotel Gäste gegen **Provision!**

Zu guter Letzt: Kein Taxifahrer der Welt muss Geld wechseln (können)! **Euro** werden natürlich auch in Georgien gern genommen, aber eben im Verhältnis 1:1 (statt gut 1:2)! Und Herausgeben kann sowieso kein Fahrer …

Elektritschka

Es kann sich lohnen, auf den ersten Zug (genannt Elektritschka, also „die Elektrische", wir würden S-Bahn sagen) zur Innenstadt (Hbf.) zu warten, was sowohl innerhalb des Flughafens als auch im an ein weiß-goldenes Schneckenhaus erinnernden Bahnhof gegenüber der Abflughalle möglich ist (Fahrplan siehe im Anhang). Bitte beachten Sie beim Überqueren der Straße, dass der Zebrastreifen reinen Dekorationscharakter hat. Das Ticket kauft man beim Schaffner.

Flughafenbus Nr. 37

Ab ca. 7 Uhr fährt der Bus Nr. 37 **über die Innenstadt vom Hauptbahnhof zum Flughafen,** der letzte gegen 21.45 Uhr – darauf kann man sich aber leider nicht verlassen. Die Haltestelle befindet sich vor der Ankunftshalle rechts (mal steht ein Schild da, mal nicht). Meist stehen dort auch Einheimische und warten auf den Bus. Das Ticket kostet 50 Tetri und muss passend bezahlt werden, denn im Bus wird nicht herausgegeben (Automat rechter Hand der vorderen Tür, Fahrschein mitnehmen nicht vergessen). Auskunft in Tbilisi über Tel. 09 (Festnetz) oder 032 09 (mobil mit georgischer Simcard). Stationen sind Hbf., Rustaweli-Boulevard, Tawisubleibis Moedani, Barataschwili-Straße, Ketewan-Samebuli, Metrostationen 300 Aragweli und Samgori, Kachetinische Landstraße/George-Bush-Straße, Flughafen.

Die Metro

Die Metro aus sowjetischer Zeit verkehrt **von 6 Uhr morgens bis 1 Uhr nachts** (www.metro.ge). Für die Benutzung ist eine wiederaufladbare Magnetkarte *(Metromoney)* zu erwerben, die auch in den gelben Stadtbussen und den neuen Seilbahnen einsetzbar ist und bald auch in den gelben, staatlichen Marschrutki-Taxis, die bei Redaktionsschluss noch Bargeld akzeptierten. Eine Fahrt mit der Metro kostet 50 Tetri, mit der Seilbahn 1 Lar und mit den gelben Marschrutki 80 Tetri. Die Magnetkarte kostet 2 Lari Pfand, der gegen Vorlage der Quittung innerhalb eines Monats erstattbar ist. Die Metrostationen sind meist in georgischer und lateinischer Schrift ausgewiesen, oft aber nur auf einer Seite des Bahnsteigs. Nach wenigen Tagen aber hat man die wichtigen Haltestellen sowieso im Kopf.

Der Freiheitsplatz

Ausgangspunkt unserer Stadtrundgänge soll der Freiheitsplatz sein, der **Tawisubleibis Moedani.** Der Platz, der etwa von 1820 bis 1879 angelegt wurde, hieß zunächst Jerewaner Platz nach dem russischen General *I. Paskewitsch,* der als Dank für die Einnahme der Festung Tbilisi zum Grafen von Jerewan ernannt wurde. Später hieß der Platz Berija-Platz, bis 1991 Lenin-Platz. Er wird dominiert von dem 1880 unter Leitung des deutschen Architekten *Peter Stern* angelegten **Rathaus.** Stern gewann den Wettbewerb zur Errichtung des Rathauses im damals angesagten maurischen Stil. Die Modelle beider teilnehmenden Architekten befinden sich im Stadtmuseum. Auf dem Rondell stand noch bis in die 1990er Jahre ein Lenindenkmal, seit 2006 das vergoldete, 40 m hohe **Denkmal Georgs des Drachentöters** des Bildhauers *Surab Zereteli.*

Steht man vor dem ehemaligen Rathaus, so erblickt man ganz links die **Leonidse-Straße**. Die Leonidse wird flankiert vom Marriot by Courtyard Hotel, das an das Gebäude der Georgischen Staatsbank angrenzt.

Geradeaus, vom Rathaus gesehen, befindet sich unübersehbar der herrliche **Rustaweli-Boulevard,** georgisch Rustawelis Gamziri, mit seinen Schatten spendenden Platanen. Etwas rechts vom Rustaweli die **Puschkin-Straße**, leicht abschüssig. Sie soll an *Alexander Puschkins* Durchreise im Jahr 1829 erinnern, als er auf dem Weg nach Arsrum (Erzurum, heute Türkei) war. Im Winkel zwischen Rustaweli-Boulevard und Puschkin-Straße, direkt angrenzend an den Tawisubleibis Moedani, befindet sich der kleine, neu gestaltete **Puschkin-Platz**.

Schließlich, ganz nach rechts (gesehen vom Rathaus), fällt der Blick auf die etwas abwärts verlaufende **Leselidse-Straße**. Etwa an der Ecke Leselidse und Freiheitsplatz, gegenüber dem Marriot by Courtyard Hotel in Richtung Mtkwari-Fluss, stand das **ehemalige Gebäude der Staatsbank** mit Götter- und Löwenstatuen über dem Portal. Hier fand am 13. Juni 1907 der wohl spektakulärste **Bankraub** in der Geschichte des gesamten russischen Zarenreiches statt. Gegen 10.30 Uhr trafen zwei Kutschen mit Säcken voller Geld unter Begleitung eines Trupps Kosaken ein, als eine ohrenbetäubende Detonation für Panik sorgt. Es kommt zu Gewehr- und Pistolenschüssen, und eines der noch lebenden Kutschpferde bricht aus. Einer der Banditen behält die Nerven, greift das Pferd,

wirft die Geldsäcke auf einen heranpreschenden Wagen und hastet davon. Inzwischen nähern sich Soldaten aus dem Statthalterpalast, denen der Dieb zuruft, dass das Geld in Sicherheit sei; sie mögen sich zum Jerewaner Platz begeben. Der Bluff gelingt und der Dieb entschwindet mit seiner Beute in den Hof einer nahen Tischlerei. Organisator und Chef dieses Überfalls war kein Geringerer als **Josef Stalin,** der das Geld für den Kampf gegen die zaristische Macht benötigte. Der Überfall kostete 40 Menschen das Leben. Es wurde über eine Million Rubel erbeutet, mehr als die jährliche Apanage des damaligen Zaren *Nikolaus II.*

Stadtrundgang I: von der Puschkin-Straße bis zur Zminda-Sameba-Kathedrale

Der erste Rundgang beginnt in der Puschkin-Straße und führt zunächst in Richtung Rustaweli-Boulevard entlang des Hotels Marriot by Courtyard bis zur Fußgängerunterführung, die sowohl den verkehrsreichen Rustaweli-Boulevard als auch die Puschkin-Straße unterquert. Der linke Teil des Tunnels führt zum neu gestalteten **Puschkin-Platz,** auf dessen unterem Abschnitt in Richtung Kunstmuseum eine kleine Alexander-Puschkin-Büste aufgestellt wurde.

≪ Info-Kiosk auf dem Puschkin-Platz

< Statue des Hl. Georg auf dem Freiheitsplatz

Staatliches Kunstmuseum Gudiaschwili

Geht man die Puschkin-Straße entlang, trifft man auf das Staatliche Kunstmuseum (Eckgebäude am Parkplatz links mit Säulen davor, Ecke Gudiaschwilistraße). Von 1827 bis 1834 zunächst als Hotel errichtet, diente das Haus bis 1907 als Priesterseminar. Hier studierte nicht nur *Noe Shordania,* der erste Premierminister Georgiens, sondern auch *Josef Stalin.* Seit 1933 ist im Gebäude das Staatliche Kunstmuseum untergebracht. Das Haus wurde 2009 renoviert, der Besuch des Museums lohnt auf jeden Fall. Im Kellergeschoss werden Bilder, Möbel und Teppiche aus der **Qadscharenzeit** ausgestellt. Die Qadscharen regierten Persien von 1790 bis 1925 und liebten es, ihre Paläste im Stil der als Franken bezeichneten Europäer zu gestalten. Ganz unislamisch sind die Gemälde von Personen. Im Obergeschoss werden wechselnde Ausstellungen gezeigt.

■**Info:** geöffnet Di bis So 10–18 Uhr, an Feiertagen geschlossen. Eintritt 3 Lari, Kinder ab 6 Jahren 50 Tetri, im Vorschulalter Eintritt frei.

Auf der rechten Seite der Puschkin-Straße wurden 2012 archäologische Ausgrabungen begonnen, zudem sind Reste der **Stadtmauer** gut zu erkennen; sie wurden 1977 freigelegt. Die Gebäude auf der linken Straßenseite stammen aus den 1950er/-60er Jahren. Gleich nach den halbkreisförmigen Treppen zur Unterführung befindet sich auf einem eingefassten Grasrondell ein kleines Denkmal, das an den georgischen Architekten *Schota Kawlaschwili* erinnert, der die Umgestaltung dieses Areals geplant hat.

Danach fällt der Blick fällt auf einen **Konka,** einen alten Straßenbahnwagen. Diese Wagen wurden ab 1883 zum Lasttransport eingesetzt, später als Pferdebahn zum Personentransport. 1904 wurden die Wagen durch Straßenbahnen ersetzt. Heute dient der Wagen gelegentlich als Imbissbude.

Schließlich erkennt man auf der Seite der Barataschwili-Straße eine Plastik, die weinselig tanzende Menschen darstellt und den Namen „Berikaoba" (Bildhauer: *A. Monaselidse*) trägt.

Man kann jetzt noch ein paar Schritte bis zur **Barataschwili-Brücke** gehen oder dem Rundgang weiter folgen. Die Barataschwili-Brücke (früher Muchrani-Brücke zu Ehren des gleichnamigen Fürsten *Muchran Bagrationi*) führt zum linken Ufer, das wir aber jetzt noch nicht anstreben. Auf der Brücke fallen zahlreiche Plastiken auf, die verliebte Paare darstellen sollen. Ginge man jetzt zum anderen Ufer, so fiele der Blick auf ein Denkmal für den großen georgischen Dichter *Nikolos Barataschwili.* Der Blick schweift nach rechts zum anderen Mtkwari-Ufer. Man hat von der Brücke eine gute Aussicht auf den neuen **Präsidentenpalast,** der auf der anderen Seite des Mtkwari-Flusses hoch oben auf der Anhöhe thront. Die Kuppel aus sphärisch geschliffenem Isolierglas erinnert an das Capitol in Washington D.C. und den Berliner Reichstag. Die Baukosten für den Palast sollen nach amtlichen Angaben 13 Millionen Lari betragen haben, inoffiziell ist von 1 Mrd. Lari die Rede.

Unser Rundgang führt nach der **Statue „Lampenanzünder"** rechts in die **Schawteli-Straße,** die umfangreich renoviert wurde. Sie hieß früher Samepo (Königsstraße). Zur Linken steht eine kleine Statue namens „Hausmeister", ein Mann mit Spazierstock. Diese Skulptur erinnert an ein Gemälde von *Nikolos Pirosmani.* Schließlich erblickt man linker Hand einen schiefen Turm, der im November 2010 eingeweiht wurde. Dieser wie zufällig aufgestapelte Kartons aussehende Turm ist das neue Wahrzeichen des **Staatlichen Marionettentheaters** (für Erwachsene) Geso Gabriadse. Die Kasse (Tel. 2 98 65 90) befindet sich im Keller des Turms. Karten von 5 bis 15 Lari, Vorstellungen von Donnerstag bis Sonntag. Zum Marionettentheater gehört auch das angrenzende **Café Sanssouci**. Nach dem Café kommt man zur berühmten Antschischati-Kirche.

Antschischati-Kirche

Die **älteste Kirche Tbilisis** wurde bereits im 6. Jh. als dreischiffige Basilika errichtet, der dazugehörige Glockenturm stammt aus dem 17. Jh. Im 12. Jh., zu Zeiten Königin *Tamars,* schuf der Goldschmied *Beka Opisari* eine Ikone des Erlösers in dem Ort Antschi (heute Türkei). Die Ikone (georg. *chati*) wurde vor den herannahenden Türken nach Tbilisi in eben diese Kirche in Sicherheit gebracht. In der fast winzig zu nennenden Antschischati-Kirche wurde schon 1755 von *Philipp Kaitmasaschwili* eine kirchliche Lehranstalt eingerichtet. Die Kirche ist von einem kleinen Garten umgeben,

▷ Der „Lampenanzünder" in der Barataschwili-Straße

der Kirchgänger steigt ein paar Treppenstufen hinab. Die berühmte Ikone befindet sich heute im Kunstmuseum Tbilisis. Im 17. Jh. wurden zahlreiche Umbaumaßnahmen vorgenommen, so z.B. der obere Teil des Gebäudes und die Säulen wieder in Ziegelbauweise errichtet. Die ältesten Teile der Kirche sind die Steinmauern, die gemauerten Fensterrahmen der Ostfassade und das Fenster über dem Altar.

Gegenüber der Antschischati-Kirche befindet sich der irische **Pub Hangar,** den man in die sich jetzt stark verjüngende Schawteli-Straße passiert, zur linken Seite eine Mauer aus roten Ziegeln. Hinter diesen Mauern befindet sich der **Sitz des Patriarchats Georgiens.** Auf der Seite gegenüber erblickt man bald einen kleinen Garten mit schmiedeeisernem Zaun. In diesem Garten steht im hinteren Bereich die **Sankt-Georgs-Kirche.** An gleicher Stelle hatte einst König *Wachtang Gorgassali* die Erzengelkirche errichten lassen, die gegen Ende des 14. Jh. durch die Mongolen zerstört wurde. Im 17. Jh. ließ daher König *Rostom* gleich drei Kirchen an dieser Stelle bauen, nämlich die Johanneskirche, die Verkündigungs- und die St.-Georgs-Kirche. Nur Letztere steht noch. Die winzige einschiffige Kirche mit separatem Glockenturm lohnt allemal einen kurzen Besuch. Gleich neben dem Kirchgarten schließt sich ein weiteres Gärtchen an, das einen grünen gusseisernen Brunnen aufweist, ein Geschenk der Stadt Paris.

Schließlich erreicht man den **Platz Erekle II.,** der als solcher heute kaum mehr wahrnehmbar ist. Früher stand hier ein 1638 durch König Rostom errichteter Palast, den die Perser 1795 völlig zerstörten. Der Platz hieß offiziell Königsplatz. Da hier aber die Menschen zusammenkamen, um Neuigkeiten auszutauschen oder den hier stattfindenden öffentlichen Gerichtsverhandlungen beizuwohnen, hieß der Platz im Volksmund einfach „Salakbo" (Tratschplatz).

Friedensbrücke

Man kann nach dem Patriarchatsgebäude auch zum **Mtkwari-Ufer** hinuntergehen. Sofort fällt der Blick auf die 2009/10 errichtete Friedensbrücke (georg. *Mschidowis chidi*, russ. *Most mira*). Obwohl wegen der Baukosten bei Einheimischen stark umstritten, ist sie sowohl bei den Einwohnern der Stadt als auch bei Touristen ein beliebtes Fotomotiv. Entworfen wurde sie von dem italienischen Architekten *Michele Di Lucchi*, das Lichtdesign stammt von *Philippe Martinaud*, das für die Konstruktion verwendete Powerglas lieferte die Firma Glas Platz GmbH aus Wiehl im Bergischen Land. Da die Brücke zum gegenüberliegenden Rike-Ufer führt, wird der Fußgängersteg auch **Rike-Brücke** genannt. Sie ist auch von der Eisengasse (Rkinis Rigis) zu erreichen.

Erekle-Gasse

Am Erekle-Platz beginnt die Erekle-Gasse. Diese bei Touristen wie Einheimischen beliebte **kurze Fußgängerzone** besteht vornehmlich aus Restaurants und Souvenirläden. Viele Freisitze laden zu einer Pause ein. Im Mittelalter hieß die Gegend entlang der heutigen Erekle- und Sioni-Straße Rastabasar, was auf Persisch so viel wie „Zeile von Handelshäusern und Werkstätten" heißt.

Auf der linken Seite der leicht abschüssigen Erekle-Gasse kommt man bald zu einer der wichtigsten Kirchen Tbilisis, der Zionskirche.

Die Friedensbrücke, ein modernes Wahrzeichen der Stadt

Zionskirche (Sioni)

Die elegante **Hauptkirche des Patriarchen der georgischen Kirche** wurde im 6. Jh. errichtet und ist nicht sehr groß. Links des Altars befindet sich eine Reliquie, ein Kreuz der heiligen Nino. Im 15. Jh. wurde hinter der Kirche ein Glockenturm errichtet. Während der Belagerung der Stadt durch Schah *Abbas I.* von Persien Anfang des 17. Jh. wurde die Kirche in eine Moschee umgewandelt und ihre Kuppel zerstört. König *Wachtang VI.* ließ eine neue Kuppel errichten, die knapp einhundert Jahre später im Jahr 1710 eingeweiht wurde. Vor der Kirche steht eine halbhohe Mauer, die den Eindruck eines Hofes vermittelt. Hier warten oft Bettler, da die Mauer die Straße verengt und Passanten das Tempo verringern müssen.

Gegenüber der Zionskirche fällt ein großes Gebäude aus roten Steinen auf, in dem heute wieder ein **Priesterseminar** untergebracht ist. An seiner linken Seitenwand in Richtung Gorgassali-Platz befindet sich der unscheinbare Eingang in eine original georgische **Bäckerei.** Es lohnt sich, die wenigen Stufen hinabzusteigen und den runden Backofen, an dessen Innenseiten der zu Broten geformte Teig geklebt wird, zu bewundern. Der Duft ist auf jeden Fall verführerisch.

Stadtmuseum Tbilisi Josif Grischaschwili

Das Museum in der Erekle-Straße 2 gegenüber des Priesterseminars ist in einer alten, von König *Rostom* im Jahre 1650 erbauten **Karawanserei** (georgisch: *karwasla*) untergebracht. Karawansereien gab es früher viele an den Handelstraßen im Orient. Sie boten Handelskarawanen Unterkunft und Schutz für ihre Waren und Tiere. Diese hier war die größte in Tbilisi. Das Gebäude wurde bei der persischen Invasion im 18. Jh. völlig zerstört und zu Beginn des 19. Jh. vom Kaufmann *Arzruni* neu aufgebaut. 1885 kam es zu einem großen Brand, der das Gebäude stark in Mitleidenschaft zog. 1912 wurde es wieder aufgebaut und die der Sioni-Straße zugewandte Seite erhielt eine Fassade im Jugendstil. Seit 1912 dient es als Grischaschwili-Museum für die **Geschichte der Stadt Tbilisi.**

■ **Info:** geöffnet Di–So 10–17 Uhr, Eintritt 3 Lari.

Chardin-Straße

Unmittelbar neben der Karawanserei fallen zwei Häuserzeilen in geschwungener Form mit herrlichen Giebeln auf; diese sogenannten **Mantaschew-Handelshäuser**, errichtet zu Beginn des 20. Jahrhunderts, bilden die Chardin-Straße, die heute eine populäre **Fußgängerzone** ist. Bevor die kurze, schmale Gasse zur Erinnerung an den französischen Entdeckungsreisenden *Jean Chardin*, der Tbilisi 1863 besucht hatte, umbenannt wurde, hieß sie Dunkle Gasse, da sie mit Buden, Ständen und Werkstätten geradezu überfüllt war. An ihrem Beginn erblickt man wieder einen Konka, einen ausgemusterten Straßenbahnwaggon, und die kleine Bronzestatue eines sitzenden Mannes mit Trinkhorn in der Hand, die einen Tamada darstellen soll. Sie ist die vergrößerte Kopie einer Skulptur, die in Westgeorgien ausgegraben wurde und auf das 7. Jh. datiert wird.

Parallel zur Chardin-Straße in Richtung Mtkwari-Fluss verläuft die **Bambis Rigi** (Wattegasse), eine winzige Gasse mit einigen Restaurants.

Metechi-Brücke

Nach Passieren der Chardin-Straße erreicht man den Gorgassali-Platz (Maidan), der im zweiten Rundgang näher beschrieben ist. Unser jetziger Rundgang führt uns weiter über die Metechi-Brücke, die **erste Brücke über den Mtkwari-Fluss**. Die 1862 erbaute Holzbrücke wurde 1870 durch eine Eisenkonstruktion ersetzt, 1950 errichtete man die jetzige Brücke, die nach Rike führt. **Rike** bezeichnet etwa das Gebiet ab der Metechi- bis zur Barataschwili-Brücke. Hier findet Ende Oktober das **Tbilisoba**, eine Art Kirmes, statt. Noch zu Anfang des 19. Jh. befand sich am linken Mtkwari-Ufer eine kleine Insel, die heute nicht mehr existiert. Hat man das andere Ufer erreicht und blickt zunächst nach links, so fällt ein **Denkmal** ins Auge, das dem georgischen Schnapsfabrikanten und Staatsmann *Dawid Saradschischwili* gewidmet ist, der in Georgien die Branntweinherstellung (Kognak) einführte. Das als Rike-Ufer bezeichnete Gelände wurde stark umgestaltet.

Satschino-Palast

Lässt man den Blick nach rechts streifen, fällt auf der Anhöhe ein interessantes Gebäude mit einem **ausladenden Turm** auf, der von einem umlaufenden Holzbalkon umgeben ist. Der Turm gehört zum ehemaligen Satschino-Palast, Sommersitz Königin *Daredschans*, der Frau *Iraklis II*. Satschino bedeutet so viel wie der Edle, Erhabene. Zu dem Palast, 1776 auf den Fundamenten der Festung Awlabari errichtet, gehörten auch eine Kirche und ein Hof für Bedienstete. Der **auffällige runde Turm** wurde auf das nördliche Ende der Festung Awlabari aufgesetzt und bietet einen außergewöhnlich guten Blick über die Stadt. Auf dem Gelände des 1982 renovierten Satschino-Palastes befindet sich heute das Kloster Periszwaleba (Verklärungskloster, s.u.).

Wir befinden uns hier am **Anfang des Viertels Awlabari**. Der Name leitet sich entweder von den georgischen Wörtern *awla* für Anstieg und *bari* für Fläche ab, also ansteigende Fläche, oder aber aus dem Arabischen mit der Bedeutung „Gegend um den Palast". Hier befanden sich die Paläste der georgischen Könige und der Turm von Isani, der sich in einer gedachten Linie gegenüber der Narikala-Festung befand, um die Symmetrie zu wahren. Gelegentlich werden in den Souvenirlädchen in der Chardin- oder Erekle-Straße auch alte Postkarten mit diesem Motiv verkauft. Diese Paläste aus dem 12. Jh., in denen sich auch die legendäre Königin *Tamar* aufgehalten haben soll, wurden zu Sowjetzeiten abgerissen, um Platz für die Errichtung des Reiterstandbildes von König *Wachtang Gorgassali* zu schaffen.

Reiterstandbild des Königs Wachtang Gorgassali

Der Blick schweift nun nach rechts auf das Reiterstandbild König *Wachtang Gorgassalis*, des **Gründers von Tbilisi**,

und die Metechi-Kirche. Der Rundgang folgt der schmalen Pflasterstraße namens Metechi-Anstieg (Metechis agmarti). Gleich rechts am Anfang des Metechi-Anstiegs betritt man durch ein schmiedeeisernes Tor, vor dem oft Bettler ihren Platz einnehmen, ein halbrundes Plateau. Jetzt steht man vor dem Denkmal des Königs Wachtang, des Wolfsgesichtigen, wie sich Gorgassali übersetzt. Die Bronzeskulptur wurde von dem Bildhauer *E. Amakuscheli* in den Jahren 1958 bis 1967 geschaffen, die gesamte Anlage von den Architekten *Kandelaki* und *Mordebadse* entworfen. Der König blickt auf Tbilisi und grüßt mit erhobener rechter Hand die Gäste der Stadt. Hinter dem Standbild, einem beliebten Fotomotiv, führt eine Treppe zur Metechi-Kirche.

Metechi-Straße

- **Übernachtung**
  1. Hotel Lile
  3. Hotel Ponto
  4. Hotel KMM
  5. Hotel Kopala (Neubau)
  6. Hotel Kopala (Altbau)
  7. Hotel GTM Kapan
  8. Hotel Georgian House
  9. Hotel Leadora
  10. Tbilisi Hostel
  15. Envoy Hostel
  16. Hotels Anata, Nitsa und Sheraton Metechi Palace

- **Essen und Trinken**
  2. Gomarteli Skyy Bar
  12. Marrakech
  13. China Town, Chardin Bar
  14. Café Maidan

- **Einkaufen**
  11. Supermarkt

Metechi-Kirche zur Heiligen Jungfrau

Diese Kreuzkuppelkirche aus dem 12. Jh. **gehörte einst zum Metechi-Schloss,** das schon im 5. Jh. auf Befehl König *Wachtang Gorgassalis* errichtet wurde. Im 12. Jh. lebten und beteten hier König *Georg III.* und seine Tochter, Königin *Tamar*. Palast und Kirche wurden im 13. Jh. durch die Mongolen zerstört und 1270–1289 durch König *Demetre II. Tawdebuli* („Der sich selbst Opfernde") wieder aufgebaut. Während der Osmanenherrschaft im 17. bis Mitte des 18. Jh. fanden hier keine Gottesdienste statt. König *Erekle II.* ordnete 1746 die Wiederinstandsetzung des Schlosses an, das ab 1813 auf Geheiß des Gouverneurs des russischen Zaren als Gefängnis genutzt wurde. Es existiert jedoch heute nicht mehr. In der Metechi-Kirche befindet sich das Grab Königin *Schuschaniks,* die von ihrem Mann König *Wasgen* zu Tode gefoltert wurde, da sie am christlichen Glauben festhielt.

Die **Metechis agmarti** biegt in Höhe der auf der rechten Straßenseite befindlichen kleinen Kirche zum Propheten David (hier gute Fotos über Mtkwari möglich) nach links ab und wird von einigen Restaurants und Hotels gesäumt. So passiert man nach der Linkskurve die wiederum nach links abgehende **Tschechow-Straße,** wo sich die beiden Hotels Kopala befinden. Nach der Tschechow-Straße kommt man zur vorletzten Querstraße nach links, der Periszwaleba-Stra-

König Wachtang Gorgassali wacht über die Stadt

ße (in Haus Nr. 2 ist die Konrad-Adenauer-Stiftung), die zum Kloster Periszwaleba führt.

Kloster Periszwaleba

Das gepflegte **Nonnenkloster** mit der einschiffigen Periszwaleba-Kirche wird vor allem an Wochenenden stark von Besuchern frequentiert. Die Fresken sind nur noch rudimentär erhalten, im Eingangsbereich gibt es gar keine mehr. Zum Kloster gehört auch der schon erwähnte Turm des ehemaligen Satschino-Palastes, der sich jedoch im privaten Bereich der Nonnen befindet. Also bitte erst fragen, ob man dorthin darf (durch Zaun abgetrennt).

Unser Rundgang passiert nun die letzte Querstraße nach links, die Periszwaleba-Gasse, in deren Eckhaus sich der Aufgang zur **Gomarteli Skyy Bar** befindet.

Schließlich erreichen wir den **Ketewan-Zamebuli-Platz** (ehem. Schaumjan-Platz) mit der Metrostation Awlabari. Leicht nach links versetzt geht es durch eine **Unterführung** auf die andere Straßenseite, wo man linker Hand hinter Nadelbäumen versteckt die 2009/10 renovierte armenische Sankt-Georgs-Kirche erblickt, besser bekannt als **Etschmiadsin-Kirche.** Etschmiadsin in Armenien ist der Sitz des Katholikos der Armenischen Apostolischen Kirche, mit der gleichen Bedeutung wie der Vatikan in Rom für die Katholiken. Ende des 18. Jh. lud König *Irakli II.* Armenier ein, in Tbilisi zu siedeln, und sie brachten Steine aus Etschmiadsin für den Bau dieser Kirche mit. In Awlabari siedelten sich sehr viele Armenier an.

> ⌄ Majestätisch:
die Zminda-Sameba-Kathedrale

Zminda-Sameba-Kathedrale

Unser Weg führt jetzt durch von Straßenhändlern gesäumte Gassen zur schon weithin sichtbaren Zminda-Sameba-Kathedrale (Dreifaltigkeitskathedrale), die auf dem alten armenischen **Kodschawank-Friedhof** auf dem Eliasberg errichtet wurde. Die Kirche ist der **größte Sakralbau Transkaukasiens,** ihre Grundfläche beträgt 56 x 44 m, der Turm ist 84 m hoch, der unterirdische Sockel geht bis in 18 m Tiefe. Die Bauarbeiten begannen 1995 und dauerten im Wesentlichen bis 2004. Die Kirchenglocken wurden in Deutschland gegossen. Auf dem Gelände befindet sich noch die wesentlich kleinere **Sankt-Elias-Kirche.**

Tbilisi – die Hauptstadt

Am Eingang der Kirche haben einige Berufsbettler ihren Stammplatz gefunden. Die imposante Kathedrale wird nachts angestrahlt und ist daher von fast allen Punkten der Stadt zu sehen, auch vom Flugzeug aus.

Dieser Rundgang kann nun abgeschlossen werden, indem man entweder mit der Metro ab Awlabari ins Zentrum zurückfährt oder aber ab Königin-Zamebuli-Platz nach rechts zu Fuß nach unten läuft. Die verkehrsreiche Straße heißt zunächst **Gwinis Agmarti** (Weinberg), auf ihrer linken Seite sieht man das lateinisch geschriebene Schild des Hotels Lile. Etwas weiter unten heißt die Straße dann **Barataschwili-Anstieg** und führt zur Barataschwili-Brücke, nach deren Überquerung man wieder im Zentrum der Stadt ist. Alternativ könnte man die Marschrutka Nr. 31 zu Mardshanaschwili-Platz und Dynamo-Stadion nehmen oder Marschrutka Nr. 46 zur Barataschwili-Brücke.

Stadtrundgang II: vom Freiheitsplatz bis zur Deda-Kartlis-Statue

Leselidse-Straße (Kote Abchasi)

Der Rundgang führt ab dem Rathaus nach rechts in die gewundene Leselidse-Straße mit ihrem Kopfsteinpflaster. Sie war nach General *Konstantin Nikolajewitsch Leselidse* (1903–44) benannt, der sich im Zweiten Weltkrieg auszeichnete. Obwohl die Straße inzwischen Kote Abchasi heißt, wird sie in diesem Buch weiterhin als Leselidse bezeichnet, da niemand (auch Taxifahrer nicht!) den neuen Namen kennt. In der Leselidse-Straße befinden sich **Restaurants, Souvenir- und Schmuckläden.**

Kurz vor ihrem Ende steht rechts die momentan nicht genutzte armenische Norischani-Kirche aus dem 18. Jh., dahinter die **Dschwarimama-Kirche,** im 16. Jh. in der damals üblichen Kreuzkirchenbauweise errichtet. Durch einen kleinen Torbogen an der Einmündung zur Jerusalimis Besikis kommt man zunächst in einen Vorgarten mit Blumen und Bänken, er lädt zum Verweilen ein. Dann steht man vor der Kirche (Frauen sollten beim Betreten eine Kopfbedeckung nicht vergessen). Ihre schönen Fresken wurden kürzlich renoviert.

Geht man die Leselidse weiter, mündet diese auf einen kleinen baumbekränzten Platz. Vom Torbogen der Dschwarimama-Kirche aus sieht man rechter Hand die **Synagoge.** Sie ist an dem siebenarmigen Leuchter auf dem Dach und einem zweiten Leuchter vor dem eisernen Vorgartenzaun zu erkennen. Die Synagoge wurde 1901 erbaut und hat während des Erdbebens im Jahr 2002 stark gelitten. Meist sitzen ältere Männer auf dem Bänkchen davor und laden zum Besuch des kleinen Innenraums ein. Um den Maidan-Platz herum gab es früher viele Synagogen, die auf Geheiß *Stalins* abgerissen wurden.

In der Leselidse-Straße: armenische Norischani-Kirche und Synagoge

Gorgassali-Platz

Geht man weiter in Richtung Mtkwari-Fluss, kommt man bald zum Gorgassalis Moedani, dem ehemaligen Marktplatz, auch **Maidan** genannt. Er wurde nach dem Stadtgründer, König *Wachtang Gorgassali,* benannt. Wir gehen weiter abwärts und sehen rechter Hand die kleine **armenische St.-Georgs-Kirche** (arm. Surb Georg), 1251 durch den armenischen Prinzen *Umek* gestiftet und im 18. Jh. umgebaut. Rechts neben dem Eingang findet der aufmerksame Besucher das Grab des Poeten *Sajat Nowa,* der 1765 während der persischen Besatzung hier ermordet wurde. Der Innenraum der Kirche ist recht klein. Besucher sind herzlich willkommen, zuweilen finden Kirchenkonzerte statt.

Nach dem Besuch der Kirche kann man entweder sofort zu Festung aufsteigen oder aber erst zum Bäderviertel Abanotubani gehen.

Bäderviertel Abanotubani

Es geht weiter abwärts und bald sieht man halbkugelförmige Kuppeln aus dem Boden ragen. Wir sind im Bäderviertel Abanotubani (*Abano* = Bad, *ubani* = Gebiet). Im 13. Jh. soll es hier über 65 **Schwefelbäder** gegeben haben. Auch sie wurden bei den zahlreichen Eroberungen Tbilisis zerstört und – zumindest teilweise – wieder aufgebaut. So soll Schah *Mohammed Aga Khan* hier gebadet haben, doch da seine Beschwerden nicht sofort verschwanden, ließ er die Bäder wutentbrannt zerstören. Die ältesten Bäder, die man heute noch aufsuchen kann, stammen aus dem frühen 17. Jh. Sie wurden nach ihren jeweiligen Besitzern benannt.

1893 wurde das **Orbeliani-Bad** gebaut, das einzige, das oberirdisch angelegt ist und schon von Weitem auffällt: Es ist an seinen blauen Kacheln und den beiden Ecktürmchen zu erkennen und erinnert an eine Moschee (9–21 Uhr geöffnet, Eintritt 30 Lari ohne Massage). Hinter dem Orbeliani-Bad fällt der Blick auf eine sunnitische Moschee aus dem ausgehenden 19. Jh.

Aber auch die **unterirdischen Bäder** mit ihren Licht spendenden Kuppeln sind einen Besuch wert. Diese Bäder dienten in früheren Zeiten als Treffpunkt für verschiedenste Zwecke, hier wurden Geschäfte gemacht und Brautwerberinnen begutachteten potenzielle Heiratskandidatinnen. Auch *Alexander Puschkin* war 1829 mehrmals hier und geriet so ins Schwärmen, dass man noch heute davon angesteckt wird. Er behauptete später in seinen Reiseaufzeichnungen über seine Reise nach Arsrum (Erzurum), das schönste Bad nicht in der Türkei, sondern in Tbilisi genossen zu haben. Daran erinnert eine Gedächtnistafel in georgischer und russischer Sprache, die am linken Portal des Orbeliani-Bades angebracht ist.

Botanischer Garten

Von Abanotubani führt der Weg zurück entweder zu der auf der rechten Seite des Bäderviertels verlaufenden, ansteigenden Botanikuris Kutscha zum Botanischen Garten oder zurück zur Armenischen Kirche, an der links vorbei ein Weg zur Narikala-Festung hinaufführt.

Über die **Botanikuris Kutscha** gelangt man zum Haupteingang des 128 Hektar großen Botanischen Gartens der Akademie der Wissenschaften. Der Garten wurde um 1625 auf den Resten des ehemaligen Festungsgartens am Sololaki-Bergrücken angelegt und versorgte zunächst die Narikala-Festung mit Obst, Gemüse und Kräutern. Ein unterirdischer Zufluss zum Mtkwari-Fluss, der **Zawkis Zqali,** lieferte Trink- und Nutzwasser.

Der letzte georgische König vermachte den Nutzgarten der Stadt Tbilisi. Etwa ab 1845 wurde er in einen Vergnügungspark für die reiche Oberschicht verwandelt. Gleichzeitig wurden nach und nach exotische Pflanzen und Bäume angepflanzt, die Umwandlung in einen Botanischen Garten begann. Es gibt sogar einen kleinen Wasserfall. Im Botanischen

Besuch der Schwefelbäder in Abanotubani

Die berühmten Schwefelthermalbäder Tbilisis lieferten den **Stoff zur Legendenbildung,** denn ihre Wunderwirkung veranlassten König *Wachtang Gorgassali* zur Gründung der Stadt Tbilisi. So prominente Persönlichkeiten wie *Alexandre Dumas d. Ä.* oder *Alexander Puschkin* waren von ihnen begeistert. Nach Tbilisi reisen und nicht diese Schwefelbäder besuchen wäre geradezu eine Sünde!

Gab es Ende des 19. Jh. noch einige Dutzend davon, so hat man nur noch in einigen wenigen im Bäderviertel Abanotubani die Möglichkeit, sich von den Strapazen eines Spazierganges zu erholen. **Das zwischen 37 und etwa 47 °C warme Schwefelthermalwasser** spült alle Malaisen fort, sei es, dass die Füße schmerzen oder in der kalten Jahreszeit eine Erkältung droht.

Die unscheinbar aussehenden Kuppelbauten bieten ein interessantes Innenleben, das am Beispiel des Königlichen Bades erläutert werden soll. Das hier geschilderte Prozedere trifft natürlich auch auf andere Bäder zu, auch wenn sie keinen so wohlklingenden Namen tragen. Am Eingang steht „Royal Bath", denn die alte Bezeichnung war in georgischer Sprache „Samepo Abano", auch König-Irakli-Bad genannt. Es wurde im 7./8. Jh. erbaut und seine unterirdischen Räumlichkeiten sind von einer großen Kuppel überdacht. Nachdem der Gast die Treppe hinuntergegangen ist, wird er im Empfangsraum begrüßt, man fragt nach seinen Wünschen. Handtücher kann man mitbringen oder für einen Lari ausleihen; in der Regel handelt es sich um zwei große Laken. Weiterhin kann man zum gleichen Preis ein Stück Seife erwerben. (Es ist gut, die Seife zu kaufen, andernfalls kann es passieren, dass ein teures Duschgel im Übereifer von der Masseurin vollständig geleert wird.) Wird eine Massage gewünscht? Wenn ja, kommt nach etwa 15 Minuten die Masseurin.

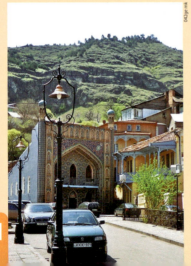

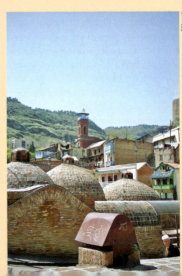

Alsdann geht es in die Kabine (russ. *Nomjer*). Die Bezeichnung ist wohl etwas untertrieben, denn **die Kabine besteht aus einem Vorraum mit Ledergarnitur, Kleiderhaken, Badeschlappen, Spiegeln und einer separaten Toilette.** Auch einen Föhn kann man kostenlos bekommen. Man kann mit oder ohne Badekleidung ins Nomjer gehen, ganz wie es beliebt, und hat die Kabine auf jeden Fall für sich. Der Preis beläuft sich pro Stunde auf 40 Lari pro Kabine. Es können auch zwei bis drei Leute zusammen eine Kabine mieten. Die Massage kostet pro Person 20 Lari.

Hat man sich vorbereitet, geht es in den **eigentlichen Baderaum.** Hier findet man eine Dusche und das mit Kacheln eingefasste Badebecken, das nur so tief ist, dass man darin noch stehen kann. An der Seite sind zwei treppenförmige Vorsprünge eingemauert, die für bequemes Sitzen sorgen – erst weniger tief und nach Gewöhnung an die Wassertemperatur etwas tiefer. An der Wand befindet sich eine gemauerte und gekachelte Liege, die zur **Massage** benötigt wird. Dann erscheint die Masseurin und waltet ihres Amtes. Man erwarte keine ausgebildete Physiotherapeutin, aber Spaß macht es trotzdem. Das Wasser tut der Haut und dem Teint gut.

Geht man zu mehreren, sollte man zwei Stunden einkalkulieren, denn etwas Ruhe im Vorraum tut gut. Anschließend sollte man sich nicht mehr allzu viel vornehmen, man sehnt sich meist hinterher nach dem Hotelzimmer.

◁ Die Bäder liegen teilweise unterirdisch, durch Öffnungen in den Kuppeln fällt Licht ein. Nur das wie eine Moschee aussehende Orbeliani-Bad ist oberirdisch angelegt

Garten kann man stundenlang verweilen und auch preisgünstige Führungen genießen.

■ **Info:** geöffnet 9–17 Uhr (Okt. bis Februar), 9–18 Uhr (März), 9–20 Uhr (April bis Aug.), 9–19 Uhr (Sept.), Eintritt 1 Lar, engl. Führung 30 Lari; Anmeldung unter Tel. 272 43 06. Tropisches Gewächshaus: geöffnet 11–14 Uhr (Di, Mi, Do), Eintritt 50 Tetri.

Narikala-Festung

Links neben der armenischen Kirche St. Georg führt ein unscheinbarer Pfad bergan. Wer den kurzen, aber steilen Anstieg meistert, findet sich in den **Ruinen** der Narikala-Festung wieder. Bequemer geht's per Seilbahn ab dem Rike-Ufer (1 Lar). Die Festung wurde gegen Ende des 4. Jh. von den persischen Sassaniden erbaut. So darf es nicht verwundern, dass sich die Bezeichnung **Nari Kala** („kleine Festung") aus dem Persischen herleitet. Sie spiegelt wie kein anderes Bauwerk die Geschichte Tbilisis wider. Erbaut wurde sie an der schmalsten Stelle der Mtkwari, da wo sich die Handelswege kreuzten. Unter König *Wachtang Gorgassali* wurde sie im 5. Jh. verstärkt und erweitert, später eingenommen, zerstört und immer wieder aufgebaut: von den Arabern im 7. und 10. Jh., den Mongolen im 13. Jh., den Türken im 16. Jh. und nochmals von den Persern im 18. Jh. Bei dem jeder Zerstörung folgenden Wiederaufbau wurde die Festung erweitert, zum Beispiel bauten die Araber ein Observatorium und die Türken einen Gefängnisturm.

Trotzdem sind heute nur noch Ruinen vorhanden, denn im Jahr 1827 schlug der Blitz in das von der russischen Armee angelegte Pulvermagazin ein und eine gewaltige Explosion zerstörte große Teile der Festung. Sie wurde nie wieder aufgebaut, auch weil die fortgeschrittene Waffentechnik Festungen überflüssig machte. Heute sind der obere Teil mit der **Zitadelle** und der untere Teil, das Kala, noch gut zu erkennen. Hier stehen auch die **Nikolaikirche,** sehr beliebt bei Hochzeitspaaren, und eine Gaststätte mit Freisitzen. Die renovierte Nikolaikirche wird auf das 12./13. Jh. datiert. Schon vorher muss sich am gleichen Platz eine Kirche befunden haben, Mutmaßungen gehen sogar dahin, dass hier zuallererst eine Moschee stand.

Die Festung ist ganztägig geöffnet, der Eintritt frei.

Denkmal „Mutter Georgiens"

Von der Narikala-Festung führt ein Fußweg zur **Kartlis Deda;** nach etwa 20 Minuten erreicht man die „Mutter Georgiens". Die 20 m hohe **Aluminiumstatue** wurde 1958 anlässlich des 1500-jährigen Stadtjubiläums eingeweiht, ihr Schöpfer war *Elgudscha Amaschukeli*. Sie ist schon von weithin sichtbar und bringt das Selbstverständnis der Georgier zum Ausdruck: in der rechten Hand das Schwert gegen den Feind, in der von Herzen kommenden linken eine Schale mit Wein für den Freund und Gast.

Stadtrundgang III: das „Paris des Kaukasus" – Jugendstil in Tbilisi

Dieser Rundgang führt uns in das **Stadtviertel Sololaki**. Spätestens gegen Ende des 19. Jh. war es die bevorzugte Wohngegend von Fabrikanten, Bankiers, Kaufleuten und Staatsbeamten, die sich hier ihre Jugendstilvillen erbauen ließen. Tipp: Unbedingt feste Schuhe anziehen!

Smirnow-Haus

Dieser kurze Rundgang beginnt in der Straße G. Tabidse, wo man nach Überquerung der Lermontow-Straße vor dem Smirnow-Haus steht (Tabidse 20, hellblaue Villa, linke Straßenseite). Das Haus wurde **erbaut in den 1850er Jahren** vom schwedischen Architekten Otto

◁ Kartlis Deda, die „Mutter Georgiens"

Simonson im Auftrag des wohlhabenden armenischen Kaufmanns *Jegor Tamamschew,* der es seiner Tochter *Elisabeth* als Mitgift aus Anlass ihrer Hochzeit mit *Michael Smirnow* überschrieb.

Zur Grand Dame des Hauses wurde jedoch Smirnows Mutter *Alexandra Ossipowna Smirnow-Rosset,* Hofdame der Zarin in Sankt Petersburg und dort Gastgeberin eines literarischen Salons. Sie galt als eine der schönsten Frauen ihrer Zeit und war gut bekannt mit Persönlichkeiten wie *Alexander Puschkin.* Nach Fertigstellung der Villa brachten **illustre Gäste** viele **wertvolle Geschenke** mit, darunter einen von *Peter dem Großen* persönlich hergestellten Tisch, eine Tabakdose als Geschenk *Katharinas der Großen* oder ein 1903 in Leipzig erstandenes Mikroskop. Hier trafen sich bald Literaten und Musiker Georgiens und Russlands, u.a. der Verleger Fürst *Ilja Tschawtschawadse,* der Mitbegründer und spätere Ko-Rektor der Universität Tbilisi, *Pjotr Grigorjewitsch Melikischwili,* der Dichter *Nikolai Nikoladse,* der aus Breslau zugereiste *Artur Leist,* Chefredakteur der deutschsprachigen „Kaukasischen Post" sowie Petersburger Musiker wie *Anton Grigorjewitsch Rubinstein,* gefeierter Komponist und Pianist sowie Gründer des Sankt Petersburger Konservatoriums, aber auch der Komponist *Peter Tschaikowski.* 1921 musste die Familie das Haus verlassen und in die nahe Galaktion-Straße 20 ziehen. Die Villa wurde aufgeteilt und in ein Mietshaus umgewandelt. Über drei Generationen hinweg gelang es der Familie *Smirnow,* die einzigartige Sammlung durch die Wirren der Zeit zu retten. 1985 schenkten sie sie dem georgischen Staat. Heute befindet sich in der Villa das **Kaukasische Haus** (www.caucasianhouse.ge), eine interkulturelle Begegnungsstätte. Das Smirnow-Museum ist auch als Puschkin-Gedenkstätte bekannt. Partner ist u.a. die Deutsch-Kaukasische Gesellschaft e.V. Die Alfred Krupp von Bohlen und Halbach Stiftung ließ das Gebäude von 1998 bis 2000 restaurieren.

Gegenüber dem Smirnow-Haus befindet sich das ehemalige Wohnhaus des georgischen Dichters und Herausgebers **Nikolai Nikoladse** (1843–1928), der es von 1920 bis 1928 bewohnte.

Die Tabidse mündet schließlich in die Lado-Asatiani-Straße, wo an dem Haus mit der Nr. 30 eine Tafel daran erinnert, dass hier **Walter Siemens** von 1860 bis 1868 als Konsul des Norddeutschen Bundes in Georgien und als Vertreter der Fa. Siemens & Halske residierte.

Das Fräulein Stinnes in Tiflis

Die Millionenerbin *Clärenore Stinnes,* Tochter des Großindustriellen *Hugo Stinnes,* startete am 25. Mai 1922 von den Adlerwerken in Frankfurt am Main aus mit einem Adler Standard 6, zwei Mechanikern und einem schwedischen Kameramann zu einer **Weltumrundung.** Am 8. August 1927 traf sie von Teheran kommend im damaligen Tiflis ein, um nach Charkow (heute Ukraine) weiterzureisen. Die beiden Mechaniker gaben im unwegsamen Sibirien verzweifelt auf, den schwedischen Kameramann heiratete sie später. 1929 beendete sie mit ihm diese Weltumrundung nach 46.758 km auf der Avus-Stadtautobahn in Berlin.

Tbilisi – die Hauptstadt

☐ Übersichtskarte S. 21, Stadtplan S. 26 **Tbilisi – die Hauptstadt** 49

Haus der Georgischen Schriftstellervereinigung

Man folgt der Asatiani-Straße ein Stück bergan und biegt nach rechts in die Iwane-Matschabeli-Straße ein. Auf der linken Straßenseite (Hausnr. 13) fällt das **prächtige Haus** der Schriftstellervereinigung auf, 1905 (Jahreszahl am Giebel über dem Balkon) von dem Architekten *K. Zar* im Auftrag von *Dawit Saradschischwili* erbaut. Dieser war nicht nur Doktor der Philosophie und Chemie, sondern auch Begründer der Branntweinproduktion in Georgien und im gesamten Russischen Reich und konnte dank seines wirtschaftlichen Erfolgs als Mäzen auftreten. Nach seinem Tod vermachte er sein gesamtes Vermögen den Ingenieuren und Arbeitern der Kognakfabrik sowie der Kirche. 1918 jedoch beschloss seine Schwägerin, das Gebäude zu veräußern. Es gelangte in den Besitz des Geschäftsmanns *Akaki Choschtarija*, bekannt für seine Wohltätigkeit. Als dieser 1921 nach der Machtübernahme der Bolschewiki das Land verlassen musste, schenkte er das Haus den georgischen Schriftstellern. 1927 las hier *Wladimir Majakowski* Gedichte vor, ein geheimes Treffen mit dem französischen Autor und Pazifisten *Henri Barbusse* ist verbürgt, 1928 war es *Maxim Gorki,* der hier kurzzeitig wohnte, und im Juni 1938 hielt *Alexej Tolstoi* eine Rede.

Man beachte gegenüber (Hausnr. 18) das Gebäude mit den maurischen Elementen, damals en vogue, und der schönen Haustür.

Folgt man der Matschabeli-Straße weiter, so fällt, ebenfalls auf der linken Straßenseite, der **Sitz des Georgischen Olympischen Komitees** und des Organisationskomitees der Europäischen Jugendolympiade 2015 in Tbilisi auf (Haus mit respektablem Vorgarten).

Nach Überquerung der Lermontowa mündet die Matschabeli auf die Leonidse, unser Weg führt kurz bergan und danach wieder nach links in die Geronti-Kikodse-Straße. Nach ein bis zwei Häusern fällt links ein beeindruckendes gelbes Gebäude (Nr. 50) mit einem großen Portal auf: Es ist die in den Jahren 1918 bis 1921 erbaute **ehemalige Französische Botschaft,** heute eine Schule. Der erste französische Konsul war *Chevalier Jacques-Francois Gamba,* der mit Fürst *Alexander Tschawtschawadse* sehr gut bekannt war und ihn mehrfach in Zinandali besuchte.

Nach Überquerung der Lermontow-Straße folgt linker Hand in der Kikodse-Straße Nr. 8 ein großes Haus, das der Fabrikant **Mantaschew** entweder für seine Tochter oder seine Geliebte gebaut haben soll. Es beherbergte zu Sowjetzeiten das Haus der Kunstschaffenden, heute ist es das **Haus der Kultur.** Beeindruckend der Treppenaufgang und der riesige Lüster.

Mit der Hausnummer 11 folgt zur Rechten die riesige **Villa der Gebrüder Michailow** im Stil eines Genueser Palazzo (erbaut 1910, Architekt *Ter-Mikojan*). Zu Zeiten der UdSSR wohnte hier ein „Kampfgefährte" Stalins, *Phillip Macharadse,* woran eine russisch-georgische Gedenktafel erinnert. Die steinernen Kolonnaden im ersten Stock und der riesige Balkon darüber lassen eine hohe Wohnqualität vermuten.

Die Kikodse mündet wieder auf die Asatiani und der Blick fällt auf die **Tizian-Tabidse-Mittelschule** (Nr. 43). Das

Tbilisi – die Hauptstadt

Michail Semjonowitsch Woronzow (1782–1856)

Woronzow, der den prachtvollen Rustaweli-Boulevard anlegen ließ, war der **Sohn eines russischen Diplomaten.** Er verbrachte seine Kindheit und Jugend in Venedig, vor allem aber in England. Besonders dort, wo er das Parlament, aber auch Fabriken besichtigte, nahm er neue Ideen auf. Sein Vater verlangte von ihm auch die Ausbildung in einem Handwerksberuf. Woronzow kehrte 1801 nach Russland zurück.

Seine **Karriere** kann nur als beispiellos bezeichnet werden. Vom Leutnant der Leibgarde des Preobraschenskij-Regiments stieg er zum Major, Oberst und Generalmajor auf. Er nahm an der Schlacht bei Borodino gegen die Armee *Napoleons* teil, ebenso an der Völkerschlacht bei Leipzig. 1813 wurde er als Generalleutnant zum Kommandeur der russischen Streitkräfte unter der Armee des *Herzogs von Wellington* ernannt. Er schlug Zar *Alexander I.* die Befreiung der Leibeigenen vor, was dieser natürlich ablehnte. 1844 wurde Woronzow zum Vizekönig des Kaukasus ernannt und gleichzeitig vom Grafen- in den Fürstenrang erhoben.

Sein Wirken und seine **fortschrittlichen Ideen** waren ein wahrer Segen für Tbilisi und Kaukasien. 1855 trat er den Ruhestand an und übersiedelte nach Odessa, ein Jahr später starb er dort und wurde auch in Odessa begraben.

war früher die **Mantaschew-Handelsschule,** erbaut 1910/11 durch den Architekten *Gasaros Sarkissian. Alexander Mantaschew* war im Ölbusiness zu Wohlstand gekommen, seine Handelshäuser in der Chardin-Straße kennen wir bereits aus dem ersten Rundgang. An der Fassade befand sich einst eine Kupferplatte mit der Inschrift „Diese Handelsschule wurde am 1. Juli 1911 während der Herrschaft seiner Hoheit Fürst Woronzow-Daschkow durch die Tifliser Handelsgilde eröffnet, erbaut mit Mitteln des Mäzens Alexander Mantaschew". Zar *Nikolaus II.* stattete der Schule 1913 einen Besuch ab.

Wenige Schritte bergan biegen wir nach rechts in die Jaschwili-Straße ein, wo sich zur Linken das **Nest Hostel** befindet. Nach Überquerung der Lermontow-Straße folgt der Rundgang der Leonidse-Straße – nach dem Hotel David Sultan rechts einbiegen –, der wir nun bergab folgen.

Tipp: Wer sich für den futuristischen **Glaspalast Bidsina Iwanischwilis** interessiert, geht gegenüber in die Ingorowka, dreht sich nach ein paar Metern um und sieht ihn in seiner ganzen Pracht.

Kurz vor Erreichen des Tawisubleibis Moedani die Leonidse bergab, nach der letzten Querstraße rechter Hand, in der Einmündung der Matschabeli-Straße (im Eckgebäude ein Hostel), fällt auf der linken Seite das **Gebäude der Georgischen Staatsbank** auf. Es wurde 1913 durch den Architekten *M. Ogajanow* als Sitz der Gegenseitigen Kreditgesellschaft von Tiflis errichtet und von den Bolschewiken enteignet und zur Staatsbank gemacht. Ursprünglich ein zweistöckiges Gebäude, bekam es 1959/60 ein drittes Stockwerk. Die Fassade weist typische

Tbilisi – die Hauptstadt

Jugendstilmerkmale auf, wie etwa Reliefornamente oder die beiden Atlasfiguren. Infolge der Ereignisse nach 1991 wurde das Haus teilweise zerstört und dann wieder aufgebaut.

Stadtrundgang IV: Rustaweli-Boulevard

Der Rustaweli-Boulevard (Rustawelis Gamziris) ist die **Flaniermeile** Tbilisis. Er ist etwa 1,5 km lang und führt parallel zur Mtkwari vom Freiheitsplatz zum Platz der Rosenrevolution. Der Boulevard hieß bei seiner Errichtung Palaststraße (georg. Sasachle Kutscha), danach etwa ab 1840 Golowin-Boulevard. 1918 wurde die **platanenbestandene Prachtstraße** nach dem georgischen Dichter *Schota Rustaweli* benannt, dessen Denkmal am Wardebis Revoluzis Moedani steht.

Der Boulevard verdankt seine Anlage mit Theatern, Palästen und den Wohnhäusern der georgischen Aristokratie im Stil des Klassizismus, des Jugendstils und Barocks vor allem den für die damalige Zeit modernen Ideen des russischen Vizekönigs **Michail Semjonowitsch Woronzow** (siehe Exkurs), der ihn ab 1848 als Prachtstraße anlegen ließ.

Simon-Dschanaschia-Museum

Auf der rechten Straßenseite mit den ungeraden Hausnummern befindet sich das Staatliche Simon-Dschanaschia-Museum (Nr. 3). Sein Bestand geht auf das 1852 von dem Danziger *Gustav Radde* gegründete **Kaukasische Museum** zu-

Der Glaspalast Bidsina Iwanischwilis

Blick über die Stadt
(links der Präsidentenpalast)

rück, wurde in den Jahren 1923–29 erbaut und stellt archäologische und ethnografische Exponate aus. Es werden **Goldschätze** aus Georgiens vorchristlicher Zeit und Ikonen gezeigt.

■ **Info:** geöffnet Di bis So 10–18 Uhr, Eintritt 5 Lari, Studenten 1 Lar, Kinder 0,5 Lar, geführter Rundgang 25 Lari.

Rustaweli-Kino

Neben dem Museum befindet sich das Rustaweli-Kino (Nr. 5), dessen Gebäude 1939 von *Nikolai Sewerow* errichtet wurde. Der Architekt entwarf auch das Gebäude des Dschanaschia-Museums.

Palast des russischen Statthalters

Wieder auf der linken Straßenseite, also gegenüber, erblickt man den ehemaligen Palast des russischen Statthalters im Kaukasus. Er wurde zwar schon 1807 erbaut, aber in den Jahren 1856–1868 durch den deutschen Architekten *Otto Simonson* mit einer Fassade im Stil der italienischen Renaissance umgestaltet. Das Palais dient heute als Treffpunkt für die Jugend.

Parlament

Das heutige Parlamentsgebäude (Nr. 8) wurde 1938 auf dem Gelände der vormals dort befindlichen Alexander-Newskij-Kathedrale errichtet und diente der russischen Armee. Interessanterweise wurde 1953 von deutschen Kriegsgefangenen ein Portiko aus Tuff angebaut. Am 9. April 1989 haben hier russische

Soldaten Demonstranten mit Giftgas und scharfen Spaten angegriffen, wobei etwa 20 georgische Demonstranten ums Leben kamen. Der 9. April ist jetzt ein Feiertag, der dieser Ereignisse gedenken soll. Aber auch um die Jahreswende 1991/92 gab es hier Kämpfe, als sich Präsident *Gamsachurdia* mit einigen Anhängern im Gebäude verschanzte, bis er sich schließlich durch einen Hinterausgang absetzte. Vor dem Parlamentsgebäude steht ein kleines Denkmal, das an die Ereignisse erinnert.

Neben dem Parlament steht, etwas zurückversetzt, das Gebäude der **Schule Nr. 1**, das 1802 für die Kinder der russischen und georgischen Aristokratie errichtet wurde. Vor der Schule finden sich zwei **Denkmäler,** die den Reformer und Verleger *Ilja Tschawtschawadse* und den Schriftsteller *Akaki Zereteli* zeigen.

Schota-Rustaweli-Theater

Es schließt sich das 1899 bis 1901 von den Architekten *Korneli Tatischtschew* und *Alexander Schimkewitsch* für die Künstlerische Gesellschaft erbaute Schota-Rustaweli-Theater an, das in einem Stilmix aus Barock und Empire errichtet wurde. Sein Saal mit drei Rängen hat ca. 800 Plätze, der Konzertsaal fasst 300 Zuhörer. Zu den berühmtesten Leitern zählten *Kote Mardshanaschwili* und *Sandro Achmeteli*. Im Haus ist auch die **Staatliche Schauspielschule Georgiens** untergebracht. 1921 wurde hier das Rustaweli-Schauspielhaus gegründet, das vor allem für seine Shakespeare-Aufführungen bekannt war, aber auch *Brechts* „Kaukasischer Kreidekreis" gehörte zum Programm.

Kwaschweti-Kirche

Gegenüber der Schule Nr. 1 steht, wieder etwas zurückversetzt, die Kwaschweti-Kirche. Sie ist schon das dritte Gotteshaus an diesem Platz. Die zuerst errichtete Kirche soll aus den Steinen gebaut worden sein, die eigentlich für die Steinigung des Missionars *Dawit* bestimmt waren. Dieser soll damals in einer Höhle auf dem Heiligen Berg (Mtazminda) gelebt haben. Eines Tages bezichtigte ihn eine von zoroastrischen Priestern angestachelte Frau, sie geschwängert zu haben, was große Empörung unter seinen Anhängern hervorrief. Man wollte ihn steinigen, aber er konnte sie davon abhalten, indem er das Kind im Mutterleib nach dem Namen des Vaters fragte. Die so der Lüge überführte Frau soll auf der Stelle einen Stein geboren haben (*Kwaschweti* = „Steingeburt"). Reuevoll nahmen seine Anhänger daraufhin die Steine und legten mit ihnen den Grundstein für die erste Kirche.

Im 18. Jh. wurde an gleicher Stelle eine zweite Kirche errichtet, da ihre Vorgängerin durch den allmittäglichen Kanonenschuss baufällig geworden war und abgerissen werden musste. Dieses Schicksal ereilte auch die zweite Kirche, die einst von Fürst *Amilachwari* gestiftet worden war.

Die heute bestehende Kirche wurde in den Jahren 1904–14 von dem Architekten *Leopold Bielfeld* errichtet. Ihre Besonderheit besteht auch darin, dass sie **Kirchenräume auf zwei Etagen** hat, nämlich für Gottesdienste in georgischer (OG) und in russischer Sprache (EG). Der Architekt orientierte sich an der Bauweise georgischer Kuppelkirchen, denn die Kirche ist der Kathedrale von

Samtawrissi (etwa 60 km nordwestlich von Tbilisi) aus dem Jahr 1030 sehr ähnlich. Über dem Eingang sieht man ein Basrelief mit der Darstellung *Georgs des Drachentöters*, die Altarmalerei führte der Maler *Lado Gudiaschwili* (1896–1980) aus (Muttergottes mit Kind, Abendmahl der Apostel, Mariä Verkündigung). Als *Gudiaschwili* 1946 die Apsis der Kirche ausmalte, wurde er von der Tbilisier Kunsthochschule entlassen und aus der KPdSU ausgeschlossen. Ihm zu Ehren wurde die Straße vor dem Kunstmuseum (geht von der Puschkin-Straße ab) in Gudiaschwili-Straße umbenannt.

Staatliche Gemäldegalerie

Neben der Kwaschweti-Kirche befindet sich die Gemäldegalerie. Das Gebäude im Stil der Renaissance und des Barock wurde 1883 als Militärhistorisches Museum (eigentlich **Ruhmeshalle** zur Erinnerung an den Sieg der russischen Truppen über die Perser) durch den deutschen Architekten *Salzmann* errichtet und besitzt nach italienischem Vorbild zwei Säle mit Oberlicht, damals eine Sensation. Am 24. Februar 1907 wurde die Ruhmeshalle im Beisein des Vizegouverneurs, Fürst *Woronzow-Daschkow*, eröffnet. Nachdem 1914 der georgische Künstler und politische Aktivist *Dimitri Schewardnadse* aus München zurückgekehrt und die Gesellschaft georgischer Künstler gegründet hatte, wurde die Ruhmeshalle 1920 in eine **Kunstgalerie** umgestaltet, für die sich aber kaum jemand verantwortlich fühlte. So schlief *Schewardnadse* im Keller der Galerie, um Diebstählen vorzubeugen. Heute gehört sie zum Nationalmuseum und beherbergt u.a. eine schöne Ausstellung von **Niko Pirosmani**, z.B. ein Ölgemälde, das die Seilbahn auf den heiligen Berg Mtazminda zeigt (1905), oder viele Tierbilder, darunter seine geliebten Rehe und das berühmte Bild „Frau, eine Kuh melkend" (1916). Auffällig auch viele Gemälde mit Männern an der Festtafel.

■ **Info:** geöffnet Di bis So 10–18 Uhr, an Feiertagen geschlossen, Eingang auf der Rückseite, Eintritt 5 Lari, Studenten 1 Lar.

Park des 9. April (ehem. Alexandergarten)

Hinter der Gemäldegalerie befindet sich der Park des 9. April, früher nach Zar *Alexander I.* Alexandergarten benannt. Einst eine Pferderennbahn, danach ein Gelände, auf dem Soldaten Marschieren üben durften, wurde hier 1859 der erste städtische Park eröffnet, den der Architekt *Otto Simenson* anlegte, der schwedischer Abstammung war. Heute ist hier das **Denkmal für Lado (Wladimir) Gudiaschwili** (Architekt *G. Makatadse*) besonders interessant. Es zeigt den Künstler als jungen Mann, mit dem linken Unterarm auf eine Säule gestützt, in der rechten den Mantel. Seine elegante Erscheinung soll an seine Rückkehr aus Paris erinnern.

Tbilisi Marriot Hotel

Neben der Kwaschweti-Kirche erhebt sich unübersehbar das Tbilisi Marriot Hotel, das 1903 als „Majestic" eröffnet wurde. Das Hotel war in der Sowjetzeit ein Intouristhotel namens „Tbilisi" und wurde während der Kämpfe um Gamsachurdia schwer beschädigt.

Sachari-Paliaschwili-Opernhaus

Nur ein kurzes Stück weiter befindet sich dieses Opernhaus im orientalischen Stil. Sein Vorgängergebäude wurde 1851 errichtet und begeisterte sogar *Alexandre Dumas*. Es brannte 1870 ab. Daraufhin beauftragte man den **deutschen Architekten Peter Schretter,** ein neues Theater zu bauen, was in den Jahren 1880–1896 realisiert wurde. Dieser Bau brannte fast 100 Jahre nach dem Brand des ersten Hauses, nämlich 1973, ab und wurde in den 1980er Jahren originalgetreu wieder aufgebaut. Sein prächtiger Zuschauerraum mit vier Rängen fast über 1000 Zuschauer.

Ehemaliges Hauptpostamt und Umgebung

Nach dem Opernhaus sehen wir das Gebäude der ehemaligen Kadettenschule, erbaut 1875, ab 1909 Tbilisier Kadettenkorps des Großfürsten *Michael Nikolajewitsch*. Später war es das Verfassungsgericht. In dem wuchtigen Gebäude daneben mit vier Doppelsäulen an seiner Frontseite befand sich das 1938 durch den Architekten *W. A. Schtschussew* erbaute ehemalige **Institut für Marxismus-Leninismus** (Imedi-Gebäude, siehe auch Batumi Hotel Intourist).

Das nächste, nicht minder wuchtige Gebäude war das ehemalige **Hauptpostamt,** das an den **Platz der Rosenrevolution** grenzt. Im Gebäude der ehemaligen Post/Telegrafenamtes (Rustaweli Nr. 31) befindet sich jetzt ein Supermarkt.

Der Verkehr vom Platz der Rosenrevolution mündet in das Kneipenviertel um die **Achwlediani-Straße.**

Oberhalb des Platzes befindet sich der Rustaweli-Platz mit der gleichnamigen Metrostation und dem **Schota-Rustaweli-Denkmal.**

Der Rundgang folgt jetzt der Linkskurve des Rustaweli-Boulevards. Das letzte Gebäude auf der rechten Seite (im Erdgeschoss befindet sich der Supermarkt Zemeli), ist das **Melik-Asariants-Haus.** *Alexander Melik-Asariants* war ein Kauf-

> Souvenirs

mann der Ersten Gilde. Das Gebäude, zu Sowjetzeiten stark vernachlässigt, verfügte schon zu Beginn des 20. Jh. über Elektrizität, Wasserleitung, Heizung, Telefon, ein Kino, ein Fotostudio (siehe auch Kapitel zu Gurdshaani, „Nato-Watschnadse-Museum"), einen Kindergarten, eine Kunstgalerie sowie einen Garten mit Springbrunnen und exotischen Pflanzen. An der Außenwand des obersten Geschosses fallen steinerne Kranzschleifen auf, die an den Tod der Tochter des Kaufmannes erinnern sollen, die kurz nach Fertigstellung des Gebäudekomplexes im Alter von nur 25 Jahren verstarb. Es heißt, dass die Tbilisier Kaufleute damals ihre Juwelen ohne Quittung zur sicheren Aufbewahrung bei diesem hoch geachteten Kaufmann abgaben. Nach Etablierung der Sowjetmacht wurde der Kaufmann enteignet und starb verarmt. Es heißt, dass er nur dank des Geldes eines Freundes bestattet werden konnte.

Gegenüber dem Mclik-Asariants-Haus befindet sich die ehemalige Akademie der Wissenschaften Georgiens, weiterhin sieht man das Schota-Rustaweli-Denkmal, die Filiale einer bekannten amerikanischen Fast-Food-Kette und den Eingang in die Metrostation Rustaweli. An der Stelle, wo heute das Schota-Rustaweli-Denkmal steht (Bildhauer: *K. Merabischwili*), befand sich einst die Apotheke des deutschen Apothekers *Semmel*. Daher wird dieses Gebiet von den Einheimischen noch immer **„Semmeli"** genannt.

Were und Wake

Were und Wake sind in der ersten Hälfte des vorigen Jahrhunderts angelegt worden und gelten nach wie vor als **bevorzugte Wohngegenden,** waren aber vor der Neuanlage Gegenden von zweifelhaftem Ruf.

Russische Kirche zum Apostel und Evangelisten Johannes und Blaues Kloster

Der Rustaweli-Boulevard mündet auf die Kostawa-Straße, der Platz der Rosenrevolution (ehem. Platz der Republik) auf die Kiatscheli-Straße bzw. die Achwlediani-Straße. Beide führen nach **Were.** Folgt man der Letztgenannten und biegt nach rechts ab, danach gleich wieder nach links, so fallen zwei interessante Kirchen auf, die unterschiedlicher nicht sein könnten.

Die weiße Kirche mit den typisch russischen Zwiebeltürmen ist die **Kirche zum Apostel und Evangelisten Johannes.** Sie wurde 1901 unter der Regentschaft von Zar *Nikolaus II.* anstelle des vormals hier befindlichen gleichnamigen Klosters aus dem 7. Jh. erbaut. Das Kloster war im 16. Jh. durch Truppen des persischen Schahs *Nader* zerstört worden. Die relativ kleine Kirche ist besonders am Wochenende so stark besucht, dass man kaum eintreten kann. Auffällig das viele Gold im Innern des Kirchenschiffs und am Ikonostas.

Unmittelbar dahinter fällt das **Blaue Kloster** (Lurdshi monastyr) aus dem 12. Jh. auf. Zur Zeit der legendären Königin *Tamar* erbaut, war seine Kirche die ehemalige Kirche des Erzbischofs von Tbilisi, *Basilius,* dessen Bruder *Abulasani* zu seiner Zeit ein bekannter Würdenträger war. Beim ersten Bau waren die Wände mit Ornamenten geschmückt; es dürfte ungewöhnlich sein, dass die Baupläne aus jener Zeit erhalten sind. Die Klosterkirche wurde im 16./17. Jh. stark umgebaut, danach 1873 erneut umgestaltet. So wurden die tragenden Wände aus Ziegelsteinen errichtet und eine Kuppel aufgesetzt. Das Mittelschiff der kleinen dreischiffigen Kirche hat neue Fresken erhalten, die beiden kleinen Seitenschiffe sind einfarbig grau gehalten. Der Glockenturm mit seinen türkisblauen Kacheln steht separat.

Universität

Links neben der Philharmonie beginnt die Melikischwili-Straße, die in den Tschawtschawadse-Boulevard (Tschawtschawadse Gamziri) übergeht. Hier befinden wir uns im Stadtteil **Wake,** vor allem wegen der Universität erwähnenswert, deren elegantes Hauptgebäude sich am Tschawtschawadse-Boulevard befindet. Die Universität wurde 1906 als Höhere Bildungsanstalt für die Kinder der Aristokratie errichtet.

Michail-Meßchi-Stadion

Das 2001 erbaute Rugby- und Fußballstadion ist die Heimstätte des Fußballvereins **Lokomotive Tbilisi** und fasst gut

◁ Anfang des 20. Jh. eines der luxuriösesten Stadthäuser: das Melik-Asariants-Haus

Pantheon auf dem Mtazminda-Berg

27.000 Zuschauer. Benannt ist es nach dem georgischen Fußballspieler *Michail Meßchi* (1937–1991).

Freilichtmuseum

Etwa nach zwei weiteren Kilometern erreicht man nach einigem Anstieg den Wake-Park mit dem sehenswerten **Ethnografischen Museum Giorgi Tschitaja**. Mit dem Taxi geht es weit schneller und bequemer, denn der Weg dorthin zieht sich. Dieses Freilichtmuseum zeigt Gebäude aus verschiedenen Gegenden Georgiens, besonders viele Häuser wurden aus Westgeorgien (Imeretien, Mingrelien und Gurien) hierher gebracht und wieder aufgebaut. Sie zeigen den Aufbau eines Hauses, vorwiegend aus der Zeit um das Ende des 19. Jh. Zum Schutz gegen einen meist feuchten Untergrund wurden die Häuser auf steinernen Pfählen errichtet, sie selbst sind aus Holz. Die Küche befand sich in einem separaten Gebäude. Da es in Ostgeorgien immer windig ist, wurden die Häuser aus jenem Landesteil an einen Berghang gebaut und scheinen in diesen überzugehen. Sie sind aus Stein errichtet. Die Angestellten des Museums halten Ziegen und Hühner auf dem Gelände, was einen zusätzlichen Reiz ausmacht.

■ **Info:** geöffnet Di bis So 10–17 Uhr, an Feiertagen geschlossen. Eintritt 3 Lari, Kinder ab 6 Jahren 50 Tetri, im Vorschulalter Eintritt frei.

Heiliger Berg

Von vielen Stellen der Stadt hat man einen guten Blick auf die Dawit-Kirche, die wie ein Vogelnest am **Mtazminda-Berg** zu kleben scheint. Am einfachsten hinauf zu Kirche und Park kommt man mit dem **Funicular** (s. S. 71). Auch mit dem Taxi kann man ganz nach oben fahren (ab Rustaweli-Boulevard ca. 3 Lari). Der mühsame, aber lohnende Aufstieg zu Fuß erfolgt über die links neben dem Parlament ansteigende Straße des 9. April bis ganz hoch zur Tschonkadse-Straße; man biegt nach rechts in die Tschonkadse ein. Bald sieht man zur Linken die Standseilbahn. Man lässt sie links liegen und läuft bis zur Mtazminda-Straße (ggf. nachfragen), die recht steil und oben gewunden bergan verläuft. Der letzte, kurze Abschnitt ist sehr steil. Schuhe mit hohen Absätzen sind hier absolut fehl am Platz.

Schließlich hat man den Eingang erreicht, vor dem sich Bettlerinnen eingerichtet haben. Dort kommt man an einer unscheinbaren, vergitterten Öffnung vorbei. Hier stehen die Sarkophage des 1829 in Teheran ermordeten russischen Diplomaten und Dichters *Alexander Gribojedow* und seiner georgischen Witwe *Nino* (geborene *Tschawtschawadse*).

Der Mtazminda ist der Heilige Berg Tbilisis, hier soll der heilige *Dawit* im 6. Jh. eine Kirche errichtet haben. An ihrer Stelle steht heute die in den Jahren 1855 bis 1859 errichtete kleine **Dawit-Kirche.** Anlässlich des 100. Todestages Gribojedows 1929 wurden Kirche und Friedhof in ein **Pantheon** umgestaltet, obwohl hier schon vorher Beerdigungen stattgefunden hatten. So waren 1907 der Dichter *Ilja Tschawtschawadse* und 1915 der Dichter *Akaki Zereteli* hier bestattet worden. Unter großer Anteilnahme der Bevölkerung wurde im März 2007 der westgeorgische Politiker *Swiad Gamsachurdia* beigesetzt. Nicht nur sein Grab ist zum Wallfahrtsort geworden, hier finden sich auch die Gräber von *Jekaterina Geladse Dshugaschwili,* der Mutter Stalins, des Philosophen *Wascha Pschawela* und des Dichters *Nikolos Baratraschwili*. Sein Werben um Nino Tschawtschawadse war erfolglos gewesen, jetzt sind sie beide auf dem Friedhof des Pantheons bestattet.

Agmaschenebeli-Boulevard

Einheimische nennen den renovierten Boulevard nach wie vor einfach **Plechanowa.** Etwa um 1830 wurde die Straße als Michailowskaja angelegt. Hier siedelten vor allem deutsche Kolonisten, Beamte und Offiziere in zwei- oder dreistöckigen Gebäuden. Zu Sowjetzeiten wurde die Michailowskaja dann zur Plechanowa. Ein Problem ist die **Orientierung,** denn viele Straßen wurden umbenannt, doch die Einheimischen verwenden weiterhin die alten Namen, z.B. wird die unaussprechliche Zinamdsgrishvili nach wie vor Uliza Zetkina (nach *Clara Zetkin*) genannt, die Tschubinaschwili oft noch Ordshonnikidse.

Der Boulevard ist am besten **ab der Metrostation Mardshanaschwili** zu erreichen. Verlässt man die Metrostation nach rechts und folgt der Plechanowa, kommt man zum Tschogureti-Platz, an dem man nach rechts in die Tamar-Mepe-Straße in Richtung Bahnhof einbiegen könnte. Auf der linken Straßenseite des Agmaschenebeli-Boulevards befindet sich eine wachsende Anzahl preisgünstiger **türkischer Imbisse** und SB-Restaurants, oft mit bebilderter mehrsprachiger Speisekarte, z.B. das Kappadokia (Hausnr. 116), das Ankara in Nr. 128, das Supra in Nr. 130.

Boris-Paitschadse-Stadion

Überquert man die Tamar-Mepe-Straße zur Zabadse-Straße hin, fällt bald das imposante Stadion von **Dinamo Tbilisi** ins Auge, welches auch über die Zinamdsgrishvili-Straße (ex Zetkina) erreichbar ist. Das **55.000 Zuschauer** fassende Stadion wurde 1976 fertiggestellt und war damals das drittgrößte Stadion der UdSSR. Benannt ist es nach dem berühmten georgischen Mittelstürmer *Boris Paitschadse* (1915–1990).

Bertha von Suttners ehemaliges Wohnhaus

Parallel zum Agmaschenebeli-Boulevard verläuft die Usnadse-Straße. Am Haus Nr. 54, genau gegenüber der Einmündung der Tetelaschwili-Gasse, befindet sich eine **Gedenktafel**, die darauf hinweist, dass hier *Bertha* und *Arthur von Suttner* in den Jahren 1882–84 lebten. Es ist sehr bedauerlich, dass sich niemand für das Gebäude verantwortlich fühlt.

Backpacker-Viertel, Museum und Kirche

Biegt man an der Metrostation Mardshanaschwili sofort nach links in die schmale, baumbestandene **Mardshanaschwili-Straße** mit ihren vielen Geschäften ein, kommt man in eines der ältesten Backpacker-Viertel Tbilisis, in dem sich auch das Ilja-Tschawtschawadse-Hausmuseum befindet. Folgt man der Mardschanaschwili bis zum Ende (10–15 Min. Gehzeit) und biegt dann nach rechts ab, erreicht man die evangelisch-lutherische Kirche beim Sowjetischen Platz (Sowjetskaja Ploschtschad); biegt man aber nach links ein, so kommt man zum Bahnhof.

Ilja-Tschawtschawadse-Hausmuseum

In der Tschubinaschwili-Straße (ehem. Ordshonnikidse) unmittelbar rechts neben dem Rtscheuli Guesthouse befindet sich das Haus, das sich der **Verleger Fürst Ilja Tschawtschawadse** 1900 gekauft und 1902–07 bewohnt hatte. Der Fürst hatte von seinem 11. Lebensjahr an (als er Vollwaise wurde) bei der deutschen Familie *Hacke* gelebt, dort die deutsche Sprache und das Klavierspielen erlernt. Der deutsche Verleger *Arthur Leist,* Gründer und Herausgeber der „Kaukasischen Post", war später oft bei *Tschawtschawadse* zu Gast, der hauptsächlich Werke aus der deutschen Sprache ins Georgische übersetzte. Sein Arbeitszimmer wird von einem riesigen Ofen aus grünen italienischen Kacheln bestimmt. Beidseits des Kamins hängen Farblithografien, die er um 1900 aus Deutschland mitgebracht hatte. Über seinem Schreibtisch hängen die Porträts von *Schota Rustaweli,* König *Erekle II.* und *Giuseppe Garibaldi.* Die Originalmöbel geben einen guten Einblick in den **Lebensstil georgischer Adliger** in jener Zeit. Das zweite Zimmer, das Empfangs- und Wohnzimmer, ziert u.a. ein Bild seiner Frau *Olga Guramischwili,* der Tochter des Dichters *Guramischwili;* weiter sind ein großer Keramikofen und ein herrlicher Eichenschrank zu sehen. In einer Ecke im anschließenden Raum steht eine riesige Truhe (russ. *sunduk*) aus Berlin (erworben um 1900). Nicht übersehen sollte man den gemütlichen **Weinkeller,** der vom Innenhof aus zugänglich ist. Neben einem ausgestopften Bären schmücken ihn große Metallteller (*sini* genannt) und ein offener Kamin.

■ **Info:** geöffnet Di bis Sa 12–16 Uhr, Eintritt frei. Bitte beachten, dass der Eingang zum Museum links neben dem Vorgarten ist, nicht die stets verschlossene Mitteltür nehmen!

Peter-und-Pauls-Kirche bzw. Versöhnungskirche

Der heutige Mardshanaschwili-Platz war vor über 100 Jahren einfach die Kreuzung von Michael-Straße und Kirotschnaja (Kirchenstraße, heute Mardshanaschwili-Straße). Dort befand sich die 1894–97 von dem Architekten *Leopold Bielfeld* erbaute und **1897 geweihte evangelische Peter-und-Pauls-Kirche** (etwa diagonal gegenüber dem heutigen McDonald's). Zu Ihr gehörten neben dem Pfarrhaus auch ein Kindergarten und eine Schule. In Tbilisi lebten damals an die 3000 Deutsche. Von den Einheimischen wurde das Gotteshaus schlicht „Kirke" genannt, so die russische Bezeichnung für eine evangelische Kirche.

Nachdem die Kirche 1946/47 von deutschen Kriegsgefangenen abgetragen werden musste, konnte aufgrund der Initiative von Bischof *Gert Hummel* (†) aus Saarbrücken, der deutschen Partnerstadt Tbilisis, im Jahr **1995** die **Versöhnungskirche** geweiht werden, wenn auch nicht am ursprünglichen Ort, sondern in der Tewdore-Graneli-Str. Nr. 15 (www.ev-luth-kirche-georgien.de).

Jeden Sonntag um 11 Uhr und an kirchlichen Feiertagen finden in der Versöhnungskirche Gottesdienste statt. Die Kirche ist für jedermann zugänglich. Etwa 40 bis 50 Kinder nehmen von 9 bis 13.30 Uhr an der Sonntagsschule teil, in der sie die deutsche Sprache erlernen, spielerisch religiöse Themen behandeln, basteln und singen. Die Kinder entstammen auch orthodoxen oder armenisch-apostolischen Elternhäusern. **Pfarrerin Irina Solej** schätzt, dass etwa die Hälfte der Kirchgänger wegen der karitativen Arbeit der Kirche kommen, denn die Orthodoxe Kirche unterstützt in Not geratene Gläubige kaum oder gar nicht. Frau *Solej* spricht deutsch und freut sich über Besucher aus dem deutschsprachigen Raum (solej@mail.ru, Tel. 2 94 31 29). Am 24. Dezember 2011 stattete der Tbilisier Bürgermeister *Gigi Ugulawa* der Kirche einen Besuch ab.

Man findet die Kirche, indem man zur Kreuzung Sowjetskaja Ploschtschad geht, an der sich Tschitaja-, Tschikobawa- und Masniaschwili-Straße treffen. In östlicher Gehrichtung fällt links das Maxim-Gorki-Denkmal auf, hinter dem auf der rechten Seite ein eingezäuntes, durch seine gepflegte Erscheinung auffälliges Areal erkennbar wird. Falls die Tür verschlossen ist, durch das Gitter greifen und entriegeln.

Feiertage in Tbilisi

Alilo: Prozession zur Zminda-Sameba-Kathedrale

Immer am **7. Januar** (orthodoxes Weihnachtsfest) versammeln sich die Menschen auf dem Platz der Rosenrevolution (gegen 11 Uhr, am besten vor Ort erkundigen). Ein Festzug mit kostümierten Kindern und Jugendlichen begleitet Esel- und Ochsenkarren auf ihrem Weg über den Rustaweli-Boulevard zum Tawisubleibis Moedani und über die Barataschwili-Straße zur Zminda-Sameba-Kathedrale in Awlabari. Ein Lautsprecherwagen sorgt für religiöse Begleitmusik im georgischen Stil, Geistliche schwenken Weihrauchfässchen. Alle sind gut gelaunt und die Stimmung ist eine ganz besondere.

Wer Glück und Freunde auf dem Land hat, könnte Alilo noch als traditionelles **Sternsingen** erleben, wie auch in bestimmten Gegenden Deutschlands und Österreichs bekannt.

Das orthodoxe Osterfest

Auch das orthodoxe Osterfest beginnt mit dem Karfreitag, hier **Roter Freitag** genannt, denn es werden rot gefärbte Ostereier verschenkt. Am Ostersamstag kommt das heilige Feuer aus Jerusalem auf dem Tbilisier Flughafen an und wird in den Kirchen der Stadt verteilt. Nicht nur in der Zminda-Sameba-Kirche findet die ganze Nacht zum Ostersonntag eine festliche Liturgie statt.

Tag der Unabhängigkeit

Am **26. Mai 1918** erlangte Georgien die **Unabhängigkeit von Russland.** Damals wurde *Noé Dschordania* erster Premierminister der Ersten Republik.

Tbilisoba

Seit 1978 wird **Ende Oktober** dieses Stadtfest gefeiert, das an ein Erntedankfest erinnert. Besonders am Rike-Ufer finden zahlreiche Veranstaltungen in Verbindung mit Obst und Wein statt, aber auch Auftritte berühmter georgischer Gesang- und Tanzensembles sind angesagt.

Tag des Heiligen Georg (Giorgoba)

Der **23. November** des Jahres 288 soll der Tag gewesen sein, an dem der aus Kappadokien stammende Heilige Georg aufs Rad geflochten und auf Geheiß Kaiser *Diokletians* enthauptet wurde.

■ **Tipp:** Man beachte auch die Veröffentlichungen der Deutschen Wirtschaftsvereinigung (www.dwvg.ge) über die alljährlich im Mai stattfindenden „Deutschen Tage in Tiflis".

Praktische Tipps A–Z

■ **Vorwahl Tbilisi:** international 00995 32, national 0 32
■ **Auskunft Tbilisi:** Tel. 08, 09
(nur georgisch oder russisch)
■ **Bahnhof Tbilisi:** Tel. 2 56 62 53, 2 56 47 60
■ **Flughafen Tbilisi:** Tel. 2 43 31 41, 2 43 32 21

An- und Weiterreise

Marschrutki ab Metrostation Samgori

■ Marschrutki **nach Kachetien** fahren ab der Metrostation Samgori (ehem. Nawtlug). Die Station in Fahrtrichtung (stadtauswärts) verlassen und links abbiegen. Der Platz ist chaotisch (festes Schuhwerk

Tbilisi – die Hauptstadt

nötig, Rollkoffer bei Regen nicht rollbar, da riesige Pfützen).
◼ Vom ersten Parkplatz fahren Marschrutki nach **Marneuli:** alle 20 Min., 2 Lari, 40 Min. Fahrtzeit.

Hinter dem Parkplatz ist ein flaches Gebäude („Bus Station"), dahinter starten die Marschrutki nach:
◼ **Alawerdi:** 7 Lari, einmal tägl. 15.20 Uhr, Fahrtzeit 2 Std.
◼ **Asureti** (Marschrutka nach Tetrizqaro): 4–5 Lari, 12.20, 15.45, 17.30 Uhr, 1 Std.
◼ **Guurdschani:** 5 Lari, alle 30 Min., 2 Std.
◼ **Telawi:** 6 Lari, alle 40 Min., 2 Std. 40 Min.
◼ **Sagaredscho:** 2 Lari, alle 20 Min. von 8–18.30 Uhr, 40 Min.
◼ **Signagi:** 5 Lari, 9, 11, 13, 15, 17, 18 Uhr, 1½ Std.

Marschrutki ab Metrostation Isani
◼ **Lagodechi:** 7 Lari, 7.40, 8.30, 10.20, 11.10, 12, 12.35, 13.15, 14, 14.40, 15.20 Uhr, 2½ Std.

Busse und Marschrutki ab Metrostation Didube
Busse und Marschrutki **nach Nord- und Westgeorgien** fahren vom chaotischen Busbahnhof bei der Metrostation Didube ab. 2015 soll der neue Bahnhof in Betrieb gehen und Didube stillgelegt werden.

◼ **Achalziche:** 12 Lari, 8–17 Uhr stündlich, ca. 4 Std.
◼ **Bakuriani:** 11 Lari, 9 und 11 Uhr, 2½–3 Std., in der ersten Januarwoche häufiger.
◼ **Barisacho:** 5 Lari, Do bis Di, 2½ bis 3 Std.
◼ **Batumi:** 20 Lari, von 8 bis 20.30 Uhr alle halben Stunde, ca. 6 Stdn.
◼ **Bordshomi:** 8 Lari, von 8–19 Uhr stündlich (im Winter evtl. nur bis 18 Uhr), 2 Std.
◼ **Gori:** 4 Lari, von 8–19.30 Uhr alle halbe Stunde, ca. 1 Std.
◼ **Gudauri:** 6 Lari, 8.30, 9.30, 11, 15 und 17 Uhr, ca. 3 Std.
◼ **Mzcheta:** 1 Lar, von 7.30–19.30 Uhr alle 15 Min., 45 Min.

◼ **Passanauri:** 3 Lari, 14.45 Uhr, 90 Min.
◼ **Stepanzminda (Kasbegi):** 10 Lari, von 9–17 Uhr stündlich, 3–3½ Std. ohne planmäßigen Unterwegshalt in anderen Orten (Warnung: Es gibt Marschrutkafahrer, die außerhalb des kleinen Hofes – da wo die Taxis nach Kasbegi oder Wladikawkas stehen – auf Kundenjagd nach Kasbegi sind und 15 Lari verlangen!).
◼ **Kutaisi:** 10 Lari, von 8–19 Uhr jede volle Stunde, 3½–4 Std.
◼ **Wardzia:** 16 Lari, 10 Uhr, ca. 6 Std.

Geht man auf dem Platz nach hinten rechts, kommt man zum **Okriba-Busbahnhof,** von dem täglich um 8 Uhr ein Bus nach **Ratscha-Letschchumi** abfährt, außerhalb der Saison statt des Busses eine Marschrutka. Kosten: **Ambrolauri** 20 Lari, **Oni** 23 Lari, **Schowi** (nur in der Saison) 26 Lari, 7–9 Std. Fahrtzeit. Vor dem Gebäude Richtung Metro auch Sammeltaxen nach **Mzcheta** zu 5 Lari pro Person.

Busse und Marschrutki ab Hauptbahnhof
Nach Verlassen der Metrostation Wagslis Moedani geht man in den modernisierten Bahnhof und fährt mit der Rolltreppe bis in das Geschoss, in dem die Fahrkarten verkauft werden. Hinten links ist der Ausgang zur Abfahrtsstelle (obere Ebene) zahlreicher Busse, u.a. von **Grup Georgia,** Tel. 595 22 54 42; Grup Georgia setzt moderne klimatisierte Mitsubishi-Busse ein. Daneben gibt es zahlreiche andere Busgesellschaften.

◼ **Poti** (15 Lari) und **Batumi** (18 Lari): 8, 9.30, 13, 15.30 Uhr. Der Bus hält unterwegs in Chaschuri (6 Lari), Sestaponi (9 Lari), Samtredia (12 Lari), Senaki (14 Lari) und Kobuleti (16 Lari).
◼ **Kutaisi:** 10 Lari, 11 Uhr, ca. 6 Std.

Vom Hauptbahnhof (Wagslis Moedani) fahren zahlreiche Busse und Marschrutki ab. Die **Abfahrtsstellen** ändern sich häufig, der Reisende ist also darauf angewiesen, vorher genaue Erkundigungen einzuholen. Es ist davon auszugehen, dass der umfangreichen und als gelungen anzusehenden Innenrenovierung des Hauptbahnhofes eine Umgestaltung des Außenbereiches folgen wird.

Neben der Abfahrtsstelle auf der oberen Ebene, von der auch Grup Georgia abfährt (Zotne-Dadiani-Straße), fahren einige Gesellschaften (z.B. nach Marneuli) von der zweiten Ebene vor dem Bahnhof ab. Auskünfte: Tel. 2 18 05 67. Weiterhin fahren vom Hauptbahnhof Marschrutki zum Grenzübergang **Krasnij Most** nach Aserbaidschan (5 Lari, ca. 1 Stunde), von dort hat man Anschluss nach Gändschä und Baku.

Marschrutka nach **Mestia:** 5 Uhr, 30 Lari. Auskünfte/Reservierung über Herrn *Beschan Dshaparidse,* mobil: 599 24 35 27. Tipp: Genaue Abfahrtsposition erfragen!

Marschrutki nach Jerewan ab Hbf

Steht man vor dem Bahnhofsgebäude, so fahren von dem Platz auf der zweiten Ebene Marschrutki nach Jerewan (kyrillische Beschriftung „ЕРЕВАН") ab: 30 Lari, 9, 11, 13, 15 und 17 Uhr, über Grenzübergang Sadachlo, Dauer der Fahrt 5–6 Std.

Züge nach Jerewan und Baku

Der früher geradezu menschenfeindliche Hauptbahnhof wurde innen gründlich modernisiert und umgebaut und erhielt einen neuen Außenanstrich, nur die Bahnsteige sind noch die alten. Fahrkartenverkauf jetzt in runder Innenhalle, Schalter 14, englischsprachig. Die genannten Preise verstehen sich inkl. Kommission und Bettzeug. Man legt Wert darauf, dass die Preise nach dem aktuellen Wechselkurs des Lari zum Schweizer Franken erhoben werden; folgende Preise sind daher nur Richtwerte. Fahrplan siehe im Anhang dieses Buches.

● **Baku:** 2. Klasse 58 Lari, 1. Klasse 111 Lari.
● **Jerewan:** 3. Klasse 47 Lari, 2. Klasse 58 Lari, 1. Klasse 70 Lari. Die Züge nach Jerewan verkehren an ungeraden, die von Jerewan an geraden Tagen.

Tipp: Zum Fahrkartenkauf unbedingt **Pass** mitbringen, da der Name des Reisenden in die Fahrkarte eingetragen wird. Für Aserbaidschan ist die vorherige Beschaffung eines **Visums** unerlässlich, was beim Fahrkartenkauf jedoch nicht kontrolliert wird, da Sache des Reisenden.

Fernbusse

Busse und Marschrutki nach Aserbaidschan, Jerewan, Athen und Istanbul starten vom Busbahnhof Ortatschala im Südosten von Tbilisi. Anfahrt mit gelber Marschrutka wie folgt möglich: Nr. 94: Wagslis Moedani (Hbf, obere Ebene), Metro Mardshanaschwili, Metro Rustaweli, Abanotubani, Ortatschala und zurück; Nr. 176 ab Barataschwili über Abanotubani nach Ortatschala und zurück; Nr. 180: Metro Didube, Metro Mardshanaschwili, Dynamo-Stadion (Zereteli), Ortatschala und zurück.

Von dem der Straße zugewandten oberen Sektor fahren Marschrutki **nach Jerewan** (Fensterschild „ЕРЕВАН" in kyrillischen Buchstaben) ab, etwa von 7.30 Uhr bis gegen Mittag stündlich. Die beinahe gemütliche Fahrt (inkl. ca. 30-minütiger Pause) über den Grenzübergang Sadachlo, die armenischen Orte Wanadsor und Sewan dauert mindestens 6 Std. und kostet 30 Lari (auch wenn man unterwegs aussteigt).

Weiterhin fahren zwischen 8 und 13 Uhr einige Marschrutki via Grenzübergang Lagodechi **nach Kachi** in Aserbaidschan (Visum vorher besorgen!). Telefonische Auskünfte über den Disponenten Herrn *Sura* (mobil 893 25 30 16, russ.).

Weitere Ziele sind **Dedopliszqaro** (8.30, 9.20, 10.10, 11, 12, 12.50, 13.40, 14.30 Uhr, 7–8 Lari, ca. 3 Std.) und **Telawi** (ab 8.20 Uhr jede Stunde bis 18.20 Uhr, 6 Lari, 2 Std.).

Nach Durchquerung des kleinen Bahnhofsgebäudes erreicht man den größeren, überschaubaren unteren Teil, von dem ungefähr zehn moderne **türkische und griechische Busgesellschaften** abfahren; die Beschilderung der Fahrkartenschalter ist oft in lateinischer Schrift. Bitte beachten: Die unten angegebenen Abfahrtstage können sich kurzfristig ändern und sind daher unbedingt einen Tag vor der

beabsichtigten Fahrt vor Ort zu verifizieren (Fahrkartenvorverkauf im Sommer empfohlen). Hier einige Busgesellschaften:
- **Özlem Ardahan,** Sa 10 Uhr nach Ardahan über Posof.
- **Golden Turizm,** mobil: 595 60 54 75 *(Naira)* und 599 26 03 40 *(Maka),* täglich um 11 Uhr nach Istanbul (60 US$) und Ankara (45 US$) über Batumi.
- **Mahmut Tur,** www.mahmuttourizm.com, mobil: 577 40 24 38, täglich um 12 Uhr über Batumi nach Trabzon (30 US$) und Istanbul (40 US$).
- **Metro,** mobil: 577 78 81 05, um 14 Uhr nach Baku über Grenzübergang Rote Brücke (Krasnij Most) für 30 Lari, um 10.30 Uhr nach Istanbul, um 11.30 Uhr nach Samsun; weitere Verbindungen nach Ankara, Antalya und in andere türkische Städte, alle über Batumi.

Flüge nach Mestia (Swanetien)

- **Vanilla Sky,** Wascha Pschawela 5, Tel. 2 42 74 27, mobil: 599 65 90 99, Tourmanagerin *Mari Dolidze* (spricht fließend englisch) ist erreichbar über mari@vanillasky.ge. Flüge nach Mestia mit einem Kleinflugzeug finden montags, mittwochs und freitags um 11 Uhr ab dem Flugfeld in Natachtari bei Tbilisi statt; Rückflug jeweils 13 Uhr ab Mestia, Flugdauer 1 Std., Flugpreis 65 Lari für die einfache Strecke. Die Fluggäste werden 12 Std. vor Abflug von Schlechtwetter in Kenntnis gesetzt; entfällt der Flug deswegen, wird der Ticketpreis erstattet (und nur dann). Zur Buchung werden benötigt: Name, Vorname, Pass-Nr., Geburtsdatum, Staatsbürgerschaft. Die Bezahlung erfolgt im Büro oder per Banktransfer. Wichtig: Telefon-/Handynummer des Fluggastes! Eingeschlossen im Preis sind Transfer nach Natachtari bzw. Rückfahrt nach Tbilisi ab Natachtari ab/zur Metrostation Rustaweli beim Springbrunnen (vor dem McDonald's) um 9.20 Uhr mit einem weißen Mercedes Sprinter, Fahrer *Zura*, mobil: 595 53 80 84 (unbedingt notieren!). 15 kg Gepäck pro Person. Wie lange dieser Anbieter im Geschäft bleibt, kann nicht vorhergesagt werden – beständig ist nur der Wechsel …!

Banken

- In ganz Tbilisi gibt es **zahlreiche Geldautomaten.** Auszahlung von Lari oder US-Dollar, englisches Menü, Quittungsaus$ruck. Einige Automaten: Bank of Georgia: Rustaweli-Boulevard 5 (Kino), Procreditbank: Melikischwili 89/90, Procreditbank: Agmaschenebeli 89/90, TBC Bank: Rustaweli-Boulevard 13, Hotel Marriot, United Georgian Bank: Hotel Courtyard Marriot, Tawisubleibis Moedani.
- **Bank of Georgia,** Puschkinstr. 3.
- **Procreditbank,** Agmaschenebeli 154.
- **TBC Bank,** Marjanaschwili 7.

Bibliotheken

- **Deutsche Bibliothek Wilhelm von Humboldt,** Ilja Tschawtschawadse Nationalbibliothek, Gebäude II, www.nplg.ge, Gudiaschwili 5, rechts neben dem Rustaweli-Kino vom Rustaweli-Boulevard abbiegen, 10–18 Uhr (Nov. bis April), 10–19 Uhr (Mai bis Okt.).
- **Österreich-Bibliothek Tbilisi** (Tbilisis avstruli biblioteka), K. Tscholakaschwili 3, Mo bis Fr 10–18 Uhr, Sa 12–16 Uhr, Tel. 2 10 59 13 (Bibliothek), mobil: 577 10 31 04 (Frau *Tschumburidze,* Bibliothekarin).

Essen und Trinken

Man lasse sich nicht von der Bezeichnung „Café" täuschen, denn meist sind es Restaurants oder Gaststätten mit entsprechendem Angebot.

Rund um den Rustaweli-Boulevard

- **Rustaweli-Kino,** Rustaweli 5, im EG befindet sich ein Foodcourt, u.a. Coffeeshop, Bierbar, Burgerville ist am günstigsten, Waffeln ab 1,60 Lari.
- **Marriot Hotel,** Café Parnas/Restaurant/Lounge, Rustaweli-Boulevard 13, empfehlenswertes Café Parnas im Bistrostil mit Riesenscheiben zur Straße, 10–24 Uhr, Fr/Sa bis 2 Uhr nachts, englischsprachi-

ger Service, Croque Monsieur 17 Lari, Coffee latte 8 Lari, Flasche Nabeghlavi 3,90 Lari, Bier Kasbegi ab 4 Lari, Paulaner ab 11 Lari, +18% Service, Speisekarte Englisch/Georgisch mit französischen Bezeichnungen der Gerichte.

Marco Polo, Rustaweli 44, gegenüber der Post, Tel. 93 53 83, Frühstück ab 4 Lari, Suppen ab 3 Lari, Glas georgischer Wein ab 2 Lari, die gefälligen Preise und die angenehme Atmosphäre, die an ein Wiener Café erinnert, ziehen viele Gäste an.

Restaurant Passanauri, Gribojedowi 37/46 Ecke Rustaweli (leichter kurzer Anstieg, linker Hand), rustikales Restaurant mit englischer Speisekarte, georgische Gerichte. Lesertipp.

Restaurant Sabatono, Gribojedowi 30, gegenüber dem Passanauri, georgische Gerichte, große Portionen, günstig, kalte Klimaanlage! Lesertipp.

Barataschwili-Straße

Muchrantubani, Barataschwili 23, Tel. 2 99 74 74. Rustikales Restaurant, englische Karte, gehobenes Preisniveau. In den beiden oberen Geschossen mehrere Räume unterschiedlicher Größe, die sich für Geschäftsessen anbieten. Vor dem Muchrantubani steht übrigens eine ausgemusterte Straßenbahn.

Hangar Pub, Schawteli 20, gegenüber Antschischati-Kirche, nur wenige Schritte von der Barataschwili entfernt, www.thehangar.biz. Original irisches Pub, im Sommer auch draußen, englisches Menü, im Angebot auch viele Burger, z.B. Silvio Berlusconi Burger oder Schewardnadse Burger zu je 11 Lari, Sarkozy Burger, Obama Burger oder Chancellor Merkel Burger zu je 12 Lari, nicht zu vergessen Saakaschwili Burger („with a little bit of everything") zu 14 Lari. Großer Flatscreen für Live-Übertragungen, abends auch Live-Musik, gute Bedienung.

Agmaschenebeli-Boulevard

In der Agmaschenebeli Gamziri befinden sich zahlreiche Restaurants und preisgünstige Cafés. Ein guter Ausgangspunkt ist die Metrostation Mardshanaschwili. Auch in der Mardschanaschwili-Straße südlich des Mardshanaschwili-Platzes, also am McDonald's links vorbei in Richtung Brücke, finden sich zahlreiche Imbisse, die von einheimischen Jugendlichen stark frequentiert sind, also günstige Preise haben.

Café Ankara, Agmaschenebeli 128, Tel. 2 97 52 81, türkische Küche, sehr sauber, superlecker, Riesenauswahl am Büfett.

■ **Schemoichede Ginatswale,** Mardshanaschwili 7 (Eingang von der Uferpromenade her), georgische Karte, stark von Jugendlichen frequentiert.

Fußgängerzone

Die drei kleinen, parallel verlaufenden Straßen Leselidse, Chardin und Rkinis Rigi in der Altstadt nahe der Metechi-Brücke bieten eine ganze Reihe von Bars und Restaurants (meist etwas teurer).

■ **Chardin Bar,** Chardin 4, Tel. 2 75 20 44.
■ **China Town,** Leselidse 44, Tel. 2 75 10 14, mobil: 599 56 96 99, chinesisches Restaurant und Teehaus (mehr als 25 chinesische Teesorten), Sechuan-Küche, Fischgerichte, Business Lunch 13–16 Uhr, Freisitze. Der Koch kommt aus China. Liefern auch aus.
■ **Café Maidan,** Rkinis Rigi 6, Tel. 2 75 11 88, Café mit Freisitzen auf der Altstadtseite der Metechi-Brücke, georgische und europäische Küche, 15–25 Lari, 11–2 Uhr. Ab und zu Live-Jazz ab 21 Uhr. Falls der Abend kühl wird, werden auch schon mal Dekken an die Gäste draußen ausgeteilt.
■ **Restaurant Marrakech,** Chardin 13, Tel. 2 75 10 28. Wer es zur Abwechslung mal marokkanisch mag, ist hier richtig. Orientalisches Interieur, Essen zum Mitnehmen, Lieferservice, Spezialität: Couscous mit Obst und Nüssen, 15–20 Lari.

Kneipenviertel um die Achwlediani-Straße

Die Achwlediani hieß bis vor Kurzem noch Perowskaja (Info für den Taxifahrer). Sie ist die Fortsetzung des Platzes der Rosenrevolution, leider keine Fußgängerzone, sondern eine stark befahrene Durchgangsstraße. Hier findet man praktisch Tür an Tür unterschiedlichste Bars und Restaurants, die allerdings eher auf Ausländer abzielen vom Preisniveau her. Die meisten berechnen noch eine Service-Gebühr und/oder Mehrwertsteuer, also Speisekarten genau lesen!

■ **Dublin Bar,** Achwlediani 8 (Eckgebäude), Tel. 2 98 44 67. Gemütlich mit Holzbänken, Speisekarte englisch. Die meisten Gerichte zwischen 16 und 17 Lari, 0,3 l Bier um die 6 Lari, Biere aus Belgien, Deutschland, USA, Holland, Tschechien, Georgien, Russland. Plus 15 % Service-Gebühr.
■ **Café Gallery,** Achwlediani 15. Frühstück ab 9 Uhr, 12–16 Uhr Mittagsmenü ab 7 Lari, freies WLAN.
■ **Saloon Buffalo Bill,** Achwlediani 16, Tel. 2 93 60 52. Western Bar mit vielen amerikanischen Fahnen, Kamin. Elvis Presley Burger 8 Lari, Caesar's Salad 10 Lari, Biere wie in der Dublin Bar. Plus 15 % Service-Gebühr!
■ **Kartuli Sachli** (Georgisches Haus), Achwlediani 23, an der Eingangstür steht „Georgian Restaurant", mobil: 599 58 15 43 (*Maja*, russ.). Auf zwei Etagen georgisches Essen zu vernünftigen Preisen, zweisprachige Speisekarte; z.B. Hühnersuppe Tschichirtma 6 Lari, Kebab 6 Lari, plus 10 % Servicezuschlag.
■ **Café Tbilisi,** beim Verlassen der Metrostation Rustaweli ca. 50 m nach links gehen. Bezahlbares Restaurant nach der kleinen Grünanlage, mehrsprachige Speisekarte, z.B. Schaschlik zu 7,50 Lari, netter Service. Große Panoramascheiben erlauben einen guten Blick auf die Kostawa-Straße.
■ **Pub Glasgow,** Achwlediani 20, mobil: 555 41 15 57, ab 11 Uhr geöffnet, 21–24 Uhr Live-Musik, zweisprachige Speisekarte, z.B. Caesar's Salad 17 Lari, zahlreiche Pizzen, Fassbiere (Löwenbräu, Warsteiner, Carlsberg, Franziskaner usw.), 0,5 l 6–10 Lari, plus 15 % Servicezuschlag.
■ **Sancho,** Achwlediani 23, Tel. 2 98 25 98. Spanische Taverne mit georgischen und spanischen Gerichten, sehr nette Bedienung und originelle englische Speisekarte: Cocktail „Orgasmus mit Schrei" 13 Lari, Cocktail „Miami" 11 Lari, Daiquiri 6 Lari.
■ **Maharadscha,** Achwlediani 22–24, Tel. 2 99 97 99, mobil: 595 29 97 03. Indisches Restaurant an der Ecke der Straße im Souterrain. Gemütliche indische Einrichtung, geöffnet ab 12 Uhr bis der letzte Gast gegangen ist, englische Speisekarte. Salate und Raitas um 4 Lari, Massalagerichte 15–18 Lari, Tandoorigerichte 12–15 Lari, georgischer Wein (1 Flasche bezahlen, die 2. Flasche frei). 13–17 Uhr Happy Hour mit 10 % Rabatt. Bei Banketten Tanzvorführungen. Separater VIP-Raum.

■ **Csaba's Jazz-Rock Café,** Waschlawani 3, Tel. 2 92 31 92, 12–4 Uhr geöffnet, 20–24 Uhr Live-Musik. Bis zu 350 verschiedene Getränke, Biere 4–8 Lari, ungarischer Gulasch 9,50 Lari, Gewürze werden aus Ungarn importiert. Die Schauspielerin *Asmart Kabladse* ist Csabas Frau und oft anwesend.

In Awlabari

In Awlabari ist das Angebot an Restaurants noch beschränkt, zu arm ist die hier ansässige, meist armenischstämmige Bevölkerung. Auf dem von unzähligen Händlern gesäumten Weg zur Zminda-Sameba-Kathedrale kann man aber von frischem Obst und Gemüse über gebratene Hähnchen und den allgegenwärtigen, sehr preisgünstigen Chatschapuri alles kaufen, was das Herz begehrt. Wer mit seinem Hotel kein Abendbrot vereinbaren mag, kann entweder zu Fuß über die Metechi-Straße ins Kneipenviertel der Chardin-Straße gehen, mit Bus Nr. 55 zum Rustaweli-Boulevard oder weiter in die Tschawtschawadse-Allee oder mit der Metro in die Innenstadt fahren. Die vor der Metrostation Awlabari wartenden Taxifahrer neigen übrigens zu einer sehr freien Preisgestaltung …

■ Ein Restaurant aber sei an dieser Stelle empfohlen: **Gomarteli Skyy Bar,** Metechi-Straße 22/Ecke Ketewan-Zamebuli-Platz, Tel. 2 30 53 13, www.skyybar.info-tbilisi.com. Nach Betreten des Gebäudes (erste Tür in der Seitenstraße, Vorsicht Stufe!) mit dem Fahrstuhl ganz nach oben fahren, wo einen ein verglastes Restaurant mit Live-Musik erwartet und ein weitläufiger Dachgarten besonders abends und nachts einen göttlichen Blick auf die beleuchtete Stadt bietet. Essen und Getränke zu vernünftigen Preisen.

Geschäfte

■ **Prospero's Books and Caliban's Coffeeshop,** Rustaweli 34, in einem Innenhof auf der rechten Seite kleine Buchhandlung mit englischsprachigen Büchern und Landkarten, Ansichtskarten aus Georgien, beides im Hochpreissegment. Angenehme, saubere Cafeteria mit über 20 verschiedenen, bezahlbaren Kaffeesorten, Kuchen und Muffins, Internet. Im Hof stehen einige kleine Tische.

■ **Gaskartuschen, The North Face,** die Geschäfte nennen sich zusätzlich Magellani (blaues M-Logo), Sammeltel.: 2 37 19 19; 1. Rustaweli 42 (gegenüber der vormaligen Post), in einer kleinen Einkaufspassage (Merani Mall) im 1. Stock gegenüber der Rolltreppe; 2. Wascha Pschawela 10: Metrostation Samedizino (Medical Institute) der Saburtalo-Linie, Station in Fahrtrichtung und dann nach links verlassen (es ist ungefähr das vierte Geschäft in Gehrichtung); 3. Mickiewicz 68 (Parallelstraße zur Kasbegi). Neben Campinggaskartuschen werden Coleman-Kartuschen verschiedenster Füllgrößen und Campingbedarf aller Art verkauft.

■ **Geoland,** Telegraphengasse 3 (Sackgasse), www.geoland.ge, Tel. 2 92 25 53, Stadtpläne und Landkarten. Wer nicht durch die Gassen um die Purzeladse zum Geschäft irren möchte, kann auch an dem attraktiven Wohnhaus in der Barataschwili (Haus mit runder, goldverzierter Kuppel) nach links einbiegen und bis zum neuen, futuristischen Justizpalast (House of Justice) gehen (rechtes Mtkwari-Ufer, engl. right embankment). Gegenüber dem Justizpalast befindet sich Geoland in einem unauffälligen, beschrifteten Geschäft. Sehr nettes Team. Mo bis Fr 10–14 und 15–19 Uhr.

■ **Georgia-Insight,** Leo Kiatscheli 17, Metro: Rustaweli, www.georgia-insight.eu, Tel. 2 29 55 32, mobil: 555 40 74 94, Mo bis Fr 10–17 Uhr. Das deutsch-georgische Reiseunternehmen von *Kathrin* und *Gia Tevdoraschvili* kann ohne Sprachbarriere mit Rat und Tat zur Seite stehen.

■ **Kaukasus-Reisen,** O. Tumanjani 15, Geschäft des gleichnamigen Unternehmens. Reisebuchung, Ansichtskarten, Stadtpläne, Reiseführer. Wer die Leselidse (Kote Abchasi) bergab geht, kommt bei der Nr. 53 an ein Treppchen. Oben geradeaus direkt zum hellblauen Gebäude. Geöffnet 10–17.30 Uhr, im Sommer bis 19 Uhr.

Informationen

■ **Touristeninformationszentrum (TIZ):** in einem Kiosk auf dem Puschkin-Platz (grenzt unmittelbar an den Tawisubleibis Moedani/Freiheitsplatz). Kartenmaterial, Broschüren, Auskünfte, englisch-sprachig.
■ **DAAD (Deutscher Akademischer Austauschdienst),** Informationszentrum, Sandukeli 16, www.ic.daad.de/tbilisi, Tel. 2 92 09 26.
■ **Deutsche Wirtschaftsvereinigung Georgien,** Rustaweli 24, www.dwvg.de, Tel. 2 20 57 67, Partner im Netzwerk des Deutschen Industrie- und Handelskammertages (DIHK). Ihr Vorsitzender und Honorarkonsul für Bayern und Baden-Württemberg ist der Unternehmer Prof. Dr. *Claus Hipp.* Befindet sich über dem Hostel Boombully.
■ **GIZ (Deutsche Gesellschaft für Internationale Zusammenarbeit),** www.gtz.de, Tel. 2 20 18 00, Elene Achwlediani Agmarti 4, nahe Barataschwili-Brücke im Deutschen Haus.
■ **Konrad-Adenauer-Stiftung,** Elene Achwlediani Agmarti 4, www.kas.de/suedkaukasus/de, Tel. 2 45 91 11, Sitz des Regionalprogramms „Politischer Dialog Südkaukasus".

Visum für die Weiterreise (Botschaften)
■ **Aserbaidschan,** Kipschides k. II (Wake), Block I, Tel. 2 52 06 39. Annahme von Visaanträgen Mo bis Fr 10–12 Uhr, Ausgabe nachmittags 16–17 Uhr. Tipp: Es ist besser, ein Visum für Aserbaidschan schon zu Hause zu beschaffen, da eine Einladung (Hotelbestätigung) benötigt wird.
■ **Armenien:** Tetelaschwili 4, Tel. 2 95 94 43, Mo bis Fr 10.30–13 Uhr. Tipp: Wer nach Armenien weiterreisen will, kann das als EU-Bürger bis zu 180 Tage im Jahr visumfrei tun!

Internetcafés

■ **JAVA Cybercafé,** Rustaweli 18, www.javacybercafe.com, mobil: 595 56 06 74. Rechter Hand in einem kleinen Innenhof. High-Speed-Internet, Color Laser Print, internationale Telefongespräche, nur für Nichtraucher!
■ **Internetcafé mit Drucker,** Rustaweli 18 (Innenhof rechts), gegenüber dem Rustaweli-Theater.
■ **Internetcafé Besikis Nr. 3,** Rustaweli/Ecke Besikis auf der linken, unteren Straßenseite der Besikis kutscha, Internet, Drucker, Kopierer.

> Maxim-Gorki-Denkmal am Sowjetischen Platz

Medizinische Hilfe

■ **MediClub Georgia,** www.mcg.com.ge, Taschkentis kutscha 22 (Metro: Samedizino Instituti), Tel. 2 25 19 91, mobil: 599 58 1991.
■ **Augenklinik Jawrischwili,** Kawtaradse 16, Tel. 2 25 21 25, oftalmij@posta.ge, Metro: Wascha-Pschawela im Stadtteil Delisi.
■ **Optikerkette Roniko,** Rustaweli-Boulevard, links neben dem Kino (Hausnr. 5), sowie andere, häufig wechselnde Adressen auf dem Rustaweli bzw. der Tamar-Mepe-Straße. Russischkenntnisse von Vorteil. Wer qualitativ hochwertige Brillen zu wesentlich günstigeren Preisen sucht und mindestens drei Wochen im Kaukasus weilt, ist hier richtig. Bei Auftragserteilung sind 50% anzuzahlen (KK) und bei Abholung der Rest. Die drei Wochen beziehen sich auf Gläser, die erst bestellt werden müssen. Für Gläser Rezept mitbringen! Gleitsichtgläser heißen auf Russisch *progressivnije stekla*.

Mietwagen

Es empfiehlt sich unbedingt, Mietwagen **einige Tage im Voraus** zu reservieren!

■ **Avis,** www.avis.com, Tawisubleibis Moedani 4, auch am Flughafen.
■ **Concordtravel,** www.concordmotors.ge, Barnowi 82, Tel. 2 22 51 51. Lesertipp!
■ **Hertz,** Leselidse 44, Eingang Haus 44/2 (frei stehendes Haus, das Gebäude befindet sich auf dem Maidan-Platz mit der attraktiven Standuhr davor), Tel. 2 99 91 00, 2 98 74 00, www.hertz.de, Mo bis Fr 10–18 Uhr, Sa 10–15 Uhr.
■ **Kaukasus-Reisen,** bietet auch Mietwagen an, z.B. Toyota 4Runner 60 € pro Tag, ab einer Woche 55 € inkl. Versicherungen und Kilometer.
■ **Sixt,** www.sixt.de/mietwagen/georgien/tbilisi, am Flughafen und in der Samghebro 5.
■ Mietwagen (mit deutschsprachigen Fahrern) vermittelt auch das Reisebüro **Georgia-Insight,** www.georgia-insight.eu.

Parken

Motorisierte Reisende werden an diversen Parkplätzen vor Restaurants, aber z.B. auch an den Querstraßen des Rustaweli-Boulevards, **Parkwächter** erblicken, die die Parkenden einweisen. Sie erwarten 20–50 Tetri, aber auch schon mal 2 Lari Trinkgeld. Merke: Je begehrter der Parkplatz, umso höher das Trinkgeld.

Nachtleben/Theater

Bitte beachten, dass im Juli/August, wenn die Hitze in Tbilisi unerträglich ist, fast alle Klubs geschlossen sind. Die Partyszene amüsiert sich dann am Schwarzen Meer oder auch am Tbilisier See. Nachtclubs haben besonders häufig neue Eigentümer, es

◁ Philharmonie

gibt also dauernd Neueröffnungen und Schließungen. Die jeweils angesagtesten Clubs findet man unter www.etbilisi.ge und www.info-tbilisi.com.

In vielen Restaurants wird abends Live-Musik geboten, z.B. in Csaba's Jazz-Rock Café, in der Gomarteli Skyy Bar und im Hangar Pub (siehe „Essen und Trinken").

■ **Beatles Club,** Kostawa 25, gegenüber der Philharmonie, 20–6 Uhr. Drei Themensäle zu den „Fab Four". Einlass ab 18 Jahren.
■ **MagtiClub,** Rustaweli 22/Eckhaus mit Saxophonspieler an der Wand, mobil: 599 50 00 22, jeden Freitag 20–1 Uhr DJs, Eintritt 10 Lari.
■ **Folkloretheater Nabadi,** Rustaweli 19, nabaditheater@yahoo.com (Mails in Engl.), Tel. 2 98 99 91. Georgische Folklore mit Tänzern und Sängern des Erisioni-Ensembles. Vorstellung um 20 Uhr nur bei Mindestzuschauerzahl, Tickets 35–69 Lari inkl. Wein und Snack.

Postämter

■ Im Frühjahr 2015 gab es eine **Poststelle** in der Agmaschenebeli 40, Tel. 2 95 60 06. Fragen Sie nach dem Alten Postamt (russ. *Stari Potschtamt*), das Gebäude ist leicht am repräsentativen Charakter zu erkennen; Metro: Mardshanischwili. Die wenigen Poststellen wechseln ihren Standort häufig. Info zu Standorten über Call Center, Tel. 2 24 09 09, oder Website www.gpost.ge mit englischem Link.
■ **Fedex:** Ketewan-Samebuli 39 (beim Hotel Sheraton Metechi).

Sport und Erholung

Sportstätten
■ **Boris-Paitschadse-Stadion** (s.o.), Zereteli 2, Tel. 95 95 44, www.fcdinamo.ge/random.asp, ab der Metrostation Mardshanaschwili nach rechts die Agmaschenebeli Gamziri entlanglaufen.

■ **Michail-Meßchi-Stadion** (s.o.), in Wake, am Tschawtschawadse-Boulevard stadtauswärts auf der linken Straßenseite.

Einfach mal entspannen
■ **Funicular (Standseilbahn):** Neu eröffnet mit fast fünfjähriger Verspätung wurde die Standseilbahn (Funicular) **hinauf zum Mtazminda-Park.** Geöffnet Mo bis Fr 9–4 Uhr morgens des Folgetages, die Fahrkarte im Scheckkartenformat (wiederaufladbar) kostet 3 Lari bzw. 6 Lari hin und zurück, auf halbem Weg Ausstieg zur Kirchenbesichtigung (Vater-Davids-Kirche, georg. Mama Daviti) möglich (Eintritt inklusive). In der Bergstation gibt es nicht nur eine tolle Aussichtsterrasse mit Blick u.a. auf den Glaspalast *Bidsina Iwanischwilis*, sondern auch ein Café und ein Restaurant. Wer die Fahrgeschäfte im Park benutzen möchte, kauft entweder ein Einzelticket an den Kassen (am Eingang oder Ausgang) oder ein Familienticket für 60 Lari bzw. Einzelticket für 25 Lari pro Person. Vorher besser vergewissern, dass die Fahrgeschäfte auch geöffnet haben! Fernsehturm, Geisterbahn, zahlreiche Restaurants inkl. Hochzeitszimmer, Skooter, Kinderschwimmbecken, Dinopark, Karussells etc. lassen die Zeit schnell vergehen. Wochentags haben viele Geschäfte mangels Besuchern geschlossen! Autorentipp: Fahrkarte nur für die Fahrt nach oben kaufen, dann den hinteren Ausgang des Parks (hinten links) nehmen und zurück mit Bus Nr. 124, der zunächst durch einen schönen Nadelwald fährt und in die Unterführung unter dem Palast *Iwanischwilis* eintaucht. Wer im Bus rechts sitzt, hat die Chance, einen kurzen Blick auf die Rückseite des Palastes zu werfen. Bus zum Rustaweli-Boulevard.
■ **Rike-Ufer:** Hier kann jeder Tag und Nacht umherspazieren. Die Umgestaltung ist noch nicht abgeschlossen, aber die attraktive Friedensbrücke, die Seilbahn auf die Narikala-Festung (Bezahlung nur mit der Plastikkarte *Metromoney*, auch hier zu erwerben, 1 Lar pro Fahrt) oder die nachts angestrahlten Springbrunnen mit musikalisch untermalten Wasserspielen – das macht einfach nur Spaß!

■ **Hotel Radisson SAS Iweria** (Metro: Rustaweli): Im 18. Stock befindet sich neben einem kleinen Restaurant mit meist jugendlichen Gästen auch ein beheizter Pool (Tageskarte, falls man nicht im Hotel wohnt: 80 Lari) mit Traumblick über die Stadt, www.radissonblu.com/hotel-tbilisi. Wer mag, kann auch den (teuren) Schönheitssalon in Anspruch nehmen.

Unterkunft

Backpackerunterkünfte

Das Angebot reicht von (täglich neu öffnenden) Hostels bis zu Privatunterkünften, wobei die Bezeichnung wechseln kann, obwohl es sich um die gleiche Art der Unterkunft handelt, sprich: Heute nennt sich dieselbe Unterkunft Familienhotel, morgen Guesthouse, übermorgen Hostel. Bei Internetbuchungen achte man auf den Preis, der schafft Klarheit.

MEIN TIPP: GH Formula 1, Kote Meßchi 13a, www.formula1georgia.com, mobil: 574 45 67 89 oder 568 45 67 89. Supersympathische Pension für 12 Gäste mit überraschend gut ausgestatteten Zimmern, sehr sauber, Eigentümer Herr *Tengis Meßchi* und seine Frau *Eka* sprechen sehr gut deutsch, schöner Aufenthaltsraum mit Kamin, ein DZ mit TV (keine deutschen Sender), WLAN in allen Räumen. EBZ 25 €, DZ 31 €, 3-BZ 45 €, TV, Schreibtisch, Teppich, alle Zimmer mit Bad. Im 2. OG enges 5-BZ 72 € („Penthouse" genannt) mit eigener Tür zur Gemeinschaftsterrasse (toller Blick), Sofa, Teppich, Flatscreen. Preise inkl. Frühstück, Flughafenabholung 15 €. In allen Räumen Zentralheizung, weiterhin eigener Generator für den Notfall, 24 Std. Wasserversorgung. Ein sehr sympathisches Haus unter professioneller Leitung. Vom Rustaweli die Besiki-Straße bergan in Richtung Mtazminda-Berg, nach leichter Linkskurve kommt auf der linken Seite Hausnr. 22, dort rechts rein in die Kipiani, bis links Nr. 24 kommt, dort rechts rein. Das Haus ist an dem sehr ordentlichen blauen Anstrich leicht zu erkennen. Reservierung ratsam, da fast immer ausgebucht!

■ **Picnic Hostel,** Purzeladse-Straße 14, Richtung Mtkwari-Fluss, Tel. 2 93 65 20, www.hostelworld.com. Das Hostel bietet drei kleine, einfache fensterlose Zimmer mit Doppelstockbetten, 1 x 4, 1 x 6, 1 x 8 Betten, Schließfach pro Person, 15 US$ pro Bett. Gemeinschaftsbad mit Dusche, WC und Waschmaschine (kostenlos), Rezeptionistin *Tamara* spricht deutsch und englisch. Kochnische mit Mikrowelle und Kühlschrank, ganztägig kostenlos Tee oder Nescafé. Aufenthaltsraum mit PC (kostenlos). Zugang: Nach Verlassen der Metrostation Tawisubleibis Moedani zunächst nach rechts, dann Unterführung durchqueren und zurück nach links dem Rustaweli-Boulevard folgen, vergammelte Querstraße rechts neben dem Rustaweli-Kino. Rechts auf der Purzeladse-Straße etwas zurückversetzt Dreifaltigkeitskirche, links über Querstraße zur Kwaschweti-Kirche. Das Hostel (Schild am Hauseingang) befindet sich in einem vergammelten Hinterhof auf der rechten Seite.

MEIN TIPP: Why Not? Legend Hostel, Tabukaschwili 15, Richtung Mtkwari-Fluss, mobil: 599 00 70 30, www.whynothostels.com, wirbt damit, das einzige nichtgeorgische Hostel in Tbilisi zu sein. Für ca. 40 Gäste, man spricht u.a. englisch, polnisch, deutsch. MBZ gemischt für 12,50 € Ü/F, weiter ein 8-BZ, zwei 6-BZ, ein DZ mit Betten, Tisch und Stuhl, aus jedem Zimmer außer DZ Blick auf die Zminda-Sameba-Kathedrale, für Laptops und Wertsachen Safe an der Rezeption, im Sommer unterm Dach sehr großer Raum mit Matratzen für Schlafsackbesitzer zu 10 Lari (billigste Variante), im Sommer 15 Lari, inkl. Bettzeug, im OG Bad mit Waschbecken und WC, unten weitere drei Duschen und zwei WCs, Raum zur Gepäckaufbewahrung, Selbstversorgerküche, eine Tbilisi Citytour kostenlos; weiter werden Ausflüge und Extremsportarten angeboten, z.B. Bungee Jumping, Rafting oder Touren nach Kasbegi; freitags Grillabend. Man geht durch einen kleinen Vorgarten die Holztreppe hinauf und zieht im Vorraum die Schuhe aus (Slipper stehen bereit), da sehr auf Sauberkeit geachtet wird. Kamin im Aufenthaltsraum, Büchertausch, kostenlose Karten und Pläne. Rauchen auf dem Riesenbalkon, auch mit Blick auf die Zminda-Sameba-Kathedrale. Im Winter angenehm warm, sympathische Atmosphäre!

■ **Boombully Hostel,** Rustaweli 24, Richtung Mtazminda-Berg, www.boombully.com, mobil: 595 715 745. Das Hostel „Feder", so die deutsche Übersetzung von Boombully, ist im Winter gut geheizt. Gemischtes 8-BZ mit Balkon und Kamin, 6-BZ für Frauen mit Locker unterm Bett, zu je 15 € das Bett, weiterhin zwei DZ mit je zwei Betten und einem Tischchen zu 36 € das Zimmer, zwei fensterlose Bäder mit WC, einer Dusche und Waschmaschine. Selbstversorgerküche, Gepäckaufbewahrung und Kühlschrank. Kostenloses WLAN, PC-Nutzung mit Drucker, Flughafentransfer 18 € pro Auto, kostenlose City-Touren, Handtücher, Kaffee, Tee sind frei. Großer Aufenthaltsraum mit Balkon (für Raucher). Man spricht englisch. Sehr nette Atmosphäre.

■ **Ltd. Waltzing Mathilda City Hostel,** Al. Tschawtschawadse-Straße 11 (nicht die gleichnamige Allee in Were), Richtung Mtazminda-Berg, www.cityhostel.ge, Tel. 2 98 83 43, mobil: 555 55 45 90, für bis zu 30 Gäste, ein EBZ zu 20 US$, zwei DZ zu je 35 US$, ein 4-BZ, ein gemischtes 6-BZ, ein gemischtes 8-BZ, je 10 US$ pro Bett, in einigen Zimmern sogar Antiquitäten, Balkon und Dachterrasse mit tollem Blick, Selbstversorgerküche mit Mikrowelle, TV, Tee und Kaffee kostenlos, Flughafentransfer stolze 30 US$, WLAN und 24 Stunden Internet am PC, Waschmaschine, Bad/WC und separates WC. Unterm Dach riesiger Aufenthaltsraum mit Ausgang zur Dachterrasse. Privatzimmer geräumig.

■ **Ori Beli Hostel** („Hostel zu den zwei Bärchen"), Dzmebi Zubalaschwili 31, Tel. 55 20 45 51, www.oribeli.com. Nettes Hostel im 2. Stock eines heruntergekommenen Wohnhauses, zwei DZ mit privatem Bad zu 72 Lari, ein DZ mit Bad im Zimmer, das andere hat eine private Terrasse, und ein 8-Bettzimmer zu 15 Lari das Bett; Selbstversorgerküche. Wer den kurzen Anstieg nicht scheut, kann ziemlich zentral wohnen.

■ **Hostel Chubini** (Tschubini), Tschubinaschwili-Straße 20 (ehem. Ordshonnikidse)/Ecke Mardshanaschwili-Straße, neben dem Ilja-Tschawtschawadse-Hausmuseum, www.rcheuliguesthouse.com, Tel. 2 92 29 59, mobil: 592 920 769, braunes Eisentor mit der Aufschrift „Chubini Rcheuli". Um einen typisch georgischen Innenhof mit riesigen Veranden (ideal zum Frühstücken) gruppieren sich auf zwei Etagen geräumige Zimmer für bis zu 17 Personen zu 30 Lari Ü/F pro Person; im Winter nur einige Zimmer im Angebot, da gar nicht oder nur eingeschränkt heizbar. Die sympathische *Marina* – der Großvater ihres Ehemannes studierte in Leipzig – spricht russisch und englisch. Im 1. Stock befinden sich zwei DZ, ein 4-BZ und zwei Duschbäder, unten ein Apartment mit Küche und Bad, Korridor und 3-BZ, Waschmaschine, Kamin und kleine Bar zu 20 € das Bett. Weiterhin ein 3-BZ mit Bad, TV, kostenlosem WLAN, Schreibtisch und kleinem Korridor mit Tisch zu 18 € pro Person. Die Zimmer sind sehr hoch, Selbstversorgerküche, Kühlschrank. Flughafentaxi zu 25 Lari. Um 21 Uhr wird das Eisentor abgeschlossen, Gäste erhalten Schlüssel. Buchbar auch über www.booking.com.

■ **Hostel Bonney,** Ninoschwili 19A (bitte auf das A achten), Tel. 2 96 59 989, mobil: 599 20 14 17, bonneytbilisihostel@gmail.com. Drei 8-BZ ab 25 Lari das Bett, ein 2-BZ mit TV-Gerät ab 58 Lari das Zimmer, Wohnzimmer, PC kann kostenlos genutzt werden, ein Wannenbad mit zwei Waschbecken, drei Duschbäder, Veranda, Küche mit Waschmaschine, Kaffee/Tee kostenlos, Locker im Bügelzimmer. Veranda, Zentralheizung. Alle Zimmer groß, sehr hell, ordentlich und mit hohen Decken, nagelneues Parkett, englischsprachig. Rauchen nur in der Küche oder auf der Veranda.

■ **MEIN TIPP: Irinas Guesthouse,** Ninoschwili 19B (bitte auf das B achten), Tel. 2 95 47 16, mobil: 599 11 16 69, irina5062@gmail.com, skype: ira_japaridze. Zweifellos eine der professionellsten Vermieterinnen; auf Gruppen, vor allem aus Osteuropa und Israel, spezialisiert, alle Räumlichkeiten erneut modernisiert. Im 2. Stock zwei neue Wannenbäder (europäisches Niveau), ein 3-, 6- und 10-BZ, ein 5-BZ mit Balkon, alle Zimmer mit Klimaanlage. Im 3. OG (über Innentreppe zu erreichen) noch ein 4-BZ mit Dachschräge, je ein DZ, ein 5-BZ, ein 8-BZ mit Balkon, drei neue, moderne Duschbäder; zwei Küchen, PC, Waschmaschine (eine Ladung 5 Lari). Insgesamt 50 Plätze.

■ **Makas Guesthouse,** Ninoschwili 3/b, Tel. 2 95 05 96, mobil: 599 14 67 77, gordeza_777@mail.ru (russ., engl., dt.), skype: maka.gor. Kein Schild am Haus. Man biegt nach der kleinen russischen Kirche nach rechts ein, überquert die Seitenstraße und findet das Haus auf der linken Straßenseite. 8 Zimmer für insgesamt 25 bis 30 Gäste, darunter ein 1-Bett- und zwei 4-Bettzimmer, zu je 20 Lari das Bett, Frühstück für 5 Lari in der Küche möglich. Im EG zusätzliche Zimmer. WLAN, PC-Nutzung, Küche, im Sommer Hof mit Garten. Die Oma spricht etwas deutsch. Flughafentransfer 25 Lari, Jeeptouren möglich. Nach Umbau jetzt drei moderne Duschbäder und zwei separate Toiletten, ein DZ fensterlos.

■ **Privatzimmervermietung Tamuna Margwelani,** Tschikobawa 32, mobil: 598 52 78 18, tamuna.georgia@gmail.com. Die sympathische junge Frau spricht recht gut englisch und vermietet zwei saubere 2-BZ für 20 Lari pro Person, Tee und Kaffee inkl.; Wäschewaschen möglich. In einem Zimmer PC mit kostenlosem Internetzugang. Man gehe die Mardshanischwili-Straße hinauf und biege nach dem Hotel Prestige nach rechts ab in die Tschubinaschwili, überquere die nach rechts führende General Masniaschwili-Straße und laufe die Tschikobawa bis zur Hausnr. 32, die sich gegenüber der zweiten Querstraße (Kalandarischwili) befindet. Man schließe nicht von dem verwahrlosten Innenhof (linke Treppe) auf das angenehme Quartier. Tipp eines Lesers! Da *Tamuna* zurzeit in England studiert, hat ihre sympathische Nachbarin die Schlüsselverwaltung

> Jugendstil:
> die ehemalige Französische Botschaft

übernommen. Reservierungen über *Nino Ratiani*, mobil: 599 18 35 55, ninoratiani@gmail.com.

■ **Hostel Georgia,** Tschitaja 20, in Bahnhofsnähe (Metro: Wagslis Moedani), mobil: 555 43 47 25, Tel. 2 29 42 286, Hostel.Georgia77@gmail.com. Man verlässt den Bahnhof nach links (mit der Rolltreppe nach unten ins EG fahren) und geht in die kurze Pirosmani-Straße, in die von links eine Straße einbiegt, danach an der Ecke rechter Hand (ca. 10 Min. Fußweg) rosa Eckgebäude. Zwei sehr einfache DZ zu 10 € als EZ, zu 30 Lari für zwei Personen, zwei einfachste Duschbäder mit WC, eine Kochnische, eine Raucherecke und ein PC für Gäste, TV. Im OG ein 16-BZ zu 5 € pro Bett, Kaffee/Tee/Abendbrot kostenlos. Flughafentransfer 25 Lari. Das sympathische Ehepaar *Sudziaschwili* hat lange in Deutschland gelebt, daher sprechen beide sehr gut deutsch! Obwohl die Zimmer eher klein und dunkel sind, herrscht eine super Atmosphäre im Haus. Einfachste Unterkunft für sparsame Reisende.

■ **Darchee Hostel,** Sandukeli 9 (gegenüber Goethe-Institut und DAAD), Tel. 2 98 50 11, mobil: 593 41 00 10, www.darchee.ge. DZ mit Fenster und kleinem Balkon 60 Lari, bei Einzelbelegung 55 Lari, 4-BZ 25 Lari pro Bett, 6-BZ 23 Lari pro Bett, Locker unterm Bett, Küche, kleiner Balkon mit Gartenblick, „english spoken", herrliches Gemeinschaftsbad mit dunkelblauen Fliesen, Waschmaschinenbenutzung kostenlos, separates WC mit Waschbecken, Flughafenabholung 20 €, zum Flughafen 15 €. Sympathisches junges Team, sehr sauber und hell, ca. 10 Gehminuten ab Metrostation Rustaweli.

Mittelklassehotels

■ **Hotel Pavo,** Achwlediani-Straße 21 (ehem. Perowskaja), Tel. 2 98 69 51, mobil 595 55 98 69, www.hotelpavo.ge. Sehr saubere, etwas dunkle Zimmer, EZ ab 50 US$, DZ ab 100 US$ Ü/F, Frühstück wenig abwechslungsreich. In Hausnummer 23 (also nächste Haustür, Rezeption aber in der 21!) sind im 1. Stock neue Zimmer ausgebaut, darunter das winzige EZ. Zimmer 205 und 206 gehen auf die Straße, wo genau gegenüber ein irisches Pub gelegentlich für Lärmbelästigung sorgt (Leserzuschrift)! Alle anderen Zimmer gehen zum Hof. Flughafenabholung 35 Lari, zum Flughafen 25 Lari. Metro: Rustaweli.

■ **Hotel Beaumonde,** Alexander-Tschawtschawadse-Straße 11, Tel. 2 92 11 72, www.hotelbeaumonde.com. Auf 5 Etagen 19 Zimmer, kein Lift, EZ 80 US$ Ü/F mit Flatscreen, Telefon, Schreibtisch mit Kabel-Internet, Klimaanlage, Kühlschrank und Wannenbad; Zi. 41 im 3. Stock als DZ zu 120 US$, als EZ 90–100 US$, mit großem Balkon (für mehrere Zimmer), kleinem Wannenbad, Couchecke, Flatscreen, Kühlschrank; Zi. 43 mit Kamin und Jacuzzibad; im 2. Stock Gäste-PC; Konferenzraum für bis zu 30 Personen, Restaurant und Bar, Billardraum, Vermittlung von Tages- und Wochenendtouren.

■ **Hirmas Hotel** („Hotel zum Löwen"), D. Agmaschenebeli 55/1, Ecke Kiewi, Tel. 2 95 99 72, mobil: 557 29 05 95, germanghh@yahoo.com, *Nino* (russ., engl., türk.) und der türkische Eigentümer *Sukru* (engl., türk.) führen das ehemalige Hostelland Germany, das von einem türkischen Investor übernommen wurde. Nach Verlassen der Metrostation Mardschanaschwili nach links die Agmaschenebeli bis Nr. 57 (linke Straßenseite) gehen, hier wieder nach links in die Kiewi (Kiewer Straße) einbiegen. Man folge dem ersten Eingang auf der rechten Straßenseite; im heruntergekommenen Hof nach links hinten gehen. 8 renovierte DZ zu 100 Lari bzw. drei 3-Bettzimmer zu 120 Lari, jeweils nur Ü. Im Zimmer Kaffeekocher, Minibar, TV, Air Condition/Heizung; vom/zum Flughafen 30/25 Lari. Neben dem Hotel befindet sich ein Thermalbad.

■ **Hotel Scharden,** Gr. Chanzteli 32/Ecke Jerusalimskaja, Tel. 2 92 20 27, www.hotelscharden.com. Das neue Hotel (14 Zimmer) in der kleinen Jerusalimskaja-Gasse nördlich des Gorgassali-Platzes bietet sehr geschmackvoll eingerichtete Zimmer, Lift und Dachgartenrestaurant mit traumhaftem Blick auf die armenische Norischani- und die Sioni-Kirche. Vier EZ zu 110 US$, 10 DZ zu 130 US$ inkl. Frühstück. In den Zimmern Sat-TV mit 60 Kanälen, Minibar, Föhn, modernes Duschbad, zum Teil aber kein

Schreibtisch (bei Zimmerbestellung angeben!). Metro: Tawisubleibis Moedani (ca. 15 Min. Gehzeit).

■ **Hotel David Sultan,** Paolo Jaschwili 16 a, Tel. 2 93 50 06, 2 93 16 85, www.davidhotel.ge. EZ/DZ/Suite 60/70/80 US$. Im Stadtteil Sololaki, ab Leonidse-Straße. Zweckmäßig eingerichtete Zimmer auf zwei Etagen, kein Lift. Oben große Terrasse für mehrere Zimmer.

■ **Hotel Kartli,** Barnow 32, Tel. 2 99 54 29, www.hotel-kartli.com. Zwölf von Grund auf renovierte Zimmer mit und ohne Sat-TV und WLAN, Minibar, EZ 80–90 Lari, DZ 100–110 Lari. Der Eigentümer und Journalist *Rainer Kaufmann* hat das vormals verpachtete Hotel wieder selbst übernommen und 2009 neu eröffnet. Rainers Biergarten mit sehr umfangreicher Speisekarte, selbstverständlich auf Deutsch, ist ebenfalls stark nachgefragt. Die Barnow-Straße ist erreichbar ab Kostawa-Straße, die Querstraße Zchowelidse (ehem. Belinski-Straße) zwischen Philharmonie und Metrostation Rustaweli bergan, dann nach rechts.

■ **King David Hotel,** Agmaschenebeli 144, www.hotelkingdavid.ge, mobil: 577 79 83 21, EZ ab 80 US$, DZ ab 100 US$ Ü/F, 16 moderne NR-Zimmer mit allen Annehmlichkeiten, Flughafentransfer für 20 US$. Für Tbilisi erstaunlich gutes Preis-Leistungsverhältnis.

■ **Villa Mtiebi,** Tschachruchadse 10, Tel. 2 82 29 20 340, -341, -342, www.hotelmtiebi.ge. 10 sehr schöne Zimmer, davon 5 EZ (85 €), 5 DZ (100 €), eine Suite (130 €), Zimmer Nr. 7 ist ein Eckzimmer (geräumiger), Klimaanlage, schalldichte Fenster, Schreibtisch, Sat-TV und Sat-Telefon, WLAN, Minibar, Safe.

■ **Hotel Varazi,** Kostawa 45, Tel. 2 92 16 30, 2 93 11 61, www.hotelvarazi.ge, Rustaweli-Platz zu Fuß erreichbar. EZ/DZ/Junior-Suite/ Suite/Apartment: 90/110/140/150/220 US$. Zimmer sehr sachlich und zweckmäßig eingerichtet, zwei Lifte, Kabel-TV (CNN und EuroNews), Wäscheservice, Flughafentransfer, Restaurant im 3. Stock, freundliche, englischsprachige Rezeption; VISA und MasterCard. Im Foyer Ausstellung von Kunstgegenständen.

■ **Hotel Ambasadori,** Schawteli 13, Tel. 2 92 04 03 oder 2 92 16 27, www.ambasadori.ge. EZ 110–130 €, DZ 145–180 €, Suiten 250 €, River View Suite 270 €. Modernes, exklusives Altstadthotel nach internationalem Standard nahe Antschischati-Kirche, Pool auf dem Dach, Restaurant mit Traumblick auf Mtkwari und Zminda-Sameba-Kirche, Sauna, Fitnessraum mit diversen Laufbändern, Internet (WLAN), Lift, durch verwinkelte Gänge für Rollstuhlfahrer problematisch.

■ **Hotel Tori,** Chanturia 10, Tel. 2 92 37 65, www.tori-hotel.ge, EZ/DZ 80/100 US$, am Alexandergarten, Seitenstraße ab Rustaweli. Fitnessraum im Preis eingeschlossen, Türkisches Bad und Sauna gegen Bezahlung.

■ **Betsy's Hotel,** Makaschwili 32–34, Tel. 2 93 14 04, www.betsyshotel.com, Junior Suite 150 US$ +18% MwSt., Suite 175 US$ +18%, Kinder bis 5 Jahren 50 US$; ca. 20 Minuten ab Rustaweli-Platz (hinter McDonald's nach rechts oben) durch gewundene Seitengassen (nachts Taschenlampe mitnehmen). Im Preis Vollpension enthalten inkl. Nutzung des kleinen Pools und der Sauna, WLAN im Zimmer, Restaurant im Garten mit Sonnenterrasse, Kabel-TV (CNN, Euronews), Lift, Geldautomat im Eingang. Flughafentransfer einfach pro Taxi 25 US$. Im Erweiterungsbau nebenan ruhigere Zimmer.

MEIN TIPP! Hotel Anata, Scherwaschidse Tupik 5, mobil: 597 11 06 58 bzw. 591 11 41 09 (engl.), www.hotelanata.ucoz.com, 6 Zimmer zwischen 60 Lari (DZ) und 120 Lari (MBZ), jeweils Ü/F. Ganz süßes Hotel in der Sackgasse (russ. *Tupik*) der Scherwaschidse; nach der Unterführung. Metrostation nach links verlassen, dann gleich wieder nach links oben vorbei an Taxen und Marschrutki gehen und schließlich leicht rechts unter der Unterführung hindurch. Tipp: Auf der Homepage des Hotels Anfahrtsplan ausdrucken. Metro: Isani.

MEIN TIPP! Hotel Nitsa, Junkerta 3A (ex Rtveladse), hotelnitsa@yahoo.com, mobil: 577 52 06 06. 12 sehr geräumige Raucherzimmer, Garten, EZ ab 100 Lari, DZ ab 130 Lari Ü/F, englischsprachiges, sehr nettes Team. Metro: Isani.

Luxushotels der großen Ketten

■ **Sheraton Metechi Palace Hotel,** Telawi 20, Tel. 2 77 20 20, www.sheraton.com, EZ/DZ ab 170/180 US$, bei der Metrostation 300 Aragweli. Riesiger, schon von Weitem sichtbarer Komplex mit den für die Kette üblichen Annehmlichkeiten.

■ **Tbilisi Marriot Hotel,** Rustaweli-Boulevard 13, Tel. 2 77 92 00, www.marriot.com, EZ/DZ ab 275 US$. Das 5-Sterne-Hotel bietet alles, was der zahlungskräftige Reisende wünscht, zudem eine erstklassige Lage.

■ **Tbilisi Courtyard by Marriot Hotel,** Tawisubleibis Moedani 4, Tel. 2 77 92 00, www.marriot.com, EZ/DZ/Suiten ab 235 US$. Das zweite Marriot in Tbilisi wurde als 4-Sterne-Hotel eröffnet. Kleiner Pool, Geldautomat im Eingangsbereich.

■ **Radisson SAS Iweria Hotel,** Platz der Rosenrevolution 1, www.radissonblue.com/hotel-tbilisi, Tel. 2 40 44 00. 5-Sterne-Komfort in 249 Zimmern ab 230 US$ +18% MwSt. ohne Frühstück, aber mit Traumblick. Alle Annehmlichkeiten dieser Preisklasse inkl. Spielcasino. Metro: Rustaweli.

Unterkunft in Awlabari

Im Stadtviertel Awlabari (Metrostation) sind folgende Unterkünfte empfehlenswert:

Hostel

■ **Tbilisi Hostel,** Machati Schesachwewi 22, mobil: 598 55 15 65, 597 70 48 85 oder 596 60 69 69. Drei gemischte Schlafsäle, 20 Lari pro Nacht und Bett, Küchenbenutzung, Duschbad, tolle Aussicht auf den Mtazminda-Berg mit TV-Turm, WLAN. Online buchbar über www.tbilisihostel.com. Ein Leser berichtete begeistert vom internationalen Publikum und der Möglichkeit, Gepäck aufzubewahren.

Mittelklassehotels: unteres Preissegment

MEIN TIPP: Hotel Leadora, Konstantin-Eristawi 3/2 (ehem. Fabiricius-Straße), Tel. 2 27 70 82, 2 27 70 83, www.hotelleadora.ge. Sympathisches, schon von Weitem sichtbares rosafarbenes Hotel auf dem Weg zur Zminda-Sameba-Kathedrale. Bestes Zimmer ist No. 5 zu mittlerweile 90 € mit Jacuzzibadewanne für zwei Personen, die preisgünstigsten No. 1 und 2 (sehr sauberes Gemeinschaftsbad) im 1. Stock zu je 25 € das Zimmer inkl. Frühstück (d.h. 12,50 € pro Person – ein echtes Schnäppchen!), auf Wunsch schmackhaftes Abendbrot für 10 Lari, Wäschewaschservice möglich. Alle Zimmer haben Sat-TV (BBC World, CNN), Klimaanlage und sehr nette Rezeptionistinnen mit unterschiedlich guten Englischkenntnissen. Flughafenbus No. 37 hält an der Metrostation Awlabari, aber auch Abholung möglich. Sehr hilfsbereit! Bei mehrtägigem Aufenthalt unbedingt nach Rabatt fragen.

■ **Hotel Georgian House** (Kartlis Sachli), Wachtang-VI.-Straße 38, Tel. 2 79 19 19, 2 79 19 21, www.exotour.ge. Auf dem Weg zur Zminda-Sameba-Kathedrale Querstraße nach links (Hinweisschild auf der rechten Straßenseite weist nach links), gleich auf der rechten Seite der Gasse. 1995 eröffnet, einfaches, aber sauberes Hotel mit zwölf unterschiedlichen Zimmern und etwas dunkler, behäbiger Rezeption (englisch). EZ ab 60 Lari, DZ für 80, 90, 105, 115 Lari pro Zimmer inkl. Frühstück, Lux-Zimmer für bis zu 4 Personen in drei Räumen für 140 Lari. Im Keller kleiner Frühstücksraum und Konferenzzimmer. Zimmer 11 ist ein DZ zu 90 Lari mit kleinem Balkon und Blick auf den Hof. Zimmer mit Sat-TV und größtenteils mit Wannenbad. Das Georgische Haus ist eine gute Alternative zu überfüllten Backpackerunterkünften, besonders in den Sommermonaten!

■ **Hotel Lile,** Gwinis Agmarti 19, Tel. 2 77 38 56, www.lilehotel.ge, 6 DZ zu 60 Lari, 1 DZ zu 70 Lari, 2 DZ zu 90 Lari, bei Nutzung als 3-Bettzimmer 110 Lari. Nach Verlassen der Metrostation Awlabari nach rechts gehen, hinter dem Springbrunnen in die Fußgängerunterführung und noch wenige Meter nach rechts, die kleine Tür neben dem Eingang benutzen. Alle Zimmer mit Duschbad, kein Frühstück, kurze steile Treppen, man spricht nur russisch. Wer ein DZ als EZ nutzen will, zahlt den DZ-Preis.

Mittelklassehotels: mittleres Preissegment

Auf der der Metrostation Awlabari gegenüberliegenden Straßenseite erreicht man die **Metechi-Straße,** in der sich u.a. folgende Hotels befinden:

■ **Hotel Ponto,** Metechi 7, Tel. 2 77 86 87, www.ponto.ge. Die acht Zimmer dieses 2008 eröffneten Hotels sind nicht übermäßig groß, aber modern und gediegen eingerichtet, z.B. mit Kabel-TV, Zimmer 7 mit Massagedüsen in der Duschkabine (70 €), ansonsten EZ ab 50 €, DZ 70–90 € inkl. Frühstück in dem mit Fotos und Holzdekor eingerichteten Kellerraum. Marmortreppenhaus und Gemälde an den Stiegenwänden.

■ **Hotel KMM,** Metechis Schesachwewi (Metechi-Schleife) 10, www.kmm.ge, Tel. 2 74 71 85, mobil: 599 92 45 49. Dieses gefällige Businesshotel mit 50 Zimmern in zwei Gebäuden (Kabel-TV mit ZDF, Minibar, Wannen- oder Duschbad, Klimaanlage, größtenteils Schreibtisch, WLAN) befindet sich in der vierten Querstraße zur Metechi-Straße an der Ecke. EZ 100–120 Lari, DZ ab 150 Lari und Lux-Zimmer ab 225 Lari. Viele Zimmer mit kleinem Balkon.

■ **Hotel GTM Kapan,** Metechis Agmarti 4, www.gtm.ge, Tel. 2 27 33 48, mobil: 577 40 42 21. Das Hotel gehört dem Schauspieler *Kapanidse* und bietet 15 DZ für 100–160 Lari, 12 Zweibettzimmer für 100–150 Lari sowie 5 Lux-Zimmer von 230–270 Lari inkl. Frühstück und 18% MwSt. Alle Zimmer mit Klimaanlage, Sat-TV und internationalem Telefon. Im Innenhof kleiner Garten, weiter Pool und Fitnessraum sowie Sekretariatsservice; viele junge Gäste. Geldautomat neben der Eingangstür, das Kneipenviertel der Chardin-Straße ist über die Metechi-Brücke zu Fuß erreichbar.

Mittelklassehotel: oberes Preissegment

■ **Hotel Kopala,** Tschechow 8/10, Tel. 2 77 55 20, www.kopala.ge. In der Tschechow-Gasse befindet sich eines der schönsten Hotels in Tbilisi, zunächst zur Linken der 2008 eröffnete Anbau (Nr. 5–7) mit Standardzimmern für 70–120 € und ein paar Meter weiter in der L-förmigen Sackgasse das Haupthaus mit sehr gutem englischsprachigen Service. Zimmer mit Mtkwari-Blick Nr. 12 und 21 (Apartments) zu je 260 €, EZ Nr. 7 das preisgünstigste zu 80 € (ohne Aussicht auf Mtkwari-Fluss und Metechi-Kirche), EZ Nr. 15 zu 120 € mit Aussicht, mehrere EZ ohne Aussicht zu 90 €, DZ mit Aussicht 210 €, ab sieben Tagen Aufenthalt 10% Rabatt möglich. Alle Zimmer mit Balkon, Klimaanlage, Minibar, Schreibtisch, Föhn, WLAN, Safe, Radiowecker. Apartment Nr. 21 mit Riesenbalkon und Hollywoodschaukel, Küche mit Toaster und Wasserkocher, Geschirr wird gestellt. Fantastisches Terrassenrestaurant bis 23 Uhr geöffnet, teilweise verglast, eine Etage tiefer sehr gepflegtes Frühstücksrestaurant. Im Anbau nur Frühstücksraum.

Unterkunft in Sololaki und der Altstadt

Hostels um die Metrostation Tawisubleibis Moedani

Man verlässt die Metrostation nach links und biegt nach dem Marriot by Courtyard nach rechts in die Leonidse-Straße (verkehrsreich) ein.

■ **Lucky Star Hostel,** Matschabeli 2/4, Ecke Leonidse, Lucky_hostel@yahoo.com, Tel. 99 52 59, von einem koptischen Ägypter gekauftes Hostel, die riesigen Dorms wurden abgeschafft. Jetzt DZ mit Gemeinschaftsbad 72 Lari, DZ mit Bad 80 Lari, 3-Bett-zimmer mit Bad 125 Lari Ü. Zimmer mit Locker, kostenloses WLAN, Air Condition, Gepäckaufbewahrung, Selbstversorgerküche, Gemeinschaftsraum.

■ **Nesthostel,** Paolo-Jaschwili 23, Tel. 2 93 13 31, mobil: 598 16 17 71, nesthostel@gmail.com. Die Leonidse-Straße weiter hoch bis zur dritten Querstraße nach links, vorbei am Hotel David. Auf der rechten Straßenseite Eingang unter Balkon, Hostel im 1. Stock. Drei dunkle MBZ zu 25 Lari pro Bett, ein DZ zu 70 Lari, keine Locker, aber Safe an der Rezeption, große Küche, kleines fensterloses Wannenbad, zweites Duschbad mit Waschmaschine, PC, Veranda zum Innenhof, englischsprachig. Flughafentransfer 30 Lari.

■ **Old Town Hostel,** Chodashenis kutscha 7, mobil: 571 00 40 02, Tel. 2 98 61 88, tbilisioldtownhostel@gmail.com. Eine kurze Gasse geht von der Leselidse 27 rechts ab, nach dem Eckladen Mineral Museum mehrstöckiges Gebäude mit MBZ (4-BZ für Frauen zu 30 Lari, 5-BZ für Männer zu 25 Lari das Bett); Küche mit Kühlschrank und Wannenbad, PC mit Drucker, WLAN im EG; im 2. Stock (Treppe ohne Geländer!) EBZ mit Kochecke zu 60 Lari, 2-BZ zu 70 Lari (35 Lari bei Einzelnutzung), ein 6-BZ mit Balkon zu 25 Lari und ein 4-BZ zu 30 Lari das Bett; oben Wannenbad mit Waschmaschine und Trockner.

Hostels in der Altstadt

■ **Envoy Hostel,** Betlemi 45, mobil: 557 39 63 84, www.envoyhostel.com/tbilisi, 8-BZ ab 22 Lari, 6-BZ ab 26 Lari, 4-BZ ab 30 Lari (jeweils pro Bett), eine Person im DZ ab 50 Lari, jeweils mit Gemeinschaftsbad, DZ mit Bad 83 Lari, jeweils mit Frühstück. Gemeinschaftsküche, große Terrasse mit Superblick. Partnerhostel des gleichnamigen in Jerewan, bietet auch Touren an. Hinweg: Ab Maidan passiert man bergan ein Restaurant (Glaskasten) und biegt links ein, dann die erste kleine Querstraße nach rechts, es folgt ein steiler, aber kurzer Anstieg.

■ **Tbilisi Friends Hostel,** Tumanjani 9, www.friendshostel.ge, mobil: 551 47 41 41, 577 73 77 71, für 15 Gäste, MBZ gemischt, herrlich renovierte Terrasse mit Traumblick auf Präsidentenpalast und Zminda-Sameba-Kathedrale. Flughafentransfer für 30 Lari, zwei kleine fensterlose DZ (Saison 60 Lari, sonst 50 Lari), MBZ zu 22 Lari in der Saison, sonst 18 Lari, zurzeit zwei Bäder, ein drittes in Planung, Grillplatz, Gästeküche, WLAN kostenlos, schönes Haus, alter jüdischer Besitz hinter der Synagoge, englisch- und russischsprachig. Zugang: Ab Maidan gegenüber Resto Maidan Palace die Tumanjan-Straße hochgehen bis zur Hausnr. 9, dann engen Durchgang hoch. Das Hostel ist an den sehr schönen Holzbalkonen sofort zu erkennen.

Hotels in der Altstadt

■ **Hotel City,** Abesadse 7 (geht ab Leselidse ab, dort gegenüber der Katholischen Kirche), www.hotelcity.ge, Tel. 2 92 38 71, -72, -73, mobil: 597 98 97 80. Neues Hotel mit 16 Zimmern, europäischer Standard, gegründet von ehemaligen Uni-Professoren aus Tbilisi, in allen Zimmern Minibar, Kabel-TV, Klimaanlage, Telefon für internationale Gespräche, schöne Duschbäder, Föhn, Flatscreen, sehr sauber; Standardzimmer Nr. 7 zu 100 US$, Zi. 4 ist ein größeres Standardzimmer zu 120 US$ als EZ und 140 US$ als DZ, Spiegeltisch mit Hocker, Blick auf Kirche; weiter ein gläserner Lift, im Keller nicht-öffentliches Restaurant für Frühstücksbuffet; Mittag- und Abendessen auf Bestellung möglich, im Sommer Dachterrassenrestaurant. Speisekarte englisch, russisch und georgisch, immer frisches Obst und Gemüse, einige Nichtraucherzimmer, Flughafentransfer 25 US$. Autos können kostenlos vor dem Haus geparkt werden und liegen immer im Blickfeld des Nachtportiers. Check-in ab 14 Uhr, das Zimmer ist bei Ankunft zu zahlen.

■ **Hotel ZP,** Betlemi 11, www.hotel.zp, Tel. 2 98 35 48, mobil: 577 72 72 17. Die meisten der sieben Zimmer (Erweiterungsbau geplant) verfügen über Balkon, Direktwahltelefon, WLAN, Klimaanlage, Heizung, Minibar, SAT-TV und Safe. Die vier EZ kosten je 75 US$, die zwei DZ je 95 US$, die Suite 140 US$, jeweils inkl. Frühstück und MwSt. Empfehlung eines Lesers.

Die Umgebung von Tbilisi

Kloster Schawnabada

Der Legende nach bedrohten Feinde das Kloster, als plötzlich ein mächtiger Reiter die Angreifer in die Flucht schlug. Es soll der heilige *Georg* gewesen sein, der seine Körperform durch einen schwarzen Nabadi stark vergrößert hatte. Ein Nabadi ist ein bodenlanger Schaffellumhang, den die Hirten zum Schutz vor Wind und Wetter tragen. Das **St. Georgskloster zum Schwarzen Nabadi** (*schawi* bedeutet schwarz) wurde 1992 wieder geweiht. Neben einem Abt leben heute wieder fünf Mönche und elf Novizen im Kloster. Die Klosterkirche wurde Ende des 19. Jh. erbaut. Das Kloster lebt wieder von **Wein- und Getreideanbau**. Der Schawnabada-Wein (rot und weiß) wird dem Besucher auf Wunsch in einem georgischen Weinkeller *(marani)* serviert. Es gibt auch wieder ein Backhaus. Vor der Enteignung der Klöster zu Sowjetzeiten waren die Klöster Selbstversorger, unter Mithilfe der Gläubigen. Diesen Status will man wieder erreichen.

■ **Anreise: Marschrutka** ab dem unteren Teil des Wagslis Moedani (Hauptbahnhof) oder ab Metrostation Samgori nach Marneuli. Dem Fahrer Bescheid sagen, dass man nach Schawnabada möchte. Vom Aussteigepunkt (ca. 30 Min. Fahrtzeit, 2 Lari) noch etwa 15 bis 20 Gehminuten. Das Kloster auf einem flachen Hügel ist von der Straße weithin sichtbar, zudem kennt es jeder.

Asureti   20/B2
ასურეთი

Das Dorf Asureti (auch Assureti) wurde am 19. November 1818 zu Ehren der Hl. Elisabeth unter dem Namen **Elisabeththal** von 72 deutschen Auswandererfamilien gegründet. 1857 verließen 38 Familien nach Streitigkeiten um Religionsfragen Elisabeththal und gründeten das Dorf **Alexanderhilf** in der Nähe von Zalka. Asureti gehört zur Munizipalität Tetrizqaro (georg. თეთრიწყარო). Aus Elisabeththal stammten auch die deutschen Vorfahren der zweiten Ehefrau *Josef Stalins, Nadjeschda Allilujewa*.

1921 wurde Georgien durch sowjetische Truppen auf Veranlassung Stalins annektiert und Elisabeththal in Asureti umbenannt. In den Jahren 1932 bis 1938 gab es eine **Kollektivwirtschaft** namens **Concordia,** die sich vor allem mit Weinbau, aber auch mit der Entwicklung von Schädlingsbekämpfungsmitteln befasste. Nach dem Überfall der Wehrmacht auf die Sowjetunion im Juni 1941 wurden alle Deutschen nach Kasachstan und Sibirien verbannt, es sei denn, sie hatten einen georgischen Ehepartner.

Nach der erzwungenen Umsiedlung der Deutschen begann der selbst für georgische Verhältnisse tiefe Fall des einst so erfolgreichen Dorfes. Die am 29. August 1879 geweihte evangelische **Kirche** wurde zerstört, der Turm fehlt heute ebenso wie Teile der Seitenwände, die Orgel, die Balustraden und die prachtvollen Lüster. Wie viele andere sakrale Stätten in der ehemaligen Sowjetunion, wurde bzw. wird sie sachfremd genutzt. Anfang 2015 wurde dort Holz gesägt und landwirtschaftliches Gerät abgestellt. Der alte **deutsche Friedhof,** größtenteils überwuchert von wildem Flieder, wurde im Oktober 2001 von Schülern des Saar-Pfalz-Gymnasiums Homburg/Saarland und dem Jugendkreis der evangelisch-lutherischen Versöhnungskirche in Tbilisi renoviert, woran eine Gedenktafel erinnert, die innen am linken Türpfosten, also gut versteckt, angebracht wurde. Interessant gestaltet sich das Studium der Grabsteine, von denen viele an die Toten der Hungersnot um das Jahr 1929 erinnern; z.B. *Lina Böpple* (1.2.1929 bis 3.7.1929) und ihr Bruder *Reinhold Böpple* (11.11.1930 bis 7.5.1933). Andere Grabsteine weisen Namen wie Lehrer *Jakob Glöckler, Fritz Eduard Frick, Maria Kopf, Fritz Vollmer* usw. auf. Noch heute besuchen Nachfahren der Toten die Gräber!

Die **Fachwerkhäuser** der schwäbischen Siedler befinden sich in einem beklagenswerten Zustand. Die Dachziegel wurden meist durch Blech ersetzt, die Symmetrie vieler Giebel zerstört, Holzbalkone ließ man verfaulen, tragende Balken wurden zersägt usw.

Der Deutsche **Manfred Tichonow** hat eines der schwer beschädigten Fachwerkhäuser erworben, nachdem die letzte noch in Asureti lebende Deutsche nach Deutschland übersiedelte. Er leistete nicht nur Überdurchschnittliches bei der Renovierung des Gebäudes, er keltert auch wieder Wein der Schala-Rebsorte in Eichenfässern nach traditioneller Art. Der vollmundig-fruchtige Wein ist selbstverständlich zertifiziert und soll um 1840 von dem schwäbischen Siedler *Schall* aus einer Rebsorte aus den umliegenden Wäldern kultiviert worden sein. Ob die Rebsorte von Herrn *Schall* ge-

Das Fachwerkhaus von Manfred Tichonow

kreuzt oder nur gefunden wurde, ist nicht bekannt. Ab 1930 musste die Traube „Asuretuli" genannt werden. Herr *Tichonow* setzt in seinem inzwischen wieder respektablen Keller auch den typisch georgischen Kwewri-Wein an, d.h. der Wein reift in Kwewris, das sind im Boden eingelassene irdene Gefäße unterschiedlicher Größe.

■**Privatzimmervermietung Manfred Tichonow,** assuretiweinbau@gmx.net, mobil: 599 79 39 75 (deutsch), unkomplizierte und nette Unterkunft für 4 bis 5 Personen zu 30 Lari Ü. Herr *Tichonow* lebt mit mehreren Hunden und Katzen in einem unübersehbaren Fachwerkhaus gegenüber der Kirchenruine im überschaubaren Dorf. Da er aus der Gegend um Schwerin stammt, spricht er natürlich fließend deutsch. In der Umgebung von Asureti kann man sehr gut wandern, z.B. in Richtung Achalziche ins romantische Wandertal Birtwissi und zum ehemaligen Algeti-Wasserreservoir (wo einheimische, selbst ernannte Spezialisten das Wehr geöffnet und somit das Wasser abgelassen haben). Mehrere Autos (mit oder ohne Fahrer) stehen das ganze Jahr über zur Verfügung. Ausflüge sind auch möglich zum Kloster Schawnabada in Richtung Tbilisi und nach Bolnisi (50 km). Im Juni sind die Himbeeren reif, im September ist Weinlese.

■**An- und Abreise: Selbstfahrer** nehmen die Landstraße in Richtung Marneuli bis zur Abzweigung (ausgeschildert) bei Koda, wo man nach rechts einbiegt. **Marschrutka** fahren ab der Metrostation Samgori in Tbilisi über Asureti nach Tetrizqaro: 12.20, 15.45, 17.30 Uhr, 4–5 Lari, 60 Min.

Mzcheta/Mtskheta 21/B-C1

Mzcheta, die **alte Hauptstadt Iberiens,** liegt am Zusammenfluss der Aragwi und der Mtkwari. Von ihrem Glanz ist heute nur noch wenig zu erkennen, trotzdem sollte ein Tagesbesuch bei einem Aufenthalt im nahe gelegenen Tbilisi unbedingt dazugehören, stellt sie doch durch einige bemerkenswerte Kirchen nach wie vor ein **geistliches Zentrum Georgiens** dar. Viele Georgier pilgern in die als heilig verehrten Kirchen, so wichtig ist ihnen dieser Ort. Im Jahr 2009 fanden zahlreiche Renovierungsarbeiten nach dem Vorbild von Signagi statt, worauf die Ortsansässigen sehr stolz sind.

◁ Festungsruine Bebrisziche in Mzcheta

Überblick/Orientierung

Die **Marschrutka von Tbilisi** biegt nach Überquerung des Mtkwari-Flusses nach rechts ab in die Dawid-Agmaschenebeli-Straße und passiert die berühmte Sweti-Zchoweli-Kirche. Auf dem kleinen Platz, der zur Arsukidse-Straße gehört, befinden sich das Touristeninformationszentrum, Souvenirstände und ein Geldautomat. Danach folgt die Marschrutka der nach links abbiegenden Straße, die jetzt wieder Agmaschenebeli-Straße heißt, passiert das Museum (Eckgebäude) und fährt weiter nach Gori, vorbei an der Festungsruine Bebrisziche rechter Hand.

Ankommende sollten bei der **Sweti-Zchoweli-Kirche** aussteigen, nach Besichtigung der Kirche der schmalen Arsukidse-Straße folgen und die winzige **Antiochia-Kirche** aus der Zeit der heiligen Nino besichtigen. Das im Jahr 2000 renovierte Kirchlein gehört heute zu einem Nonnenkloster, das Tor des umgebenden Eisenzauns ist geschlossen, aber nicht abgeschlossen.

Zurück auf dem Vorplatz der Sweti-Zchoweli-Kirche biegt man nach rechts ab und passiert nach ca. 400 m links den schon 1873 eingerichteten **Garten des Künstlers Michail Mamulaschwili** gegenüber einem grünen zweistöckigen Gebäude mit vergitterten Fenstern (Agmaschenebeli-Straße 7). Bald danach mündet von links die Kostawa-Straße ein; ebenfalls linker Hand erblickt man das sehenswerte **Museum** der Stadt, davor wurde ein schönes Blumenbeet mit großer Standuhr angelegt. Linker Hand, auf einem kleinen Hügel, steht das ehemalige **Kino Armasi**, das auf den Überresten des ehemaligen Stadttores errichtet wurde und dessen Frontseite mit bunten Fresken aus der georgischen Geschichte verziert war. Reste davon sind noch gut zu erkennen. Vor dem Kinogebäude stehen und sitzen auf einer niedrigen Mauer Menschen, die auf den Bus oder die Marschrutka Richtung Tbilisi warten. Rechts neben dem Mäuerchen warten Taxis auf Fahrgäste. Geht man weiter, erblickt man schon bald etwas nach hinten versetzt die **Samtawro-Kirche**. Nach weiteren 20 bis 30 Minuten Gehzeit folgt auf der rechten Straßenseite die Festungsruine Bebrisziche.

Ruine Bebrisziche

Die eher bescheidene Ruine, von deren noch erhaltener Mauer wie zum Trotz eine übergroße georgische Flagge weht, ist relativ leicht von der Straße aus zu erklimmen. Man hat einen guten Ausblick auf die bunten Neubauten des neuen Teils von Mzcheta und die Aragwi.

Sweti-Zchoweli-Kirche

Diese Kirche wurde im 11. Jh. erbaut. Ihre Vorgängerin, eine Basilika aus dem beginnenden 4. Jh., sorgte schon bei ihrem Bau für Legendenbildung. In jener Zeit lebte die Syrerin *Nino* (siehe Exkurs) in Mzcheta am Hofe von König *Mirian III.* und Königin *Nana*. Als sichtbares Zeichen der Annahme des Christentums ließ König Mirian diese Basilika erbauen, wozu **sieben Bäume** gefällt werden mussten. Der siebte Baum wollte jedoch nicht umfallen. Da kam Nino und betete, woraufhin am Himmel Engel erschienen, und wie durch ein Wunder ließ sich der Stamm in die gewünschte

Mzcheta

Übernachtung
1 Hotel Mzcheta Palace
3 GH Tamarindi
4 GH Ilja Tschischkariani

Essen und Trinken
2 Kafe-Bari
5 Restaurant Salobie

Position bringen. Doch damit nicht genug, er sonderte nun einen Saft ab, bei dessen Berührung Krankheiten geheilt wurden. Daher der Name „lebensspendender Baum".

König *Wachtang Gorgassali* (446–502) ließ an der Stelle dieser kleinen Basilika eine Drei-Konchen-Basilika errichten, die *Murwan der Taube* (ab 732 arabischer Statthalter des Kaukasus) zerstören ließ. Schon gegen Ende des 8. Jh. wurde sie wieder aufgebaut. Die im 11. Jh. erbaute jetzige Kirche behielt den Namen Sweti Zchoweli bei. In der Kirche soll König *Wachtang Gorgassali* bestattet sein.

Doch der Legenden nicht genug: Hier soll sich das **Gewand Jesu** befinden. Als Jesus von Nazareth gekreuzigt werden sollte, eilte der georgische Jude *Elias* nach Jerusalem, um gegen die Kreuzigung zu stimmen. Er kam zu spät. Wenigstens konnte er die römischen Wächter bestechen und ihnen das Gewand Jesu abkaufen, mit dem er nach Mzcheta zurückkehrte. Er gab es seiner Schwester *Sidonia,* sie presste es an ihr Herz und starb vor Gram. Als man sie beerdigen wollte, konnte ihr das Gewand nicht abgenommen werden und man begrub sie zusammen mit dem Kreuzigungsgewand.

Betritt man die innen sehr bescheiden wirkende, dennoch gerade deshalb so beeindruckende Kirche mit Blick auf die Altarwand, so fällt gleich zur Rechten ein **Taufbecken** auf, das aus Gold gewesen sein soll, von König Mirian gespendet und von Tamerlan als Kriegsbeute gestohlen. An der linken Wand befindet sich das imposante **Georgskreuz**. Rechts oben auf der Empore befanden sich Geheimzimmer, in denen nicht nur Vorräte versteckt wurden, sondern auch Menschen Zuflucht fanden.

Nach dem Taufbecken zur Rechten in Richtung Altar fällt ein winzig kleines Kirchlein auf, das sich im rechten Seitenschiff an die Wand schmiegt. Dies ist die im 13./14. Jh. errichtete **Kopie der Grabeskirche von Jerusalem** (in ihrem damaligen Grundriss). So sollten unvermögende Georgier die Gelegenheit erhalten, quasi virtuell nach Jerusalem zur heiligsten Kirche der Christenheit zu reisen. In der Mini-Kirche soll sich das Gewand Jesu befinden (s.o.). Danach fällt, ebenfalls auf der rechten Seite, ein steinerner **Baldachin** aus dem 17. Jh. auf, vor dem immer eine Lampe brennt. Errichtet vom Katholikos *Nikolos,* soll hier die heilige *Sidonia* begraben sein. Je nach Quelle soll auch das Gewand Jesu in diesem kleinen wachturmartigen Bauwerk liegen.

Vor der Altarwand fallen einige **Grabplatten** besonders ins Auge, darunter die von König *Irakli II.* (1720–1798) und König *Georgi XII.* (1746–1800). In zweiter Reihe vor der Grabplatte König Iraklis II. soll sich die Grabstelle König Wachtang Gorgassalis, des Gründers von Tbilisi, befinden, die leicht an den an Messingständern gespannten Seilen auszumachen ist. In dritter Reihe befinden sich zahlreiche Grabplatten der Fürsten *Bagrationi-Muchrantubani* und ihrer Gemahlinnen. Etwa in der Mitte des linken Seitenschiffes öffnet sich eine kleine Kapelle, die eine Reliquie vom Kreuz Jesu Christi enthalten soll.

Die wirklich imposante Sweti-Zchoweli-Kirche wurde aufwendig restauriert, wobei die Bauarbeiten zum Teil noch anhalten, was aber den Besucher kaum stört. Der Boden der Kirche wurde teilweise mit Glasplatten ausgelegt, um einen Blick auf die alten Fundamente zu gewähren.

Tipp: Samstag- und Sonntagvormittags kann der Besucher einem exzellenten **Kirchenchor** lauschen. Wer am 14. Oktober vor Ort ist, kann dem **Sweti-Zchoweloba-Fest** beiwohnen, einer Art Erntedankfest.

Samtawro-Kirche

Nur wenige Gehminuten von Sweti Zchoweli findet sich die Samtawro-Kirche. Das imposante Bauwerk aus dem 4. Jh. gehört heute zu einem **Nonnenkloster**. Auf dem Gelände stand der Palast von König Mirian und Königin Nana, die unter dem Einfluss der später zur Heiligen erklärten Nino das Christentum im Jahre 337 zur Staatsreligion erklärten.

Nino betete und meditierte oft in einem Rosengarten und König Mirian beschloss, an genau dieser Stelle eine winzige **Kapelle** zu errichten. Dieses wirklich winzige Kapellchen wurde bis heute kaum verändert. Es ist der **älteste christliche Sakralbau** und gleichzeitig der **erste Kuppelbau** auf georgischem Territorium! Hier sollen Königin Nana und König Mirian begraben sein.

Museum

Folgt man der Dawit-Agmaschenebeli-Straße weiter, so erreicht man das Museum von Mzcheta, das nach umfassender

Die heilige Nino und die Christianisierung Georgiens

Der Legende nach soll die Syrerin Nino im 4. Jh. n. Chr. zur Christianisierung Georgiens beigetragen haben. Noch als sie ein Kind war, zog ihre Familie ins Heilige Land. Ihr Vater entschloss sich, all seine Habe herzugeben und als Asket in der jordanischen Wüste sein Leben zu beschließen. Ninos Mutter kümmerte sich in Jerusalem um die Bedürftigen. Nino blieb bei der Mutter und hatte das Glück, dass sie nach Bethlehem geschickt wurde, wo man sie in der Heilkunde unterwies. Eines Nachts soll Nino im Traum die Heilige Jungfrau Maria erschienen sein und ihr aufgetragen haben, nach Iberien (Kartlien) zu ziehen, um dort das Christentum zu verbreiten.

Nino soll Iberien von 327 bis 332 missioniert haben. Bei diesen Missionsreisen traf sie auch die Gemahlin König *Mirians*, **Königin Nana,** die schwer erkrankt war. Ninos Gebete heilten die kranke Königin. Als der König sich eines Tages auf einem Jagdausritt verirrt hatte, betete auch er zu dem neuen Gott seiner Frau und fand den Rückweg. So nahm Königin Nana gemeinsam mit König Mirian den christlichen Glauben an. Die Bevölkerung Iberiens wurde im Fluss Aragwi getauft. **Das Jahr 337 gilt als das Jahr der Annahme des Christentums als Staatsreligion in Georgien.**

Nino soll von der Heiligen Jungfrau ein **Kreuz aus Rebstöcken** mitgegeben worden sein, das sie immer bei sich trug. In Georgien befinden sich einige der ältesten Weinanbaugebiete der Welt.

Neugestaltung sehr sehenswert ist. Die Exponate sind auch in englischer Sprache beschriftet. Hier kann man Gegenstände bewundern, die um 6000 Jahre alt sind und bei Ausgrabungen in der Umgebung gefunden wurden.

■ **Info:** geöffnet 11–19 Uhr, Eintritt 1 Lar.

Dshwari-Kirche

Die von überall aus der Umgebung sichtbare Kreuzkirche, die weit kleiner ist als sie von ferne scheint, thront auf einem Vorsprung des Sagurani-Bergrückens. 586–604 an der Stelle erbaut, wo die heilige Nino ein Holzkreuz errichtet haben soll, besticht sie durch ihre Schlichtheit. Das Kirchlein gehört zum **UNESCO-Weltkulturerbe** und wurde 2005–2007 restauriert.

Vom Museum der Stadt Mzcheta aus sollte ein Taxi inkl. Wartezeit um die 10 Lari kosten, ein Leser berichtete von unverschämten 25 Lari. Der geschlungene Weg auf den Berg ist ungefähr 7 km lang und kann natürlich auch zu Fuß gegangen werden.

Kloster Schiomgwime

In Zusammenhang mit der Christianisierung Georgiens tauchen immer wieder die Namen der syrischen Väter auf; gemeint sind **syrische Mönche,** die als Missionare unterwegs waren. Der **heili-**

▷ Blick hinauf zur Dshwari-Kirche

ge Schio war einer von ihnen. Man geht davon aus, dass die altsyrische Sprache statt des S-Lautes ein „Sch" enthielt, wodurch der Name *Schio* einmal *Schmeon* gelautet haben könnte, außerhalb Altsyriens *Simeon*. Als er in Iberia eintraf, hieß er wahrscheinlich noch Schmeon, später verkürzte sich sein Name auf Schio. Er war der einzige Sohn wohlhabender Eltern aus dem alten Antiochia (heute Antakya in der Südosttürkei) und soll schon als Jüngling stets ein Evangelium des Apostels *Paulus* von Tarsus (heute ebenfalls Südosttürkei) bei sich getragen haben. Im Alter von 20 Jahren schloss er sich dem heiligen *Johannes* an, der in der Wüste nahe Antiochia mit seinen Schülern in einem Kloster wohnte.

Nach 20 Jahren klösterlichen Studiums wählte der heilige Johannes zwölf Schüler aus und sandte sie nach Iberien (heute Westgeorgien) auf Missionsreise. In der Geschichtsschreibung der georgischen Kirche wird die Ankunft des heiligen Schio auf die erste Hälfte des 6. Jh. datiert, in die Zeit der Herrschaft König *Parsmans VI.* (541–555). In Mzcheta wurde Schio durch den Katholikos *Eulalius* herzlich empfangen. Nachdem Schio mit seinen Mitbrüdern zunächst drei Jahre lang in Mzcheta gelebt haben soll, zog er sich mit ihnen auf den in der Nähe befindlichen Berg Sedaseni zurück. Dort sollen ihm eines Nachts die Heilige Jungfrau und die heilige *Nino* erschienen sein und ihm befohlen haben, seine Mitbrüder in alle Teile des Landes zu senden, um dort zu **missionieren.** Danach suchte er einen abgelegenen, schwer erreichbaren Ort, fand ihn nördlich von Mzcheta vor den Steilfelsen in Form einer Höhle, wo er dann 40 Tage lang betete und fastete, sich von Kräutern und Wasser ernährte. Hier erschien ihm erneut die Heilige Jungfrau mit einem Engelschor und erlöste ihn von seinen Alp-

träumen, in denen er stets mit dem Teufel kämpfte. Seine Frömmigkeit sprach sich herum und er scharte viele Anhänger um sich, u.a. **Ewagrius**, den Statthalter König Parsmans, welcher sich im Krieg gegen die Truppen *Justinians* in Ossetien befand. Nach der Heimkehr des Königs war Ewagrius bereits Mönch und führte ihn zur Höhle des heiligen Schio. Ewagrius spendete 30 Liter Gold für den Bau einer Kirche, weiterhin einen goldenen Kelch und eine goldene Schale, um daraus ein goldenes Kreuz zu gießen. So erfolgte die Grundsteinlegung für das heute noch bestehende Kloster. Die erste und **Hauptkirche** zu Ehren der Himmelfahrt der Jungfrau Maria war 15 Sashen lang (Sashen ist ein altes russisches Längenmaß, 1 Sashen entspricht ca. 2,13 m) lang, 9 Sashen breit und 18 Sashen hoch.

Die **zweite Kirche** zu Ehren Johannes des Täufers hat 13 x 4 Sashen im Grundriss und eine 10 Sashen hohe Kuppel. Die vier Seitenaltäre waren dem heiligen *Georgi*, der Jungfrau Maria und den 40 Märtyrern (Motsameta) gewidmet, der Name des vierten Seitenaltares ist unbekannt. Im westlichen Teil dieser Kirche befand sich einst eine Öffnung, deren Durchmesser etwa 1 Arschin betrug (= ca. 0,71 m). Von der Öffnung führte ein ca. 5 Sashen langer Gang zu einem Raum von 2 Sashen im Durchmesser, wo die sterblichen Überreste des heiligen Schio beigesetzt wurden, sein Grab von einfachen Ziegeln verschlossen. Der eher kleine Glockenturm neben dem Eingang der Johanneskirche wurde erst 1733 angebaut. Als im Jahr 1617 der persische Schah *Abbas* in Iberien einfiel, ließ man die Gebeine des heiligen Schio rauben und nach Persien verbringen. Dort erschraken die Perser über den Heiligenschein, der plötzlich über den Gebeinen zu leuchten begann, und brachten sie schleunigst nach Iberien zurück. Es gab ursprünglich noch eine dritte Kirche, die aber wie viele andere Kirchen auf iberischem (westgeorgischem) Territorium zerstört wurde. Das Kloster wurde daher mit einer Wehrmauer umbaut, im 11. Jh. ließ König *Georgi II.* noch einen Palast errichten.

Heute ist der Besucher von der **außergewöhnlichen Lage** vor imposanten Steilfelsen beeindruckt. Der Weg dorthin beträgt 12 km und verläuft meist auf einer gewundenen Schotterpiste. Nachdem man das Tor passiert hat, folgt man dem asphaltierten Weg nach links und geht die kurze Treppe nach oben. Zur Rechten befindet sich die Johanneskirche, deren Inneres noch immer durch zahlreiche Reliefarbeiten imponiert. Schließlich erreicht man oben die Muttergotteskirche. Ihre Fresken, im 11. Jh. übermalt, werden restauriert. Im Kloster leben zurzeit elf Mönche. Wenn man Glück hat, findet sich einer bereit, den Besucher gegen eine kleine Spende zu den Höhlen zu führen, von denen es hier noch immer viele gibt.

■ **Anreise:** Mit Taxi ab Mzcheta (Taxis warten an der Grünfläche vor dem Museum), 20–30 Lari inkl. Wartezeit. Eintritt frei. Auf jeden Fall handeln, denn die Taxifahrer jammern aus Prinzip unisono über die schlechte Straße, die sich aber nicht von anderen unbefestigten Straßen unterscheidet. Auf halber Strecke ein Rastplatz mit Aussicht, den motorisierte Pilger gerne nutzen. Trinkwasser nicht vergessen! Fahrer versuchen zuweilen, den Fahrgast zu einer (überteuerten) Rückfahrt nach Tbilisi zu überreden. Die Straße zum Kloster ist für Mountainbiker oder Motorradfahrer kein Problem.

Praktische Tipps

■ **Vorwahl Mzcheta:** international 00995 37, national: 0 27

Informationen
■ **Touristeninformationszentrum** (TIZ): Gegenüber der Sweti-Zchoweli-Kirche, hinter den Souvenirshops, befindet sich ein freundliches, englischsprachiges Infozentrum, wo man bebilderte Prospekte mit Unterkunftstipps erhalten kann. Geöffnet tägl. 10–18 Uhr.
■ **Geldautomaten:** Am Platz an der Sweti-Zchoweli-Kirche in der Arsukidse-Straße und gegenüber dem Taxistandplatz in der Agmaschenebeli-Straße in Richtung Samtawro-Kirche und Bebrisziche-Festung.

Unterkunft
■ **Guesthouse Tamarindi,** Arsukidse 23, unmittelbar auf dem Platz vor der Sweti-Zchoweli-Kirche), mobil: 579 03 77 72, mtskheta _tamarindi @yahoo.com. Frau *Eteri Narimanidse* und ihr Sohn *Dschemali Kobiaschwili* bieten mehrere sehr saubere und gemütliche DZ mit Klimaanlage und TV an; ab 50 Lari mit HP, auch 25–30 Lari möglich (verhandeln!). Hinter dem Haus ein schöner Garten mit Pool. Hier finden sich drei weitere DZ und ein 3-BZ ohne TV und Klimaanlage, aber mit Gartenblick. *Tamarindi* ist die Tochter *Dschemalis.* Sein Freund bietet Reitstunden an. Supernette Familie.
■ **Guesthouse Ilja Tschischkariani,** Arsukidse 67, mobil: 599 42 00 21, der Gasse rechts neben der Sweti-Zchoweli-Kirche folgen. Auf der rechten Straßenseite ein riesiges, angenehm kühles Haus mit sehr großer Terrasse mit Blick auf die Kirchen. Ein DZ mit riesigem Balkon zu 50 Lari pro Person Ü/HP, ein zweites DZ mit zwei Einzelbetten und PC sowie großem Bad mit Eckwanne, welches auch von der Familie genutzt wird, zwei weitere DZ. Die Familie ist sehr nett, die Kinder sorgen für Trubel im Haus. Die Familie hat einen Mercedes und kann Transport anbieten.

■ **Hotel Mzcheta Palace,** Dawid Agmaschenebeli Side, Tel. 2 91 02 02, mobil: 577 75 17 17, mtskhetaplace@posta.ge. Das Hotel mit Pool befindet sich links der Mtkwari-Brücke (aus Tbilisi kommend). Zimmer inkl. Frühstück 150–200 Lari.

Essen und Trinken
■ **Kafe-Bari,** Gamsachurdia 17, mit Beschriftung in lateinischen Buchstaben. Kleines, sehr sauberes und preiswertes Café, das u.a. georgischen *M'zwadi* (Schaschlik) anbietet. Die Marschrutka von Tbilisi kommt am Lokal vorbei, bis zu den Kirchen ca. 10 Min. zu Fuß.
■ **Restaurant Salobie,** an der M1 zwischen Mzcheta und Tbilisi (Taxi ab Mzcheta max. 5 Lari). Besonders am Wochenende außerordentlich populäres, da gutes und preisgünstiges Restaurant mit zahlreichen Freisitzen und in Gebäuden befindlichen Separees (russ. *kupee*) für sechs bis acht Personen mit Kamin. Gewöhnungsbedürftig: Man sucht sich einen Tisch aus und merkt sich dessen Nummer, bestellt an einem Fenster und lässt sich das Essen bringen. Direkt hinter dem Gelände rumpelt die Bahn vorbei. Insgesamt besonders an Sommertagen eine tolle Atmosphäre. Georgische Gäste bringen ihren Wein schon mal selber mit – und sei es in der 5-Liter-Plastikflasche – und erhalten dazu von der Kellnerin Karaffen und Gläser.

An- und Weiterreise
■ **Marschrutki** fahren ab der Metrostation Didube in Tbilisi (1 Lari, Fahrtzeit ca. 30 Minuten). Busse fahren ebenfalls ab Didube (0,80 Lari, ca. 40 Minuten). Rückfahrt: Blickt man vom Museum in Richtung Bebrisziche nach links, so sieht man eine kleine Grünanlage, wo oft schon andere Fahrgäste auf Bus oder Marschrutka warten.
■ **Elektritschki** verkehren zwischen Tbilisi und dem etwas außerhalb liegenden Haltepunkt von Mzcheta. Von dort sind es ca. 20 Gehminuten (Überquerung der Mtkwari) bis in den Ort.

Die Umgebung von Tbilisi: Gori

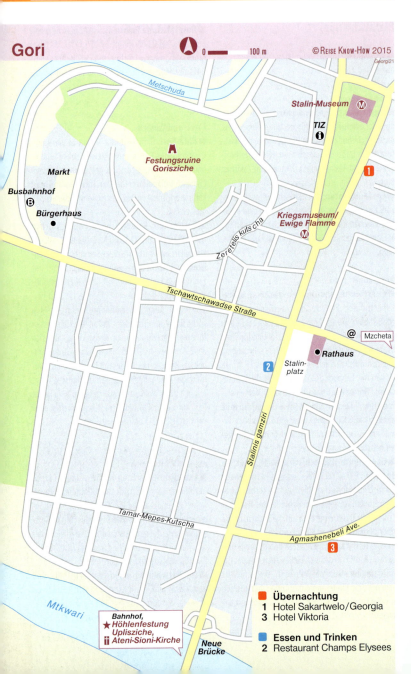

Gori
გორი

20/A1

Die kleine Stadt Gori böte kaum etwas von touristischem Interesse, hätte da nicht ein armer Schuster mit seiner Frau gewohnt, denen am 21. Dezember 1879 (am 9. Dezember nach gregorianischem Kalender) ein Sohn namens *Josif Wissarionowitsch Dshugaschwili* geboren wurde, der sich später dazu entschloss, unter dem Namen **Stalin** zu wirken.

In Gori ist zwar so etwas wie eine Aufbruchstimmung zu bemerken – z.B. gibt es gibt vor allem in der Tschawtschawadse-Straße zahlreiche neue Geschäfte und auch einen schönen Springbrunnen –, trotzdem beklagten einige Menschen der Autorin gegenüber, dass ihnen kaum die Mittel zum täglichen Leben reichten. Ältere Menschen erinnern sich gerne der guten Beziehungen der ehemaligen Sowjetrepubliken untereinander, die sie damals problemlos bereisen konnten, was ihnen heute verwehrt bleibt.

Kommt man von Tbilisi mit dem Bus oder der Marschrutka, so sieht man relativ schnell zur Linken das schlossartig wirkende Stalin-Museum mit dem grünen, gepanzerten Zugwaggon davor. Hat man das Museum passiert, biegt der Bus nach rechts in die Tschawtschawadse-Straße ein und erreicht den Busbahnhof; auffällig ist das neue weiße Gebäude des Bürgerhauses (Public Service Hall).

Gori hat weniger als 50.000 Einwohner. Hier mündet das Flüsschen Liakwi in die Mtkwari. Das Städtchen ist Ausgangspunkt für die Besichtigung der Höhlenfestung Uplisziche.

Stalin-Museum

Kommt man mit der Marschrutka aus Tbilisi, kann man direkt beim Museum, das gut durch den seitlich des Gebäudes stehenden Zugwaggon erkennbar ist, aussteigen. Andernfalls muss man 15 Minuten vom Busbahnhof zurücklaufen.

Das Museum mit seinem viereckigen Turm hebt sich architektonisch von den anderen Gebäuden Goris ab. Kommt man durch den kleinen Park, so kann man leicht ein winziges Häuschen übersehen, das von einem tempelartigen, seitlich offenen Überbau fast erdrückt wird. Dies ist das **Geburtshaus Stalins** (die Besichtigung ist erst nach dem Ticketkauf im Museum möglich).

> Arkadengang im Stalin-Museum

Die Umgebung von Tbilisi: Gori

Das zweistöckige, geräumige Museum zeigt im ersten Raum des oberen Stockwerks **Fotos und Dokumente** aus Stalins Kindheit und Jugend, von seiner Schulzeit in einer Klosterschule (in der der aus ärmsten Verhältnissen stammende Josif kostenlos unterrichtet wurde), und überrascht den Besucher mit durchaus gelungenen Gedichten. Auch seine Tätigkeit als Redakteur der in Leipzig in einer geheimen Druckerei hergestellten „Iskra" (russ.: „der Funke") und als erster Herausgeber der „Prawda" (russ.: „Wahrheit"), der späteren Zeitung der Kommunistischen Partei der Sowjetunion, wird gewürdigt. Der zweite und dritte Raum zeigen Stalins weiteren Werdegang bis zum Zweiten Weltkrieg, seinen Aufstieg zum absoluten Herrscher und Befehlshaber im Zweiten Weltkrieg, dem „Großen Vaterländischen Krieg" *(Welikaja Otetschestwennaja Wojna)*. Im vierten Raum schließlich wird sein Wirken als Koordinator der Industrialisierung der ehemaligen Sowjetunion dargestellt.

Abschließend erreicht man einen kleineren, abgedunkelten, runden Raum, in dem mausoleumsartig eine Kopie seiner **Büste** auf einer Art Grabkissen ruht. Zu guter Letzt findet der Besucher in einem kleinen Raum, der über den Korridor zu erreichen ist, zahlreiche Vitrinen mit Geschenken aus aller Welt an den „großen Führer" (u.a. vom Führer der KP Frankreichs *Maurice Thorez*) sowie seine originale **Uniform und Mütze** als Marschall der Sowjetunion.

Der **gepanzerte Waggon,** der neben dem Museum steht und innen von überraschender Schlichtheit ist, muss extra aufgeschlossen werden, was die Frau an der Kasse gerne tut. Danach zeigt sie noch das kleine **Geburtshaus** Stalins, das aus zwei winzigen Zimmerchen besteht.

Mit diesem Waggon fuhr Stalin zur Potsdamer Konferenz

Josif Wissarionowitsch Dshugaschwili, genannt Stalin

Josif Wissarionowitsch Dshugaschwili wurde am 21.12.1879 in der Kleinstadt Gori westlich von Tbilisi als Sohn eines Schusters und einer Wäscherin geboren. Als sich sein Vater nach Tiflis absetzte, zog seine Mutter *Jekaterina* als Wirtschafterin in das Haus des orthodoxen Priesters *Tscharkwiani*. Sie konnte den Sohn an einem russisch-orthodoxen **Priesterseminar** unterbringen.

Während seines Priesterstudiums setzte die zaristische Regierung Russisch als Unterrichtssprache durch, wodurch sich sein Studium um ganze zwei Jahre verlängern sollte. Er las aber lieber georgische Bücher, darunter seine Lieblingserzählung „Vatermord" von *Alexander Kasbegi*. Der Held hieß **Koba** und setzte sich für die Rechte der armen Bauern ein. Nach der Lektüre des Buches ließ sich der Student *Koba* nennen.

Im Alter von 18 Jahren schloss er sich der Messami-Dassi-Gruppe („Dritte Gruppe") an, die von *Noe Shordania, Nikolos Tschcheidse* und *Giorgi Zereteli* geleitet wurde, kam so in Kontakt mit den Schriften *Lenins* und trat ein Jahr später der **Sozialdemokratischen Arbeiterpartei Russlands (SDAPR)** bei. Da er sein Studium vernachlässigte, wurde er exmatrikuliert.

1902 organisierte er unter den Ölarbeitern in Batumi einen **Streik,** wurde verhaftet und **nach Sibirien verbannt.** Er sollte bis 1912 acht Mal verhaftet werden und immer wieder entfliehen können. 1912 floh er nach Wien und Krakau, um so mit **Lenin** in Verbindung zu bleiben. Er stieg dank Lenins Fürsprache auch prompt ins **Zentralkomitee (ZK) der Bolschewiki** auf und nannte sich fortan **Stalin** („der Stählerne").

Zum Verständnis: Die SDAPR hielt 1903 in London einen Parteitag ab. Lenin vertrat wie die Mehrheit der Delegierten die Auffassung, dass die revolutionäre Umgestaltung Russlands nur von Berufsrevolutionären erfolgreich durchführbar sei. Dieser Auffassung schloss sich später auch Stalin an. Es kam auf diesem Parteitag zur Spaltung der SDAPR in die Mehrheitler (russ. **Bolschewiki**) und die Minderheitler (russ. **Menschewiki**).

Als Stalin 1913 nach Russland zurückkehrte, wurde er sofort verhaftet und für vier Jahre nach Turuchansk verbannt, von wo aus er nicht floh. 1914 war der Erste Weltkrieg ausgebrochen und er wollte auf keinen Fall zum Militärdienst eingezogen werden. Während dieser Verbannung lernte er **Lew Kamenew** kennen, mit dem er um die Jahreswende 1916/1917 nach Petrograd ging, um dort in der Redaktion der Parteizeitung „Prawda" („Wahrheit") mitzuarbeiten. Mit *Kamenew* und *Sinowjew* bildete er später das Triumvirat, das in der sowjetischen Politik eine wichtige Rolle spielen sollte.

Am 7. November 1918 wurde die erste provisorische Sowjetregierung gebildet und Stalin wurde darin **Kommissar für Nationalitätenfragen.** Seine Aufgabe sollte in der Lösung der Minderheitenfragen bestehen. Die sogenannten Minderheiten hatten aber ganz anderes im Sinn – nämlich die Loslösung von Russland. So erklärte Georgien seine Unabhängigkeit (1918–21), aber auch die Ukraine und die drei baltischen Staaten.

Stalin wurde 1918 nach Zarizyn (ab 1925 Stalingrad, heute Wolgograd) geschickt, um das dortige Getreideanbaugebiet der Sowjetmacht zu erhalten. Er konnte Zarizyn gegen die Truppen General *Krasnows* halten. Danach konzentrierte er sich auf die **Eingliederung der kau-**

kasischen Länder in das Sowjetreich, was bis heute Nachwirkungen hat. Bis 1920 gelang ihm das auch, jedoch ausgerechnet ohne Georgien. Erst als im Februar 1921 Truppen in Tiflis einmarschierten, konnte er Fakten schaffen.

Ende 1922 erkrankte Lenin so schwer, dass er bis zu seinem Tod im Jahr 1924 nicht mehr politisch tätig werden konnte. Das **Triumvirat**, bestehend aus **Stalin** (Steuerung des Parteiapparates), **Kamenew** (Leitung von Parteisitzungen) und **Sinowjew** (guter Redner), sollte dieses Vakuum füllen. Dabei ist nicht unwichtig, dass Lenin in seinem politischen Testament vor Stalin gewarnt hatte, da er ihn für seine Nachfolge als zu grob empfand. Auch *Leo Trotzki* hatte in einem Schreiben an das ZK dem Triumvirat „Entartung" vorgeworfen. Lenins Testament wurde auf dem XIII. Parteitag verlesen, blieb aber ohne Folgen für Stalin. Nachdem Stalins Kritiker Trotzki 1926 entmachtet und 1929 des Landes verwiesen wurde, zerfiel auch das Triumvirat infolge von Meinungsverschiedenheiten. **1927** hatte Stalin geschafft, was wohl niemand von dem kleinen Priesterseminaristen angenommen hätte: Er war **Alleinherrscher der Sowjetunion!**

Ab dem Jahr 1928 forcierte er die **Zwangskollektivierung der Landwirtschaft** mit verheerenden Folgen. Dadurch entstehende Hungersnöte waren sogar willkommen, konnte man doch damit Stimmung gegen die ruchlosen Kulaken machen. Es gibt keine genauen Opferzahlen, Schätzungen belaufen sich von 10 bis auf über 20 Millionen Menschen!

Ab 1929 setzte ein bis dahin unvorstellbarer **Stalinkult** ein. Er wurde zum Übervater, und noch heute sind viele davon überzeugt, dass er nicht wusste, was im Lande vor sich ging, andernfalls hätte er das niemals zugelassen.

1934 wurde der Leningrader Parteisekretär *Sergej M. Kirow,* der als Gegenspieler Stalins galt, ermordet. Diese Ermordung war der willkommene Anlass für die nun einsetzende **Tschistka („Säuberung")**, die vor allem durch drei große Schauprozesse (Moskauer Prozesse) ihren offiziellen Rahmen erhalten sollte. Auf dem ersten, noch schlecht inszenierten Schauprozess gegen Kamenew und Sinowjew lief noch vieles schief, jedoch wurden Kamenew und Sinowjew zum Tode verurteilt, danach auch ein Großteil der Funktionäre und Minister. Die beiden letzten Prozesse waren gut vorbereitet, die Angeklagten durch massive Folter eingeschüchtert und zu Selbstdenunziationen erpresst worden.

Als 1938 eine **Verschwörung gegen Stalin im Militär** „aufgedeckt" wurde, ließ er drei Marschälle, 13 Armeegeneräle und 62 Korpskommandeure erschießen. Man geht davon aus, dass insgesamt über 40.000 Offiziere der Tschistka zum Opfer gefallen sind, und das ein Jahr vor Kriegsausbruch. Das **Klima der Angst**, des Misstrauens und der Denunziationen erfasste alle Schichten der Bevölkerung.

Am 23.8.1939 wurde in Moskau der **Hitler-Stalin-Pakt** geschlossen, ein Nichtangriffspakt zwischen Deutschland und der Sowjetunion, der ein Geheimabkommen über die Aufteilung Polens und die spätere Besetzung der drei baltischen Staaten durch die Rote Armee regelte.

Während des Zweiten Weltkrieges gelang es Stalin durch Staatsterror und Propaganda gegen den Feind patriotische Gefühle in der sowjetischen Bevölkerung zu mobilisieren. Der Sieg in der Schlacht um Stalingrad war die wichtigste Schlacht für die Rote Armee während des gesamten Krieges, da die deutsche Wehrmacht bis dahin als unbesiegbar galt.

Nach der Konferenz von Teheran Ende 1943 kam es im **Februar 1945** in **Jalta** zu einer zweiten Konferenz der „Großen Drei", bei der *Roosevelt* bereits ein todkranker Mann war. Lediglich *Churchill* war damals schon klar, dass es nach dem Krieg darum gehen würde, die Herrschaft der Russen in Europa zu verhindern.

Auf der **Potsdamer Konferenz** vom 16.7. bis 2.8.1945 gelang es Stalin, die polnische Ostgrenze weit nach Westen zu verschieben und damit den Hitler-Stalin-Pakt in dieser Hinsicht für die Sowjetunion umzusetzen. Außerdem ging es um Reparationszahlungen Deutschlands, über die sich die Alliierten völlig uneins waren, hatten sie doch die Auswirkungen des Versailler Vertrages noch zu gut in Erinnerung.

Stalin war jetzt 65 Jahre alt, die UdSSR besaß mehr Territorium als jemals zuvor, doch der Lebensstandard im Land war infolge des Krieges und der völlig verfehlten Wirtschaftspolitik extrem niedrig.

Die Folgejahre waren von Konfrontationen der Westmächte mit der Sowjetunion bezüglich des Wiederaufbaus Europas geprägt. Stalin versuchte mit der **Berlin-Blockade** Reparationszahlungen aus den Westzonen zu erpressen. Die Amerikaner etablierten daraufhin eine Luftbrücke, um die Westberliner zu versorgen.

Der **Marshallplan** entzweite die Alliierten weiter, denn damit wollte man ursprünglich den Aufbau ganz Europas, also einschließlich der Sowjetunion, anstoßen. Die schwer angeschlagene UdSSR hatte jedoch ihren eben erst entstandenen Satellitenstaaten nichts Gleichwertiges anzubieten. Stalin war klar, dass diese sofort seiner Kontrolle entgleiten würden, weshalb er unverzüglich ein Verbot des Marshallplanes für die Sowjetunion und die Ostblockstaaten aussprach. Nach der Gründung der NATO hob Stalin die Blockade still und heimlich wieder auf.

Am Abend des 1.3.1953 trafen sich *Berija*, *Malenkow*, *Bulganin* und Stalin zu einem Essen, bei dem der Diktator zusammenbrach. Er starb nur vier Tage später, am 5.3.1953, 74-jährig an den Folgen eines **Schlaganfalls.** Bei seiner vier Tage später stattfindenden Beisetzung in Moskau kam es zu einer Massenhysterie mit vielen Toten. Stalin hat bis zu seinem Tod nie ein Wort des Bedauerns über das von ihm verursachte Leid verloren.

Über das Privatleben Stalins

Stalins **erste Frau Jekaterina Swanidse** starb nach dreijähriger Ehe 1907 an Typhus. Mit ihr hatte er den **Sohn Jakow,** um den er sich aber nie kümmerte.

Seine zweite, zwanzig Jahre jüngere **Frau Nadjeschda Allilujewa** bewunderte ihn zunächst, später kam es immer häufiger zu Zerwürfnissen; mehrmals verließ sie mit den Kindern die gemeinsame Moskauer Wohnung. Durch ihr Studium der Chemie kam sie mit Kommilitonen in Kontakt, die ihr von den Folgen der Zwangskollektivierung in der Ukraine berichteten. Am 8.11.1932 kam es auf einem Fest im Kreml zu einem Streit der Eheleute Stalin. Nadjeschda verließ das Fest und erschoss sich zu Hause. Stalin trat zwar an ihren Sarg, ging aber weder zu ihrer Beerdigung noch je zu ihrem Grab. Es heißt, er habe ihren Tod nie verwunden, da sie sich von ihm abgewendet habe.

Als sein Sohn Jakow aus erster Ehe bei der Schlacht um Stalingrad in deutsche Kriegsgefangenschaft kam, bot die deutsche Seite einen Austausch an, den Stalin aber ablehnte.

Seine **Tochter Swetlana**, von ihm vergöttert, ging auf Distanz zu ihrem Vater, als sie mitbekam, wie er telefonisch einen als Autounfall getarnten Mord an einem bekannten Schauspieler in Auftrag gab. Ihre erste Ehe mit dem Juden *Alexej Kapler* weckte in Stalin antisemitische Gefühle – er sorgte für die Auflösung der Ehe. Später verstieß er seine Tochter. In den 1960er Jahren gelang ihr während einer Reise nach Indien die Flucht in die USA. Sie konnte dem Diktator nie verzeihen, dass die gesamte Familie Allilujewa, die Stalin in seiner Tbiliser Zeit einst versteckt hatte, von Stalin ausgerottet wurde.

Die Urgroßmutter Swetlanas mütterlicherseits, *Margaretha Aichholz*, kam übrigens aus der Nähe des württembergischen Backnang. Stalins Sohn *Wassilij* starb mit nur 41 Jahren als Alkoholiker.

Die Umgebung von Tbilisi: Gori

■ **Stalin-Museum**, www.stalinmuseum.ge, Stalinis Gamziri 32, täglich 11–17 Uhr, Erwachsene zahlen 10 Lari Eintritt ohne Führung und 15 Lari mit Führung, Kinder 1 Lar, Waggonbesichtigung 5 Lari extra. Museumsshop mit Stalin-Devotionalien. Deutsche und englische Führungen, an denen Busladungen von Touristen aus aller Welt teilnehmen. Gelegentlich kommen jetzt auch die Verbrechen des Diktators zur Sprache, wenn auf die „Zeit der Repression" eingegangen wird.

Ewige Flamme

Geht man vom Museum in Richtung Stalin-Platz, so befindet sich am Ende des kleinen Parks auf der rechten Straßenseite eine Einbuchtung, an deren rückwärtigem Ende zu beiden Seiten einer Stele mit einem Georgskreuz zehn **Gedenktafeln** mit eingravierten Namen an der Wand angebracht sind. Vor dieser Stele brennt die Ewige Flamme zum Gedenken an die jungen Männer aus Gori, die in den Schlachten des Zweiten Weltkriegs ihr Leben lassen mussten.

Kriegsmuseum

Links von dieser Gedenkstätte befindet sich das Kriegsmuseum. Es erinnert nicht nur an die Gefallenen des 2. Weltkrieges aus Gori und Umgebung, sondern jetzt vor allem an die **Opfer des Fünf-Tage-Krieges von 2008.** Das Museum wurde 2009 neu eröffnet. Im 2. Weltkrieg wurden 80.000 junge Männer eingezogen, z.B. nach Leningrad, Wolgograd oder Minsk, 13.000 mussten an die Front, 7000 kehrten nicht zurück. Einige Fotos tragen ein schwarzes Band; das sind die in Afghanistan Gefallenen. Im Krieg von 2008 war Gori am schwersten betroffen. Es starben 258 Zivilisten, 286 Soldaten und sieben Polizisten. Die russischen Truppen stürmten auch ein Krankenhaus entgegen der Richtlinien der Genfer Konvention. Unzählige Fotos geben den Opfern ein Gesicht, außerdem werden Uniformen, Wehrausweise und ein Bombensplitter in einer Vitrine ausgestellt.

■ **Info:** Führung nur auf Russisch durch die sehr engagierte Direktorin. Eintritt: 3 Lari. Geöffnet Di bis So 10–17 Uhr, im Sommer bis 18 Uhr.

Der „Reichstag", das Rathaus von Gori

Stalin-Platz

Quasi das Gegenstück zum Stalin-Museum ist am anderen Ende der Stalinstraße der Stalin-Platz (Stalinis moedani), auf dem ein **Stalin-Denkmal** stand. Die 6 m hohe Statue wurde 1952, ein Jahr vor seinem Tod, auf einem 9 m hohen Sockel aufgestellt. Im August 2010 wurde das Monument im wahrsten Sinne des Wortes über Nacht gegen den Widerstand der Bevölkerung demontiert und vorläufig in den Innenhof des Museums verbracht, bis über sein weiteres Schicksal entschieden wird.

Am Platz findet sich das imposante **Rathaus,** das wegen seiner halbkugelförmigen Kuppel von der Bevölkerung auch „Reichstag" genannt wird (Fußweg vom Museum zum Stalinplatz ca. 10 Min.).

Festungsruine Gorisziche

Die Burgruine von Gori thront **auf einem Hügel hoch über der Stadt.** Wie an fast allen Festungsruinen des Landes ist auch hier eine gewaltige georgische Flagge angebracht. Man erreicht die Ruine am besten vom Museum kommend. Überquert man die Straße etwa in Höhe des Intourist-Hotels, folgt man der kleinen Gasse, die bald in einen mit Gras überwucherten Pfad übergeht, auf dem

Kühe und Ziegen grasen. Der leicht zu bewältigende, kurze Anstieg führt schließlich zum Torbogen der Ruine. Von hier hat man einen wunderbaren Blick über Gori, wobei der Turm des Museums, die Kuppel des Rathauses und das Stalindenkmal genauso gut auszumachen sind wie die Stoffdächer des Basars und der Busbahnhof. Beim Abstieg findet man leicht einen Pfad in Richtung des Letzteren.

Busbahnhof und Markt

Der **Busbahnhof,** von dem auch die Marschrutki abfahren, befindet sich in der Tschawtschawadse-Straße, deren jetziges Aussehen auf ehemals bessere Zeiten schließen lässt. Es gibt keinerlei Fahrplan oder Bussteige, man muss Einheimische fragen. Rechts davon und dahinter stehen zahlreiche **Marktstände,** deren Angebot sich am Bedarf der einheimischen Bevölkerung orientiert. Man findet also keinen Touristenkitsch, sondern Lebensmittel, Obst und Gemüse, Kleidung, Kosmetik, Imbisse und Getränke.

Praktische Tipps

■ **Vorwahl:** international 00995 370, national 0 370

Informationen

■ **Touristeninformationszentrum (TIZ):** Eröffnet im April 2011, errichtet mit deutschen Mitteln (GIZ und Bundesministerium für wirtschaftliche Zusammenarbeit und Entwicklung). Die Angestellten sprechen englisch, bieten eine Fülle kostenloser Prospekte und Hilfe bei der Taxibeschaffung an. Das TIZ rät vom Anhalten eines Taxis in den Straßen von Gori dringend ab, da die Taxifahrer die Preise willkürlich gestalten. Wer nach Uplisziche möchte, wende sich an das Büro, wo Taxis zu 20 Lari (hin und zurück inkl. 1 Std. Wartezeit) zu haben sind; oder nach Tbilisi (25 Lari einfach). Der Preis teilt sich durch die vom TIZ gefundene Anzahl von Mitfahrern. Das TIZ befindet sich gegenüber dem Stalin-Museum in Richtung der Burgruine Goriziche. Erfahrung der Autorin: Der Marschrutka-Fahrer von Tbilisi nach Gori nahm 5 Lari anstatt 4 Lari (Didube bis Stalin-Museum) und offerierte dann die Weiterfahrt nach Uplisziche unter dem Motto: Wir werden uns über den Preis schon einig. Finger weg von solchen Angeboten!

■ **Geldautomaten** gibt es zahlreich in der Stalin- und kreuzenden Tschawtschawadse-Straße.

Unterkunft

■ **Hotel Sakartwelo/Georgia,** Stalinallee 28, sastumrosaqartvelo@mail.ru, mobil: 599 39 61 63. Neues Hotel, Standardzimmer 70 Lari Ü/F, Lux-Zimmer 80 Lari Ü/F. In allen Zimmern Boiler im Bad, KA. Zwischen den Standard- und Luxzimmern kaum ein Unterschied; im EG holzgetäfeltes Restaurant. Eine Leserin berichtete, dass sie vom Frühstück wenig begeistert war. Tipp: Hotel kaum belegt, daher den Preis auf die Hälfte runterhandeln!

■ **Hotel Viktoria,** Tamar Mepe 76, mobil: 577 40 23 72, EZ/DZ 35 US$.

Essen und Trinken

■ **Champs Elysees,** Stalinis Moedani, zu erkennen an der roten Illy-Werbung. Engl. Speisekarte, für Georgien zügige, aber schweigsame Servicekräfte; Bedienung heranwinken, kommt nicht von allein. Preisgünstig.

An- und Weiterreise

■ **Marschrutki** fahren ab der Metrostation Didube in Tbilisi (4 Lari, 2 Std.). Für folgende Verbindungen am besten im TIZ die sich häufig ändernden Abfahrtszeiten verifizieren: Achalziche 8.30, 13 und 14

Uhr, 7 Lari; Ateni Sioni 7, 9, 11, 13, 15 und 17 Uhr, 1 Lar, 30 Min.; Bordshomi 8.30, 12, 12.40, 13.40, 16 Uhr, 5 Lari.

■ **Zug:** Entweder ab dem Hauptbahnhof von Tbilisi mit vorher gekauften Fahrkarten (die automatisch eine Platzreservierung enthalten), 4 Lari, Fahrtzeit 1 Std., oder ab dem Bahnhof Bordshomi mit der Elektritschka in zwei Stunden für 3,50 Lari.

Der Bahnhof von Gori liegt etwa 3 km außerhalb der Stadt. Die Innenstadt ist mit Trolleybus Nr. 2 oder der Marschrutka zu erreichen.

Umgebung von Gori

Höhlenfestung Upliszische   20/A1

Upliszische, die „Festung Gottes", stammt aus dem 16. bis 15. Jh. v.u.Z. Einige Bauwerke aus dem Umland sollen sogar auf das vierte und dritte Jahrtausend v.u.Z. zurückgehen. Die **in den Fels gehauene Stadt** schützen im Westen Felsen, im Osten eine Schlucht. Obwohl die Anlage von den Mongolen zerstört wurde und der Zahn der Zeit ein Übriges getan hat, sind noch Reste des Wasserleitungssystems auszumachen, man erkennt Weinkeller, eine Apotheke, die Ruinen eines Theaters und die Hauptstraße. Besonders beeindruckend ist der von Säulen gestützte Raum *Tamars*.

In Upliszische wurden in vorchristlicher Zeit heidnische Gottheiten angebetet. Die Anlage wurde hauptsächlich von **Sklaven** errichtet. Der Legende nach hatte man ihnen Hacken aus Edelmetall in die Hände gedrückt, deren Spitze aus Eisen war. Als Motivation für eine zielstrebige Arbeit versprach man ihnen die Freiheit und den Besitz des Edelmetallteils ihres Werkzeugs, sobald sie so viel gearbeitet hätten, dass das Eisen abgenutzt war.

Ende des 8., Anfang des 9. Jh. hatte Upliszische strategische Bedeutung im Kampf um die Führung innerhalb des vereinigten Georgien. Die Menschen lebten von Ackerbau und Viehzucht, von Weinbau und Fischzucht, wovon archäologische Funde zeugen.

■ **Info:** Die Anlage liegt nur wenige Kilometer von Gori entfernt. Eintritt mit guter Führung in Russisch 15 Lari. Taxis siehe oben TIZ Gori.

Ateni-Sioni-Kirche   20/A1

Wer einen Ausflug ins **Trialetische Gebirge** machen möchte, könnte zur Zionskirche von Ateni aufbrechen. Im Tal des Tana-Flüsschens, einem Zufluss der Mtkwari, kommt man ins Dörfchen **Didi Ateni**, das sogar älter als Gori sein soll. Auf einer Anhöhe beim Dorf thront die Zionskirche von Ateni aus dem 7. Jh. Ihre Fresken aus dem 11./12. Jh. wurden renoviert. Das Fresko in der Altarapside stellt Maria mit dem Kinde dar. Zu ihrer Rechten und Linken sieht man die Erzengel Michael und Gabriel und in der Reihe darunter die Zwölf Apostel.

Man ist dabei, in der Umgebung von Didi Ateni ein Netz von Wanderwegen anzulegen.

Die **Anreise** mit dem Taxi aus Gori kostet 30 Lari hin und zurück (inkl. Wartezeit); Marschrutka fahren ab dem Busbahnhof.

NICHT VERPASSEN!

- **Das neue Zentrum Kutaisis:** der Fontänenplatz | 109

- **Kloster Motsameta** | 119

- **Kloster und Akademie von Gelati** | 120

- **Die Prometheus-Höhle** inkl. Bootsfahrt unter Tage | 123

Diese Tipps sind gelb hinterlegt.

König Dawit der Erbauer vor dem Bahnhof in Kutaisi

2 IMERETIEN

Das Surami-Gebirge verbindet den Großen mit dem Kleinen Kaukasus. Westlich des 949 m hohen **Surami-Passes** liegt ein sehr interessantes Gebiet Georgiens: Imeretien, das ab dem Ende des 15. Jh. bis zu seiner Eingliederung ins Russische Reich (1804) das Westgeorgische oder Imeretische Reich darstellte.

Das antike Kolchis

Überquert man den Surami-Pass, so gelangt man in die Täler der Flüsse Dsirula und Kwirila, **Zuflüsse des Rioni.** Der Rioni ist nach Mtkwari, Alasani und Iori der wasserreichste Fluss Georgiens, gespeist vom Schmelzwasser des Großen Kaukasus. Wasserreich ist auch ein anderer Fluss Georgiens, nämlich der Inguri. Alle diese Flüsse fließen durch die **Kolchis-Niederung.** Dort, wo der Rioni aus den Bergen ins Flachland fließt, liegt **Kutaisi,** die älteste Stadt des Kolchis-Reiches, das ungefähr vom 6. bis 1. Jh. vor unserer Zeitrechnung existierte.

Die **alten Griechen** bezeichneten das gedachte Dreieck zwischen der Küstenlinie entlang der Schwarzmeerküste, beginnend etwa im heutigen Adscharien und endend im heutigen Abchasien, mit Kutaisi als Spitze des Dreiecks als Kolchis. Hier verliefen wichtige Handelswege, standen Lagerhäuser, und es wurden Märkte abgehalten. Schriftliche Überlieferungen aus dem 3. Jh. v.Chr. belegen, dass schon die Ureinwohner der Kolchis-Niederung Landkarten auf Holzbrettchen zu erstellen wussten. Der Handel machte auch das Prägen von Münzen

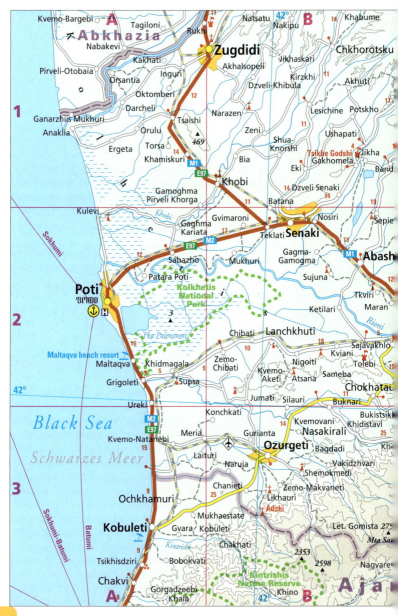

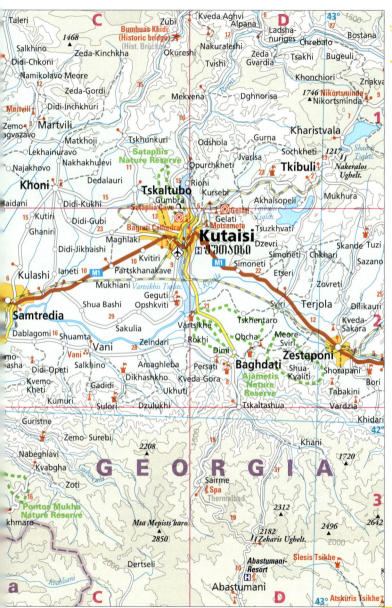

erforderlich, die bei Ausgrabungen noch heute gefunden werden.

Angezogen von diesem Reichtum, sandten die Griechen Schiffe zu den Küsten von Kolchis, beladen mit Öl, Waffen und Schmuck, aber auch mit Keramikgeschirr. Auf der Rückfahrt nahmen sie Eisen, Gold und Silber sowie Mastholz und Harz mit. Besonderes Interesse fand **Gold,** das durch die zahlreichen Flüsse des Kaukasus angeschwemmt und mittels Tierfellen aufgefangen wurde. Der griechische Mythos vom **Goldenen Vlies** – das Fell eines goldenen Widders – steht in diesem Zusammenhang. Es gibt noch heute zahlreiche Gegenden auf der Welt, sogar in Lateinamerika, wo dieses Verfahren zur Goldgewinnung mit Hilfe von Tierfellen gang und gäbe ist.

Der altgriechische Geschichtsschreiber und Geograf **Strabon** (etwa 63 v.Chr. bis 23 n.Chr.) wurde an der Südküste des Schwarzen Meeres geboren und entstammte dem Volk der Lasen (Tschanen). Der damalige Herrscher über den Kaukasus, *Moafern,* war ein Verwandter der Mutter Strabons, was diesem Zugang zu Informationen aus erster Hand verschaffte. Dies und sein Wissen über den Kolchis-Raum ließen Strabon zu einem Kenner des Gebietes werden. Die **Argonautensage** war für Strabon wohl eine historische Tatsache. Sie berichtet von der **Fahrt des Jason nach Kolchis,** um dort das Goldene Vlies zu rauben.

Lange vor den Griechen befand sich auf dem Gebiet des späteren Kolchis ein Meerbusen, der durch die Sedimente der Bergflüsse über Jahrtausende zuge-

◩ Der Eingang zur Prometheus-Höhle in der Umgebung von Kutaisi schwemmt wurde. So entstand die **Kolchis-Niederung.** Nach dem Einsetzen des Tauwetters wurde das Gebiet jedoch wieder und wieder überschwemmt und versumpfte langsam. Damit wurde es unbewohnbar. Man geht davon aus, dass sich etwa 80% der Kolchis-Niederung allmählich in Sumpf und Morast verwandelten. Nur an den Küsten und Flussmündungen konnten Menschen in Pfahlbauten weiterleben. Die Saurierabdrücke im Naturschutzpark Sataplia bei Kutaisi dürften als Abdrücke im Sumpfland entstanden sein.

Kutaisi 103/C-D2
ქუთაისი

Der Name der Stadt Kutaisi rührt vom georgischen Wort *Kuata* her, was „steinig" bedeutet. Ungefähr 700 Jahre vor unserer Zeitrechnung wurde Kutaisi als griechische Kolonie angelegt und war wohl 400 Jahre lang die **Hauptstadt des Kolchis-Reiches.** Schon um 300 v.Chr. berichtete der griechische Chronist *Apollonius Rhodius* in seiner Schrift „Argonautica" von einer Stadt Kutaia. Er beschreibt darin die **Argonautensage,** nach der Jason mit dem Schiff Argo nach Kolchis gefahren sein soll, um das **Goldene Vlies** zu rauben.

Im 6. Jh. geriet die Stadt in die Kämpfe zwischen Phöniziern und Persern und wurde 730 von den Persern verwüstet. Gegen Ende des 7. Jh. erklärte sich der Fürst von Abchasien zum König und zum Vasallen von Byzanz. Er verlegte seinen Herrschersitz von Anakopia (heute Nowy Afon in Abchasien) nach Kutaisi und ließ innerhalb der Festung am Rioni einen Palast bauen.

Bagrat III. wurde 978 zum König des vereinigten Ägris-Abchasien ernannt und Kutaisi zur Hauptstadt dieses vereinigten Königreichs ausgerufen, das es bis 1122 blieb. **König Dawit der Erbauer** *(Agmaschenebeli)* wurde 1089 hier gekrönt. Er und sein Adoptivsohn *Bagrat III.* machten aus Kutaisi das politische, wirtschaftliche und kulturelle Zentrum Georgiens und verewigten sich hier durch **herausragende Bauwerke.** Sowohl die Bagrati-Kathedrale als auch die Kirchen von Gelati gehören heute zum **UNESCO-Weltkulturerbe.**

Nach der Invasion der Mongolen in Georgien im Jahre 1225 wurde das Land erneut geteilt und Kutaisi wurde zur Hauptstadt des **Imeretischen Reiches,** da Tbilisi und Ostgeorgien von den Mongolen besetzt waren. In den Jahren 1510 und 1666 wurde die Stadt von den Osmanen geplündert und niedergebrannt. König *Salomon II.* konnte die Osmanen 1770 schließlich mit georgischen und russischen Truppen vertreiben, musste sich 1810 aber den Russen beugen und abdanken.

1921 erfolgte der Anschluss Georgiens an die Sowjetunion und Kutaisi erfuhr eine umfassende **Industrialisierung,** gefördert durch *Lenins* Plan zur Elektrifizierung der damaligen Sowjetunion, GOELRO genannt. Am Rioni wurden Wasserkraftwerke gebaut, es entstanden ein Traktorenwerk, ein großes Werk zur Herstellung von Lkw (damals größter Arbeitgeber), eine Fabrik zur Herstellung von Elektroartikeln und vieles mehr. In zahlreichen Bildungseinrichtungen wurden die Mitarbeiter für die Werke ausgebildet.

Jason und das Goldene Vlies – ein Ausflug in die griechische Mythologie

Jasons Großvater *Kretheus* hatte in Thessalonien die Stadt und den Hafen Jolkos gegründet und seinem Erstgeborenen **Aison** hinterlassen. **Pelias,** der Zweitgeborene, war jedoch cleverer und riss den Thron an sich. Aison starb vor Ärger und sein Sohn Jason flüchtete zu **Chiron,** dem Zentauren, der ihn in seiner Höhle zum Helden ausbildete. Nach zwanzig Jahren hatte Jason genug und setzte sich heimlich nach Jolkos ab, um dort von seinem Onkel Pelias Zepter und Thron zurückzufordern. Pelias ging zum Schein darauf ein, gab aber vor, das Goldene Vlies aus der Kolchis zurückerobern zu müssen, wofür er jedoch zu alt sei.

Was hatte es nun mit dem Goldenen Vlies auf sich? *Phrixos* wurde von seiner Stiefmutter *Ino* drangsaliert, weswegen seine leibliche Mutter *Nephele* ihn und seine Schwester *Helle* entführte und auf einen **geflügelten Widder mit goldenem Fell** setzte. Die Geschwister ritten so über das Meer, wobei Helle jedoch herunterfiel und im Meer ertrank. Das Meer hieß fortan Helles Meer oder Hellespont (Dardanellen).

Phrixos hatte mehr Glück, denn er erreichte das rettende **Kolchis** an den Gestaden des Schwarzen Meeres. Dankbar schlachtete Phrixos den eben noch so nützlichen Widder und schenkte sein goldenes Fell König *Aietes*. Dieser ließ es durch einen schrecklichen Drachen Tag und Nacht bewachen.

Den richtigen Riecher hatte aber auch Pelias, der den zum Helden erzogenen, jungen und unerfahrenen Grünschnabel Jason mit freundlichen Worten zum **Raub des Vlieses** anstiften konnte. Mit viel Aufwand wurde ein prestigeträchtiges Schiff mit 50 Rudern gebaut und nach dem Schiffbauer Argos „Argo" genannt.

Die **Argonauten** genannten Seeleute, darunter *Zeus'* Söhne *Kastor* und *Pollux* und der Held *Herakles* (röm. *Herkules*), ließen sich unterwegs von den Gesängen des Orpheus die Langeweile vertreiben. Nach zahlreichen Abenteuern erreichten sie schließlich die kolchische Küste. Jason und einige seiner engsten Freunde suchten den Palast von König Aietes auf, um ihr Anliegen vorzutragen.

Als Jason den Palast erreichte, war er von dessen dicken Mauern, aber auch von seiner Größe und Pracht überrascht. Im ersten der beiden Hauptpaläste wohnte der König mit seinem Sohn *Absyrtos,* im zweiten seine beiden Töchter *Chalkiope* und *Medea*.

Bei der Begrüßung der Ankömmlinge durch den König und seine Familie verliebte sich **Prinzessin Medea** auf der Stelle in Jason. Während des anschließenden Gastmahls erläuterte Argos, der Bootsbauer und Aietes Enkel, dem König den Zweck des Besuchs der Argonauten. Aietes konnte sich aber nicht vorstellen, dass Jason nur wegen des Schaffelles die weite und gefährliche Reise unternommen habe. Schließlich hatte er auf seinen rechtmäßigen Thron verzichten müssen. Jason gelang es, Aietes zu besänftigen.

König Aietes stellte Jason eine Aufgabe: Er sollte zwei Stiere mit ehernen Füßen dazu bringen, innerhalb eines einzigen Tages einen Acker zu pflügen. Danach sollte er Drachenzähne aussäen, aus denen schwer bewaffnete Männer wachsen, derer er sich dann zu erwehren habe. Nur wenn er es schaffe, diese Krieger zu töten, habe er sich das Goldene Vlies verdient.

Mit seinen Freunden ging Jason zum Schiff zurück. Argos, Aietes Enkel, war ihnen unauffällig gefolgt. Er berichtete von einer Jungfrau, die mit Zaubertränken umzugehen verstünde. Jason war davon nicht begeistert, schließlich könne ein Held seinen Erfolg nicht einer Frau verdanken. Andererseits war ihm wohl bewusst, dass er vor einer fast unlösbaren Aufgabe stand.

Medea, die die Bedingungen ihres Vaters Aietes gehört hatte, geriet in Panik. Nach einer schlaflosen Nacht beichtete sie Chalkiope, der Mutter von Argos, ihre Gefühle. Chalkiope wusste, dass König Aietes nicht nur Jason und seine Argonauten umbringen wollte, sondern auch ihren Sohn Argos (den Bootsbauer), den er für ihr Eintreffen in Kolchis verantwortlich machte.

Medea holte eine Salbe, das **Prometheusöl.** Wer seinen Körper und seine Waffen damit salbt, wird unverwundbar und mit göttergleichen Kräften ausgestattet. Am Tag des Kampfes gelang es Jason wegen der Salbe, den Feuer speienden Stieren das Geschirr anzulegen und sie vor den Pflug zu spannen. Schließlich pflügte er den Acker wie verlangt und verjagte anschließend die wilden Stiere. Nun galt es noch die Drachenzähne auszusäen, woraufhin aus den Zähnen die angekündigten schwer bewaffneten Krieger in rasender Geschwindigkeit hervorkeimten. Medea hatte Jason geraten, zwischen die immer größer werdenden Krieger einen Stein zu werfen. Er hielt sich an ihren Rat und zu seinem Erstaunen begannen sie, sich um den riesigen Stein zu schlagen. So konnte er die verwundeten Krieger mit seinem Schwert töten und hatte die Aufgabe gelöst.

Aietes beabsichtigte jedoch auf keinen Fall, das Goldene Vlies herauszugeben. Er ahnte wohl, dass es hier nicht mit rechten Dingen zugegangen sein konnte. Medea wiederum fürchtete sich vor der Strafe ihres Vaters. Noch in der Nacht lief sie zum Schiff und riet zur sofortigen Flucht. Sie half den Argonauten bei der **Beschaffung des Vlieses,** indem sie den Drachen durch ihren Zaubergesang einschläferte. Jason war davon so gerührt, dass er ihr die Ehe versprach.

Die Argonauten ergriffen die Flucht, sobald sie das Goldene Vlies in Händen hielten, wurden aber von kolchidischen Schiffen unter dem Kommando von Absyrtos, Medeas Bruder, verfolgt. Schließlich kamen die Argonauten nicht umhin, mit Absyrtos zu verhandeln. Dieser versprach ihnen das Goldene Vlies, Jason versprach ihm zum Schein Medea. Medea glaubte Jason und ließ sich dazu verleiten, ihren eigenen Bruder zu ermorden. Damit war ihr der Rückweg für immer verwehrt.

Endlich erreichten die Argonauten, unter ihnen Jason und Medea, den **Hafen von Jolkos.** Doch hatte Pelias längst seinen eigenen Sohn auf den Thron gesetzt und der Raub des Vlieses war vergebens gewesen. Da weder Pelias noch sein Sohn Konkurrenten in Jolkos dulden würden, mussten Jason und Medea nach Korinth fliehen. In zehnjähriger Ehe hatten sie dort drei Söhne miteinander.

Jason konnte es nie verwinden, dass er ohne Thron dastand. Da lernte er *Glauke,* die Tochter des Königs *Kreos von Korinth* kennen, und schlug Medea die Scheidung vor, um die jüngere Glauke zu heiraten, Medea lehnte ab. **König Kreos** entschloss sich daraufhin, Medea mitsamt ihren drei Söhnen aus seinem Königreich zu verbannen, um keine Zweifel an der zukünftigen Thronfolge aufkommen zu lassen. Medea musste sich etwas einfallen lassen. Sie schickte Glauke als Geschenk ein paar kostbare Kleider, die sie mit Gift getränkt hatte – Glauke bezahlte ihre Begeisterung mit dem Leben. Medea schäumte jedoch wegen Jasons Untreue und erschlug ihre eigenen Kinder. Danach schwebte sie auf einem Drachen durch die Lüfte davon. Der verzweifelte Jason aber stürzte sich in sein eigenes Schwert.

Nach der Unabhängigkeit Georgiens **1991** brach man die Verbindungen zu den Zulieferern und Absatzmärkten in der vormaligen Sowjetunion ab, ohne sich vorher Gedanken über neue zu machen; die Folge: Die meisten Betriebe mussten schließen. Die zweitgrößte Stadt Georgiens verfiel in Agonie.

Seit 2012 befindet sich das neu erbaute Gebäude des georgischen Parlaments in einem Vorort der Stadt. Durch diese Aufwertung soll die zweitgrößte Stadt Georgiens für Investoren interessanter werden. Unterstützt wird der **Wiederaufbau der Stadt** durch das CIUDAD-Programm mit Mitteln der EU (www.ciudad-programme.eu). Zahlreiche Bauarbeiten, auch innerorts, sind im Gange. Für Touristen sehr erfreulich: Viele Straßen erhielten ein zweisprachiges Straßenschild!

Orientierung/Mobilität

Kutaisi erstreckt sich **zu beiden Seiten des Rioni-Flusses,** wobei die Altstadt mit dem Fontänenplatz am linken Ufer liegt, die Bagrati-Kathedale und der Ukmerioni-Berg auf der rechten Seite.

Der renovierte **Bahnhof** der Stadt (ehemals Kutaisi 1, nicht behindertengerecht) liegt in der verlängerten Tamar-Mepe-Straße (etwa nach Hausnr. 95 öffnet sich ein Platz); hier fahren die Züge nach Tbilisi, Batumi und Sugdidi sowie die Elektritschkas nach Zqaltubo ab (Fahrplan siehe unter „An- und Weiterreise"). Vor dem modernen Glasgebäude steht jetzt das Reiterstandbild König *David Agmaschenebelis,* welches früher im Zentrum stand und dem Kolchis-Brunnen weichen musste. Der König wurde in Kutaisi im Alter von nur 16 Jahren ge-

krönt. Das Denkmal schuf *Elgudscha Amaschukeli*, Georgiens bekanntester Künstler für Monumentalplastiken.

Der ehemalige Bahnhof Kutaisi 2 wurde zum **Zentralen Busbahnhof** (Zentraluri Awtosadguri) umgestaltet. Er befindet sich unmittelbar neben bzw. hinter dem McDonald's (Orientierungspunkt, wenn man mit dem Ringbus 1 kommt) in der Tschawtschawadse-Straße 67. Beide Bahnhöfe verbindet die **Ringbuslinie 1** (0,30 Lar, zu zahlen beim Schaffner, wenn man aussteigt). Der Bus fährt von 7.30 bis ca. 21 Uhr alle fünf bis zehn Minuten via Zentrum. Bei Ankunft am Busbahnhof überquere man die Tschawtschawadse-Straße und warte auf den Bus stadteinwärts (also Fahrtrichtung nach links vom Busbahnhof aus gesehen). Der Bus verkehrt in beide Richtungen; die Route gegen den Uhrzeigersinn verläuft auch zum Bahnhof (russ. *Woksal*) Kutaisi 1, jedoch nicht die Route im Uhrzeigersinn! Will man auf dieser Route zum Bahnhof Kutaisi 1, muss man einige Stufen hinaufsteigen und etwas laufen (ab der nächsten Haltestelle an der Kreuzung von Agmaschenebeli und Zereteli).

Neu sind **Funktaxis** in Kutaisi. Ihr Taxischild auf dem Autodach enthält eine Telefonnummer, sie berechnen pro Kilometer 60 Tetri. Eine empfehlenswerte Firma hat die Nr. 23 22 22 (vom Festnetz, oder 0 431 23 22 22 mit georgischer Simcard). Achten Sie darauf, dass das Taxameter eingeschaltet wird. Die Autorin hat gute Erfahrungen mit diesem Unternehmen gemacht.

Tipp: Wer mit dem **Bus ab Tbilisi nach Batumi** fährt, fährt über Kutaisi (z.B. Group Georgia). Gestoppt wird hier aber nur nach Aufforderung an der Straße vor dem Busbahnhof, wo den Ankömmling sofort Taxifahrer in Empfang nehmen. Bitten Sie Reisende im Bus, dem Fahrer Bescheid zu sagen, andernfalls kann es passieren, dass er durchfährt!

Sehenswertes

Fontänenplatz

Der schöne Fontänenplatz wird in westlicher Richtung vom Stadtpark, in nördlicher vom **Meßchichwili-Staatstheater** und in östlicher Richtung vom Museum für Ethnografie und Geschichte gesäumt. Auf dem Platz steht der **Kolchis-Brunnen.** Auf mehreren Ebenen verzieren ihn vergoldete Tiere, gekrönt wird er von einem goldenen Pferdepaar. Um den Platz herum findet man Restaurants und viele Geldautomaten, von hier sind fast alle Sehenswürdigkeiten fußläufig zu erreichen.

Museum für Ethnografie und Geschichte

Was könnte einen Besuch von Kutaisi besser einleiten oder abrunden als die Besichtigung der **Goldschätze von Kolchis** sowie zahlreicher kostbarer Ikonen und Kirchenschätze aus Imeretien und dem angrenzenden Swanetien und Ratscha. Das Museum in der Tbilisis Kutscha 1 verfügt auch über eine Münzsammlung aus dem 13./14. Jh. und ist

Stadtverschönerung in Kutaisi: der Kolchis-Brunnen auf dem Fontänenplatz

Kutaisi

■ Übernachtung
1. Empire Hotel
2. Hotel Dzveli Kalaki
4. Hostel Bavaria
5. Privatzimmervermietung Fam. Suliko und Mediko (Medea) Gwetadse
6. GH Gelati
7. GH Beka
8. GH Lali Jalaghiani
9. Hotel Argo Palace
10. Giorgi's Homestay
11. Kiev Kutaisi Hostel
12. Hostel Kutaisi 1

■ Essen und Trinken
3. Bar-Restaurant Palaty

besonders stolz auf eine Kolchis-Golddrachme aus dem 5. Jh. v.Chr. Die wertvollsten Stücke der Sammlung befinden sich in einer Schatzkammer. Außerdem werden kostbare Stoffe und Stickereien, Möbel und eine Kutsche aus dem beginnenden 20. Jh. ausgestellt, die den Lebensstil des Bürgertums in Kutaisi vor der Sowjetisierung veranschaulichen.

■ **Info:** Das Museum wird zurzeit renoviert, einige Exponate werden jedoch in der Rustaweli-Straße 8 gezeigt.

Bagrati-Kathedrale

Die Kathedrale ist die **größte Sehenswürdigkeit Kutaisis** und von fast überall in der Stadt gut sichtbar. Sie wurde im Jahr 1003 geweiht, ist also über 1000 Jahre alt. Die Kirche gehört zum **UNESCO-Weltkulturerbe.** Etwas weiter westlich befindet sich die Georgskirche. Von der Kathedrale hat man einen guten Blick über die Stadt. Auf dem **Ukmerioni-Hügel** standen schon ab dem 1. Jh. eine Zitadelle und das Königsschloss.

Seilbahn

Die Kabinenseilbahn wirkt durch ihre altmodischen kleinen Kabinen recht charmant. Die gelben und roten, offenen Kabinen schaukeln vom Weriko-Andshaparidse-Park zum Besiki-Park, der jenseits des Rioni-Flusses auf einem kleinen Hügel liegt. Der Weriko-Andshaparidse-Park stammt aus dem 17. Jh. und war damals ein königlicher Garten.

Weitere Sehenswürdigkeiten

Das **ehemalige jüdische Viertel Mzwane Qwawila** erstreckte sich um die Gaponovis Kutscha, wo sich zwei Synagogen befinden. Die Straße bietet noch eine weitere Sehenswürdigkeit, gleich hinter dem Staatstheater: die **Kirche zur Heiligen Jungfrau,** erbaut Anfang des vorigen Jahrhunderts als katholische Kirche im barocken Stil. Sie dient heute auch als Ausbildungsstätte für orthodoxe Priester. Ihr barockes Inneres bietet einen seltsamen Kontrast zur orthodoxen Liturgie.

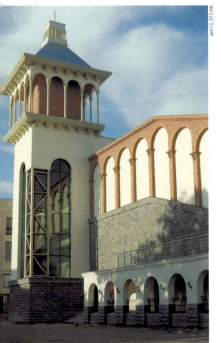

◁ Auffällig: das neue Kino

In der Rustaweli-Straße 8 befindet sich das **Kunstmuseum** (Mo–Sa 10–16 Uhr). In dem 1902 erbauten Gebäude daneben in Richtung Zentrum ist das **Klassische Gymnasium** untergebracht, in dem *Wladimir Majakowski* (1893–1930) und *Akaki Zereteli* (1840–1915) einst zur Schule gingen.

In Haus Nr. 15 in der Tamar-Mepe-Straße lebte 1877/78 die österreichische Schriftstellerin, Pazifistin und Friedensnobelpreisträgerin **Bertha von Suttner**. Die Gedenktafel am Haus wurde nach der Renovierung desselben (noch) nicht wieder angebracht.

Das neue Kino – 100 Jahre Kino in Kutaisi

Zwischen Zminda-Nino-Straße und Tamar-Mepe fällt auf einem kleinen Platz ein schönes neues Gebäude mit einem Turm auf. Es ist das neue Kino und Kinderfreizeitzentrum, das den hässlichen grauen Vorgängerbau ersetzt – der wiederum einen Vorgänger hatte: 1910 hatten hier *Pawle Mepisaschwili* und *Tichon Asatiani,* zwei wohlhabende Bürger Kutaisis, das **Kino „Radium"** errichten lassen. Film war damals ein neues Medium und lockte ein interessiertes Publikum in die Säle. Die beiden Gründer hatten das Glück, als Filmvorführer **Wassili Amaschukeli** zu gewinnen, der die damals verfügbare Vorführtechnik eigenhändig aufbaute. *Amaschukeli* war in jenen Jahren kein Unbekannter. 1886 in Kutaisi geboren, ging er 19-jährig nach Baku, da dort sein Bruder *Mamuka* am Georgischen Schauspielhaus arbeitete. Der Leiter des Theaters, *Kote Meßchi,* eröffnete in dem dank Erdöl steinreichen Baku ein Kino mit dem Namen „Elektrobiograph". Hier lernte *Amaschukeli* sein Handwerk als Filmvorführer. Zeitgleich begann er, Kurzfilme zu drehen. Zu diesen einzigartigen Zeitdokumenten gehören Filme wie „Das Beladen der Kamele mit Kohle", „Einfahrt eines Schiffes in den Hafen von Baku" oder „Arten der Märkte von Baku". *Amaschukeli* setzte seine Arbeit in Kutaisi fort und drehte leider nicht erhalten gebliebene Filme wie „Ausflug zur Kathedrale von Bagrati" oder „Arbeit auf dem Bauernhof". *Amaschukeli* drehte den ersten georgischen Dokumentarfilm in Spielfilmlänge. Sein wohl bekanntester Dokumentarfilm ist „Die Reise Akaki Zeretelis nach Ratscha-Letschchumi". Der Dichter *Zereteli* (ein Zereteli-Barataschwili-Denkmal steht u.a. in Tbilisi auf dem Rustaweli-Boulevard) unternahm diese Reise vom 21. Juli bis 2. August 1912. Von den nach dem Filmschnitt gebliebenen 1200 Metern Film sind heute noch 400 Meter erhalten. Der Film zeigt die Bewunderung, die die Menschen *Zereteli* entgegenbrachten, der damals unglaublich populär war. Aber auch, wie die Menschen in den Städten und Dörfern lebten, ihre Traditionen, ihre Kleidung, die Landschaft, die Art des Reisens in Kutschen. Der Film wurde am 20. September 1912 im Kino „Radium" unter Anwesenheit *Akaki Zeretelis* uraufgeführt; zwei Wochen lang war jede Vorstellung ausverkauft. Danach wurde der Film erfolgreich in Tiflis, Moskau, Istanbul und sogar im chinesischen Harbin gezeigt. Die Bedeutung des Films erkennt man auch daran, dass es heute praktisch keine Retrospektive georgischer Filme ohne ihn gibt.

Neues georgisches Parlament

Die von Ex-Präsident *Saakaschwili* veranlasste Verlegung des Parlaments aus Tbilisi nach Kutaisi wurde vom neuen Ministerpräsidenten *Iwanischwili* rückgängig gemacht. Das Gebäude in Form einer gläsernen Schildkröte befindet sich in einem Vorort nahe der Abaschidse-Straße, zu erreichen ab Roter Brücke per Bus Nr. 4 oder Marschrutki Nr. 38 bzw. 100. Der schöne Bau wurde nie bezogen und harrt noch seiner Bestimmung.

Praktische Tipps

■ **Vorwahl:** international 00995 431, national 0 431

Informationen

■ **Touristeninformationszentrum (TIZ):** Rustaweli 3, im EG des Rathauses (City Hall), Tel. 24 11 03, mobil: 577 90 91 31, tickutaisi@gmail.com, geöffnet 10–18 Uhr, im Sommer bis 19 Uhr. *Giorgi* versteht etwas deutsch, sowohl er als auch *Tamara* und *Nino* sprechen fließend englisch. Auskünfte aller Art, Stadtplan kostenlos, Hoteltipps. Definitiv eines der besten TIZ Georgiens – das sehr rührige und hilfreiche Team ist ein wahrer Glücksfall für Kutaisi und seine Gäste! Wie lange das TIZ im EG des Rathauses untergebracht ist, wird sich zeigen …
■ **Geldautomaten:** Zahlreich vorhanden, z.B. in der Zminda-Nino-Straße und rund um den Fontänenplatz.
■ **Internetcafé:** Zminda-Nino-Straße gegenüber dem neuen Kino im 1. Stock.
■ **Postamt:** Tamar-Mepe 56, Mo bis Fr 10–17 Uhr.
■ **Ilja Tschawtschawadse Stadtbibliothek Kutaisi,** Informationszentrum für Deutsche, Ninoschwili 2, Tel. 24 53 88.

Unterkunft

In Kutaisi findet man eine Reihe guter und preiswerter Privatunterkünfte, neue Hotels und Hostels kommen ständig dazu. Viele Unterkünfte haben nur drei oder vier Zimmer, über die Dauer ihrer Existenz kann nur spekuliert werden. Buchungsportale wie www.booking.com oder www.hostelworld.com sind eine gute Informationsquelle. Durch das Überangebot an Quartieren kommt es immer wieder vor, dass Taxifahrer behaupten, eine vom Gast gewählte Unterkunft sei schlecht oder geschlossen; sie lotsen den Tourist dann zu einer Unterkunft, die dem Taxifahrer eine Provision zahlt. Unprofessionell auch die Namensgebung, denn viele Unterkünfte gibt es – dem Namen nach – doppelt oder mit ähnlich klingendem Namen. Einige Unterkünfte sind nach wie vor nicht an Buchungsportale angeschlossen. Diese

sind keinesfalls schlecht, im Gegenteil: Sie sind i.d.R. nicht nur preisgünstiger, sondern man umgeht auch evtl. Doppelbuchungen!

Die drei folgenden Unterkünfte befinden sich auf dem **Ukmerioni-Berg** jenseits des Rioni-Flusses und sind durch einen „Schleichweg" (Kasbegigasse) ganz gut zu Fuß zu erreichen. Man überquert die Brücke über den Rioni ab der Paliaschwili-Straße und biegt nach rechts ab; nach etwa 100 m führt die kurze, steile Kasbegi-Gasse nach oben, wo sie mit einem Dreieck aus Bäumen in der Mitte endet. Nach links geht es zu folgenden Unterkünften:

■ **GH Beka,** Debi Ischknelebi 26, Tel. 24 69 23. Die weiße Villa ist von einem schönen Garten umgeben und bietet 16 kleine, zweckmäßige Zimmer mit WC, acht davon mit Balkon. EZ/DZ 50/100 Lari Ü/HP. TV im geräumigen Esszimmer. Mittagessen oder Abendbrot möglich. Bei gutem Verhandlungsgeschick sollten 50 Lari für DZ/Ü/HP möglich sein!

■ **GH Lali Jalaghiani,** Debi Ischknelebi 18, Tel. 24 83 95 (*Lali* vom Nachbarhotel, russisch). Sechs Zimmer für 30 Lari Ü/F. Die schönen, geräumigen DZ oder 3-BZ mit Stuckdecken sind nicht nur sehr sauber, sondern bei Hitze angenehm kühl; vier Duschbäder/WC auf der überdachten Veranda. Separat: zwei zusammenhängende EZ mit Dusche/WC.

■ **Hotel Argo Palace,** Debi Ischknelebi 16, Tel. 24 83 95 (*Lali*, russisch). In 18 Zimmern können Gäste in fünf Doppelbett- und 13 2-BZ untergebracht wer-

Eines der besten TIZ Georgiens arbeitet in Kutaisi, ist aber aus diesem bunten Häuschen ins Rathaus umgezogen

den. Die kleinen Zimmer sind einfach und haben ein kleines Duschbad. EZ/DZ 50/100 Lari Ü/HP. Große Veranda mit Superblick auf Kutaisi. Restaurant im Keller, wo das Essen am Platz serviert wird. Zi. 5 mit Ledergarnitur und Schreibtisch, die Zimmer im 1. Stock sind etwas größer.

■ Von der oben erwähnten Kasbegi-Gasse geht man nach rechts, bis man am Straßenschild die Tschantschibadze-Straße erkennt. In der Straße befindet sich rechter Hand ein großes, weißes Schulgebäude. Schließlich kommt man zur **Privatzimmervermietung Giorgi Giorgadze (Giorgi's Homestay),** Tschantschibadze 14, Tel. 24 37 20, mobil: 595 59 15 11, giorgihomestay14@yahoo.com. Fünf Doppelzimmer, davon eins mit Doppelstockbett und PC. Zwei saubere Duschen auf der geräumigen und bequemen Veranda. Unterkunft 20 Lari, Ü/F 30 Lari. Kaffee/Tee, Internet und WiFi ganztägig kostenlos. Im UG ein weiteres DZ und ein 4-BZ. *Giorgi* und seine Tochter sprechen sehr gut englisch. Grundstück mit Eisengittertür am anderen Ende der Gasse, rechte Seite. Tipp für Mountainbiker und Kradfahrer: sichere Abstellmöglichkeit (Garage). Supernette Familie!

■ **Privatzimmervermietung Fam. Suliko und Mediko (Medea) Gwetadse,** Tel. 24 30 07, Querstraße zwischen der Tbilisis Kutscha Nr. 81 und 83 auf der linken Seite, Haus Nr. 6 gleich rechter Hand, Unterkunft 15 Lari, mit zwei Mahlzeiten 25 Lari; sehr nette Gastgeber. *Mediko* und ihr Mann bieten zwei einfache, aber gemütliche Doppelzimmer und ein MBZ für 6 bis 7 Gäste, zwei Gemeinschaftsdusche/-WCs. Das sehr schmackhafte Essen wird im Gemeinschaftsraum eingenommen, wobei der Ehemann schon mal aus Trinkhörnern (georg. *kanzi*), selbst hergestellt aus Rinderhörnern oder den spiralförmig gewundenen von Steinböcken, trinken lässt. Auf der kleinen Veranda draußen führt eine Wendeltreppe zum Dachgarten. *Mediko* ist außerordentlich hilfsbereit und hat eine Menge Infos für ihre Gäste, spricht auch etwas englisch. Bei den fairen Preisen verbietet sich das Handeln! *Mediko* weist darauf hin, dass es seit Kurzem eine gleichnamige Unterkunft auf dem Ukmerioni-Hügel gibt, die jedoch nichts mit dem Original zu tun hat, obwohl die Kopie sogar in einem Buchungsportal vertreten ist!

■ **Hostel Bavaria,** Tbilisi 108, hostelbavaria@mail.ru, mobil: 555 76 00 76, Tel. 25 49 84. Neues, sehr sauberes und freundliches Hostel: 8-BZ zu 15 Lari pro Bett, DZ zu 40 Lari und 4-BZ zu 70 Lari, jeweils pro Zimmer, Preis inkl. Frühstück! Gemeinschaftsbad mit Waschmaschine, WLAN, Air Condition, Garten, Radverleih. *Levan* und *Tamara* sprechen englisch und russisch. Ca. 10 Gehminuten zum Bahnhof Kutaisi-1 über die Solomon-Pirveli-Straße, zum Fontänenplatz sind es ca. 15 Gehminuten, Flughafentransfer möglich. Die Hotelbesitzer haben übrigens nichts mit Bayern zu tun.

■ **Kiev Kutaisi Hostel,** Tamar Mepe 25, mobil: 571 02 63 29 (russ.), kiev.kutaisi@gmail.com. 8 sehr geräumige und saubere Zimmer mit Duschbad in einem Haus aus dem 19. Jh. DZ 50 Lari, Suite 60 Lari, 4-BZ 80 Lari, jeweils Ü/F. WLAN, Gepäckaufbewahrung, Flughafentransfer.

■ **GH Gelati,** 26 Maisis Kutscha (Straße des 26. Mai) Nr. 4, Tel. 24 80 74, mobil: 597 965 326 oder 597 98 62 22, www.booking.com. 6 komfortable DZ mit Sat-TV, Klimaanlage und Heizung zu 50 Lari pro Person, Einzelnutzung ab 40 Lari, jeweils Ü. Im Keller ist ein kleines Restaurant, ein Internet-PC ist verfügbar. 4 Zimmer mit Bad, 2 nutzen eins gemeinsam. Positives Feedback von einem Leser.

In Bahnhofsnähe

■ **Hostel Kutaisi 1,** Solomon Pirvelis 14, Tel. 25 38 73, mobil: 551 47 11 00, www.hostelkutaisi.com. Im Folgenden alle Preise pro Person und Übernachtung, Tee und Kaffee inkl.: 4-BZ mit einem Ehe- und Doppelstockbett zu 20 Lari, DZ 25 Lari, im zweiten Zimmer vier Doppelstockbetten zu 20 Lari. Waschmaschinennutzung zu 5 Lari. Entweder die Brücke außerhalb des Bahnhofs über die Gleise benutzen und dann nach links oder besser die Tamar-Mepe stadteinwärts bis zur nicht zu übersehenden Einmündung nach rechts in die Straße Solomon I. hineingehen. Hostel in der Kurve, zu erkennen an einem Laden. Der nette Eigentümer spricht englisch.

Im Zentrum

Hier zwei Hotels, die wie folgt zu erreichen sind: Von der Rustaweli-Straße beim neuen Kino nach links einbiegen in die Zminda-Nino-Straße bis zur Puschkin-Straße (Ende des kleinen Platzes), dann weiter nach rechts in Richtung Weiße Brücke (Tetris Chidi, für Verkehr gesperrt). Die Hotels befinden sich also nicht in dem Teil der Grischaschwili jenseits des Rioni-Flusses wie auf der Karte vom TIZ angegeben (wahrscheinlich wieder mal die Folge einer Straßenumbenennung).

■ **Hotel Dzveli Kalaki,** Grischaschwili Str. 3/4 (Old Town bzw. Altstadt), Tel. 25 14 51, mobil: 593 40 84 45, dzvelikalaki@gmail.com. 10 Zimmer mit Bad, z.B. Zi. 1 Lux zu 180 Lari Ü/F, Dusche mit Massagedüsen, Wohnzimmer mit Couchgarnitur und TV ohne dt. Programme; Standardzimmer zu 120 Lari mit Duschbad (Duschvorhang), Telefon, TV, Minibar, im EG kleines Café für Frühstück sowie dahinter ein Separee für private Feiern für bis zu 8 Personen (mit eigenem WC). Zwei Stockwerke, kein Lift.

■ **Empire Hotel,** Grischaschwili 7, Tel. 24 23 28, mobil: 577 52 12 08, empirehotel@mail.com. Im Mai 2012 eröffnet, 35 Zimmer auf drei Etagen, ohne Lift, Standardzimmer 120 Lari Ü/F, Lux-Zimmer 150 Lari Ü/F. Zimmer mit WiFi, Flatscreen und modernem Duschbad.

Essen und Trinken

■ In Kutaisi gibt es eine überraschend große Anzahl an Restaurants im Vergleich zu anderen georgischen Städten, noch dazu sind sie **gut und preisgünstig,** allerdings: Nur der Wandel ist beständig, kontinuierlich werden neue Lokale eröffnet, andere geschlossen. Schlendert man um den Kolchis-Brunnen oder in der Puschkin-Straße umher, wird man auf jeden Fall fündig.

■ **Bar-Restaurant Palaty,** Pushkin-Str., 2. Querstraße Nr. 1, mobil: 595 90 98 06, barpalaty@yahoo.com. Sehr gemütlich im Stil einer Wohnung von vor ca. 100 Jahren eingerichtet, nach hinten ein kleinerer Raum für Nichtraucher. Abends Live-Musik.

■ Selbstversorger sollten den kleinen **Markt** besuchen, der sich in der Paliaschwili-Straße in Richtung Rioni-Fluss (Marschrutka-Platz) befindet. Dort warten übrigens auch immer Taxis jeder „Alterstufe".

An- und Weiterreise

Marschrutki

Im Folgenden eine Auswahl touristisch relevanter Marschrutki-Strecken **ab dem zentralen Busbahnhof in der Tschawtschawadse-Straße** Nr. 67, Tel. 27 03 27 oder 27 11 63.

■ **Abastumani:** 12 Lari, 11.30 Uhr.
■ **Adigeni:** 12 Lari, 9.30 Uhr.
■ **Achalziche:** 8 Lari, 8.20, 8.50, 13.30 Uhr, 5 Std.
■ **Batumi:** 10 Lari, von 9–17 Uhr jede volle Std.
■ **Charagauli:** 3,50 Lari, 12.30 Uhr.
■ **Gori:** 8 Lari, 12 Uhr, 2 Std.
■ **Lentechi:** 6 Lari (Busse 7 Lari), 9, 14, 16.30 Uhr, 3 Std.
■ **Mestia:** 25 Lari, 8 Uhr, 5 Std.; unbedingt am Vorabend einen der nachfolgenden Fahrer anrufen (lassen) zur Bestätigung der Abfahrtszeit: *Nuri*, mobil: 599 70 34 33, *Sasa*, Tel. 599 74 63 60, *Murati*, mobil: 599 56 59 67.
■ **Poti:** 7 Lari, 7.15, 9, 9.15, 10.30, 11.30, 12.30, 13.15, 14.14, 15.15, 16.40, 18, 18.30 Uhr, 2 Std.
■ **Tbilisi:** von 7–18 Uhr jede volle Stunde, 10 Lari, 3½ Std.
■ **Tschiatura – Satschchere:** 6 Lari, 7, 8, 8.40, 9.20, 10, 10.45, 12.30, 14, 15, 16, 16.30, 17 Uhr.
■ **Sestaponi:** von 7–18 Uhr jede volle Stunde, 2 Lari.
■ **Sugdidi:** 7 Lari, 6, 7, 8, 9.30, 10.20, von 11–14 Uhr jede volle Stunde, 14.30, 16, 16.30 und 17.30 Uhr, 2 Std.

- **Wani:** 3 Lari, 7, 8, 9, 11.10, 12.10, 13.10, 15.40, 17 Uhr, 1½ Std.
- **Zqaltubo** (Marschrutka Nr. 30): 1 Lar, von 9–18 Uhr jede volle Stunde, ca. 25 Min.

Ab dem Marschrutkaplatz in der Straße **Davit und Konstantin Mcheidse** Nr. 19 (in Richtung Bagrati-Kathedrale, mobil: 595 32 25 92), der sich jenseits des Rioni-Flusses bei der Roten Brücke (georg. Ziteli Chidi, ist tatsächlich rot angestrichen) befindet, fahren folgende Marschrutki ab (dort auch Taxistand nahe Kasbegi-Straße):

- **Ambrolauri:** 5,50 Lari, 10 und 14 Uhr, 2 Std.
- **Oni:** 7,50 Lari, 9 Uhr, 3½ Std. (gelegentlich fährt auch ein Bus)
- **Orbeli:** 5 Lari, 11 Uhr, 1 Std.
- **Zqaltubo** (ab Roter Brücke, Marschrutka Nr. 34): 1 Lar, alle 15 Min., ca. 25 Min.

Folgender Bus fährt u.a. hinter dem Bahnhof ab:
- **Tkibuli:** 3 Lari, 8, 11 Uhr, von 13–16 Uhr jede volle Stunde, 16.40, 17, 17.50 Uhr.

Züge

Züge fahren ab dem neuen **Bahnhof** (ehemals Kutaisi-1) ab, wobei die Strecke nach Tbilisi wenig attraktiv ist, da ein Kurswagen ab/bis Kutaisi an der Station Rioni an- bzw. abgehängt wird, was bis zu 1½ Std. dauern kann. Züge fahren momentan auch noch von Kutaisi-2. Das wird sich zwar ändern, ein Termin war aber nicht in Erfahrung zu bringen (vollständiger Fahrplan siehe Anhang).

Ab Kutaisi werden **Tbilisi, Batumi (Machindschauri), Zqaltubo** und **Tkibuli** angefahren; Fahrplan siehe im Anhang. Tipp für Bahn- und Fotofreunde: Mit dem Zug vormittags nach Tkibuli, mit der Marschrutka nachmittags zurück; die Zugfahrt führt durch eine landschaftlich reizvolle Strecke.

Flüge

Im Jahr 2012 wurde das Flugfeld Kopetnari (IATA-Code KUT) 14 km südlich von Kutaisi wiedereröffnet. Seitdem ist eine Flugverbindung ab Dortmund (DTM), Hamburg-Lübeck (LBC) bzw. Memmingen West (FMM) über Kiew Zhulyani (IEV) nach Kutaisi mit der ungarischen **Billigairline Wizz Air** (www.wizzair.com) möglich, Anschluss auch in Budapest.

Der **Flughafen** ist klein und unkompliziert; Wechselschalter vor der Passkontrolle. In der Halle kleiner Imbiss mit einfachen Gerichten. Infos auf www.kutaisiairport.com bzw. www.airport.ge. Taxi nach Kutaisi max. 20 Lari, Marschrutki zum/vom Flughafen in/aus Richtung Samtredia (z.B. Sestaponi, Sugdidi, Batumi) für 2 Lari, 8–18 Uhr jede ½ Std. Von Kutaisi aus nehme man eine Marschrutka ab dem zentralen Busbahnhof beim McDonald's. Nicht vergessen, dem Fahrer bei Erreichen des Flugplatzes (linker Hand sichtbar) nochmals Bescheid zu sagen, da er auch mal durchfahren kann. Das gilt auch, wenn man aus Richtung Samtredia usw. kommt, dann liegt der kleine Flugplatz rechts.

Die Abfahrtszeiten der Marschrutki sind auf den Flugplan abgestimmt. Die Marschrutki von **Georgian Bus** (www.georgianbus.com) fahren nach Batumi (ca. 2½ Std.), Tbilisi (ca. 4 Std., Ankunft am Puschkinplatz in Tbilisi) oder Kutaisi. Tickets am Ticketschalter der Firma am Informationsschalter. Preis nach Tbilisi 20 Lari, auch Zahlung in Euro möglich. Oft stehen zahlreiche Marschrutkafahrer schon vor der Ausgangstür und rufen die Fahrtrichtung in andere Orte innerhalb Georgiens aus.

Weiterhin gibt es einen **Shuttleservice** (www.shuttledirect.com/transfers/kutaisi), auch Onlinebuchungen sind möglich. Bei Buchung eines privaten Transfers holt der Fahrer den Gast im Hotel ab, beim Gruppenshuttle werden verschiedene Unterkünfte buchungsabhängig abgefahren.

Die Umgebung von Kutaisi

Rund um Kutaisi befinden sich mehrere interessante und für die Georgier wichtige Klöster wie Gelati und Motsameta, aber auch reizvolle Naturdenkmäler wie der Naturschutzpark Sataplia. Legenden zufolge sollen in der Gegend, in der sich das Kloster Gelati und der Wallfahrtsort Motsameta befinden, einst über 200 Kapellen gestanden haben.

Kloster Motsameta 103/D2

Das Kloster Motsameta liegt etwa 6 km nordöstlich von Kutaisi in der Schlucht des Flusses Zchalziteli. Hier befand sich einst die **Festung Zchalziteli,** die von großer strategischer Bedeutung war, besonders als in den Jahren 642/43 die Araber das erste Mal im Fürstentum Aragweli einfielen. Im Jahre 735 kamen die Araber erneut nach Georgien unter Führung von *Murwan ibn Mohammed,* der wegen seiner Grausamkeit auch „Murwan, der Taube" genannt wurde. Die beiden Fürstensöhne *David* und *Konstantin Mcheidse* sammelten Streitkräfte um sich, verloren aber den ungleichen Kampf. Sie wurden dafür zu Tode gefoltert und ihre Leichname mit Steinen beschwert und in den Fluss Zchalziteli geworfen. Es fanden sich jedoch beherzte Georgier, die ihre sterblichen Überreste bargen und auf den Berg trugen, wo sie in der Gruft der Mariä-Verkündigungskirche beigesetzt wurden. Seitdem heißt der Berg „Märtyrerstätte", auf georgisch Motsameta.

Zum Gedenken an die beiden als Heilige und Helden verehrten Brüder soll König *Bagrat IV.* (1027–72) die noch erhaltene Kirche erbaut haben, wobei es auch Stimmen gibt, die den Kirchenbau auf *Bagrat den Großen* (1366–95) zurückführen. Am 20. April 1923, während der sogenannten antireligiösen Kampagne, wurde das Kloster geschlossen. Die Reliquien hat man in das Museum von Kutaisi verbracht, aber 1954 bei der Wiedereröffnung zurückgegeben. Sie sind auf dem Seitenaltar rechts des Eingangs unter Glas zu sehen.

Gläubige, die einen **Wunsch erfüllt** haben möchten, kriechen unter dem Seitenaltar auf allen Vieren hindurch, steigen dann einige Treppen zum Altar hoch und küssen je zweimal die unter Glas aufbewahrten Schädel der beiden Heiligen. Das Ganze muss dreimal hintereinander geschehen.

Eine **Spende für die Erneuerung der Fresken** wird gern genommen. Dafür bietet Vater *Giorgi* dem Spender an, für Menschen zu beten, deren Namen man auf einen Zettel schreibt.

Zum Kloster gehören ein Glockenturm und ein Pfarrhaus, in dem einige Mönche leben.

■ **Info:** geöffnet täglich, Eintritt frei.
■ **Anfahrt: Marschrutki** ohne Nummer (mit Schild des Klosters Gelati in der Windschutzscheibe) starten in der Brose-Straße hinter dem Schauspielhaus (Dramatitscheski Teatr). Wochentags nach Gelati um 8, 11, 14, 16 und 18 Uhr, 1 Lar, 20 Min. Fahrtdauer. Wer Gelati und Mozameta kombinieren möchte, kann von Gelati aus zum Kloster laufen, was nicht bei Hitze ratsam ist. Ein Traveller berich-

tete der Autorin unterwegs, dass er für den „kurzen Weg" fast zwei Stunden benötigt habe, es immer hinauf und hinunter ging und er froh war, Wasser dabeigehabt zu haben. Seiner Schilderung gemäß war der Weg schlecht ausgeschildert. Ab dem Kloster Mozameta läuft man zurück auf die Straße nach Kutaisi (ganz kurzer Pfad) und nimmt einen beliebigen Bus nach Kutaisi.

Am Wochenende Direktverbindungen zum Kloster um 9, 12.30 und 15 Uhr. Marschrutki warten am Kloster 20 Min., dann geht es zurück. **Taxis** verlangen um die 20 Lari für Gelati bzw. 25 für Gelati und Mozameta inkl. Wartezeit.

Kloster und Akademie von Gelati 103/D1-2

Den Besuch von Motsameta sollte man praktischerweise mit dem Besuch eines weiteren für Georgien bedeutsamen Klosters verbinden. Ebenfalls nordöstlich von Kutaisi findet sich auf einem Berg das Kloster Gelati, an das eine Akademie angeschlossen ist.

Kloster und Akademie wurden in den Jahren 1106–25 von **König Dawit dem Erbauer** errichtet, der sogar selbst Hand angelegt haben soll. Er lud namhafte Gelehrte der damaligen Zeit nach Gelati ein, unter anderem *Arsen von Ikaltveli*, der die Mangan-Akademie in Konstantinopel wegen seiner neoplatonischen Auffassungen verlassen musste. Ein weiterer Gelehrter, *Johannes Petrizi*, war der erste Leiter der Akademie. Beide führten den Unterricht in metaphysischer Philosophie ein, die Schüler wurden in Rhetorik, Grammatik und Dialektik, Arithmetik und Geometrie, in Astronomie und Musik ausgebildet. Schon bald hatte die Akademie einen guten Ruf und gab dem georgischen Geistesleben Auftrieb. Nicht umsonst wird diese Epoche das „Goldene Zeitalter Georgiens" genannt.

Das Kloster besteht aus drei Kirchen, einem Glockenturm und der Akademie, wobei die der Gottesmutter geweihte Kirche die Hauptkirche ist. Die **Muttergotteskirche** ist eher schlicht gehalten und im Innern mit einem Mosaik und Fresken aus unterschiedlichen Jahrhunderten ausgestaltet. Das Mosaik zeigt die Muttergottes mit dem Jesuskind, links und rechts von ihr die Erzengel Michael und Gabriel. Der orthodoxen Tradition lassen sich die Fresken in der Kuppel und an den Wänden zuordnen. Die Kuppel zeigt Jesus Christus als Weltenherrscher; an den oberen Teilen der Wände sehen wir Stationen aus dem Leben und Leiden Christi, unten die Stifter der Kirchen und kirchliche Würdenträger. In Gelati finden wir die **einzige erhaltene Darstellung von König Dawit;** der Potentat hält in seiner linken Hand ein Modell der Muttergotteskirche. Das Fresko wurde erst nach seinem Tode gemalt. König Dawit starb im Jahr 1125 und so wurde die Kirche von seinem Sohn *Demetrius* im gleichen Jahr vollendet. Dawit wurde auf eigenen Wunsch unter dem Pflaster des südlichen (heute verschlossenen) Torbogens bestattet.

Zum Kloster gehören weiterhin die im 13. Jh. erbaute **Georgskirche** mit Fresken aus dem 16. Jh. und die ebenfalls aus dem 13. Jh. stammende **Nikolaikirche.** Beide Nebenkirchen kann man gut voneinander unterscheiden, da die Nikolaikirche auf an Torbögen angelehnten Mauern ruht.

■ **Info:** geöffnet täglich, Eintritt frei.
■ **Anfahrt:** siehe oben beim Kloster Motsameta.

◁ Kloster Gelati

Naturschutzpark Sataplia 103/C1

Sieben Kilometer nordwestlich von Kutaisi in Richtung Zqaltubo weist ein großes zweisprachiges Schild auf den Naturschutzpark Sataplia hin (Sataplia heißt auf Deutsch „Honigplatz"). Wo sich heute der Berg Sataplia, ein erloschener Vulkan, befindet, war vor Millionen von Jahren eine Meeresbucht, in der **Dinosaurier** ihre **Fußabdrücke** hinterließen. Der in Kutaisi geborene Wissenschaftler *Peter Tschabukiani* entdeckte 1923 eher zufällig die im heutigen Park befindliche Karsthöhle und 1933 die etwa 200 m vor deren Eingang befindlichen Fußabdrücke von zwei verschiedenen Saurierarten. Es dürfte wohl einzigartig in der Welt sein, dass zwei verschiedene Arten hier lebten, vor 65 Millionen Jahren eine Pflanzen fressende Art und vor etwa 145 Millionen Jahren eine Fleisch fressende.

In der illuminierten **Karsthöhle** mit Stalagmiten und Stalaktiten herrscht das ganze Jahr über eine Temperatur von 13°C bei 92 % Luftfeuchtigkeit. Ihr Alter wird auf 30 Millionen Jahre geschätzt. In diesem Klima können nur Fledermäuse leben, die man aber als Besucher nicht zu Gesicht bekommt. Das Klima ist gut für Menschen, die unter Bronchialasthma leiden. Besonders imposant ist der Herzsaal, in dem ein riesiger Stein die Form eines Herzens hat.

Der Park nimmt 354 ha ein, liegt in einer Höhe von 500 m und beherbergt vor allem die kolchidische Flora und kaukasische Fauna. Von den 70 hier vorkommenden immergrünen Baumarten stehen 10 im Roten Buch der bedrohten Arten Georgiens. Der Kenner findet über 500 verschiedene Arten von Gräsern und Kräutern. Weiterhin leben hier 34 Vogelarten, Bären, Wölfe, Rehe, Hirsche, Schakale und Füchse.

■ **Info:** geöffnet Mi bis Mo 10–18 Uhr, Eintritt 6 Lari.
■ **Anfahrt:** Marschrutka Nr. 45 ab Roter Brücke (Ziteli Chidi), 1 Lar, jede volle Stunde, 30 Min. Fahrtzeit. Taxi inkl. Wartezeit 20 Lari.

Zqaltubo/Tskaltubo 103/C1

Der in der gesamten ehemaligen Sowjetunion bekannte **Kurort** Zqaltubo (russ. *Zchaltubo*) ist heute nur noch ein Schatten seiner selbst. Hier wurden vor allem rheumatische und arthritische Erkrankungen behandelt, aber auch Zqaltubo lässt heute nur noch erahnen, was für ein großer und prächtiger Kurort es einst war. In herrlichen Parks und Alleen stand Sanatorium an Sanatorium, wovon heute nur noch zwei in Betrieb sind. Alle anderen sind entweder dem **Verfall** preisgegeben oder von Flüchtlingen belegt, was auf das Gleiche herauskommt. Badehaus und Kursaal sind verfallen, sogar in der ehemaligen Datscha *Stalins* sind Flüchtlinge untergebracht. Dennoch spürt man heute noch die besondere Atmosphäre, die hier geherrscht haben muss. Auf dem kleinen Bahnhof kamen Züge aus der gesamten Sowjetunion an. Geschäfte und Restaurants sind nach Plünderungen geschlossen, die Stadt mit der wahrscheinlich besten Asphaltstraße Georgiens wirkt gespenstisch und leer.

Nur wenige Meter vom Haus seiner Eltern entdeckte der 18-jährige *Besik Swiadadse* eine riesige, fast einen Kilometer lange **Höhle.** Diese ist zurzeit weder erforscht noch zugänglich. Man kann jedoch davon ausgehen, dass dies geschehen wird und dass weitere Höhlen gefunden werden.

■ Der Wiederaufbau des eigentlich schönen Ortes wird in Angriff genommen. Dazu zählen Hotelneubauten wie das **Hotel Prometheus,** Rustaweli 11, www.tskaltubo-hotel-prometheus.ge, mobil: 790 428 282; 25 moderne Zimmer, EZ mit Frühstück/VP 100/120 Lari, DZ mit Frühstück/VP 120/140 Lari, Lux-Zi. mit Ü/VP 200 Lari. Kuranwendungen und Exkursionen möglich.
■ **Anfahrt:** Marschrutka Nr. 34 ab Roter Brücke oder Nr. 30 ab Bahnhof bis zum bescheidenen Basar von Zqaltubo.

Ein Schatten seiner selbst, aber noch in Betrieb: der Bahnhof von Zqaltubo

Prometheus-Höhle
(Promette mgwime)

Wer zu dieser Höhle **beim Dorf Kumistawi** in ca. 20 km Entfernung nordwestlich von Kutaisi (8 km ab Zqaltubo) möchte, sollte sich nach „Promette" erkundigen. Nachdem man vor Ort das moderne Visitor's Centre passiert hat, führen erst einmal 137 Stufen bergab zum Eingang; in der 1,2 km langen Höhle wollen weitere 650 Stufen bewältigt werden. Die Höhle besteht aus mehreren Sälen, hat eine beständige Temperatur von 14°C, und man kann in ihr sogar Boot fahren. Die Beleuchtung wurde von einer deutschen Firma installiert. **Besichtigung nur in Gruppen** möglich (engl.). Wer Pech hat, trifft auf Busse voller Schulklassen oder Reisegruppen.

■ **Info:** geöffnet Di bis So 11–16 Uhr, Eintritt 6 Lari für Erwachsene, Kinder ab 5 Jahren und Studenten zahlen 3 Lari (Kinder unter 5 Jahren gratis), Bootsfahrt 7 Lari (Einheitspreis).
■ **Anfahrt:** Marschrutki ab Roter Brücke in Kutaisi bis zum Basar von Zqaltubo. Von dort mit Marschrutka Nr. 42 (Schild mit Höhle in der Windschutzscheibe, 1 Lar, ca. 30 Min., Abfahrt 11, 13 und 15.30 Uhr ab Zqaltubo) direkt zur Höhle. Taxi ab Basar inkl. 1 Std. Wartezeit 10 Lari.

Ausgrabungsstätte Wani/Vani 103/C2

Wer die Ausgrabungen von Wani besichtigen möchte, muss sich etwa 40 km in südwestlicher Richtung von Kutaisi entfernen. Die etwa einstündige Fahrt mit der Marschrutka oder noch besser mit dem Taxi gehört jedoch zu den **reizvollsten Routen in Imeretien** und führt über zahlreiche Dörfer entlang des Rioni, teilweise durch herrliche Alleen, deren Bäume ein regelrechtes Dach über der Straße bilden.

Die Ausgrabungen, die momentan von Deutschland finanziell unterstützt werden, begannen schon 1890, als Regenschauer Gegenstände aus Gold freigespült hatten. Die Arbeiten wurden in den 1930er Jahren sowie von 1947 bis 1963 fortgesetzt. Der Archäologe *Otar Lordkipanidse* machte sich um diese Stätte verdient.

Neben den Ausgrabungsstätten befindet sich ein in den letzten Jahren umgestaltetes **Museum,** zu dem praktischerweise ein Weg über die Straße verlegt wurde (eine Art Kettenbrücke). Die Ausstellung im Museum enthält viele Repliken, da die Originale nach Tbilisi verbracht wurden. Dennoch sind erstaunlich viele Wachleute anwesend. Im Erdgeschoss werden auch Waffen und Werkzeuge ausgestellt.

2007 wurden in Berlin anlässlich der Ausstellung „Medeas Gold" spektakuläre Exponate aus den Grabungen von Wani gezeigt, die vorher noch nie ins Ausland gebracht worden waren. Die Berliner Ausstellung gewinnt umso mehr an Gewicht, wenn man bedenkt, dass Russland den Goldschatz der Merowinger, 1945 als Beutekunst von Berlin nach Moskau verbracht, weiterhin als Beute behandelt. Georgien schickte seine Goldschätze sicherlich nicht ohne Hintergedanken nach Berlin.

Wani war eine **Tempelstadt,** die etwa vom 8. bis 1. Jh. v.u.Z. bestand, und bei den Griechen als **Surium** bekannt. Ihre Blütezeit war sehr wahrscheinlich von 600 bis 400 v.u.Z. Der frühe Siedlungsplatz befand sich am Rande des heutigen Städtchens Wani auf einem Hügel, der in drei natürliche Terrassen gegliedert war.

Grabungen brachten **Goldarbeiten** aus dem 8. bis 4. Jh. v.u.Z. zutage, die in ihrer Ausführung nur mit persischen Arbeiten aus dem 4. Jh. v.u.Z. (Achämenidenzeit) vergleichbar sind. Die Funde von Wani aus dem 4. Jh. v.u.Z. verraten den Einfluss der hellenistischen Kultur, in den Grabmalen wurden makedonische Goldmünzen gefunden. Die hier ausgestellten Schätze sind also im Schnitt 2500 Jahre alt.

Einige Goldfunde sind bis zu 250 g schwer und äußerst präzise und detailverliebt gearbeitet. Diese prächtigen Funde beleben den **Mythos um das Gold von Kolchis** und das Goldene Vlies erneut. Aber es genügte eben nicht, das Gold zu finden, man musste es auch verarbeiten können. Experten gehen davon aus, dass die kolchischen Goldschmiede keinesfalls die skythischen Meister kopierten. Die Goldverarbeitung im damaligen hellenistischen Reich war eher schlicht und die Goldschmiedekunst zur Zeit der ersten achämenidischen Könige in Persien wird auf 350 v.u.Z. datiert, ist also jünger.

Von besonderem Interesse dürfte das **Grab Nr. 24** gewesen sein, das 2004 entdeckt wurde. Hier lag ein Verstorbener samt seinen Sklaven bestattet. Sein Leichentuch war mit **15.000 Glasperlen** bestickt. Der Verstorbene trug die für Kolchis so typischen Schläfenringe. Das dem Grab beigefügte Tongeschirr war jedoch griechischen Ursprungs, wie auch die Silbermünzen neben dem Kopf des Toten. Nach damaligem Brauch musste man dem Verstorbenen Geld ins

Grab geben, mit dem er Charon, den Fährmann ins Reich der Toten, zu bezahlen hatte. Sein Kopfschmuck mit dem Swastika-Symbol verrät zentralasiatische Einflüsse.

Trotz zahlreicher Grabfunde (vor allem kolchische Goldschmiedearbeiten und Töpferwaren aus Griechenland) konnte bis heute nicht wirklich geklärt werden, welchen Zweck die Anlage einst hatte. Lordkipanidse vertrat die Auffassung, dass es sich um eine spirituelle Funktion handelte, andere Archäologen gehen von einer wirtschaftlichen und kulturellen Bestimmung aus.

■ **Info:** Museum geöffnet 10–16 Uhr, Eintritt 1,50 Lari, russischsprachige Führung 10 Lari.
■ **Anfahrt:** Marschrutki siehe bei Kutaisi unter „An- und Weiterreise".

Nikoladse-Hausmuseum

Fährt man auf der M1 in Richtung Samtredia, folgt nach einigen Kilometern zur Rechten ein Abzweig nach **Didi Dshichaischi** (auch auf Englisch ein Zungenbrecher: Didi Jikhaishi), wo man nach ca. 5 km das Niko-Nikoladse-Hausmuseum findet. Das Haus, in einem herrlichen Garten gelegen, ist besonders für **Eisenbahnfreunde** von Interesse, da sich *Niko Nikoladse* (1843–1928) für den **transkaukasischen Eisenbahnbau** von Baku über Tbilisi nach Poti einsetzte. Er war von 1894 bis 1912 Bürgermeister von Poti und es gelang ihm, die Stadt zu einer wichtigen Hafenstadt auszubauen. Ein Gemälde im Museum zeigt ihn mit *Rothschild* und *Robert Nobel*, dem Bruder von *Alfred Nobel,* wie sie den Fortgang der Bauarbeiten besprechen.

In einem der unteren Räume hängt eine **historische Karte,** die den Fortgang des Eisenbahnbaus mit Kilometerangaben anzeigt. *Nikoladse* war der erste Händler, der entlang des Schwarzen Meeres nach Europa fuhr. Die Karte zeigt den Verlauf der Bahnlinie von Baku über Aliat, Ewlach, Gandscha, Akstafa, Gardschabani, Tbilisi, Gori, Chaschuri (mit eingleisigem Abzweig nach Achalziche, schon damals geplant nach Kars), zweigleisig ab Chaschuri weiter nach Sestaponi, Samtredia mit Abzweig nach Batumi. Ungefähr 67 km vor Poti beginnt der Abzweig nach Suchumi. In Tbilisi geht eine eingleisige Strecke nach Jerewan ab und von Jerewan verläuft eine Strecke nördlich des Sewan-Sees über Rasdan. Von Baku wiederum verläuft eine Strecke nördlich nach Balaja über Islama nach Samir. Die Ortsbezeichnungen in der Karte sind großteils historische Namen.

■ **Info:** geöffnet Di bis So 10–18 Uhr, Eintritt 10 Lari.
■ **Anfahrt:** Marschrutki ab Zentralem Busbahnhof in Kutaisi nach Janeti und Didi Dshichaischi für 2 Lari um 8.15, 11.30, 14.30 und 18 Uhr. Vergewissern Sie sich, dass die Marschrutka nicht nur bis Janeti fährt!

NICHT VERPASSEN!

➲ **Dadiani-Palais in Sugdidi:**
Gemälde und Napoleonzimmer | 137

➲ **Wehrtürme in Mestia und Ushguli:**
Relikte aus dem 8. u. 12. Jh. | 145, 155

➲ **Wandern und Reiten:**
auf markierten Wegen auf den Gipfel des Schchara-Berges | 156

➲ **Weinlese in und um Ambrolauri:**
eine einmalige Möglichkeit der Kontaktaufnahme mit der örtlichen Bevölkerung | 161

Diese Tipps sind gelb hinterlegt.

△ Klein, aber fein: der neue Flughafen von Mestia

3 SWANETIEN, NORDWESTL. BERGLAND

Der georgische Schriftsteller und Verleger *Ilja Tschawtschawadse* empfahl schon im 19. Jh. seinen Landsleuten, nach Swanetien zu reisen, wenn sie Georgien wirklich liebten. Auch wenn das Gelände unwegsam sei, so werde der Reisende durch eine **großartige Landschaft** entschädigt, er könne tapfere Bergbewohner kennenlernen und finde einzigartige sakrale Kunstschätze vor, von den Swanen seit biblischen Zeiten aufbewahrt. Daran hat sich bis heute nichts geändert.

Das Land der Wehrtürme

Swanetien wird heute in Semo-/Ober-Swanetien mit Mestia als Verwaltungssitz und Kwemo-/Unter-Swanetien mit Lentechi als Verwaltungszentrum eingeteilt. **Ausgangspunkt für Reisen** in das im Norden gelegene Ober-Swanetien ist **Sugdidi**, die Hauptstadt der Verwaltungsregion Mingrelien, ins südlich gelegene Unter-Swanetien gelangt man am besten über **Kutaisi**.

Die Swanen verfügen über eine eigene Sprache. Heute sprechen die meisten von ihnen nicht nur Swanisch und Georgisch, sondern auch Russisch und möglicherweise eine oder mehrere weitere Fremdsprachen. Da kann man nur respektvoll den Hut ziehen.

Kultur und Geschichte

Schon der altgriechische Historiker *Strabon* beschrieb die Swanen als tapfer und kühn. Die Leibgarde der Königin *Tamar* (1184–1213) soll ausschließlich aus Swanen bestanden haben.

Östliches Abchasien und Swanetien

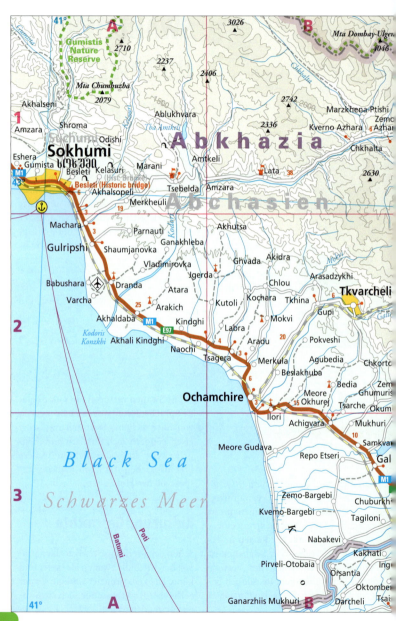

Östliches Abchasien und Swanetien

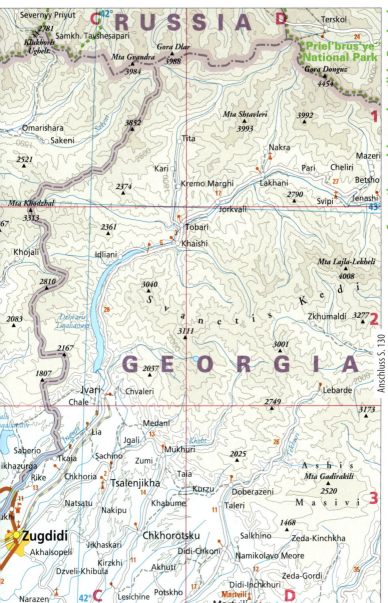

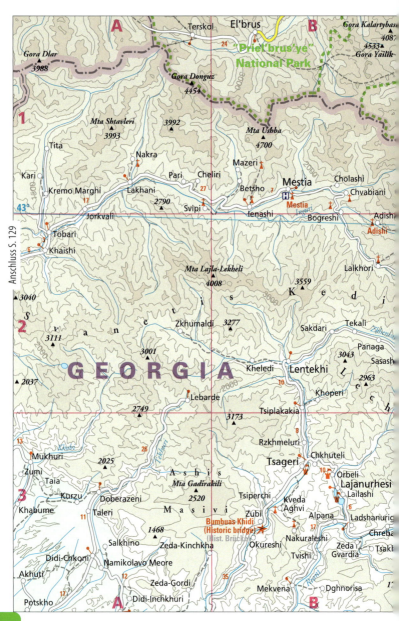

Swanen leben auf ihrem heutigen Gebiet seit etwa 2000 v.u.Z. Die ältesten Wehrtürme können auf das erste vorchristliche Jahrhundert datiert werden. Das **Fürstentum Swanetien** gliederte sich im 12. Jh. dem georgischen Königreich an, wo es als Saeristawo Swanetien eine eigenständige Verwaltungseinheit bildete. Die Mongolen schafften es nie, in das undurchdringliche Bergland vorzustoßen. Im 15. Jh. entstanden das Fürstentum Dadaschkeliani-Swanetien im westlichen Ober-Swanetien, das Fürstentum Unter-Swanetien und das Freie Swanetien im östlichen Ober-Swanetien. 1857–59 wurde Unter-Swanetien von Russland annektiert, 1864 auch Ober-Swanetien. 1864 bereiste der deutsche Naturforscher *Gustav Radde* als erster europäischer Reisender die Region.

Die **Christianisierung** Swanetiens erfolgte um das Jahr 523. Allerdings sind noch heute **heidnische Bräuche** erkennbar, z.B. das Opfern von Widdern und die Ablage ihrer Hörner auf dem Altar. Der swanetische Sonnengott Lile ist

Abchasien

Abchasien (*Abchaseti*, russ. *Abchasia*), die abtrünnige Teilrepublik im Nordwesten Georgiens, nennt sich selbst **Apsny**, „Land der Seele". Bezeichnungen wie „Kaukasische Riviera" oder „Garten Eden" wären mit Blick auf die schöne Küste und das Landschaftsbild sicher auch angebracht, wirken aber unpassend angesichts der jüngsten Geschichte dieser **selbst ernannten Republik**. Der **Abchasien-Konflikt** schwelt weitgehend unbeachtet vor sich hin, eine Lösung scheint in weiter Ferne. **Touristen können zurzeit nicht nach Abchasien einreisen! Von einem illegalen Grenzübertritt ist dringend abzuraten!** Dass die illegale Einreise über den von Georgien nicht anerkannten Grenzübergang bei Sotschi (Flüsschen Psou) zu Problemen in Georgien bis hin zur Verhaftung führen kann, hat ein niederländischer Traveller erlebt und unter www.wilbertgatochfietsen.nl dokumentiert. Die Website ist zwar auf Niederländisch, aber das Wesentliche versteht man auch als Deutschsprachiger.

Der Tourismus war einst die Haupteinnahmequelle Abchasiens. Kein Küstenstreifen am gesamten Schwarzen Meer ist so vom Klima begünstigt, von so herrlicher **subtropischer Vegetation** mit Palmen, Eukalyptus, Bambus, Zypressen, Weinreben, Zitrusplantagen, riesigen Rosengärten und herrlichem Rhododendron an jeder nur denkbaren Ecke gesegnet. Abchasien war einst die mit Abstand reichste Region der Sowjetunion und trug damit zum Reichtum Georgiens bei. Mit dem florierenden Tourismus ist es spätestens seit den zahlreichen Massakern an der Zivilbevölkerung vorbei. Lediglich **aus Russland** kommen wieder Besucher.

Abchasien im Internet

■ **www.apsny.ru,** in russischer Sprache, mit schönen Fotos.
■ **www.kapba.de,** informative Homepage eines in Deutschland lebenden Abchasen in deutscher Sprache.
■ **www.mfaabkhazia.org,** Website der selbst ernannten Regierung in Sochumi.

☐ Übersichtskarten S. 128–131

möglicherweise identisch mit dem sumerischen Sonnengott Enlil. In früheren Zeiten waren Stammesfehden und Blutrache an der Tagesordnung.

Ein **typisches Swanendorf** besteht aus etwa 30 Familien, deren Gehöfte sich um Wehrtürme gruppieren. Die üblicherweise etwa 28 m hohen Türme verfügten über Schießscharten und Geheimgänge. Die meisten von ihnen wurden im 11. bis 13. Jh. erbaut, obwohl die Fundamente einiger Türme bis zu 2000 Jahre alt sind. Das Leben der Swanen war und ist geprägt von **Ackerbau und Weidewirtschaft** in den heißen kurzen Sommern. Während der Tauwetterperiode kommt es immer wieder zu verheerenden Erdrutschen (s.u.), im Winter zu Lawinenabgängen.

Das Dorfleben gestaltete sich erstaunlich demokratisch. Alle Dorfbewohner beiderlei Geschlechts ab 20 Jahren wählten in ihrer Vollversammlung den Machschwi, eine Art Ortsvorsteher. Dieser musste eine als zuverlässig und gerecht geltende, christliche Persönlichkeit sein. Ihm oblag es, das gemeinschaftlich genutzte Weideland und den ebenfalls gemeinschaftlich genutzten Wald zu vermessen und den Familien zuzuteilen (Ackerland war Privatbesitz) und Streitigkeiten zu schlichten.

Erst im Jahre 1935 hat man eine **Straße nach Ober-Swanetien** gebaut. Über diesen Straßenbau wurde der Stummfilm „Das Salz Swanetiens" gedreht (siehe Kapitel „Land und Leute: Kunst und Kultur"). Dem Straßenbau folgte die Elektrifizierung.

Nach einer Phase der Stagnation nach der Abspaltung Georgiens von der ehemaligen Sowjetunion wird in Swanetien viel investiert und gebaut. Die Straße nach Mestia wurde erneuert, 2013 sollen zumindest die Hälfte der Strecke von Mestia nach Ushguli und die Ortschaft Ushguli selbst ausgebaut werden.

Erdrutsche

Immer wieder richten Erdrutsche größten Schaden an. So gingen **im April 2005 über fünf Tage sintflutartige Regenfälle** nieder, mit der Folge, dass die Flüsse über die Ufer traten und riesige Muren (Schlammlawinen) und Geröll lösten. Betroffen waren vor allem die Gebiete Mestia und Lentechi in Swanetien, Oni, Ambrolauri und Zageri in Ratscha-Letschchumi sowie Kutaisi und Zqaltubo in Imeretien. Ungefähr 60

🔼 Heidnische Symbole finden sich an vielen Häusern

Dörfer waren von der Umwelt abgeschnitten, da die ohnehin sehr schlechten Wege vollends zerstört und Brücken teilweise weggespült worden waren. Es gab weder Strom noch Trinkwasser, Vieh ertrank oder musste notgeschlachtet werden, da Geröll und Schlamm das Weide- und Ackerland so massiv bedeckten, dass es vorerst landwirtschaftlich nicht mehr nutzbar war. Außerdem wurden Scheunen und Gehöfte zerstört oder beschädigt und das letzte, im April noch vorrätige Futter war verdorben. Etwa 70 Häuser wurden gänzlich zerstört, 3000 Menschen mussten evakuiert werden. Von westlichen Medien weitgehend unbemerkt, rief die georgische Regierung den Notstand aus.

Reisen in Swanetien

Die beste Reisezeit ist Mitte Mai bis Mitte September, für Ushguli evtl. erst ab Ende Mai, da die Schneeschmelze die unbefestigten Wege in knöcheltiefen Morast verwandelt. In Ushguli kann bis zu acht Monate im Jahr Schnee liegen. Die Sommer sind sehr heiß (Sonnenschutz!). Morgens und abends kann es zu Nebel kommen, der sich aber bald auflöst. Abends und nachts benötigt man unbedingt warme Kleidung.

Wer nach Swanetien reist, wird überrascht sein über die außerordentlich **gute Küche.** Die Gerichte sind zwar einfach, aber völlig frei von Konservierungsstoffen oder anderen chemischen Zusätzen. Die Lebensmittel sind vollkommen naturbelassen, die Tiere werden den ganzen Sommer auf den Weiden gehalten. Interessant schmecken auch zahlreiche eingelegte oder frische Wildkräuter, die man unbedingt probieren sollte. Vermutlich kann man einige von ihnen nur hier genießen und nirgends sonst auf der Welt.

Swanetien im Internet

■ **www.swanetien-initiative.de,** der Ethnologe *Stefan Kurella* und der ehemalige „Georgische Club Pankow" gründeten 1990 diese Initiative zur Unterstützung der Bergregion. Hilfe zur Selbsthilfe wird durch zahllose Maßnahmen organisiert, um die Abwanderung zu stoppen. Dazu gründete man u.a. die „CUNA Swanetien" als Gesellschaft zur Bewahrung der Kultur und Natur der Region, man finanzierte die Ausbildung junger Swanen in Brandenburg und Thüringen, kümmerte sich um den Erhalt einzelner Wehrtürme als kulturelles Erbe, sorgte für die Finanzierung von Deutschunterricht in Mestia und für medizinische Hilfe.

Feiertage in Swanetien

■ **Achali Zeli** (ახალი წელი):
Neujahr, 1. Januar, orthodox 14. Januar
■ **Schoba** (შობა):
Weihnachten, 25. Dezember, orthodox 7. Januar
■ **Lamproba** (ლამპრობა):
Laternenfest zum Frühlingsanfang, 1. Februar
■ **Agdgoma** (აღდგომა): Ostern (variiert)
■ **Giorgoba** (გიორგობა):
St. Georgstag, 2x im Jahr (6. Mai und 23. November)
■ **Mariamoba** (მარიამობა):
St. Mariatag, 28. August
■ **Achali Zlis Game** (ახალი წლის ღამე):
Silvester, 31. Dezember, orthodox 13. Januar

Swanenturm in Sugdidi

Sugdidi

129/C3

ზუგდიდი

Sugdidi liegt etwa 340 km westlich von Tbilisi und ist die **Hauptstadt der Provinz Mingrelien** (Samegrelo), die auch die Region Ober-Swanetien umfasst. Mingrelien wurde ab etwa 1046 von der **Familie Dadiani** regiert, die zwar von 1460 bis 1774 Tribut an die Osmanen zahlen musste, dafür aber ihr Fürstentum behalten konnte. Fürst *Grigol Dadiani* unterzeichnete 1803 ein Abkommen über die Unterstellung des Fürstentums Mingrelien unter den Schutz Russlands. Im Jahre 1855 drang das türkische Heer in Adscharien, Gurien, Mingrelien und Abchasien ein, 1857 errichtete Russland in Mingrelien eine zeitweilige Regierung. 1867 schließlich legte Fürst *Niko Dadiani* den Titel „Fürst von Mingrelien" ab, das Fürstentum wurde aufgelöst und die Leibeigenschaft abgeschafft.

In den 1990er Jahren war Sugdidi eine Hochburg der Swiadisten, benannt nach *Swiad Gamsachurdia*. Nach dem Bürgerkrieg in Abchasien wurde die Stadt von **Flüchtlingen aus Abchasien** überschwemmt, die alle nur verfügbaren Hotels belegten. Etwa 69.000 Einwohnern standen 2002 um die 70.000 Flüchtlinge gegenüber.

Die Stadt ist Ausgangspunkt für Reisen nach Ober-Swanetien. Sie ist die der **Waffenstillstandslinie mit Abchasien** am nächsten liegende Stadt. Bis Mestia sind es 140 km, nach Sochumi 105 km.

Orientierung

Bei Ankunft aus Tbilisi bzw. Kutaisi kommt man über den **Boulevard** in die Stadt. Am Anfang der von Bäumen bestandenen Straße steht ein Springbrunnen, ebenso etwa in der Mitte der Straße, wo sie sich mit der **Rustaweli** kreuzt. Auf dem Boulevard befinden sich zahlreiche Restaurants und Imbissstuben sowie ein Internetcafé (z.Z. Hausnr. 38). Die Straße ist nicht sehr lang. Nachdem man die Rustaweli-Straße überquert hat, sieht man zur Rechten ein kleines Stadion (dahinter befindet sich der Botanische Garten), und keine fünf Gehminuten weiter geradeaus kommt man zum neogothischen Dadiani-Palais.

Dadiani-Palais

Die **Fürsten Dadiani,** die Mingrelien jahrhundertelang beherrschten, ließen sich in der 1. Hälfte des 19. Jh. einen Palast erbauen. Bauherr war *Charles-Luis Napoleon Murad,* ein Enkel der Schwester Napoleons, der 1868 *Salome Dadiani,* die Tochter des letzten mingrelischen Herrschers, heiratete. Der Palast brannte sowohl 1894 als auch 2000 ab, wurde aber jedes Mal wieder aufgebaut. Das als Familienmuseum von Prinz *David Dadiani* 1839 eingerichtete Museum beherbergt 41.000 Exponate, die eine Zeitspanne von 2000 v.Chr. bis zum 19. Jh. abdecken. Es ist eines der ältesten Museen in der gesamten Kaukasusregion.

Neben **Möbeln und Gemälden** sowie einer **ethnografischen Ausstellung** von Gerätschaften von Bauern und Fischern zieht aber Besucher aus europäischen Ländern ein ganz bestimmtes Zimmer in seinen Bann, nämlich das sogenannte **Napoleonzimmer.** Darin befinden sich eine Totenmaske des Kaisers aus dem Jahre 1833, einige Hundert Bücher aus seinem Besitz, private Briefe, Silbergeschirr und Porzellan. Napoleons Schwester *Caroline* schenkte diese Gegenstände ihren Enkelkindern.

Dadiani-Palais

Bertha von Suttners Jahre in Georgien

Bertha von Suttner erblickte am 9. Juni 1843 im Prager Palais Kinsky als Komtess *Kinsky von Wchinitz und Tettau* das Licht der Welt († 21. Juni 1914 in Wien). Ihr fast 75-jähriger Vater starb vor Berthas Geburt. Ihre Mutter *Sophie von Körner*, eine entfernte Verwandte des Freiheitsdichters *Theodor von Körner*, fast 50 Jahre jünger als ihr Gatte, wurde vom böhmischen und österreichischen Hochadel geschnitten, da Sophie weder über die notwendigen 16 adeligen Vorfahren noch das erforderliche Vermögen verfügte, um als hoffähig zu gelten. So kam es, dass sich die Witwe Sophie Gräfin von Kinsky viel auf Reisen begab, um der Isolation zu entfliehen. Ihre Tochter Bertha begleitete sie ab ihrem 13. Lebensjahr auf diesen Reisen, auf denen die Mutter viel Geld verspielte, etwa in den Casinos von Wiesbaden oder Bad Homburg. 1864 lernten sie in Bad Homburg die damals 48-jährige **Fürstin Jekaterina Dadiani** kennen, die von Berthas gefälligen Manieren, ihrer Mehrsprachigkeit und Musikalität so angetan war, dass sie sie nach Mingrelien einlud.

Als die Spielsucht von Berthas Mutter überhand nahm, entschloss sich die junge Bertha, als Gouvernante bei der Industriellenfamilie des Freiherrn *Karl von Suttner* zu arbeiten. Dort lernte sie **Arthur von Suttner**, den sieben Jahre jüngeren Sohn der Familie, kennen und lieben, was Arthurs Mutter zur Kündigung veranlasste. Bertha antwortete daraufhin auf ein Stellengesuch eines „älteren, vermögenden Herren" in Paris, der sich als *Alfred Nobel* herausstellte und eine mehrsprachige Privatsekretärin suchte.

Nach einigen Tagen als Angestellte Nobels kehrte Bertha nach Wien zurück, denn Arthur hatte ihr telegrafisch seine Liebe gestanden. Die beiden heirateten am 12. April 1876 heimlich und bereiteten ihre Flucht nach **Mingrelien** vor, über das rumänische Galati in das ukrainische Odessa, von wo sie schließlich per Schiff in Batumi eintrafen. Der erste Sommer bei der Fürstin Dadiani auf ihrem mingrelischen Sommersitz in Gordi verlief märchenhaft und ohne finanzielle Sorgen.

Nach der Rückkehr der Fürstin nach Sugdidi und der Abreise des ältesten Prinzen *Nikolaus* nach St. Petersburg begann der Ernst des Lebens. Wovon den Lebensunterhalt bestreiten? Zunächst versuchte das Paar durch **Sprach- und Gesangsstunden** bei reichen Adelsfamilien in Kutaisi über die Runden zu kommen, denn von ihren Familien konnten sie nichts erwarten.

1877, ein Jahr nach ihrer Ankunft in Westgeorgien, brach der Russisch-Türkische Krieg aus, der auch Georgien nicht verschonte. Inzwischen begann jedoch die europäische Öffentlichkeit, die Leiden der Verwundeten und Kranken des Krieges wahrzunehmen, was es so noch nie vorher gegeben hatte. Sicher trug dazu auch die englische Krankenschwester *Florence Nightingale* bei, die in den 1850er Jahren auf der Krim gewirkt hatte. Auch beide von Suttners wollten Verwundete pflegen, verwarfen diesen Wunsch jedoch wieder, da man sie an verschiedenen Orten einsetzen wollte.

1878 ging der Krieg zu Ende. Schon während des Krieges hatte Arthur von Suttner **für österreichische Zeitungen** unter dem Pseudonym *M.A. Lerei* „Aus Transkaukasien" zu berichten begonnen. Die „Neue Freie Presse" druckte diese Berichte ab. Das spornte Bertha an, es ihrem Mann gleichzutun. So schrieb sie unter dem Pseudonym *B. Oulot* für das „Neue Wiener Tagblatt", das „Berliner Tageblatt" und für „Die Gartenlaube".

Dennoch, die orientalische Romantik war verflogen, das Paar in der harten Realität angekommen. Oft mussten sie sogar hungern. Auch war Bertha sehr isoliert, wahrscheinlich oft einsam.

Arthur hatte ganz gut Georgisch gelernt, Bertha jedoch konnte weder Georgisch noch Mingrelisch oder Russisch. Außerdem beschränkte sich das Leben georgischer Frauen ausschließlich auf Haus und Familie, sodass es keine Kontakte über ihre Französisch- und Musikstunden hinaus gab.

1878 reisten die Suttners nach **Sugdidi**, dem Wintersitz der Dadianis. Sugdidi hatte damals eher Dorfcharakter, was Arthur sehr genau in seinen Memoiren beschrieb. Von einem württembergischen Kolonisten mieteten sie ein ebenerdiges Häuschen mit drei winzigen Räumen und spartanischer Möblierung an. Die von Suttners lebten weiterhin von Sprach- und Musikstunden und den kärglichen Einnahmen aus der Schriftstellerei. An Kinder war aus finanziellen Gründen nicht zu denken.

Schließlich übersiedelten sie von Sugdidi nach **Tiflis** mit seiner großen deutschen Gemeinde, wo Bertha wiederum Sprach- und Musikstunden gab und Arthur eine Stellung bei einem französischen Bauunternehmer und Tapetenfabrikanten fand. Finanziell blieb ihre Situation prekär. In den Jahren zwischen 1876 und 1885 verfassten beide zahlreiche **Romane und Erzählungen**. Während Arthur von Suttner hauptsächlich den Kaukasus als Ort der Handlungen wählte („Kinder des Kaukasus", „Die Adscharen", „Der Herr"), handelten Berthas Romane vom Österreich des zu Ende gehenden 19. Jh. (z.B. „Doras Bekenntnisse", „Ein schlechter Mensch", „Ketten und Verkettungen"). Oft wurden die von Bertha eingereichten Werke nicht veröffentlicht, da ihre Inhalte an zu vielen Tabus rüttelten. Sie war ihrer Zeit zu weit voraus.

Die von Suttners lebten fast zehn Jahre in ihrem selbst gewählten Exil und kehrten 1885 **nach Österreich zurück**, wo sie sich mit Arthurs Familie aussöhnten. Berthas Mutter war inzwischen hoch verschuldet verstorben.

Lohnenswert ist ein Blick auf die **Gemälde** bzw. ihre Beschriftung, die quasi ein Abbild der damaligen Zeitgeschichte sind. So hängen gleich im ersten Raum Gemälde von *Friedrich Frisch* (1813–86), u.a. „Ossetischer Friedhof an der Straße nach Wladikawkas" oder „Fort Grosny, Hütte von General Jermolow". In der folgenden kleinen Bibliothek fällt u.a. das Gemälde „Rast an der Straße" von *Adolf Ladurner* (1798–1856) ins Auge.

Nach dem Napoleonzimmer kommt man in den ehemaligen **Salon** (Speisezimmer) des Schlosses. Hier zeigen einige Gemälde den Kammerherren am Petersburger Hof, aber auch seine Tochter *Maria*, z.B. von *Wladimir Westschagin* (1842–1904) „Maria Adlerberg" oder von *Friedrich Frisch* „Reise des Zaren Alexander II. mit Alexander Adlerberg" (Bild mit offener Kutsche und fünf Pferden). Hintergrund: Der Sohn der Fürstin *Jekaterina Dadiani, Nikolas Dadiani I.*, heiratete *Maria Alexandrowna*, Tochter des Kammerherren Graf *Alexander Adlerberg*.

In Gehrichtung rechts der in den folgenden Raum führenden Tür hängt ein Gemälde des damals berühmten Porträtmalers *Franz Xaver Winterhalter* (1806–73), das die Fürstin *Dadiani* (*Jekaterina Tschawtschawadse*, Königin von Mingrelien) in einer Pose zeigt, die derjenigen der österreichischen Kaiserin *Elisabeth (Sissi)* auf seinem wohl berühmtesten Gemälde sehr ähnlich sieht.

■ **Info:** geöffnet Di–So 10–17 Uhr, Eintritt 2 Lari.

Praktische Tipps

■ **Vorwahl:** international 00995 415, national 0 415

Informationen

■ Parallel zur Gamsachurdia-Straße in Richtung Busbahnhof verläuft die kurze Kostawa-Straße, in der sich auf beiden Seiten, fast gegenüber, zwei namenlose Hotels (pro Zimmer 40 Lari) sowie ein Geldautomat finden.
■ **Internetcafé** in der Rustaweli-Straße 88.

Sugdidis Bahnhof: Die Stadt ist Ausgangspunkt für eine Reise nach Ober-Swanetien

Unterkunft

Parallel zur Agmaschenebeli-Straße in Richtung Awtosadguri verläuft die kurze Kostawa-Straße, in der sich zwei Hotels befinden. Eine weitere Unterkunft befindet sich etwa 20 Gehminuten außerhalb des Zentrums in Richtung Ausfahrt Kutaisi.

■ **Sugdidi Hostel,** Rustaweli 8 (Hinweis: Hausnummer ist 2x vergeben, in nur ca. 25 m Abstand!), mobil: 591 65 40 36 bzw. 579 79 20 02, www.hostelworld.com. MBZ 20 Lari, EBZ oder DZ 25 Lari, jeweils Ü ohne Frühstück. Rabatte möglich, Kaffee, Tee und WiFi kostenlos. Es werden auch interessante Touren rund um Sugdidi angeboten! Wie lange das Hostel in diesem Haus bleibt, sollte man auf der Website verfolgen!

Lari, 3 Std.), Kutaisi (10 Lari, 2 Std.), Poti (6 Lari, 1½ Std.), Tbilisi (15 Lari). Künftig soll um 12 Uhr ein moderner Bus nach Tbilisi fahren.

Biegt man jedoch unmittelbar nach der Brücke, die dem Basar folgt, nach rechts ab, so sieht man schon von Weitem einen Swanenturm (russ: Swanskaja Baschnja). Gegenüber dem Turm, der früher zu einer Gaststätte gehörte, fahren die **Jeeps und Marschrutki nach Mestia** ab (handgemaltes Schild in lateinischer Sprache). Bei Ankunft des Nachtzuges von Tbilisi kann eine Marschrutka auch am Bahnhof stehen! Abfahrt nach Mestia zwischen 6 und 14 Uhr, abhängig davon, wann das Fahrzeug mit Passagieren und/oder auch Fracht gefüllt ist. Die Autorin hat einmal bis 17 Uhr warten müssen! Tipp: Wer gegen 8 Uhr da ist, ist auf der sicheren Seite.

Schon vor Erreichen des Turms befindet sich rechter Hand eine Abfahrtsstelle für die **Marschrutki nach Anaklia:** 1,50 Lari, jede volle Stunde, 50 Min.

Essen und Trinken

In Sugdidi öffnen viele neue Restaurants, um oft genauso schnell wieder zu verschwinden. Auf dem Boulevard wird man aber auf jeden Fall eine Möglichkeit finden, seinen Hunger zu stillen.

An- und Weiterreise

Biegt man in die leicht abschüssige Rustaweli-Straße nach links ein, kommt man zum Torgowij Zentr linker Hand, dem Handelszentrum (Basar, sehenswert), und nach weiteren 15 Gehminuten zum **Bahnhof,** vor dem sich der **Awtosadguri** (Abfahrtsstelle der **Marschrutki und Busse nach Tbilisi, Kutaisi und Batumi**) befindet: Batumi (12

Anaklia 102/A1
ანაკლია

Die Ortschaft Anaklia befindet sich an der **Demarkationslinie zu Abchasien,** genau dort, wo der **Inguri-Fluss** ins Schwarze Meer mündet. Schon in der Bronzezeit soll hier eine Siedlung bestanden haben, die mit der Kolchis-Kultur in Verbindung gebracht wird. Die Siedlung hieß zunächst Heraclea, später Anaclia. Nach dem Krieg in Abchasien (1992/93) gab es hier ab 1994 einen Posten der russischen Friedenstruppen, der 2007 nach georgischen Protesten abgezogen wurde, da man die Soldaten beschuldigte, eine Festung aus dem 17. Jh. stark beschädigt zu haben.

Anaklia

Anaklia gehört zur neu geschaffenen **„Freien Touristischen Zone Anaklia-Sugdidi"**. Das Dorf wurde am 22. August 2011 von Präsident *Saakaschwili* zur Stadt erklärt. Gleichzeitig erfolgte pressewirksam die Eröffnung des ersten 5-Sterne-Hotels „Golden Fleece". Eine 550 Meter lange hölzerne Seebrücke wurde fertiggestellt, eine der längsten Europas. Die **Seepromenade** von Ana-

5-Sterne-Luxus in Anaklia: Hotel The Golden Fleece

klia, benannt nach dem litauischen Botschafter *Valdas Adamkus,* mit frisch gesetzten Palmen, Kiosken und Bronzestatuen, soll mit der Promenade des Nachbarortes Ganmuchuri verbunden werden, sodass sie eine Gesamtlänge von etwa 5 km haben wird. Parallel dazu wird ein Radweg angelegt. Die Festung von Anaklia aus dem 17. Jh. soll mit Mitteln der Regierung restauriert werden.

Man erreicht Anaklia mit der Marschrutka von Sugdidi aus. Nachdem man das Dorf Anaklia durchfahren hat, ist man plötzlich in einer anderen Welt: Or-

Von Sugdidi nach Mestia

dentliche Wege, ein kleiner Yachthafen, ein chinesisches Restaurant und die erwähnte Seebrücke nach Ganmuchuri, wo sich ein Aquapark und ein Kinderferienlager (georg. *banake*) befinden. Doch außerhalb der Saison sieht man nur sehr wenig Gäste in dem überschaubaren Ferienort!

Unterkunft

■ **Hotel Anaklia,** 4-Sterne-Hotel, info@hotelanaklia.com, Tel. Tbilisi (032) 2 60 99 90. Das Hotel hat 42 Zimmer, davon drei Suiten und 29 Standardzimmer. Die Rezeptionistin spricht etwas deutsch. Preise von Nov. bis Mai +18 % MwSt.: EZ/DZ/Suite 110/150/250 Lari, Preise von Mai bis Nov. zzgl. MwSt.: EZ/DZ/Suite 130/200/300 Lari. Die Preise enthalten Übernachtung und drei Mahlzeiten. Außenpool, Fitnessraum, WLAN im Zimmer, Billard und Fahrräder (alles inkl.).

■ **Hotel The Golden Fleece,** 5-Sterne-Hotel, goldenfleecehotel@gmail.com, Tel. Tbilisi (032) 2 61 13 25, mobil: 593 20 00 29, an der Rezeption wird englisch gesprochen, der Barmann *Lewan* kann auch etwas Deutsch. 105 Zimmer, davon 57 Standardzimmer. EZ mit Landblick 120 Lari, großes EZ 150 Lari, Standard-DZ mit Meerblick 170 Lari, Business-DZ mit Landblick 180 Lari, Halb Lux 200 Lari, Lux 250 Lari. Der Preis beinhaltet Übernachtung und Frühstück sowie Nutzung von Fitnessraum und Billard sowie des Innen- und Außenpools.

■ **Hotel Palm Beach,** info@pbanaklia.ge, mobil: 596 00 77 00 und 599 06 44 22. 51 Zimmer und Apartments mit Flatscreen, Balkon, Klimaanlage. EZ/DZ/3-Bettzimmer ab 50/60/80 US$ für Ü/F, Suiten 185 US$. Zwei Restaurants, Mittagessen und Abendbrot zu je 6 US$, WiFi. Buchbar auch über www.booking.com.

Von Sugdidi nach Mestia

Die **Straße** nach Mestia (140 km) wurde komplett **neu gebaut,** wodurch sich die Fahrtzeit von sechs auf unter vier Stunden verkürzt hat, obwohl die Marschrutka-Fahrer unterwegs einen oder mehrere Stopps einlegen. Der Fahrpreis für Ausländer ist der gleiche geblieben: 20 Lari (zum Vergleich: Sugdidi – Tbilisi = 320 km = 15 Lari). Die Strecke ist recht kurvenreich, ggfs. sollte man ein Mittel gegen Übelkeit einnehmen.

Die Straße führt entlang des Inguri-Tals, zur Linken ist gelegentlich der **Inguri-Stausee** zu sehen. Die Staumauer des Wasserkraftwerks ist 750 m breit und 271,5 m hoch, es ist das gewaltigste Bauwerk im Kaukasus und hat eine der höchsten Bogenstaumauern der Welt. Die Anlage wurde 1988 nach 20-jähriger Bauzeit eingeweiht. Das unterirdische Kraftwerk produziert jährlich etwa 4,5 Mio. Kilowattstunden Strom, 25 % des georgischen Strombedarfs. Die Europäische Bank für Wiederaufbau und Entwicklungshilfe stellte 1998 38,8 Mio. US$ und die EU noch einmal 9,4 Mio. Euro zur Instandsetzung der Generatoren zur Verfügung.

▷ Vorbildlich: Beschilderung in Mestia

Mestia

მესტია

Das 1400 m hoch gelegene Mestia ist das Verwaltungszentrum der Region Ober-Swanetien (Semo Swaneti). Im Ort leben noch etwa 2000 Menschen, mehrheitlich Swanen. Der frühere Name des Ortes lautete Seti. Einige der **Wehrtürme und Kirchen** der Umgebung stehen auf der Liste des UNESCO-Weltkulturerbes.

Mestia wurde auf Geheiß Präsident *Saakaschwilis* zu einem Ferienzentrum für das ganze Jahr ausgebaut. Dafür wurde ein großer Teil des Dorfes einfach abgerissen, ein neues Zentrum entstand. Laut Berichten der Zeitung „Georgia Today" kam es dabei zu **Landenteignungen.** So sollen der Flugplatz, der Skihang Hatsvali, der Sessellift und einige Hotels auf enteignetem Land errichtet worden sein. Allein in Hatsvali sollen 20 Familien betroffen sein. Da Besitzurkunden fehlten, konnten auch keine Rechtsmittel eingelegt werden. Diese Zustände waren der Grund, dass sich die OSGF (Open Society Georgia Foundation) und Transparency International einmischten, ändern konnten sie aber nichts.

Hintergrund: Die Swanen besitzen ihre Grundstücke seit vielen Generationen, man spricht von **traditionellem Landbesitz.** Die Familienoberhäupter bestätigten den Besitz per Handschlag. Ackerland, Wiesen und Wälder wurden von Generation zu Generation weitervererbt. Ein Katasteramt gab es nicht. Als 2008 die Eintragung der Grundstücke ins Grundbuch begann, fehlten Besitzurkunden. Die Menschen verstanden auch den Sinn des Grundbuches nicht und konnten zudem die finanziellen Mittel für den Eintrag nicht aufbringen.

Schon erreichten die Autorin erste Mails, deren Verfasser bedauern, dass hier ein „Allerweltsdorf" entstanden sei.

Mestia

■ Übernachtung
1. Grand Hotel Uschba
2. Familienpension Murguliani
3. GH Nino Ratiani
4. GH FaDaLand Josseliani
5. KOKA GH
6. GH Paata Kaldani
7. GH Roza's Guesthouse
8. GH Eka Tschartolani
9. GH Irma Jachwliani
10. GH Villa Gabliani
11. Seti Hostel
12. GH Manoni Ratiani

■ Essen und Trinken
11. Café Laila

Doch die Autorin erinnert sich noch sehr gut an ihren ersten Aufenthalt in einem tristen Ort, die „Straßen" nichts als Schlamm und Kuhdung. In den Häusern fehlte es an vielem. Ein paar Kioske, eine Tone-Bäckerei und eine dunkle Kneipe, eine Verkaufsstelle für Benzin aus Kanistern und Flaschen, das war die dörfliche Infrastruktur. Und während wir Touristen bald abreisen, müssen die Einwohner die Zustände ein Leben lang ertragen. Über Ästhetik mag man also streiten, die Menschen von Mestia aber haben den **Anschluss an die Moderne** sicher verdient.

Orientierung

Bei der Einfahrt in den Ort fallen zur Linken zwei neue Tankstellen auf, nach ein paar hundert Metern folgt zur Rechten das Guesthouse von Nino Ratiani (an der Ecke zur Querstraße), danach die unübersehbare Polizeiwache in einem futuristischen Gebäude, das in unmittelbarer Nachbarschaft zum neuen Justizgebäude (Public Service Hall) steht. Hier beginnt auch der Seti-Platz mit dem Restaurant Swaneti, dem Café Laila und dem Seti Hostel. Seti ist übrigens der alte Name von Mestia. Der Seti-Platz, zu dem auch eine kleine Grünanlage gehört, wird auf der anderen Seite begrenzt vom Denkmal der Königin Tamar, welches in seiner modernistischen Ausprägung zu Diskussionen unter der örtlichen Bevölkerung Anlass gibt. In einer winzigen Gasse dahinter findet sich ein Geldwechsel. Nach der Gasse kommt man zu einem Gebäude aus grauen Steinen (Restaurant), dem Marschrutka-Platz. Gegenüber führt eine Einfahrt zu einem zweistöckigen Gebäude mit ei-

nem Wehrturm. Im Erdgeschoss befindet sich der Basar, wo man Obst und Gemüse, aber auch swanische Gewürze (Beutelchen für 1,50 Lari) erwerben kann. Geht man die Hauptstraße noch weiter, kommt man zur Liberty Bank (links). Gegenüber führt die Straße über eine Brücke zum neuen Flugplatz.

In Mestia haben alle Straßen ein **Namensschild** (georgisch/englisch) erhalten, doch die Menschen orientieren sich noch immer an den Familiennamen, so wie sie es von früher gewöhnt sind.

Matschubi-Familienmuseum

Ein Matschubi ist ein Gebäude, in dem Mensch und Tier in einem Raum leben. Das Museum besteht aus dem **Wohnhaus** aus dem 12. Jh., dem **Wehrturm** aus dem 8. Jh. und der kleinen **Familienkapelle** mit eigenem Friedhof. Der Reichtum einer Familie hing traditionell vom Landbesitz (Ackerland) und Viehbestand ab. Die *Margianis* gehörten ebenso wie die *Nigurianis, Chergianis, Goschtelianis* oder *Nawerianis* zu den reichsten Familien im Ort. Leider hat das Museum durch einen Neuverputz des Gebäudes viel von seinem ursprünglichen Charakter eingebüßt.

In dem Wohnhaus mit quadratischem Grundriss haben alle vier Seiten eine klar umrissene Bestimmung. Auf zwei Seiten fällt eine geschnitzte Holzverkleidung mit Kopföffnungen für die Rinder sowie Futtertrögen davor auf. Bullen und Kühe wurden getrennt aufgestellt und konnten so im Haus überwintern. Zum Teil wurden auch Schafe mit ins Haus genommen, Schweine jedoch hat man ihres strengen Geruches wegen im Herbst geschlachtet. Über dem über Eck angelegten Raum für die Rinder befanden sich auf Brettern Matratzen, auf denen die Familienmitglieder schliefen, wobei die Wärme der Tiere ausgenutzt wurde.

In der Mitte des Raumes stehen in quadratischer Aufstellung Bänke, inmitten derer sich die Feuerstelle befindet. Die dem Mestiatschala-Fluss zugewandten Bänke gehörten den Frauen. Dahinter stehen drei unterschiedlich große Truhen. Die größte diente zur Aufbewahrung von Getreide und Mehl, in der mittleren wurde das Geschirr aufbewahrt, in der kleinsten Kleidung. Die Bank auf der Bergseite gehörte den Männern; der größte Stuhl der dem Eingang gegenüberliegenden Seite stand dem Familienältesten oder Ehrengast zu. Bleibt die vierte Seite mit der Kinderbank, hinter der sich ein Eingang zum Vorratskeller und rechts daneben eine Öffnung zu dem nur der Familie bekannten Geheimgang nach draußen befindet. Am Eingang zum Vorratskeller hängt eine Vorrichtung aus Geweihen, an der das gesalzene Schweinefleisch zum Trocknen und Räuchern aufgehängt wurde.

An allen vier Ecken des Hauses hingen **Leuchter,** die als Brennstoff Tierfett verwendeten, das mit duftenden Kräutern vermischt war. Über dem Raum wurde das Heu aufbewahrt. Da es hin und wieder zu Bränden kam, weil sich der über der Feuerstelle befindliche Balken entzündete, wurde er mit aufgelegten Steinen gesichert.

Zum Matschubi gehört auch der erwähnte, erklimmbare **Wehrturm,** der sportlichen Besuchern zugänglich ist.

■ **Info:** geöffnet täglich 11–16 Uhr, Eintritt 3 Lari.
■ **Man erreicht das Museum,** indem man nach Hausnr. 38 nach links oben in die Chergiani-Straße einbiegt und so lange bergan geht, bis man einen hölzernen, überdachten Steg im 1. Stock zwischen zwei Häusern sieht. Die Chergiani wird zur Lantschwali, zwischen der Lantschwali Nr. 7 und Nr. 4 biegt man dann nach rechts ein und sieht schon einen Wehrturm mit einer Art Minibalkon. Vor diesem zum Museum gehörenden Wehrturm befindet sich eine überdachte Sitzgruppe, an der man rechts vorbeigeht und sofort wieder nach links abbiegt.

Michail-Chergiani-Museum

Dieses Hausmuseum erinnert an den in der gesamten ehemaligen Sowjetunion bekannten, in Mestia geborenen **Alpinisten** *Michail Chergiani* (1932–69). Man erreicht es, indem man sich in der Nähe des Matschubi-Museums zu dem nach ihm benannten Museum durchfragt.

■ **Info:** Di bis So 11–17 Uhr, Eintritt 4 Lari.
■ **Man erreicht das Museum** auf dem Weg zum Matschubi-Museum in der Chergiani-Straße.

⌄ Das alte Mestia mit seinen Wehrtürmen

Swanetisches Museum für Geschichte und Ethnografie

Das Museum, dessen im Juli 2013 abgeschlossener Wiederaufbau und Neugestaltung u.a. von der Stiftung Preußischer Kulturbesitz und der Schweizerischen Botschaft gesponsert wurden, zeigt eine der ältesten Bibeln Georgiens, die **Bibel von Adischi,** die auf das Jahr 897 datiert wird, außerdem Münzen, bei archäologischen Ausgrabungen gefundene Artefakte, einen Königin *Tamar* zugerechneten Krug, Ikonen vor allem aus dem 11. und 12 Jh. und andere wertvolle Ausstellungsstücke.

■ **Info:** geöffnet Di bis So 10–18 Uhr, Erwachsene 5 Lari, Jugendliche unter 18 Jahren 0,50 Lari, Kinder unter 6 Jahren kostenlos.

Skigebiet Hatsvali

Nach Hatsvali sind es nur 8 km. Die Skisaison dauert von Ende Dezember bis etwa April. Neben einem einfachen „Idiotenhügel" gibt es noch eine etwa 2 km lange rote Abfahrtsstrecke und eine etwa 2,5 km lange blaue Strecke. In Abhängigkeit von der Zahl der Skifahrer wird nachts eine **Flutlichtanlage** eingeschaltet. Die Südtiroler Firma Leitner ropeways AG installierte im Jahr 2010 einen modernen Vierer-Sessellift. An der Bodenstation gibt es ein kleines Café und in 2100 m Höhe eine **Skibar.**

Das Ausleihen von Ski, Stöcken und Schuhen kostet stolze 40 Lari pro Tag (zum Vergleich: in Bakuriani 20 Lari). Taxifahrer ab Mestia verlangen allen Ernstes bis zu 40 Lari hin und zurück für die kurze Strecke auf einer 2010 eingeweihten Straße. Eine Backpackerin aus Mainz berichtete Folgendes: „Wir sind zu Fuß auf der asphaltierten Straße nach Hatsvali gelaufen. Auch im Sommer kann man mit dem Skilift nach oben fahren (5 Lari hin und zurück). Dort befindet sich ein Restaurant mit bescheidenem Angebot, aber von der Terrasse hat man einen spektakulären Ausblick auf den Großen Kaukasus."

▷ Futuristische Architektur in Mestia: das Polizeirevier, entworfen vom Berliner Architekten Jürgen Mayer H.

Reiterfest He-Lischi

Jeden Sommer **am ersten oder zweiten Juniwochenende** findet dieses Reiterfest statt. Es soll an einen osmanischen Angriff erinnern. Das Fest beginnt an der Kirche des Hl. Georg. Von den fünf alteingesessenen Familien im Ort darf der Älteste die Fahne tragen, die die Form eines Tigers mit offenem Maul hat. Alle beteiligten Männer sitzen zu Pferde, der älteste spricht ein Gebet. Danach werden zwei langsame Runden durch das Dorf geritten. In der dritten Runde formieren alle eine Linie, es ertönt das Startsignal und alle spornen ihre Pferde an. Derjenige, der als Erster an der Georgskirche ist, hat gewonnen. Seine Familie schlachtet danach einen Ochsen und alle feiern gemeinsam.

Praktische Tipps

■ **Vorwahl:** international 00995 410, national 0 410

Informationen

■ **Touristeninformationszentrum (TIZ):** am Seti-Platz, englischsprachig. Mehrere kritische Leserzuschriften.
■ **Liberty Bank,** Mo bis Fr 9.30–17.30 Uhr, Sa 9.30–14.30 Uhr, Geldautomat.
■ **Swanetitrekking,** www.svanetitrekking.ge mit deutschem Link. Ehemalige Nichtregierungsorganisation, die mit Hilfe der Friedrich-Ebert-Stiftung, der Schweizer Direktion für Entwicklung und Zusammenarbeit (DEZA) und dem Zentrum für Bergtourismus (Mountain Tourism in Upper Svaneti, SMTO) 2006 gegründet wurde. Anliegen des Büros war es, Guides und Vermieter auszubilden, Wander-

wege zu identifizieren und zu markieren. Die Wanderkarten (einzelne Blätter), die einige Vermieter ausliegen haben, wurden von Swanetitrekking erstellt. Das Büro wurde geschlossen, aber die Website als einzigartige Informationsquelle bleibt vorerst weiter bestehen.

■ **Bergführer,** ein Schweizer Leser (Bergsteiger) empfiehlt folgendes Team, das sich gemeinsam um seine Kunden kümmert: **Idrisi Khergiani,** mobil: 599 56 05 53, Tel. 322 34 67 72 (Tbilisier Nummer), idris7@rambler.ru (engl., russ., georg.), und **Afi Gigani,** mobil: 599 15 49 61, afigigani@mail.ru (russ., georg.). Beide sind Profis, mit mehreren 8000ern auf ihrem Konto. Sehr freundlich, professionell, erfahren, vernünftig. Begleitung auf einfachen bis extremen Bergtouren im Kaukasus, hauptsächlich um Mestia (Uschba, Tetnuldi), im Winter auch Skitouren.

Krankenhaus

Ein Schweizer Leser informierte, dass das Krankenhaus in der Gabliani-Straße größere Mengen medizinischen Grundmaterials als Geschenk der Schweizer Eidgenossenschaft erhielt. Weiterhin engagiert sich die Schweiz auf dem Gebiet der Weiterbildung der Mediziner auf den Dörfern. Näheres dazu siehe unter www.promestia.info.

Unterkunft

Nachfolgende Unterkünfte erscheinen in der Reihenfolge vom Ortseingang aus Richtung Sugdidi bis zum Flugplatz. Die Reihenfolge stellt also keine Wertung der Qualität der Unterkünfte dar.

■ **GH Nino Ratiani,** Jondo (Dshondo) Kaphtiani/ Ecke Pharianistraße, mobil: 599 18 35 55, 790 18 35 55 (engl., russ.), ninoratiani@gmail.com. Professionell geführtes Guesthouse, viele begeisterte Leserzuschriften! *Nino* und ihr Mann *Surab* haben ein neues Guesthouse mit Zentralheizung errichtet. Ü, Ü/F, Ü/HP, Ü/VP 20, 30, 40, 50 Lari im neuen GH, im alten mit Gemeinschaftsbad jeweils 5 Lari weniger. Im neuen GH mit Ganzjahresvermietung befinden sich im EG ein Café mit Garten und Sonnenschirmen sowie die Küche, im 2. und 3. Stock Schlafzimmer für bis zu 25 Personen, jeweils mit eigenem Bad. Im 1. Stock DZ, im 2. Stock 3- und 4-BZ, dazu zwei Duschbäder und WCs. Alle Zimmer haben Balkon. Im EG befinden sich zudem ein Kaminraum, eine Kaffeebar und zwei WCs. Die Zimmer im 2. Stock sind vollständig aus Holz eingerichtet, wie im 1. Stock auch dort ein PC-Raum. Einige Leser klagten über die Hellhörigkeit der Räume. *Nino* verkauft Wanderkarten.

■ **GH FaDaLand Josseliani,** mobil: 598 85 00 37 *(Patia Chergiani)*, neues Guesthouse gegenüber GH Nino Ratiani, die winzige Einfahrt hoch bis zum Stahltor. In neun Zimmern können ca. 20 Gäste untergebracht werden (mehrere DZ, ein 4-BZ, ein EZ), Zimmer sauber und ordentlich, auch im Winter vermietbar. Essen wird auf der Veranda mit Superblick serviert. Übernachtung 20 Lari, 10 Lari pro Mahlzeit. Selbstversorger können die Küche nutzen, zahlen aber 30 Lari (d.h. 10 Lari Zuschlag für Gas, Spülmittel, Wasser usw.). Im 1. Stock gibt es zwei Duschbäder und zwei WCs, im Untergeschoss ein Wannenbad/WC. Die Tochter des Hauses spricht englisch und russisch.

■ **KOKA GH,** Betlemi-Gasse 4, mobil: 599 91 08 31 *(Pata Tschartolani)* und 598 12 76 17 *(Ruso Tschartolani)*, kokachartolani@yahoo.com. Dieses neue GH befindet sich quasi um die Ecke des FaDaLand; man gehe rechts daran vorbei und dann gleich links (80–100 m). Tochter *Mari* spricht etwas englisch. Drei DZ mit jeweils eigenem, modernem Duschbad, ein 3-BZ mit modernem Duschbad. Folgende (evtl. verhandelbare) Preise gelten pro Person und Ü, Ü/F, Ü/HP, Ü/VP: 20, 30, 50, 60 Lari; vegetarische Verpflegung und Lunchpakete möglich. Vermittelt werden Pferde-, Auto- und Campingtouren mit Zeltverleih; Pferd pro Tag 40 Lari, Guide pro Tag 50 Lari. Schöne große Veranda.

■ **GH Paata Kaldani,** Betlemi-Gasse 13, mobil: 599 93 49 92, 790 93 49 92, Kaldani-gegi@mail.ru. Das neue GH befindet sich genau gegenüber der ersten Brücke nach Ortseinfahrt (in Richtung Skigebiet Hatsvali), ein ganz kurzer Anstieg führt genau zum Haus (Stahltor). In 4 DZ können 8 Gäste untergebracht werden, im 1. und 2. Stock befinden sich je 2 Duschbäder. Sohn *Gegi* und seine Schwester sprechen sehr gut deutsch, *Gegis* Frau englisch. Ü, Ü/F, Ü/HP, Ü/VP 20, 30, 40, 45 Lari. *Gegi* arbeitet auch als Guide, z.B. Mestia – Ushguli in drei Tagen und zurück mit dem Auto.

■ **GH Irma Jachwliani,** Gabliani-Straße (gegenüber Villa Gabliani), mobil: 599 70 88 72 (dt., russ.). Einfache, saubere Zimmer, im Winter elektrische Heizkörper, Gemeinschaftsbad, 20 Lari Ü, 50 Lari Ü/HP. Umfangreiche und schmackhafte Mahlzeiten, Internet frei, Garten, supernette Familie.

■ **Villa Gabliani,** Gabliani-Straße 20, mobil: 599 56 93 58, die Schwestern *Lali* und *Ziuri* sprechen deutsch und russisch. Ü 20 Lari, geräumige Zimmer, z.T. mit persönlichen Gegenständen der Familie, z.B. Kleidung im Schrank oder Bücher; Bettdecken sehr dünn, also gelegentlich kühl, Gemeinschaftsbad im EG, Blick zum Mestiatschala-Flüsschen, Frühstück 5 Lari, Abendbrot 10 Lari (auf Bestellung), aber aushäusiges Essen preiswerter und besser. Großer Garten und Veranda.

■ **GH Eka Tschartolani,** Vittorio Sella 9, mobil: 599 72 67 19 (engl., russ.). Einfache, aber geräumige Zimmer, leider nur ein Gemeinschaftsbad, aber sehr modern, Waschmaschine. Balkon mit tollem Ausblick. Ü, Ü/HP, Ü/VP 20, 30, 40 Lari. Hilfe bei der Platzreservierung für die Marschrutka. Von Lesern hochgelobt. Sehr freundliche Familie.

■ **Roza's Guesthouse,** Vittorio Sella 17, mobil: 599 64 14 55 (engl., russ.), www.roza-mestia.com, ca. 5 Gehminuten weiter bergan nach dem GH Eka

Tschartolani. Ü, Ü/VP 20, 50 Lari, bis zu 18 Personen müssen sich in diesem Guesthouse ein Gemeinschaftsbad teilen. *Rosa* ist eine sehr nette Gastgeberin und exzellente Köchin, die Unterkunft pieksauber. Ihr Mann *Witja* und ihre Tochter sind gute Guides. Hilfe bei der Platzreservierung für die Marschrutka.

■ **Seti Hostel,** Setiplatz 7, mobil: 558 73 05 98 *(Sophia),* snaveriani@mail.ru. In 7 Zimmern mit modernen Doppelstockbetten können bis zu 43 Gäste untergebracht werden. Alle Zimmer bis auf zwei haben einen Balkon. Es gibt 4-BZ, 6-BZ und 8-BZ sowie – besonders positiv – drei große Bäder, zwei davon mit sechs Duschkabinen, ein weiteres mit zwei Kabinen, je zwei Toilettenkabinen pro Bad und einem extra Handwaschbecken. Das Haus wurde im Oktober 2011 eröffnet, Ü/F pro Person 30 Lari, ohne Verpflegung.

■ **GH Manoni Ratiani,** Boris-Kachianistr-Straße 25, mobil: 599 56 84 17 *(Manoni),* 790 60 20 40, manonisvaneti@yahoo.com. In 8 Zimmern können bis zu 20 Gäste untergebracht werden. Ü, Ü/F, Ü/HP, Ü/VP 20, 30,40, 50 Lari. Im Angebot sind DZ, 3-BZ und 4-BZ. Sehr schöner Aufenthaltsraum mit u.a. Klavier, PC und TV. Im 1. Stock mit schönem, großen Balkon befinden sich ein winziges DZ mit Stuhl, ein großes DZ mit Schrank und Sofa, ein DZ mit ausziehbarem Sessel und Balkon und ein weiteres DZ. Ferner zwei neue Duschbäder mit WC. Im EG bietet *Manoni* ein 4-BZ mit Ehebett und zwei Einzelbetten (für Kinder) an. Im Garten kann man ein Zelt aufstellen (5 Lari pro Person inkl. Benutzung der Dusche). Frühstück oder Abendbrot je 10 Lari für die Camper. *Manoni* hat zwei Jeeps mit 7 Plätzen für Touren. Sie ist die Schwester von *Nino Ratiani,* ihr GH macht einen sehr guten Eindruck. Sie vermietet seit einigen Jahren und verfügt über Englischgrundkenntnisse. Man erreicht das GH, wenn man nach der Liberty Bank am Ortsende die Brücke mit dem modernistischen Geländer überquert, danach kommt rechter Hand die Boris-Kachiani-Straße Nr. 31, hier rechts rein und gleich wieder links (ausgeschildert).

Außerhalb Mestias in Richtung Betscho

■ Ein Leser empfahl das in Richtung Sugdidi liegende **Grand Hotel Uschba,** mobil: 790 11 91 92, www.grandhotelushba.com. Nichtraucherhotel, 11 Gästezimmer, EZ ab 49 €, DZ ab 59 €, Suite ab 69 €, jeweils Ü/F, Restaurant. Der Leser reiste ab Sugdidi mit dem Taxi für 100 Lari an.

■ **Familienpension Murguliani** im Dorf Betscho, mobil: 595 53 80 12, 599 15 62 61, gia.jamdelyani @gmail.com. Großes Bauernhaus mit großen, sauberen Zimmern, Wirtin *Marina* verwöhnt die Gäste mit Essen aus eigener Produktion, *Giri* kann Wanderungen organisieren. Preis pro Person: Ü, Ü/HP, Ü/VP 25, 40, 50 Lari. Mit Taxi ab Mestia 60 Lari oder per Marschrutka ab Sugdidi bis zum Abzweig Betscho und dort vorher vereinbarte Abholung durch die Wirtsleute (russ., engl.). Tipp einer begeisterten Leserin.

Essen und Trinken

■ **Café Laila,** Seti-Platz, rechts neben dem TIZ, 10–24 Uhr. Das Café gehört der supersympathischen *Tamuna Dshaparidse,* die dank eines mehrjährigen Deutschlandaufenthaltes sehr gut deutsch spricht. Tipp: *Tamuna* (mobil: 577 57 76 77, swanuka@yahoo.de) kann weit kompetenter Auskunft über Mestia und Umgebung erteilen als das TIZ und Ausfahrten nach Ushguli oder zu anderen Zielen zu vernünftigen Preisen vermitteln. Sehr gutes und bezahlbares Essen, vorm Haus Freisitze und innen riesiger Flatscreen, wo sich Traveller auch schon mal einfinden, um Sportübertragungen anzusehen. Mo, Mi, Fr und So abends georgische Live-Musik.

Kulinarisches

Ab Juni wachsen in den Wäldern viele Pilze und Beeren. Die Wiesen sind in ein Meer von Blumen in allen Farben getaucht, es blüht der Rhododendron. Die Swanen sammeln gerne **Kräuter** für ihre exzellente Küche, z.B. Kizrulikraut, das in Höhen über 2000 m wächst. Es wird benötigt, um Kubdarik herzustellen, eine spezielle Wurst. Viele georgische Speisen kamen einst aus Swanetien, ganz typisch einige **Käsesorten,** z.B. Sulguni aus Kuhmilch, aber auch der mit Pfefferminzkraut vermischte Kaars, der in Milch gekocht wird. Man kann sicher sein, dass in Swanetien nur gesunde Naturprodukte aus der Region erhältlich sind.

Die Swanen essen auch gern **Salate** (u.a. mit Brennnessel und Minze) und Chatschapuri mit Kräuterfüllung. Eine wichtige Rolle spielen Knoblauch und scharfer Paprika. Nicht unerwähnt bleiben darf das swanische **Salz,** d.h. normales Tafelsalz mit verschiedenen Beigaben wie z.B. scharfer Paprika und verschiedenen aromatischen Kräutern.

Aufgrund der Höhenlage wachsen in Swanetien keine Weintrauben, sodass man sich auf das Brennen von Tschatscha oder Wodka spezialisiert hat; Wein muss im Tal gekauft werden.

Kleiner Speiseführer

Fischdwar	in einer Hülle aus Maismehl gebackener Käse
Gomi	Maisbrei mit Sulguni-Käse
Kubdari	mit gewürztem Rindfleisch gefüllte Art der Chatschapuri
Kraniwa	Brennnessel
Mamalyga	Kascha aus Maismehl (eine Art Polenta)
Tammidschab	Kartoffelbrei mit Käse und Maismehl vermischt
Tschadi	Brot aus Maismehl
Tschkut	in einer Hülle aus Hirsemehl gebackener Käse
Zizarka	scharfer Paprika

An- und Weiterreise

■ Der **Marschrutka-Platz** befindet sich vor dem Restaurant Mirangula. Um 6 Uhr morgens fahren zwei Marschrutki ab, einmal **nach Tbilisi** (30 Lari), einmal **nach Sugdidi** (20 Lari, für Einheimische 15 Lari). Eine Leserin wies darauf hin, dass es jetzt auch eine Marschrutka **nach Batumi** gibt, die um 7.30 Uhr abfährt, 30 Lari kostet und ca. 5½ Std. unterwegs ist. Bitten Sie Ihre Vermieter um Hilfe bei der Platzreservierung, denn wer z.B. bei *Nino Ratiani* wohnt, kann dort warten, sie vermittelt den Halt vor ihrem Haus. Falls genug Fahrgäste zusammenkommen, kann auch eine zusätzliche Marschrutka nach Sugdidi fahren. Ansonsten sollte man gegen 5 Uhr am Marschrutka-Platz sein, um einen Platz sicher zu haben. Sobald alle Plätze besetzt sind, fährt das Fahrzeug los, in der Regel vor 6 Uhr.

■ **Nach Ushguli** muss man ein **Auto** mieten (150–200 Lari geteilt durch die Anzahl der Passagiere, für 46 km ein stolzer Preis). Zweimal wöchentlich, meist Di und Fr, fährt auch eine **Marschrutka** (10 Lari). Auch hier sind Sie auf die Unterstützung Ihrer Vermieter angewiesen, da sich der Tag ändern kann. Bleiben Sie hartnäckig, lassen Sie sich nicht die überteuerte Jeepfahrt andrehen, wenn Sie das nicht wollen und wenn Sie Zeit haben, evtl. noch einen oder zwei Tage zu warten. Die Autorin wollte nach Ushguli fahren, wofür ihr von der Vermieterin ein Auto für 250 Lari angeboten wurde (mit vier weiteren Fahrgästen). Als dieser Preis abgelehnt wurde, ging es plötzlich für 180 Lari. Die Autorin hatte sich aber inzwischen ein Auto für 150 Lari besorgt, auch zu mehreren…

Flugplatz

Der kleine Flugplatz „Königin Tamar" mit seinem futuristisch anmutenden Gebäude, entworfen von dem Berliner Architekturbüro J. Mayer H. (Jürgen Hermann Mayer) wurde in nur drei Monaten realisiert. Die Landebahn ist 1,2 km lang. Flugtickets sind einen Tag vor dem beabsichtigten Flugtag im Flughafengebäude zu erwerben; Auskunft: mobil: 595 35 80 40 (Frau *Schorena,* englisch)

Der 3,6 km lange Weg zu dem interessanten Gebäude (gerechnet ab der ersten Brücke in Mestia) könnte eine gute Einstimmungswanderung nach Ankunft in Mestia sein. Irgendwelche Steigungen gibt unterwegs es nicht. Man geht einfach die Hauptstraße bis zur Liberty Bank, biegt dann nach rechts ein und überquert die Brücke mit dem modernistischen Geländer. Nach einer Weile erreicht man den Flugplatz.

■ **Mietwagen** von Sixt auf dem Flugplatz, www.sixt.de/mietwagen/georgien/mestia/mestia-flughafen, mobil: 790 21 95 11, Öffnungszeiten Büro 10–19 Uhr.

Ushguli

131/C2

Auf der unbefestigten Straße von Mestia erreicht man nach 48 km in 3½ bis vier Stunden Fahrtzeit das Bergdorf Ushguli. Es liegt in 2200 m Höhe und gilt als das **höchstgelegene dauerhaft bewohnte Dorf Europas.**

In den **vier Ortsteilen** Murkmeli (auf 2100 m, მურყმელი), Tschachaschi (ჩაჟაში), Tschwibiani (ჩვიბიანი) und Schibiani (ჟიბიანი, alle auf 2200 m) gibt es immerhin **sieben Kirchen,** die zwischen dem 7. und dem 12. Jahrhundert erbaut und mit Fresken bemalt wurden. Die **Wehrtürme** dieser archaischen Ortschaft sind seit 1996 UNESCO-Weltkulturerbe, alle wurden sie im 8. und 12. Jh. errichtet. Im Ortsteil Murkmeli ging 1985 eine Schneelawine ab, die viele Menschenleben forderte, darunter viele Kinder. Alle Häuser wurden zerstört, nur die Wehrtürme hielten dem gewaltigen Druck der Schneemassen stand! Die etwa 250 noch hier wohnenden Menschen leben weitgehend autark von der Landwirtschaft. Bis zu sechs Monate im Jahr liegt Schnee, oft ist im Winter auch die Straße nach Mestia nicht passierbar.

Im obersten Ortsteil Tschwibiani wurde ein kleines **Museum** eingerichtet (beschildert) und zwar in einem ehemaligen Matschubi. Fragen Sie Ihre Vermieter nach dem Schlüssel.

Vom Ortsteil Tschwibiani sieht man hoch auf dem Gipfel die **Schlossruine des Sommersitzes von Königin Tamar.** Nach der Schneeschmelze kann man hinaufwandern. Von den ehemals vier Türmen des Schlosses steht nur noch einer, und auch er hat stark gelitten. Die anderen Türme wurden abgerissen und ihre Steine als Baumaterial verwendet. Es halten sich Gerüchte, dass ein Turm ab 2013 im Auftrag der UNESCO wieder aufgebaut werden soll. Unweit befindet sich zu Füßen des imposanten Schchara-Massivs die **Inguri-Quelle,** die relativ leicht zu erwandern ist (250 m Höhenunterschied).

Ethnografisches Museum

Ein **Wehrturm** aus dem 18. Jh. bot den Einwohnern Schutz vor den Moslems aus Kabardino-Balkarien (Nordkaukasus), die damals wieder und wieder marodierend durch Swanetien zogen. Auf zwei mit Schießscharten versehenen Etagen wird eine kleine, aber sehr liebevoll zusammengestellte Ausstellung oberswanetischer Kostbarkeiten gezeigt, nämlich Schmuck und Kreuze sowie Ikonen aus dem 11. Jh., der Zeit der Regentschaft Königin *Tamars*. Die Menschen hier sind berechtigterweise sehr stolz auf ihre Schätze. An der Außenwand des Turms ist eine Gedenktafel für den am 1. August 2005 durch eine Schneelawine am Schchara tödlich verunglückten kanadischen Bergsteiger *Peter Everett* angebracht.

◨ Dorfszenerie in Ushguli

■ **Info:** Wer den Wehrturm besichtigen möchte, wende sich an Frau *Nanuli Tschelidse* (mobil: 599 91 22 56) oder schicke ein Kind zu ihr. Geöffnet: nach Bedarf, Eintritt 10 Lari. Den Schlüssel zur kleinen **Lamaria-Kirche** aus dem 12. Jh. kann man ebenfalls bei Frau Dschelidse erhalten.

Wanderung zum Fuße des Schchara-Gipfels

Nur etwa 12 km vom Ortsteil Tschwibiani entfernt ragt der Schchara-Gipfel **(5068 m)** mit seiner ganzjährigen Eiskappe empor. Eine Wanderung zu seinem Fuß dauert hin und zurück fünf bis sechs Stunden. Der **Weg** ist zwar nur sporadisch markiert, aber eigentlich **nicht zu verfehlen.** Noch viel romantischer geht es aber mit Pferd. Anfangs gibt es noch einen Trampelpfad, der aber nach und nach vom Inguri-Fluss weggespült wird. Die alpine Flora ist sehr

reichhaltig. Hier wachsen verschiedene Enziane und Primelarten, Hahnenfußgewächse in unterschiedlichen Farben und die weiße Alpenrose. Aufmerksame Traveller können Ringdrosseln erblikken. Im imposanten Schchara-Massiv befindet sich die Quelle des Inguri-Flusses, der in der Nähe von Anaklia ins Schwarze Meer mündet.

Unterkunft

■ **GH Bido Nidsharadse,** mobil: 595 16 43 52, im unteren Ortsteil Murkmeli in der Nähe der Schule. Die Familie bietet drei geräumige 3-BZ, jeweils mit Schrank und Spiegel, Ü, Ü/F, Ü/HP 25, 35, 45 Lari. Mit modernem Duschbad und separatem WC. Preisgünstig und gut. Nach der Schule kommt eine kleine Brücke, nach der man sofort nach rechts abbiegt. Dann gleich links.

■ **Lileo GH,** *Dato Ratiani* und *Nanuli Dschelidse,* ratiani.dn@gmail.com, mobil: 599 91 22 56 (russisch), Ü/HP 50 Lari, Ü/VP 60 Lari. Ganzjährig geöffnetes GH im Ortsteil Tschwibiani. *Dato* und *Nanuli* haben angebaut, es sind 12 rustikale, eher kleine, aber gemütliche DZ und ein EZ entstanden. Die Zimmer sind einfach und sauber. Jeweils im EG und im 1. Stock ein Duschbad. Sehr nette Familie. *Nanuli* hat auch den Schlüssel zum ethnografischen Museum im Wehrturm.

■ **GH RIHO,** mobil: 598 31 91 34, 599 35 55 90 (*Patschuli Dschelidse,* etwas englisch), 595 96 18 60 (*Natela*). Familie *Roland Tschelidse* und seine supernette Frau *Natela* (versteht etwas Deutsch) bieten im oberen Ortsteil Schibiani 8 DZ in ihrem neuen Guesthouse mit dem roten Wellblechdach an. Im Grunde genommen der gleiche Standard wie im Lileo GH. Zimmer mit Doppelbett, Deckenlampe und Kleiderständer. Im Zwischengeschoss zwei einfache Duschbäder mit WC, aber ohne Waschbecken. Waschbecken im schmalen Korridor zwischen beiden Duschbädern. Ü/F, Ü/HP, Ü/VP 35, 50, 60 Lari. Reitpferdevermittlung für Ausritte zum Schchara für 40 Lari. Von der überdachten kleinen Veranda vier Wehrtürme in fast greifbarer Nähe.

■ **GH Oleg Ratiani und Nino Gwarliani,** mobil: 551 97 11 94, 599 97 11 94, gvarlianinino@yahoo.com. Das neue GH im Ortsteil Schibiani bietet 4 DZ und ein 3-BZ, eine Küche, ein Duschbad und separates WC. Ü, Ü/F, Ü/HP, Ü/VP 25, 40, 45, 50 Lari. Aufenthaltsraum mit Veranda.

Sonstiges

■ Im Ortsteil Schibiani gibt es ein kleines **Café** (ausgeschildert) und einen **Tante-Emma-Laden** mit sporadischen Öffnungszeiten.

- **An- und Weiterreise** siehe bei Mestia.
- **Weiterreise nach Lentechi:** Der Sagar-Pass (2623 m), den man auf dem Weg nach Lentechi in Unter-Swanetien überqueren muss, ist sehr lange von Schnee bedeckt und – es besteht Lawinengefahr. Vor Ende Juni ist er mit dem Auto nicht passierbar, möglich wäre es zu Fuß oder mit Pferd. Am sichersten ist die Passage von Juli bis Ende September, garantiert aber Ende August, denn am 28. August wird in Ober-Swanetien Mariamoba (Mariä Himmelfahrt) begangen. Diesen Feiertag wollen auch viele Gäste aus Unter-Swanetien feiern, und die Straße ist daher garantiert geräumt. Wer nach Lentechi reiten will, rechne mit 30–50 Lari pro Tag und Pferd.

Unter-Swanetien

Obwohl Unter-Swanetien (Kwemo Swaneti) nicht über die spektakulären Bauwerke von Ober-Swanetien verfügt, zieht es alljährlich vor allem **Bergsteiger und Wanderer** an, die in den Sommermonaten (Juni bis Oktober) kommen.

Am 29. April 1991 fanden bei einem **Erdbeben** der Stärke 9 der Richterskala 270 Menschen den Tod, 60.000 wurden obdachlos. Viele mittelalterliche Bauten von großem kulturellen Wert wurden entweder beschädigt oder vollständig zerstört. Die sintflutartigen Regenfälle des Jahres 2005 brachten erneut großes Leid mit sich.

Eine interessante Route ist die Fahrt über Lentechi zum **Sagar-Pass,** der Grenze zu Ober-Swanetien, und von dort aus weiter über Ushguli und Mestia nach Sugdidi. Diese anstrengende, aber sehr schöne Tour ist auch für Motorradfahrer geeignet, sofern sie über eine geländegängige Maschine verfügen, die auch Benzin toleriert, das nicht ganz bleifrei ist. Die Tour sei aber nur wirklich erfahrenen Kradfahrern empfohlen! Wer Benzin benötigt, muss Einheimische fragen, wer es aus Fässern verkauft, Tankstellen gibt es nicht.

Zageri/Tsageri 130/B3
ცაგერი

Zageri (früher Takeri, engl. Tsageri) hat nur etwa 1800 Einwohner und liegt **am Zcheniszqali-Fluss** umgeben von Bergen. In der Zeit der geeinten Feudalstaaten war es nacheinander den Fürsten von Swanetien und Ratscha unterstellt, gehörte ab 1455 zum Königreich Imeretien, wurde unter der Adelsfamilie *Tschikowani* unabhängig und vereinigte sich 1714 mit dem Fürstentum Dadiani. Dadurch kam Zageri gemeinsam mit Mingrelien 1857 zum Russischen Reich und erhielt das Stadtrecht als Verwaltungssitz des *Ujesd* (russ. Landkreis) Letschchumi, der auch Teile Swanetiens umfasste. Während der Sowjetherrschaft erhielt Zageri den Status einer Siedlung städtischen Typs, bevor es 1968 erneut Stadtrechte erhielt. Als am Zcheniszqali- und am östlich von der Stadt fließenden Ladschanuri-Fluss Wasserkraftwerke errichtet wurden, wuchs die Einwohnerzahl auf mehr als das Doppelte, da die Bauarbeiter untergebracht werden mussten.

Man kann sich der Stadt von drei Seiten her nähern. Am unspektakulärsten ist die **Anreise** über die von Zqaltubo kommende Straße durch Felder und Wiesen. Interessanter wäre die Anfahrt von Lentechi her. Man passiert eine enge Schlucht und ist plötzlich in der Stadt.

Am beeindruckendsten jedoch ist die Ankunft über die von Ambrolauri kommende Straße, denn ungefähr beim Dorf Orbeli muss man zunächst über einen Berg fahren und hat von oben einen tollen Blick auf Zageri und die den Ort umgebenden Berge.

Südwestlich von Zageri befand sich einmal ein Kloster in der kleinen **Burg von Gweso** (Gwesos Ziche), die jetzt von Eichen überwuchert ist. Einheimische kommen zum Picknicken hierher und um die tolle Aussicht zu genießen. Die **Festung Muri** südöstlich der Stadt ist im eigentlichen Sinne keine Festung, sondern eine Formation aus drei Türmen. Man sagt, ihre Aufgabe sei es gewesen, die Türken (Osmanen) daran zu hindern, nach Norden, nach Unter-Swanetien, zu gelangen. Beide Ziele sind für Wanderer kein Problem.

Anreise

Mit Marschrutka ab Kutaisi nach Lentechi oder – mit Umweg – nach Orbeli (11 Uhr ab Roter Brücke in Kutaisi, 5 Lari) und von dort aus die spektakulärste Route nach Zageri mit Marschrutka oder Taxi.

Lentechi/Lentekhi 130/B2
ლენტეხი

Lentechi (engl. Lentekhi), das **Verwaltungszentrum von Unter-Swanetien**, liegt am Oberlauf des Zcheniszqali-Flusses etwa 950 m über dem Meeresspiegel. Südwestlich des Ortes, wo Cheledura- und Laskadura-Fluss in den Zcheniszqali münden, befinden sich die Wehrburg der Fürsten *Tscharkwiani* sowie eine Kirchenruine, beide aus dem Mittelalter.

In Lentechi gibt es im Prinzip **drei Straßen.** Die Hauptstraße ist die Königin-Tamar-Straße. Kommt man von Süden her (aus Zageri), erblickt man als erstes einen großen Obelisk, danach überquert man die Brücke. Nach links geht es zur Kirche, nach rechts zum Ethnografischen Museum, das in einem Wehrturm untergebracht ist. Nach der Brücke, die dem Museum folgt, kann man nach links gehen zu einer eingefassten Mineralquelle oder aber geradeaus zur Königin-Tamar-Straße. Sie führt nordwärts weiter zum Sagar-Pass.

Unterkunft

■ **GH Surab Bakaradse,** Agmaschenebeli 4, mobil: 599 95 29 45. Die Familie vermietet vier Zimmer, Übernachtung 20 Lari, Ü/F 25, Ü/HP 35–45 Lari (abhängig vom Verhandlungsgeschick).

An- und Weiterreise

■ **Marschrutki und Busse von/nach Kutaisi:** 6 Lari (Busse 7 Lari), 9, 14, 16.30 Uhr, 3 Std.

Ratscha-Letschchumi

Die Verwaltungsregion Ratscha-Letschchumi umfasst Unter-Swanetien und das Bergland weiter östlich nahe der russischen Grenze. Die Gegend gehört zu den **am dünnsten besiedelten Gebieten** im Nordwesten Georgiens. Auf 5000 km² leben ca. 51.000 Menschen. Die Schweiz unterstützte die Region von 2009 bis 2012 mit einem 695.000 SFr. teuren Programm zur Förderung des biologischen Landbaus und des ländlichen Tourismus. Siehe auch www.ruraltourism.ge.

Im Sommer ist es hier so warm, dass Wein und Tee angebaut werden können, im Winter jedoch so rau und unwirtlich, dass es viele Menschen dann vorziehen, anderswo zu leben. Neben Kachetien ist Ratscha-Letschchumi eine Adresse für guten georgischen **Wein.** Der Chwanschkara aus Ratscha und der Odschaleschi oder Zwischi aus der Region Letschchumi sind in ganz Georgien bekannt.

Die Hauptstraße führt ab Kutaisi **über Tkibuli nach Ambrolauri** und folgt in ihrem Verlauf dem Rioni-Fluss. Ambrolauri ist das Verwaltungszentrum von Ratscha-Letschchumi. Von dort verläuft die Straße weiter nach Oni und schließlich nach Zchinwali in Südossetien, was momentan aus den bekannten politischen Gründen jedoch nicht bereist werden kann.

Nikorzminda/ Nikortsminda 131/C3

ნიკორწმინდა

Die bei Weitem wichtigste Sehenswürdigkeit von Ratscha-Letschchumi ist die **Bischofskirche** von Nikorzminda auf einem Hügel über dem gleichnamigen Dorf. König *Bagrat III.* ließ sie in den Jahren 1010–14 erbauen, etwa zeitgleich mit der Bagrati-Kathedrale in Kutaisi. Der ehemals sechseckige Grundriss wurde Mitte des 11. Jh. durch Anbauten an der West- und Ostseite des Gebäudes aufgelöst. Im 16./17. Jh. wurde die Kirche mit Fresken ausgemalt, die das Leben Christi darstellen (gestiftet von der Fürstenfamilie *Zulukidse*). Der separat stehende Glockenturm stammt aus der zweiten Hälfte des 19. Jh. Zu ihm gehören ein Kamin und eine Wendeltreppe.

Nikorzminda ist weit über Ratscha hinaus bekannt, und das verdankt die kleine Kathedrale vor allem den **wunderschönen Steinmetzarbeiten** (Ornamente, aber auch figürliche Darstellungen). An der nördlichen Fassade findet man ein kleines Relief, die Erzengel Michael und Gabriel darstellend; die südliche Fassade schmücken Posaunenengel, die Wiederkehr Christi verkünden. An

◁ Die Bischofskirche von Nikorzminda

Ratscha-Letschchumi: Ambrolauri

der westlichen Fassade ist Christus als Weltenretter dargestellt. Am prächtigsten gelang jedoch die Ostfassade, zeigt sie doch den Hl. Georg, eine Schlange tötend, und Kaiser *Diokletian* (er ließ den Hl. Georg hinrichten), der von einem Pferd zu Tode getrampelt wird. Nicht nur an der Kuppel wurden zahlreiche Tierdarstellungen in den Stein gehauen, was an vorchristliche Tierverehrung erinnert.

Anfahrt

Wer die Kirche nicht mit dem eigenen Fahrzeug aufsucht, kann dem Marschrutka-Fahrer Bescheid sagen, sodass er dort anhält. Die letzten 15 km bis Ambrolauri sind dann mit der nächsten, hoffentlich kommenden **Marschrutka** zu bewältigen. Es fahren auch **Busse** von Kutaisi nach Ambrolauri. Am günstigsten ist aber die Anmietung eines **Taxis** von Ambrolauri aus, ab 20 Lari inkl. Wartezeit.

Ambrolauri 131/C3
ამბროლაური

Zwei Fahrtstunden von Kutaisi entfernt erreicht man Ambrolauri, eine Kreisstadt in Nieder-Ratscha, die an der Mündung des Flusses Krichula in den Rioni auf 500 m liegt. Der Ort war im 17. Jh. eine der Residenzen der imeretischen Könige. Man kann einen kleinen **Wehrturm** und die Reste der **königlichen Residenz** besichtigen. Das Dorf erhielt 1966 das Stadtrecht und hat heute etwa 2400 Einwohner.

Das Städtchen hat sozusagen **zwei Zentren,** nämlich den Hauptplatz und den „Platz mit der Flasche" (einer riesigen Flasche Chwantschkara-Wein), an dem auch Taxis und Marschrutki auf Kundschaft warten (Richtung Brücke). Die Plätze verbinden die Merab-Kostawa-Straße. Am neu gestalteten Hauptplatz befindet sich das gelbe Haus der Stadtverwaltung, an dessen Giebel das Sonnensymbol, das auch auf den georgischen Tetri-Münzen zu sehen ist, prangt.

In der Umgebung

Wanderer finden **zahlreiche Ziele** in der Umgebung, z.B. in südlicher Richtung die von Büschen zugewachsene Festung Chotewi, die Bischofskirche Nikorzmin-

> Ambrolauri: am „Platz mit der Flasche"

Weihnachtsbäume für Europa

Der finnische Botaniker **Alexander von Nordmann** (1803–66) „entdeckte" 1838 in Bordshomi die später nach ihm benannte Nordmanntanne *(Abies nordmanniana)*.

Die Nordmanntanne wächst besonders häufig und gut in Ratscha. Von hier kommt über die Hälfte aller Samen, die zur Aufzucht auch deutscher Weihnachtsbäume benötigt werden. Daher nutzen zahlreiche Männer aus der Gegend die Möglichkeit, im September **Tannenzapfen** zu **pflücken,** für viele das einzige Einkommen oder ein Zuverdienst. In sieben bis zehn Jahren werden aus den Setzlingen Weihnachtsbäume.

Allein in Deutschland werden jeden Dezember etwa 700 Mio. € mit Weihnachtsbäumen umgesetzt. Für ein Kilo Tannensamen muss man bis zu zehn Kilogramm Zapfen pflücken, georgische Zwischenhändler verkaufen dann das Kilo für 25 € weiter, und in Westeuropa muss man schon 100 € pro Kilo zahlen. Die Pflücker erhalten für zwei Kilo Zapfen etwa 2 Lari. In 12-Stunden-Arbeitstagen klettern sie auf die oft 30 m hohen Bäume, denn nur in den Baumwipfeln wachsen gute Zapfen. **Ohne Sicherung klettern Einheimische, aber auch Wanderarbeiter auf die Bäume.** Zerkratzte Gesichter, Körper und Kleidung voller Baumharz, gebrochene Beine oder Rippen sind noch die kleineren Übel, denn es kommt auch zu Todesfällen infolge Abstürzen.

Die Wälder Ratschas wurden in Planquadrate aufgeteilt, für die ausländische Investoren Nutzungsrechte ersteigern müssen, wobei es mafiös zugehen soll. Die georgische Regierung will in Zukunft von der Nordmanntanne profitieren, etwa durch die Einrichtung von Baumschulen.

da aus dem 11. Jh. oder den Schaori-Stausee. Etwa 15 km westlich kommt man zum Dorf **Chwantschkara**, das der berühmten Weinrebsorte seinen Namen gab. Östlich der Stadt gibt es eine Höhle, die jedoch noch nicht erschlossen ist.

Zum Schmunzeln der Rat eines georgischen Freundes der Autorin: „Wenn Du nach Ambrolauri fährst, dann wundere Dich über gar nichts, denn dort wohnen die **Ratschiner** (russ. *Ratschinzy*). Das ist ein ganz besonderer Menschenschlag, der es nicht gewohnt ist, mit Menschen umzugehen, die nicht aus den Bergen stammen. Falls Dir also etwas komisch vorkommt, denke daran, die Ratschiner selbst sind anders."

Fährt man weiter in Richtung Oni, kommt man nach ca. 5 km zu dem winzigen Ort **Barakoni,** wo ein Kloster besichtigt werden kann.

Unterkunft

■ **GH Elo,** Wano Kobachidse 15 (ehemals Puschkin-Straße), mobil: 599 40 85 67 *(Nana Donadse),* 514 70 00 99 *(Walerian Donadse),* guesthouse_elo@yahoo.com. Familie *Donadse* vermietet schon lange Zimmer und hat nun ausgebaut. Zwei DZ, zwei 3-BZ und zwei Duschbäder stehen den Gästen zur Verfügung. Frau *Donadse* ist ausgebildete Köchin! Im Oktober ist die Teilnahme an der Weinlese möglich (Chwantschkara-Rebsorte). Ü, Ü/F, Ü/HP 30, 45, 55 Lari, auf Nachfrage ist Rabatt (russ. *skidka*, engl. *discount*) bei einem mehrtägigen Aufenthalt möglich. Unbedingt handeln!

> Oni: links das Hotel Orion, rechts das Hotel Ratscha

Sonstiges

- **Liberty Bank:** Agmaschenebeli-Straße, nördliches Ende.
- **Imbiss:** Agmaschenebeli-Straße, südliches Ende (an der Brücke).
- **Internetcafé:** in der Kostawa-Straße.
- **An- und Weiterreise:** Marschrutki von/nach Kutaisi für 5,50 Lari, 13 und 17 Uhr, 2 Std.

Oni   131/D3
ონი

Die Kreisstadt von Ober-Ratscha liegt etwa 30 km nordöstlich von Ambrolauri **am linken Ufer des Rioni,** der im weiteren Verlauf über Kutaisi ins Schwarze Meer fließt. Wer sich einmal ein paar Tage ausruhen möchte, ist hier genau richtig: keine Hektik und eine liebliche, fast an deutsche Mittelgebirge erinnernde Landschaft.

Das genaue Gründungsdatum Onis ist unbekannt. In Schriftstücken aus dem 15. Jh. wird es erstmals als Hauptstadt des Fürstentums Ratscha, einem Vasallenstatt Imeretiens, erwähnt. *Erekle II.*, König von Kartlien-Kachetien, wandte sich 1783 an die russische Zarin *Katharina die Große* mit der Bitte um Schutz vor den Osmanen und Persern. Dieses Schutzersuchen wurde mit einem in der nordkaukasischen Festung Georgijewsk geschlossenen Vertrag besiegelt. In der Folge kamen Kachetien und Kartlien zu Russland. Trotzdem fielen die Perser 1795 in Tiflis ein. *Erekles* Sohn, König *Georgi XII.,* schlug daraufhin die Angliederung Georgiens an Russland vor, der russische Zar *Pawel I.* verfügte jedoch am 18. Januar 1801 einseitig die **Annexion Georgiens** und verstieß damit gegen den Vertrag von Georgijewsk. Das westgeorgische Königreich Imeretien und damit auch Ratscha wurden 1810 dem zaristischen Russland angeschlossen.

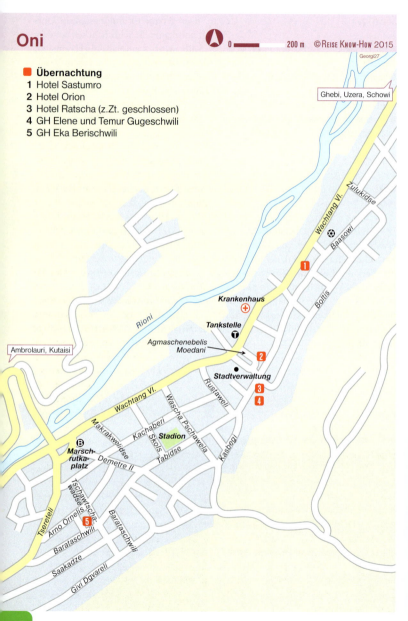

In der sowjetischen Zeit war Oni Rajon-Verwaltungszentrum. Am 29. April 1991 wurde der Ort durch ein schweres **Erdbeben** (Zerstörungen in einem Umkreis von bis zu 70 km) verheerend getroffen, nach Auskunft eines Ortsansässigen waren 90 % aller Gebäude zerstört oder beschädigt.

Durch die Stadt verlief die **Ossetinische Heerstraße,** die von Russland über den 2820 m hohen Mamissoni-Pass des Großen Kaukasus kommend den Rioni abwärts über Ambrolauri nach Kutaisi führte. In Oni lebten bis etwa 1991 etwa 2000 **Juden,** heute sind es nur noch zehn bis 15 Familien, alle anderen sind nach Israel, in die USA und andere westliche Länder ausgewandert, um der wirtschaftlichen Misere zu entfliehen.

Gleich am Ortsausgang von Oni gabelt sich die Straße. Östlich führt sie nach Südossetien, eine Reise dahin ist zurzeit nicht zu empfehlen. In nordöstlicher Richtung sind es 12 km bis **Uzera** (s.u.) und 18 km bis **Schowi** (s.u.). Die Fahrt dorthin ist abenteuerlich und nicht immer möglich.

Wer aus Ambrolauri kommt, befindet sich nach der unspektakulären Überquerung des Rioni-Flüsschens auch schon auf einem der beiden Hauptplätze Onis, wo die Marschrutki ankommen und einige Tante-Emma-Läden das Ortsbild beleben. Die **Hauptstraße** ist die **Wachtang VI.,** die durch den Ort hindurch in Richtung Uzera, Schowi und Ghebi weiterführt. Die Wachtang VI. verläuft vorbei am Agmaschenebeli-Platz mit dem Hotel Orion und dem zurzeit geschlossenen Hotel Ratscha weiter zur sehr sehenswerten **Synagoge** rechter Hand. Oni endet an einem Bach namens Charula (engl. Gharula); nach Überquerung der Brücke ist man schon im Nachbardorf **Chari** (engl. Ghari).

Eine Parallelstraße der Wachtang VI. ist die **Baasowi,** benannt nach dem jüdischen Dichter und Dramatiker *Herzel Baasow* (1904–1938).

Da Oni rund 300 m höher liegt als z.B. Ambrolauri, sind die Weintrauben (Rebsorte Alexandrouli) nicht süß genug, um schmackhafte **Weine** aus nur einer Rebsorte zu gewinnen. Daher werden Hausweine mit süßeren Sorten, etwa aus Kachetien, verschnitten – der Hauswein schmeckt trotzdem vorzüglich.

Unterkunft

MEIN TIPP: GH Eka Berischwili (Türschild „M&B GH"), Barataschwili 7/Ecke Tschawtschawadse, mobil: 591 01 03 30 und 558 38 55 88 (*Ekaterina* spricht deutsch und russisch und versteht englisch, ihre Mutter, Tel. 599 15 76 38 versteht deutsch und spricht russisch), ekaberishvili1@gmail.com. In einem sehr geräumigen, sauberen Haus werden vier Zimmer für 12 Personen angeboten, plus Aufenthaltsraum mit Klavier; zwei geräumige Bäder, das Haus ist angenehm beheizt (Ganzjahresvermietung). *Ekaterinas* Mutter ist eine hervorragende Köchin; Grillplatz und gemütliche Sitzecke im Garten. Räder oder Motorräder im Hof abstellbar (für Pkws ebenfalls genügend Platz am Haus). Vermietung seit 1991. Preise: Ü, Ü/F, Ü/HP, Ü/VP 20, 25, 40, 45 Lari. *Eka* kann Jeeps für Tagestouren z.B. nach Uzera, Ghebi und Schowi inkl. Wartezeit organisieren (60–70 Lari pro Auto, geteilt durch die Personenzahl). Abholung vom Marschrutkaplatz möglich, ansonsten 5–10 Gehminuten. Supernette Familie!

GH Elene und Temur Gugeschwili, Kapianidse 18 (ex Stalinis), mobil: 599 23 17 22. Das Künstlerpaar bietet auf seinem Bauernhof fünf DZ mit Gemeinschaftsbad an, zwei mit eigenem Bad. Ü/F, Ü/HP, Ü/VP 25, 40, 65 Lari, saisonabhängig, also handeln! *Temur* ist Tischler und Holzschnitzer und bietet Unterstützung bei der Erkundung der umliegenden Wasserfälle und Höhlen an. Seine Frau *Elene* versteht sich auf Malerei, Weberei und Filzwalken. Sie stellen auch eigenen Wein, Wodka und Tschatscha her, wozu sie ihren Obstgarten nutzen.

■ **Hotel Orion,** Agmaschenebeli-Platz, mobil: 790 25 54 99, www.hotelorion.ge. Relativ neues Hotel mit 20 Zimmern mit Flatscreen und Telefon. Preise mit Frühstück: EZ/Bad 60–80 Lari, DZ/Bad 100–120 Lari, Lux-Zimmer 140–160 Lari. Restaurant mit Speisen zu vernünftigen Preisen.

■ **Hotel Sastumro,** mobil: 599 91 26 57 (Frau *Rusudan*, russ.), saisonabhängig geöffnetes Hotel einfachsten Standards.

An- und Weiterreise

Marschrutki

■ **Tbilisi – Didube:** täglich 8.30 Uhr, 4½ Std., 23 Lari (Voranmeldung über Vermieter empfehlenswert, fährt über Tkibuli und Sestaponi, nicht über Kutaisi!).

■ **Kutaisi:** tägl. außer Mi 14.30 Uhr, 3 Std., 8 Lari.

Beide Marschrutki fahren über Ambrolauri (2,50 Lari).

Taxi

■ **Ambrolauri:** 25 Lari.

Busse

Da donnerstags in Oni Markttag ist, verkehren um 7 Uhr morgens städtische Busse (russ. *munizipalnije awtobusi*) nach **Schowi** (3 Lari) über **Uzera** (1,50 Lari) bzw. nach **Ghebi** (3 Lari) über Uzera und nachmittags wieder zurück. Es fährt auch abends ein Bus, der die Marktbesucher wieder aus Oni zurück nach Schowi und ins Bergdorf Ghebi, jeweils über Uzera, bringt. Tipp: Vermieterin *Ekaterina Berischwili* (s.o.) ist hier gern behilflich.

In der Umgebung

Uzera/Utsera (უწერა) 131/D3

In Uzera ca. 18 km nördlich von Oni gibt es eine beachtliche Anzahl an **Mineralquellen,** an denen sich Einheimische ganze Flaschenbatterien auffüllen. Einige der Quellen liegen an der Straße, andere sind nur per Zufall oder mit Hinweisen von Einheimischen aufzufinden. Uzera war zu Sowjetzeiten ein balneologischer Kurort.

◁ Dorfidylle in Ghebi

In der Umgebung von Uzera befindet sich auf der linken Straßenseite am Abhang das unscheinbare **Kirchlein der Gottesmutter Maria.** Die Kirche (heute ohne Turm) stammt aus dem 12. Jh. und wurde in den 1930er Jahren zerstört. Innen kann man schöne Fresken bewundern. Interessant ist dabei, dass in der oberen Apsis nicht Gott der Weltenerschaffer, sondern Maria mit dem Kinde thront. Die kleine Kirche ist nicht immer geöffnet, viele Fahrer kennen aber die Familie, die den Schlüssel hat.

Wenige Kilometer weiter steht am linken Wegesrand ein nicht zu übersehendes Quellenhäuschen.

Ghebi (ღები) 131/D2

Ungefähr 7 km nach Uzera kommt ein Brücklein über den Rioni; man biegt nach links ab. Von hier sind es nochmals ca. 11 km bis ins **Bergdorf** Ghebi, wo die Menschen von der Landwirtschaft leben. Arbeit und Alltag sind hier sehr mühsam, besonders wenn es im Sommer viele Regenfälle gibt, die die Ernte verderben. Auf einer Anhöhe im Ortszentrum (falls man von Zentrum sprechen kann) wurde ein Wehrturm instand gesetzt, der von dem Erdbeben 1991 in Mitleidenschaft gezogen worden war. Wie von einem anderen Stern wirkt hier die neue Kirche.

Tipp: Für Ghebi unbedingt schmutzunempfindliches **Schuhwerk** anziehen, besonders bei und nach Regenwetter!

Schowi/Shovi (შოვი) 131/D3

Was sind eigentlich „Schowinisten"? Nun, so werden die Gäste aus dem weit entfernten Tbilisi (und nicht nur von dort) genannt, die den Weg bis in das **Bergdorf** nicht gescheut haben. Es liegt etwa 28 km nordöstlich von Oni und ca. 15 km von Uzera entfernt in ca. 1650 m Höhe, im Norden umgeben von mehreren 4000ern, u.a. dem Mamisoni-Pass in Richtung Russland. Seit 1926 gibt es hier **Kurbetrieb,** begünstigt durch 16 Mineralquellen (u.a. mit Kalzium, Magnesiumhydrokarbonat und Natrium). Im Sommer helfen viele Stunden intensivster Sonneneinstrahlung bei der Behandlung von Vitamin-D-Mangel. Von ehemals 20 Sanatorien sind heute zumindest noch ein paar von Juni bis etwa Mitte September in Betrieb. Klimatische Charakteristika sind strenge Winter und angenehme Temperaturen im Juli und August.

Bei der obligatorischen **Anreise** über Uzera biegt man kurz vor der schon bei Ghebi erwähnten Brücke über den Rioni nach rechts ab.

Tipp: Donnerstag ist **Markttag** in Oni, dann auch öffentlicher Verkehr zwischen Oni und Schowi. Der Bus aus Tbilisi fährt oft nur bis Oni!

■ **Hotel Sunset,** www.sunsetshovi.ge, mobil: 596 11 33 77. Erstes 4-Sterne-Hotel in Ratscha mit 35 DZ und einigen Cottages, Preise: Standard-DZ 220 Lari, Superior-DZ 295 Lari, Executive-Suiten 395 Lari. Die Preise staffeln sich nach Saison und beinhalten Vollpension, kostenloses WLAN, Kabel-TV und Animation. Abholung ab Tbilisi möglich. Im Juni/Sept. 30 % günstiger, ebenso bei mehrtägigem Aufenthalt.

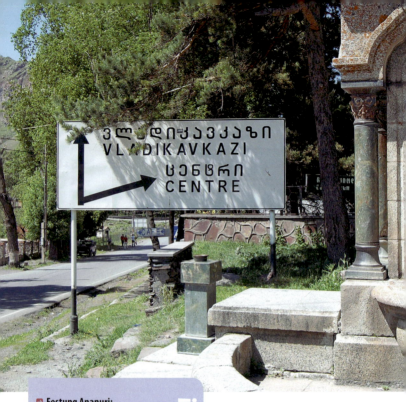

- **Festung Ananuri:**
Burg an der Heerstraße | 174

- **Die Zminda-Sameba-Kirche**
auf dem Weg zum Kasbeg,
dem Felsen des Prometheus | 181

- **Schatili:**
Übernachtung im Wehrturm | 194

NICHT VERPASSEN!

Diese Tipps sind gelb hinterlegt.

Die Heerstraße führt
durch Stepanzminda (Kasbegi)

4 GEORGISCHE HEERSTRASSE, CHEWSURETIEN

Die historische Heerstraße über den Großen Kaukasus verbindet heute Georgien mit dem zu Russland gehörenden **Nordossetien**. Wegen der politischen Spannungen ist die Grenze jedoch gesperrt.

Die Geschichte der Heerstraße

Schriftliche Überlieferungen des griechischen Geografen *Strabon* berichten von einer **Karawanenstraße** schon im Jahr 100 v.Chr. Die kürzeste und zugleich gefährlichste und beschwerlichste Route über den Großen Kaukasus wurde nicht selten von Räubern heimgesucht; Lawinen und andere Wetterunbilden taten ein Übriges. Während der römischen Besatzung wurde der Karawanenweg von römischen Legionen beschützt.

Hunderte von Jahren später reisten Bevollmächtigte des Königs *Irakli II.* entlang der Heerstraße nach Georgijewsk im Nordkaukaus, um dort 1783 das **Traktat von Georgijewsk** zu unterzeichnen, das Georgien der Schutzherrschaft des zaristischen Russland unterstellte. Das war gleichbedeutend mit dem Anschluss Georgiens an Russland, und so war es nur folgerichtig, dass der Ausbau des Karawanenweges zu einer für das Heer nutzbaren Straße nicht lange auf sich warten ließ. Mit dem Vordringen der **Russen** in den Südkaukasus (Transkaukasien) wurde der Weg mehr und mehr zur Heerstraße, wobei die Truppen

Georgische Heerstraße, Chewsuretien und Kachetien (Tuschetien)

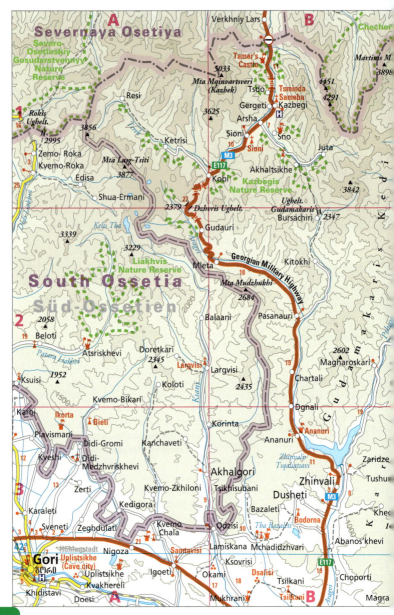

Georgische Heerstraße und Chewsuretien

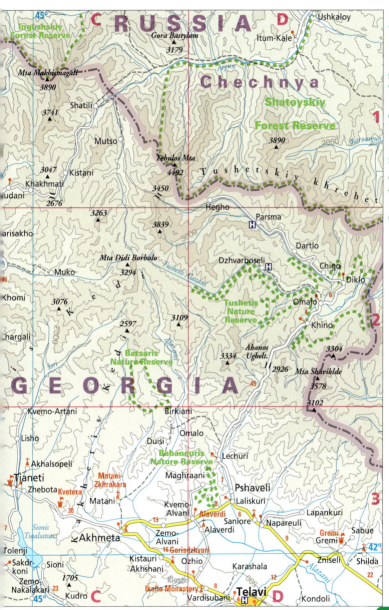

Autonome Region Südossetien

Die Autonome Region Südossetien ist die zweite Region neben Abchasien, die nicht unter der Kontrolle der Tbilisier Zentralgewalt steht und eigenmächtig die **Unabhängigkeit von Georgien** erklärt hat.

Ossetien ist ein geteiltes Land, Ursache ist die Nationalitätenpolitik der ehemaligen Sowjetunion. Die Hauptstadt Südossetiens heißt **Zchinwali,** die Hauptstadt des zu Russland gehörenden Nordossetien ist **Wladikawkas,** das in alten Landkarten noch als Ordshonikidse eingetragen sein kann. Weit bekannter wurde das ca. 15 km nordwestlich von Wladikawkas gelegene **Beslan,** wo am 11. September 2002 bei der Besetzung einer Schule und ihrer anschließenden „Befreiung" 339 Menschen getötet wurden.

1922 wurde Südossetien innerhalb Georgiens zu einem autonomen Gebiet erklärt, Nordossetien, territorial größer, wurde 1936 zu einer autonomen Republik innerhalb Russlands (damals RSFSR) ernannt.

Am 20. September 1990 erklärte sich Südossetien zu einem unabhängigen Staat, der **„Südossetischen Sowjetrepublik",** wodurch es immer wieder zu Konflikten mit Georgien kam – trauriger Höhepunkt: der Fünftagekrieg im August 2008 (siehe Kapitel „Geschichte und Politik").

Südossetien ist zurzeit für Touristen nicht zugänglich. Man beachte die Hinweise des Auswärtigen Amtes. Es gilt, was für Abchasien gilt: Es bestehen keine diplomatische Beziehungen zwischen Südossetien und Deutschland bzw. Österreich und der Schweiz.

des zaristischen Heeres für die Passage von Wladikawkas bis nach Tbilisi fast einen Monat benötigten. Der Weg wurde folgerichtig im Jahr 1799 offiziell zur Heerstraße ernannt.

Jeder, der heute die Route zumindest bis nach Stepanzminda bereist, stellt zu Recht die Frage, unter wie viel Mühsal und Opfern angesichts der damaligen technischen Möglichkeiten diese Straße unter der Leitung russischer Ingenieure wohl erbaut wurde. Die Arbeiten dauerten bis 1863 an. Ironie der Geschichte: Mit der Fertigstellung der Eisenbahnverbindung von Baku nach Tbilisi 20 Jahre später verlor die Heerstraße viel von ihrer wirtschaftlichen Bedeutung.

Die Heerstraße war immer auch ein Platz des Austausches von Ideen und ein **Ort romantischer Schwärmereien.** So reiste nicht nur *Alexander Puschkin* 1829 ohne Erlaubnis von Wladikawkas nach Tbilisi, sondern seine Gedichte („Der Kaukasus", „Auf den Bergen Georgiens liegt finstre Nacht", „Die Lawine") und seine Reiseaufzeichnungen („Die Reise nach Arsrum während des Feldzuges im Jahre 1929") lösten einen wahren **Kaukasus-Boom** aus. Schon bald folgten *Leo Tolstoi* („Hadschi Murat"), *Michail Lermontow, Nikolai Ostrowski, Anton Tschechow, Maxim Gorki, Wladimir Majakowski* und der Maler *Ilja Repin.* Nach dem Anschluss Georgiens und der Fertigstellung des Reiseweges war es für junge Georgier aus gehobenen Kreisen opportun, in St. Petersburg oder Moskau zu studieren. Diese Männer nannte man „Tergdaleulni", d.h. „die vom Wasser des Tergi tranken" (der Tergi, russisch Terek,

> Denkmal unterhalb des Kreuzpasses

Der Verlauf der Heerstraße

ist ein Fluss auf der Nordseite des Großen Kaukasus). Ausgerechnet das Studium der jungen Männer in Russland hatte zur Folge, dass viele neue Ideen zur Bildung eines georgischen Nationalstaates ins Land kamen.

Aber auch westeuropäische **Abenteurer und Schriftsteller** bereisten die Georgische Heerstraße, allen voran der französische Romancier *Alexandre Dumas der Ältere* mit seinem Begleiter *Moynet* („Gefährliche Reise durch den wilden Kaukasus 1858–1859"), der Norweger *Knut Hamsun* („Im Märchenland") oder *Ernst Haeckel* (Reisebriefe).

Die **207 km** lange Heerstraße (engl. *Georgian Military Highway,* russ. *Grusinskaja Wojennaja Daròga*) verläuft von Digomi, dem nordwestlichen Randbezirk von **Tbilisi,** bis zur nordossetischen, zu Russland gehörenden Stadt **Wladikawkas.** Sie folgt dem Flusslauf der Aragwi und des Tergi (russ. *Terek*). Unterwegs gibt es interessante Orte zu besichtigen.

Reisende ab Tbilisi passieren **Mzcheta**, die alte Hauptstadt Kartliens und des antiken Iberiens, die Festung **Ananuri** und **Passanauri**. Ab hier macht die gut ausgebaute Straße eine große Biegung in nordwestlicher Richtung, und man erreicht den Wintersportort **Gudauri**. Weiter nach Norden passiert man den **Kreuzpass** (Dshwari-Pass). Von hier sind es nur noch wenige Kilometer über Chobi (engl. Khobi) und Zioni nach Stepanzminda (Kasbegi), Sitz der Verwaltung des gleichnamigen Gebietes. Nördlich davon befindet sich die **Darjal-Schlucht**, in der im 11. Jh. auf Veranlassung von König *Duwil dem Erbauer* die Festung Darjal zum Schutz des Weges erbaut wurde.

Die Georgische Heerstraße eignet sich auch gut für **Mountainbiker**, die zwar von Mzcheta bis zum Kreuzpass fast nur bergauf fahren müssen, es dafür auf der Rückfahrt bergab umso leichter haben.

Wer **im Winter** in die Region Stepanzminda möchte, sollte sich vorher erkundigen, ob die Straße überhaupt frei ist. Auch *Alexandre Dumas* musste damals umkehren, da Lawinen den Weg unpassierbar gemacht hatten.

Festung Ananuri 170/B3

Etwa 37 km hinter Tbilisi fällt am nordwestlichen Ufer des **Stausees von Shinwali** die Festung Ananuri ins Auge. Da sich nördlich davon das Tal der Aragwi befindet, war es nur natürlich, dass die Fürsten von Aragwi dieses Tal von der Burg aus kontrollierten. Sie wurde mehrfach belagert und keiner der Fürsten ist eines natürlichen Todes gestorben.

Die Festung bestand einmal aus zwei Baukomplexen, aber nur die **Oberburg** ist erhalten, da der untere Teil und das gleichnamige Dorf im Stausee versanken. Sie beherbergt zwei Kirchen, einen Glockenturm und ein Badehaus. Das Tor befindet sich im Wehrturm an der Seite Richtung Tbilisi. Die Kirche gleich beim Eingang ist die **Himmelfahrtskirche**, eines der bedeutendsten Denkmale der nachfeudalen Epoche Georgiens. Sie wurde 1689 durch *Mdinwanbeg*, den Sohn des Eristaws von Aragwi, erbaut und ist innen weiß gekalkt, jedoch sind Reste von Fresken auf den Innenpfeilern erhalten.

Von der älteren, in Richtung Straße gelegenen **Erlöserkirche** sind nur noch Mauern aus unverputzten Steinen erhalten. Innen befindet sich ein gemauerter Baldachin, darunter liegt die Grabplatte für Mdinwanbeg und seine Frau *Anachanum Abaschidse*.

> Die Festung Ananuri am Shinwali-Stausee

Passanauri 170/B2

Etwa 30 km nördlich der Festung Ananuri stößt man auf den ehemals sehr beliebten **Kurort** Passanauri. Heute erinnert kaum noch etwas an alte Zeiten, der Ort wirkt entvölkert, Touristen oder Kurgäste verirren sich kaum mehr hierher. Viele Gebäude sind verlassen.

Das Dorf ist der einzige Ort an der Heerstraße, der neben der Durchgangsstraße eine zweite Straße hat. Bergan durchfährt man die Rustaweli-Straße, bergab die Kostawa-Straße. Die Siedlung liegt malerisch eingebettet zwischen den Bergrücken des östlich gelegenen Gudamakari und des Lomissi im Westen. Hier vereinigen sich die Schwarze und die Weiße Aragwi. Eine reizvolle Landschaft, zahlreiche Mineralquellen und die klare Gebirgsluft wären gute Voraussetzungen für einen erholsamen Urlaub, ebenso die Wandermöglichkeiten, etwa zum Wasserfall in der Schlucht des Tschabaruchi oder zur Puschkin-Quelle, wäre der Ort nicht so arg heruntergekommen und inzwischen zur Hälfte verlassen worden.

Unterkunft

■ **Hotel Kachaberi,** am Ortseingang aus Richtung Tbilisi kommend, grünes Schild in georgischer Schrift, mit Blechdach, Kiosk und kleiner Terrasse. Drei Zimmer mit Bad zu 40 Lari pro Person, einfach aber gemütlich. Die Eigentümerin *Lili Sakaridse* (mobil: 593 25 86 94, russisch) ist supernett. Im Restaurant (10–23 Uhr) unbedingt *Chinkali* bestellen, schmecken super hier!

Nach Passanauri krümmt sich die Heerstraße nach Westen und führt entlang der Weißen Aragwi. Auf den nächsten 30 interessanten Kilometern sieht man zu beiden Seiten, jeweils versetzt, Zeugen der Vergangenheit: historische **Wachtürme**. Sie hatten die Aufgabe, im Gefahrenfalle Signale weiterzuleiten. Einige Dörfer werden passiert; am Straßenrand bieten Frauen Selbstgestricktes, Fellmützen, gegerbte Schaffelle oder einen kleinen Imbiss an. Bald erreicht man den Ort **Kwemo Mleti** (1556 m), an dessen nördlicher Ortsgrenze eine Schranke aufgestellt ist, die im Falle von Lawinen geschlossen wird. Dann passiert man den Ort **Kwescheti**. Hier fällt an der Straße das gleichnamige Hotel ins Auge. Es werden nicht nur gemütliche Zimmer mit Bad vermietet, sondern es können auch Pferde ausgeliehen werden (www.kwesheti.ge, mobil: 599 11 44 377, EZ/DZ mit HP 50–60 Lari, Pferde ab 40 Lari pro Tag).

In Kwemo Mleti beginnt einer der spektakulärsten Abschnitte der Trasse. Zwischen Mleti und Gudauri sind 1000 Höhenmeter zu überwinden, wozu 18 Serpentinenkurven angelegt wurden, die eine Steigung von 4%, vereinzelt 7%, haben. Ist man oben angekommen, kann man endlich den Hochkaukasus sehen. Eine Reihe von rötlich schimmernden Gipfeln vulkanischen Ursprungs nennt sich die „Sieben Brüder".

Kurz vor Gudauri liegt die Ortschaft **Qumlisziche**. Selbst im Sommer kann man hier noch sehr gut verharschten Schnee in den der Sonne abgewandten Gebirgsfalten erkennen.

Gudauri 170/A-B2

Gudauri liegt in 2196 m Höhe und gilt als der **wichtigste Wintersportort Georgiens.** Einst sollte Gudauri zu einem sowjetischen Olympiastützpunkt aufgebaut werden, was aber im Anfangsstadium steckenblieb. Auf einem weitläufigen Gelände unterschiedlicher Höhe wurden zahlreiche Hotels errichtet, die immer noch im Bau oder schon wieder renovierungsbedürftig sind. Es gibt keine Flaniermeile, kein Ortszentrum mit Geschäften, Restaurants oder anderen Orten der Zerstreuung. Außerhalb der Skisaison sind die meisten Hotels mangels Gästen geschlossen. Das soll sich ändern: Gudauri wurde administrativ Tbilisi zugeordnet und wird seit 2012 umgestaltet. Zwischen Gudauri und Qumlisziche sollen 60 Gebäude instand gesetzt werden, damit die Gegend für Anwohner und Touristen gleichermaßen attraktiv wird. Die Gebäude werden wärmegedämmt, die Ortschaften erhalten eine moderne Wasserversorgung. Schon heute sind die Hotels im Winter gut belegt, vor allem von Gästen aus Russland oder Touristen aus den anderen ehemaligen Sowjetrepubliken, aber auch aus europäischen Ländern. In Höhenlagen um die 4400 m frönen sie dem Heliskiing und -boarding (Heliskiing ist in den Alpen aus Gründen des Naturschutzes verboten). Auch suchen sie Möglichkeiten für spektakuläre Tiefschneeabfahrten.

Im Durchschnitt fallen hier 1,50 m Schnee, es können aber auch schon mal 5 m werden wie im Winter 2004/05. Skifahrer werden von drei Viersitzer-Sesselliften und einem Dreisitzer nach oben transportiert. Schlangen an den Liften kommen praktisch nicht vor. Es gibt acht markierte und präparierte **Abfahrtsstrecken** mit einer Gesamtlänge von 19 km, die längste Abfahrt ist 5 km lang. Freerider erfreuen sich breiter **Pulverschneeabfahrten** ohne Felsen im Untergrund. Die Skisaison dauert von Dezember bis April, wobei im Januar und Februar die besten Bedingungen gegeben sind.

In Gudauri finden an ungeraden Jahren die georgischen Skimeisterschaften statt. Etwas oberhalb des Sport Hotel befindet sich ein Lift, der zur 2650 m hohen Chalde-Hütte führt und weiter zum Joch (2860 m) zwischen dem 3006 m hohen **Kudebi**- und dem 3307 m hohen **Sadsele-Berg.** Vom Sadsele beginnt eine Abfahrt, die über einen Kilometer fast senkrecht nach unten fällt. Noch etwas weiter nördlich vom Sadsele auf einer Höhe von etwa 4200 m werden Heliskifahrer abgesetzt.

Informationen

- Informationen über **www.tourism.gov.ge** und **www.berika.ge.**
- **Ski-Tagespass:** 25 Lari.
- **Ski zum Ausleihen:** 30–40 Lari.
- **Geldautomat:** im Sport Hotel, bislang der einzige an der Heerstraße.

Unterkunft

- **Hotel Sno 1 & 2 Inn,** mobil: 599 57 53 87, 599 55 73 09, mit Vollpension 35 US$. Liegt neben dem Sporthotel **Daisy Guesthouse,** mobil: 599 50 76 06, mit Vollpension 35 US$, kleine Pension mit zwei DZ und zwei 4-BZ.

- **Cross Pass Hotel,** Tel. Tbilisi (032) 2 94 34 46, auf einer Anhöhe am Ortseingang. EZ/DZ 40/75 US$ mit Frühstück, Zimmer mit Bad, Sat-TV, Klimaanlage, zwei Restaurants, Schwimmbad, Sauna, Jacuzzi, Fitnesscenter und Billardzimmer.
- **Sport Hotel,** mobil: 599 57 92 22, 599 55 92 22, www.georgia.net.ge/Gudauri. 4-Sterne-Hotel einer österreichischen Firma mit Pool, Sauna, Tennishalle. Sommerpreise: EZ/ DZ 162/267 Lari inkl. Vollpension und Nutzung aller Freizeitangebote. Skilifte gleich hinter dem Gebäude.

Nach Gudauri fällt die Straße zunächst etwas nach unten ab und man sieht einen Lawinenschutztunnel. Recht bald danach fällt zur Linken eine gewaltige **Aussichtsplattform** auf, auf der talseitig eine ebenso gewaltige, halbrunde Mosaikwand aufgesetzt ist. Diese Wand, deren Kacheln schon etwas gelitten haben, ist 70 m lang und wurde 1983 aus Anlass des 200. Jahrestages des Traktats von Georgijewsk errichtet. Von der Plattform hat man einen sagenhaften Ausblick in das Tal der Weißen Aragwi.

Nun nähert man sich dem höchsten Teil der Heerstraße, dem Kreuzpass (Dshwari Ucheltechili).

Dshwari Ucheltechili

Der **2995 m hohe Kreuzpass** ist ein Hochsattel zwischen dem Brutsabdsela-Berg (3010 m) im Osten und dem Charissari (3773 m) im Westen und gleichzeitig die Wasserscheide für die Aragwi und den Tergi (russ. *Terek*). Alle Flüsschen und Bäche südlich des Passes fließen der Weißen Aragwi zu, nördlich davon dem Tergi.

Der Pass fällt sofort auf durch einen Sockel, der ein **Steinkreuz** hält. Dieses Kreuz wurde 1824 durch den Major *Kanonow*, damals Gouverneur der Bergregion, errichtet. Es war allerdings schon das dritte Kreuz, das an gleicher Stelle aufgestellt wurde, das erste soll 1803 errichtet worden sein. In der Nähe des Kreuzes wurde vor Kurzem ein kleiner **Friedhof für deutsche Kriegsgefangene** restauriert, die entlang der Heerstraße vor allem im Straßen- und Tunnelbau eingesetzt waren. Die Grabsteine wurden aus Darjal-Granit gefertigt.

Am Kreuzpass beginnt die kleine Provinz Chewsuretien (Chewi).

Die Schlucht von Truso 170/A1

Die Straße führt weiter in die Siedlungen Almasiani und Kobi. Gegenüber dem Polizeiposten beginnt der Weg nach Westen zur Schlucht von Truso, die **gute Wandermöglichkeiten** bietet. Der Pfad verläuft entlang der Windungen des Tergi. Nach etwa 100 m sieht man auf der rechten Seite Reste eines Steinbruchs; nach 800 m kommt man in das winzige

Unterwegs bei Okrokana

Dorf **Okrokana** (dt. Goldenes Feld). Links und rechts des Weges sind die Felder mit aufgeschichteten, rötlich gefärbten Steinen aus dem Tergi begrenzt. Hier leben einige wenige Osseten, die kein Georgisch, sondern nur Russisch sprechen, in extrem ärmlichen Verhältnissen. Viele Häuser sind unbewohnt. Bewohnte Häuser erkennt man in der Regel daran, dass Hunde laut kläffend ihr Terrain markieren. Reste eines Wehrturmes zeigen, dass man seine Steine als Baumaterial wiederverwendet hat.

Okrokana wird links passiert, und man erreicht bald eine spektakuläre Seitenwand am gegenüberliegenden Ufer des **Tergi (Terek),** die nach vorn zu stürzen scheint. Abbrechende Schieferplatten belegen den vulkanischen Ursprung der Berge. Der Tergi fließt ganz tief unten. Schon auf dem Weg nach **Ketrisi** sieht man einen kleinen See. Das **Hochtal,** das man nach der Schlucht auf gewundenen Pfaden erreicht, ist ein Gletschertal – der Anstieg ist allein schon durch die Höhenlage sehr anstrengend.

Die folgende Tour sollte unbedingt mit einem **ortskundigen Führer** unternommen werden, der auch einschätzen kann, ob sie zum gewünschten Zeitpunkt überhaupt machbar ist!

Nach Ketrisi kommt man nach **Abano** (dt. Bad), wo einige Türme, ein Friedhof und ein weiterer See zu sehen sind. Der Weg durch die Schlucht erfordert ein Allradfahrzeug! Durch Steinschlag kann der Weg verschüttet sein; es kann auch sein, dass noch weit bis in den Juni hinein Firnschnee das Weiterfahren verhindert, da die Räder durchdrehen. Im Spätherbst, wenn der Tergi kaum noch Wasser führt, kann man den Weg erheblich abkürzen, da es möglich ist, mit dem richtigen Schuhwerk im Flussbett entlangzulaufen. Der Höhenunterschied beträgt ca. 150 m, die Tour ist nicht wirklich schwer, aber **die Wegesituation ändert sich ständig.**

Das Sno-Tal 170/B1

Wenn man die Heerstraße nicht Richtung Truso-Schlucht verlässt, sondern weiter über Chobi und Zioni fährt, kommt man bald zur Siedlung **Arscha,** von wo ein Weg nach Osten abzweigt in Richtung des Dorfes **Sno.** Hier blühen im Sommer herrliche Blumen und es

bieten sich sehr gute **Wander- und Klettermöglichkeiten.** In Sno findet der Wanderer einen **Wehrturm** aus dem 16. Jh. Der Ort erstreckt sich kilometerweit und ist der Geburtsort des Katholikos *Ilja von Georgien.*

Nach weiteren 18 km erreicht man die Siedlung **Dschuta,** wo in 2200 m Höhe nur etwa 20 Familien leben. Gleich hinter Dschuta ragt der Berg Tschauchi (3842 m) auf, an dessen Nordflanke 800 m hohe Felsen eine Herausforderung für Kletterer sind. Während Wanderer ab etwa Mitte Juli in vier bis fünf Stunden vom Tschauchi ostwärts zum Roschka-Pass (3056 m) wandern können, ist die beste Zeit für vorgenannte Kletterpartien September und Oktober.

■ **GH Jago Arabuli,** www.kaukasus-tour.de, mobil: 599 53 32 39, Tel. (322) 57 06 34, Vermietung von ca. Mitte Juni bis Ende September, Ü/VP 50 Lari. *Jago* (studierter Germanist) und seine Kinder sprechen sehr gut deutsch, seine Frau englisch. Taxi ab Stepanzminda ab 35 Lari, hin und zurück mit Wartezeit ca. 70 Lari, Wanderung ab der Abzweigung bei Arscha 3–4 Stunden.

Hinter dem Roschka-Pass erreicht man auf einem sehr steilen Weg abwärts die Siedlung **Roschka** in 2050 m Höhe; sie liegt bereits in Chewsuretien. Hat man die Siedlung erreicht, kann man weiter bis Gudani, Chachmati und zum **Bärenkreuzpass** (Datwi Dshwari Ucheltechili, **2676 m**) und weiter bis Schatili fahren (siehe „Chewsuretien"). Auch diese Tour sollte nur mit ortskundigem Führer und einem Allradfahrzeug unternommen werden!

Stepanzminda (Kasbegi) 170/B1

სტეფანწმინდა

Nach **Sankt Stefan,** so der deutsche Name der Ortschaft, weist kurz nach Tbilisi ein Wegweiser mit der Aufschrift „Stepantsminda". Erst seit einigen Jahren trägt der Ort wieder seinen alten Namen Stepanzminda, zwischendurch war er nach dem hier geborenen Adeligen *Alexander Kasbegi* (s.u.), dessen Denkmal auf dem Dorfplatz steht, in Kasbegi umbenannt worden.

Stepanzminda liegt in ca. 1797 m Höhe, bis nach Tbilisi sind es 155 km. Seit der Wiedereröffnung des **Grenzüberganges nach Russland** gibt es wieder Durchgangsverkehr großer Lastwagen.

Eine persönliche Empfehlung: Wer sowohl nach Stepanzminda als auch nach Ober-Swanetien reisen möchte, sollte das auch in der oben genannten Reihenfolge tun.

Sehenswertes

Zminda-Sameba-Kirche

Fällt bei der Ankunft auf dem Hauptplatz der Blick hinter das Hotel Stepantsminda, wird man sofort durch die hoch auf dem Berg thronende Zminda-Sameba-Kirche (Heilige-Dreifaltigkeitskirche, auch als „Gergeti-Kirche" bezeichnet) aus dem 14. Jh. in den Bann gezogen. Sie ist heute wieder ein **Wallfahrtsort** und ihr Besuch sicher ein Höhepunkt auf der Fahrt entlang der Georgischen Heerstraße. Der Berg ist nicht bewaldet, er liegt oberhalb der Baumgrenze.

Um zu dieser schönen Kirche zu gelangen, geht man vom Hauptplatz vor dem Hotel Stepantsminda in Richtung Gergeti über den Tergi-Fluss und den Weg immer geradeaus bergan (ausgeschildert). Die Straße biegt nach rechts ab, an einigen Stellen wurde ein roter Pfeil an die Mauer gemalt. Man geht weiter bergan, bis man den kleinen Friedhof sieht, den man links weitergehend hinter sich lässt. Die Straße führt serpentinenartig durch bewaldetes Gelände und ist streckenweise schlammig infolge von Gebirgsbächen. Schließlich hat man die Baumgrenze erreicht und sieht die imposante Kirche schon von Weitem. Sie thront auf einem Bergkegel, den man schnell erklommen hat. Dieser Weg ist etwa 6 km lang und in zwei bis drei Stunden zu bewältigen, ein Leser berichtete gar von 90 Minuten.

Nach dem kurzen Anstieg auf den Bergkegel durchläuft man einen Turm und sieht einen offenen Raum, der an die Kirchenmauer angebaut ist. In diesem Raum liegen Hüfttücher für Frauen mit Hosen und Kopftücher bereit. Man achte generell auf **angemessene Kleidung** beim Betreten dieser Wallfahrtsstätte. Gläubige Georgier kommen hierher, um ein geweihtes Schaf zu schlachten, etwa wenn man für die Genesung eines nahen Angehörigen beten möchte. Das Schaffleisch muss dann gekocht werden, Braten ist für geweihtes Fleisch nicht erlaubt. Rauchen und Fotografieren ist auf dem gesamten Kirchengelände untersagt!

Wer die Tour **mit dem Taxi** bewältigen will, muss für die kurze Strecke von 6,4 km, also ca. 13 km hin und zurück, mit Forderungen der Taxifahrer von unverschämten 50 Lari rechnen (inkl. 1 Std. Wartezeit)! Dabei wären max. 20 Lari vollkommen ausreichend. Leider ist dieser Wucherpreis möglich, da die Fahrer zu viele finden, die offenbar jeden Preis zahlen! Wer hier nicht hartnäckig handelt, ist selber schuld.

Alexander-Kasbegi-Museum

Das Museum befindet sich in der Straße in Richtung Zentrum auf der rechten Seite, daneben eine kleine Kirche, erbaut 1809–11. Das Grundstück ist eingezäunt. Die Geschichte des Museums beginnt mit dem Vater des Schriftstellers *Alexander Kasbegi,* **Kasibeg Tschopikaschwili,** der hier als Verwalter dieses Abschnittes der Georgischen Heerstraße eingesetzt war. Er setzte sich für den Brückenbau in der Darjal-Schlucht ein und wurde dafür mit dem Adelstitel belohnt, was er zum Anlass nahm, den Familiennamen zu ändern: Die Familie nannte sich fortan Kasbegi. **Alexander Kasbegi** (1848–93) studierte zunächst in Tbilisi, Sankt Petersburg und Moskau und arbeitete danach als Journalist und Autor, schrieb u.a. die Erzählung „Vatermord", die von einem „Robin Hood der Berge" handelt, der die Reichen ausraubt und das Raubgut den armen Bauern gibt. Der Protagonist des Buches heißt *Koba*, den sich der junge *Stalin* zum Vorbild nahm. Einige Werke Kasbegis sind auch ins Deutsche übersetzt worden. Sehr zur Überraschung seiner Familie und Freunde beschloss er jedoch später, seinen Lebensunterhalt als Schafhirte zu verdienen. Er starb psychisch krank. Sein Leichnam wurde von Tbilisi hierher verbracht, das **Grab** findet der Besucher im Garten des Grundstücks. Kasbegi wollte dort begraben werden, wo er die Berge hätte sehen können.

Das Museum zeigt einige seiner **Originalmanuskripte** und persönliche Dinge, daneben auch Gegenstände aus Silber und Bronze aus dem 4./5. Jh. v. Chr. und eine **ethnologische Ausstellung** über das Leben der Menschen in der Provinz Chewsuretien. Im ersten Stock befinden sich Originalmöbel der Familie Kasbegi.

> In Stepanzminda vor imposanter Bergkulisse

Stepanzminda (Kasbegi) 183

■ **Info:** geöffnet Mai bis August täglich 10–18 Uhr, Sept. bis April Mo geschlossen, Eintritt für Erwachsene 3 Lari, Studenten zahlen 1 Lar, ein Guide (russisch) kostet 15 Lari.

Praktische Tipps

■ **Vorwahl:** international 00995 345, national 0 345

Unterkunft

Schon während der Marschrutka-Fahrt nach Stepanzminda informiert der Fahrer seine zahlenden „Verbindungsleute", meist Frauen, über die Anzahl der Ausländer im Fahrzeug. Kaum angekommen, werden Visitenkarten durchs Fenster gereicht, und es kann zu **lautstarken Wortgefechten** sowohl mit den Ankommenden (falls diese leichtsinnigerweise reagieren) als auch untereinander kommen; man versucht, des Gepäckes habhaft zu werden. Die Autorin erlebte ein fast halbstündiges (!) Beschimpfen und Bedrohen eines polnischen Studentenpaares, da es partout kein Zimmer mieten, sondern sein Zelt am Waldrand aufschlagen wollte. Was für ein Empfang! Ortsbekannt ist ein Mann mit seinem weißen Niwa, der einen US-amerikanischen Gast so beleidigte, dass dieser von seiner Wirtin Hilfe bei der Erstattung einer Anzeige verlangte, was jedoch wegen verwandtschaftlicher Beziehungen abgelehnt wurde. Es gilt: **Lassen Sie sich durch die Schlepper nicht beeinflussen,** antworten Sie gar nicht erst! Auch Behauptungen, eine Unterkunft sei geschlossen oder der Besitzer verstorben, sind nicht ernst zu nehmen! Steigen Sie wortlos aus und gehen Sie zu der Unterkunft Ihrer Wahl. Wann immer die Autorin nach Stepanzminda kam, waren derartige Ausfälle zu beobachten. Durch das Überangebot an Zimmern und die mangelnde Professionalität der Vermieter wird sich diese unhaltbare Situation eher noch verschärfen.

Zum Recherchezeitpunkt gab es noch **keine Straßenschilder,** die meisten Quartiere waren in keiner Weise gekennzeichnet, obwohl angeblich fast alle ein Gewerbe angemeldet haben, um den erforderlichen Kredit für Baumaßnahmen zu bekommen. Daher im Folgenden etwas ausführlichere Wegbeschreibungen.

Richtung Stepanzminda

Man gehe den kurzen Weg gegenüber dem Hotel Stepantsminda bergan und findet folgende Unterkünfte:

MEIN TIPP: **Kacha Schiolaschwili,** Wascha-Pschawela 38, erste Querstraße nach rechts auf der linken Seite, graues Eisentor, nach einem länglichen Haus mit Bögen, mobil: 599 92 85 54. Inzwischen führt der Sohn von Frau *Ziklauri,* der ein bisschen deutsch spricht, die Unterkunft, gelegentlich unterstützt von Bruder und Schwägerin (engl.). Zwei geräumige DZ mit eigenem Duschbad/WC. 25 Lari pro Person oder mit zwei Mahlzeiten 35 Lari. Hervorragendes Preis-Leistungsverhältnis! Im angrenzenden Gebäudeteil (Haus hat L-Form) ein 3-BZ mit älterem Wannenbad nebenan, welches auch von den Gästen des 4-BZ genutzt wird. In dieser sehr guten Unterkunft wohnte auch *Fritz Pleitgen* während seiner Kaukasus-Reportage.

■ **GH Nunu Maisuradse,** mobil: 558 35 85 35 (Tochter *Gvanca,* engl.), 599 57 09 15 (*Nunu,* russ.), gvanci9191@gmail.com. Frau *Maisuradse* bietet max. 15 Gästen Unterkunft in zwei DZ und einem 5-BZ im 1. Stock sowie 2 DZ und einem 3-BZ im EG, wo sich auch eine Dusche und 2 WC befinden; Ü, Ü/F, Ü/HP 20, 30, 40 Lari. Herrliche Terrasse mit Superblick auf die Gergeti-Kirche.

Am Marschrutka-Platz

■ **Shorena's Hotel & Bar Restaurant,** mobil: 598 39 82 74, Tel. 25 26 07, shorenashoka@gmail.com, facebook: Shorena Sharmanashvili, im Dachgeschoss drei Zimmer (DZ, 3-BZ, 4-BZ) mit Dachschrägen, Nachttischchen und SAT-TV, WiFi zu 30 Lari Ü/F pro Bett. Wer ein Zimmer für sich allein haben möchte, muss alle Betten bezahlen, nach mehreren Tagen Rabatt möglich. Waschmaschinenladung 10 Lari, *Shorena* spricht französisch und etwas deutsch, ihre Schwester englisch.

■ **Hotel Stepantsminda,** mobil: 599 18 22 96 (Direktorin *Nana*, spricht etwas englisch), stepantsminda2010@yahoo.com. Zimmer mit Übernachtung, Frühstück oder Halbpension, vier EBZ zu 50/65/90 Lari, 5 DZ zu 80/110/140 Lari, 8 3-BZ zu 100/145/ 180 Lari und 3 Lux-Zimmer zu 250 Lari. Gutes Restaurant im Keller. Der Tergi-Fluss fließt unmittelbar hinter dem Haus, das Terrassencafé ist nur gelegentlich geöffnet.

■ **GH Lomi,** mobil: 599 40 32 64 (*Leo*, engl.). 11 Gäste können in zwei 3-BZ, zwei 2-BZ und einem EZ untergebracht werden. Es gibt eine kleine Gemeinschaftsdusche und ein sauberes Hockklo mit Waschbecken, Selbstversorgerküche im gemütlichen Aufenthaltsraum. Ü bzw. Ü/HP pro Person 20/40 Lari.

In Gergeti

Den Ortsteil Gergeti erreicht man, indem man in Richtung Wladikawkas (Verkehrsschild am Brunnen) geht, die Brücke über den Tergi passiert und die Straße nach oben geht (ebenfalls ausgeschildert). In der ersten Querstraße links (auf den ersten Blick nicht gleich zu sehen) sind folgende Unterkünfte empfehlenswert:

■ **GH Ketino Sudshaschwili,** mobil: 571 03 24 39 und 558 13 18 28, ketinosujashvili@gmail.com. Frau *Sudshaschwili* kann bis zu 15 Gäste in 3 DZ, einem 3-BZ und zwei 4-BZ aufnehmen. Ein Duschbad/WC, vier neue Bäder geplant. Übernachtung 20–25 Lari, Ü/F 35 Lari, Ü/HP 40–45 Lari. Riesiges Wohnzimmer mit TV und Gäste-PC. Graues Eisentor auf der linken Straßenseite, etwas nach unten versetzt, schwer zu öffnen. Hilfe bei der Beschaffung von Reitpferden möglich.

■ **GH Inessa,** mobil: 591 91 28 20, 577 37 16 06. Bis zu 20 Gäste finden Platz in zwei DZ, einem 3-BZ und drei 4-BZ; ein 4-BZ mit Klavier, Sesselgruppe und Teppich. Ü 20 Lari, Ü/F 30 Lari, Ü/HP 40 Lari. Ein Wannenbad, zwei Duschbäder/WC, Miniküche und Aufenthaltsraum, etwas Englisch wird gesprochen. *Inessas* Grundstück befindet sich schräg gegenüber vom GH Ketino, das Eisentor steht etwas hervor, eine Seite mehr als die andere.

In der zweiten Querstraße werden folgende Unterkünfte empfohlen:

■ **Nasi Tschkareuli und Genrich Sudshaschwili** (Schild am Eisentor sowie an der ansteigenden Straße), mobil: 598 382 700, Tel. 25 24 80, Tochter *Schorena* (engl.) mobil: 599 26 58 13, ssujashvili @yahoo.co.uk, im Sommer anwesend. Fensterloses DZ mit großem Bücherschrank, zwei 4-BZ mit Schrank, Teppich, Spiegel und ein 8-BZ mit schönen Lüstern, großem Schrank, Tisch und Teppich (Durchgangszimmer); zwei Duschen, zwei WCs. Pro Bett 35 Lari Ü/HP. Im Souterrain kleines, aber sehr gemütliches DZ mit guter Aussicht (das beliebteste Zimmer) und ein 3-BZ, etwas dunkel, beide Zimmer mit eigenem Duschbad, pro Bett 45 Lari Ü/HP. Die Zimmer sind im Winter beheizbar. Sehr sympathische, professionell arbeitende Familie mit langjähriger Erfahrung. *Genrich* rezitierte aus dem Stand *Heinrich Heines* „Loreley", natürlich auf Deutsch!

■ **Nove's HQ,** mobil: 595 17 70 79 (*Tariel Karelidze*, englisch), tkarelidze@yahoo.com. Der sympathische, rührige *Tariel* errichtete sich hier sein Headquarter (HQ) mit einem 4-BZ und einem 8-BZ im 1. Stock, dazu gehören drei Duschbäder und ein Balkon mit Superblick auf die Ortsmitte; Übernachtung 17–20 Lari, mit kleinem Frühstück 5 Lari mehr. Im EG sind evtl. noch zwei weitere 4-BZ mit je einem eigenen Bad geplant. Zugang: Man passiere das Haus von *Nasi* und gehe bis fast zum Ende der kurzen Straße, vorbei an zwei Sackgassen (Einfahrten); rechter Hand graues Eisentor mit ringartiger Verzierung oben, gegenüber Maschendrahtzaun.

■ **Rooms Hotel,** Wachtang-Gorgassali-Str. 1, Tel. Tbilisi (032) 2 71 00 99, mobil: 577 32 31 31, roomskazbegi@roomshotel.com (Mails werden nicht immer beantwortet). Steil nach oben muss man wandern, wenn man in einem der 156 modernen, aber oft hellhörigen Zimmern mit Flatscreen und Duschbad übernachten will. Von der riesigen Terrasse des komplett umgebauten ehemaligen Intourist-Hotels genießt man einen Traumblick auf die Zminda-Sameba-Kirche. Lobby mit Bibliothek und Bar, Innenpool mit wandhohen Fenstern. EZ ab 90 US$ Ü/F, DZ ab 120 US$ Ü/F; HP oder VP zubuchbar, Zimmer mit Talblick etwas teurer. Tipp: Reisegruppen sorgen dafür, dass das aufgebaute Büfett schnell abgeräumt ist, Einzelreisende sollten daher besser à la carte bestellen. WLAN, Geldautomat.

Essen und Trinken

■ Im Ortszentrum gibt es kleine **Imbissstuben** mit ganz gutem Angebot. Unmittelbar neben dem GH Lomi lädt das kleine Gartenlokal **Hilly Area** zur Einkehr ein. Schräg gegenüber auf einer winzigen Anhöhe findet sich ein weiterer Imbiss mit ein paar Freisitzen. Zu **Shorena's Hotel & Bar Restaurant** gehören eine Terrasse (Traumblick auf die Gergeti-Kirche) hinterm Haus (mit WCs im Gartenhäuschen) und einige Tische im Haus.

■ **Selbstversorger:** In Richtung Zentrum laut Wegweiser am Brunnen gibt es zahlreiche kleine Geschäfte mit unterschiedlichen Öffnungszeiten.

An- und Weiterreise

■ **Marschrutki** nach Tbilisi um 8, 9, 12.30, 15.30 und 17 Uhr, im Sommer auch 18 Uhr, 10 Lari, ca. 3 Std. Die Marschrutki halten auf dem kleinen Platz vor dem Hotel Stepanzminda.

■ **Taxis** nach Tbilisi kosten 80–120 Lari pro Taxi (unbedingt handeln!).

Sonstiges

■ **Liberty Bank:** Geldwechsel möglich, zum Recherchezeitpunkt aber noch kein Geldautomat. Man gehe den Weg gegenüber dem Hotel Stepantsminda bergan, die Bank befindet sich in der dritten Querstraße an der linken Ecke mit braunem Eisentor am Gartenzaun (könnte als Baracke durchgehen). Mo bis Fr 9.30–17.30 Uhr, Sa 9.30–14.30 Uhr.

■ **Geldautomat** auch im Rooms Hotel (s.o.).

■ **Grenzübergang Kasbegi/Hoher Lars:** Die Grenze ist für den internationalen Verkehr zwar geöffnet, man sollte aber die **Hinweise auf der Homepage des Auswärtigen Amtes** bezüglich Georgien und der Russischen Föderation unbedingt verfolgen. **In Nordossetien kommt es häufig zu Entführungen und bewaffneten Auseinandersetzungen;** auch ist zu prüfen, ob für diese Region zum gewünschten Reisezeitpunkt eine spezielle Genehmigung (russ. *propusk*) erforderlich ist – ohne sie ist eine Einreise nach Nordossetien nicht möglich. Hilfestellungen durch die Deutsche, Österreichische oder Schweizer Botschaft sind wegen der angespannten Lage kaum möglich!

Die Umgebung von Stepanzminda (Kasbegi)

Vulkan Kasbek/Kazbek 170/B1

Wenige Kilometer westlich von Stepanzminda erhebt sich der erloschene Vulkan Kasbek, **mit 5033 m nach dem Schchara der zweithöchste Berg Georgiens** und der siebthöchste des Kaukasus. Sein georgischer Name lautet Mqinwarzweri (Eisgipfel). *Douglas W. Freshfield, Adolphus Waburton Moore, Charles T. Tucker* und ihr Schweizer Bergführer gingen 1868 als Erstbesteiger des Kasbek in die Bergsteigerannalen ein. Einen sehr guten Bericht über die Besteigung des Kasbek mit Karten und Fotos (auch von anderen Gebieten des Kaukasus) findet man auf www.stadler-markus.de.

Prometheus am Felsen des Kasbek

Prometheus formte Menschen aus Lehm. Sie waren jedoch unwissend und lebten ohne Ziel und Sinn in den Tag hinein. Seine himmlische Gönnerin *Athene,* die Göttin der Weisheit, hauchte den Menschen Leben ein. *Zeus,* der vor Kurzem im Himmel die Macht an sich gerissen hatte, wurde auf die Menschen aufmerksam und verlangte von ihnen Verehrung. Als Gegenleistung bot er ihnen Schutz an.

Prometheus wachte darüber, dass die Menschen von den Göttern nicht allzu sehr übers Ohr gehauen wurden, und beschloss, die Götter auszutricksen. Er ließ einen Opferstier schlachten und teilte diesen in zwei Teile, und zwar so, dass auf dem größeren Haufen der wertlose Teil des Stiers lag und das Fleisch den kleineren Teil des Opfers bildete. Zeus stellte sich unwissend und griff nach dem größeren Haufen. Dann ließ er Prometheus wissen, dass er ihn durchschaut habe, und war wütend auf ihn. Als Strafe verweigerte er ihm das **Feuer für seine Menschen.** Aber Prometheus nahm einen Stängel des Riesenfenchels und entzündete diesen am vorüberfahrenden Sonnenwagen – und schon hatten die Menschen Feuer.

Das war des Guten zu viel für Zeus! Er befahl *Hephaistos,* dem Feuergott, das Trugbild eines wunderschönen Mädchens zu schaffen. Athene, eben noch Gönnerin des Prometheus, inzwischen aber neidisch auf seine Erfolge, entwarf ein wunderschönes Kleid für das Mädchen. Der Götterbote *Hermes* musste ihm die Sprache verleihen und *Aphrodite* einen schönen Körper. Zeus nannte das **Mädchen Pandora,** die Allbeschenkte. Doch die Götter sollten dem Mädchen vor seinem Abstieg auf die Erde auch ein Unheil oder Übel mitgeben. Diese Gaben schloss Zeus in eine Büchse ein.

Epimetheus, Prometheus' Bruder, kam Pandora entgegen und nahm wider besseres Wissen die **Geschenkbüchse** an, und als er sie öffnete, entflohen alle Übel, mit denen die Menschen bis heute geplagt sind: Krankheiten, Leiden und beschwerliche Arbeit. Nur die Hoffnung, die auf dem Boden des Gefäßes lag, ließ Pandora nicht entkommen, da sie die Büchse für immer verschloss. Seitdem ist die Erde unwiderruflich mit Übel, Bosheit und Leid übersät, und die Menschen wurden sterblich.

Nachdem Zeus die Menschen gestraft hatte, sann er auf Rache gegen Prometheus. Seine Diener *Hephaistos* und *Kratos* (der Zwang) sowie die Dienerin *Bia* (die Gewalt) mussten Prometheus gefangennehmen und **an einen hohen Felsen im Kaukasus ketten.** Zeus war unsäglich wütend, Prometheus musste am Felsen hängen, durfte weder schlafen noch die Knie beugen. Doch diese Folter war Zeus noch nicht genug: **Ein Adler fraß täglich von Prometheus' Leber, die sofort nachwuchs.** Das sollte so lange dauern, bis sich ein Ersatzmann gefunden hatte, der diese Qualen an Prometheus' Stelle ertragen wollte.

Wenn schon die Welt der Götter so grausam war, dann sollte Prometheus wenigstens Glück haben: *Herakles* kam vorbei und erschoss aus Mitleid den Adler mit Pfeil und Bogen. Der Zentaur *Chiron* ließ sich an Prometheus' Stelle an den Felsen ketten. Da Prometheus aber wenigstens 30.000 Jahre angekettet bleiben sollte, musste er von nun an einen eisernen Ring mit einem Felsstück des Kaukasusberges tragen. So wurde der Wille des Zeus erfüllt.

Chewsuretien

An den Felsen des Kasbek soll der Sage nach **Prometheus** angekettet gewesen sein, um dort 30.000 Jahre lang dafür bestraft zu werden, dass er den von ihm geschaffenen Menschen das Feuer brachte (siehe Exkurs).

Erfahrene Bergsteiger, die mit Steigeisen, warmer Kleidung, Schlafsack und Kochgeschirr ausgestattet sind, können in einer ehemaligen Wetterstation in 3652 m Höhe, heute **Bethlehem-Hütte** genannt, übernachten. Sie bietet etwa 50 Menschen Platz, man muss mit 25 Lari pro Liege rechnen.

Darjal-Schlucht 170/B1

Diese Schlucht beeindruckte schon *Alexandre Dumas,* bis hierher kamen die Truppen des römischen Kaisers *Pompejus Magnus*. Die etwa 16 km lange, gut ausgebaute Straße (Leitplanken zur Talseite hin) führt entlang des Tergi-Flusses (russ. *Terek*) zum **Grenzübergang nach** Nordossetien und damit nach **Russland.** Obwohl landschaftlich reizvoll, bleibt es jedem selbst überlassen, ob er auf der fast vollständig asphaltierten Straße in „Gesellschaft" russischer, ukrainischer und armenischer Laster bis zum **Darjal-Kloster** wandern möchte. Gegenüber dem Kloster, auf der anderen Seite des Flusses, befindet sich auf einer Anhöhe die **Schlossruine der Tamar,** nicht zu verwechseln mit der legendären Königin. Die Ruine kann man wahrscheinlich nur dann erkennen, wenn man weiß, dass sie dort ist. In der Nähe des Klosters soll ein Wasserkraftwerk errichtet werden, die Bauarbeiten dazu haben schon begonnen. Ein Taxi hin und zurück sollte nicht mehr als 30 Lari kosten.

Eine der abgelegensten und am schwersten erreichbaren Bergregionen Georgiens ist Chewsuretien, das im Norden an Tschetschenien grenzt. Das gebirgige Chewsuretien ist durch alte Burgen und Wehranlagen gekennzeichnet. Südlich des Bärenkreuzpasses wird das Land als **Zis-Chewsuretien,** nördlich davon als **Trans-Chewsuretien** bezeichnet. Die größeren der wenigen Orte Trans-Chewsuretiens sind Schatili und das unbewohnte Muzo.

Bis Ende Mai oder sogar Ende Juni ist die Gegend nördlich des Dorfes **Korscha** nicht zugänglich, da der Bärenkreuzpass (Datwis Dshwari Ucheltechili) wegen Schneelawinen oder Erdrutschen gesperrt ist.

Der Lebensstil der **Chewsuren** unterscheidet sich erheblich von dem der anderen kaukasischen Völker, ist doch ihre **Mythologie** und Auffassung von der **Entstehung der Welt** einzigartig. Die Legende besagt, dass die Götter auf einer Funken sprühenden Säule auf die Erde hinabstiegen und die Chewsuren ganz bestimmte Kampfkünste lehrten. Feinde besiegten sie mit Feuerpfeilen. Da sich die Chewsuren als Abkömmlinge dieser Götter betrachten, werden noch heute Männern vorbehaltene heilige Plätze aufgesucht, an denen einmal jährlich zu diesen Göttern gebetet wird. Nur Männer dürfen hier Kerzen anzünden, Frauen dürfen sich den religiösen Stätten nicht nähern! Frau sollte die örtlichen Bräuche unbedingt achten! Die Chewsuren leben nach wie vor in **Clans.** Jeder Clan beherrschte früher eine bestimmte

Kampftechnik, daher galten die Chewsuren lange Zeit als gute Leibwächter der georgischen Könige.

Auch die **Nationaltracht** der Chewsuren ist einzigartig, über und über mit Kreuzstickereien versehen, wobei das Kreuz- und Sternenmotiv überwiegen. Möglicherweise ist die Stickerei eine stilisierte heidnische Darstellung der Sonne. Noch bis in die 1930er Jahre hinein sollen die Chewsuren Kettenhemden getragen haben, die an den Bekleidungsstil der Kreuzritter erinnerten. Es gibt sogar Theorien, die behaupten, dass die Chewsuren auf aus Jerusalem heimkehrende Kreuzritter zurückzuführen seien – wahrscheinlich eine sehr freie Interpretation.

Da es in Chewsuretien keine Supermärkte gibt, sollte man sich zu Übernachtungen mit **Vollpension** entschließen. Wichtig ist auch eine **Taschenlampe** mit Ersatzbatterien! In Chewsuretien gibt es vielerorts noch immer keinen elektrischen Strom. Fotofreunde sollten an einen Reserveakku denken. Tipp für Motorradfahrer: Mit vollem Tank losfahren! Zum Recherchezeitpunkt gab es in keinem der hier beschriebenen Orte Geldautomaten, Wechselstelle, Tankstelle oder auch nur eine Apotheke. Auch dies sollte bei der Reiseplanung beachtet werden. Die Strecke ist sowohl für Motorradfahrer als auch für Mountainbiker geeignet, nur die unmittelbare An- und Abfahrt zum/vom Bärenkreuzpass sind steile Serpentinen. Sowohl die Gastgeber in den Bergen als auch Hirten, die man vielleicht unterwegs trifft, freuen sich über Zeitungen aus Tbilisi!

Der Weg nach Schatili

Die Straße nach Chewsuretien führt zunächst zum Staudamm nach **Shinwali** (engl. Zhinvali) um dann nach ca. 42 km ab Tbilisi dem Wegweiser in die Ortschaft **Tschinti** (engl. Chinti) zu folgen. Der Weg gabelt sich: Rechts geht es nach Schatili, links nach Stepanzminda (Kasbegi). Gleich rechts an der Straße bieten Kioske Lebensmittel an. Der streckenweise asphaltierte Weg führt nun östlich des Shinwali-Staubeckens in Richtung Schatili, entlang des Tales der Pschawischen Aragwi. 23 km nach Tschinti ist das Dorf **Magaroskari** (engl. Magharoskari) erreicht, wo ein nicht zu übersehender Wegweiser nach rechts, ostwärts, in die Siedlung Tschargali weist.

Tschargali/Chargali 171/C2

Tschargali liegt in einer wunderschönen Schlucht. Hier wurde 1861 der **Dichter und Naturphilosoph Wascha Pschawela** (dt. Bursche aus Pschawien, eigentlich *Luka Pawlowitsch Rasikaschwili*) geboren, an den ein **Museum** erinnert: Am Ortsende der kleinen Siedlung überrascht den Besucher ein moderner Gebäudekomplex mit einer riesigen Büste des Kopfes von *Wascha Pschawela* davor, dahinter ein winziges Amphitheater und auf der gegenüberliegenden Bachseite das Geburtshaus des Dichters. Der Rentner Herr *Alex* sitzt den ganzen Tag vor dem Museumsgebäude und wartet auf Besucher. Die Besichtigung sollte mit dem Geburtshaus beginnen, das aus zwei winzigen, dunklen Räumen besteht und Rückschlüsse auf das karge Leben zulässt. Im Raum links des Einganges schrieb Pschawela. Auf seinem Tisch stehen noch eine Spieluhr, seine Tabakschachtel und Kerzenständer. An der Wand neben dem Eckkamin hängt sein Gewehr. Links über dem als Schreibtisch genutzten Tisch hängt ein Churdschini, ein gewebtes Stofftuch, das gewöhnlich über der Schulter getragen wurde, wobei die Enden jeweils vor und hinter dem Körper herunterhingen. An den Enden befand sich ein Beutel, worin der Dichter seine Werke verstaute und so an den Verleger *Ilja Tschawtschawadse* sandte.

Im winzigen Korridor ein ausgehöhlter Baumstamm zur Aufbewahrung von Weizen, im Raum rechts des Eingangs lebte seine Familie. Hier steht u.a. eine Truhe mit Nähmaschine, an der Decke hängt ein ausgehöhlter Baumstamm mit einer Öffnung oben, der zum Buttern genutzt wurde; in der Ecke dahinter ein metallenes Gefäß zum Schnapsbrennen und schließlich ein großes Bett für mehrere Personen. Vor dem winzigen Häuschen stehen auf der kleinen Veranda ein aus Baumstämmen gefertigter Tisch und interessante „Hocker": Sie sind hohl und

haben in der Mitte vorn ein Loch für die Bienen, denn sie können auch als Bienenkörbe genutzt werden. Etwas versetzt hinter dem Wohnhaus steht noch ein kleineres Gebäude, die alte Scheune.

Das moderne Museumsgebäude, in dem aus finanziellen Gründen oft kein Licht brennt, betritt man über einen runden Raum in der Mitte. Hier hängen an der Wand zahlreiche Fotos von Pschawelas Brüdern und Kindern. Gegenüber der Tür fällt ein Gemälde auf, das Wascha Pschawela im Alter von 45 Jahren in der kaukasischen Tschocha zeigt, dem Mantel, der über der Brust mit Patronengürteln geschmückt wird. Im rechten Eckraum beeindruckt vor allem ein großes Ölgemälde des Malers *Sirbiladse* aus dem Jahr 1889 mit dem Titel „Waschas Tränen". Bei genauerer Betrachtung erkennt man, dass der Maler Pschawelas Gesicht aus verschiedenen Landschaften, seine Tränen in Gestalt von Wasserfällen darstellte. Im linken Eckraum sieht man u.a. ein Bild, das den Dichter auf dem Sterbett darstellt. Er starb 1915 und wurde auf dem Friedhof des Pantheons in Tbilisi beigesetzt.

Das Museum ist praktisch ganztägig geöffnet (sonst nach Herrn Alex fragen), Eintritt für Museumsgebäude und Geburtshaus jeweils 50 Tetri. Das kleine, etwas zugewachsene Amphitheater wird gelegentlich für Aufführungen der Werke des Dichters genutzt.

Unterkunft

In Tschargali werden immer mehr Privatzimmer (Einheitspreis Ü/HP 35 Lari) angeboten. Sie haben Reitpferde für 30 Lari pro Tag, ein Guideservice kann vermittelt werden:

■ **GH Melano Mchedluri,** mobil: 599 15 22 41, vier Zimmer für 15 Gäste.
■ **GH Tamriko Zurabaschwili,** mobil: 558 37 47 31, bietet in drei Zimmern 10 Betten an.
■ **GH Amiran Zurabaschwili,** mobil: 595 16 62 24, 13 Betten in vier Zimmern.

Anreise

■ **Ab Metrostation Didube** in Tbilisi täglich 11 und 15 Uhr.

Tschargali:
Museum zu Ehren von Wascha Pschawela

Barisacho/Barisakho und Korscha 171/C2

16 km nach Tschargali (100 km ab Tbilisi) gabelt sich die Straße: Nach links ist man sofort in **Barisacho**, dem **administrativen Zentrum von Pschawien und Chewsuretien**, wo sich der letzte Tante-Emma-Laden befindet. Der rechte Zweig der Gabelung führt direkt nach Korscha, das man nach 2 km erreicht.

Korscha ist ein Straßendorf, in dem Schweine und Kühe über die Straße spazieren. Die Menschen bauen in kleinen Beeten Kartoffeln, Gurken, Mais und Kohl an, Tomaten gedeihen schon nicht mehr. Am schnell erreichten Ende des Ortes fällt ein georgisch- und englischsprachiges Schild auf, das auf das **Chewsuretische Ethnografische Museum,** das Heimatmuseum, hinweist, das *Schota Arabuli* in einer ehemaligen Kirche auf einer kleinen Anhöhe eingerichtet hat. Herr Arabuli führt mit Vergnügen durch das Museum. Zahlreiche Fotos an den Wänden, meist schwarzweiß, zeigen alte chewsuretische Trachten. Auf einem Plakat über der Tür ist der Museumsleiter in einer solchen Tracht zu sehen. Das Plakat wurde anlässlich der Art Geni 2006 entworfen, einer an verschiedenen Orten Georgiens durchgeführten Veranstaltung zur Förderung ethnografischer Folklore mit Gesang, Tanz und georgischen Instrumenten. Ferner sind alte Geldscheine ausgestellt, darunter ein 10-Rubel-Schein mit Lenin-Bildnis, ein Tscherwonez, bis 1961 in der ehemaligen Sowjetunion der gültige 10-Rubel-Schein. Interessant auch die Stickvorlagen an der Wand für die typisch chewsuretischen Stickmuster. Im ersten Raum fallen zur linken fünf Holzkästen auf, die junge Burschen ihren Bräuten anfertigten. Ganz links stehen drei blecherne Tabakdosen mit der deutschen Aufschrift „Treu zur Arbeit – treu zu Gott". Im hinteren Raum werden Werkzeuge und landwirtschaftliches Gerät ausgestellt.

Beim Hinausgehen fallen im Vorraum einige Ölgemälde auf, von denen viele die imposanten Wehrtürme von Schatili zeigen. Herr Arabuli ist von Beruf Maler und bietet diese Gemälde zum Verkauf an. Wer hier kauft, kann sicher sein, dass sein Geld direkt an den Künstler geht.

Unterkunft

■ **Schota Arabuli** (spricht russisch und ein bisschen deutsch, sein Sohn lernt deutsch in der Schule), mobil: 595 50 31 34, Tel. in Tbilisi: (032) 2 22 45 99. Familie *Arabuli* vermietet sechs recht annehmbare DZ in einem separaten Gebäude, Ü/VP 45 Lari. Wer nur übernachten will, zahlt 20 Lari. Sowohl das Wohnhaus als auch das Gästehaus befinden sich auf einem gepflegten Gartengrundstück (vorletztes Haus auf der linken Straßenseite Richtung Schatili).

■ **GH Mamuka Arabuli**, mobil: 599 74 11 99, korshaltd@gmail.com, facebook: korshaguesthouse. 6 DZ, zwei 3-BZ und zwei 4-BZ, Ü, ÜF, Ü/HP, Ü/VP 20, 30, 40, 50 Lari, inkl. Tee, Kaffee und Hauswein. *Mamuka* kann ein Reitpferd für 50 Lari/Tag inkl. Führer sowie einen Jeep vermitteln. Vermittelt werden auch Besichtigungen des Ethnografischen Museums von *Schota Arabuli*.

Anreise nach Korscha

■ Korscha ist der letzte Ort vor dem Bärenkreuzpass, der mit einem kleinen Bus ab Didube erreicht werden kann. Der **Bus** fährt ab Metrostation Didu-

> Schatili: Stricken als Ablenkung von der täglichen Mühsal

be Di, Mi, Fr und Sa um 16.20 Uhr (Zeit vor Ort verifizieren!), von Barisacho nach Didube um 9 Uhr jeweils am gleichen Tag. Wer ab Korscha einen **Jeep** nach Schatili mieten will, muss mit 150 Lari pro Fahrzeug rechnen, einige Fahrer verlangen bis zu 250 Lari!

● Die **Straße nach Korscha** ist auch im Winter befahrbar, ab November geht es jedoch nicht weiter, da der Bärenkreuzpass unpassierbar ist.

Abstecher nach Roschka in Richtung Heerstraße

Von Korscha kann man nach Roschka wandern (10–11 km). Der Weg führt weiter über den **Roschka-Pass (3842 m),** auch Tschauchi-Pass genannt, nach Dschuta und Sno und schließlich zur Georgischen Heerstraße. Die Straße ist zurzeit nur für Allradfahrzeuge geeignet, Die Herren *Arabuli* (s.o.) können aber Pferde und Guides organisieren.

Etwa 6 km nach Korscha passiert man den Weiler **Biso.** Nur wenige Häuser stehen tief im Tal. Schon nach 1 km erreicht man über den Weiler **Gudani Chachmati** (engl. Khakhmati).

Unterkunft in Gudani   171/C1
● **GH Dzila Tschintscharauli,** mobil: 593 30 11 70. In fünf einfachen Zimmern können 14 Gäste untergebracht werden, Ü, ÜF, Ü/HP, Ü/VP 10, 25, 40, 50 Lari, inkl. Tee, Kaffee, Milch (!), Hauswein und Tschatscha sowie Obstkompott. *Dzila* kann einen englisch- bzw. russischsprachigen Guide zu 25 Lari vermitteln. Veranda zum Sonnen ideal. Auch Verleih von Campingausrüstung: Zelte für 10 Lari, Schlafsäcke für 5 Lari pro Person und Tag.

Die Straße windet sich weiter nach oben und schließlich sieht man rechts oben auf einem kleinen Hügel ein Metallgestell, das den **Bärenkreuzpass** (Datwi Dshwari Ucheltechili, 2676 m) markiert. Viele halten hier an und erklimmen den

Hügel, um die Glocke an dem Gestell zu läuten. Am Wochenende sind hier viele Tbilisier Männer zu sehen, die ihre Sixpacks auspacken und den Tag genießen.

Die Straße windet sich bergab ins etwa 10 km entfernte **Kistani,** von wo es noch ungefähr 14 km bis Schatili sind. Schatili erreicht man ganz unvermittelt durch eine enge Schlucht, durch die die Aragwi fließt, und selbst im September sind Teile des Flusses noch mit verschmutzten, also unsichtbaren Schneebrettern bedeckt.

Schatili/Shatili 171/C1

შატილი

Bei Erreichen des Ortes zweigt ein Weg nach links oben in das **Oberdorf** ab, wohin man sich wegen einer Unterkunft wenden muss. Das Oberdorf besteht aus etwa zehn Häuschen, erbaut in den 1970er Jahren. Kleine gepflegte Vorgärten vermitteln Gemütlichkeit, Hühner gackern auf der Straße. Schließlich erreicht man eine große Parabolantenne, nach der ein Hochtal beginnt, auf dem zahlreiche Kühe grasen. Rechter Hand liegt der Friedhof des Ortes. Schatili wird nur noch **von etwa 15 Personen**

Die berühmten Wehrtürme von Schatili

ganzjährig bewohnt, alle anderen halten sich hier nur während des Sommers auf. Eine Frau erzählte, dass es sehr schwer sei, hier zu leben und im Winter sehr langweilig. Es gibt weder Radio noch Fernsehen. Wer in den unten angeführten Hotels übernachtet und den Sonnenaufgang beobachtet, wird feststellen, dass die Häuser im Oberdorf schon lange von der warmen Sonne angestrahlt werden, während die Turmhäuser auf dem im Tal gelegenen Felsvorsprung noch lange im Schatten liegen. Würde man unten am Ortseingang nach rechts abbiegen, so käme man direkt zu dem Wehrturmverband, der nach Aussagen der Einwohner noch jeden Besucher zu begeisterten Ausrufen veranlasst hat.

Schatili liegt 1395 m über dem Meeresspiegel. In den 1950er Jahren verließen viele Bewohner das Dorf, sodass der Hauptort Pirikita-Chewsuretiens heute weitgehend unbewohnt ist. Er erlangte zu Recht Berühmtheit wegen seiner **vielen Wehrtürme,** die sich von denen in Swanetien oder Tuschetien grundsätzlich unterscheiden. Die chewsuretischen Wehrtürme stehen nicht einzeln, sondern bilden eine Festung. Es gibt Türme aus dem 6. Jh., die meisten stammen jedoch aus dem 10. bis 12. Jh. Sie wurden aus Schiefer und anderen Steinen ohne jeglichen Mörtel oder Bolzen, Nägel usw. zusammengefügt und trotzten jahrhundertelang Angriffen und Wetterunbilden. Imposant auch die Holzbalkone an vielen Türmen. Waren diese einmaligen Türme über Jahrzehnte dem Verfall preisgegeben – lediglich in den 1970er Jahren wurden einige Sicherungsarbeiten durchgeführt –, erkennen nun mehr und mehr Familien, dass sich mit den Türmen auch Geld verdienen lässt, denn das Interesse der Touristen ist immens.

Es ist problemlos möglich, **entlang eines Trampelpfades** durch das Konglomerat von Wehrtürmen zu gehen und auf kurzem Wege vom Oberdorf **ins unbewohnte Unterdorf** zu gelangen. In den Türmen, deren Türen oft fehlen, befinden sich oft Kälber oder andere Tiere, also nicht erschrecken. Man sollte dennoch nicht versuchen, bis in den letzten Winkel eines Turmes zu gelangen, da ihre bauliche Sicherheit in Zweifel zu ziehen ist!

Ab Schatili sind ausgiebige **Wanderungen oder Reittouren** möglich. Markierte Wanderwege gibt es nicht, die We-

ge folgen praktisch immer einem Fluss oder Bach. Nach wie vor sind auch keine Wanderkarten erhältlich.

Falls es das Wetter und damit die Wegesituation zulassen, könnte man den Besuch von Schatili mit der Weiterreise nach Tuschetien oder zur Georgischen Heerstraße (Stepanzminda) kombinieren, je nachdem von wo aus man die Reise hierher begonnen hat. **Reiseagenturen** bieten oft **Touren nach Chewsuretien** an, in denen die Touristen nach Schatili gebracht werden, von hier aus zu Pferde nach Tuschetien weiterreisen, wo sie dann mit dem Fahrzeug wieder abgeholt werden. Das Fahrzeug, das sie bis nach Schatili gebracht hat, kann nur etwa bis kurz nach Muzo fahren. Diese Touren gibt es natürlich auch umgekehrt. Leider sind sie nicht ganz billig.

Kehrt man von Schatili auf gleichem Wege zurück, so erblickt man an der schmalen Durchfahrt zum Ortseingang links oben auf einem Hügel die Ruinen einer weiteren Festung, abermals ein gutes Fotomotiv.

Unterkunft/Verpflegung

Erfreulicherweise gibt es inzwischen auch in Schatili zahlreiche (neue) Unterkünfte. Gehen Sie zuerst ins Oberdorf, um Kontakt aufzunehmen.

■ **Sastumro,** in einem schön restaurierten Wehrturm führen *Imeda Tschintscharauli* und seine Frau *Schorena Likogeli* ein Hotel mit 12 Betten in vier Zimmern. *Schorena,* mobil: 595 51 84 52, shorenaliqokeli@mail.ru. Ü, Ü/HP, Ü/VP 30, 60, 70 Lari. Sehr schmackhaftes und reichliches Essen.

■ **Wehrturmhotel David Dshalabauri,** mobil: 598 12 76 14, datojalabauri@yahoo.com. Ein weiteres tolles Hotel in einem Wehrturm, fünf DZ und ein 6-BZ, Ü, Ü/F, Ü/HP, Ü/VP 30, 40, 50, 60 Lari inkl. Tee, Kaffee, Hauswein und Tschatscha. Ein Reitpferd für kurze Strecken kostet 30 Lari, für lange Strecken 50 Lari pro Tag inkl. englisch- oder russischsprachigem Guide (russ. *prowodnik*).

■ **Hotel in Schatili,** einfache und zweckmäßige Unterkunft, *Wascha Tschintscharauli* führt das Hotel, mobil: 577 72 93 62, alionitour@gol.ge. Das Haus befindet sich im Unterdorf rechts des Baches, der kurz nach den Wehrtürmen von links dem Andaki zufließt. Ü, Ü/F, Ü/HP, Ü/VP 15, 25, 35, 45 Lari.

■ **GH Michail Tschintscharauli,** mobil: 595 50 37 98. 2 DZ, ein 3-BZ und ein 4-BZ, Ü, Ü/F, Ü/HP, Ü/VP 20, 30, 50, 60 Lari inkl. Tee und Kaffee. Vermittlung von Jeeps, Reitpferden oder Bergführern.

■ **GH Mzia Ziklauri,** mobil: 599 80 73 80, in vier Zimmern haben 14 Gäste Platz, Ü/HP oder Ü/VP 50 oder 60 Lari inkl. Tee, Kaffee, Chinkali, Tschatscha.

■ **GH Nana Gogotschuri,** mobil: 599 99 20 25, 15 Betten stehen zur Verfügung, Ü, Ü/HP, Ü/VP 15, 30, 40 Lari inkl. Tee und Kaffee.

■ **GH Irma Gigauri,** mobil: 595 50 36 22, ein DZ und zwei 3-BZ, Ü, Ü/HP, Ü/VP 20, 50, 70 Lari. *Irma* betreibt auch einen Imbiss.

■ **GH Lamara Tschintscharauli,** mobil: 599 77 54 73, ein DZ und zwei 3-BZ, Ü, Ü/HP, Ü/VP 20, 50, 70 Lari.

■ **GH Schuschuna Tschintscharauli ,** vier 3-BZ, Ü 10 Lari, Ü/HP 40 Lari.

■ **GH Sopo Tschintscharauli,** mobil: 595 71 97 99, zwei DZ, ein 3-BZ und ein 5-BZ, Ü 20 Lari, Ü/HP 50 Lari, Ü/VP 70 Lari inkl. Tee, Kaffee, Hauswein und Tschatscha.

■ **GH Lela Gogotschuri,** mobil: 599 99 28 83, nunuca-2008@yandex.ru, zwei EZ, fünf DZ, ein 3-BZ, Ü, Ü/F, Ü/HP, Ü/VP 20, 30, 40, 50 Lari inkl. Tee, Kaffee, Hauswein und Tschatscha.

Campingtipps

Man kann sein Zelt fast überall aufstellen, jedoch nicht in der Nähe von Schreinen. Lärm oder das Aufstellen von Kerzen sollte nach chewsurischer Tradition unbedingt unterlassen werden, Frauen sollten heilige Plätze gänzlich meiden!

Wanderung oder Weiterreise nach Muzo/Mutso 171/C1
მუცო

Der 11–12 km lange Weg bis ins unbewohnte Muzo könnte das Ziel einer sehr angenehmen Tageswanderung **entlang des rauschenden Andaki-Flüsschens** sein. Man überquert vom Hotel Sastumro aus den Andaki über eine der Brücken und geht 2–3 km rechts des Flüsschens. In einer Biegung sieht man zur Linken weit oben die Gebäude der **georgischen Grenztruppen** und natürlich die georgische Flagge. **Die Grenze zu Russland liegt also links des Andaki und niemand kann erzählen, er sei „aus Versehen" dorthin gelangt – bitte unbedingt beachten, dass ein Grenzübertritt tabu ist!**

Der angenehme Weg führt nach rechts weiter und ist teilweise von Laubbäumen beidseits des Weges regelrecht überdacht. Es gibt kaum nennenswerte Steigungen, irgendwann überquert man den Andaki, der nun rechts des Weges fließt. Nach 9–10 km sieht man links oben einen Wachturm, der die Turmanlage von Muzo ankündigt. Der Andaki gewinnt an Breite, Birken wachsen durch das riesige Geröll des Ufers, und plötzlich hat man eine Stelle erreicht, an der jeweils links und rechts des Andaki verlassenen Häuser stehen und von beiden Seiten des Andaki ein Bach in den Fluss mündet. Genau hier biegt auch ein Weg nach links oben ab, der bald in einen steilen Trampelpfad übergeht. Ganz weit oben, in 1590 m Höhe, auf einem steilen Felsvorsprung, sieht man den Komplex der Wehrtürme von Muzo – man sieht diese Türme nur, wenn man weiß, dass sie dort stehen!

Etwa 6 km nach Muzo kommt man über einen ansteigenden Pfad nach **Ardoti**. Hier muss man sich entscheiden, ob man weiter östlich direkt zum **Azunta-Pass (3431 m)** weiterläuft oder den Umweg über Andaki machen möchte. Der Azunta-Pass stellt gewissermaßen die Grenze zu Tuschetien dar.

Anreise/Touren/Informationen/Benzin
Hinweis: Die genannten Fahrten finden nur statt, wenn der Bärenkreuzpass passierbar ist, also etwa ab Juni bis Anfang Oktober (man erkundige sich auch vor Ort!).

- **Marschrutki ab Tbilisi-Didube** Mi und Sa 9 Uhr, 20 Lari, 4–5 Std.
- Marschrutki **ab Schatili** nach Tbilisi Mi, Do und So 12 Uhr.
- Im Sommer fahren auch private Marschrutki unregelmäßig **nach Schatili.** Man lasse vorher den russischsprachigen Fahrer *Dawid Tschubinidse* kontaktieren, mobil: 551 40 08 51, oder *Maia Tschonkadse*, mobil: 555 49 55 07.
- Marschrutki **ab Tbilisi-Samgori** (auch Nawtlug genannt) Fr und Do 9 Uhr, zurück Mi und Sa 9 Uhr.
- **Kaukasus-Reisen** (www.kaukasus-reisen.de) bietet geführte Touren an.
- **Infos** in deutscher Sprache auch unter www.georgiano.de.
- **Benzin:** Es gibt keine Tankstellen. Im Notfall wende man sich in Barisacho, Korscha oder Schatili an die dortigen Tante-Emma-Läden (russ. *magasin*), die Benzin aus Kanistern verkaufen.

NICHT VERPASSEN!

➔ **Tuschetien und seine Talschaften:** Wandern und Reiten über den Wolken | 199ff.

➔ **Weingüter in Kachetien:** die Wiege des Weinbaus | 215

➔ **Wehrkirche Gremi:** Zeugin einer bewegten Vergangenheit | 221

➔ **Signachi:** Stadt mit italienischem Flair | 228

Diese Tipps sind gelb hinterlegt.

◸ Das religiöse Zentrum Kachetiens: die Kirche von Alawerdi

KACHETIEN

Kachetien (Kacheti) bildet den **äußersten östlichen Zipfel Georgiens** und grenzt an Aserbaidschan sowie an die russische Teilrepublik Dagestan. Reisende, die Ende September in Georgien unterwegs sind, sollten unbedingt Kachetien besuchen, denn die **Rtweli, Feste anlässlich der Weinlese,** können einen Höhepunkt einer Georgien-Reise darstellen.

Bis ins 6. Jahrtausend v.Chr. lassen sich Spuren des Weinbaus im heutigen Kachetien zurückverfolgen. Einbände mittelalterlicher Handschriften, Wandmalereien in Kirchen aus der Zeit Königin *Tamars* und sogar das Staatswappen der ehemaligen Grusinischen Sowjetrepublik zeigen Reben. In Kachetien werden an die **zwei Dutzend Rebsorten** kultiviert, darunter so klangvolle Namen wie Zinandali, Gurdshaani oder Kindzmarauli. Da die Sorten jeweils den Namen ihres Anbaugebietes tragen, wo ihnen ganz spezifische Bodenverhältnisse das jeweils typische Bukett verleihen, ist es absurd, Weine aus anderen Anbaugebieten oder sogar von außerhalb Georgiens unter gleichem Namen zu verkaufen.

Tuschetien

Tuschetien, der **nördlichste Teil Kachetiens,** grenzt nach Norden hin an Tschetschenien, im Osten an Dagestan und im Westen an die georgische Provinz Chewsuretien. Bronzefunde belegen, dass das Gebiet schon lange besiedelt war. Schriftliche Aufzeichnungen aus der isolierten Region gibt es erst seit dem spä-

Kachetien (Norden) 201

ten Mittelalter. Die Bevölkerung besteht hauptsächlich aus **Tuschen,** die gute Kämpfer waren, denn sie hatten es oft mit marodierenden Stämmen zu tun, die ihnen ihr Vieh stehlen wollten. Entsprechend der traditionelle Aufbau tuschetischer Dörfer, die durch **Festungen** geschützt waren. Die Festungen von Omalo und Zowata wurden viele Male angegriffen, aber nie eingenommen. Die Familien waren verpflichtet, sich am Bau der kostspieligen und arbeitsintensiven Festungen zu beteiligen. Auffällig auch die Ausführung religiöser Bauwerke. Obwohl man sich in Tuschetien und Chewsuretien zum Christentum bekennt, werden noch immer zahlreiche **heidnische Bräuche** gelebt. An vielen Häusern sind heidnische Verzierungen angebracht, die Tuschen essen in den Bergen kein Schweinefleisch, was sie aber im Tal sehr wohl tun.

König *Lewan I.* (1520–74) erlaubte den Tuschen, das **Alasani-Tal** als Winterweiden zu nutzen. Seit dieser Zeit gab es immer stärker werdende Bindungen der Tuschen an Kachetien. Wann immer es galt, Kachetien vor Feinden zu schützen, kamen die Tuschen zu Hilfe. In den 1930er Jahren begannen die Tuschen, in Kachetien zu siedeln. Insbesondere die Ortschaften Semo Alwani und Kwemo Alwani wurden von ihnen gegründet. In den 1950er Jahren begann die damalige Regierung, die Mehrheit der Tuschen in Kachetien anzusiedeln. Daher sind heute in Tuschetien **nur die Orte Omalo, Schenako und Diklo bewohnt.** Omalo ist das größte Dorf und zugleich der Verwaltungssitz Tuschetiens. Im Sommer zieht es viele Tuschen in die Berge, um ihr Vieh zu hüten. Beeindruckend ist die Gastfreundschaft der wenigen Einwohner. Immer mehr von ihnen entschließen sich, Zimmer zu vermieten. Einige Dörfer haben ein Oberdorf, das im Sommer genutzt wird und ein Unterdorf für den Aufenthalt im Winter. Dieser halbjährliche Umzug wird *Sosel Bosloba* genannt.

Im Jahr 2003 wurden das **Tuschetische Naturreservat** (12.660 ha), der **Tuschetische Nationalpark** (69.515 ha) und das **Tuschetische Landschaftsschutzgebiet** (31.518 ha) eingerichtet. Mit ihrer Höhenlage zwischen 1500 und 4500 m stellen sie die höchsten Schutzgebiete in ganz Europa dar. Von ungefähr 230 im Kaukasus endemischen Pflanzenarten gedeihen elf ausschließlich in Georgien. Besucher, die die mühevolle und nicht ganz billige Anreise auf sich genommen haben, sind aufs Äußerste fasziniert von der Schönheit der tuschetischen Bergwelt und der intakten Natur. Tuschetien eignet sich ideal für Vogelkundler, Wanderer und Reiter, Fotofreunde und Abenteuerurlauber und all jene, die sich in der Abgeschiedenheit wohlfühlen.

Es gibt zwei Haupttäler, das südliche **Gomerzi- und** das nördlicher gelegene **Pirikiti-Tal.** Tuschetien ist in **Talschaften** gegliedert, die nachfolgend kurz vorgestellt seien und in fünf bis sechs Tagen auf einer Wanderung erkundet werden können.

Talschaft Tschanschchowani

Sie erstreckt sich entlang der **Schlucht des Zatazqali-Flusses.** Wer hier Unterkunft sucht, kontaktiere folgende Vermieter bzw. Gasthäuser:

Dorf Schtrolta (შტროლთა)

■ **GH Lamzira Gotaidze,** mobil: 599 21 81 39, Haus mit großem Holzbalkon, liegt etwas abseits des Weges, 4 DZ, zwei 4-BZ, Gemeinschaftsdusche, Herzhäuschen im Garten.

■ **GH Elisabeth Itschirauli,** mobil: 555 02 01 71, drei DZ mit Herzhäuschen im Garten, die Vermieterin stellt Filzprodukte her, die im Aufenthaltsraum auch ausgestellt werden.

Dorf Tschala (ჭალა)

■ **Lewan Gogotidze,** mobil: 599 18 51 57, Haus im traditionellen Stil auf Pfeilern nahe Weg und Flüsschen, ein DZ und in 3-BZ; ein großer Balkon bietet eine tolle Aussicht. Lebensmittel vom eigenen Bauernhof!

Talschaft Tschagma

Diese Talschaft umfasst die **Dörfer am Zusammenfluss der beiden Alasani-Flüsse Pirikiti und Gomerzi** mit Omalo als Verwaltungszentrum. Kurz vor Erreichen der Ortschaft in etwa 2050 m Höhe mit ihren weit verstreuten Häusern befindet sich zur Linken in einem Waldgrundstück (englisch ausgeschildert, ca. km 69 oder 70) das **Besucherzentrum.** Kontakt über *Ilja Tschwritidze* für die tuschetischen Landschaftsschutzgebiete, mobil: 577 10 18 92, oder über die Agentur der Schutzgebiete in Tbilisi, Gulua-Straße 6, mobil: 577 90 72 72.

Dorf Omalo (ომალო)   171/D2

Omalo teilt sich in das **Unterdorf Semo Omalo** und das **Oberdorf Kwemo Omalo** (auch Alt-Omalo genannt). Im Unterdorf befinden sich eine Krankenstation (davor parken meist einige Krankenwagen), eine Internatsschule, ein Minimarkt (in einem Wohnhaus) und ein Hubschrauberlandeplatz.

Unterkunft im Unterdorf

■ **GH Tuscheti,** *Wascha Schablaidze* mobil: 599 23 11 32, *Soso Babulaidze* mobil: 599 79 00 92. Neues Haus mit halbrundem Erker an der Straße zwischen dem Besucherzentrum und dem Unterdorf, 10 Zimmer (DZ, 3-BZ, 4-BZ) mit Gemeinschaftsbad in einem Gartenhäuschen. Die Vermieter können Reitpferde vermitteln.

■ **GH Keselo,** *Nani Arschaulidze* mobil: 599 93 88 54. Das Haus befindet sich auf einer kleinen Anhöhe und ist von einem Garten umgeben, dort auch Grillplatz. Fünf Zimmer im Haus und im Gartenhaus mit je einem Gemeinschaftsbad, Gäste dürfen mitkochen und – mitsingen! Reitpferde können vermittelt werden.

■ **GH Kamsuri,** *Gela Bachturidze* mobil: 558 75 84 78, www.tusheti.ge. Das Haus mit großen Balkonen liegt etwa in Ortsmitte, sieben Zimmer für insgesamt 18 Gäste mit Gemeinschaftsbad, Speiseraum und Aufenthaltsraum. Reitpferde können vermittelt werden.

■ **GH Surab Murawidze,** mobil: 598 54 05 45. Ein gemütliches 4-BZ und Herzhäuschen im Garten, Gemüse aus dem eigenen Garten und frische Milchprodukte vom eigenen Hof.

Unterkunft im Oberdorf

■ **Turmhotel,** Frau *Siala* (englisch), mobil: 599 11 08 70, und ihr Mann *Nugsar Idoidze,* mobil: 599 27 22 65, führen diese Unterkunft in der Ortsmitte am Wehrturm (mit englischsprachigem Schild!). Im Turm drei DZ mit Bad zu 100 Lari pro Zimmer und VP, 50 Lari je Einzelnutzung, Speiseraum mit Kamin, große Veranda. Eingang in den Turm über den Speiseraum durch eine sehr niedrige Tür – für stark gebaute oder sehr große Gäste ungünstig, daher besser eins der Gästezimmer im Wohnhaus der Familie nehmen. *Nugsar* sammelt alte Fotos, die er im Speiseraum aushängt. Er nennt sich auch **Direktor** des Turmmuseums, welches sich links neben dem Keselo-Wehrturmverband aus dem 11./12. Jh. auf einem Hügel befindet. Von diesen Türmen hat man einen guten Blick auf ein Freilufttheater zur Linken, wo im August Veranstaltungen anlässlich des **Festes Tuschetoba** stattfinden. Das genaue Datum sollte man vorab telefonisch erfragen. *Nugsar* ist der Autor einer mit Fotos illustrierten Broschüre über tuschetisches Brauchtum.

Dorf Schenako (შენაქო)

Das schöne Dorf erreicht man von Omalo aus, wobei eine Holzbrücke über den Pirikiti-Fluss zu überqueren ist. Man suche den Weg, indem man von dem Plateau, auf dem Omalo verstreut liegt, nach links geht. Der Weg führt zunächst sehr steil nach unten, um auf der anderen Flussseite genauso steil wieder nach oben zu führen. Auch Schenako hat ein Ober- und ein Unterdorf. Im **Oberdorf** befinden sich ein Brauhaus, ein kleines Museum mit Gästehaus, wo auch Massage angeboten wird, eine Wasserstelle mitten im Ort und eine verlassene orthodoxe Kirche – insgesamt ein Eldorado für Fotografen.

Unterkunft
■ **GH Tamas Tschitschuridze,** mobil: 593 17 37 08, zwei 4-BZ mit Gemeinschaftsbad, Garten mit Sitzfläche.
■ **GH Elene Gagoidze,** mobil: 558 63 97 22, das Gehöft liegt etwas abseits, schöne, holzgetäfelte Zimmer (ein 1-BZ, ein DZ, ein 3-BZ, ein 4-BZ), je ein Gemeinschaftsbad im Haus und im Garten. Die Familie wohnt ganzjährig in Schenako.

▷ Unterkunft in Dartlo

■ **GH Irodi,** mobil: 555 66 00 96, Zimmer mit Gemeinschaftsbad.

Dorf Diklo (დიკლო) 171/D2

Von Schenako führt ein ca. zweistündiger Weg nach Diklo. Schon von Weitem ist der vereiste Gipfel (4285 m) des gleichnamigen Berges zu sehen.

Unterkunft
■ **GH Gulnasi Chelaidze,** mobil: 599 77 53 72, Haus mit imposanter Holzveranda in der Ortsmitte mit je zwei 4-BZ mit Häkeldeckchen, bestickten Kissenbezügen und Filzarbeiten dekoriert, Gemeinschaftsbad im EG. Auf dem großen Balkon wird das Essen (Vollpension) serviert.

Talschaft Pirikiti

Diese Talschaft umfasst **Dörfer oberhalb der Schlucht des Pirikiti-Alasani-Flusses.** Der Wanderweg ist ab Omalo recht gut markiert.

Dorf Dartlo (დართლო) 171/D2

Das Dorf in ca. 1850 m Höhe **gehört neben Parsma zu den beeindruckendsten Orten im Tal.** Es liegt unmittelbar am Wanderweg entlang des Pirikiti-Alasani-Flusses, in den hier die Bäche Kwawlos Zqali und Didi Chewi münden. Neben der erhaltenen Seitenwand einer ehemaligen orthodoxen Kirche und einer eingefassten Wasserstelle daneben fallen mehrere Wehrtürme ins Auge. Oben auf dem Berg in der verlassenen Siedlung Kwawlo in ca. 2200 m Höhe befinden sich neben einem weiteren Wehrturm auch eine ehemalige Brauerei, ein Beinhaus und zahlreiche Kultstätten. Für den Fotofreund ein Paradies!

Unterkunft
■ **Beso Elanidze,** mobil: 599 11 89 93. Er vermittelt die Gäste an die umliegenden Gästehäuser. Einfache, saubere, meist DZ mit Gemeinschaftsbad, Speiseraum mit TV und Internet, große Holzveranda. Transport und Reitpferde werden auf Wunsch organisiert.
■ **GH Petre Zadzikidze,** mobil: 589 24 64 05, www.dartlo.ge. *Petres* schönes Haus mit großer Veranda liegt etwas höher, daher super Ausblick. 12 Standardzimmer, ein Luxuszimmer, ständig elektrischer Strom und Heißwasserversorgung, Gemeinschaftsbad und zwei Speiseräume mit Kamin. Internet und Reitpferde möglich.

Dorf Tschescho (ჭეშო)

Der ca. 10 km lange Weg von Dartlo in Richtung Westen führt zur kleinen Siedlung Tschescho. Gleich rechts nach Ankunft im Ort über eine kleine Holzbrücke folgt das Haus der liebenswürdigen *Ekaterine Abaloidze*, genannt *Kato*.

Unterkunft
■ **GH Komito,** *Kato Abaloidze* (englisch), mobil: 591 25 74 02. Vier Zimmer, Gemeinschaftsbad im Gartenhaus, unten gemütlicher Aufenthaltsraum mit vielen lokalen Schätzen dekoriert, Vorgarten. *Kato* kann Reitpferde und Transport organisieren.
■ **GH Eldino Dshangulaschwili,** mobil: 599 58 58 39. Das mehrstöckige Haus auf einer kleinen Anhöhe ist weithin sichtbar. Toller Blick von den Holz-

balkonen, mehrere einfache und saubere DZ und 3-BZ, drei Gemeinschaftsbäder, Kamin, Reitpferde können organisiert werden.

Dorf Parsma (ფარსნა) 171/D2

Von Tschescho führt der nicht wirklich anstrengende Weg ostwärts weiter nach Parsma in 1960 m Höhe. Der Ort, **einer der Höhepunkte in diesem Tal,** hat Wehrtürme, Burganlagen aus dem Mittelalter und zahlreiche Kultstätten.

Von Girewi über den Azunta-Pass bis nach Schatili

Schließlich erreicht man **Girewi** in ca. 2125 m Höhe. Von Dartlo bis Girewi ist mit bis zu sechs Stunden Gehzeit zu rechnen. Das Dorf liegt nur 10 km südlich der tschetschenischen Grenze! Die meisten Wanderer kehren von hier aus zurück. Wer in Girewi Lebensmittel kaufen will, frage sich durch zu Herrn *Sura*, einem Ingenieur. Er weiß, wer im Ort Essen verkauft, worauf man sich aber nicht verlassen kann! Vor Ort befindet sich auch ein Posten, der gegen Vorlage des Passes einen **Passierschein (propusk)** ausstellt, um **weiter nach Chewsuretien** wandern zu dürfen.

Wer weiter über den Azunta-Pass wandern möchte, benötigt unbedingt **warme Kleidung und ein Zelt!** Es empfiehlt sich, bei der Siedlung Girewi sein Zelt erstmals aufzuschlagen, bevor man sich auf den Weg zum Azunta-Pass macht. Auf dem weiteren Weg folgen noch zwei Plätze mit Wasserstelle, die sich zum Zelten eignen. De facto kann man sein Zelt aber überall aufstellen.

Von Girewi erreicht man nach 6–8 Stunden den ersten Zeltplatz Kwachidi auf ca. 2400 m Höhe. Diese Wanderstrecke umfasst zunächst 400 m Höhenanstieg, danach wieder 100 m Abstieg bis zum ersten Plateau, das als Zeltplatz genutzt werden kann.

Nach dem Zeltplatz Kwachidi beginnt die steilste und schweißtreibendste Etappe, nämlich der Weg **über den Azunta-Pass** (3450 m), den höchsten in ganz Georgien, der zugleich die Grenze zwischen Tuschetien und Chewsuretien markiert. Man rechne mit 7–9 Stunden Gehzeit, zunächst sind es etwa 1000 m Höhenanstieg, danach 600 m Abstieg. Nach 2–3 Stunden werden zwei Bäche überquert und die Vegetationszone verlassen. Die letzten 300 Höhenmeter über Geröll bis zum Azunta-Pass in zickzackartigen Serpentinen lassen das Atmen zur Anstrengung werden. Jetzt führt der Weg etwa 2–3 Stunden bergab, und man erreicht den nächsten Platz zum Campen in 2800 m Höhe (zum Vergleich: Die Zugspitze ist 2962 m hoch).

Die folgende Strecke in **Richtung Ardoti** führt durch mit Rhododendron bewachsene Bergrücken, mit Blick auf die Gletscher des Tebulo, mit 4492 m der höchste Berg des Ostkaukasus. Endlich erreicht man die **Schlucht des Andaki-Flusses,** dem der Weg die nächsten 5–7 Stunden Gehzeit folgt, wobei einige Male kleine Brücken überquert werden müssen. Man sollte sein Zelt nahe der Siedlung Ardoti aufschlagen.

Die letzte Wegstrecke **von Ardoti nach Schatili** entlang des Andaki-Flusses, vorbei am verlassenen Festungsdorf Muzo (das erste Dorf in Chewsuretien, von hier noch 12 km bis Schatili), nimmt 5–6 Stunden in Anspruch und wird sicher von den meisten Trekkern als Erholung empfunden werden. Es geht noch mal etwa 100 m in die Höhe, danach 400 m bergab.

Trekkingtour von Omalo nach Schatili

Lesertipp bzw. Erfahrungsbericht
von *Achim P.* aus Bonn

Ich empfehle, den Treck in Richtung Schatili zu machen, da der Anstieg zum Azunta-Pass kontinuierlich und weniger steil ist. Man wandert auf Jeepwegen oder beim Pass auf Trampelfaden durch Hochgebirgstäler. Die Wege sind normalerweise klar erkennbar, daher ist ein Guide nicht nötig. In **Omalo** hatten im Juni nur zwei Guesthouses geöffnet. Wir waren im **Guesthouse Nazo** im Unterdorf, geführt von *Natia* samt Schwester und Mutter: Essen sehr gut, Plumpsklo, Wasser aus dem Hänger, eher rustikal, die Leute sehr nett. *Natia* spricht englisch, mobil: 551 17 18 66.

Vom Unterdorf von Omalo aus die Türme von Alt-Omalo (Oberdorf) in Richtung Dartlo passieren, im Tal nach Omalo der Jeepstraße und dem steilen Anstieg durch den Wald folgen. Danach langer Abstieg nach **Dartlo,** am Ortsausgang Ketos Guesthouse, Beschriftung „Hotel": das beste Essen unserer gesamten Wanderung, selbst gepflückter Kräutertee, selbst gebrannter Schnaps und eine herzliche Gastgeberin (russisch); Bad mit Warmwasser im Nebengebäude.

Ab Dartlo gibt es zwei Alternativen ins nächste Dorf **Tschescho:** einfacherer Talweg (von uns gewählt) oder – anstrengend und kulturell interessanter – Aufstieg zum Ruinendorf **Kwawlo** und langsamer Abstieg via Dano nach Tschescho. Von Tschescho wanderten wir weiter bis **Girewi** in ca. 2000 m Höhe, der letzte bewohnte Ort mit der letzten Unterkunft bis Schatili. Oben über dem Dorf ist die riesige Inschrift „HOTEL" nicht zu übersehen (Unterkunft mit Dusche und Innen-WC, ansonsten nicht sehr gemütlich und das Essen nicht weiter erwähnenswert).

In Girewi unbedingt eine **Genehmigung** (russ. *propusk,* kostenlos) bei den Grenzschützern einholen (Posten unten am Fluss, durch die georgische Fahne weithin sichtbar); sie wurde im Verlauf der Tour wiederholt kontrolliert. Tipp: Keinesfalls das Camp betreten, bevor die Posten den Wachhund weggesperrt haben. Übernachtet man in Girewi, kann man die Genehmigung am Ankunftstag besorgen und spart sich so eine dreiviertel Stunde am nächsten Morgen.

Hat man Zeit und Muße, kann man von Girewi einen Tagestrip zum **Larowani-See** unternehmen, der vor einigen Jahren durch einen massiven Erdrutsch entstand. Da zweimal Flüsse durchwatet werden müssen, sollte man sich diesen Trip für Ende des Sommers aufsparen.

In Girewi endet der Jeepweg. Unsere Tour führt uns weiter. In Girewi folgen wir nach dem Grenzschutzcamp dem Pfad an den Türmen vorbei zum verlassenen Dorf **Tschontio.** Vor dem Dorf verliert sich der Pfad in vielen Viehwegen; hat man Tschontio durchquert, findet sich der Pfad auch wieder.

Von nun an gibt es weder Orte noch Ruinen, nur ab und an sind Schäfer mit ihren Herden zu sehen. Wir folgten dem Fluss, bis sich links ein Tal öffnete. Hier überquerten wir den Fluss bei einem Schäferzelt mit einer Brücke. Die Wiese lädt zum Zelten ein. Hier findet sich auch ein **Grenzposten;** bevor man sie überhaupt sieht, kommen einem schon Grenzsoldaten entgegen, um Papiere und Genehmigung zu kontrollieren.

Nun muss der **Fluss** abermals gequert werden. Falls die Brücke noch nicht errichtet ist, muss man ihn **durchwaten.** Tipp: Man sollte sich beim Queren unbedingt mit den Stöcken gegen die Strömung stemmen und den Rucksack nicht festschnallen, um ihn im Notfall abwerfen zu können.

Nach der Durchquerung auf ein kleines Schild mit der Aufschrift „Atsuna" achten; der Pfad führt nicht am Fluss entlang, sondern steil bergan. Danach steigt er langsam ab, bis wieder das Gewässer erreicht ist. Nach ca. 3 km teilt sich das Tal. Hier zeigt die aufgemalte **Inschrift „Atsuna"** an, dass es links weitergeht. Nun ist das Durchwaten des Flusses schon deutlich einfacher. Am Zusammenfluss (ca. 2550 m üNN) Biwakmöglichkeit; wer noch bei Kräften ist, sollte spätere, deutlich schönere Plätze wählen.

Der Pfad führt zunächst den Bach entlang und steigt dann deutlich an. Es geht durch schöne Bergwiesen, bis nach einem kleinen Bach der eigentliche Anstieg zum Pass beginnt. Der Pfad zickzackt ca. 400 Höhenmeter durch einen öden Schieferberg, bis der **Azunta-Pass** auf 3450 m Höhe erreicht ist.

Vor dem Anstieg gibt es eine idyllische Stelle zum Zelten. An der **Quelle** sollte man seine Wasservorräte auffüllen, da es bis weit nach dem Pass kein Wasser mehr gibt!

Mit dem Azunta-Pass erreichen wir **Chewsuretien;** außer dem spektakulären Blick nach Westen fällt eine Sache sofort auf: Es gibt **Wanderzeichen!** Von nun an begleitet uns ein weiß-rotes Zeichen bis zu unserem Ziel. Nach ungefähr 400 m Abstieg laden sprudelnde Quellen und weiche Wiesen erneut zum Biwakieren ein. Der Weg führt nun konsequent bergab. An einer **Gabelung** kann man entscheiden, ob man direkt weiter Richtung Muzo will (rote Markierung und unsere Wahl) oder die Route über die Festung Asorti wählt (schwarze Markierung). Richtung Muzo werden die Bergmatten durch Buchenwälder abgelöst. Nach steilem Abstieg erreicht man die Talsohle. Eine gefasste Quelle samt verrottetem Picknickplatz lädt hier zum Verweilen ein; wer die Strecke in Gegenrichtung geht, sollte hier alle verfügbaren Gefäße mit Wasser auffüllen, denn die nächsten Stunden werden hart!

Ab hier folgen wir wieder einem Jeepweg. Nach Passieren eines Weilers und der letzten Kontrolle unserer Papiere kamen wir nach **Muzo.** Von Osten kommend, war es schon von Weitem zu sehen – absolut imposant! Es handelt sich nicht um eine Ortschaft, sondern um eine Ruine, in der genau eine Familie lebt. 12 km sind es noch bis Schatili, einem Traumziel par excellence!

■ Noch ein Wort zum Schluss: Wandern in Tuschetien ist fantastisch und sicher, aber ein **Problem** gibt es: die **Schäferhunde.** Sie sind abgerichtet, um ihre Herde gegen Wölfe zu verteidigen. Die Folge: Man hat sie – bitte wörtlich nehmen! – an den Hacken! Unsere Strategie war: Die Hunde niemals ansehen oder gar schlagen und stumpf weitermarschieren. Wir wurden nie gebissen, die Nerven aber strapaziert. Wenn man ausweichen kann, sollte man es tun, ansonsten Augen zu und durch (Stöcke nach hinten gespreizt, um zumindest einen „psychologischen Abstand" herzustellen).

■ **Geführte Bergtouren** haben Kaukasus-Reisen (www.kaukasus-reisen.de) und Green Travel Georgia (www.gtgeorgia.ge) im Programm.

Talschaft Gomezari

Sie umfasst die **Dörfer in der Schlucht des Gomerzi-Alasani** und ist sehr reizvoll. Ab Omalo erreicht man zunächst die Ortschaft Dotschu, im Anschluss Alisgori und schließlich Werchowani.

Dorf Dotschu (დოჭუ)
■ **Gästehausnetzwerk Kruiskari**, *Usuf Torgwaidse*, mobil: 599 28 56 47, über den auch *Aleko Suraidse* und *Tengis Torgwaidse* zu erreichen sind. Die drei Steinhäuser liegen etwas abseits des Weges, sind über Trampelpfade erreichbar und bieten Zimmer mit Gemeinschaftsbad. Reitpferde möglich.

Dorf Alisgori (ალისგორი)
■ **Unterkunft bei Wascha Kardlidse**, mobil: 555 30 03 221, in einem Haus in Flussnähe mit 4 DZ und einem Gemeinschaftsbad in einem Gartenhäuschen. Besonders toll: die Familie betreibt einen Tone (Ofen), an dessen Innenwänden das leckere georgische Fladenbrot gebacken wird. Im Haus ein sogen. Museumszimmer.

Dorf Werchowani (ვერხოვანი)
Hier befinden sich ein **Wehrturm** aus dem späten Mittelalter sowie die **Kultstätte Didi Mariam Zminda**, westlich des Dorfes auf einer befestigten Anhöhe in 2118 m Höhe die **Kultstätte Giorgi Chachmatisa**, südöstlich des Dorfes an einem Berghang in 2090 m Höhe die **Kultstätte Karationi**.

■ **Gästehäuser Lamata**, mobil: 599 77 55 43, in zwei Häusern mit Wehrturm können bis zu 12 Gäste untergebracht werden, es gibt eine kleine Brauerei und Reste eines Schlosses. Drei DZ befinden sich in einem Turm. Gemeinschaftsbäder, Speiseraum mit Balkon und Traumblick auf das Gomezari-Tal. Reitpferde können organisiert werden.

Praktische Tipps zu Tuschetien

Anreise

Am besten kommt man **von Kwemo Alwani** in die Berge. Die kleine Ortschaft hat einen zentralen Platz, eigentlich eine Kreuzung. Dort befindet sich auch ein kleines, aber rühriges Touristeninformationszentrum (englischsprachig, Kartenmaterial), gegenüber ein Minimarkt und daneben ein Fast Food

Vorsicht: Riesenbärenklau!

Aus dem Kaukasus stammt der Riesenbärenklau *(Heracleum gigantum)*, auch **Herkuleskraut** genannt. Die schöne, bis zu 4 m hohe Pflanze bildet Substanzen in ihrem Saft, die in Verbindung mit Sonnenlicht phototoxisch wirken und auf der Haut sehr schmerzhafte Quaddeln und Verbrennungen zweiten Grades verursachen, oft erst nach ein bis zwei Tagen. Auch eine akute Bronchitis ist möglich. Kinder sind besonders gefährdet, da sie aus dem kräftigen Stängel gern Blasrohre oder „Schwerter" herstellen. Im Fall des Falles sofort ins Krankenhaus mit ihnen. In Mitteleuropa wird die Pflanze nur mit Schutzkleidung entfernt! Zum Glück kommt die Pflanze – sie war in Deutschland im Jahr 2008 „Giftpflanze des Jahres" – nur selten vor.

(englische Beschriftung) mit einem sehr preisgünstigen Angebot, gegenüber die Abfahrtsstelle der **Marschrutki** nach Tbilisi, an der Ecke die Abfahrtsstelle der **Allradfahrzeuge**. Richtwert pro Jeep sind 200 Lari. Falls man Mitreisende findet, teilt sich der Betrag durch die Anzahl der Personen, günstigstenfalls also 40 Lari pro Person und Strecke. Fahrtdauer 4–5 Stunden. Außerdem fährt fast täglich morgens gegen 8 Uhr ein **Lastwagen,** der Waren nach Omalo bringt und ab 25 Lari pro Person (Platz auf der Ladefläche) verlangt, die Fahrt dauert ca. 7 Stunden. Merke: Je früher (günstig bis 9 Uhr) man vor Ort ist, desto größer die Wahrscheinlichkeit, eine Mitfahrgelegenheit zu finden.

■ **Sammeltaxis von Tbilisi/Isani:** 60 Lari pro Auto geteilt durch die Anzahl der Reisenden, es geht über den Gombori-Pass, 2 Std. Man sollte spätestens gegen 8 Uhr an der Metrostation Isani sein.
■ **Marschrutki ab Tbilisi/Busbahnhof Ortatschala:** 9 Uhr, Fahrtdauer 2.45 Std., 10 Lari.
■ **Marschrutki ab Kwemo Alwani nach Tbilisi** (zu den Metrostationen Isani oder Samgori): 6, 9, 14 und 16 Uhr.

Motorradfahrer und Mountainbiker

Die unbefestigte Straße **von Kwemo Alwani nach Omalo** ist 72 km lang, bis Kilometer 25 mit leichten Kurven und Wald zu beiden Seiten. Danach geht sie in eine Serpentinenstrecke mit extrem spitzen Kehren mit großem Höhenunterschied an den Wendepunkten über. Auf der Talseite befinden sich unregelmäßig kleine blau-weiße Kilometeranzeiger. Gelegentlich trifft man auf Hirten mit Schafen und Ziegen. Etwa in Höhe des Abano-Passes (2926 m) wird ein abgelegenes Kloster errichtet. **Die Strecke ist für Nachtfahrten absolut ungeeignet!**

Hinzu kommt: Je weiter oben, umso größer die Wahrscheinlichkeit, in tief hängenden Wolken (Nebel) oder gar über den Wolken zu fahren. Ob sich Mountainbiker das antun wollen oder doch lieber das Rad per Lastwagen nach oben mitnehmen lassen? Die Autorin wäre über Erfahrungsberichte, auch von Motorradfahrern, dankbar. Offiziell ist Kradfahren im Naturschutzgebiet übrigens gar nicht gestattet, doch zeigte eine Vermieterin in Tschescho der Autorin stolz ein Foto von drei Deutschen, die es per Motorrad geschafft hatten.

Unterkunft/Verpflegung

Die Dörfer bestehen lediglich aus einer Handvoll Häuser, die meisten unbewohnt, die bewohnten leicht auszumachen z.B. an Wäscheleinen oder Rohren, aus denen Qualm dringt. Straßen gibt es innerorts nicht, die Häuser stehen verstreut im Gelände.

In fast jedem Ort werden im Sommer Zimmer vermietet, die extrem einfach sind, meist Tisch und Bett, oft auch fließend Wasser, das zumindest am Abend stundenweise erwärmt wird (Generator oder Solarzellen), und abends gibt es stundenweise elektrisches Licht. Daher unbedingt Taschenlampe, besser noch Stirnlampe und Teelichter, mitbringen. Einige Zimmer haben Privatbäder, weit häufiger sind Gemeinschaftsbäder oder die Toilette im Herzhäuschen (oft ohne Beleuchtung!). Der Richtpreis pro Bett mit VP beträgt 45–50 Lari.

Die Verpflegung ist bodenständig: Fladenbrot (Lawasch), Chatschapuri, Büffel- oder Schafskäse, Honig oder Marmelade, abends Krautsuppe, Gemüse, gelegentlich geschmortes Fleisch. Die Reste vom Frühstück werden meist als Lunchpaket eingepackt. Tee, Kaffee und abends auch mal Hauswein oder Tschatscha runden das Ganze ab. Wer unterwegs ein Dorf passiert und plötzlich Hunger bekommt, frage in einer Unterkunft nach Essen. Tee bekommt man gelegentlich auch kostenlos, eingefasste Wasserstellen mit Quellwasser findet man entlang der Wanderstrecken häufig.

Ausrüstung

■ Unbedingt **Sonnenschutzmittel, Wanderschuhe und warme Kleidung** mitbringen, Handschuhe und Mütze können auf dem Weg über Pässe nützlich sein. Sobald die Sonne untergeht, wird es sehr kühl. Die Jeepfahrt in die Berge kann ggfs. Tabletten gegen Übelkeit sinnvoll erscheinen lassen. Benötigte Medikamente mitführen. Wer über den Azunta-Pass nach Chewsuretien möchte, braucht unbedingt ein **Zelt, Isomatte und Schlafsack**.

Sonstiges

■ **Tuschetien ist ideal zum Reiten.** Man frage seinen Wirt nach einem Pferd. Die Preise sollten 30–50 Lari pro Tag nicht überschreiten. Falls man einen Begleiter möchte, der auch gleichzeitig als Führer fungieren kann, rechne man mit dem doppelten Preis.
■ Es gibt **kein Festnetztelefon,** die Simkarten von Magti erwiesen sich als am nützlichsten (in Tbilisi besorgen).
■ **Radio- und Fernsehempfang** nur in Omalo oder Dartlo – sofern der Vermieter ein Gerät hat.
■ **Kartenmaterial** erhält man kostenlos in den Touristeninformationszentren, aber nicht immer ist die gewünschte Karte noch vorrätig. Daher schon mal in Tbilisi (Rustaweli-Boulevard bei Prospero's) oder preisgünstiger in einem der zahlreichen Souvenirshops schauen.
■ Ein offenes Wort: Der Tourismus steckt hier noch in den Kinderschuhen. **Wer Preise aushandelt, sollte sie schriftlich fixieren,** um Missverständnissen vorzubeugen. Sonst kann aus 15 (russ. *pjatnadzat*, engl. *fifteen*) schnell mal 50 (*pjatdesjat*, *fifty*) werden!
■ Wer beim Wandern von Dorf zu Dorf mal nicht mehr kann, wird kostenlos von Einheimischen in deren Allradfahrzeug mitgenommen, falls man das Glück hat und jemand vorbeikommt.
■ **Informationen und Buchungsmöglichkeiten** über www.georgiano.de, www.kaukasus-reisen.de und www.exotour.ge.

Telawi/Telavi 200/B2
თელავი

Telawi, das **300 Jahre älter** ist **als Tbilisi,** wird erstmals als Residenz des Kachetinisch-Heretischen Reiches erwähnt, das vom 8. bis 10. Jh. existierte. Als König *Davit der Erbauer* die beiden georgischen Reiche Kartlien und Kachetien vereinigte, wurde Tbilisi Hauptstadt und Telawi von den Mongolen eingenommen. Mitte des 17. Jh. verlegte der kachetinische König *Artschil II.* den Hof von Gremi zurück nach Telawi.

Der Name der ca. 30.000 Einwohner zählenden Stadt leitet sich ab vom georgischen Wort *Tela* (Ulme), obwohl man Ulmen hier suchen muss. Telawi ist die größte Stadt Kachetiens und liegt im Tal des Flusses Alasani. Obwohl die Stadt **wenig von touristischem Interesse** zu bieten hat, ist sie ein sehr guter Ausgangspunkt für die Erkundung der zahlreichen Sehenswürdigkeiten in der Umgebung. Seit 2012 wurde in Telawi vieles renoviert und modernisiert. Partnerstadt ist Biberach an der Riß.

In Telawi geht man stets bergauf oder bergab. Wer mit der Marschrutka ankommt, begibt sich am besten die kurze Kavkasioni-Straße hinauf, die recht bald in die Wardoschwili-Straße und danach in die Ketevan-Zamebuli-Straße übergeht. Man biegt links in die **Straße Erekle II.** ein und geht diese bergan, bis zur Linken das **Schloss Batonisziche** und rechts des Kreisverkehrs das neue, weiße modernistische **Gebäude des Bürgerhauses** (Public Service Hall) sichtbar werden. Die Erekle II. ist die Hauptstraße in Telawi und wurde 2012 umfassend modernisiert.

Telawi

■ Übernachtung
1 Hotel Rcheuli Marani
2 GH Marinella
3 Hotel Old Telavi
4 GH Nelli
5 GH Diniko
9 GH Swetlana Tuschischwili
10 Etos GH
11 GH Milorava
12 Hotel Erma

■ Essen und Trinken
3 Hotel Old Telavi
6 Restaurant Meidani
7 Kafe
8 Restaurant Tschadari

Vom Schloss Batonisziche sind viele Privatunterkünfte zu Fuß erreichbar. Da jedoch ein Taxi in Telawi nur 2 Lari kostet, gibt es kaum einen Grund, mit Gepäck 25 Minuten bergauf zu laufen.

Schloss Batonisziche

Das nicht zu übersehende Schloss ist die Hauptsehenswürdigkeit von Telawi. Eine Mauer umschließt den Palast sowie die Überreste zweier Kirchen und persischer Bäder. Eine der Kirchen ist mit Schießscharten versehen. Im 16. und 17. Jh. residierten hier die kachetinischen Könige, das überlebensgroße **Reiterstandbild von König Erekle II.** steht vor dem Schloss. Der Eingang zum Gelände befindet sich auf der Seite des Reiterstandbildes, der bewaffnete Soldat vor dem Eingang sollte von einem Besuch nicht abschrecken.

Der kleine **Palast im persischen Stil,** in dem nur drei Räume besichtigt werden können, wurde um 1660 erbaut. Er beherbergt unter anderem das Geburtszimmer König Erekles II. und den ehemaligen Empfangssaal.

Die Eintrittskarte berechtigt auch zum Besuch des **Museums für Geschichte und Ethnografie** und der **Gemäldegalerie Ketewan Jaschwili.** Diese kleine, aber feine Galerie zeigt an die 200 Werke, die die in Telawi geborene Ärztin *Ketewan Jaschwili* der Stadt schenkte. Sehenswert sind besonders die Bilder, die historische Stadtansichten und Szenen des ländlichen Lebens aus dem 18. und 19. Jh. zeigen. Ausgestellt werden auch russische Malereien mit Jagd- und Dorfszenen und zwei deutsche Maler namens *Sommer* („Zigeunerlager", „Teestube") und *Baumgartner* („Kavallerie") aus dem 19. Jh. Die kleinen Messingschilder neben den Bildern in georgischer und russischer Sprache sind kaum lesbar, was aber dem Genuss beim Betrachten keinen Abbruch tun sollte. Wer Russisch versteht, bekommt eine Erklärung durch eine Führerin (im Ticketpreis enthalten).

■ Schloss, Museum und Galerie waren **im Frühjahr 2015 geschlossen.**

▷ Reiterstandbild von König Erekle II.

Praktische Tipps

■ **Vorwahl:** international 00995 350, national 0 350

Informationen

■ **Touristeninformationszentrum (TIZ):** in einem etwas nach hinten versetzten Haus am Platz Erekle II. (1. Stock) mit weißem Holzbalkon, Tel. 27 63 38. Hier erhält man Prospekte und Auskünfte in englischer Sprache, *Diana* spricht deutsch. Anfang 2015 war man dabei, eine kachetinische Weinstraße einzurichten. Selbstfahrer sollten sich daher nach Kartenmaterial erkundigen.
■ **Bank:** Geldwechselkioske gegenüber der Busstation; Pro Credit Bank: Ketevan-Zamebuli-Straße/Ecke Tschawtschawadse-Allee (in der Nähe des Marktes); Geldautomat: Erekle II., am oberen Straßenende linksseitig nahe Internetcafé.
■ **Post:** Erekle II. 10 (Eckgebäude, 9–18 Uhr), mit Briefmarkenverkauf – die Autorin verschickte von hier drei Karten, zwei davon kamen an.
■ **www.partnerschaftsverein-biberach.de,** Berichte über die Arbeit des Vereins in der Partnerstadt von Telawi.

Unterkunft/Verpflegung

In Telawi gibt es **mehr und mehr Unterkünfte** verschiedenster Preisklassen. Noch immer hatten zum Recherchezeitpunkt viele Unterkünfte in der preisgünstigen Kategorie kein Firmenschild.

Die **Nadikwari-Straße** erreicht man, indem man das weiße Gebäude des Bürgerhauses rechts passiert und danach kurz geradeaus geht. In die **Elene-Achwlediani-Straße** geht man rechts am Bürgerhaus vorbei und biegt dann sofort erneut nach rechts ab und geht bergan. Die **26 Maisis Kutscha** (Straße des 26. Mai) ist dann die erste Querstraße, gesehen vom TIZ aus bergab; links einbiegen. Anfang 2015 leider noch ohne jede Beschriftung!

Die **Abendbrotpreise** richten sich letztendlich danach, ob der Gast auch Fleisch oder Fisch essen möchte – dann ist es am teuersten.

Einige Unterkünfte haben sich bei einem Buchungsportal registriert, dann muss man mind. 15 % zu den hier angegebenen Preisen addieren.

MEIN TIPP: GH Swetlana Tuschischwili, Nadikwari 15 (hinter dem verglasten Restaurant Bravo, etwas tiefer gelegen), Tel. 27 19 09, mobil: 577 75 66 25, sspiridon@rambler.ru (dt., engl., russ.), bilden Sie kurze Sätze, da *Swetlana* ein Übersetzungsprogramm nutzt. Die sympathische Ukrainerin bietet mehrere Zimmer mit separatem Eingang an, die sich zwei Aufenthaltsräume (einer davon mit Sat-TV) sowie ein Wannenbad und ein separates WC teilen. Übernachtung 25 Lari, Frühstück 5 Lari, Abendbrot ab 10 Lari. *Swetlana* ist eine sehr gute Köchin. Sie hat Kontakt zu einem zuverlässigen Taxifahrer, spricht etwas englisch und ganz wenig deutsch. Im Sommer (Juni bis Aug.) gibt es im Garten einen kleinen Pool. Parkplätze, Küchennutzung, Wäschewaschen möglich.

MEIN TIPP: Etos GH, Elene Achwlediani 27 (linke Straßenseite), Tel. 27 70 70, familiyhoteleto@yahoo.com (engl., russ.). Die sympathische *Eteri Dshadshanidse* vermietet vier Zimmer, die sich ein Gemeinschaftsbad teilen, davon ein EZ (25 Lari Ü), zwei DZ, je ein 3-BZ und 4-BZ zu 20 Lari das Bett, 5 Lari Frühstück, ab 10 Lari Abendbrot. *Eto* serviert zum Abendessen Wein vom eigenen Weinberg, es gibt Kuchen, Tee, Kaffee inklusive. Rauchen im Garten oder auf dem Balkon, WLAN, Parkmöglichkeit. Im Herbst sind Weintouren auf ein 200 Jahre altes Gehöft der Familie möglich.

■ **GH Milorava,** *Merab* und *Natela Milorava,* Elene Achwlediani 67 (linke Straßenseite), Tel. 27 12 57, mobil: 599 73 73 71, smilorava@yahoo.com. Die Gäste wohnen im massiven Gartenhaus auf zwei

Etagen; Kaminzimmer, Duschbäder (sehr sauber), im Winter Heizung, kleiner Aufenthaltsraum mit Bar und Küche, oben Balkon, WLAN. Die Wasserversorgung ist durch eine eigene Zisterne gesichert. 45 Lari mit HP, bei längerem Aufenthalt billiger. Tochter *Tamara* spricht englisch, mobil: 551 50 55 50. Nicht ausgeschildert!

■ **GH Diniko,** 26 Maisis, man geht ab der Erekle II. links vorbei an dem Haus mit den renovierten Holzbalkonen; nach der ersten Querstraße rechts erblickt man recht bald links einen ordentliche Holzzaun und ein ordentliches weißes Gebäude (Telavi Tennis Court), rechts ein heruntergekommenes Haus (Nr. 12, eine Gedenktafel erinnert an den Aufenthalt von *Lesja Ukrainka* im Jahr 1909), dort rechts einbiegen und gleich wieder rechts (Sackgasse, russ. *tupik*). Drei Zimmer (1x 3-BZ, 2 DZ) und drei Badezimmer, WC, Balkon, kleiner Aufenthaltsraum, Garten, sehr ruhig. Mobil: *Diana (Diniko)* 577 47 99 70 (spricht sehr gut deutsch), 593 17 18 08 (russ.), dikopkhov@gmail.com. Neues, zentral gelegenes GH, Diana arbeitet im TIZ und kann Hilfestellung geben. Vater will Schild anbringen.

■ **GH Nelli,** *Malchas* und *Nelli Tatelischwili*, Tschonkadse 11, mobil: 599 65 81 20. Fünf Zimmer, teilweise mit Balkon, zwei Badezimmer mit europäischem Standard, großer Aufenthaltsraum mit Klavier, bei Bedarf Heizung, ein Leser lobt die gute Küche. *Nelli* spricht englisch. 40 Lari mit HP inkl. hausgemachtem Wein. Herrlicher Garten mit Parkplatz. Das Grundstück liegt etwas oberhalb vom Zentrum, daher herrlicher Blick über Telawi und das Alasani-Tal. Ein Leser berichtete, dass hier oft litauische Reisegruppen übernachten.

Wein in Kachetien

Georgien versteht sich als Wiege des Weins. Hier wird schon seit über 6000 Jahren Wein angebaut. Typisch für Georgien ist die Gärung in Tongefäßen, die in die Erde eingelassen werden, die *Kwewris*. Und man lernt aus eigener Anschauung, was ein *Marani* (Weinkeller) ist.

Eine Auswahl an Rebsorten, die in Georgien angebaut werden, steht im Kapitel „Praktische Tipps A–Z/Essen und Trinken".

Neben den hier beschriebenen Weinkellern findet man eine weitere Auswahl unter der Homepage **www.winetours.ge.**

■ **Weingut Schuchmann:** www.schuchmann-wines.com/de; das Weingut und Hotel von *Burkhard Schuchmann* in Kisißchewi zwischen Telawi und Zinandali bietet auch Degustationen an, zumal es hier keine Sprachbarrieren geben dürfte. Die acht luxuriösen Zimmer des Hotels kosten bis zu 450 Lari, das Restaurant hat dagegen moderate Preise mit Vorspeisen ab 5 Lari, Suppen für 4 Lari und Hauptgerichte um die 20 Lari; 150 ml Wein ab 2 Lari. Von mehreren Lesern begeistert empfohlen.

■ **Twins Old Cellar:** www.twinsoldcellar.ge; imposantes Weingut der Zwillingsbrüder *Gia* und *Gela Gamtkizulaschwili* in Napareuli, Hotel, Weinkeller und professionelle Weintouren in englischer Sprache. Die Firma bietet von Dezember bis Juni die Teilnahme an der Rebenpflege und bei Reparaturarbeiten an, von September bis Oktober an der Weinlese sowie der Traubenpressung.

■ **Weinhaus Gurdshaani:** im gleichnamigen Ort (siehe dort), www.winehousegurjaani.ge, am besten vorher anrufen (lassen).

■ **Weingut Nunu Kardenachlischwili:** in Welisziche bei Gurdshaani (siehe dort), am besten vorher anrufen (lassen).

■ **Pheasent's tears,** Weinhandlung von *John Wurdemann* in Signachi (siehe dort)

Guesthouse der unteren Mittelklasse

Mein Tipp: GH Marinella, Tschawtschawadse 131, maria. marinella@mail.ru, mobil: 577 51 60 01 (russ., engl.), sechs saubere Zimmer, EZ für 40 Lari Ü/F, 4 DZ und ein 2-BZ (mit sehr schmalen Betten) für 60 Lari Ü/F, großer Aufenthaltsraum, Gemeinschaftsküche, Terrasse, Parkplätze im Garten. Zimmer und Bad gut heizbar (Erfahrung der Autorin!), also ganzjährig angenehm, super Frühstück nach Wünschen des Gastes. Mittag- und Abendessen nach Vereinbarung. Wirtin *Manana* hilft, wann immer erforderlich. Sehr herzliche Atmosphäre, der Mann ist Arzt, kann also ggf. helfen. Ab einem der Marschrutkaplätze nach oben bis zur ProCreditbank gehen, dann nach rechts und nach 5–7 Gehminuten auf der linken Seite (Firmenschild).

Hotels der oberen Preisklasse

■ **Hotel Old Telavi,** Tscholoqaschwili 1, Tel. 27 07 07, www.oldtelavi.ge. 34 Zimmer, davon 10 Suiten und 2 VIP-Zimmer. Standard-Zimmer ab 100 Lari, Lux-Zimmer ab 150 Lari, VIP ab 300 Lari, jeweils Ü/F, eine finnische Leserin berichtete von 80 Lari für ein DZ zur Einzelnutzung Ü/F. WLAN, Safe, Restaurant, im Sommer Terrassencafé, Konferenzraum.

■ **Hotel Erma,** Kartuli Uniwersiteta 25, mobil: 558 14 14 47, admin@erma.ge. 12 moderne Zimmer mit Bad, Balkon, TV und Air Condition; Restaurant. DZ/Deluxe/Suite 80/110/150 Lari Ü/F. Man rechne mit ca. 20 Gehminuten bergan in Richtung Staatliche Universität, etwas abgelegen, dafür sehr ruhig; hier spazieren Kühe auf der Straße entlang. Taxi nehmen bzw. für Selbstfahrer ideal. Man fahre die 26 Maisis bis ganz nach oben zur Uni. Restaurant, Parkplätze.

■ **Hotel Rcheuli Marani** (sprich: Rtsche-uli), Tschawtschawadse 154, www.rcheuli.ge, Tel. 27 30 30. Standard-DZ 80–100 Lari, Deluxe-Zimmer 100 Lari, Juniorsuite 150 Lari, Suite 250 Lari. Möbel in georgischem Stil, Zimmer mit Balkon verfügbar, WLAN, TV, Bad, das Restaurant wird gelobt. Touren können vermittelt werden. Mit Taxi oder für Selbstfahrer ideal, 10–15 Gehminuten ab ProCreditbank.

Essen und Trinken

Mein Tipp: Hotel Old Telavi, Tscholoqaschwili 1. Im Keller des kleineren Gebäudes rustikales georgisches Restaurant mit mehrsprachiger Speisekarte und zivilen Preisen; nette Bedienung. Portionen sehr groß, evtl. für zwei Personen erst mal ein Gericht und zwei Teller bestellen.

■ **Restaurant Meidani,** Erekle II. Nr. 21, Tel. 27 00 04. Im Keller Restaurant mit engl. Speisekarte, normale Preise. Geht man vom TIZ bergab, so sieht man an einem mit weißem Plastik verkleideten Eckgebäude den grünen georgischen Schriftzug „Meidani", von der gegenüberliegenden Straßenseite aus steht vertikal „Restaurant" am Haus. Pizza 5–10 Lari, Odschachuri 8 Lari, sonstige Hauptgerichte ab 10 Lari. Lange Wartezeiten, Essen aber gut.

■ **Restaurant Tschadari,** Tel. 27 60 70, in Blickrichtung des König-Erekle-Denkmales führt ein Weg direkt zum Restaurant, quasi „links unten" neben dem im Bau befindlichen Hochhaushotel. Beim Restaurant steht eine 800 Jahre alte Platane (engl. plane tree, georg. tschadari). Hauptgerichte ab 8 Lari, Fischgerichte ab 12 Lari.

■ **Kafe,** Erekle II., linker Hand bergan am oberen Ende der Straße; wird von der örtlichen Jugend stark frequentiert. Schokokaffee 2 Lari, M'zwadi 7 Lari, Kebab (ohne Beilage) 6 Lari, engl. Speisekarte. Für den schnellen Hunger.

An- und Weiterreise

■ **Busbahnhof (Marschrutkaplatz) Rocki,** Alasani-Str., Tel. 3 50 43 90; **nach Tbilisi** zwischen 6 und 18 Uhr 20 Marschrutki, ca. 2 Std. 40 Min., 7 Lari.

Alte Busstation

(Alasani-Straße, Tel. 35 02 71 61)
■ **Achmeta:** 9–17.30 Uhr alle 15–20 Min., ca. 30 Min., 2 Lari.
■ **Alawerdi:** 8.45–17.20 Uhr alle 15–20 Min. (Kloster Alawerdi), ca. 30 Min., 2 Lari.

- **Dedopliszqaro:** 14.30 Uhr, 2 Std., 7 Lari (Naturpark Waschlowani).
- **Gurdshaani:** 9–18 Uhr alle 30 Min., ca. 45 Min., 2,50 Lari.
- **Kwareli:** 9.30–17.30 Uhr alle 40 Min., ca. 90 Min., 3 Lari (unterwegs aussteigen zum Kloster Nekressi).
- **Kwemo Alwani:** 9–17.30 Uhr alle 15–20 Min., ca. 45 Min., 2 Lari (in Kwemo Alwani Anschluss nach Tuschetien).
- **Lagodechi:** 15 Uhr, ca. 2 Std., 6 Lari
- **Signachi:** 15.15 Uhr, ca. 90 Min., 5 Lari.
- **Zinandali:** 9–17.30 Uhr alle 15–30 Min., ca. 20 Min., 0,80 Lari.
- **Znori:** 11 und 13.30 Uhr, ca. 75 Min., 4,50 Lari (Anschluss nach Dedopliszqaro, Lagodechi, Signachi, Tbilisi).

Neue Busstation

(beim Markt, Tel. 3 50 27 20 83)
- **Dedopliszqaro:** 15.30 Uhr, ca. 2 Std., 7 Lari.
- **Gurdshaani** (Weinverkostung): 10.55 und 14.40 Uhr, ca. 45 Min., 2,50 Lari.
- **Lagodechi:** 7.30, 8.30, 8.40, 13.30 Uhr, 2 Std., 6 Lari.
- **Pschaweli:** 8.50, 9.30, 10.10, 11.10, 13, 14, 14.20, 16, 17.45 Uhr, ca. 30 Min., 1,50 Lari.
- **Tbilisi:** 7.40–13 Uhr alle 40 Min., ca. 2 Std. 40 Min., 7 Lari.
- **Ikalto** (Kloster): I. Tschawtschawadse gegenüber ProCreditbank, ganztags Marschrutki.

Taxi/Sammeltaxi

- **Telawi innerorts:** 2 Lari pro Taxi!
- **Sammeltaxi nach Tbilisi:** Ab etwa Höhe ProCreditbank stehen Sammeltaxis (man wird angesprochen, falls man mit Gepäck ankommt); 10 Lari pro Person, ca. 2 Std. angenehme Fahrt über den Gombori-Pass (georg. *Gombori ucheltechili*, russ. *Gomborski perewal*) Traumblick, 6–9 % Gefälle.
- **Gremi** (Festung): 17 Lari
- **Nekressi** (Kloster): 20 Lari
- **Ikalto** (Kloster): 20 Lari
- **Alte Schuamta** (Kloster): 12 Lari
- **Neue Schuamta** (Kloster): 10 Lari
- **Zinandali** (Sommersitz von Fürst *Tschawtschawadse*): 10 Lari; kurz vor Erreichen des Sommersitzes des Fürsten *Tschawtschawadse* fällt der unübersehbare Wegweiser zum **Weingut Schuchmann** nach Kisißchewi auf. Ein Taxi dorthin sollte max. 10 Lari kosten.

Die **Preise** (Richtwerte) enthalten jeweils 5 Lari für 30 Min. Wartezeit. Bei **Kombination der Sehenswürdigkeiten** unbedingt handeln! Es empfehlen sich folgende beiden Varianten, da sie räumlich nahe beieinander liegen: Gremi und Nekressi sowie Ikalto, die beiden Schuamta und Zinandali.

Die Umgebung von Telawi

Telawi ist der ideale Ausgangspunkt zur Erkundung einiger Hauptsehenswürdigkeiten von Kachetien. Die folgenden Orte kann man teilweise mit der Marschrutka, noch besser aber mit einem **ganztags angemieteten Taxi** besichtigen. Dies kostet etwa 60 Lari (pro Taxi, nicht pro Person). Für die folgende Tour sind einschließlich Kwareli etwa zehn bis zwölf Stunden zu veranschlagen. Es ist daher zu überlegen, ob man sie auf zwei Tage verteilt.

Zinandali/Tsinandali 200/B2

Der **Landsitz des Fürsten Alexander Tschawtschawadse** befindet sich etwa 10 km östlich von Telawi in einem großen Park, dessen Gestaltung an einen englischen Landschaftsgarten angelehnt ist. Seltene Gehölze spenden Schatten, am Eingang steht sogar Bambus.

Fürst Alexander Tschawtschawadse (1786–1847) entstammte einer der vornehmsten und reichsten Familien Georgiens. Sein Vater war bevollmächtigter Botschafter am Hofe König *Iraklis II.* am russischen Hof und unterzeichnete das Traktat von Georgijewsk (siehe „Geschichte"). *Katharina die Große* war Taufpatin für Alexander, der 1812/13 in der russischen Armee gegen die Armee Napoleons und 1828 gegen die Türken kämpfte. Seine Generalsuniform ist in Zinandali zu besichtigen. Die Familie *Tschawtschawadse* besaß riesige Ländereien in Kachetien und ca. 1500 Leibeigene für ihre Bewirtschaftung.

Der Fürst sprach sechs Sprachen, er konnte vornehme Gäste wie den französischen Dichter *Alexandre Dumas*, Professor *Koch* aus Jena oder den französischen Botschafter in Tbilisi, *Jacques-Francois Gamba*, begrüßen. Er hatte drei Töchter und einen Sohn, *David*, der *Anna Bagrationi*, die Tochter des letzten georgischen Königs heiratete. Der Flügel der Fa. Becker im Arbeitszimmer des Fürsten soll der erste Flügel in Georgien überhaupt gewesen sein, ebenso das französische Klavier im Zimmer seiner Tochter *Nino*.

Von den ursprünglich 22 Räumen des Sommersitzes sind nach der Umgestaltung des Museums nur noch einige zu besichtigen. Neben **Bildern** werden **Originalmöbel** und **Geschirr** gezeigt. Im **Esszimmer** bewundert der Besucher u.a. russisches, französisches und deutsches Porzellan. Im **Schlafzimmer** des Fürsten hängt die Kopie eines Porträts der älteren Tochter *Tschawtschawadses*, *Jekaterina*, verheiratete Fürstin *Dadiani*, im Alter von 50 Jahren von dem Schwarzwälder Maler *Franz Xaver Winterhalter* auf die Leinwand gebracht; das Original hängt im Palais Dadiani in Sugdidi. *Winterhalters* wohl bekanntestes Bild ist das der österreichischen Kaiserin *Elisabeth I.* (Sisi) mit den berühmten Sisi-Sternen im Haar. Die eher bescheidene Einrich-

> Sommerresidenz der Fürsten Tschawtschawadse in Zinandali

tung der Räumlichkeiten für die einzelnen Familienmitglieder ist auf ihre Weise beeindruckend. Besonders stolz ist das Museum auf den Stürzwage-Flügel und das aufklappbare Alphonse-Blondel-Piano aus Frankreich.

Im ersten Stock befinden sich ein Ausstellungsraum für zeitgenössische Kunst und ein rustikaler offener Raum aus unverputzten Steinen für Ausstellungen im Sommer.

Im Erdgeschoss kann man Weine probieren. 1881 gründete der Fürst das Weingut Zinandali. Welch enge Verbindungen zwischen Europa und Georgien vor der Zeit der stalinistischen Abschottung bestanden, wird auch dadurch ersichtlich, dass der Fürst den französischen Weinexperten *Antoine Massaneau* nach Zinandali rief. Mit ihm machte er einen guten Griff, denn schon 1885 wurde der Wein aus Zinandali auf einer Ausstellung in Chicago mit einer Goldmedaille prämiert.

■ **Museum:** www.tsinandali.com, geöffnet 10–19 Uhr, im Winter bis 18 Uhr, Eintritt: Museum und Park 5 Lari, Museum, Park und ein Glas Wein 7 Lari, Museum, Park und Weinverkostung 20 Lari. Führung auf Deutsch, Englisch oder Russisch.

Kloster Achali/ Akhali Schuamta 200/B2

An der Straße nach Gombori, südwestlich von Telawi, führt ein gut sichtbarer Wegweiser zur Achali Schuamta, heute wieder ein **Frauenkloster.** Schuamta heißt „zwischen den Bergen", Achali bedeutet „neu".

Das Kloster wurde *Chachuli Theotokos* geweiht. Um seine Gründung rankt sich eine **Legende:** Das frisch vermählte Königspaar kehrte aus Gurien zurück und legte unter einem Kirschbaum die Ikone der Heiligen Jungfrau von Chachuli ab. Am nächsten Morgen konnten die beiden so lange ihren Weg nicht fortsetzen, bis die Königin das Gelübde ablegte, an dieser Stelle eine Kirche zu errichten und das Kloster Dzweli Schuamta (s. u.) hierher zu verlegen. Die Neue Schuamta wurde um das Jahr 1550 von Königin *Tinatin* (1520–74) und ihrem Mann, König *Lewan I.,* gegründet. Königin Tinatin wurde später selbst Nonne.

Die Kirche im Stil einer **Kreuzkuppelkirche** zeigt einige Fresken, die Königin Tinatin, ihren Mann und ihren Sohn *Alexander* darstellen. Die Stifterin wurde in dieser Kirche begraben, daneben befindet sich das Grab der Familie des Fürsten *Tschawtschawadse,* leicht zu erkennen am Familienwappen und der Beschriftung in Georgisch und Russisch.

Die **Nonnen** beschäftigen sich hier mit Ikonenmalerei, Handarbeit, Übersetzungen und Landwirtschaft. Vom 8. bis 21. September feiern zahlreiche Messen den Geburtstag der Heiligen Jungfrau. Beeindruckend sind die Ruhe des abgeschiedenen Klosters sowie die Würde der jungen Nonnen.

Ab dem Wegweiser fährt oder geht man etwa 2 km bergan und erblickt dann auf der linken Seite das Kloster. Besucher läuten am Tor und warten auf die Schwester, die die Tür öffnet. Am Eingang erhalten Frauen in Hosen oder kurzen Röcken ein graues Hüfttuch. Der Eintritt ist frei.

Kloster Dzweli/ Dzveli Schuamta 200/B2

Das Kloster Dzweli Schuamta (Alte Schuamta) befindet sich weitere 3 km bergan auf der linken Seite des Waldweges. Mitten im Wald hält man an und genießt zunächst den Blick über das Tal auf die verschneiten Berge des Großen Kaukasus. Das Klosterensemble besteht aus **drei Kirchen,** die im 16. Jh. mit der Gründung der Neuen Schuamta aufgegeben wurden. Die Gründung der Alten Schuamta geht auf einen der 13 syrischen Missionare zurück, dessen Name heute ebenso unbekannt ist wie der Zeitpunkt der Umwandlung des Klosters in ein Nonnenkloster. Die Alte Schuamta wurde im 6. Jh., also 1000 Jahre vor der Neuen Schuamta, gegründet. Sie bot Frauen Schutz während der zahlreichen Invasionen, dennoch wurde das Kloster von den Persern und Osmanen mehrfach eingenommen. Die Dzweli Schuamta ist immer geöffnet, der Eintritt frei.

■ **Anreise zu beiden Klöstern:** mit Taxi (10–15 Lari, der Fußweg zwischen beiden Schuamtas wird so umgangen) oder per Marschrutka in Richtung Tetrisklebi ab dem neuen Busbahnhof von Telawi um 8 und 14 Uhr. Sagen Sie dem Fahrer, dass sie an der Achali Schuamta aussteigen wollen.

Kloster Ikalto 200/B2

Etwa 12 km nordwestlich von Telawi, an der Straße nach Shinwali, liegt das sehenswerte Kloster Ikalto. *Senon*, einer der 13 syrischen Missionare, soll es im 6. Jh. gegründet haben, weswegen es erst als Senonskloster bezeichnet wurde. Im 12. Jh. wurde durch König *Dawit den Erbauer* eine **Akademie** angeschlossen. Damit sollte auch in Ostgeorgien ein geistiges Zentrum geschaffen werden, das der Akademie von Gelati bei Kutaisi nicht nachstand. *Arsen von Ikaltoeli*, nach dem das Kloster benannt ist, wurde von König Dawit als Wissenschaftler nach Ikalto berufen. Auch *Schota Rustaweli* soll hier studiert haben.

Im Wesentlichen sind drei Kirchen zu besichtigen: die **Hauptkirche Periszwaleba**, die Christi-Verklärungskirche aus dem 8./9. Jh., die über dem Grab des heiligen Senon erbaut worden sein soll, die kleinere **Sameba-Kirche** (Dreifaltigkeitskirche) und die **Allerheiligenkapelle** aus dem 12./13. Jh. Das Gelände ist von einer Mauer umschlossen, dahinter erhebt sich ein buschbewachsener Hügel, von dem gut Fotos gemacht werden können.

Die Akademie wurde 1616 aufgegeben, nachdem Schah *Abbas* mit seiner Armee über Kachetien hergefallen war. Sie hatte jedoch schon vorher an Bedeutung verloren, da sich Arsen von Ikaltoeli und der damalige Rektor der Akademie *Johann Petrizi* nicht über die Ausrichtung der Lehre einigen konnten. Ikaltoeli verteidigte vor allem die Weltabgewandtheit der Kirche und widersetzte sich dem von Petrizi vertretenen Neoplatonismus.

Alawerdi-Kirche 200/B2

Nordwestlich von Telawi findet sich das **religiöse Zentrum Kachetiens.** Der imposante Komplex überrascht nicht nur durch seine Ausmaße, sondern auch durch die Lage zu ebener Erde, also nicht auf einem Berg oder Hügel. Die Anlage ist von einer hohen Mauer umgeben. Frauen in Hosen oder kurzen Röcken erhalten am Eingang ein graues Tuch, das sie sich um die Hüften wickeln müssen.

Die 56 m hohe **Georgs-Kathedrale** war zum Zeitpunkt ihrer Erbauung im 11. Jh. das höchste Gebäude Georgiens und blieb dies bis zum Bau der Zminda-Sameba-Kirche in Tbilisi. Im 19. Jh. wurden die Fresken mit weißer Farbe übertüncht, erst ab 1966 hat man einige restauriert. Alawerdi war bis zum 16. Jh. ein **Mönchskloster,** später ein Frauenkloster. Die Kirche hat in ganz Georgien eine herausragende Bedeutung.

Jeweils am 14. September findet die sehenswerte **Alawerdoba** statt. Wer im Herbst zur Weinlese nach Kachetien reist, sollte sich dieses **Fest** nicht entgehen lassen.

Wehrkirche Gremi 201/C2

Die Wehrkirche Gremi gehört seit 2007 zum **UNESCO-Weltkulturerbe** und befindet sich beim gleichnamigen Dorf auf dem Weg von Telawi nach Kwareli. König *Georg XII.* wurde nach der Trennung von Kachetien und Kartlien zu König *Georg II. von Kachetien* ernannt und machte Gremi 1466 zur Hauptstadt Kachetiens. Im Ort Gremi befanden sich

damals eine Karawanserei, öffentliche Bäder, ein Palast und andere Gebäude. Alles wurde 1615 durch die anrückende Armee von Schah *Abbas I. von Persien* dem Erdboden gleichgemacht und nur wenig ist heute noch von den Gebäuden zu erkennen.

Die Festungsanlage thront imposant auf einem kleinen, aber **weithin sichtbaren Felsen** und hat vor Kurzem eine gründliche Restaurierung erfahren. Nach kurzem, aber steilen Anstieg über eine baumgesäumte Treppe erreicht man die kleine Festung, die aus dem mehrstöckigen Königspalast aus dem 15. Jh., einem separat stehenden Glockenturm, der heute ein Aussichtsturm ohne Glocken ist, und der Erzengelkirche aus dem 16. Jh. besteht. Weiterhin kann man die Reste eines Weinkellers (georg. *Marani*) besichtigen.

König *Lewan I.* (1520–74) ließ die **Erzengelkirche** im Jahre 1565 erbauen. Bis 1577 wurde sie innen mit Fresken ausgemalt. Ein Fresko rechts des Eingangs zeigt König Lewan mit einem Modell der Kirche in der linken Hand als deren Stifter. Es handelt sich um eine Kreuzkuppelkirche, deren Kuppel auf einem mit Säulen versehenen Zylinder ruht, der rundherum von acht Fenstern unterbrochen wird. Die Ähnlichkeit mit

der Kirche von Achali Schuamta ist unverkennbar.

Neben der Erzengelkirche steht ein dreigeschossiger **Glockenturm,** dessen zwei untere Etagen noch vor der Kirche erbaut wurden. Im Erdgeschoss befindet sich heute ein kleines **Museum** mit Artefakten, die teilweise auf die Bronzezeit zurückgehen. Im rückwärtigen Bereich des Museums geht es zum Schloss, in dessen Untergeschoss ein Modell der gesamten Anlage zu bewundern ist. Im Obergeschoss kann man u.a. eine Toilette aus dem 16. Jh. besichtigen, die über zwei sich gegenüberliegende Gucklöcher nach außen verfügt, im Winter sicher eine sehr zugige Angelegenheit. Der Ausblick auf das Alasani-Tal ist grandios.

Der mit Gras überwucherte Innenhof führt zu den Resten eines **Weinkellers,** in dessen Boden unterschiedlich große Gefäße für Wein oder Most, die *Kwewri,* eingelassen sind. Zu diesem Weinkeller sollen zahlreiche Geheimgänge führen, die jedoch noch nicht freigelegt sind. Vor dem Abstieg empfiehlt sich noch ein **Blick übers Tal.** In der Ferne sind die Reste der im 16. Jh. von Schah *Abbas* zerstörten Karawansereien zu erahnen.

Weltkulturerbe: Wehrkirche Gremi

Den gesamten Komplex umgibt eine hohe **Mauer,** die einst von Zinnen, Türmchen und Türmen gekrönt war. Die Truppen des Schahs haben beim Sturm auf Gremi zwar auch die Festung in Mitleidenschaft gezogen, zerstören konnten sie sie aber nicht.

■ **Info:** geöffnet 9–18 Uhr, Eintritt in den Turm 3 Lari, Führungen möglich.
■ **Anreise:** entweder Taxi (15–20 Lari) oder Marschrutka in Richtung Kwareli.

Kloster Nekresi 201/C2

Auf dem weiteren Weg nach Kwareli kommt das Taxi oder die Marschrutka an einem nicht zu übersehenden Wegweiser nach Nekresi vorbei. Biegt man links ein, kommt man nach 3,5 bis 4 km zum Waldrand, von wo ein steiler Aufstieg von etwa anderthalb Kilometern (festes Schuhwerk!) zum Kloster Nekresi führt. Hier steht **eine der ersten Kirchen,** die in Georgien gebaut wurden. Im 6. Jh. wirkte hier *Abibos,* ein weiterer der 13 syrischen Missionare. In seinem Eifer ging er so weit, das Feuer von Zoroastriern zu löschen, wofür man ihn tötete. Im 16. Jh. wurde ähnlich wie in Gremi auch in diesem kleinen Kloster ein **Wehrturm** gebaut, von dem ein herrlicher Ausblick für die Mühen des Aufstiegs entschädigt.

■ **Info:** geöffnet ganztägig, Eintritt frei.
■ **Anreise:** ab Telawi per Marschrutka nach Kwareli. Etwa 1½ km vor dem Anstieg verkehrt zumindest im Sommer eine Marschrutka hinauf zum Kloster (1 Lar). Letzte Rückfahrt gegen 17 Uhr.

Gurdshaani/ Gurjaani 201/C3
გურჯაანი

Auf dem Weg von Tbilisi nach Signachi passiert man die **Kleinstadt** Gurdshaani, die erst seit 1934 das Stadtrecht besitzt. Marschrutki und Busse kommen auf dem überschaubaren Busbahnhof an. Man blickt auf ein Rondell mit Kreisverkehr und folgt der kurzen Hauptstraße. Links ein kleiner Park, darin das Denkmal „Vater und Sohn". Links geht eine Straße ab, die zur Rustaweli-Straße führt (erste Querstraße links), geradeaus kommt man zum ebenfalls links liegenden Basar. Bald folgt das Dorf Gurdshaani unweit der Stadtgrenzen, wo sich das Museum der Schauspielerin *Nato Watschnadse* befindet.

Sehenswertes

Denkmal für Vater und Sohn Macharaschwili

Das sympathische Denkmal zeigt den Gurdshaanier *Giorgi Macharaschwili* mit seinem kleinen Sohn spielend. Macharaschwilis Sohn war 1942 in die Rote Armee eingezogen worden und nach einer Verwundung in ein russisches Lazarett gekommen, wo ihn sein Vater besuchen wollte. Der Vater kam aber zu spät. Sein Sohn war bereits auf dem Weg nach Berlin, wohin ihm sein Vater vergeblich folgte. Der Sohn war unterdessen gefallen. Vater Macharaschwili soll aber bei den Rotarmisten sehr beliebt gewesen sein und auch er die Soldaten wie seine

Söhne geliebt haben. Da das der **Stoff** ist, **der für Drehbücher taugt,** wurde die Geschichte verfilmt. *Sergo Sakariadse*, der Hauptdarsteller, wurde mit dem Film schlagartig berühmt und erhielt sogar einen Preis als bester männlicher Darsteller in Cannes. Er stand dem Bildhauer *Merab Berdsenischwili* Modell für das Denkmal, das sich in Gestaltung und Motiv so wohltuend von den üblichen Kriegerdenkmälern abhebt.

Nato-Watschnadse-Museum

Das Museum befindet sich im Dorf Gurdshaani unweit der Stadtgrenzen. Die **Schauspielerin** *Nato (Natalia) Watschnadse* gilt als die „Sarah Bernard des georgischen Films". Ihre Bilderbuchkarriere begann 1923, als für einen Stummfilm eine Schauspielerin gesucht wurde; der deutsche Fotograf *Schichmann* hatte ihr Foto im Schaufenster seines Tbilisier Ateliers im Melik-Asariants-Haus (s.a. Kapitel zu Tbilisi) als Werbung für seine Arbeit ausgehängt, und so wurde sie entdeckt. *Nato Watschnadse* war die Tochter des Fürsten *Georgi Andronikaschwili*, dessen adelige Abstammung sich bis ins 11. Jh. zurückverfolgen lässt.

Im **ersten Raum** des interessanten Museums im Haupthaus wird die Abstammung der Großeltern anhand zahlreicher Familienfotos und des Familienwappens dargestellt, leider nur in georgischer Beschriftung. Die Großmutter der Schauspielerin, die den Fürsten *Alexander Andronikaschwili* geheiratet hatte, war *Darja Tschawtschawadse*, eine Tochter des Fürsten *Ilja Tschawtschawadse*. Natos Mutter war *Ekaterina Sliwitzkaja*, die Tochter der Deutschen *Elisabeth Schöning* und des Polen *Semjon Sliwitzky*. Eine Großmutter mütterlicherseits war die italienische Opernsängerin *Adelaide Vassoli*. Nato Watschnadse, 1904 in Warschau geboren, zog schon bald mit ihrer Familie in den Nordkaukasus, da ihr Vater zum Befehlshaber des Militärbezirkes Wladikawkas ernannt worden war. Dort fiel er 1912 im Kampf gegen tschetschenische Rebellen. Nach dem Tod ihres Mannes übersiedelte Ekaterina Sliwitzkaja mit ihren drei Töchtern und dem Sohn nach Gurdshaani auf den Familienstammsitz der Andronikaschwilis, wo Nato ihre Kindheit verbrachte.

Im **zweiten Raum** sind viele Zeichnungen der Aktrice ausgestellt, auch das Abiturzeugnis, erlangt an einem Tbilisier Gymnasium. Nato spielte auch sehr gern auf dem hier ausgestellten Klavier. Gleich nach dem Abitur heiratete Nato *Merab Watschnadse*. Der **dritte Raum** zeigt ein Esszimmer, typisch für den Lebensstil des kachetinischen Landadels zu Beginn des 20. Jh. Schließlich kommt man in den **Weinkeller,** in dem eine konstante Temperatur von 5°C herrscht. Im Boden sind zahlreiche Kwewris (Weinkrüge) eingelassen, an der Wand steht eine Getreidetruhe (georg. *ambari*), weiterhin ist noch eine deutsche Weinpresse und eine mechanische Pumpe zu besichtigen. Für die Qualität der Weine wurde die Familie mit einer Medaille auf einer Pariser Weinausstellung geehrt. Aus finanziellen Gründen musste die Mutter das Haupthaus verkaufen und zog mit den Kindern in das **Nebengebäude,** das heute ebenfalls zum Museum gehört. Hier werden zahlreiche Plakate und Fotos von Natos schauspielerischem Schaffen gezeigt, ebenso ein Pla-

Gurdshaani

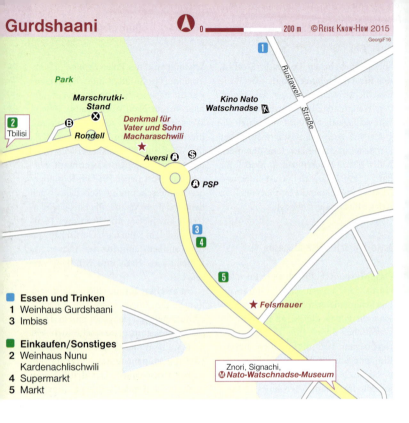

Essen und Trinken
1 Weinhaus Gurdshaani
3 Imbiss

Einkaufen/Sonstiges
2 Weinhaus Nunu Kardenachlischwili
4 Supermarkt
5 Markt

kat von einer Retrospektive georgischer Filme in Paris, wo von November 1988 bis Januar 1989 über 100 Filme gezeigt wurden. Auch private Fotos von ihrer Teilnahme am Filmfestival in Venedig gehören zur Ausstellung.

Mit ihrem ersten Mann hatte Nato einen Sohn namens *Gengis*. Sie heiratete jedoch später *Nikolos Schengelaja*, mit dem sie zwei später sehr **berühmte Söhne** hatte, *Eldar* (Regisseur) und *Georgi* (Regisseur, Schauspieler) *Schengelaja*. **Natos Karriere** umfasste Erfolge in der Stummfilm-, aber auch in der Tonfilmzeit. Der Film „Die letzte Maskerade" war der erste georgische Tonfilm. Zu ihrem 49. Geburtstag, am 14. Juni 1953, flog sie von Moskau nach Tbilisi. Das Flugzeug stürzte aus bis heute ungeklärten Umständen ab. Fotos von ihrem Begräbnis vermitteln den Eindruck, als hätte ganz Georgien daran teilgenommen. Sie wurde auf dem Pantheon in Didube beigesetzt.

Jeder Taxifahrer in Gurdshaani kennt das Museum. Vom Basar aus ist mit 2–3 Lari inkl. Wartezeit zu rechnen.

Info: geöffnet Di bis So 10–16 Uhr, Eintritt 3 Lari, mit russischsprachiger Führung 5 Lari. Die Führerin *Nino* (mobil: 599 63 70 78) kann auch ein bisschen Deutsch.

Weinproben

Im **Weinhaus Gurdshaani,** Rustaweli-Straße 28, mobil: 599 51 22 44, www.winehousegurjaani.ge. Man findet das Grundstück sehr leicht. Nach Ankunft auf dem überschaubaren Busbahnhof von Gurdshaani läuft man kurz stadteinwärts. Man biegt an der Kreuzung links ein und nach kurzer Strecke (etwa nach dem Nato-Watschnadse-Kino) wieder nach links, und auf der linken Straßenseite findet man die Hausnummer 28. Empfehlung!

Interessenten können sich in den Räumlichkeiten des sympathischen *Gia Aliaschwili* ihren Wein selbst abfüllen und etikettieren. Gia bietet hauptsächlich **Kaziteli-Wein** (Rotwein 15 Lari, Weißwein 10 Lari die Flasche) und erklärt (auf Russisch), wie der Wein aus der Traube in die Flasche kommt. Ein Raum zeigt einen riesigen Holzbottich *(saznacheli),* in den die Trauben früher hineingeschüttet und anschließend mit den Füßen zermalmt wurden. Im Boden sind vier riesige Kwewri mit 300 bis 400 Liter Fassungsvermögen eingelassen, die nach Befüllung luftdicht verschlossen werden. Nachdem sich die Maische abgesetzt hat, wird der Wein in große Glasflaschen abgefüllt. Sobald sich darin ein Absatz gebildet hat, wird der Wein in saubere Flaschen umgefüllt, was insgesamt viermal geschehen muss.

Im Nachbarraum brennt Gia **Tschatscha aus Trauben und Treber.** Er wird in dem gemauerten Lehmofen erhitzt, und die entstehende Flüssigkeit steigt langsam nach oben, fließt durch das Metallrohr in den Schlauch, der sich in dem Wasserfass windet, wobei sich der

In Gurdshaani kann sehr guter Wein gekostet und erworben werden

Tschatscha abkühlt. Der Schlauch führt schließlich durch das Loch im Fassrand nach außen und kann in Flaschen abgefüllt werden. Der Besuch sollte vorher angekündigt werden. Nur einer der Söhne spricht etwas englisch. Ein enttäuschter Leser berichtete, dass man zunächst 15 Lari für die Weinprobe verlangte, dann aber immerhin auf 10 Lari runterging.

Im **Weinhaus Nunu Kardenachlischwili** im Dorf Weliszice bei Gurdshaani, Gogebaschwili 3, mobil: 599 56 10 31 *(Nunu)* und 599 76 70 71 (Ehemann *Micha Giorgadze*), Tochter *Natia* spricht italienisch, Natia_Giorgadze@mail.ru. Georgien sollte mehr Frauen wie Nunu haben! Nunus Familie hatte ein Nachbarsgrundstück gekauft, auf dem eine Scheune mit vier zunächst undefinierbaren Löchern stand, in die man früher Müll warf. Dann kam das Jahr 2003. Nachdem man wochenlang den Müll weggefahren hatte, entdeckte man einen original georgischen **Marani (Weinkeller)** aus dem 17. Jh., der mit unzähligen Gegenständen aus der Gegend dekoriert ist, zum Beispiel Weinkrügen, die wahrscheinlich 2700 Jahre alt sind. Nunu vermutet, dass noch zwei weitere Gewölbe vorhanden sind, in denen früher Eis aufbewahrt wurde. Die Familie besitzt inzwischen auch 50 ha Weinberge. Selbst wer keinen Wein trinken würde, wäre von der Antiquitätensammlung begeistert. Als Rotwein wird **Saperawi**, als Weißwein **Kotechi** gereicht. Eine winzige Auswahl der hervorragenden Küche gefällig? Es gibt Schaschlik, gegrillt auf getrocknetem Weinrebenreisig, Konfitüre aus den Schalen der roten Melone (russ. *arbus*), Süßkirschengelee, Gelee aus wilden Rosen und vieles mehr. Ein Leser berichtete von einer Weinprobe mit Museumsbesuch für insgesamt 5 Lari.

An-/Abreise

Marschrutki ab Busbahnhof

■ **Von Tbilisi** (Didube, Isani, Samgori): 8.30–12.30 Uhr alle 20–30 Min., 90 Min. Fahrtdauer, 5 Lari.
■ **Nach Welisziche:** 6.30, 11.10, 14.10, zuletzt 17.50 Uhr, Fahrtdauer 15 Min., 50 Tetri. Nach jeweils 15 Min. kehrt die Marschrutka nach Gurdshaani zurück. Man folge dem englischsprachigen Schild zu Nunus Grundstück.
■ **Znori** ab Basar, bei Bedarf.

Signachi / Sighnaghi 201/C3
სიღნაღი

„Wenn Du nicht Signachi, die alte Stadt auf dem Berg, gesehen hast, sage nicht, Du kenntest den Glanz Kachetiens."

Ioseb Noneschwili

Das Städtchen Signachi (engl. Sighnaghi) liegt etwa 120 km östlich von Tbilisi und ist einer der **interessantesten Orte Georgiens.** Obwohl erst gegen Ende des 18. Jh. als Stadt angelegt, belegen archäologische Funde aus Paläolithikum, Neolithikum und Bronzezeit, dass die Gegend schon früher besiedelt war. König

▷ Signachi: Straßenbild nach der Restaurierung

Irakli II. (in anderen Quellen als *Erekle II.* bezeichnet) ließ hier um 1722 eine **Festung** errichten, deren Mauern 23 Türme einschlossen, die jeweils einer Gemeinde zur Verfügung standen. In und um diese Festung entwickelte sich die Siedlung Signachi.

Der ca. 2000 Einwohner zählende Ort liegt auf einem Hügel. Der Besucher ist zunächst von dem **süditalienischen Flair** der Häuser aus dem 17. bis 19. Jh. überrascht und schnell total begeistert. Enge Gassen, geschnitzte Holzbalkone und ein herrlicher Blick über das Alasani-Tal und die schneebedeckten Gipfel des Großen Kaukasus in östlicher Richtung lassen das Herz eines jeden Romantikers höher schlagen. 75 % der Häuser sind aus dem 17. und 18. Jh., viele stehen unter Denkmalschutz. Sehenswert sind neben der imposanten **Stadtmauer** auch die **St. Georgskirche** mit ihrem Glockenturm, zahlreiche Künstlerwerkstätten, das **Pirosmani-Museum** und das nahe gelegene Kloster Bodbe.

Das Zentrum von Signachi erfuhr im Jahr 2007 eine **Generalüberholung,** die es so in Georgien noch nicht gegeben hatte. Dabei erhielt das Städtchen Unterstützung durch zahlreiche Projekte der Weltbank und der georgischen Regierung, die sich in den Jahren 1998 bis 2003 um den Erhalt des kulturellen Erbes verdient machten. Die Fassaden der Häuser wurden ebenso instand gesetzt wie die wunderschönen geschnitzten Holzbalkone und die Straßen. Letztere wurden zum Leidwesen der Anwohner nicht asphaltiert, sondern mit lautem und rutschigem Kopfsteinpflaster versehen, das zudem die Hoffnung der Frauen zunichte machte, endlich auch in Signachi mit schickem Schuhwerk spazieren gehen zu können. Die Entwicklungs-

hilfeorganisation DEZA aus der Schweiz kümmerte sich in den Jahren 2003 bis 2005 im Rahmen der Transkaukasischen Tourismusinitiative um die Instandsetzung der maroden Wasserversorgung.

Orientierung

Für die **Anreise** nach Signachi gibt es zwei Möglichkeiten, nämlich von Tbilisi aus über die Barataschwili-Straße oder von Znori aus durch eins der Stadttore. Die Marschrutka, die aus Tbilisi im Ort ankommt, fährt zunächst bergan. Dann sieht man nach dem englischsprachigen Wegweiser zum Kloster Bodbe eine Tankstelle und gleich danach das Ortseingangsschild. Man fährt über die Barataschwili in die Stadt hinunter. Der **König-Erekle-II.-Platz** (Erekles Meoris Moedani) ist End- und Abfahrtpunkt der Marschrutki (etwas zurückgesetzt unten). Von hier geht man bergan entweder die linke Straße entlang und passiert das Hotel Old Sighnaghi und erreicht schon bald Nanas Gästehaus. Nach einem ganz kurzen Anstieg bis zu einem Imbiss mit drei Flaschen auf dem Firmenschild biegt man links in die Pirosmani-Straße ein. Folgt man aber ab dem König-Erekle-II.-Platz der rechten Straße, erreicht man genauso schnell den **Solomon-Dodaschwili-Platz** und sieht dabei rechts oben das Rathaus mit Uhrturm und danach, ebenfalls erhöht, das **Pirosmani-Museum** (geöffnet Di bis So 10–17 Uhr, an Feiertagen geschlossen. Eintritt 3 Lari, Kinder ab 6 Jahren 50 Tetri, im Vorschulalter frei).

Nachdem man die kleine Grünanlage mit dem Dodaschwili-Denkmal passiert hat, sieht man geradeaus das Hotel Signagi auf einer kleinen Anhöhe und rechts gegenüber das **Kabadoni Hotel**. Zu Sowjetzeiten gab es zwischen Znori und Signachi eine Seilbahn, deren Bergstation sich links vom Kabadoni Hotel, etwa da wo jetzt das Kabadoni Spa ist, befand. Unmittelbar vor dem Kabadoni Hotel verläuft eine kleine Straße leicht nach unten, passiert dann rechts das Hotel Brigitte und biegt links nach dem **Stadttor** in die **St.-Giorgi-Straße** ein. Geradeaus führt die **Gorgassali-Straße** bis zu einem weiteren Stadttor. Dieser Weg verläuft weiter nach Znori.

Die **Anfahrt von Znori** in die Stadt ist fast noch reizvoller, da sich die 8 km lange schmale Straße den Berg hinaufschlängelt, wobei man einen interessanten Blick auf die immer näher kommende **Stadtmauer** hoch oben auf dem Berg hat. Schließlich passiert man das erste Stadttor, und das Fahrzeug rumpelt die Gorgassali-Straße hinauf (Kopfsteinpflaster). Unmittelbar vor dem zweiten Stadttor zweigt nach rechts die St.-Giorgi-Straße ab. Sammeltaxis aus Znori enden vor dem Hotel Signagi, wer aber in die St.-Giorgi-Straße will, lässt eben vorher anhalten.

Rundgang

Die Wege rechts und links des Hotels Signagi sind Ausgangspunkte für einen ausgeschilderten Rundweg **entlang der historischen Stadtmauer** Signachis, wobei man nach links die Stefanskirche, nach rechts die Georgskirche passiert. Eine sehr positive Auswirkung der Renovierungsarbeiten in der Stadt ist unübersehbar: Es sind mehrsprachige Wegweiser aufgestellt worden. Allerdings haben die Bewohner die neuen Straßennamen noch nicht verinnerlicht. Daher besser nach dem Gebäude oder bei der Unterkunftssuche nach dem Namen des Vermieters fragen, wobei es passieren kann, dass der Angesprochene seine eigenen Zimmer an den Gast bringen will.

Weinprobe

 Um das dritte Wochenende **im September** herum finden in vielen Orten Kachetiens Weinfeste anlässlich der beginnenden Weinlese Rtweli statt. Aber auch außerhalb dieser Zeit kann man Weine probieren.

Im **Old Town Studio** in der Barataschwili-Straße am Ortsausgang von Signachi auf der linken Seite (Schild „Pheasant's Tears") gibt es sehr gute Rotweine, Rosé- und Weißweine sowie den Traubenschnaps Tschatscha. Die Weinproben finden in den rustikalen Räumlichkeiten des amerikanischen Künstlers *John Wurdemann* statt (Kontakt: jwurdeman@pheasantstears.com). Das 300 Jahre alte Haus im altgrusinischen Stil ist allein schon einen Besuch wert, ebenso die 200 Jahre alten Tonkrüge, die typisch für Signachi sind. Das neue **Restaurant Pheasant's Tears** bietet eine kleine, aber feine Auswahl an Speisen; Freisitze im Garten. Etwas höherpreisig, aber allein der gute Service entschädigt und erst recht die exzellenten Weine!

Praktische Tipps

■ **Vorwahl:** international 00995 355, national 0 355.

Informationen

■ **Touristeninformationszentrum** (TIZ): Kostawa-Straße 10.
■ **Aversi-Apotheke:** links neben dem Informationszentrum.
■ **Bank of Georgia** mit **Geldautomaten:** rechts neben dem Informationszentrum; ein weiterer Geldautomat in der Rustaweli-Straße 2 (Rathaus).
■ **Internet, Kopien** (Xerox genannt) in der Agmaschenebeli 13.
■ **Tankstelle:** am Ortsausgang Richtung Tbilisi.

◁ Die Stadt schmückt sich auch mit Brunnen

Unterkunft

In Signachi herrscht kein Mangel mehr an Unterkünften, was sehr positiven Einfluss auf die Preise hat. Bitte beachten: bei Buchung über Hotelportale plus mind. 15 % Provision.

Backpackerunterkünfte (ab 20 Lari)

Mein Tipp: GH Nato & Lado, Pirosmani 5 (grünes Hoftor), mobil: 599 21 29 88 (engl.), natolado@gmail.com. Alle 7 Zimmer mit Bad, davon drei DZ, drei 3-BZ und ein 6-BZ. Übernachtung 20 Lari, Frühstück 5 Lari, Abendbrot 10 Lari. Fast jeden Samstag klasse Supra ohne ellenlange Toasts, wobei *Natos* Mann mit den Töchtern kaukasische Lieder vorträgt. Zudem freier Hauswein, Tschatscha, Kaffee oder Tee, auch mal Brot und Käse, im Sommer sogar Salat gratis. Ab Mitte September können Fahrten in den Weinberg der Familie organisiert werden, wo die Gäste Trauben lesen, Wein pressen und natürlich Wein und Tschatscha verkosten können. Die Familie kann zwei Autos zur Verfügung stellen, z.B. für Fahrten nach David Garedschi ab 70 Lari/Auto oder über David Garedschi nach Tbilisi für 80 Lari/Auto. Sensationelles Preis-Leistungsverhältnis und superherzliche Gastfreundschaft, mehrere sehr begeisterte Leserzuschriften! Schmetterling

Mein Tipp: GH Nana Kokiaschwili, Saradaschischwili 2, Tel. 23 18 29, mobil: 599 79 50 93, mobil: Tochter Nino (engl.) 577 72 37 04, kkshvl@yahoo.com. *Nana* vermietet in ihrem zentral gelegenen Gästehaus vier Zweibettzimmer (davon zwei mit Bad und TV) und ein 3-Bettzimmer zu 30 Lari Ü, 35 Lari Ü/F, 55 Lari Ü/HP; bei mehrtägigem Aufenthalt Rabatt möglich, Preise jeweils pro Person. Alle Zimmer im 1. Stock haben einen Balkon, im EG Aufenthaltsraum und Gästeküche. *Nanas* Mann bietet seine Dienste als Chauffeur an: Preis für die Fahrt nach Dawit Garedschi und zurück 100 Lari, nach Tbilisi 120 Lari, nach Mirsaani (Pirosmani-Museum) 45 Lari inkl. Wartezeit, nach Lagodechi (Grenzübergang nach Aserbaidschan 45 Lari), auch hier besteht Verhandlungsspielraum.

■ **GH Lali,** Pirosmani 5, mobil: 599 32 03 68 (russ., engl.), Lalisoza@mail.ru, direkt rechts neben Nato & Lado, *Lalis* Tor ist rot angestrichen! Im Hof rechts vom GH Nato & Lado auch das Restaurant Caucasian House (Kawkasiuri Sachli). Sechs Zimmer, davon ein EZ mit Bad und mehrere DZ mit Bad oder Gemeinschaftsbad (am besten zeigen lassen) sowie ein MBZ mit Gemeinschaftsbad, 20–25 Lari Ü, 30 Lari Ü/F, 40 Lari Ü/HP pro Person. Weitere fünf Zimmer in einem anderen Gebäude in der Gorgassali 25. Chauffeure und Guides übernachten kostenlos (Bett im Korridor). Gemeinschaftsbad, großer Garten.

■ **Maya GH,** Giorgi-Straße 7, mobil: 595 97 99 26 (russ., engl.), discoversignagi@yahoo.com. 5 NR-Zimmer, mit Gemeinschaftsbad 50 Lari, mit Bad 60 Lari. Gemeinschaftsküche, Terrasse mit Bergblick, WLAN.

■ **GH Host of Signagi,** Barataschwili 28, mobil: 595 13 93 36 (russ.), marina.goginashvili@mail.ru. 9 Betten in drei Zimmern, Gemeinschaftsbad, pro Person 25 Lari Ü/F. Die drei Zimmer teilen sich ein Duschbad und Hockklo, welche über einen kleinen Vorraum erreichbar sind. Preiswertes, rustikales georgisches Restaurant im EG.

■ Weitere Backpackerunterkünfte siehe auch bei **David Zandaraschwili** (s.u.).

Unterkünfte der Mittelklasse (ab 50 Lari)

Mein Tipp: GH David Zandaraschwili, St. Giorgi 11, mobil: 558 00 03 53 (*Davids* Vater *Guram,* russ.), 599 75 05 10 (*David,* engl.), davidzandarashvili@yahoo.com. Nach dem Umbau stehen jetzt im Dachgeschoss fünf Familienzimmer mit 3/4 Betten zu 60 Lari Ü und im Mittelgeschoss sechs DZ zu 70 Lari Ü/F, 100 Lari Ü/HP zur Verfügung, jeweils mit eigenem Duschbad, separatem WC und teilweise Balkon. Im EG weiterhin die Backpackerunterkünfte zu 15 Lari pro Bett mit Gemeinschaftsbad. 5 Lari fürs Frühstück, 15–25 für Abendbrot. Wichtig: Eine funktionierende Zentralheizung erlaubt Ganzjahresvermietung! Im Dachgeschoss neben einem Aufenthaltsraum mit großem Balkon kleine Küche, in der Mitteletage ebenfalls großer Gemeinschafts-

raum mit Balkon und Kamin. Im Zwischengeschoss renovierter Speiseraum mit Kristalllüstern – super georgisches Essen. Taxi nach Mirsaani ab 30 Lari/Taxi, nach Tbilisi über David Garedschi ab 120 Lari/Taxi oder Tagestour zum Naturschutzgebiet Lagodechi 60 Lari inkl. Wartezeit des Fahrers. Große oder kleine Weintour durch Kachetien zu 100 bzw. 60 Lari, weitere Touren nach Vereinbarung.

■ **Hotel Old Sighnaghi** (ehem. Teppichhotel), Zotne Dadiani 19, mobil: 598 77 01 01 (russ./engl.), hotel-old-signagi@mail.ru. 14 Zimmer mit SAT-TV, Air Condition, Telefon und Duschbad, mit winzigem Metalltischchen und zwei Metallstühlen. Standard-DZ 60 Lari Ü, 80 Lari Ü/F, 3-BZ ab 110 Lari, Lux-Zimmer 140 Lari Ü. Zum Hotel gehört ein günstiges Restaurant im EG, „Café" genannt. WLAN, Parkplätze.

■ **GH Central,** Erekle-II.-Platz, mobil: 592 40 40 31 *(Ana)*, sighnaghi@live.com, *Ana Elisbaraschwili* spricht russisch und englisch. Eröffnet 2014, bietet das Haus kostenloses WLAN und ein rustikales Restaurant. 8 DZ von 40–80 Lari Ü mit Bad, Zentralheizung, Balkon, Air Condition, TV (angeblich deutsche Programme möglich). Parkplätze im Hof, Weinverkostung und kleines Weinmuseum. Tone-Bäckerei.

Unterkünfte der oberen Preisklasse (ab 160 Lari)

■ **Hotel Brigitte,** Tamar Mepe 13, mobil: 571 57 57 85, www.brigitte.ge. Hotel einer deutschen Investorin, trotzdem weder deutschsprachige Rezeption noch Website. Von den 13 in Holz gehaltenen Zimmern 7 DZ zu 160 Lari und 7 Suiten mit getrenntem Schlaf- und Wohnraum mit Kochnische zu 220 Lari Ü/F. WLAN, Safe, Minibar, Föhn und SAT-TV. Von außen eher unscheinbar, bietet das Haus in über viele Treppen zu erreichenden Nebengebäuden neben einem Restaurant, einem Weinkeller und Weinmuseum auch Grillmöglichkeiten, getrennte Swimmingpools für Kinder und Erwachsene im Garten mit Traumblick. Nichtraucherhotel. Fenster der DZ im OG in die Dachgauben eingebaut.

■ **Kabadoni Hotel,** Tamar Mepe 1, Tel. 24 04 00, www.kabadoni.ge. Boutique-Hotel eines US-Investors, Rezeption engl., 21 Zimmer, davon zwei EZ ab

60 US$, 19 DZ ab 80 US$ (jeweils +18 % MwSt.) für Ü/F. WLAN, Swimmingpool, Sauna, Fitnessraum und Parkplatz vorm Haus, einzelne Zimmer mit Balkon. Nichtraucherhotel. Am Wochenende Preis ca. 20 % höher, ebenso in der Hochsaison. Zu Feiertagen fast immer ausgebucht.

Essen und Trinken

■ **Pheasant's Tears,** s.o. „Weinprobe"
■ **Café Nikala,** Lolaschwili 9 (gegenüber dem Uhrturm, weinrot getünchtes Haus), mobil: 555 42 47 65. Traditionelles georgisches Essen, z.B. Chinkali, M'zwadi. Sieht teuer aus, ist aber bezahlbar, nur der Service ist eine Herausforderung …
■ **Host of Signagi,** Barataschwili 28. Speisekarte georgisch, russisch und englisch, sehr gute Weinkarte. Preisbeispiele: Auberginenmus mit Walnüssen 6 Lari, Gurken- oder Tomatensalat 5 Lari, gebratene Forelle 6 Lari, 0,5 l Argo-Bier 1,50 Lari, eine Tasse türkischer Kaffee 2 Lari. Geht man zu zweit essen, sollte man erst mal nur eine Portion bestellen, denn sie fallen riesig aus.
■ **Café Art Qedeli,** Barataschwili 15 (Innenhof schräg gegenüber Weinhaus Pheasant's Tears), Tel. 23 10 48, mobil: 557 64 43 55. Georgische Gerichte, Pizza, Salate, Chatschapuri, Bohneneintopf Lobio, sehr guter Kaffee, riesige Portionen, durch etwas höhere Preise Unterstützung der Qedeli-Gemeinschaft beim Kloster Bodbe, wo geistig und körperlich behinderte Erwachsene betreut werden. WLAN kostenlos, keine alkoholischen Getränke, Souvenirs. Lesertipp.

An- und Abreise

Marschrutki
■ **Tbilisi** (Metro Isani oder Samgori): 7, 9, 11, 13, 16 und 18 Uhr, 90 Min., 6 Lari.
■ **Znori (Tsnori):** 9.15, 10.15–16.45 Uhr alle 30 Min., 17.30 Uhr, 25 Min., 1 Lari. Nach Znori verkehren wochentags Marschrutki, Sa/So und feiertags Sammeltaxis (ebenfalls für 1 Lar pro Person).

In **Znori (Tsnori),** einem touristisch eher uninteressanten Marktflecken, **gute Umsteigeverbindungen mit Marschrutki nach:**
■ **Dedopliszqaro:** 8, 9, 10, 11, 12, 13.40, 14, 15 Uhr, 80 Min. 2,50 Lari.
■ **Gurdshaani:** 7.45, 8.35, 9.30, 10.30, 12.30, 14.30 Uhr, 60 Min., 2 Lari.
■ **Lagodechi:** Warten Sie am Straßenrand und halten Sie durchfahrende Marschrutka an, 30–45 Min., 3 Lari.
■ **Tbilisi:** 8–18 Uhr alle 2 Std., 90 Min., 7 Lari.
■ **Telawi:** 7.45, 8.30, 11.20 Uhr, 80 Min., 6 Lari.
■ **Signachi:** 8.15–17 Uhr alle 30 Min., 25 Min., 1 Lar.

Tipp: **Marschrutki von Znori** nach Signachi verkehren wochentags ab dem Marschrutkaplatz an der Durchgangsstraße nach Lagodechi, der sich links neben der weithin sichtbaren Bank of Georgia befindet. An den Wochenenden und feiertags verkehren Sammeltaxis (1 Lar pro Person) ab der kleinen Abfahrt unmittelbar gegenüber dem großen blauen Wegweiser „Lagodekhi – Bakurtsikhe", zu erreichen nach ca. 5 Gehminuten ab dem Marschrutkaplatz in Richtung Lagodechi. Nicht irritieren lassen: Man passiert plötzlich das Ortsausgangsschild von Znori und unmittelbar danach das Ortseingangsschild von Sakovo. Wer mit der Marschrutka von Tbilisi nach Lagodechi bzw. Dedopliszqaro oder umgekehrt kommt, hat in Znori Umsteigemöglichkeit nach Signachi. Sofort beim Einsteigen dem Fahrer Bescheid sagen, er hält automatisch an der richtigen Stelle (abhängig vom Wochentag).

◁ Signachi mit der Sankt Georgskirche

Die Umgebung von Signachi

Kloster Bodbe 201/C3

In ca. 3 km Entfernung von Signachi befindet sich **eine der heiligsten Stätten Georgiens**, nämlich das **Frauenkloster Bodbe mit dem Grab der heiligen Nino** (siehe Exkurs im Kapitel „Tbilisi und Umgebung"). Wer zu Fuß zum Kloster gelangen möchte, folgt in Signachi der ansteigenden Barataschwili-Straße in Richtung Ortsausgang bis zu dem nach links zeigenden Wegweiser zum „Bodbe Convent", von dem es wieder bergab geht. Der Weg zum Kloster ist insgesamt 2,5–3 km lang. Schon bald hat man das völlig renovierte Kloster erreicht, das von einer Mauer und hohen, schlanken Zypressen umgeben ist. Außerhalb der Mauern befinden sich Souvenirläden und kleine Imbisse. Wer lieber mit einem Taxi ab Signachi zum Kloster fahren möchte, muss mit Fahrtkosten von 2 Lari (einfache Fahrt) bis 6 Lari inkl. Wartezeit rechnen, je nach Verhandlungsgeschick.

Innerhalb der Klostermauern steht in einem Garten die **Himmelfahrtskirche** aus dem 6./7. Jh. Hier stand ursprünglich nur eine kleine Kapelle, die König *Mirian* im 4. Jh. über dem Grab der heiligen Nino hatte erbauen lassen. Im 8. oder 9. Jh. wurde die Himmelfahrtskirche in eine dreischiffige Kirche umgebaut und dabei die **Kapelle zur heiligen Nino** in den Bau integriert. Diese Kapelle befindet sich rechts des Eingangs, also in der Südwestecke. Der winzige Raum ist **eines der wichtigsten Nationalheiligtümer Georgiens**. Der Marmorsarkophag ist erst in den letzten Jahren errichtet worden. Bitte nicht fotografieren!

Es fällt auf, dass die Himmelfahrtskirche sowohl außen als auch innen angenehm schlicht gehalten ist und vielleicht gerade deswegen besonders beeindruckt. Im 19. Jh. ließen *Johanne Makaschwili*, Bischof von Bodbe, und Zar *Alexander I. von Russland* noch einen separat stehenden Glockenturm und Räumlichkeiten zur Unterbringung von Nonnen errichten. Ab dem Jahr 1823 wurden auf Veranlassung des Bischofs außerdem die Wände innen mit Fresken ausgemalt. Infolge der stalinistischen Antireligionskampagne in den 1930er Jahren wurde das Kloster aufgelöst und als Krankenhaus genutzt. Einige Ikonen, die sich in der Sowjetzeit in privaten Verstecken befanden, sind jetzt wieder zu betrachten. Frauen werden gebeten, ein Kopftuch zu tragen. Falls vergessen wurde, ein Kopftuch oder Schal mitzunehmen, innen liegen kostenlose Leihtücher aus.

Außerhalb der Kirche befindet sich in Richtung Eingangstor der **Glockenturm**, in entgegengesetzter Richtung ein Souvenirgeschäft, in dem man u.a. auch Ansichtskarten vom Grab der heiligen Nino kaufen kann.

Hinter dem Souvenirladen beginnt ein abgetrennter Bereich, der nur den heute wieder hier lebenden etwa 30 Nonnen vorbehalten ist. Bitte respektieren Sie die Regeln des Klosters. Wer etwas länger auf dem Klostergelände verweilt, wird den einen oder anderen Georgier sehen, der vor oder nach einem Gebet in der Kirche die Außenwände mit den Händen berührt, ja streichelt oder küsst. Der Besuch des Frauenklosters Bodbe kann zu einem der beeindruckendsten Momente eines Georgienbesuchs werden.

■ **Info:** geöffnet ganztägig, Eintritt frei.

Sankt-Nino-Quelle

Auf dem hinteren Gelände des Klosters führt eine Treppe zur **heiligen Quelle,** die viele mit leeren Flaschen in den Händen hinabsteigen; nach 30–40 Minuten erreicht man die Quelle. In einem kleinen **Badehaus,** offen für jedermann, kann man unter Ausschluss der Öffentlichkeit (Vorhang) dreimal in kaltem Wasser untertauchen und wird so von vielen Leiden befreit. Die diensthabende Nonne stellt auf Wunsch ein Handtuch zur Verfügung (1 Lar). Das ist für Georgier eine sakrale Handlung, Eltern unterziehen ihre Babys dieser Prozedur, jeder schwört auf die Wirkung des gesegneten Wassers. Wem ein Bad doch zu kalt ist, kann draußen an einem Wasserhahn trinken oder mitgebrachte Flaschen füllen, was die Georgier fleißig tun; viele kommen mehrfach im Jahr. Die Autorin lernte einen Tbilisier Bauunternehmer kennen, der mit einigen seiner Angestellten kam. Bitte respektieren Sie die Einstellung der Gläubigen!

Mirsaani/Mirzaani 201/D3
მირზაანი

Östlich von Signachi befindet sich das Dörfchen Mirsaani mit dem **Museum für den Maler Nikos Pirosmanischwili.** Die Fahrt mit dem Taxi dauert etwa eine halbe Stunde. Das sehr große und ungepflegte Gelände empfängt den Besucher mit der Skulptur „Pirosmani auf einem Reh sitzend" zur Linken. Man erblickt ein Häuschen, das als des Malers Geburtshaus gilt (s.u.).

Wer war Nikos Pirosmanischwili? Zu seinen Lebzeiten ein Niemand. Obwohl als Maler ein Genie, verhungerte er im Alter von nur 54 Jahren. Er erfuhr während seines eigentlich verpfuschten Lebens keinerlei Anerkennung. Erst nach seinem Tode sahen Kunstkritiker in ihm neben dem französischen Maler *Henri Rousseau* einen der wichtigsten Vertreter der naiven Malerei. Das erklärt wohl auch die verschiedensten Fassungen seiner Biografie. Als gesichert dürfte gelten, dass er 1864 in Mirsaani als Sohn armer Bauern geboren wurde, dass er Georgisch, Russisch und Armenisch lesen und schreiben konnte, nach vier Jahren als Eisenbahnschaffner in der deutschen Kolonie Elisabethpol (heute Gändschä/Aserbaidschan) mit einem Freund in Tbilisi einen Milchladen eröffnete, sich sein Freund von ihm trennte und Pirosmanischwili danach im Bahnhofsviertel von Tbilisi als Obdachloser dahin vegetierte. Er lebte von Gelegenheitsarbeiten, wozu auch das Malen von Wirtshausschildern zählte. 1913 nahm ein Bekannter vier seiner Bilder, die er mit „Niko Pirosmani" signiert hatte, mit nach Moskau, was aber ohne Resonanz blieb. Am 9. April 1918 starb Pirosmani an Unterernährung in Tbilisi und wurde in einem Armengrab beigesetzt, das bis heute unauffindbar geblieben ist.

Der 21. Oktober wird als **„Pirosmanoba"** begangen, obwohl das genaue Geburtsdatum des Malers nicht eindeutig belegt werden kann. Unklar ist auch, ob der Künstler im **„Geburtshaus"** auf dem Museumsgelände wirklich zur Welt kam, denn einige Quellen sprechen davon, er habe dieses Haus seiner Schwester geschenkt. Bleibt die Frage, wie er das finanziert haben soll. Das winzige Geburtshaus, vor dem ein wie eine kleine Hundehütte aussehender Backofen (georg. *tone*) steht und von dessen Veranda man einen guten Blick auf den hässlichen Betonklotz des Pirosmani-Museums hat, stellt einige Gegenstände aus der Zeit Pirosmanis aus, die aber häufig keine Originale sind. Links des Eingangs hängt ein Foto von ihm im Alter von 54 Jahren, ganz rechts ein Foto als 20-Jähriger, als er die Familie *Kalantarow* in Richtung Elisabethpol verließ, ferner einige Fotos seiner Eltern und der beiden Schwestern. An der Wand gegenüber dem Eingang des einräumigen Häuschens steht symbolisch eine Staffelei, die sein Leben als Maler unterstreichen soll. Die Singer-Nähmaschine und die Truhe soll er seiner Schwester aus Tbilisi mitgebracht haben. An der Wand hängt zudem ein Kelim, den seine Mutter gewebt hatte. Sein berühmtes Gemälde „Frau, eine Kuh melkend", von dem hier eine Kopie hängt (das Original ist im Kunstmuseum in Batumi), zeigt seine jüngere Schwester, die zehn Kinder hatte. Seine ältere Schwester starb bald, nachdem er nach Tbilisi, damals noch Tiflis, gezogen war. Etwas ungewöhnlich die Applikation links gegenüber der Eingangstür namens „Unbekannte nackte Frau auf dem Diwan".

Das **Pirosmani-Museum** ist auf einer kleinen Anhöhe in einem wenig gelungenen Betonklotz untergebracht. Rechts vor der Treppe hat man eine Polizeiwache postiert, denn im Gebäude hängen echte Kostbarkeiten. Vom Eingangsraum geht man nach links. In diesem Ausstellungsraum hängen mehrere **Originale** mit georgischer, russischer und englischer Beschriftung. Pirosmani malte oft auf Karton. Im folgenden Raum werden Gemälde eines Zeitgenossen Pirosmanis, des Malers *Lado Gudiaschwili*, ausgestellt, die entweder gar nicht oder nur in georgischer Schrift erklärt werden. Unter den Bildern Gudiaschwilis ist ein Ölgemälde, das den Maler anlässlich einer Begegnung mit Pirosmani darstellt. Weiterhin werden Gemälde des russischen Malers *Solomon Kerschow* gezeigt, der einen Zyklus über Pirosmani malte. Zu den wertvollsten Stücken dürfte eine etwa DIN-A-4-große Zeichnung von *Picasso* zählen, die Pirosmani an der Staffelei zeigt.

Im rechten Saal werden **Wechselausstellungen** georgischer Künstler gezeigt, deren Werke nicht beschriftet sind. Dazu zählen sehr schöne und aussagekräftige Bilder von *Georgi Makasalia*, die das Leben in Kachetien und Tbilisi vor über 100 Jahren sehr gut abbilden.

Schließlich erreicht man wieder den Eingangsraum mit zwei Gemälden, die Königin *Tamar* zeigen. Pirosmani hat die beliebte Königin insgesamt sechsmal gemalt.

Laut einer **Biografie** von *Schalwa Amiranaschwili,* die im Museum in georgischer Sprache aushängt, soll Pirosmani sich die Grundlagen der georgischen Schrift zunächst selbst beigebracht haben, bevor ihn anschließend die reiche Armenierin Frau *Kalantarowa* (wahrlich kein armenischer Familienname), in deren Haushalt von seinem 9. bis 20. Lebensjahr gelebt hatte, in der georgischen, russischen und armenischen Sprache und Schrift unterrichtet haben soll.

■ **Info:** geöffnet Di bis So 10–17 Uhr (feiertags geschlossen), Eintritt für Erwachsene 3 Lari, für Schüler/Studenten 1 Lar, ein Guide kostet 15 Lari, mobil: 593 50 90 31.

Naturschutzgebiet Lagodechi 201/D2

Ganz im Nordosten Georgiens, an der Grenze zu Dagestan im Norden und Aserbaidschan im Osten, befindet sich das ca. 240 km² große Naturschutzgebiet Lagodechi (engl. *Lagodekhi Nature Reserve*). Hier kann man **zahlreiche Wanderungen** unternehmen oder auch reiten. Wälder, subalpine und alpine Wiesen, tiefe Flusstäler, auch Gletscherseen und eine interessante Tierwelt laden zu Erkundungen ein. Zur besseren Orientierung, auch aufgrund der Grenznähe, sollte ein Führer genommen werden. Die **Fauna ist vielfältig:** Ostkaukasische Steinböcke, Gämsen, Rehe, Rotwild, Braunbären, Luchse, Kaukasus-Birkhüh-

◁ Skulptur, die Pirosmani zeigt (in Mirsaani)

ner und das Kaukasuskönigshuhn sind in der Gegend heimisch. Zur **Flora** gehören u.a. Ahorn, Berberitze, Birke, Buche, Erle, Hainbuche, Linde, Primel, Rhododendron, Schneeglöckchen und die Sykomore, ein aus dem Nildelta stammender Maulbeerfeigenbaum. Im **Besucherzentrum** von Lagodechi (s.u.) kann man den Ausstellungsraum besichtigen sowie geführte Touren, Ausflüge zur Wildbeobachtung oder Pferdetrekking buchen.

Das Naturschutzgebiet Lagodechi war das erste seiner Art in Georgien; **gegründet** wurde es **1912** als Vermächtnis des polnischen Naturschützers *Ludwik Mlokosiewicz* (1831–1909, Gedenktafel am Besucherzentrum). Im weitläufigen Park würdigt eine Tafel auch die Sponsoren, darunter die deutsche KfW-Bank.

Vier Wanderungen

Zum Wasserfall von Lagodechi (14 km)
Fünf bis sechs Stunden geht es **durch Tannenwälder** mit jahrhundertealten Bäumen und Quellen, die auch schwefelhaltiges Wasser spenden, evtl. bekommt man Hirsche, Rehe, Wildschweine und Raubvögel zu Gesicht.

Zum Wasserfall von Gurgeniani (16 km)
Tageswanderung **ab Nino Chewi** durch einen Buchenwald; auch hier kann man mit etwas Glück Hirsche, Rehe, Wildschweine und Raubvögel sehen.

Zur Festung Matscha (10 km)
Durch eine finstere Schlucht entlang eines Baches gelangt man zur alten Festungsstadt Matscha mit unterirdischen Gängen, einer kleinen Kirche und Ruinen alter Gebäude. Dauer: etwa ein halber Tag.

Rundwanderung
Fahrt ins Dorf **Mazimi** und von dort aus Wanderung zum See von Schawi Klde. Es empfiehlt sich, auf dieser dreitägigen Tour das Zelt bei den Quellen, danach am See und schließlich auf dem Ninigori-Berg aufzustellen. Zelte können ausgeliehen werden, auch Reitpferde.

Informationen

■ **Schutzgebietsverwaltung und Besucherzentrum** (Visitors Center) in Lagodechi, Waschlowani-Straße 197, mobil: 577 10 18 90 (*Natia Schalwaschwili*, spricht sehr gut deutsch, auch russ., engl.), shalvashvili@apa.gov.ge, Ranger: *Kacha Kegoschwili*, mobil: 577 10 18 69, spricht ebenfalls sehr gut deutsch; Besucherzentrum geöffnet Mo bis Fr 10–19 Uhr, 13–14 Uhr Mittagspause, in der Saison auch am Wochenende geöffnet; im Besucherzentrum auch kleines Museum und die Möglichkeit, einen Film über Naturschutz in Georgien anzusehen (engl., russ., nach Wahl).

Im Besucherzentrum können folgende Dinge gebucht/ausgeliehen werden (Preis pro Tag und Person): Pferd 50 Lari, Zeltplatz 5 Lari, Picknickplatz 15 Lari, Matratze 2 Lari, Schlafsack/Rucksack je 5 Lari. Preis pro Mietsache und Tag: Schutzhütte Meteo 15 Lari und Zelt 10 Lari, Konferenzraum 150 Lari.

Lagodechi/Lagodekhi 201/D2
ლაგოდეხი

Die Kleinstadt Lagodechi ist der Verwaltungssitz der gleichnamigen Munizipalität (52.000 Ew.) und hat etwa 8500 Einwohner, davon ein knappes Viertel Aseris. Den ländlich geprägten Ort haben

viele Einwohner verlassen, die meisten in Richtung Russland. Ungefähr 15 km nordöstlich der Stadt befindet sich das **Dreiländereck Georgien, Russland, Aserbaidschan.** Im 8. Jh. erstmals als zu Heretien gehörig erwähnt, kam Lagodechi im 11. Jh. zum Königreich Kachetien. 1962 wurden dem Ort die Stadtrechte verliehen. Etwa 5 km östlich der Stadt befindet sich der moderne Grenzübergang nach Aserbaidschan (Visumpflicht!), ein Taxi dorthin sollte max. 5 Lari kosten.

Lagodechi sieht man seine **wirtschaftlich prekäre Situation** an. Bis 1991 gab es hier eine Werkzeugmaschinenfabrik, die ca. 500 Arbeiter beschäftigte. Nach der Unabhängigkeit Georgiens wurde diese Fabrik geschlossen, die Maschinen verkauft, das Gebäude abgetragen und die Ziegel als Baumaterial verkauft. Das staatliche Krankenhaus wurde ebenfalls geschlossen, die Behandlung in der neuen Privatklinik können sich die mehrheitlich arbeitslosen Bewohner nicht leisten. Durch den sehr fruchtbaren Boden und das günstige Klima in dieser Gegend gedieh hier exzellenter **Tabak,** der über das sowjetische Außenhandelsunternehmen Rostabak bis in die USA und die Niederlande verkauft wurde. Diese Einkommensquelle bleibt den Bauern jetzt ebenso verwehrt wie der Verkauf des hervorragenden Obstes und Gemüses nach Russland, was sich in Zukunft aber wieder (hoffentlich) ändern könnte.

Orientierung

Bei Ankunft an der Marschrutkastation (ab hier noch ca. 5 km nach Aserbaidschan) erblickt man ganz leicht bergan

Die Agmaschenebeli-Straße in Lagodechi führt zum Naturschutzgebiet

die **Zminda-Nino-Straße,** die beim Sportplatz in die **Agmaschenebeli-Straße** übergeht und direkt zu einem Seiteneingang des Naturschutzgebietes (15–20 Minuten zu Fuß) führt, dessen Berge und Wälder schon von Weitem sichtbar sind. Am Straßenrand grasen Kühe, Pferde und Esel, die rechte Straßenseite der Agmaschenebeli (ehemalige Tschkalowa!) flankiert ein kleiner Bach, und schließlich sieht man rechter Hand ein größeres Gebäude, das ehemalige Touristenheim (russ. *Turbasa*), jetzt ein Fußballerhotel. Der **Nebeneingang ins Naturschutzgebiet** folgt keine fünf geruhsamen Gehminuten später; man wende sich nach Passieren des Tores nach links und erblickt das moderne Gebäude des Besucherzentrums.

Folgt man aber beim Sportplatz nach links der Zminda-Nino und biegt dann nach rechts ab, ist man in der **Waschlowani-Straße,** an deren Ende sich der **Haupteingang des Naturschutzgebietes** befindet, wobei sich die Eingänge nicht wirklich unterscheiden.

In der **Straße des 26. Mai** (26 Maisis) findet sich nicht nur das Hotel Hereti mit einem Geldautomaten an der Außenwand, sondern auch Geschäfte, die auch SIM-Karten verkaufen, z.B. von Beeline, und ein paar Kioske. Gegenüber vom Marschrutkaplatz gibt es eine Apotheke, und vom Platz in Richtung Znori wird ein Markt abgehalten.

Unterkunft

MEIN TIPP: GH Riverside von Doktor *Mischa* und Frau *Swetlana,* Agmaschenebeli-Straße 103, gegenüber der ehemaligen Turbasa, soll ein Trainingszentrum für den europäischen Fußballverband werden, mobil: 595 40 05 75, marina.tetova@yahoo.com. Mehrere Zimmer mit Dusche/WC auf dem Korridor, 25 Lari Ü/F, 30 Lari Ü/HP. Im Nebengebäude (Cottage genannt) ein DZ und ein 3-BZ, die sich ein separates Bad teilen (etwas preisgünstiger). Im Garten überdachter Essplatz und Swimmingpool (Juni bis Aug.), auf Wunsch Schaschlikgrillen möglich. Empfehlung einer Leserin, die auch Frau *Swetlanas* gute Küche lobt. Hier ist derjenige gut aufgehoben, der seine Ruhe haben will. Es wird darum

> Quelle am Straßenrand in Lagodechi

gebeten, vorher anzurufen, damit man abgeholt werden kann, oder einfach geradeaus in Richtung Wald gehen, da sich an der Marschrutkastation viele als „Doktor Mischas Guesthouse" ausgeben! Keine fünf Minuten zu Fuß bis ins Naturschutzgebiet! Ein Firmenschild soll angebracht werden.

■ **GH Waschlowani,** Waschlowani-Straße 92, mobil: 599 85 66 57 (Frau *Ija,* engl., russ.). 5 Zimmer mit Gemeinschaftsbad, darunter drei DZ, ein 5-BZ und ein 4-BZ, pro Person 20 Lari; Frühstück 10 Lari, Abendbrot 15 Lari (jeweils zubuchbar). Riesige überdachte Terrasse, oben noch mal großer Balkon, Selbstversorgerküche. Ca. 10 Minuten zu Fuß ins Naturschutzgebiet!

■ **Hotel Lile,** D. Agmaschenebeli 93, mobil: 599 58 09 63 (*Manana Lobshanidse,* russ.) bzw. 557 78 10 78, Tochter *Ija* gelegentlich anwesend (dt.). Guesthouse mit 10 Zimmern, davon 5 Lux (mit Bad und TV) zu 50 Lari pro Zimmer und 5 Standard (mit Gemeinschaftsbad) zu 30–40 Lari pro Zimmer; Frühstück 10–15 Lari, Abendbrot 10–20 Lari (jeweils zubuchbar). Im Garten Grillplatz und Swimmingpool.

■ **Caucasus Hostel,** Waschlowani-Straße 136 (gegenüber Hausnr. 181!), mobil: 599 85 66 40 sowie 595 98 81 10 (russ.), alle Zimmer mit Bad, 40 Lari pro Bett, Gemeinschaftsküche, Außenpool (Juni bis Aug.) im Garten, WLAN, Parkplatz vorm Haus.

■ **Hotel Lago,** Sakatala 53, mobil: 599 34 99 32 (russ., engl.), hotel-lago@yahoo.com. Fünf DZ und drei 3-BZ, 50 Lari pro Zimmer Ü/F. Restaurant, Swimmingpool, Parkplatz. Das Hotel liegt an der Durchgangsstraße nach Aserbaidschan, im großen Garten ist Zelten erlaubt.

An- und Abreise

Marschrutki

■ **Tbilisi** (über Znori, 40 Min., 3 Lari): 6.45, 7.20, 7.55, 8.45, 9.30, 10.10, 11, 12, 13, 13.50, 14.50, 16, 16.45, 17.30 Uhr, 80 Min., 7 Lari.

▽ Spielende Kinder in Lagodechi

- Nicht über Znori verkehren Marschrutki nach **Telawi** (8, 9, 12.30, 13.30, 14.20 Uhr, 6 Lari) und nach **Kwareli** (12 Uhr).
- Wer nach **Dedopliszqaro** möchte, fährt bis Znori und steigt dort um.

Taxi
- **Telawi:** ca. 60 Min, 50 Lari.
- **Dedopliszqaro:** ca. 90 Min., 50 Lari (man sollte den Preis runterhandeln!).

Dedopliszqaro 201/D3

დედოფლისწყარო

Dedopliszqaro (engl. **Dedopolis Tskaro**), erstmals in Schriften aus dem Jahr 1100 als Militärposten erwähnt, ist **Verwaltungssitz** der gleichnamigen Munizipalität mit weniger als 7000 Einwohnern – in den 1990er Jahren waren es noch über 10.000! Der Name des Ortes soll sich von der Königinnenquelle herleiten und auf die legendäre Königin *Tamar* beziehen. Nach dem Anschluss Kachetiens an das zaristische Russland im Jahre 1801 wurde hier ein Stützpunkt der zaristischen Armee errichtet, um Überfälle dagestanischer Reiter abzuwehren. Der **Ortsname** wurde übersetzt in Zarskije Kolodzy. Zu Sowjetzeiten erfolgte erneut eine Umbenennung in Krasnije Kolodzy (Rote Quellen), und 1930 wurde der Name ins Georgische übersetzt: Zitelizqaro. Erst seit 1991 trägt der Ort seinen jetzigen Namen.

Die Gebrüder **Carl und Werner Siemens** ließen 1869 in der Nähe eine Erdölraffinerie errichten, die sie aber bald wieder aufgeben mussten. Heute ist die Stadt in einer wirtschaftlich schwierigen Lage, viele Einwohner haben sie verlassen, zumeist in Richtung Russland.

Die Attraktion in der Umgebung der Stadt sind Naturschutzgebiete: Der **Nationalpark Waschlowani** wurde 1935 gegründet und ist 24.610 ha groß, alle Schutzgebiete zusammen umfassen eine Fläche von 35.601 ha. Sie erstrecken sich in Höhenlagen von 150 bis 600 m.

Waschlowani bedeutet auf Georgisch Apfelgarten, doch gemeint sind **Pistazien**; die Bäume gedeihen hier besonders gut und sehen Apfelbäumen sehr ähnlich. Obwohl nur wenige Kilometer südlich vom Schutzgebiet Lagodechi, finden sich in Waschlowani ganz andere Landschaften: Wüsten und Halbwüsten, Steppen, Badlands, Tieflandbuschwälder, Schluchten und steile Klippen. Die **Tierwelt** umfasst Braunbären, Bussarde, Füchse, Griechische Landschildkröten, Kolchis-Fasane, Kropfgazellen, Levanteottern, Luchse, Rohrkatzen, Schmutz- und Gänsegeier, Schwarzstörche, Streifenhyänen, Wildschweine und Wölfe. Interessant auch die **Flora** mit Eichler Tulpen, Georgischen Schwertlilien, Kachetinischen Glockenblumen, Pappeln und Stinkwacholder.

Informationen

- Die Verwaltung der Schutzgebiete von Waschlowani befindet sich im **Besucherzentrum** (Visitors Center) in Dedopliszqaro, Barataschwili 5, khatunakokuashvili@yahoo.com, mobil: 577 10 18 49 (*Chatuna Kokuaschwili*, russ.); mit Ausstellungsraum. Infos und Buchung von Pferdetrekking und Übernachtungen in Schutzhütten oder auf Campingplätzen. Es werden geführten Touren organisiert (Vögel, Reptilien, Gazellen, Flora).

Unterkunft

Ob Guesthouse, Familienhotel oder Hotel – die angebotenen Zimmer sind einfach, aber sauber (eigentlich Privatzimmer). Tipp: Fragen Sie im Ort nach dem Vermieter, nicht nach dem Straßennamen! Bei allen Quartieren besteht kein Parkplatzmangel, meist kann man vor dem Haus parken.

■ **GH Hotel Megzuri,** Megroba 97, mobil: 599 19 63 35 (russ.), neli.gobejishvili@yahoo.com. 40 Lari Ü/F, Mittag- oder Abendessen jeweils 20 Lari, in fünf Zimmern (4 DZ, ein 4-BZ) können 12 Personen untergebracht werden. Zwei Gemeinschaftsbäder, Veranda, Aufenthaltsraum mit Kamin, Parkplatz. Fragen Sie nach *Neli Gobedshishwili,* denn es gibt noch ein gleichnamiges Hotel!

■ **GH Gotscha Popiaschwili,** 9 Dzmis 8, mobil: 577 78 24 14 (russ.). Kleine Zimmer, Gemeinschaftsbad, Aufenthaltsraum mit Kamin.

■ **GH Schiraki,** Pirosmani 19, mobil: 599 57 43 51 (*Nodar Gogilaschwili,* russ.)

■ **Takaischwili 3,** mobil: 577 10 18 35 (*Giorgi Kikilaschwili,* russ.), Schild „Bread and Breakfast" am Eingang, vier DZ und großer Aufenthaltsraum.

An- und Weiterreise

Marschrutki

■ **Nach Tbilisi:** 8.30, 9.20, 10.10, 11, 12, 12.50, 13.40, 14.30 Uhr, 7–8 Lari, ca. 3 Std. zum Busbahnhof Ortatschala, eine weitere Marschrutka fährt zur Metrostation Isani, 8 Lari, 1½ Std.

■ **Nach Znori/Tsnori** (Umsteigen nach Signachi, Lagodechi, Telawi): 8, 9, 10, 11, 12, 13.40, 14, 15 Uhr, 80 Min., 2,50 Lari.

Kloster Dawit Garedscha 200/B3

In der ersten Hälfte des 6. Jh. kamen 13 **syrische Missionare** nach Georgien. Sie wurden von dem heiligen *Johannes* geführt, der sie vor allem nach Ostgeorgien aussandte, um die Christianisierung voranzubringen. Einer der Missionare, der heilige *Dawit,* predigte zunächst in Tbilisi (siehe Geschichte von Tbilisi), zog sich aber dann in die **Halbwüste** im Südosten Georgiens zurück. Dem heiligen Dawit werden zahlreiche Wunder zugeschrieben. So soll er mehrere Tage gebetet haben, als plötzlich westlich des Klosters Trinkwasser floss, die „Tränen Dawits". Nach seinem Tod wurde sein Grab zu einer **Wallfahrtsstätte.**

Seit seiner Gründung erfuhr das nahe der aserbaidschanischen Grenze im Süden Kachetiens gelegene Kloster mehrere **Um- und Ausbauten.** Im 9. Jh. wurde die Christi-Verklärungskirche (georg.: *Periszwaleba,* russ.: *Zerkow Preobrashenija*) ausgebaut und modernisiert und das Grab Dawits verschönert, zudem Höhlenkapellen angelegt. In dieser Zeit begann man mit der Ausgestaltung der Wände mit Fresken. Ab dem 11. Jh. standen alle Klöster unter Aufsicht des königlichen Hofes.

Mehrfach wurde Dawit Garedscha durch **Invasionen** schwer beschädigt. So fielen 1265 die Mongolen ein, im 14. Jh. *Tamerlan* und 1615 Schah *Abbas.* Die Osternacht des Jahres 1615 war einer der schwersten Schläge für das Kloster, als die Truppen von Abbas 6000 Mönche niedermetzelten. Dabei hatte man gera-

de im 16. Jh. damit begonnen, dem Kloster eine Schule für Literatur anzuschließen. Gleichzeitig wurden in dieser Epoche die Nikolaikirche, die Entschlafenskirche Unserer Lieben Frau und die Marienkirche erbaut, womit der Ausbau des Klosters im Wesentlichen abgeschlossen war. Nach dem Märtyrertod der 6000 Mönche und der Verwüstung vieler Kirchen konnten bis 1675 keine Gottesdienste mehr abgehalten werden. In der 1920er Jahren wurde das Kloster aufgelassen, später kamen hier Truppen der Roten Armee unter. Trotz massiver Proteste Anfang der 1990er Jahre in Tbilisi zog zunächst die georgische Armee ein, 1990 wurde Dawit Garedscha wieder als Kloster geweiht.

Das heute wieder von Mönchen bewohnte Kloster ist **von einer Mauer umgeben.** Bitte beachten, dass Frauen einen mindestens die Knie bedeckenden Rock im Kloster tragen müssen, Leihtücher wie in einigen anderen Klöstern gibt es hier noch nicht. Ein Leser wies darauf hin, dass es beim Eingang einen Wasserbehälter für Trinkwasser gibt.

Im unteren Teil der Anlage sieht man den Wohnsitz des Patriarchen, daneben die Nikolaikirche, die Christi-Verklärungskirche und den Turm König Alexanders. In der Verklärungskirche befindet sich unter eine Grabplatte das Grab des heiligen Dawit.

Außerhalb des Klosters, rechts neben der Klostermauer und links neben dem Souvenirshop, führt ein Trampelpfad nach oben, in dessen Gras im Mai/Juni gelegentlich Schlangen rascheln, die aber sofort die Flucht ergreifen. Dennoch ist geschlossenes Schuhwerk angeraten! Zur

Im Grenzgebiet zu Aserbaidschan liegt das Kloster Dawit Garedscha

Linken sieht man noch recht gut den in die Nordmauer integrierten Wachturm. Je höher man kommt, umso besser der Blick auf das Kloster. Man erblickt zahlreiche Klausen, die in den gegenüberliegenden Sandstein (Südseite der Anlage) getrieben wurden und noch aus der Zeit Dawits stammen sollen. Darunter eine Höhle mit einem Kreuz darin, die Höhle des heiligen Dawit und seines Schülers *Lukian*. Auf halber Höhe sieht man eiserne Geländer, die zur Quelle („Tränen Dawits") führen.

Erst ganz oben erblickt man das **Kloster Udabno** (dt. Wüste), das für seine Fresken aus dem späten 10. und frühen 11. Jh. berühmt ist. In diesem Kloster wurde die georgische **Ikonenmalerei** revolutioniert, als auch georgische Heilige abgebildet wurden. Dazu gehören **Fresken** in der Hauptkirche, die den heiligen Dawit und Lukian zeigen oder auch das Fresko „Ein Engel tötet die Schlange". Im Refektorium (russ. *trapesnaja*) kann man das recht gut erhaltene „Letzte Abendmahl" (russ. *Tainaja Wetscherija*) bewundern.

Auf der oberen Ebene befinden sich einige kleine **Kapellen** mit fragmentarisch erhaltenen Fresken. Da wegen der zahlreichen Überfälle keine größeren Kirchen gebaut werden konnten, begnügte man sich gezwungenermaßen mit dem Bau dieser Kapellen. Dazu gehören die Kapelle des Ostersonntags, die an das Massaker an 6000 Mönchen erinnern soll, und die Kapelle der Hl. Märtyrer, weiterhin die Kapelle Unseres Erlösers, die Verkündigungskapelle und die Vater-Dodo-Kapelle.

Hinweis: Das Territorium oberhalb des Hanges gehört völkerrechtlich zu **Aserbaidschan**, wovon die Mönche nicht betroffen sind, aber zeitweise Tou-

risten und Pilger. Es kann also möglich sein, dass aserbaidschanische Grenzer den Zutritt zu den oberen Kirchen verwehren – ob und wann ist nicht vorhersagbar. Georgien hat Aserbaidschan Land zum Austausch angeboten, was aber seitens Aserbaidschan abgelehnt wurde.

Anfahrt

■ Die **Straße zum Kloster,** die etwa zwischen Tbilisi und Sagaredscho beginnt, ist zunächst holprig, dann fast durchgehend asphaltiert und führt schließlich zum Dorf Udabno, nach dem man beidseitig des Weges Salzseen mit einer interessanten Vogelwelt erblickt. Die letzten ca. 6 km sind Schotterpiste. Die Straße ist problemlos für Rad- und Kradfahrer zu bewältigen, aber Trinkwasser nicht vergessen!

■ Täglich um 11 Uhr (ca. Ende April bis ca. Mitte Oktober) fährt ein **Bus ab Tbilisi** (Parkplatz beim Puschkindenkmal) für 25 Lari hin und zurück; s.a. www.facebook.com/gareji.line/info, mobil: 551 95 14 47; Rückkehr ca. 19 Uhr. Zum Recherchezeitpunkt war es ein schwarzer Bus mit Schild „Davit Gareja". Außerhalb der Saison kann u.U. ein Individualtransport für zwei Personen zu 80 Lari arrangiert werden. Ab vier Personen gilt der Normalpreis, also 25 Lari. Kontakt auch über gareji.line@gmail.com auf Englisch möglich. Bitte beachten Sie, dass der Transport im Winter auch ganz eingestellt werden kann, also immer vorher informieren!

■ **Es gibt keine öffentlichen Verkehrsmittel** nach Dawit Garedscha.

■ **Am teuersten ist die Anmietung eines Fahrzeugs mit Fahrer** in einem Reisebüro in Tbilisi. Hierfür muss man mit Kosten ab 120 US$ pro Fahrzeug rechnen, wobei meist das Mittagessen und ein hier sehr nützlicher Reiseführer im Preis enthalten sind, denn das Kloster verfügt weder über Wegweiser noch Beschriftungen.

■ Eine Alternative ist das Anmieten eines **Taxis** von der Straße, wobei man unbedingt handeln muss. Generell ist die Anreise ab Tbilisi teurer als von Telawi oder Signachi aus. Von Tbilisi muss man mit Kosten ab 100 US$ pro Fahrzeug rechnen, von Telawi aus mit etwa 90 Lari.

■ Eine Alternative wäre die Fahrt mit der **Marschrutka** ab Tbilisi (Station Didube) nach Gardabani oder Sagaredscho und das Anmieten eines **Taxis** von dort aus für etwa 50 Lari inklusive Wartezeit und Rückfahrt.

■ Siehe auch die Angebote der Unterkünfte in Signachi.

Essen und Trinken

■ **Restaurant und Bar Oasis Club,** im Dorf Udabno 8 km vor dem Kloster Dawit Garedscha, www.oasisudabno.com, mobil: 574 80 55 63, auch Campingmöglichkeit und Reitpferdevermittlung, Essen zum Mitnehmen. Das Restaurant ist außerhalb der Saison geschlossen, der georgische Eigentümer und seine polnische Frau *Joanna* sind nicht ganzjährig vor Ort. Lesertipp aus Österreich.

◁ Essen in Kachetien – lecker und reichhaltig

NICHT VERPASSEN!

➡ **Die Sioni-Kirche in Bolnisi**
mit der wahrscheinlich ältesten
frühgeorgischen Inschrift | 256

➡ **Ausgrabungsstätte Dmanisi:**
hier wohnten bereits
vor 1,75 Mio. Jahren Menschen | 262

Diese Tipps sind gelb hinterlegt.

△ Die Burganlage und Kirche von Kweschi
in der Nähe von Bolnisi

UNTER-KARTLIEN

Kartlien ist das **Herz Georgiens,** sein „Gemüsegarten" und gab dem Land „Sakartwelo" sogar seinen Namen. Reisende, die sich für **Ursprünglichkeit** interessieren, sind hier genau richtig. Obwohl die Gegend von großer Armut geprägt ist, hat sie aus touristischer Sicht viel zu bieten.

Deutsche Besiedlung & archäologische Fundstätten

Im Südwesten von Tbilisi, an der Grenze zu Armenien, befindet sich die **Verwaltungsregion Unteres Kartlien.** Zu Unter-Kartlien gehören die **sieben Kreise** Bolnisi, Dmanisi, Gardabani, Marneuli, Rustawi, Tetrizqaro und Zalka.

Das Gebiet ist in vielerlei Hinsicht interessant. Zum einen kann man **Ausgrabungsstätten** besichtigen, deren sensationelle Funde belegen, dass hier vor etwa 1,75 Millionen Jahren die ältesten bekannten eurasischen Hominiden gelebt haben. Zum anderen haben an **Architektur** Interessierte die Möglichkeit, die erste echte Basilika auf dem Territorium des heutigen Georgien zu besichtigen, über deren Portalen die älteste erhaltene Inschrift in der georgischen Assomtawruli-Schrift zu bewundern ist.

Nicht zuletzt reisen immer wieder deutsche Touristen hierher, um **Bolnisi** (es gibt auch die Schreibweise Bolnissi),

Unter-Kartlien

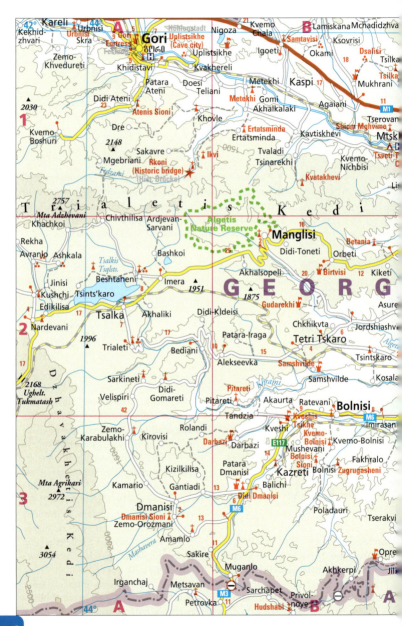

wie die einstmals größte deutsche Kolonie **Katharinenfeld** heute heißt, zu besichtigen. Darunter sind viele, die etwas über das Leben ihrer Vorfahren erfahren möchten. Heute lässt nicht mehr viel auf die deutschen Siedler, sogenannte Separatisten, schließen, die im frühen 19. Jh. ihr Glück im Transkaukasus suchten.

Als **Separatisten** (Abtrünnige) wurden diese Vertreter einer Strömung innerhalb des Protestantismus bezeichnet, die damals als Pietisten (*piété*: frz. für Frömmigkeit) bzw. Frömmler eine andere Ausprägung der Religion verfolgten. Sie praktizierten ihren Glauben vornehmlich in Hauskreisen mit Gebeten und Bibelstudien. Radikale Pietisten lehnten sogar Taufe, Gottesdienste und Abendmahl ab. Da es zur damaligen Zeit keine Kriegsdienstverweigerung gab, kamen sie unter anderem wegen ihrer Verweigerung des Militärdienstes in Konflikt. Aber nicht nur ihr Religionsverständnis, auch Missernten führten dazu, dass viele von ihnen ihre angestammte Heimat verließen und entweder nach Transkaukasien oder in die USA auswanderten.

Die heute mehrheitlich muslimisch geprägte aserbaidschanische Bevölkerung bestreitet ihren Lebensunterhalt vor allem mit **Landwirtschaft,** was in dem eher trockenen Gebiet sehr mühsam ist. Dennoch erlaubt fruchtbarer Boden gute Ernten bzw. ertragreichen Anbau, von dem man sich bei einer Fahrt nach Bolnisi oder zu den Ausgrabungsstätten bei Dmanisi überzeugen kann. Viele der in diesem Gebiet lebenden **Aseris** (Aserbaidschaner) sprechen kein Georgisch und oft auch kein Russisch. Man sieht hier viele Esel an den Straßenrändern grasen oder Gespanne ziehen. Wer sich verständlich machen kann, erfährt, dass diese Eselgespanne oft zur einzigen bezahlbaren Transportmöglichkeit für Waren geworden sind. Denn auch das fällt auf: Die Produktionsmethoden sind weit von einem zeitgemäßen Stand entfernt. Die Arbeit auf den Feldern ist schwer und erfordert noch immer sehr viele Hände. Cineastisch Interessierte werden unweigerlich an *Tengis Abuladses* Film „Magdanas Esel" denken müssen (siehe Kapitel „Kunst und Kultur").

Eine Herausforderung könnte die verkehrsmäßige Erschließung der Region darstellen, aber mit Fantasie und Unternehmungsgeist ist auch diese Hürde zu nehmen. Wer seine Transportmittel geschickt kombiniert, kann die Gegend nicht nur recht **preisgünstig erkunden,** sondern auch einen guten Einblick in die **harte Lebenswirklichkeit der Menschen** gewinnen.

Neben der Sioni- und der herrlich gelegenen Sugrugascheni-Kirche bei Bolnisi ist auf dem Weg zu den archäologischen Ausgrabungsstätten in Nakalakari bei Dmanisi die winzige und trotzdem imposante Nikolaikirchenfestung zu **besichtigen,** zudem das Sulchan-Saba-Museum in Tandsia. Auf dem Gelände des Museums befindet sich eine kleine Kirche, in deren Außenwände zahlreiche deutsche Namen eingeritzt wurden.

Die Sehenswürdigkeiten der Region werden hier in der Reihenfolge ihrer Lage **auf dem Weg von Marneuli nach Nakalakari (Dmanisi)** beschrieben. Danach richten sich auch Orts- und Richtungsangaben, etwa nach links, nach rechts usw. Die Reihenfolge der Besichtigung kann selbstverständlich frei gewählt werden.

Bolnisi 252/B2
ბოლნისი

Etwa 50 km südöstlich von Tbilisi liegt Bolnisi, das man **über Marneuli** erreicht. Marneuli passiert man auch auf dem Weg nach bzw. von Armenien (Grenzübergang Sadachlo). Die Straße nach Armenien wurde 1834–75 von Ingenieuren der russischen Armee erbaut. Bolnisi erreicht man nach 1–1½ Stunden. Das Städtchen erstreckt sich längs der Straße und liegt am Mittellauf des Flüsschens Maschawera. Im Zentrum des Ortes teilt sich die Hauptstraße in zwei Parallelstraßen mit Einbahnstraßenverkehr. In Richtung Dmanisi liegt rechter Hand der Busbahnhof. Fährt man zurück nach Marneuli, so fällt kurz vor der Zusammenführung der Parallelstraßen rechts eine Seitenstraße auf, über der ein Bogen mit metallenen Schriftzügen gespannt ist. Das ist der Abzweig nach Kwemo Bolnisi und Sioni.

Geschichte

Bolnisi wurde im Jahr 1818 durch deutsche Siedler **unter dem Namen Katharinenfeld gegründet** (siehe dazu auch den Exkurs „Deutsche Siedler im Kaukasus"). Zunächst siedelten hier 95 Familien, später wuchs ihre Zahl an. **Den Siedlern wurden zahlreiche Rechte und Privilegien eingeräumt,** unter anderem waren sie von der Wehrpflicht befreit. Man bewunderte ihre massiv gebauten Häuser, die akkurat angelegten und sogar gepflasterten Straßen. Als das zaristische Russland im Krimkrieg 1853–56 unterlag, führte das zur Ausbreitung des **Panslawismus** (Vorherrschaft des Slawentums im gesamten zaristischen Reich, in Bulgarien und auf dem Balkan). Kartlien gehörte damals zum zaristischen Reich. Es kam zu ersten antideutschen Ressentiments. Fleiß und wirtschaftlicher Erfolg der deutschen Siedler beflügelten Neid und Missgunst. Ab 1874 wurden auch deutsche Männer zum Wehrdienst eingezogen, man hob die Selbstverwaltung der Kolonien auf, Russisch wurde auch hier zur Amts- und Unterrichtssprache. „Ausländer" bekamen plötzlich Probleme beim Erwerb von Land- und Immobilienbesitz.

Als im Februar 1921 die 11. Rote Arbeiter- und Bauernarmee Georgien besetzte, begann für die Deutschen eine besonders schwere Zeit. Im selben Jahr wurde der Ort in **Luxemburg** (nach *Rosa Luxemburg*) umbenannt, 1944 in **Bolnisi**. Es setzten zahlreiche Schikanen ein. Grund und Boden der Deutschen wurden – wie auch anderer in Georgien lebender Nationalitäten, aber auch der Kirchen und Klöster – enteignet und der Kollektivbewirtschaftung zugeführt. Ein Merkmal der ethnischen **Diskriminierung** war aber, dass die Deutschen den Genossenschaften nicht beitreten durften, sodass 1932/33 eine Hungersnot unter ihnen ausbrach. Schließlich setzten 1934 Verhaftungen ein, ein Jahr später die **Zwangsumsiedlung** nach Sibirien und Kasachstan. Erst im Jahr 1955, also zwei Jahre nach *Stalins* Tod, erhielten die Menschen die Erlaubnis, Mittelasien und Sibirien wieder zu verlassen. Heute erinnern nur noch einige massive Steinhäuser in Bolnisi an die mutigen Siedler. Dennoch hat der Ort einen spezifischen Charakter, den man während eines Spazierganges entdecken kann.

1991 wurde in Tbilisi der Verein „Einung – Assoziation der Deutschen in Georgien" gegründet, dem etwa 1500 Mitglieder deutscher Abstammung angehören. In Bolnisi gibt es ein deutsches Gemeindehaus, und auf dem Areal des ehemaligen Friedhofs, der unter *Stalin* eingeebnet wurde, steht ein **Denkmal**, das an die Kolonisten erinnern soll. Zuletzt sollen noch an die 30 deutschstämmige Frauen in Bolnisi gelebt haben.

Sioni-Kirche (Zionskirche) 252/B3

Etwa im Ortszentrum Bolnisis führt eine kleine Straße ostwärts in Richtung **Kwemo Bolnisi.** Man erkennt diese Straße leicht an dem metallenen Schriftzug, der bogenförmig über ihren Beginn gespannt ist. Es geht zunächst leicht bergab und man überquert einen Bach, eher ein Rinnsal. Am Ortseingang befindet sich linker Hand ein Friedhof. Man folgt der asphaltierten Straße nach rechts. Nach etwa einem weiteren Kilometer, in dessen Verlauf man links in der Ferne (geschätzte 2,5 km Luftlinie) auf einem Berg die wieder zugängliche Kirche von Sugrugascheni erblickt, erreicht man die kleine von Aseris bewohnte Siedlung von **Sioni.** Die kurze Dorfstraße gabelt sich, man folgt dem linken Weg und sieht sehr bald auf der linken Straßenseite in einem weitläufigen Gelände mit vielen Blumen und Sträuchern die Sioni-Kirche.

Sie gilt als die **erste echte Basilika auf georgischem Territorium** und ist ein **hervorragendes Beispiel für den frühchristlichen Kirchenbau.** Nach Erreichen der Kirche geht es ein paar Stufen hinab in das sehr dunkle Innere, die einzige Lichtquelle ist das durch die Tür und wenige Spitzbogenfenster einfallende Tageslicht.

Obwohl lang und dreischiffig, wirkt die Sioni-Kirche recht gedrungen. Sie wurde 478–93 erbaut. Auf dem Türsturz über der nördlichen Tür (außen) befindet sich die wahrscheinlich älteste **Inschrift** auf georgischem Territorium, verfasst in der frühgeorgischen Assomtawruli-Schrift (etwa von 430 n. Chr. bis zum 9. Jh. in Gebrauch). Sie gibt den Zeitraum des Baus der Kirche an. Allerdings wurde der Türsturz durch eine Kopie ersetzt. Eine noch ältere Assomtawruli-Inschrift soll nur in Palästina zu finden sein. Charakteristisch für diese Epoche sind auch die Tierfiguren, die hier als **Stierköpfe** auf dem Relief über der Apsis angebracht wurden. Sie sind betont flächig und sehr dekorativ, auch das ein Indiz für den frühchristlichen Kirchenbau, einer Übergangsphase vom Palast- zum Sakralbau. Die wenigen **Fresken** in der Apsis sind stark verblasst und kaum noch erkennbar.

Am nordöstlichen Ende des Gotteshauses wurde im 8. Jh. eine **Kapelle** angebaut. Der separat stehende Glockenturm zwischen dem Eingang des Grundstücks und der Kirche wurde erst 1878–88 erbaut. Da es auch bei Nakalakari eine Sioni-Kirche gibt, nennt man dieses Gotteshaus hier auch **Bolnisi Sioni.**

Falls die Kirche verschlossen ist, sollte man im zweiten Haus am Ortseingang rechts (also schräg gegenüber der Kir-

> Lawasch (Weißbrot) wird im Tone-Ofen gebacken

che) bei der Nonne den Schlüssel erbeten. Sie wird sich über einen Besuch in einer mehrheitlich muslimischen Umgebung sehr freuen. Sonntags finden Gottesdienste statt. Meist kommt die Nonne jedoch mit, um den Besucher einzulassen. Weibliche Besucher ohne Kopftuch können sich eines der Leihtücher auf der rechten Seite beim Eingang nehmen. Eine kleine Spende ist willkommen.

Anfahrt

■ Die bequemste, aber zugleich teuerste Art, die Kirche von Sioni bei Bolnisi zu besichtigen, ist das **Taxi.** Man kann für Hin- und Rückfahrt inkl. Wartezeit ab 160 Lari oder 80 US$ rechnen. Der Preis versteht sich pro Taxi, nicht pro Person. Da lohnt sich fast schon die Anreise mit einem Veranstalter, da hier noch ein deutschsprachiger Guide dabei ist und evtl. ein Mittagessen.

■ **Alternative Nr. 1:** Marschrutka von Tbilisi (Samgori oder Wagslis Moedani) nach Bolnisi (3,50 Lari); ein Leser fuhr von Bolnisi mit dem Taxi bis zur Sioni-Kirche (hin und zurück inkl. Wartezeit 15 Lari) – bei dem Preis sollte man unbedingt versuchen, die Sugrugascheni-Kirche mit einzubeziehen! Es fährt auch eine Marschrutka von Bolnisi zur Sioni-Kirche, aber nur frühmorgens um 8 Uhr.

■ **Alternative Nr. 2:** Marschrutka von Tbilisi-Samgori nach Marneuli (3,50 Lari), von dort mit dem Taxi (hin und zurück inkl. Wartezeit 30 Lari) oder der Marschrutka weiter nach Bolnisi (2 Lari).

Die Kirche von Sugrugascheni/ Zugrugasheni 252/B3

Diese Kirche aus dem 13. Jh. kann man schon auf der Wanderung zur Sioni-Kirche sehen. Es bietet sich an, die Kirche

von Sugrugascheni in die Besichtigung einzubeziehen. Die Kirche, nach gründlicher **Renovierung** wieder der Öffentlichkeit zugänglich, ist ein charakteristisches Baudenkmal aus der ersten Hälfte des 13. Jh. und wurde während der Regentschaft von König *Lascha Georgi* (1213–1222) erbaut. Alten Inschriften zufolge hieß sie damals Gunbadi-Kirche. Die Bezeichnung Sugrugascheni erhielt sie erst später, wobei unklar ist, was dieser Name bedeuten könnte. Das Gotteshaus wirkt innen fast quadratisch und hat eine imposante Zylinderkuppel. An den Außenwänden sind noch recht gut schöne Steinmetzarbeiten zu erkennen. Auch die Zylinderkuppel ist mit einem Band aus in Stein geschnitzten Ornamenten geschmückt. Ihre acht schießschartenartigen Fenster sind die einzige Lichtquelle des Gotteshauses. Man erkennt an den mit Natursteinen reparierten Innensäulen, dass die Kirche vor kurzem renoviert wurde. Hier leben zurzeit ein Mönch und der Küster. Der Weg zur Sugrugascheni-Kirche ist viel kürzer als er auf den ersten Blick erscheint. Nach Verlassen der Sioni-Kirche biegt man nach links ab, geht ein paar Schritte bis zur ersten Weggabelung (man kann auch die zweite nehmen) nach links und folgt dem Weg.

Praktische Tipps

■ **Unterkunft: Deutsche Mühle,** www.muehle-bolnisi.com, Sioni 4, Tel. Tbilisi (32) 2 61 47 50. Das deutsch-georgische Paar *Achim* und *Chatuna Drepta* hat eine Unterkunft der gehobenen Kategorie eröffnet. EZ 110–120 Lari, DZ ab 190 Lari Ü/F. Drei Suiten und vier Standardzimmer, Terrasse mit Blick auf die Peter-und-Pauls-Kirche auf einem Berggipfel, im EG rustikales Restaurant mit Kamin, Manager *David* spricht deutsch, Direktorin *Theona* russisch. Im Angebot zahlreiche Freizeitaktivitäten, u.a. Fahrräder, Kajaks, zwei Motorräder, Angelruten, Organisation von Ausflügen. Ganzjahresvermietung.

■ Freitags organisiert der **Tbilisi Travel Shop** eine Fahrt nach Bolnisi zu einer georgischen Supra (85 Lari inkl. Transport und 0,5 l Wein); Anmeldung jeweils bis Donnerstag, mobil: 595 39 86 00, www.travel-shop.com.

■ **Anreise mit Marschrutka** ab Tbilisi Hauptbahnhof: 7.15–19 Uhr zu jeder vollen Stunde, 3 Lari, 60 Min. Fahrtzeit. Abfahrtsstelle in einem Hinterhof, zu finden wie folgt: Man verlasse den Hbf auf der untersten Ebene und gehe nach links Richtung Pirosmani-Straße, es folgt eine Art Gemüsemarkt, den man passiert; weiter links kommt dann der leicht zu übersehende Hinterhof.

Die Umgebung von Bolnisi

Die Burganlage und Kirche von Kweschi 252/B2,3

Nur wenige Kilometer südlich von Bolnisi steht ein riesiger blauer Wegweiser, der dem Reisenden den Weg nach Tandsia in das Sulchan-Saba-Museum (9 km) und weiter nach Darbasi (15 km) weist. Rechts der Abzweigung fällt eine kleine Ortschaft auf und eine von Weitem sehr imposant aussehende Festungskirche; es ist die **Burganlage von Kweschi (Kweschis Ziche,** engl. **Kveshis Tsikhe)** aus dem späten Mittelalter. Wer sie besichtigen will, überquert die Kreuzung in Richtung Dmanisi und biegt rechts in das Dorf Kweschi ein. Von hier führt ein ca. 500 m langer Trampelpfad ziemlich steil bergan. Schon bald steht man vor der **Festungsanlage mit der Nikolaikirche,** die von einer massiven Steinmauer geschützt auf einem Bergsporn thronen. Ein riesiges Holzkreuz steht neben der Kirche. Das kleine Eingangsportal erfordert den Eintritt in geduckter Haltung, wobei der Blick auf rund getretenes Kopfsteinpflaster fällt. Im Burghof bemerkt man, dass das Tor in einen riesigen Stein gehauen wurde. Gleich rechts führen fünf oder sechs Stufen in den zweiten, auch überraschend kleinen Innenhof. Er scheint jetzt ein „geheimer" Treffpunkt junger Paare zu sein, die einmal ungestört sein wollen … Nun sind es noch wenige Stufen bis zur wirklich winzigen Kirche aus dem Hochmittelalter, in der kaum mehr als vier Personen Platz haben. Auf dem Altar stehen einige Kerzenstummel, einige Ikonen wurden von Gläubigen abgestellt. Kaum noch erkennbar sind einige wenige Fresken an den Wänden.

Bei der Umrundung des Kirchleins hat man einen **Ausblick** von 360 Grad auf das Umland, was wohl der Grund für ihren Bau gewesen sein mag.

Das Sulchan-Saba-Museum von Tandsia 252/B2,3

Es wäre vermessen, die etwa 9 km lange **staubige Schotterpiste** ab der oben genannten Kreuzung nach Tandsia (engl. **Tandzia**) als Straße zu bezeichnen. Entlang dieses Weges fallen die sehr harten Lebensbedingungen der Bevölkerung besonders deutlich ins Auge. Auch kann es schwierig werden, georgisch oder russisch sprechende Bewohner zu finden.

Heute kaum vorstellbar, dass in Tandsia im November 1658 der Fürstensohn **Sulchan Orbeliani** geboren wurde, dessen Tante Königin von Kartlien und dessen Onkel König *Wachtang V.* von 1658 bis 1675 König von Kartlien, von 1665 bis 1675 auch König von Kachetien war. Durch seine vornehme Geburt erhielt er Zugang zu umfassender Bildung. Nachdem seine erste Frau 1683 gestorben war, trat er 1689, also im Alter von 31 Jahren, als Mönch in das Kloster Dawit Garedscha ein und nannte sich fortan **Bruder Saba.** Er blieb immerhin 24 Jahre lang Mönch und befasste sich in seinen Schriften ausführlich mit dem christlichen Glauben, aber auch mit der georgischen Sprache. So wie *Martin Luther* durch seine Bibelübersetzung als Begründer der einheitlichen deutschen Sprache gilt, fällt *Orbeliani* das Verdienst zu, durch seine Überprüfung der georgischen Übersetzung der Bibel die Grundlagen für die Erschaffung der neugeorgischen Literatursprache geschaffen zu haben. Wahrscheinlich in den Jahren 1710 und 1711 befasste er sich intensiv mit **der georgischen Übersetzung der Bibel** und sorgte für ihren erstmaligen Druck. Von dieser Bibelübersetzung existiert heute nur noch ein einziges Exemplar. Zu seinen bedeutendsten Werken zählen noch heute die Bücher „Die Weisheit der Erfindung" mit ungefähr 150 Fabeln und Parabeln, seine tagebuchähnlichen Aufzeichnungen „Die Reise nach Europa" und die „Enzyklopädie der georgischen Sprache".

Er wurde in eine Zeit hineingeboren, in der das Persische und das Osmanische Reich erbittert um die Vorherrschaft in Transkaukasien kämpften. Zahllose **blutige Kriege** gingen mit Verschleppung von Frauen und Kindern in die Sklaverei einher, was sich tief im Bewusstsein der damals lebenden Kaukasier verankerte. Immer wieder wurde jeglicher Widerstand gegen die mit der Besatzung einhergehenden **Islamisierung** auf das Grausamste gebrochen.

Sulchan-Saba Orbeliani wurde 1703 zum Berater des Königs Wachtang VI. (1711–14) ernannt. Es ist heute nicht mehr nachvollziehbar, ob Orbeliani schon vor seinem Eintritt ins Kloster oder erst als Mönch zum katholischen Glauben konvertierte. Jedenfalls bekannte er sich 1709 öffentlich zum Katholizismus und setzte Papst *Clemens XI.* (1700–21) in einem Schreiben davon in Kenntnis. Etwa zwischen den Jahren 1713 und 1716 reiste er im Auftrage des georgischen Königs nach Rom zum Papst und nach Versailles zu König *Ludwig XIV.* Er bot ihnen an, den katholischen Glauben im Kaukasus zu verbreiten; als Gegenleistung erbat er **Schutz gegen Perser und Osmanen** und die Islamisierung. Trotz Zusagen des französischen Königs war die Mission ein einziger Misserfolg. Ludwig starb 1715, König Wachtang VI. wurde durch König *Jese von Kartlien* abgelöst. Orbeliani wurde nach seiner Rückkehr der Häresie und des Verrats bezichtigt. Obwohl er dem Katholizismus nicht abschwor, wurde er nicht bestraft, aber vom Adel geschnitten und nicht mehr bei Hofe empfangen. Ironie des Schicksals: 1722 bat ihn König Wachtang VI., der von 1719 bis 1724 ein zweites Mal herrschte, erneut, beim Papst, diesmal *Innozenz XIII.,* und beim deutschen Kaiser *Karl VI.* um Beistand gegen die Perser und Osmanen nachzusuchen. Als die Osmanen 1724 das Gebiet des heutigen Ostgeorgien besetzten, floh König Wachtang VI. nach

Sankt Petersburg. Orbeliani reiste vorab nach Russland, um bei Hofe die Ankunft des Königs vorzubereiten, und verstarb kaum ein Jahr später in Moskau. Er wurde in Wsewsjatkoje bei Moskau beigesetzt.

Das sehr gepflegte **Museumsgelände** liegt am Ortsausgang von Tandsia in Richtung Darbasi auf der linken Straßenseite. Auf dem Gelände befinden sich neben dem modernen Museumsgebäude, das eine kleine Sammlung archäologischer Exponate beherbergt, eine überlebensgroße Statue des Fürsten Orbeliani und eine kleine Saalkirche ohne Glockenturm auf einem kleinen Hügel. Das war die Kirche der Familie Orbeliani, die **Nikolaikirche.** In ihre Außenwände wurden in den 1930er und 1940er Jahren zahlreiche deutsche Namen in kyrillischer und/oder lateinischer Schrift geritzt, etwa „Gottlob Brodt 24.8.1934", „Oskar Beek", „Karl Nering", „Alfred Bess 1939", „Wilhelm Vohringer", „Pawel und Julia Reber", „H. Walther 27. August 1940", „Irmgard, Adele, Ewald Bidlingmeier", „Gerd Schneider", „Arthur Almending" u.a. Damals begannen die Schikanen gegen die reichen deutschen Siedler, ihre Verhaftung und Umsiedlung.

■**Info:** geöffnet täglich 10–18 Uhr, Eintritt Erwachsene 1 Lari, Kinder 50 Tetri. Der Garten mit der Kirche ist immer zu besichtigen. Sollte das Museum geschlossen sein, kontaktiere man die Führerin, die im Nachbarhaus wohnt (mobil: 577 58 74 58, 593 58 10 40).

Dmanisi 252/A3
დმანისი

Etwa 18 km südwestlich von Bolnisi erreicht man eine nicht zu übersehende Weggabelung. Hier kündigt eine riesige Tafel mit einer stilisierten Luftbildaufnahme die **archäologischen Grabungsstätten** von Dmanisi an. Nach rechts zweigt die Straße in Richtung Dmanisi ab; dennoch ist dem Wegweiser nach **Nakalakari** (5 km nach links) zu folgen. Etwa 500 m vor der eigentlichen Stätte weist ein englischsprachiges Schild nach rechts; man parkt das Auto vor einer imposanten Mauer. Geht man durch das Eisentor, führen kurze Wege nach links zum Sioni-Sameba-Kloster und geradeaus zu den Ausgrabungsstätten.

Sioni-Sameba-Kloster

Der Mittelpunkt des Sioni-Sameba-Klosters ist eine **Dreikonchenbasilika** aus dem 7. Jh. König *Lascha Georgi* (1213–22) ließ noch einen prunkvollen Westportikus anbauen. Betritt man die Kirche, so fällt ein sehr hohes Mittelschiff auf. Der Altar ist mit schönen Ikonen geschmückt. In den Fußboden vor der Säule links des Altars wurden Glasscheiben eingelassen, die den Blick auf archäologisch interessanten Untergrund erlauben. Rechts und links des Hauptaltares befindet sich noch jeweils eine winzige Kapelle.

◁ Tandsia: Auf dem Gelände des Sulchan-Saba-Museums

Die Ausgrabungen von Dmanisi

Schon vor 1,75 Millionen Jahren lebte im Gebiet des heutigen Unter-Kartlien eine frühe Menschheitsform, was **Schädelfunde** belegen. Bisher ging man davon aus, dass das älteste Skelett eines Homo erectus in Afrika gefunden wurde. Als jedoch georgische und deutsche Archäologen im Jahr 2001 bei Dmanisi in einer Fundstätte nahe der Siedlung Patara den Schädel eines 1,75 Millionen Jahre alten Hominiden ausgruben, war die Sensation perfekt! Wissenschaftler des Georgischen Nationalmuseums Tbilisi und des Römisch-Germanischen Nationalmuseums Mainz arbeiteten damals gemeinsam daran, eine Siedlung aus der Bronzezeit freizulegen. Es ist noch nicht endgültig entschieden, ob der Schädelfund einem Homo erectus, einem Homo habilis oder einer ganz neuen Form, dem Homo georgicus, zuzuordnen ist.

Schon vor 1991 wurden in der Nähe der kleinen Siedlung Patara **Tierfossilien** gefunden, die man auf ein Alter von 1,3 bis 2,5 Millionen Jahre datiert. Sie dienen als sogenannte Leitfossilien für die Epoche des „Oberen Villanium" in Mitteleuropa. Nach 1991 konnten über 50 Skelette, aber auch Artefakte aus Stein und Gebrauchsgegenstände aus der **Epoche von vor 1,75 Millionen Jahren** freigelegt werden. Der Direktor des Georgischen Nationalmuseums, *Professor Dawit Lordkipanidse*, war der Grabungsleiter, *Dr. Antje Justus* vom Römisch-Germanischen Nationalmuseum in Mainz nahm an den Ausgrabungen teil.

Im Jahr 2005 wurde auf dem Gelände ein **Unterkieferknochen** ausgegraben. Seine Untersuchung ergab, dass derjenige, dem der Unterkiefer gehörte, schon zu Lebzeiten alle Zähne verloren hatte und krank war. Das kam in jener Epoche normalerweise einem Todesurteil gleich, doch wurde dieser Mensch offenbar von seiner Sippe versorgt. Sollte sich diese Theorie erhärten, wären nicht die Neandertaler die ältesten Hominiden, die Angehörige versorgten und pflegten, sondern eben jene Menschen aus dem Raum des heutigen Kartlien.

Archäologen gehen davon aus, dass das Gebiet des heutigen Unteren Kartlien von Savannen und Wäldern bedeckt war. Hier lebten – heute kaum vorstellbar – zahlreiche **Tiere,** darunter Tiger, Giraffen, Hyänen, Strauße, Hirsche und Antilopen, Elefanten und Nashörner.

Auf dem Gelände wurden auch zahlreiche **Werkzeuge** gefunden. Die Steine dazu stammen nachweislich aus den Flussauen der Umgebung. Interessant dürfte sein, dass das Material der Werkzeuge und die Werkzeuge selbst jenen ähneln, die in Afrika vor 2,5 bis zwei Millionen Jahren gebraucht wurden. Die ersten Hominiden lebten zweifelsfrei in Afrika. Es gilt die Frage zu klären, ob, wann und warum sie in den eurasischen Raum migrierten. **Für den Dmanisi-Menschen ist ein kleines Gehirn charakteristisch.** Das widerlegt die Annahme, dass die wachsende Größe des Gehirns eine Ursache für die Wanderung gewesen sein könnte. Die Hominiden von Dmanisi sind die zurzeit ältesten und primitivsten, die in Eurasien gefun-

▷ Dmanisi: Ikonenmalerei in der Sioni-Sameba-Kirche

den wurden. Die Freilegung der Sedimentschichten brachte Hominidenknochen, Steinwerkzeuge und Fossilien zutage. Bisher wurden vier Schädel, vier Unterkiefer und zahlreiche Wirbelknochen von Hominiden gefunden.

Einige Funde und prähistorische Skelette von Tieren und Menschen sind im Dschanaschia-Museum auf dem Rustaweli-Boulevard in Tbilisi zu sehen. Auf dem Gelände von Dmanisi ist an einer Wand, abgeschirmt durch eine Plastikplane, ein 5000 Jahre altes menschliches Skelett zu besichtigen.

Die Ausgrabungsstätte birgt weiterhin **Ruinen einer mittelalterlichen Stadt,** die sich etwa im 12. Jh. hier befand, eine Festung gab es bereits im 5. Jh. Dmanisi lag an einer Route der historischen Seidenstraße, die damals als Verbindung zwischen dem Persischen und dem Byzantinischen Reich diente.

■ **Info:** geöffnet Di bis So 10–18 Uhr, an Feiertagen sowie von Nov. bis Mai geschlossen. Eintritt 1,50 Lari, Kinder ab 6 Jahren 50 Tetri, im Vorschulalter Eintritt frei.

Anfahrt

■ Entweder ab Tbilisi **mit einem Veranstalter oder einem Taxi** (aus Tbilisi ab 120 US$ inkl. Wartezeit). Reiseveranstalter (siehe bei Tbilisi) kombinieren die Besichtigung der Sioni-Kirche von Bolnisi mit den Ausgrabungsstätten von Dmanisi.

■ Alternativ kann man bis Marneuli mit der **Marschrutka** fahren (s.o.) und dann mit **Taxi** nach Nakalakari. Der Preis beträgt ca. 100 Lari (je nach Verhandlungsgeschick) und versteht sich pro Taxi, nicht pro Person.

NICHT VERPASSEN!

- **Die Jekaterinenquelle** im Kurpark von Bordshomi | 271
- **Wandern und Reiten** im Nationalpark Bordshomi-Charagauli | 275
- **Bakuriani:** gleichermaßen interessant im Sommer und Winter | 276
- **Mit der Schmalspurbahn** von Bakuriani nach Bordshomi | 282
- **Rabati:** die Festungsanlage und Altstadt von Achalziche – ein Highlight in Samzche-Dschawachetien | 286
- **Höhlenkloster Wardzia** | 291

Diese Tipps sind **gelb hinterlegt.**

Taxistand im Zentrum von Bakuriani

7 SAMZCHE-DSCHAWA-CHETIEN

Die Region Samzche-Dschawachetien im Süden Georgiens hat diverse Sehenswürdigkeiten zu bieten. Neben der Besichtigung zahlreicher hochkarätiger Sakralbauten sollte man sich auch ein paar Tage Erholung in einer der landschaftlich reizvollsten Gegenden des Landes im **Kleinen Kaukasus** gönnen.

Einen Besuch wert ist der **Kurort Bordshomi** mit seinen berühmten Mineralquellen, ebenso der bekannte **Kur- und Wintersportort Bakuriani** sowie Europas größter **Naturschutzpark Bordshomi-Charagauli,** wo schöne Wanderwege angelegt wurden. Auch Eisenbahnfreunde kommen hier auf ihre Kosten, sind die beiden Orte doch durch eine Schmalspurbahn verbunden. Ein weiterer Vorteil ist die Nähe zu Tbilisi und damit die gute Erreichbarkeit mit öffentlichen Verkehrsmitteln. Über Bordshomi gelangt man zum spektakulärsten Höhlenkloster Georgiens in Wardzia.

Bordshomi/ Borjomi
ბორჯომი

266/B1

Bordshomi kann **aus der Hauptstadt auch als Tagesausflug** erkundet werden – gerade im Juli/August ein Vergnügen, wenn es in Tbilisi unerträglich heiß ist.

Geschichte

1829 sollen russische Soldaten eine Quelle entdeckt haben, deren Wasser

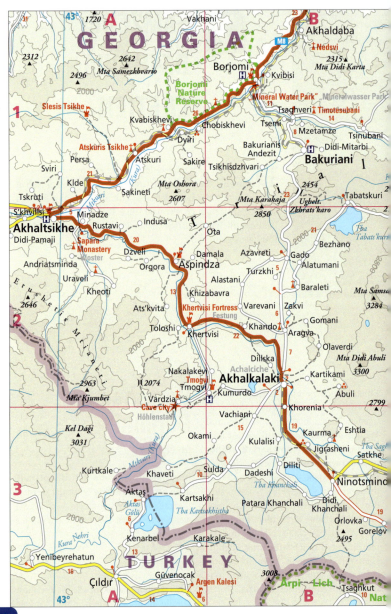

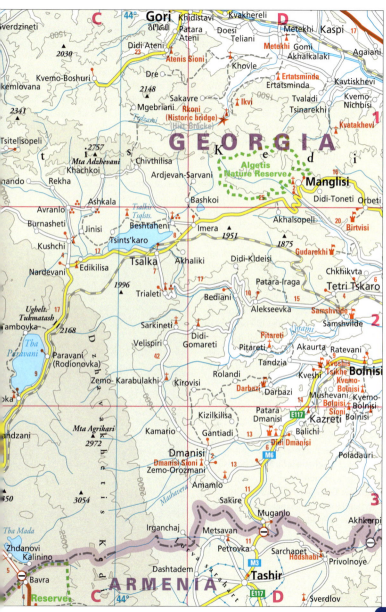

bald eine wohltuende Wirkung bei Magenschmerzen zugeschrieben wurde. Daraufhin wurde das Wasser analysiert und sein kohlensäure-, natrium- und hydrokarbonathaltiger Inhalt gab den Vermutungen Recht. Fürst *Michail Woronzow*, Gouverneur von Transkaukasien, ließ daraufhin ab 1850 standesgemäße Unterkünfte errichten und die Quelle einfassen. Die **Jekaterinenquelle** ist noch heute nach seiner Tochter benannt, zu besichtigen im Mineralwasserpark.

Schon bald erholte sich die **russische Aristokratie** in Bordshomi, darunter Großfürst *Michail Nikolajewitsch Romanow*, der Sohn von Zar *Nikolaus I*. Es reisten aber auch bekannte Künstler wie *Pjotr Tschaikowski* (1840–93), *Maxim Gorki* (1868–1936) oder *Anton Tschechow* (1860–1904) nach Bordshomi. Nachdem die Zaren 1917 von den Bolschewisten abgelöst worden waren, die Russen aber in Georgien blieben, erholten sich auch ihre Nomenklaturkader in Bordshomi. Aus der gesamten Sowjetunion strömten Kurgäste hierher, um sich von ihren Magen- und Darmkrankheiten, aber auch Herz- und Gefäßleiden sowie Erkrankungen des Bewegungsapparates zu kurieren. Die schöne Landschaft und die reine Luft halfen und helfen auch bei nervöser Erschöpfung.

In der **Nachsowjetära** traf Bordshomi das gleiche Schicksal wie viele andere Kurorte Georgiens: Flüchtlinge mussten in den Hotels und Sanatorien aufgenommen werden, der Kurbetrieb kam zum Erliegen. Das Ziel, zusammen mit Bakuriani die Olympischen Winterspiele 2014 auszurichten, wurde nicht erreicht, den Zuschlag bekam das russische Sotschi.

Kaum jemand weiß, dass der finnische, ehemals in Odessa lehrende Zoologe und Botaniker *Alexander von Nordmann* (1803–66) 1838 in Bordshomi eine Tannenart „entdeckte", die in Europa große Karriere als Weihnachtsbaum machte: die **Nordmann-Tanne** *(Abies nordmanniana)*; siehe dazu auch den Exkurs „Weihnachtsbäume für Europa" im Kapitel zu Ratscha-Letschchumi.

▷ Der verglaste Pavillon der Jekaterinenquelle im Kurpark

Bordshomi/Borjomi

Orientierung

Der Ort wird vom **Mtkwari-Fluss** (russ.: *Kura*) in zwei Hälften geteilt, an den Hängen zu beiden Seiten verteilen sich die Häuser und Villen. Marschrutki kommen am zentralen **Busbahnhof** über die Rustaweli-Straße an. Der Halteplatz befindet sich unmittelbar vor der Hochbrücke. Wer sofort nach Ankunft zum **Eingang des Nationalparks Bordshomi-Charagauli** möchte, erkundige sich entweder an der Marschrutka-Station nach der nächsten Marschrutka in Richtung Achalziche oder laufe 1½ bis 2 km stadtauswärts weiter in die Meskheti-Straße 23. Auf der linken Straßenseite fällt tief unten eine Hängebrücke über den Mtkwari-Fluss auf. Sie macht zwar einen wackligen Eindruck, trotzdem wandern sogar Kühe über sie hinweg. Auf der rechten Straßenseite erblickt man den imposanten Eingang, der mit viel Glas gestaltet wurde. Noch ein paar Kilometer weiter versteckt sich linker Hand hinter Bäumen in einem Park der **Likani-Palast,** nicht zu verwechseln mit dem gleichnamigen 3-Sterne-Hotel

Samzche-Dschawachetien

schräg gegenüber. Errichtet 1895, wurde der Palast im damals populären maurischen Stil gehalten. Die ehemalige Sommerresidenz des Großfürsten *Michail Romanow* wird heute von Präsident *Saakaschwili* als Gästehaus genutzt, eine Besichtigung ist daher nicht möglich.

Von der Awtosaguri (Marschrutka-Station) kommt man schnell ins **Zentrum,** so man überhaupt von einem solchen sprechen kann. Rechter Hand erblickt man eine Stahlbrücke, dahinter auf der gleichen Uferseite das Touristeninformationszentrum (Glasbau). Auf diesem Streckenabschnitt finden sich zahlreiche Geldautomaten, Apotheken und Tante-Emma-Läden, die sich gern Minimarkt nennen und ihre Standorte immer mal wieder wechseln.

Bordshomi-Park

Geht man über die Brücke, gelangt man in den Bordshomi-Park. Hier kann man sich links halten oder geradeaus gehen. Geht man nach links, passiert man zunächst den renovierten **Bahnhof Bordshomi-Park.** Die Straße führt vorbei an einer kleinen Brücke rechter Hand. Links davon passiert man ein Gebäude im Stil einer Festung, in der sich das **Restaurant Inka** befindet. Auf der rechten Seite fließt der **Bordschomula-Bach,** in dessen Verlauf zur Rechten seit Jahren ein 4-Sterne-Hotel entsteht, das 2015 eröffnen soll. Schließlich fällt links das letzte Gebäude vor Erreichen des Kurparks auf (9. Aprilis Kutscha Nr. 48). Im Jahre 1892 ließ hier ein persischer Händler ein Sommerhaus errichten, das er **Villa Firouza** nannte. Der prächtige Alkoven mit Spiegelmosaiken im persischen Stil erinnert an die Herkunft des früheren Hausherrn. Das Haus verfiel, nachdem es Anfang der 1990er Jahre Heimstatt für Flüchtlinge gewesen war. Es wurde aufwendig saniert.

Kurpark

Am Ende des Bordshomi-Parks zweigt man links in die 9. Aprilis Kutscha ab (über das Brücklein), die zum Kurpark mit der <mark>Jekaterinenquelle</mark> führt. Das Gebäude innerhalb des mit einem prächtigen schmiedeeisernen Tor abgezäunten Quellengeländes gehörte einst den *Romanows,* jetzt ist es der **Kursaal.** Darin findet man eine sehenswerte Brunnenanlage. Während der Saison ist am Eingang zum Quellengelände eine geringe Eintrittsgebühr zu entrichten.

Heute kaum noch bekannt: Schon 1890 wurde in Bordshomi Mineralwasser fabrikmäßig in Flaschen abgefüllt. 1907 wurde das **Bordshomi-Wasser** auf einer Ausstellung im belgischen Spa und 1911 in Dresden ausgezeichnet. Etwa 200.000 Flaschen wurden zu Sowjetzeiten abgefüllt und überall in der UdSSR in Apotheken (!) verkauft. Bis zum Mai 2005, als Präsident *Putin,* übertragen vom russischen Fernsehen, den Verkauf von Bordshomi-Wasser verbieten und es öffentlich von dazu abgestellten Soldaten in den Gully gießen ließ. Begründung: Das Wasser wäre hygienisch nicht einwandfrei. Das gleiche Schicksal ereilte übrigens den in Russland von jeher außerordentlich beliebten Wein aus Kachetien. Es besteht Hoffnung, dass der Export nach Russland wegen der Mitgliedschaft Russlands in der WTO wieder aufgenommen wird.

Die **Jekaterinenquelle,** die sich weiter hinten im Park befindet, wurde zu Sowjetzeiten umgestaltet. Rechts neben dem kleinen Quellengelände fährt eine **Kabinenseilbahn** auf ein Plateau (1 Lar, 2 Minuten). Dort steht ein **Riesenrad,** ein Geschenk des ukrainischen Präsidenten *Viktor Juschtschenko* anlässlich der Wiedereinweihung des Brunnengeländes am 12. August 2005 (Gedenkstein vor dem Kursaal).

Man kann von dem Plateau einen schmalen Fußweg zurücklaufen, oben im Park spazieren gehen oder auf einem Wanderweg zum **Sadgeri-Kloster** gelangen. Der Weg zurück vom Kloster (ca. 5 km) mündet dann beim Restaurant Inka auf die Straße des 9. April. Das ausgeschilderte Haus des Komponisten *Pjotr Tschaikowski* ist zurzeit geschlossen – es ist unklar, ob es wieder eröffnet wird.

Auf dem Rückweg vom Kurpark ins Zentrum könnte man beim Restaurant Inka die Brücke über den Bordschomula-Bach überqueren und die kleine Vierkonchenbasilika namens **Nikolai-Kirche** mit ihrem restaurierten Ikonostas besichtigen. Sie ist mit interessanten Fresken ausgemalt, der Stifter der Kirche hält wie immer in Georgien ein Kirchenmodell in seiner Hand. Allerdings ist das Kirchlein nur am Sonntagvormittag geöffnet. Das Glockengeläut liegt separat neben einem kleinen Devotionalienkiosk.

Heimatkundemuseum

Das Gebäude im pseudogothischen Stil wurde 1938 als Kanzlei im Auftrag des russischen Großfürsten *Romanow* von dem deutschen Architekten *Schweier* errichtet. Heute beherbergt es das Heimatkundemuseum mit den vier Ausstellungsschwerpunkten **Archäologie, Ethnografie, Kunst und Kunstgewerbe** sowie **Natur.** Es zeigt immerhin 30.000 Exponate von der Steinzeit bis zur Jetztzeit. Der Besucher kann u.a. Riesenmegalithen, mittelalterliche Wohngebäude, einen versteinerten Baum aus dem Gebiet des Goderzi-Passes, Münzen und persönliche Gegenstände der *Romanows* (vor allem Porzellan) in Augenschein nehmen. Interessant auch die Fotos vom mondänen Kur- und Badeleben im 19. Jahrhundert. Leider etwas dunkel innen.

■**Info:** Zminda-Nino-Straße 5 (Eckgebäude nach der Polizeiwache, ausgeschildert als „Museum of Local Lore"), geöffnet Di bis So 10–17 Uhr, in der ersten Januarwoche geschlossen, Eintritt 30 Lari.

In der Umgebung

Wasserkraftwerk

In der Nähe von Bordshomi befindet sich das **Tschitachewskij GES** (Gidro-Elektrostanzija), das Wasserkraftwerk von Tschitachewsk. Dieses kleine Kraftwerk wurde nach dem Krieg **von deutschen Kriegsgefangenen konzipiert und gebaut** und ist seither nicht verändert worden, d.h. die Turbinen sind noch die Originale von damals. Ein Blick auf die Mtkwari zeigt außerdem, dass zu seiner Wasserversorgung ein Kanal ausgehoben wurde, der längs des Flusses verläuft und den Turbinen das nötige Wasser zuführt. Ein unter der heutigen Straße verlaufendes Rohr leitet das Wasser schließlich zurück in die Mtkwari. Links neben dem Kraftwerk befindet sich das Umspannwerk. Fährt man noch ein paar Kilometer weiter, sieht man auf einem Hügel zur Rechten einen kleinen **Soldatenfriedhof.**

Grünes Kloster

Auf dem Rückweg bietet sich ein Abstecher zum Seljonij Monastyr (russisch) an. Ein Wegweiser zum „Green Monastery" macht darauf aufmerksam. Allein der kurze Weg dahin durch einen regelrechten **Zauberwald in einer engen Schlucht** mit hohen Felsen zu beiden Seiten ist die Anfahrt wert. Früher wurden bei Angriffen der Osmanen Frauen und Kinder in dieses abgeschiedene Männerkloster gebracht.

■ **Anfahrt:** Am bequemsten mit dem Taxi (bis zum Kraftwerk 15 Lari, zum Friedhof inkl. Grünem Kloster 20 Lari inkl. kurzer Fotopause und Rückfahrt, Preis pro Taxi). Alternativ: mit der Marschrutka nach Achalziche, Preis 0,50–1 Lar.

Praktische Tipps

■ **Vorwahl:** international 00995 367, national 0 367

Informationen

■ **Touristeninformationszentrum (TIZ):** Rustaweli-Straße, neben der Brücke zum Bordshomi-Park, Tel. 22 13 97. Broschüren und Hilfe bei der Beschaffung von Taxis zu vernünftigen Preisen.
■ **Tankstelle:** Rustaweli-Straße in Richtung Bahnhof Tschornaja Retschka.

Das Wasserkraftwerk bei Bordshomi wurde von deutschen Kriegsgefangenen erbaut und ist noch in Betrieb

Unterkunft

Auch in Bordshomi scheint sich die Unsitte einzubürgern, dass am Marschrutkaplatz ankommende Gäste von Taxifahrern abgepasst und dann nicht zum Wunschziel, sondern zu Provision zahlenden Unterkünften gefahren werden.

Mein Tipp: Leo's Homestay, Pirosmani 18, Tel. 22 00 18, mobil: 574 86 15 16, 593 98 15 95, jango.geo@gmail.com. Zentral gelegen, drei Zimmer und zwei Duschbäder, pro Person 32 Lari für Ü/F, WLAN, neue Zentralheizung. *Leos* Mutter *Marina* ist eine sehr gute Köchin, *Leo* (eigentlich *Levan*) kann günstig Touren anbieten. *Marina* und *Leo* sprechen auch englisch. *Leo* vermittelt Pferde in den Naturpark zu 50 Lari pro Tag inkl. Führer (russ. *prowodnik*), bietet aber auch Ausflüge mit seinem Auto zu anderen Orten in Georgien an. *Leos* Tipp: Googeln nach „Leo's Homestay/Borjomi". Supernette Familie! Empfehlung einer Leserin und der Autorin.

■ **Hotel Saodschako (Familiy Inn)**, Kostawa 2, Tel. 22 07 80 (*Ina*, nur russ.). 7 Zimmer für 17 Gäste, 6 DZ im Sommer 70–80 Lari, im Frühjahr 40–50 Lari, im Herbst 50–60 Lari, im Winter 40–50 Lari, jeweils Ü ohne Frühstück. Ein 4-BZ für 70–100 Lari, abhängig von der Saison. Alle Zimmer sehr sauber, mit Bad, TV, Heizung. Das 4-BZ besteht aus einem Schlafzimmer und dem über einen Minikorridor verbundenen größeren Duschbad. Im Sommer wäre separat zu zahlende Verpflegung möglich. Tipp: Hier sollte man immer nach Rabatt fragen!

■ **GH Apartment**, Zminda Nino 9, ein DZ und ein 3-BZ, je 20 Lari Ü, WLAN, Gemeinschaftsküche und -bad. Grüner Block am Ende der Zminda Nino, Eingang an dessen Rückseite, Unterkunft im OG linke Tür. Die Vermieter sprechen russisch und ein bisschen englisch.

■ **Hotel Borjomi**, Zminda Nino 3, Tel. 22 22 12, mobil: 599 45 64 63. Schöne Holzvilla aus der Romanow-Zeit zwischen Musikschule und Heimatmuseum, sehr schöne Zimmer, wovon die meisten ein eignes Bad haben, das sich jedoch außerhalb der Zimmer befindet (jedes hat einen separaten Schlüssel), TV, moderne Möbel, 60–70 Lari mit Frühstück. Man ist regelrecht erpicht auf sofortige Bezahlung.

■ **Hotel Victoria-Panorama**, Gogias Ziche 1, mobil: 577 41 11 20, Tel. 22 33 40, www.victoria-panorama.com. EZ/DZ 50/63 € Ü/F. Nach einem etwas beschwerlichen Aufstieg in Richtung der Burgruine Gogia wird man mit einem Traumblick aus einem der zwölf schönen Zimmer belohnt (die meisten mit Balkon).

■ **Borjomi Palace Hotel & Spa**, Gamsachurdia 17, Tel. 22 30 75, www.borjomipalace.ge. 49 moderne, etwas plüschig geratene Zimmer in diesem 4-Sterne-Hotel mit Sat-TV, Flatscreen, Wellnesscenter, Sauna, Innenpool, Garten. Preise je nach Saison: EZ 50–70 € bzw. DZ 75–110 €, HP oder VP kann dazu gebucht werden. Die Küche überzeugt jedoch nicht immer.

◁ Kabinenseilbahn im Kurpark

Essen und Trinken

■ **Merabiko,** gegenüber dem Bahnhof Bordshomi-Park. Es werden gute und preisgünstige Gerichte serviert. Neu, sauber, englische Speisekarte, 9–21 Uhr. Tipp: *Odschachuri* (Schweinefleisch in einem Topf gegart) mit Pommes für 6 Lari, dazu Tomaten-Gurkensalat für 3 Lari.

■ **Inka,** Str. des 9. April Nr. 1, Restaurant im Kurpark an der Brücke in einer „Pseudofestung", neu und sauber, Nichtraucher! Kleine Pizza ab 7 Lari, aufmerksamer Service, zweisprachige Speisekarte.

An- und Weiterreise

Marschrutki

Mit Marschrutki kommt man in alle Himmelsrichtungen:
■ **Achalziche:** 8.45, 14.45 Uhr, 1 Std., 4 Lari.
■ **Bakuriani:** 9.20, 10.30, 12.15, 14, 15, 16 und 17 Uhr, 30 Min., 3 Lari.
■ **Batumi:** 9 Uhr, 4 Std., 17 Lari.
■ **Chaschuri** (dort u.a. Anschluss nach Kutaisi): von 9.30–17.30 Uhr alle halbe Stunde, 50 Min., 2 Lari.
■ **Poti:** 6.45 Uhr, 3 Std.
■ **Tbilisi:** von 7–18 Uhr stündlich, 2 Std., 8 Lari.
■ **Timotesubani:** 10.30, 13.30, 17 Uhr, 30 Min., 1,50 Lari.
■ **Wardzia:** 30 Lari hin und zurück. Etwa von Ende Mai/Anfang Juni bis Ende September vermittelt das TIZ (Buchung dort) Tagestouren nach Wardzia mit Unterwegshalt bei der Festung Chertwisi. Abfahrt um 8.45 Uhr.

Taxi

Folgende Preise kann man entweder aushandeln oder mit Hilfe des TIZ erzielen (einfach/hin und zurück):
■ **Achalziche:** 30/40 Lari
■ **Bakuriani:** 20/30 Lari
■ **Tbilisi:** 80/100 Lari

■ **Wardzia:** 100/120 Lari inkl. Kloster Sapara und Festung Chertwisi.
■ **Flughafen Tbilisi:** 120 Lari (nur einfache Fahrt)

Bahn

■ **Schmalspurbahn nach Bakuriani:** 11.15 Uhr, 2¼ Std., 1 Lari in der 2. Kl., 2 Lari in der 1. Kl.
■ **Personenzug nach Tbilisi:** 7 und 16.40 Uhr, 4 Std., 2 Lari (Ticket beim Schaffner).
■ **Bahnhof Tschornaja Retschka:** Rustaweli-Straße Richtung Bakuriani. Tipp: Wer von Bakuriani mit der Schmalspurbahn ankommt, auch mit der Marschrutka von Bakuriani nach Tbilisi, wird an der Brücke herausgelassen und wartet an der gegenüberliegenden Straßenseite auf Marschrutki ins Zentrum (40 Tetri). Meist stehen schon andere Wartende da. Zu Fuß (ca. 2,5 km) ist der schlechte Weg arg mühsam.

Nationalpark Bordshomi-Charagauli 266/A-B1

Schon Großfürst *Michail Romanow* ließ 1880 ein königliches Jagdrevier anlegen, dem ein deutscher Oberförster vorstand; Jagdhütten wurden errichtet. Nach über 100 Jahren, 1995, wurde es zum Naturschutzgebiet ernannt, die offizielle Eröffnung erfolgte im Jahr 2001. Es handelt sich um den **ersten Nationalpark im Kaukasus** (engl. *Borjomi Nature Reserve*). Mit WWF- und deutscher Hilfe entstand der größte Naturschutzpark Georgiens, der mit 76.000 ha immerhin ein Prozent des georgischen Territoriums einnimmt.

Etwa von Anfang Mai (Rhododendronblüte) bis Ende Oktober (Herbstlaubfärbung) sind **acht Wanderrouten** geöffnet, die unterschiedlich lang und schwierig sind. Die Wanderwege führen in Höhenlagen von etwa 800 bis 2642 m durch Wald sowie subalpine und alpine Wiesen. Bitte im Nationalpark auf adäquates Verhalten achten: Keine Pflanzen herausreißen, Tiere nicht stören und Müll wieder mitnehmen!

■**Info:** www.apa.gov.ge/en/protected-areas (in englischer Sprache).

Wanderrouten

Je nach verfügbarer Zeit kann man eine der folgenden Wanderrouten auswählen (die nicht alle in Bordshomi beginnen).

■**Nikolai-Romanow-Weg** (39–41 km): mit Weg Nr. 6 kombinierbar, 2 Übernachtungen ratsam.
■**Sankt Andreas-Weg** (49–51 km): führt über den höchsten Punkt des Parks, den Samezchwareo-Gipfel, 2 bis 3 Übernachtungen ratsam.
■**Panoramaweg:** obwohl nur 16 km lang, herausfordernd.
■**Urwaldweg** (ca. 12 km): besonders im Mai während der Rhododendronblüte empfehlenswert.
■**Sekari-Pass-Weg** (ca. 10 km): kann mit dem Mountainbike von Abastumani nach Didmagala durchfahren werden.
■**Auf den Spuren von Waldtieren** (12–13 km): gut für eine Tagestour.
■**Infotour durch den Nationalpark:** nur 3 km lang, führt aber an verschiedenen Infotafeln mit Angaben zu Flora und Fauna vorbei.
■**Durch die Megruki-Schlucht** (5–6 km): bei Hochwasser zu Pferde empfohlen.
■**Schäferweg:** 14 km entlang des Schawi Seri.

Bakuriani

266/B1

ბაკურიანი

Bakuriani liegt ungefähr 40 Bahnkilometer von Bordshomi entfernt im Trialetischen Gebirge in etwa 1600 m Höhe. Die Strecke per Bus ist etwa 10 km kürzer. Bakuriani, einst einer der bekanntesten **Wintersportorte** der Sowjetunion, grenzt durch seine Höhenlage schon an die subalpine Vegetationszone. Inzwischen erhielt der Ort zwar Konkurrenz durch den Wintersportort Gudauri an der Georgischen Heerstraße, er ist jedoch authentischer und preisgünstiger als Gudauri.

Das **Skiresort** wurde in den 1930er Jahren angelegt und bis heute um viele Hotels erweitert. Von Dezember bis März liegt Schnee, im Dezember fällt am meisten. Die Durchschnittstemperatur im Januar beträgt -7 °C, im August 15 °C. Wie auch in Bordshomi ist die UV-Strahlung außerordentlich stark.

Bakuriani ist um eine mehrere Kilometer lange Ringstraße angelegt. Das **Stadtzentrum** ist der Bereich zwischen der Kreuzung Agmaschenebeli/Mtis kutscha (russ. *Gornaja uliza*, dt. Bergstraße) und der Agmaschenebeli in Höhe des Hotels Tbilisi. Darunter fällt auch das kurze Stück der Mtis kutscha vorbei am Touristeninformationszentrum hin zum Marschrutka-Platz (Awtosadguri) und dem Bahnhof der Schmalspurbahn. Hier findet man einen Taxiplatz, Internetcafés, Geldautomaten und Minimärkte, aber auch Verkaufsstände zahlreicher Händler. Hier sind unbedingt die Preise zu prüfen, denn ausländische Touristen zahlen schnell viel mehr als Einheimische. Das gilt auch für Taxifahrer, Pferdeschlittenführer und Reitpferdevermittler. Im Winter liegt fast immer Schnee und im sog. Zentrum ist es spiegelglatt, da weder geräumt noch gestreut wird; Stürze sind keine Seltenheit.

Warten auf Kundschaft

Bakuriani

Es gibt in der Stadt inzwischen **zahlreiche Pensionen** (nennen sich oft Guesthouse) **und Hotels** in jeder Preisklasse. Die Preise schnellen vom 31.12. bis 07.01. (orthodoxes Weihnachtsfest), z.T. bis 15.01., in astronomische Höhen. Rechtzeitige Vorbestellung ist (nur) für diesen Zeitraum unbedingt erforderlich. Außerhalb der Weihnachtswoche gilt: Handeln! Die Skisaison dauert offiziell vom 25.12. bis Ende März, die Wandersaison von Juni bis August.

Südlich von Bakuriani ragen zwei Berge auf, einmal der **Kochta Gora 1** mit 2115 m, auf dem ein Sessellift und ein kleinerer Lift in Betrieb sind. Eine Fahrt kostet jeweils 3 Lari, Skipässe zwischen 15 und 30 Lari pro Tag (in der Weihnachtswoche 30 Lari, nach dem 7. Januar 25–20 Lari, danach 15 Lari). Die Lifte des **Kochta Gora 2** (2269 m) waren zum Recherchezeitpunkt nicht in Betrieb. Außerdem gibt es noch den **Didveli** (2161 m), der dem Stadtviertel mit den eher teuren Hotels seinen Namen gab. Hier hat die Südtiroler Firma Leitner ropeways die 8er-Kabinenbahn „Bakuriani Didveli Gondola" installiert.

Aus Bakuriani stammt übrigens der am 14. Februar 2010 tödlich verunglückte Rennrodler *Nodar Kumaritischwili*. Sechs Stunden vor Eröffnung der Olympischen Winterspiele von Vancouver raste er mit 144 km/h in den Tod. Man sucht in Bakuriani allerdings vergeblich eine Rennrodelbahn. *Kumaritischwili*

▷ Supermarkt im Zentrum von Bakuriani

musste im Ausland trainieren, u.a. in Deutschland und der Schweiz. 2011 weilte Prinz *Albert von Monaco* auf Einladung von Präsident *Saakaschwili* zu einem eintägigen Besuch in Bakuriani.

Botanischer Garten

1910 gegründet, wird der Garten seit 1937 von der Georgischen Akademie der Wissenschaften verwaltet. Er ist 17 ha groß und die Heimat über 1200 alpiner Pflanzenarten aus der Kaukasusregion, weitere 300 Arten stammen aus Asien. Hinzu kommen 66 kaukasische Baum- und sonstige exotische Pflanzenarten. Zutritt am Ortsausgang in Richtung Bordshomi, nur vom Spätfrühling bis Spätherbst geöffnet.

Praktische Tipps

■ **Vorwahl:** international 00995 367, national 0 367

Informationen

■ **Touristeninformationszentrum (TIZ):** Agmaschenebeli 2, neben dem Marschrutka-Platz. Das rührige TIZ wird geleitet von *Marika Makieva*, die auch etwas englisch spricht, mobil: 593 33 50 58. Infomaterial und Wanderkarten, Hilfe bei Hotelbuchungen oder Auskünfte über Preise (Taxis, Reitpferde, Pferdeschlitten, Squads). Laut *Marika* vermieten viele Pensionen ein Bett ohne Verpflegung für 20 Lari in den Zwischensaison (April/Mai und Oktober/November).

■ **Internetcafés:** im TIZ, im Keller eines Eckgebäudes in der Querstraße neben dem Kino und in der Agmaschenebeli-Straße (mit Drucker).

■ **Tankstellen:** Zwei Tankstellen finden sich z.B. an der Bordshomi-Straße.

Unterkunft

Hotels in Didveli

■ **Hotel Crystal,** www.hotelcrystal.ge, Tel. 24 03 76, mobil: 595 46 14 61, Rezeption englisch-/russischsprachig, Taxi vom/ins Zentrum 7–10 Lari, gehobener Standard, auch über www.booking.com buchbar. 27 Zimmer, Lift mit Gepäck umständlich erreichbar, da hinter der Treppe, Sauna, WiFi, Transfer zum Skilift, Skiverleih 25 Lari/Tag, Abstellraum für Skiausrüstung mit Spinden, Schwimmbad mit großer Terrasse, Billard, Kinderspielraum, Bar, Konferenzraum für 50 Personen. Zi. 201 Lux: Flatscreen, Sitzgruppe, Kaffee- und Teekocher, Balkon, Minibar, Duschbad; Zi. 205: Junior Suite. DZ economy 230–300 Lari, Standard-DZ 245–320 Lari, DZ Lux 350–450 Lari, Preisstaffelung nach Saison.

■ **Hotel Viktoria,** Agmaschenebeli 94, 26 Zimmer, info@victoria-bakuriani.ge, mobil: 577 51 51 79, russisch/englisch. Lift, Swimmingpool, Sauna, Bar, Restaurant, Kino, Konferenzraum für bis zu 60 Personen, Skiausleihe 25 Lari/Tag, Fitnessraum, Billard. Preise (Winter/Sommer): Vier EZ zu 60 US$/70 Lari, 16 DZ zu 170 US$/200 Lari, zwei 3-BZ zu 200 US$/220 Lari), vier Luxussuiten zu 250 US$/250 Lari, alle Preise inkl. drei Mahlzeiten vom Buffet. Die Managerin *Salome Abuladze* ist auch erreichbar über salomeabuladze1707@yahoo.com. Zi. 301: DZ mit Balkon, TV, im Korridor Kleiderschrank mit Safe; Zi. 304: DZ mit Lampe überm Bett, Wohnzimmer mit Sitzgruppe und Flatscreen, Duschbad mit Massagedüsen, kleiner Korridor. Nicht alle Zimmer im 4. Stock haben einen Balkon.

■ **Hotel Eurika** (auch Evrika), Agmaschenebeli 92, evrikahotel@gmail.com, Tel. 24 05 04, mobil: 577 57 57 85, Hotel mit 25 Zimmern, im Innenhof (Parkmöglichkeit) empfängt den Gast eine große griechische Statue, großer Wintergarten und Innenpool, jeweils mit Panoramablick, ganzjährig in Betrieb.

Bar mit Billard, Konferenzraum. DZ zu 200 US$ Winter/200 Lari Sommer inkl. drei Buffetmahlzeiten, im Sommer unbedingt handeln! Sauna, Jacuzzi, Bar, Skiaufbewahrung möglich. Das Zi. 23 Lux kostet stolze 350 US$, mit kleinem Schlafzimmer, TV, kleinem Wohnzimmer, Minibar, Duschbad und Korridor. Zi. 27: DZ mit TV, Minibar und Duschbad.

■ **Villa Palace,** K. Zakadse 1, am „Kinderhügel" mit mehreren 25-m-Liften, aber auch Ski-, Pferdeschlitten-, Reitpferde- und Squad-Ausleihe, www.villapalace.ge, mobil: 595 90 11 44. 60 Zimmer, Swimmingpool, Billard, Fitnessgerät und Sauna, WiFi, Rezeption englisch-, angeblich auch deutschsprachig. EZ 30 US$, DZ 60 US$ in der Saison, EZ 125 US$, DZ 270 US$ in der Weihnachtswoche, jeweils inkl. VP. Ab April werden die Zimmer für 50 Lari vermietet, die mit weißen Möbeln, TV, Schreibtisch und kleinem Duschbad mit Föhn ausgestattet sind.

■ **Pension Villa Gio,** Agmaschenebeli 25, an der Weggabelung zwischen dem Weg nach Didveli und dem „Kinderhügel", mobil: 599 57 56 13, gochajeiranashvili@mail.ru, einziges 4-Sterne-Gästehaus Bakurianis, rosa Gebäude vor der ausgeschilderten Abzweigung zu den 25-m-Liften für max. 21 Gäste. Zi. 3: DZ mit neuen, geschmackvollen Möbeln, TV, Balkon mit Aussicht, sehr schönes Duschbad; Zi. 2: 3-BZ, wie DZ, aber für 210 US$ inkl. drei Mahlzeiten in der Saison. Preise: Januar EZ 70 US$, DZ 140 US$, sonst EZ 60 US$, DZ 120 US$. Im EG Restaurant und Aufenthaltsraum mit Kamin. Das Haus ist sehr sauber. Allerdings: Selbst einen Tag vor der Weihnachtswoche konnte die Autorin keinen Gast ausmachen, hier sollte man also unbedingt handeln! Die Eigentümerin verwies von sich aus auf Rabattmöglichkeiten (russ. *skidka*).

Unterkunft im Zentrum

■ **MEIN TIPP: Pension GH Iceberg,** Agmaschenebeli 3, mobil: 599 10 54 29, Tel. 24 00 16, kumaritashvili@mail.ru, *Irina Kumaritischwili* spricht nur russisch. Das weiße Gebäude, zu dem auch ein öffentliches Restaurant (nur über Straße erreichbar) und eine Tone-Bäckerei gehören, beherbergt max. 30 Personen in 10 Zimmern, deren Preise jeweils drei sehr umfangreiche und sehr schmackhafte Mahlzeiten beinhalten und sich wie folgt staffeln: Januar (nach dem 07.01.) 80 Lari, Februar 70 Lari, März 60 Lari, Sommer 50 Lari, Dezember 70 Lari. Alle Zimmer sind mit Duschbad und Balkon ausgestattet, im 2. Stock hat man von den Balkonen einen super Blick. Im EG Restaurant, in dem die abwechslungsreichen Mahlzeiten am Tisch serviert werden; freundlicher Service. Aufenthaltsraum mit Sitzgarnitur und TV. Supernette Familie, verwandt mit dem tödlich verunglückten Rennrodelfahrer *Nodar Kumaritischwili*, dessen Grabstätte bei der noch turmlosen Kirche hinter dem Haus, erreichbar über eine Seitenstraße neben dem benachbarten Kino, zu besichtigen ist.

Mein Tipp! Pension GH New House, Tawisubleibis 29, newhousebakuriani@gmail.com, mobil: 599 20 17 20, 591 62 26 41. Neue, ockerfarbene Pension mit 11 Zimmern, gut gelegen, da in Gehweite zum Zentrum und in einem Hof (ausgeschildert), daher ruhig, im Hof Parkplätze. Alle Zimmer mit schönem Duschbad, gut heizbar, TV, oben guter Blick. Im EG Aufenthaltsraum mit Kamin und Klavier, riesigem Flatscreen, Gäste-PC an der Rezeption. Im Keller Billardraum sowie Restaurant, in dem es kleine Buffetmahlzeiten (täglich wechselnd) gibt. Zimmerpreise ohne Verpflegung außerhalb der Saison/in der Saison: DZ 50/60 Lari, mit Verpflegung: 100 Lari/100 US$, etwa ab 15.01. EZ 45 US$, im Sommer EZ ohne Verpflegung 30 Lari, mit Verpflegung 50 Lari, im Dezember mit Verpflegung 60 Lari; DZ-Preise: 01.01. bis 15.01. 100 US$, ab dem 16.01. 90 US$, ab Februar 80 US$, jeweils mit Verpflegung. Hier sollte außerhalb der Saison noch Spielraum bestehen.

■ **Hotel Tbilisi,** bakuriani@hoteltbilisi.com.ge, mobil: 599 90 93 05, EZ/DZ 90/140 Lari, im EG 70/110 Lari Ü/VP, da ohne Balkon. Zimmer mit Bad, SAT-TV, Restaurant mit Buffet, Billardkeller, einige Zimmer mit Kühlschrank. Lari-Preise in der Weihnachtswoche in US-Dollar!

Essen und Trinken

■ **Teremok,** Tawisubleibis 19, www.teremok-group.com, rustikales ukrainisches Restaurant mit mehrsprachiger Speisekarte. Innen drei Separees namens *Lwiw* und *Odessa* (klein) und *Kiew* für bis zu 20 Personen; Essen ist gut, z.B. Borschtsch mit Sahne 4,70 Lari, Soljanka 9 Lari; georgische Weine 19–36 Lari pro Flasche, 2–3 Lari pro Glas. Hinweis: Sitzgruppe unmittelbar neben der Tür im Winter kalt, da Wand nicht isoliert. Ansonsten bemühter Service, gut besucht, 10 % Servicegebühr.

> In der 1. Klasse der Schmalspurbahn nach Bordshomi

- **Café,** Agmaschenebeli 3, das zur Pension Iceberg gehörende zweistöckige Restaurant mit guter Karte und rührigem Service bietet durch Panoramafenster einen Blick auf die Straße. Hauptgericht inkl. Softdrink 8–10 Lari.
- **Pizzeria Prego,** Mtis kutscha 1, neben der Bank of Georgia und dem Hotel Towlis Babua (Santa Claus, also Weihnachtsmann), quasi am Marschrutka-Platz, Lieferservice. Mobil: 597 70 00 55 oder 597 72 77 55.

An- und Abreise

Marschrutki (* nur Saisonbetrieb)
- **Batumi*:** 16 Uhr, 4½ Std., 15 Lari.
- **Chaschuri:** 14 Uhr, 1½ Std., 5 Lari.
- **Kutaisi*:** 15 Uhr, 3 Std., 10 Lari.
- **Tbilisi** (über Bordshomi und Chaschuri): 8, 11, 13, 13:30, 15 und 17 Uhr, 2½ Std., 11 Lari.

Aktivitäten in und um Bakuriani

- **Wanderungen:** zahlreiche, Wanderkarten im TIZ.
- **Reitpferde:** ab 5 Lari für einen ganz kurzen Ritt, in Bakuriani generell überteuert, 25 Lari/Std., 50–70 Lari/Tag, abhängig vom Verhandlungsgeschick, denn vernehmen die Pferdebesitzer eine Fremdsprache, ziehen die Preise erst mal an…
- **Pferdeschlitten:** ab 10 Lari für eine Tour um die Ringstraße; Anbieter im Zentrum oder beim Hotel Villa Palace ansprechen.
- **Skiausleihe:** beim Hotel Villa Palace oder in der Agmaschenebeli Nr. 1, um die 25 Lari für Ski, Stöcke und Schuhe pro Tag.
- **Quads:** beim Hotel Villa Palace, der Preis ist Verhandlungssache.

In der Umgebung

Mit der Schmalspurbahn nach Bordshomi   266/B1

Eine tschechische Lokomotive (Baujahr 1966) aus Dubnica an der Waag, eigentlich für Grubenbahnen konzipiert und daher gut geeignet für enge Kurven und starke Steigungen, zieht **zwei kleine Waggons,** einen aus Russland (2. Klasse), einen aus Georgien (1. Klasse). Auf der Fahrt geht es durch dichten Nadelwald und vorbei an verfallenen Stationshäuschen (jeweils Halt) in 2½ Std. nach Bordshomi. Die Schmalspurbahn (900 mm Spurbreite) wurde 1902 errichtet und fährt seit 1972 elektrifiziert mit einer durchschnittlichen Geschwindigkeit von 26,7 km/h (max. 45 km/h). Nach ca. 19 km erreicht die Bahn den Ort **Zemi** (engl. Tsemi), wo sie eine 34 m hohe Brücke überquert, die vom Ingenieurbüro *Gustave Eiffel* entworfen wurde.

Wer nicht bis Bordshomi, sondern ins **Kloster Timotesubani** möchte, steigt nach ca. 1¾ Std. in **Zachweri** aus (dem Schaffner Bescheid geben), geht ca. 50 m entgegen der Fahrtrichtung zurück, überquert die Gleise nach dem ersten Wohnhaus links und geht den Bahndamm hinunter. Dort den Weg nach rechts nehmen, bis nach ca. 100 m die Kreuzung mit der Hauptstraße (asphaltiert) folgt. Nach links einbiegen und die Brücke überqueren, bis recht bald auf der rechten Seite der große Wegweiser „Timotesubani 3,9 km" kommt. Dort befinden sich ein paar Tante-Emma-Läden und die Haltestellen der Marschrutki von und nach Bakuriani bzw. Bordshomi, auch Taxis warten gelegentlich auf

Kundschaft. Von Zachweri sind es 13 km bis Bakuriani bzw. 14 km nach Bordshomi, Distanzen also, die auch für Wanderer machbar sind.

■ **Info:** Abfahrt in Bakuriani um 14.10 Uhr, 1. Klasse 2 Lari, 2. Klasse 1 Lar, Ticket beim Schaffner.

Kloster Timotesubani 266/B1

Der georgische Adlige *Schalwa Achalzicheli (Schalwa von Achalziche)*, der im 12./13. Jh. dieses Gebiet regierte, ließ in Timotesubani eine Kirche zu Ehren der Heiligen Jungfrau Maria erbauen. Sie ist die Hauptkirche des gleichnamigen Klosters, das sich **am Flüsschen Gudschareti** nahe beim Dorf Zachweri befindet. Man betritt es durch ein rotes Ziegeltor und hat durch den inneren Torbogen einen schönen Blick auf die Hauptkirche. Unüblich für georgische Sakralbauten: Die Kirche ist aus Ziegelsteinen gemauert. Die Kirchenkuppel ist 28 m hoch, 19 m breit und 11 m lang. Die Fenster an der Nordseite sollen zwischen 1205 und 1215 gestaltet worden sein; die **mittelalterlichen Fresken** gehören zu den beeindruckendsten in ganz Georgien. Der Ikonostas wurde restauriert, das Kloster 1994 wieder geweiht. Links neben der Kirche befinden sich das Glockengeläut und ein Devotionalienkiosk. Falls die Kirchentür verschlossen ist, frage man in dem kleinen zweistöckigen Wohnhaus rechts neben der Kirche nach, ein Mönch wird gerne behilflich sein. Ein Taxi ab Zachweri sollte max. 5 Lari kosten (einfache Fahrt).

Azkuri/Atskuri 266/A1

Von Bordshomi kommend, passiert man ca. 20 km nordöstlich von Achalziche die Ortschaft Azkuri, ein guter Ort für Camper. Auf der linken Seite am anderen Ufer des Mtkwari-Flusses kann man die **Ruinen der Festung Azkuri** (Azkuris ziche) erblicken, auf der rechten Straßenseite weist ein Schild auf folgendes Guesthouse hin:

■ **GH Nick und George,** mobil: 555 25 93 55 (engl., russ.), www.nickandgeorge.com. In Azkuri Nr. 45 gibt es dieses kleine Hotel mit Campingmöglichkeit und Reitpferdevermittlung. Ü 30 Lari, Frühstück, Mittagessen, Abendbrot 10, 15, 20 Lari. Ein österreichischer Leser berichtet: „Campen am Feld und das Benützen der Sauna zwecks Dusche und WC waren gratis, wir haben für Frühstück und Abendessen zusammen 30 Lari bezahlt, *Maja* kocht vorzüglich, der Tisch bog sich unter der Last des Essens, der Wein ist sehr gut, die Familie sehr hilfsbereit."

Achalziche/ Akhaltsikhe 266/A2
ახალციხე

Die **Kleinstadt** Achalziche **am Pozchowi-Fluss** ist, obwohl sie nur um die 20.000 Einwohner hat, die größte Stadt im Umkreis. Ihr alter georgischer Name lautete Lomsia. Wer nach Wardzia reisen und nicht in Bordshomi übernachten möchte, kann es hier tun.

Achalziche heißt auf Deutsch „Neue Festung" oder „Neuenburg", und in der

Tat steht eine imposante Festungsanlage aus dem 12. Jh. auf einem Hügel. Vom 13. bis 17. Jh. herrschte hier der Dschakeli-Clan. Zwischendurch kamen die **Osmanen** und eroberten die Stadt 1578; von 1688 bis 1828 war sie Verwaltungszentrum und damit Sitz eines Paschas. Zwischen dem zaristischen Russland und dem Osmanischen Reich kam es in der Zeit von 1729 bis 1878 zu insgesamt elf russisch-osmanischen (türkischen) Kriegen. Im Krieg von 1828/29 siegte an der kaukasischen Front General *Iwan Paskewitsch,* der Achalziche 1828 einnahm. Nach der folgenden Unterzeichnung des **Abkommens von Adrianopel** (heute Edirne/Türkei) wurden etwa 95.000 christliche Armenier aus den Gebieten von Erzurum, Kars, Ardahan und Dogubayazit umgesiedelt, davon etwa 5000 aus dem Gebiet von Erzurum (heute Türkei) nach Achalziche und Umgebung.

Die **wirtschaftliche Lage** Achalziches ist **schlecht.** Bis zum Ende der Sowjetherrschaft war Achalziche Standort einer sowjetischen Garnison, die Zivilbeschäftigten Arbeit bot. Ferner gab es einen Fleischverarbeitungsbetrieb und ein Nähmaschinenwerk, in denen sogar in drei Schichten gearbeitet wurde. Heute versucht die Mehrheit der Bevölkerung, sich mit Kleinhandel durchzuschlagen. Eine große Anzahl von Armeniern, meist gut ausgebildet und immer russischsprachig, verließ die Stadt in Richtung Russland, einige auch nach Armenien (auch aus Armenien wandern jährlich Tausende Menschen auf der Suche nach Arbeit aus, 80 % davon nach Russland). Dazu der verbitterte Kommentar eines Gesprächspartners der Autorin in Achalziche: „Die Jugendlichen, die jetzt erwachsen werden, sind eine verlorene Generation. Sie sind mit arbeitslosen Eltern aufgewachsen, haben praktisch keine Berufsausbildung und wenig Aussichten auf einen Arbeitsplatz."

Orientierung

Nach Ankunft am **Marschrutkaplatz** (Awtosadguri), der sich vor dem umgebauten Bahnhofsgebäude befindet, sieht man auf der gegenüberliegenden Straßenseite das neue Gebäude des **Bürgerzentrums** *(Public Service Hall),* daneben eine neue Tankstelle mit Supermarkt (WISSOL). Passiert man diese und biegt dann nach links ein, kommt man zu zwei sich gabelnden, leicht ansteigenden

Denkmal für die Königin Tamar

Im oberen Innenhof der Festungsanlage Rabati

Straßen. Die rechte davon ist die Hauptstraße Achalziches, die **Kostawa-Straße**. Man passiert links liegend ein **Denkmal zu Ehren der Königin Tamar** und eine unmittelbar dahinter befindliche neue Kirche. Weiter oben folgt erneut ein kleines grasbewachsenes Dreieck mit einem **Denkmal für den Dichter Schota Rustaweli**, leicht erkennbar an der für ihn typischen Kopfbedeckung. Nach weiteren drei Gehminuten erreicht man zunächst das Hotel Meßcheti und danach das Hotel Lomsia (Eckgebäude).

Bleibt man nach Ankunft in der Stadt jedoch auf der gleichen Straßenseite und passiert die Tankstelle (Rompetrol) rechter Hand, kommt man schnell zu einer **Eisenbahnunterführung**. Nach dieser biegt man links ein und erreicht sehr schnell die **Festungsanlage Rabati**.

Altstadtviertel und Festungsanlage Rabati

Die Altstadt von Achalziche, Rabati (von arab. *rabat*: ein mit einer Mauer umschlossener Ort), ist der interessanteste Teil der Stadt und gehört zu den Highlights eines Georgienbesuches. Auf dem **7 ha großen Gelände** stehen eine Kirche, eine Moschee und eine Synagoge. Die Altstadt erstreckt sich rund um die Festungsanlage, die aus zwei riesigen Innenhöfen besteht, einem unteren und dem oberen. Eine leicht ansteigende kurze Straße führt zum äußeren Hof der Festungsanlage, der ohne Eintrittsgeld zu besichtigen ist. Hier befinden sich das Hotel Gino Wellness, zahlreiche Geschäfte, die während der Saison geöffnet sind, und das Besucherzentrum (s.u.).

Im inneren Hof kann man u.a. die rekonstruierte **Moschee** mit ihrer goldenen Kuppel, eine dahinter befindliche

Medrese (Koranschule) und das zu Sowjetzeiten errichtete und 2011/12 vollständig renovierte, sehr sehenswerte **Historische Museum von Samzche-Dschawachetien** besichtigen. Neben dem Museum erblickt man zwei orientalisch anmutende Gebäude, eins davon mit zwei parallel verlaufenden Spitzbogengängen und das daneben mit einer Spitze auf dem Dach und einem schönen Springbrunnen innen. Die Häuser wurden jedoch erst in den 1980er Jahren zu Ehren der sowjetischen Garnison in Achalziche erbaut, ebenso das Lazarett. Neben einer orthodoxen Kirche laden unzählige Bogengänge in den Festungsmauern zum Rundgang ein. Im Sommer erfreuen zahlreiche Springbrunnen die Besucher.

Nachdem man den äußeren und inneren Hof besichtigt hat, sollte man die paar Stufen **hinauf zur Burg** nicht scheuen. Obwohl hier heute nur Konferenzräume zu besichtigen sind, kann man vom Burghof aus herrliche Fotos über die Gesamtanlage machen.

■ **Besucherzentrum**, mobil: 555 77 72 41, Tel. 22 50 28, Charitschischwili 1, www.akhaltsikhistsikhe.ge, geöffnet im Sommer 9–20 Uhr, im Winter 9–18 Uhr, Mo geschlossen. Eintritt für den inneren Hof inkl. Museum und Burg 5 Lari, Studenten 1,50 Lari, Kinder bis 17 Jahre 1 Lar, deutschsprachiger Guide 20 Lari (am besten vorher anmelden), Audioguide (russ., engl.) 10 Lari. Hinweis: Der äußere Hof ist auch montags zu besichtigen!

Praktische Tipps

■ **Vorwahl:** international 00995 365, national 0 365

Unterkunft

In den letzten Jahren wurden zahlreiche Hotels und Guesthouses errichtet bzw. renoviert. Nicht nur unter www.booking.com oder www.ruraltourism.ge findet man weitere Adressen, wobei das zweite Portal eindeutig günstigere Unterkünfte anbietet. Außerhalb der kurzen Sommersaison ist eine Voranmeldung nicht nötig, man sollte sogar nach Preisnachlässen (russ. *skidka*, engl. *discount*) fragen!

■ **Hotel Meßcheti** (engl. Meskheti), Kostawa 10, mobil: 570 10 06 71, Tel. 22 04 20 (Frau *Ljudi Tschikowani*, russ.), EZ/DZ 30 Lari, 3-BZ 40 Lari, Ü ohne Frühstück. 10–15 Minuten Fußweg ab Awtosaduguri. Die Rezeption ist im 1. Stock links; zwei nette

> Die Zitadelle wird heute als Konferenzsaal genutzt

Frauen sitzen in einem winzigen Kabuff. Einfache Zimmer mit Bad entlang eines unbeleuchteten Korridors, dafür das günstigste Haus in Achalziche (ehem. Intouristhotel). Gegenüber kleiner Laden mit Getränken und Snacks. Zimmer 205 hat einen kleinen Balkon. Ganzjährig Betrieb, da Heizung.

■ **GH Ariali,** Grigolo Chanzteli 30, mobil: 592 37 73 77 (engl., russ., versteht etwas deutsch). 5 Zimmer mit Bad, Ü 50 Lari, Ü/F 60 Lari, auf Anfrage Mittagessen oder Abendbrot zu ca. 10 Lari das Essen. Schöner Garten, Ganzjahresbetrieb, da Heizung. WLAN, Billard, Bar im Keller mit gemütlichem Sofa und Tischen, Möbel im Vintagestil, Karaoke möglich. Gegenüber dem Marschrutkaplatz am Bürgerhaus (Public Service Hall) links vorbeigehen (altes russisches Straßenschild: „ul. Kujbischewa") und die zweite Querstraße links rein (ausgeschildert, ca. 8 Minuten zu Fuß). Sympathische junge Vermieterin.

MEIN TIPP! Hotel Prestige, Rustaweli 71, mobil: 593 93 71 25 (russ., engl.), prestige.hot@mail.ru. 18 überraschend helle und gemütliche Zimmer (4 EZ, 13 DZ und ein 3-BZ) mit Bad, Telefon, Flatscreen-TV und Heizung (auch im Winter angenehm warm!). Ü bzw. Ü/F EZ 45/55 Lari, DZ 50/60 Lari, bei mehrtägigem Aufenthalt nach Rabatt (russ. *skidka*) fragen! Im EG gibt es die Sommerzimmer mit Blick in den Garten, im 1. Stock die warmen Winterzimmer, unten empfängt ein überraschend großes und schönes Restaurant. Motorräder und Räder können im zweiten Korridor des Gebäudes abgestellt werden, nachts ist es bewacht. Erreichbar ab Awtosadguri, indem man am Königin-Tamar-Denkmal links vorbeigeht, bis man oben das Theater erreicht, dann links einbiegen auf die Rustaweli-Straße, erkennbar an einem orange getünchten Haus mit dem georgisch-deutschen Schild „Kindergarten No. 1"; auf dieser Straßenseite noch ca. 5 Minuten zu Fuß weiter. Hervorragendes Preis-Leistungsverhältnis und sehr nette armenische Vermieter.

■ **GH Edelweiss,** Aspindsa 7, mobil: *Adeli Modebadse* 592 80 71 80 und 574 22 88 20. 3 DZ mit Bad, im EG Aufenthaltsraum mit Kochecke, im 1. Stock 4 DZ mit Bad, Esszimmer und Aufenthaltsraum, im Sommer kann das Essen auf der großen Terrasse serviert werden. 25 Lari pro Bett Ü/F, Ganzjahresvermietung. Weg zunächst wie Hotel Prestige, dieses passieren und der abbiegenden Straße nach links unten folgen, wo das Guesthouse auf der rechten Seite liegt. Braune Tür unter kleinem Vordach. Tipp: Die Haustürklingel scheint nicht immer zu funktionieren, also klopfen oder telefonieren!

■ **Hotel Tourist,** Parnawas Mepe 29, Tel. 22 33 35, mobil: 574 75 01 06 und 579 45 05 00 (russ., engl.). Neues Nichtraucher-Guesthouse mit sechs komfortablen DZ, natürlich alle mit modernem Duschbad, Duschen teilweise mit Vorhang. TV und Air Condition, einige Zimmer mit Balkon, Selbstversorgerküche, aber auch Essensbestellung möglich. Im Winter DZ/3-BZ 80/120 Lari Ü/F, im Sommer 15–20 Lari weniger. Hier scheint Rabatt möglich zu sein, polnische Jugendliche bekamen das Bett zu 15 Lari! Bei Reservierung über www.booking.com zahlt man den Höchstpreis!

■ **Hotel Kavkasia,** Agmaschenebeli 1, mobil: 568 35 45 46 oder 555 58 56 76. Acht moderne Zimmer für 50–70 Lari Ü/F. Heizung, Klimaanlage und eine Vorliebe für Ledersofas. Das Hotel befindet sich unmittelbar am Ortseingang, von Bordshomi kommend links.

■ **Hotel Gino Wellness Rabath,** Charitaschwili 1, im unteren Festungshof gelegen, www.gino.ge, mobil: 599 88 09 60 und 557 44 45 55. 38 geräumige, helle Zimmer inkl. Apartments, zwei Restaurants, Standardzimmer mit geschlossenem Holzbalkon, EZ/DZ 145/165 Lari Ü/F, alle Zimmer gehen auf einen orientalisch gestalteten Innenhof (im Sommer Bar, also Lärmbelästigung möglich), Duschbad mit Bidet. **Restaurant** mit integriertem Mauerwerk zur Hofseite hin, engl./russ. Speisekarte zu ganz normalen Preisen, Wellness Center mit finnischer und römischer Sauna, Massage, Kräutersauna, Ruheraum und Jacuzzi. Hotel und Restaurants nur für Nichtraucher! Zimmer geräumiger als im Hotel Lomsia und im Winter wärmer.

■ **Hotel Lomsia,** Kostawa 10, Tel. 22 20 01, www.lomsiahotel.ge. Neues Hotel (Lomsia ist der alte Name von Achalziche), moderne Zimmer mit Bad, Flatscreen und Air Condition, davon 9 EZ, 47 DZ, 6 Suiten und ein Apartment. EZ 125 Lari, DZ 190 Lari, jeweils Ü/F, Apartment 325 Lari, Saisonpreise EZ/DZ/Apartment 165/255/455 Lari. **Restaurant Tamar** und Königsbar zu vernünftigen Preisen, im Sommer Freisitze, kostenloser Parkplatz für Gäste. Kostenloses WLAN, Touren zu stolzen Preisen. Im Winter sind die Zimmer wegen der allzu gedrosselten Heizung weniger gemütlich als z.B. im Prestige oder Gino Wellness.

Essen und Trinken

In der kleinen Querstraße oberhalb der neuen Kirche hinter dem Königin-Tamar-Denkmal befinden sich zwei kleine, einfache Imbissstuben, die neben Chinkali natürlich typisch georgische Gerichte zu günstigen Preise anbieten: **Super** und **Royal's**. Weitere z.B. in der Kostawa-Straße und rund ums Theater. Auch die Restaurants der **Hotels Lomsia** und **Gino Wellness** sind nur unwesentlich teurer!

Sonstiges

- **Apotheke:** In der Querstraße hinter dem Hotel Lomsia, an der Ecke zum Theaterplatz, befindet sich eine PSP-Apotheke.
- **Banken/Geldautomaten:** zahlreiche in der Kostawa-Straße, u.a. neben dem Hotel Meßcheti.

An- und Weiterreise

Am Marschrutkaplatz gibt es zwei Kassen und einen zweisprachigen Fahrplan (georg./engl.).

Marschrutki
- **Azkuri:** 7.20–18 Uhr, 14 Marschrutki, 1,50 Lar.
- **Batumi** (über Chaschuri und Kutaisi): 8.30 und 11 Uhr, 5½–6½ Std., 20 Lari. Tipp: Wer die direkte Marschrutka nach Batumi verpasst hat, kann bis Chaschuri fahren (5 Lari, z.B. Marschrutki nach Tbilisi oder Kutaisi), in Chaschuri an der Tankstelle aussteigen und auf der hinter der Tankstelle befindlichen Straße auf eine Anschlussmarschrutka nach Batumi (15 Lari) warten.
- **Gori:** 8.15 und 13 Uhr, 7 Lari.
- **Kutaisi** (über Bordshomi und Chaschuri): 10.40, 15 und 18.10 Uhr, 12 Lari.
- **Tbilisi** über Bordshomi: 6.20–19 Uhr alle halbe Stunde, 3 Std., 20 Lari, bis Bordshomi ca. 45 Min., 4 Lari.
- **Wale:** 8–18 Uhr stündlich, 25–30 Min., 1 Lar.
- **Wardzia:** 8, 10, 13 und 14.30 Uhr, 70–80 Min., 5 Lari.
- Eine Marschrutka ins armenische **Gyümri** (ex Leninakan) fährt täglich um 7 Uhr ab, 12 Lari.

Bus
- **Tbilisi:** 8, 10.20 (bei Bedarf), 11 Uhr, 9 Lari.
- Ein Bus ins armenische **Jerewan** fährt an ungeraden Tagen um 7 Uhr ab, 20 Lari.
- **Bus nach Wale:** 10 Uhr, 20 Min., 1 Lar; ab Wale ca. ½ Std. mit dem Taxi bis zum Grenzübergang nach Posof (ab 20 Lari).
- **Busse ins armenische Gyümri** (ex Leninakan): 7 Uhr, 15 Lari, nach Jerewan 7 und 8 Uhr, 15 Lari.
- Die türkische Busgesellschaft *Özlem Ardahan* fährt um 14 Uhr (Abfahrtszeit vor Ort unbedingt verifizieren!) **über Ardahan** (30 Lari) und Erzurum **nach Istanbul** (80 Lari). Die Firma *Koch Ardahan* fährt mehrmals täglich nach Ardahan.

Weiterfahrt zum Grenzübergang Posof
Von Achalziche führt eine Straße zum Grenzübergang zur **Türkei**, der auf türkischer Seite Posof heißt und vorwiegend von Lastwagen benutzt wird. Zwischen beiden Übergängen breitet sich Niemandsland aus. Der Fußweg von Grenzposten zu Grenzposten kann mehr als eine Stunde betragen. Der Grenzübergang wurde modernisiert und ausgebaut.

Leserberichte

■ Ein Leser berichtete von Bussen der Fa. Özlem Ardahan, die **zwischen Ardahan und Tbilisi-Ortatschala über Achalziche** verkehren. Der Bus fuhr um 9 Uhr (!) ab Achalziche.

■ Ein anderer Leser kam mit der Marschrutka bis zum Grenzübergang; nach Überquerung der **Grenze zur Türkei** warteten auf der türkischen Seite schon Dolmuschs (Taxis). Die Grenzformalitäten wurden zügig erledigt.

■ Zwei weitere Leser schilderten ihre Erfahrungen wie folgt: „Wir fuhren 8.45 Uhr von Bordshomi nach Achalziche, wo wir um 10 Uhr gerade noch den Bus nach Wale (Ticket 1 Lar) erwischten. Die Strecke nach Wale verläuft sehr hügelig. Nach etwa 20 Min. kamen wir in Wale an. Das war viel günstiger als das Taxi zur Grenze für 20 Lari. In Wale kam ein Taxifahrer auf uns zu und bot uns die Fahrt (ca. 8 km) zur Grenze für 15 Lari an, was uns zu teuer war. So fuhren wir per Anhalter bis zur Grenze, wo die Formalitäten sehr zügig vonstatten gingen. An der Grenze ist auch Geldwechsel möglich. Auf der türkischen Seite angekommen, mussten wir mangels Taxi bzw. Dolmusch wieder auf eine Mitfahrgelegenheit warten. Schließlich erreichten wir Posof (ca. 16 km), von wo wir nach Ardahan weitertrampen mussten (ca. 80 km, 1 Std. Fahrtzeit). Von Ardahan fahren zahlreiche Busse nach Kars, Erzurum, Urfa usw. Wir fuhren nach Erzurum für 25 Türkische Lira. Die Fahrt dauerte 5 Std."

■ Eine Leserin teilte folgende Erfahrungen bzgl. ihrer **Einreise nach Georgien** mit: „Nach Georgien (türk. Gürcistan) sind wir mit einem regulären türkischen Bus von Kars aus über Ardahan und Posof gefahren. An der Grenze mussten wir aussteigen, die Pässe abstempeln lassen und zu Fuß über die Grenze zum georgischen Posten gehen; dort das gleiche Vorgehen inkl. kurzer Taschenkontrolle. Der Bus kam nach und brachte uns nach Achalziche."

Die Umgebung von Achalziche

Kloster Sapara　　266/A2

Östlich von Achalziche liegt spektakulär auf einer Anhöhe das Kloster Sapara. Man sollte sich am Busbahnhof in Achalziche ein Taxi mieten (20 Lari inkl. Wartezeit), da sich der Weg über eine unsägliche Strecke durch ein Dorf schlängelt, um dahinter serpentinenartig weiterzuführen. Er geht dann wieder bergab, wodurch man schon bei der Anfahrt einen guten Blick auf das Kloster hat. Touristen verirren sich nur selten hierher, was eigentlich schade ist.

Das Kloster besteht mindestens seit dem 9. Jh. Gegen Ende des 13. Jh. ging es in das Eigentum des Dschakeli-Clans über. Besonders *Sargis Dschakeli* gelang es, einen relativ langen und für die damalige Zeit unüblichen Frieden mit den Mongolen zu halten. Im Alter änderte er seinen Namen in *Saba* und trat in das Kloster ein. Sein Sohn *Beka* ließ an dieser Stelle die **St.-Saba-Kirche** erbauen, deren Fresken aus dem 14. Jh. noch sehr gut erhalten sind. Diese Kirche ist die größte des Klosters, die andere beim Eingang ist die St. Stefanskirche.

Festungsruine Chertwisi/Khertvisi　266/A2

Dort, wo sich die Straße nach Wardzia und nach Achalkalaki gabelt, befindet sich hoch oben auf einem Felsen die Festungsanlage Chertwisi aus dem 10. Jh, die noch recht gut erhalten ist. Sie bestand aus einem Bergfried, einem kleinen Kirchlein (renoviert im Jahr 2000) und dem Innenhof, der von mächtigen Wehrmauern umgeben war. Im 16. Jh. wurde die Festung umgebaut und verstärkt, um die Osmaneneinfälle besser abwehren zu können. Zur Mtkwari gab es einen Tunnel. Chertwisi ist eines der ältesten Beispiele georgischer Militärarchitektur.

■ **Anreise:** Taxi von Achalziche hin und zurück 30–40 Lari inkl. Wartezeit; alternativ mit der Marschrutka nach Wardzia und dann bei der Festung (russ. *krepost*) aussteigen.

Höhlenkloster Wardzia/Vardzia 266/A2-3

Die Fahrt von Achalziche nach Wardzia dauert gut zwei Stunden. Die Straße wurde 2010 vollständig erneuert. **Hitze und Staub,** aber auch Stopps an allen möglichen Stellen fordern den Fahrgästen viel Gelassenheit ab, geben aber dem aufmerksamen Beobachter einen guten Einblick in das ländliche Leben in dieser Region. Immer wieder beeindruckt die selbstverständliche Hilfe, die sich die Menschen gegenseitig leisten.

Die Strecke schlängelt sich an Bergen entlang, die bei Chertwisi in Tuffgestein übergehen. Die **Burg Chertwisi** thront hoch oben auf einer Bergspitze zur Linken. Man zögere nicht, den Marschrutka-Fahrer um eine kurze Fotopause zu bitten! Alternativ kann man aussteigen und mit der nächsten Marschrutka weiterfahren.

Die Höhlenklöster von Wardzia beeindrucken wirklich jeden Besucher. Die Anlage liegt auf dem linken Mtkwari-Ufer, hoch oben in den Fels gehauen. Die wohl am meisten fotografierte Felswand ist etwa 500 m hoch und das Erklettern der Höhlen auf in Stein gehauenen Treppen erfordert eine gute Kondition. Man sollte unbedingt eine **Flasche Wasser mitnehmen, die Schuhe müssen zum Klettern geeignet sein!** Sehr steile, asphaltierte Serpentinenwege führen durch ein Labyrinth von Kammern.

Die ersten Ursprünge des Klosters sind nicht bekannt. Dennoch ist wohl belegt, dass König *Georgi III.* und seine in Georgien wie eine Heilige verehrte Tochter **Königin Tamar** die Anlagen erheblich erweitern und befestigen ließen, da die Grenzen des Landes mit allen damals zu Gebote stehenden Mitteln gegen feindliche Mächte geschützt werden mussten. Die Höhlen waren nicht nur die Lebensstätte von in besten Zeiten bis zu 800 Mönchen, sondern zugleich Zufluchtsort für bis zu 50.000 Menschen aus den umliegenden Orten. Die damals existierenden 2000 Säle, die auf 13 Etagen verteilt waren, existieren heute nicht mehr. Das Zentrum der Anlage bildet die **Kirche zur Himmelfahrt,** deren Fresken 1184–86 gemalt wurden. In diese Zeit fällt auch die Gründung der Kirche. Die gut erhaltenen **Fresken** zeigen unter anderem Königin Tamar als noch unverheiratete Frau. Vor dem Eingang sitzen oft Mönche, die die Fresken gern erklären (auf Georgisch oder Russisch).

Obwohl nur noch wenige Säle erhalten sind, ist die Anlage unglaublich beeindruckend. Die unteren Räume und Säle waren über Leitern zu erreichen, die im Ernstfall eingezogen wurden. Ein

▷ ⌂ Aufgang zum Kloster Wardzia mit den in Höhlen angelegten Mönchszellen

Glücksfall ist die **Mineralquelle,** deren Wasser in einem Bassin gespeichert wurde und so den Zuflucht Suchenden zur Verfügung stand. Ein ausgeklügeltes System von Windkanälen durch die Höhlen erinnert an arabische Windtürme; die Kanäle sorgten immer für Frischluft.

Das Kloster war einst viel größer, wurde jedoch von einem **Erdbeben** im Jahr 1283 stark in Mitleidenschaft gezogen. Alle Treppen und Eingänge, die man heute sieht, waren vor dem Erdbeben verdeckt.

■ **Info:** geöffnet täglich 10–17 Uhr, im Sommer bis 18 Uhr, Eintritt 5 Lari, mit russischsprachigem Führer 10 Lari.

Unterkunft

■ In Wardzia gibt es **zwei kleine, einfache B&Bs** etwa 20 Gehminuten ab der Hängebrücke (fragen!).
■ **Wolodia's Cottage,** neue Unterkunft gegenüber der Brücke, sieben saubere 2-BZ, große Veranda, kalte Dusche, Ü, Ü/F, Ü/HP 30, 50, 60 Lari. Ein

Die Umgebung von Achalziche

Leser zeigte sich begeistert von dieser Unterkunft. Verpflegung empfohlen, z.B. Tee 2 Lari, Bier 2,50 Lari, Salat 2 Lari.

■ **Hotel Taoskari,** mobil: 599 54 35 40 *(Nodar Giorgadze)* und 577 74 99 96 *(Kukuri Metreweli).* Drei DZ und vier 3-BZ sowie ein 5-BZ mit Gemeinschaftsbad, Ü/F 30 Lari, Ü/HP 35–40 Lari. Esszimmer mit Kamin und Veranda, die einen Blick auf die Höhlen gewährt. Die Familie spricht polnisch. Das Hotel Taoskari befindet sich direkt bei den Höhlen, während es von Wolodia's Cottage 20–25 Minuten zu Fuß sind.

An- und Weiterreise

■ **Marschrutka nach Achalziche:** 10.30, 12.30, 16 und 17.30 Uhr, 70–80 Min., 5 Lari.
■ Ein **Taxi** von Achalziche inkl. Wartezeit sollte nicht mehr als 45–60 Lari kosten. Fragen Sie unbedingt mehrere Fahrer und handeln Sie!
■ **Marschrutka nach Tbilisi** vom Dorf (also nicht von den Höhlen) Wardzia: 9.45 Uhr, 24 Lari.

In Batumi steht das Weiße Haus kopf

NICHT VERPASSEN!

➲ **Batumi Boulevard:**
die neue Skyline der Küstenstadt | 303

➲ **Technisches Museum der Gebrüder Nobel:**
Aufstieg und Fall Batumis im Kontext von Erdöl und Kommunismus | 309

➲ **Festungsruine Gonio:**
Zeugnis aus der Zeit der Römer und Byzantiner | 320

➲ **Bogenbrücken in der Atscharis Zqali Cheoba** | 324

➲ **Kloster S'chalta** | 332

Diese Tipps sind gelb hinterlegt.

8 ADSCHARIEN

Adscharien reicht **von der Schwarzmeerküste bis zum adscharischen Gebirge.** Obwohl die Region vielerlei Aktivitäten erlaubt, entwickelt sich eine touristische Infrastruktur nur zögerlich. Trotzdem: Reisende mit Unternehmungsgeist können in Adscharien einen interessanten und abwechslungsreichen Urlaub verbringen.

Überblick

Geschichte und Politik

Adscharien wurde im 11. Jh. von den seldschukischen Türken, im 13. Jh. von den Mongolen besetzt und fiel 1635 ganz an das Osmanische Reich. Auf dem Berliner Kongress wurde 1878 beschlossen, dass Adscharien an Russland übergeht. Im Friedensvertrag von Brest-Litowsk musste die Sowjetunion Adscharien wieder an die Türkei abtreten. 1921 schlossen die Sowjetunion und die Türkei im türkischen Kars einen Vertrag über die Eingliederung Adschariens in die Sowjetunion. Es folgte die Gründung der **Adscharischen Autonomen Sozialistischen Sowjetrepublik** innerhalb Georgiens (georg. **Atschara**). Sie besteht aus dem Verwaltungszentrum Batumi und den fünf Kreisen Kobuleti, Chelwatschauri, Chulo, Keda und Schuachewi. Die Autonome Republik liegt im Südwesten Georgiens und hat eine 57 km lange Küste am Schwarzen Meer.

1990 fanden in Batumi Demonstrationen statt mit dem Ziel der **Abspaltung von Georgien.** Ein Jahr später übernahm der ehemalige stellvertretende Minister für Versorgungsbetriebe, **Aslan**

Adscharien und Schwarzmeerküste

Adscharien und Schwarzmeerküste

Abaschidse, kommissarisch das Amt des adscharischen Parlamentspräsidenten. Er löste das Parlament auf und errichtete ein **autokratisches Regime**. Die Grenzen zu Georgien wurden mit einer eigenen Armee dicht gemacht, Steuern nicht gezahlt, Grenzkontrollen eingeführt, sein Sohn wurde zum Bürgermeister von Batumi ernannt.

Eduard Schewardnadse versuchte zu vermitteln, ohne Erfolg. Abaschidses Partei „Union für demokratische Wiedergeburt" erlangte bei den georgischen Parlamentswahlen 1999 30 Sitze, widersetzte sich aber *Saakaschwilis* **„Rosenrevolution"** im Jahr 2003. Oppositionelle wurden eingeschüchtert, bedroht und inhaftiert.

Im Jahr 2004 spitzte sich die Situation zu. Präsident *Saakaschwili* forderte von Abaschidse u.a. die Kontrolle über den Hafen von Batumi. Um Druck aufzubauen, verhängte er eine Teilblockade und schließlich im April zum dritten Mal den **Ausnahmezustand** über Adscharien.

Anfang Mai 2004 kam es zu Demonstrationen in Batumi, große Teile der Polizei verweigerten Abaschidse den Gehorsam. Als auch der russische Präsident *Putin* seine Unterstützung für Abaschidse einstellte, trat dieser am 6. Mai 2004 von seinem Amt zurück und floh mit seiner Familie nach Moskau.

Im Juni 2004 fanden **Wahlen** zum adscharischen Regionalparlament statt, die die Partei „Saakaschwili – Siegreiches Adscharien" mit 72,1% gewann. Vier Wochen später wurde der Direktor der Staatlichen Eisenbahn Georgiens, *Lewan Warschalomidse,* zum Premierminister der Autonomen Republik Adscharien gewählt. Doch die Autonomie ist eingeschränkt: Der adscharische Premierminister wird vom georgischen Präsidenten vorgeschlagen, der das adscharische Regionalparlament auch jederzeit auflösen kann. Weiterhin kann das zentralgeorgi-

▷ Opernhaus und Center of Arts in Batumi

sche Parlament in Tbilisi die Beschlüsse der adscharischen Volksvertretung jederzeit suspendieren.

Religionen

Die Adscharer sind ethnische Georgier, jedoch gehört ein großer Teil von ihnen dem **sunnitischen Islam** an. Dies ist das Ergebnis der fast 300 Jahre währenden osmanischen Besatzungszeit (ab 1635). Als Adscharien im Ergebnis des Berliner Kongresses nach dem Russisch-Türkischen Krieg 1877/78 an das zaristische Russland fiel, setzte zwar eine starke Russifizierung ein und damit eine Verbreitung des **christlich-orthodoxen** Glaubens, aber die Mehrheit der Adscharer fühlt sich nach wie vor dem Islam verbunden und weniger ihrer ethnischen Zugehörigkeit als (mehrheitlich orthodoxe) Georgier. Lediglich die Herrschenden gaben in unterschiedlich starker Ausprägung mal der Religion, mal der ethnischen Abstammung den Vorzug, wobei sie sicher pragmatisch vorgegangen sein dürften. Nach dem erzwun-

genen Anschluss Georgiens an die Sowjetunion im Jahr 1921 wurde der Islam mehr und mehr zurückgedrängt. Als in den 1980er und 1990er Jahren das georgische Nationalbewusstsein wieder erstarkte, spielten religiöse Fragen keine Rolle, was die herrschenden Clans gerne anders gesehen hätten, um Adscharien stärker von der Zentralregierung in Tbilisi abzugrenzen. Exakte Angaben über die heutige religiöse Zusammensetzung der Bevölkerung sind schwer zu bekommen. Schätzungen gehen davon aus, dass zwischen 30 % und 70 % der Adscharer sunnitische Moslems sind, in den abgelegenen Bergregionen, etwa den Kreisen Keda und Chulo, sollen es an die 90 % sein. In den letzten Jahren werden immer mehr orthodoxe Kirchen gebaut, vereinzelt gibt es auch Taufen von Erwachsenen. Diese finden oft im Geheimen statt, denn der soziale Druck kann zur Ausgrenzung aus der Dorfgemeinschaft führen. Der Übergang zu christlich geprägten Verhaltensweisen wird noch Generationen dauern.

Tourismus

Obwohl der Tourismus in Adscharien eine **lange Tradition** hat, verlor man infolge der sowjetischen Besatzung (das Gebiet südlich von Batumi war wegen der Nähe zum NATO-Staat Türkei Sperrzone) und der politischen Ereignisse (s.o.) den Anschluss an die europäische Entwicklung auf dem Gebiet des Tourismus. Auch zahlreiche Verwandtenbesuche von Georgiern in Batumi, Kobuleti und den kleinen Orten an der Schwarzmeerküste während der kurzen Hochsaison von etwa Ende Juni bis Anfang September konnten darüber nicht hinwegtäuschen. In den letzten Jahren erlebte der Küstenstreifen, vor allem aber die Stadt Batumi, eine Entwicklung, die im gesamten kaukasischen Raum ihresgleichen sucht.

Die **Strände** am Schwarzen Meer bestehen aus Kieselsteinen – Freunde feiner Sandstrände müssen also Abstriche machen.

Adscharien im Internet

■ **www.visit-adjara.com,** bietet eine Vielzahl interessanter Infos zu Adscharien, mit englischsprachigem Link.
■ **www.tourismadjara.ge/en/,** englischsprachige Homepage mit Infos über Adscharien, z.B. erste Anfänge des Ökotourismus.
■ **www.adjara.gov.ge,** Website der adscharischen Regierung.
■ **www.ajaraheritage.ge,** mit englischem Link, informiert über die Museen in Batumi.
■ **www.visitbatumi.travel,** Infos rund um touristisch relevante Themen.

Batumi 296/A3
ბათუმი

Batumi liegt im Südwesten Adschariens am **Schwarzen Meer** in der subtropischen Klimazone. Die wärmsten Monate sind Juli und August, die von 22 °C Durchschnittstemperatur und einer hohen Luftfeuchtigkeit gekennzeichnet sind. Die meisten Niederschläge fallen im Januar, die wenigsten im Mai. Die Saison dauert von Mitte Juni bis Mitte September, dann steigen die Preise für Hotelzimmer oft beträchtlich.

Batumi erlebt seit Jahren einen Investitionsboom, der im gesamten kaukasischen Raum seinesgleichen sucht! Die Zahl der Touristen hat sich vervielfacht, was nicht zuletzt zahlreichen **Hotelneubauten** in der historischen Altstadt (genannt Alt-Batumi), aber auch auf der Seepromenade (Batumi Boulevard) zu verdanken ist.

Auch die Situation im Bereich der **Trinkwasserversorgung und Abwasserentsorgung** hat sich entscheidend verbessert. Noch um die Jahrtausendwende war an Badetourismus in Batumi nicht zu denken: Das Schwarze Meer musste nicht nur das ungeklärte Abwasser Batumis, sondern des gesamten westgeorgischen Raumes verkraften! Und was das Trinkwasser anbelangt: Nach jedem Regenguss in den adscharischen Bergen staute sich Schmutzwasser in den maroden Wasserleitungen der Stadt. Damit ist es nun vorbei: Dank des finanziellen Engagements des Bundesministeriums für wirtschaftliche Zusammenarbeit über 110 Mio. € wird das Abwasser von Batumi nun zumindest teilweise geklärt ins Schwarze Meer geleitet. Dazu wurden u.a. 100 km Wasserleitungen und 68 km Kanalisation installiert sowie die Häuser mit Wasserzählern versehen. Sauberes Trink- und Meerwasser sind grundlegende Voraussetzungen für die weitere Entwicklung Batumis als **Handels- und Touristikzentrum** am Ostufer des Schwarzen Meeres.

Geschichte

Plinius, Xenophon und *Apollonius* geben durch ihre Aufzeichnungen erste Informationen über die Existenz eines Ortes mit dem Namen *Batius Liman,* was so viel wie „tiefe Bucht" bedeutet. Gelehrte nehmen an, dass diese **griechische Kolonie** der Ort war, wo sich die Kultur der hellenistischen Welt mit der kolchischen Kultur vermischte.

Im 17. Jh. wurde die Stadt von den Osmanen erobert und ihre Bedeutung sank. 1873 wurde sie dem zaristischen Russland angegliedert. Nach dem Friedensvertrag von Brest-Litowsk fiel sie 1918 zurück an die Türkei. Im Dezember

> Turm des georgischen Alphabets

Radausleihe am neuen Boulevard

desselben Jahres wurde sie für 19 Monate von englischen Truppen besetzt, die sich aber nach dem Abschluss des Vertrages zwischen der Türkei und der Sowjetunion zurückzogen, da sich England nicht in Streitigkeiten mit der Sowjetunion einlassen wollte. Am 18. März fiel Batumi mit Adscharien an die UdSSR und wurde zur **Hauptstadt Adschariens.**

Im Jahre 1902 organisierte *Josef Stalin* einen Streik unter den Ölarbeitern von Batumi, bei dem russische Truppen das Feuer eröffneten und 15 Tote zu beklagen waren. Seit dem Anschluss an die **Transkaukasische Eisenbahn** 1883 und dem späteren Bau der ersten Erdölpipeline weltweit wurde Batumi zu einem wichtigen **Umschlagplatz für Erdöl** aus Baku am Kaspischen Meer. Aber schon in den Jahren um 1870 gehörte der Hafen zu den wichtigsten Exportzentren von Baumwolle, Holz und Manganerz.

In den Jahren der Ersten Georgischen Republik 1918–1921 wurde Batumi zu einer Art „Casablanca des Schwarzen Meeres". Hunderttausende **Flüchtlinge** aus dem ehemals zaristischen Russland, aber auch aus dem zwischen 1918 und 1920 wegen seines Erdöls bolschewisierten Aserbaidschan – Baku war von etwa 1850 bis 1918 das, was für uns heute die arabischen Ölscheichtümer sind – versuchten, dem bolschewistischen Terror zu entkommen und von Batumi nach Konstantinopel, aber auch in die Mittelmeerländer einzuschiffen. Die Menschen saßen oft ohne gültige Papiere fest, denn ihre Pässe aus dem zaristischen Russland oder auch der kurzzeitig existierenden Republik Aserbaidschan waren nichts mehr wert. Emigranten aus allen Bevölkerungsschichten verbrachten Wochen und Monate voller Hoffen und Bangen als **Staatenlose** in den Straßen und Cafés der Stadt. Nur wer genug Gold oder Diamanten in die Kleidung eingenäht hatte, konnte sich schnell einen georgischen Pass beschaffen.

Überhaupt spielte das Schwarze Meer bei der sofort nach der bolschewistischen Machtübernahme einsetzenden **Massenflucht** eine wichtige Rolle. Am 16. November 1920 stachen sage und schreibe 126 Schiffe mit ungefähr 100.000 Russen an Bord unter der Leitung des Reformers und Oberbefehlshabers der Weißgardisten, Baron *Pjotr Nikolajewitsch Wrangel,* von der Krim aus in See und liefen in der Bucht am Goldenen Horn vor Konstantinopel ein. Wrangels Armee war im Kampf mit den bolschewistischen Truppen auf die Hälfte geschrumpft und der Baron stellte es seinen Offizieren frei, ins damals vom zaristischen Russland als feindlich eingestufte Osmanische Reich zu flüchten oder sich in bolschewistische Gefangenschaft zu begeben. An Bord der Schiffe waren auch viele Zivilisten aller sozialen Schichten und Religionen. Alle wurden in Konstantinopel aufgenommen!

Heute ist Batumi der Haupthafen Georgiens. Hier können Tanker mit bis zu 80.000 BRT abgefertigt werden. Das Erdöl aus Aserbaidschan wird in Hafennähe raffiniert. Wer mit dem Fahrzeug aus Machindschauri (engl. Makhindjauri) kommt, wird die riesigen grünen Tanks bemerken. Außerdem werden Tee und Zitrusfrüchte exportiert.

Sehenswertes

Batumi ist schachbrettartig auf einer Halbinsel angelegt. Der touristisch relevante Teil kann zu Fuß erkundet werden.

Der neue Batumi Boulevard

Der Batumi Boulevard (www.boulevard.ge) verläuft parallel zur Ninoschwili-Straße entlang der Küste. **1881** veranlasste der damalige Gouverneur von Batumi, Graf *A. I. Smekalow,* die Anlage einer Strandpromenade; die Arbeiten begannen unter der Leitung der deutschen Landschaftsgärtner *A. Reisler* (andere Schreibweisen: *Resler* bzw. *Ressler*) und *Reyer*. 1977 wurden Springbrunnen mit „tanzenden Fontänen" errichtet. **2005** begannen umfangreiche Renovierungsarbeiten, auch dank ausländischen Geldes. Man promeniert seitdem auf neu verlegten Gehwegplatten vorbei an unzähligen Bänken und endlos langen Reihen verschiedenster Palmenarten. Alte Nadelgehölze, Zypressen, riesige Magnolien- und Eukalyptusbäume vermitteln südliches Flair. Zurzeit ist der gesamte Boulevard etwa 7 km lang.

Am nördlichen Ende des Boulevards befindet sich eine bewegliche **Skulptur namens „Ali und Nino"** (9 m hoch, Gestaltung durch *Tamar Kwesitadse* und *Paata Sanaia*). *Ali* und *Nino* sind die Hauptcharaktere der Liebesgeschichte des aserbaidschanischen Autors *Kurban Said* (siehe „Literaturtipps") zwischen einer georgischen Christin und einem aserbaidschanischen Moslem. Interessant auch der 130 m hohe **„Turm des georgischen Alphabets".** An das nördliche Ende wurde auch das **Riesenrad** (55 m hoch, 10–22 Uhr, 3 Lari) verbracht, die Hotels Kempinski, Radisson Blu und Sheraton sind weitere Wahrzeichen im Norden des Boulevards. Auffällig auch der **Turm der Georgischen Technischen Universität,** die im September 2012 eingeweiht und im Februar 2013 schon wieder geschlossen wurde, da die Suche nach einer Partneruniversität in den USA misslang (s.a. Kapitel „Bildungswesen"). Hier sollten Ingenieure, IT-Spezialisten und Naturwissenschaftler ausgebildet werden.

Auf dem Weg nach Süden passiert man u.a. die **Staatliche Schota-Rustaweli-Universität,** 1903 als Jungengymnasium errichtet. Dieses wurde 1935 in ein Pädagogisches Institut umgestaltet, wo Lehrer eine zweijährige Ausbildung erhielten.

Etwa in Höhe des futuristisch anmutenden **Justizpalastes** (House of Justice, mit kleinem TIZ im EG) befindet sich der **Ardagan-See** mit einer „tanzenden Fontäne" und zahlreichen Restaurants. Noch etwas weiter südlich (also in Richtung Flughafen Batumi) folgt das interessante Gebäude des **Restaurants Up & Down (Kiramala alias White House).** Es sieht aus wie das auf den Kopf gestellte **Weiße Haus** in Washington und ist im Sommer immer gut besucht. Noch weiter südlich wurde ein **Aquapark** angelegt (9–21 Uhr, 25 Lari, Kinder unter 7 Jahren kostenlos).

Sehenswertes in Alt-Batumi

Unter Alt-Batumi versteht man in etwa das Areal zwischen Ninoschwili- und Tschawtschawadse-Straße sowie zwischen Gogebaschwili- (Hafengebiet) und Melikischwili-Straße. Hier standen bis zum Bauboom der letzten Jahre vor allem zwei- bis dreigeschossige, 150 Jahre alte Häuser, viele mit Chimären, Löwen und mythischen Figuren geschmückt.

Übernachtung
4 Hotel L-Bakuri
5 Gulnasis Guesthouse
6 Hotel ERA Palace
7 Hotel Chao
8 Hilton Hotels & Resorts
9 Hotel Tsereteli
11 GH in Batumi
13 Hotel Irise
14 Old City Hotel
18 Hotel Sheraton
19 Hotel Brighton
20 Hotel Intourist Palace
24 Hotel David
25 Hostel Batumi Globus

26 Hotel Rcheuli Villa
28 Hotel Ritsa
29 Hotel Paradise
30 Hotel Mgzavrebi
31 Hotel Radisson Blu
32 Hotel Kempinski
33 Batumi World Palace
34 Old Batumi
37 Hotel O. Galogre

Essen und Trinken
1 Up & Down
2 Ukrainotschka
3 Grand Grill
10 Restaurant Bremen
12 Darabebi
15 Privyet iz Batuma
16 Coffee House
17 Tschargali
21 Café Nostalgia
22 Maspindselo
23 Literaturuli Café
27 The Quiet Woman Pub
31 Clouds Restaurant
33 Ukraina, Press Café
35 Münich, HB München
36 Schemoichede Ginatswale

Park des 6. Mai

Von der Melikischwili aus kommend, erblickt man weiße Säulen, in deren Mitte eine junge Frau ein Spielzeugflugzeug in der rechten Hand hält und mit der anderen ein Kind umfasst. Das ist der Hauptzugang zum schönen **Nuri-Geli-See**, der vom ebenso schönen Park des 6. Mai (www.parkbatumi.ge) umgeben ist und an seiner Ostseite einige Fahrgeschäfte für Kinder (Kindereisenbahn, Karussells) bietet. Das Denkmal soll an die erste georgische Pilotin, *Fadiko Gogitidse*, erinnern, die im 2. Weltkrieg im Alter von nur 24 Jahren abgeschossen wurde.

Auf Bänken sitzend kann man dem Treiben zusehen und sich an den herrlichen **alten Bäumen** erfreuen, darunter eine riesige Zypresse, gepflanzt von Zarin *Maria* während eines Besuches des Zarenpaares in Batumi im September 1888. Der Park geht ebenso wie der Batumi Boulevard auf den deutschen Landschaftsgärtner *Reisler* zurück.

Am See wurde ein kleiner **Zoo** (Eintritt 2 Lari) eingerichtet, u.a. mit Kängurus, Zebras, Äffchen und verschiedenen exotischen Vögeln.

Aquarium und Delphinarium

■ **Aquarium:** gegenüber dem Delphinarium in der Rustaweli-Straße 51, geöffnet 11–18 Uhr, Eintritt 2 Lari.

■ **Delphinarium:** Tel. 22 17 30, Rustaweli-Straße 51, Delfinshow Di bis So 14 und 17 Uhr, Tickets 12 Lari. Schwimmen mit Delfinen ist möglich, Erwachsene zahlen 150 Lari, Kinder (3 bis 12/12 bis 18 Jahre) 60/100 Lari, Behinderte ab 5 Jahren 160 Lari. Außerhalb der Saison kann es weniger Termine für die Shows geben.

> Schicke Fassadenbeleuchtung am Maidan-Platz

Jessenin-Gedenktafel

An dem Haus Melikischwili-Straße Nr. 11 (ehemalige uliza Engelsa) befindet sich eine Gedenktafel, die an den **russischen Dichter Sergej Jessenin** erinnern soll, der hier von Dezember 1924 bis Januar 1925 wohnte, zwischen seiner vierten und fünften Ehe. *Jessenin,* 1895 geboren, war zunächst ein begeisterter Anhänger der Bolschewiki, wandte sich später aber von den Kommunisten ab. Er war in erster und zweiter Ehe mit *Sinaida Reich* verheiratet, mit der er zwei Kinder hatte. 1922 heiratete er die 17 Jahre ältere amerikanische Tänzerin *Isadora Duncan* und reiste mit ihr durch Europa und die USA. *Jessenin* war ein begnadeter Dichter, zugleich jedoch ein lebensuntüchtiger **Egomane und Alkoholiker.** In Russland unglaublich bekannt und populär, stand im Ausland ausschließlich seine mehrsprachige Frau *Isadora* im Mittelpunkt des Interesses. Berüchtigt waren seine Vandalismusanfälle in den Tourneehotels infolge des ungeheuren Alkoholmissbrauchs, weswegen dem Ehepaar u.a. ein Zimmer im Berliner Hotel Adlon verweigert wurde. Obwohl er nie von *Isadora Duncan* geschieden wurde, heiratete der Dichter die Journalistin *Galina Benislawskaja* und reiste danach nach Batumi und Baku. 1925 ehelichte er – ebenfalls in Bigamie – die Enkelin des Grafen *Leo Tolstoi, Sofia Tolstaja.* Am 28. Dezember 1927 schrieb er in seinem Zimmer im Leningrader Hotel Angleterre (neben dem heutigen Astoria) ein Abschiedsgedicht mit seinem eigenen Blut und erhängte sich danach im Alkoholdelirium am Fensterkreuz. Sein Grab befindet sich auf dem Wagankowo-Friedhof in Moskau, an dem sich die *Benislawskaja* später erschoss. *Isadora Duncan* erdrosselte sich unbeabsichtigt selbst, als sie im September 1927 mit einem Bugatti-Sportwagen durch Nizza fuhr und sich ihr langer Seidenschal in den Speichen des Hinterrades verfing.

Maidan-Platz
Der **neu gestaltete Platz** wird beherrscht von der **Statue der Medea,** die in ihrer rechten Hand ein abgezogenes Goldenes Vlies hält. Ein Highlight ist das Eckgebäude zur Konstantin Gamsachurdia, sehr verspielt und abends schön illuminiert. Der Hausturm wird von einer astronomischen Uhr geschmückt, die auf einer Tafel erläutert wird. Zwischen Barataschwili und Tavdadebuli befand sich das Postamt im Jugendstil, das vollständig entkernt wurde. Hier entsteht das Princess Hotel unter Einbeziehung der Fassade des alten Postamtes.

Weitere Sehenswürdigkeiten

Piazza Moedani
Nach italienischem Vorbild gestaltete Piazza mit Restaurants (viele Sitze im Freien) und der attraktiven Nikolai-Kir-

che im byzantinischen Stil. General Masniaschwili/Ecke Noè Dschordania, www.piazza.ge.

Seilbahn Argo

In der Gogebaschwili-Straße an der Ecke zur Tschawtschawadse befindet sich die Talstation der Argo-Seilbahn, errichtet von der österreichischen Firma Doppelmayr. Die Seilbahn fährt auf eine **Aussichtsplattform in 250 m Höhe,** die Strecke hinauf beträgt 2,6 km. Im Sommer hat oben ein Restaurant geöffnet.

■**Info:** geöffnet in der Saison 12–24 Uhr (lange Wartezeiten möglich!), sonst 12–21 Uhr, Erwachsene zahlen 3 Lari, Kinder bis 10 Jahre 1,50 Lari (Ticket gilt hin und zurück).

Museen

Kunstmuseum

Das etwas zurückgesetzte Gebäude inmitten einer kleinen Grünanlage in der Surab Gorgiladse 8 wurde 1949 nach einem Projekt des Architekten *Kacha Dschawachischwili* **als Revolutionsmuseum errichtet** und war danach Museum der Geschichte der Nationalen Bewegung. Seit Ende 1998 Kunstmuseum, zeigt es im Untergeschoss Werke jüngerer Meister. Hier beeindruckt das Gemälde „Puschkin in Kasbegi" des Künstlers *Radisch Tordia* (geb. 1936). Erwähnenswert sind weiterhin „Das Pferdebad" von *Givi Gulisaschwili* (1912–82) sowie „Ein Lied für Tbilisi" von *Dshemal Gwimradse* (1942–82) und schließlich *Mamia Awalianis* (geb. 1962) Bild „Winter in Dandalo". Eine imposante Treppe führt ins Obergeschoss, wo der Blick des Besuchers auf die Plastik „Nymphe mit kleinem Faun" des italienischen Künstlers *Emilio Santarelli* gelenkt wird. Im Obergeschoss werden Gemälde früherer georgischer Meister ausgestellt, z.B. das Werk „Frau, eine Kuh melkend" von *Pirosmani* (1862–1918), einige Gemälde der Künstlerin *Elena Achwlediani* (1901–75), darunter „Landschaft" und „Winter in Telawi", sowie das besonders beeindruckende Ölgemälde „Alte Männer" von *Gigo Gabaschwili* (1862–1936). Die schöne Treppe wird oben von zahlreichen Plastiken gesäumt.

■**Info:** geöffnet Di bis So 11–18 Uhr, Eintritt 2 Lari.

◁ Talstation der Seilbahn Argo

Staatliches Adscharisches Chariton-Achwlediani-Museum

Dieses Museum wurde schon 1908 eingerichtet. Seit 1939 wird hier auch wissenschaftliche Forschung betrieben. Im Obergeschoss sind **Waffen** zu sehen.

■ **Info:** Tschintscharadse 4/Ecke Wascha Pschawela, Tel. 27 11 75, geöffnet täglich 10–18 Uhr, Eintritt für Ausländer 2 Lari, Studenten 1 Lar, Kinder bis zur 12. Klasse 50 Tetri, mit russischer Führung 5 Lari.

Technisches Museum der Gebrüder Nobel

Das sehr interessante Museum informiert über das **Ölbusiness** im ausgehenden 19. und beginnenden 20. Jh. Als 1873 in Baku die erste Ölquelle erschlossen wurde, übersiedelte *Robert Nobel,* der ältere Bruder von *Ludvig* und *Alfred Nobel,* von Sankt Petersburg, wo ihr Vater eine Werkzeugfabrik besaß, nach Baku. Dort gründete er mit seinem Bruder *Ludvig* die Ölgesellschaft Naftaproduktionsbolaget Bröderna Nobel (**Branobel**), die in wenigen Jahren zum zweitwichtigsten Anbieter von Petroleum nach *John D. Rockefellers* Standard Oil Company wurde. Bis 1879 hatten die Gebrüder *Nobel* in Baku 195 Raffinerien errichtet. Zusammen mit dem Bankier *Alphonse de Rothschild* gründeten sie 1906 die **Europäische Petroleum Union.**

Schnell war klar, dass es zum weltweiten Verkauf des „Naphthas" (Roheröl) geeigneter Transportwege bedurfte. In Kooperation mit dem georgischen Ölbaron *Samuel Mantaschew* und *Rothschild* ließen die Gebrüder *Nobel* einen Hafen für tiefgängige Schiffe anlegen sowie die Eisenbahnlinie von Baku nach Batumi. Es folgte die erste Pipeline der Welt, die auf Veranlassung von *Ludvig Nobel* gelegt wurde und aus Holzröhren bestand.

Zur gleichen Zeit arbeitete in London ein Kolonialwarenhändler namens *Marcus Samuel,* der u.a. mit dem Import von damals sehr populären Muscheln (engl. *shell*) aus Borneo sein Geld verdiente. Dafür hatte er die Shell Transport and Trading Company gegründet. Als er 1890 während einer Geschäftsreise nach Batumi feststellte, dass mit Öl bzw. seinem Transport weit mehr Geld zu verdienen war, veranlasste er den Bau von acht Tankern, darunter die „Murex". 1892 fuhr das 5000-Tonnen-Schiff als erster Öltanker durch den Suezkanal. Im Museum findet man einen Kanister mit dem alten Shell-Logo.

Heute fließen täglich eine Million Barrel kaspisches Erdöl mit einer Geschwindigkeit von zwei Metern pro Sekunde durch die **Baku-Tbilisi-Ceyhan-Pipeline** (1768 km lang).

Die Gebrüder *Nobel* erwarben gegen Ende des 19. Jh. ein Grundstück in Batumi und ließen sich eine Villa errichten, in der sich heute das Museum befindet. Sie ermunterten die schwedische Regierung zur Errichtung eines Konsulates in Batumi, eins von damals 20!

Auch über den **Pionier der Farbfotografie Sergej Michailowitsch Prokudin-Gorski** informiert das Museum. Er gehörte dem russischen Kleinadel an und reiste 1889 nach Berlin, um dort an der Technischen Universität bei *Adolf Miethe,* Erfinder der Wechselschlittenkamera, Fotochemie zu studieren. Nach der Oktoberrevolution floh *Prokudin-Gorski* 1918 über mehrere Stationen nach Paris, wo er 1944 verstarb.

In der 1. Etage wird auch auf den **Teeanbau** eingegangen. 1897 brachte der Chinese *Lao Dzin Dshao* an die 700 Teepflanzen mit, die in Tschakwi gesetzt wurden.

■ **Info:** Man erreicht das Museum z. B. mit dem Bus Nr. 10; Fahrt bis zum Opernhaus und dem Center of Arts, dort aussteigen und den Wohnblock links daneben passieren. Leselidsestr. 3, Tel. 27 11 75, 27 39 46, geöffnet Di bis So 10–18 Uhr, Eintritt 3 Lari, Studenten 1 Lar, Schüler 50 Tetri. Englische Führung 10 Lari, Audioguides (engl.) erhältlich.

Religiöse Stätten

Während der antireligiösen Kampagne in den 1930er Jahren wurden fast alle Kirchen, Moscheen und Synagogen geschlossen bzw. anderweitig genutzt.

Orthodoxe Kirche

Die Kirche Unserer Heiligen Jungfrau in der Zubalaschwili-Straße wurde mit finanziellen Mitteln der Gebrüder *Zubalaschwili* zu Ehren ihrer Mutter **als katholische Kirche errichtet.** In den 1930er Jahren geschlossen, wurde das Gotteshaus zu einem Labor und erst **1989** wieder als orthodoxe Kirche **neu geweiht.**

Gregorianisch-Armenische Kirche

Diese 1885 durch den österreichischen Architekten *Morfeld* (andere Schreibweisen: *Mohnfeld* bzw. *Marfeldt*) und die finanziellen Mittel des Ölbarons *Samuel Mantaschew* erbaute Kirche wurde 1937 geschlossen und als Planetarium genutzt und erst **1996 neu geweiht.** Sie befindet sich in der Konstantin Gamsachurdia/Ecke Parnawas Mepe. Innen ist sie mit armenischen Schriftzeichen ausgestaltet.

Moschee Orta Dschame

In der Kutaisi-Straße Nr. 33, unweit der Gogebaschwili-Straße, steht die **einzige in Batumi erhaltene Moschee,** deren Minarett gut sichtbar ist. Sie wurde 1886 mit Mitteln der Mutter des *Aslan Chimschiaschwili* errichtet. In einem Innenhof sitzen meist alte Männer, die den Besucher (auch die Besucherin) mit Wohlwollen betrachten. Frauen müssen ein Kopftuch tragen und jeder die Schuhe ausziehen. Das Innere der Moschee ist erstaunlich bunt gehalten und strömt eine angenehme Atmosphäre aus.

Synagoge

Das interessante Gebäude in der Wascha-Pschawela-Straße wurde 1904 vom Architekten *Semjon Wulkowitsch* erbaut. Auch die Synagoge war während der Sowjetära geschlossen und wurde als Jugendclub und Turnhalle genutzt. 1998 erfolgte die Wiedereröffnung. In ganz Adscharien leben etwa 500 Juden. In der Synagoge befinden sich auch eine Schule und ein **Kulturzentrum,** wo Hebräisch, jüdische Tradition und Geschichte vermittelt, aber auch Hochzeiten nach jüdischem Ritus ausgerichtet werden.

▷ Skulptur „Ali und Nino" an der Seepromenade

Theater/Oper/Zirkus

Das dank Erdöl und Freihafen zu Wohlstand gekommene Batumi wollte schon Ende des 19. Jh. ein Theater gründen, was dann aber doch an der Finanzierung scheiterte. So errichtete man 1892 ein sog. **Eisernes Theater,** das mit der Komödie „Hat der Onkel geheiratet?" von *Surab Antonow* eröffnet wurde. Heute gibt es neue Kulturstätten.

■ **Staatliches Ilja-Tschawtschawadse-Dramentheater** (Schauspielhaus, Aufführungen nur auf Georgisch, Architekt: *Teplitzky*), Rustaweli 1/Ecke Gen. Masniaschwili, Tel. 27 42 09, 27 62 40. Das Theater mit 625 Plätzen hat sehr schöne Decken- und Wandgemälde, die Szenen aus dem Epos „Der Recke im Tigerfell" von *Schota Rustaweli* darstellen und von den Malern *Telengatow* und *Chalatow* ausgeführt wurden.

■ **Opernhaus und Center of Arts,** Tamar-Mepe-Straße stadtauswärts in Richtung Kobuleti, 1953 als Kulturpalast im pseudoklassizistischen Stil mit vielen orientalischen Elementen für die Erdölarbeiter errichtet, 2011 umfangreich saniert. Ein Leser berichtete begeistert von einer privaten Führung, während der er die Proben zu einer Ballett-Aufführung verfolgen konnte. Im November 2010 besichtigte der Tenor *Placido Domingo* das Gebäude. Am Wochenende kann man zahlreiche Hochzeitspaare zum Fototermin vor dem attraktiven Gebäude bewundern. Man erreicht es mit dem Bus Nr. 10 in Richtung Machindschauri.

■ **Zirkus,** Nikolos Baratschwili 23, Tel. 27 43 16, Vorstellungen Fr bis So während der Sommersaison, Tickets 2–7 Lari. In der ehemaligen Sowjetunion gab es nur feste Zirkusgebäude, keine Zelte wie bei uns. Ein Leser berichtete: „Die Aufführung in dem festen Zirkusbau war sehr charmant, sehr gute Artisten, die nebenbei auch Zuckerwatte verkauften; nur die letzte Darbietung mit verschiedensten Tieren gefiel uns nicht; dennoch empfehlenswert".

Praktische Tipps

■ **Vorwahl:** international 00995 422, national 0 422

Hinweis: Neue Straßennamen

In Batumi wurden und werden viele Straßen umbenannt. Die Konstantin-Gamsachurdia hieß früher uliza Lenina, die Memed-Abaschidse uliza Stalina. Die ehemalige uliza Gorkowo (Gorki-Straße), spätere ERA, heißt jetzt Z. Gorgiladse. Oftmals gebrauchen die Menschen noch die alten Straßennamen oder kennen die Bezeichnung überhaupt nicht. Wie um zusätzlich Verwirrung zu stiften, gibt es neben der Konstantin-Gamsachurdia-Straße (Vater) noch eine Swiad-Gamsachurdia-Straße (Sohn von *Konstantin,* ehemalige Ordshonikidse-Straße). Außerdem darf die Selim-Chimschiaschwili- nicht mit der Sherif-Chimschiaschwili-Straße verwechselt werden.

Informationen

■ **Touristeninformationszentrum (TIZ),** Rustaweli/Ninoschwili (Haupteingang zur Seepromenade, beim Intourist Hotel), mobil: 577 90 90 91, geöffnet 10–20 Uhr, sehr freundlich, englischsprachig, Hilfe bei Fragen aller Art, kostenlose Broschüren, z.B. „Batumi in your pocket" oder Stadtplan, Registrierung von Leihfahrradnutzung, Auskünfte über die aktuellen Fahrpläne usw.

■ **Post:** Melaschwili 4, Mo bis Fr 9–13 und 14–17 Uhr, Sa 9–15 Uhr.

■ **Zugfahrkarten:** General Masniaschwili 5, unscheinbare Holztür rechts neben dem Hotel Amirani, Russisch von Vorteil.

■ **Internetcafés:** Melikischwili 13 und 23 (gegenüber dem Nuri-Geli-See), auch Kopien und Faxe.

■ **Geldautomaten, Pay Boxes und Apotheken** gibt es zahlreich überall in der Stadt.

Unterkunft

In Batumi wurde und wird eine Vielzahl neuer Hotels und Apartmenthäuser gebaut. Für diese Stadt gilt in besonderem Maße das im Kapitel „Praktische Tipps A–Z/Unterkunft" Dargelegte. Und: Je näher an der Strandpromenade, umso teurer das Zimmer. **Juli/August ist Hochsaison,** doch will man die Saison insgesamt von Juni bis Oktober verlängern. Bezüglich der Preise ist das schon geschehen … Es gibt auch eine Reihe von Billig-Hotels; hier muss man aber deutliche Abstriche bezüglich Service und z.T. auch Sauberkeit machen. Immerhin: Man hat in der Regel ein Zimmer mit Bad. Es ist ratsam, die Preise auf verschiedenen Buchungsportalen zu vergleichen. Booking.com wird zurzeit am meisten eingesetzt. Was mancherorts noch besser werden kann, sind Einstellung und Berufsauffassung des Service-Personals.

Backpacker-Unterkünfte

Auch in Batumi gibt es jetzt **Hostels,** ihre Zahl ist aber sehr überschaubar, daher sind sie oft schon lange vorher ausgebucht; außerhalb der Saison ist die Auswahl winzig, da kaum Gäste in der Stadt sind. Oft vermieten junge Georgier ein Haus nur für eine Sommersaison. Man verfolge daher die Website www.hostelworld.com. Die Reihenfolge der hier genannten Hostels ergibt sich aus der Entfernung zum Boulevard (zuerst genannt am nächsten), stellt also keine Wertung dar!

■ **Hostel Paradise,** General Masniaschwili 13 an der Ecke zur Kostawa, mobil: 597 07 11 30 (engl., russ.). 3-BZ für 70 Lari, als EZ 50 Lari, im 6-BZ 20 Lari pro Bett, alle mit Nutzung von zwei gemeinschaftlichen WCs/Duschbädern (unten mit Wanne). Gemütlicher Aufenthaltsraum mit Ledergarnitur, Gästeküche.

■ **Hostel Batumi Globus,** General Masniaschwili 54, nahe Zubalaschwili, www.hostelbatumi-globus.com, mobil: 593 59 60 96, Tel. 27 67 21. Größtes Hostel in Batumi für 55–60 Gäste, 4-BZ (private) für 25–30 Lari das Bett, zwei 6-BZ, ein 8-BZ, alle zu je 12 € das Bett, ein 16-BZ zu 9 €/Bett, ein sog. Familienzimmer mit 4 Betten, 6 Duschbäder mit WC, ein zusätzliches WC, keine Locker. Wertsachen an der Rezeption deponierbar. Im Hinterhof Grillplatz und Übergang zum 18-BZ für 20 Lari das Bett, ab 5 Pers. oder ab dem 5. Aufenthaltstag 18 Lari. Ganzjähriger Betrieb, alle Angestellten sprechen englisch.

■ **Gulnasis Guesthouse,** Lermontowi 24A (zwischen Tschawtschawadse und Gorgassali), homestay@mail.ru, mobil: 599 79 72 24, 557 96 58 59, Facebook: Gulnasi's Homestay, Bett ab 20 Lari. 20 Zimmer während der Saison, Okt. bis Juni nur die Räume im EG für ca. 10 Personen. Gemeinschaftsraum und Balkon, zwei Gästeküchen und Garten. Pro Etage zwei einfache Gemeinschaftsbäder. *Gulnasi Mikeladze* sowie Tochter *Sofo* und Sohn *Giorgi* sprechen fließend englisch. Anreise mit Marschrutki Nr. 25, 44, 45 ab Busbahnhof; Nr. 20 oder 101 ab Bahnhof Machindshauri. Ab Tbilisi Moedani (Tbilisier Platz) Marschrutka Nr. 28, jeweils bis zur Tschawtschawadse/Ecke Lermontowi. *Giorgi* kann die Gäste kostenlos in der Stadt abholen. Er bietet auch Tagestouren mit seinem Auto an: 80 Lari bei Teilnahme von 4–5 Personen. Falls mehrere Gäste weiterreisen, kann *Gulnasi* die Abholung der Gäste vom GH durch die Marschrutka organisieren. Sehr nette und rührige Familie. Hinweis: Es gibt drei Häuser mit der Nr. 24! Nehmen Sie den linken Torbogen mit der Tür aus Eisenstäben, ganz hinten rechts im Hof, ockerfarbenes Gebäude mit Veranda. Das Haus rechts (auch Nr. 24) ist ebenfalls ein Hotel mit Vorgarten und halb hohen Eisengittertüren, dessen Besitzerin sich gegenüber der Autorin zunächst als *Gulnasi Mikeladze* ausgab; dieses Hotel würde die Autorin jedoch nicht empfehlen!

■ **Guesthouse in Batumi,** Melikischwili 97, mobil: 555 57 94 77 (*Mischa*, engl., russ.), guesthouse-inbatumi@gmail.com. Hostel in einer wenig attraktiven Gegend mit überraschend gemütlichen, renovierten DZ für 45–50 Lari, bei Einzelnutzung außerhalb der Saison oder bei geringer Belegung etwas günstiger. Alle Zimmer mit Bad und Kochnische

(Wasserkocher), kostenloser Tee/Kaffee, Selbstversorgerküche, Auszugssessel für 3. Person, gemütlicher Garten, im 1. Stock Terrasse. Zur Orientierung: bräunliches Eisentor rechts neben dem unattraktiven Haus. Bus Nr. 12 ab Busbahnhof bis Melikischwili, Busse Nr. 9 und 10 ab Flughafen bzw. 16 ab GÜ Sarpi, Nr. 11 zur Seepromenade (hält vorm Haus). Von Lesern gelobt.

Preisgünstige Hotels

■ **Old Batumi (Dzweli Batumi),** Kostawa 24, www.welcome.ge/Dzvelibatumi, batgts@yahoo. com, Tel. 27 70 15, 27 71 57, mobil: 599 11 94 24. 8 Zimmer, in der Saison/außerhalb 100/60–70 Lari Ü/F, WLAN, Zimmer mit Duschbad, 2 Familienzimmer mit Jacuzzi.

■ **Hotel Chao** (gemeint ist Ciao), Gorgiladse 77, unmittelbar links neben dem Era Palace Hotel, Tel. 22 24 00, mobil: 599 55 50 75, Hotel ab dem 1. Stock (Treppe, innerhalb des Hotels vom 1. bis 4. Stock). Standardzimmer saisonal 90–175 Lari Ü/F, Zimmer mit Bademantel, Minibar und Balkon. Frühstücksrestaurant, kein Parkplatz verfügbar. Rezeption englisch- und russischsprachig.

■ **Hotel Irise,** Wascha Pschawela 39/ Ecke Gorgassali, infoirise@mail.ru, Tel. 22 13 01. 15 Zimmer, davon 6 Standard, 80/50 Lari, 2 Pollux 120/80 Lari, 7 Lux 150/120 Lari Ü (Saison/außerhalb), für Frühstück 10 Lari extra. Zimmer von der 2. bis zur 4. Etage, kein Lift. Zimmer mit Balkon, ein Lux-Zimmer hat sogar 3 Balkone.

■ **Hotel Tsereteli,** Gorgiladse 33/Ecke Melikischwili, 12 renovierte, dennoch einfache Zimmer, davon 9 Standard und 3 Lux. Preisstruktur Saison/außerhalb: Standard 150/80 Lari, Lux 220/150 Lari Ü/F. Zimmer mit Kühlschrank, Flatscreen und Plastikvorhang vorm Duschbecken, Balkon, kein Lift. Rezeption russischsprachig.

Mittelklassehotels

■ **Hotel Mgzavrebi** (Reisende), General Masniaschwili 1 (hinter einem gelb-blauen Block, der rechts neben dem Rustaweli-Theater steht), hotelmgzavrebi@mail.ru, mobil: 574 52 15 15, 557 55 50 00. 4 Standardzimmer zu 95/145 Lari, zwei Lux-Zimmer zu 130/190 Lari und 1 Lux Plus für 150/215 Lari, jeweils außerhalb der Saison/in der Saison für Übernachtung, aber ohne Frühstück! Das Frühstück kann im benachbarten Restaurant eingenommen werden und kostet extra. Zimmer mit Klimaanlage und Heizung, Dusche, Haartrockner, Bademantel, DVD-Player, Kabel-TV, Flachbild-TV, kostenloses WLAN, Minibar, Kochnische, Mikrowelle, Essbereich, Wasserkocher. Fahrradverleih, Lift. Die Zimmer im 5. Stock (z.B. Zi. 5-1) und der Dachgarten bieten eine tolle Aussicht auf das Radisson Blu Hotel. *Beso* spricht etwas deutsch und englisch.

■ **Hotel Brighton,** Nodar Dumbadse 10, Tel. 27 41 35, mobil: 557 68 28 28, www.brighton.ge. 15 Zimmer mit folgender Preisstruktur: Sommer/Herbst/Frühjahr und Winter: Standardzimmer 180/150/130 Lari, Lux 250/230/200 Lari, Pollux 200/170/150 Lari Ü/F, kein Lift.

■ **MEIN TIPP! Hotel Batumi World Palace,** Melaschwili 1/3 an der Ecke zur Gogebaschwili, Tel. 22 57 90, www. batumiworldpalace.com. Rezeptionist *Gela* spricht sehr gut deutsch, 60 moderne Zimmer, europäisches Niveau, mit Wannenbad, Flatscreen (ZDF, RTL-CH) und WLAN, im 4. Stock Restaurant mit Hafenblick, noch besser im schicken Dachgartenrestaurant. EZ/DZ außerhalb bzw. in der Saison 70–80 € bzw. stolze 170–180 € Ü/F. Tipp: Geldwechsel besser woanders, Minibarabrechnung prüfen.

■ **Hotel Rcheuli Villa** (sprich: Rtscheuli Villa), Noe Dshordania 31, Rcheuli_villa@mail.ru, Tel. 27 07 07. Neues Hotel in einer rosa Villa mit 10 Zimmern und Restaurant. Zur Rcheuli-Kette (www.rcheuli. ge) gehören noch jeweils ein Hotel in Telawi, Kutaisi und Signachi, wobei das Haus in Batumi eindeutig das beste zu sein scheint. Preise in Lari außerhalb der Saison/in der Saison inkl. Frühstück und MwSt.: Standardzimmer Nr. 9 70/120, Deluxe (Zi. 1, 2, 5 und 6) 100/155; Junior Suite (Zi. 3, 4 und 7) 120/165; Suite (Zi. 8 und 10) 220/280. Alle Zimmer haben KA, Flatscreen-TV und Telefon. Marmortreppenhaus, im Keller kleines, aber feines Restaurant

Hotel Intourist Palace – ein Haus mit Geschichte

Interessant ist die Geschichte des 1939 errichteten und nach einer Generalüberholung 2005/06 neu eröffneten Hotels, an dessen jetzigem Standort vorher die am 25. September 1888 geweihte orthodoxe **Alexander-Newskij-Kathedrale** stand. Zar *Alexander III.* und seine Familie waren bei Grundsteinlegung und Weihe zugegen. 1936 wurde die Kathedrale im Rahmen der damaligen Atheismuskampagne abgerissen und ihr Fundament für den Neubau des Hotels Intourist verwendet. Architekt war der in den 1930er Jahren bekannte *Aleksej W. Schtschussew,* der u.a. auch das Hotel Moskwa und das Lenin-Stalin-Mausoleum am Roten Platz in Moskau, den Kasaner Bahnhof und die Lomonossow-Universität in Moskau, aber auch das Taschkenter Opernhaus und das vormalige Institut für Marxismus-Leninismus in Tbilisi (evtl. das künftige Hotel Kempinski) entworfen hat. Das Hotel war im 2. Weltkrieg sogar als Tagungsstätte für die Konferenz der „Großen Drei", d.h. *Roosevelt, Stalin* und *Churchill,* vorgesehen. Das Treffen wurde aber nach Jalta verlegt.

■ **Hotel Intourist Palace,** Ninoschwili 11, Tel. 23 21 23, www.intouristpalace.com. 146 Zimmer mit Klimaanlage, EZ/DZ ab 70/95 € Ü/F inkl. MwSt. Mehrere Restaurants mit englischer Speisekarte, im italienischen Restaurant Koch sehr gute Küche, als Wintergarten bezeichnete Terrasse mit kleiner Karte und ganz zivilen Preisen. Nachtbar und Disco, mehrere Konferenzräume, mehrere Pools (auch für Nichtgäste nutzbar, 20 Lari/Tag), sehr schön gestalteter türkischer Hamam, Thai-Massage mit indonesischen Masseuren, Fitnessraum, Solarium, SAT-TV, WLAN, Boutique, Reinigung und Wäscherei, Friseur, Babysitter, Gepäckraum, eigener Hotelstrand, bewachtes Gelände, Parkplatz, Wagenwäsche, täglich druckfrische Zeitung aufs Zimmer.

ganz in Schwarz-Weiß gehalten. Zi. 8 besonders schön mit Kamin und Liegestuhl.

■ **Hotel O. Galogre,** Gorgassali 8, www.hotelgalogre.com, Tel. 27 48 45, mobil: 592 75 80 00. Das in den Jahren 1996 bis 2000 von dem Geschäftsmann *Oleg Galogre* errichtete Hotel hat 18 Zimmer mit TV, Minibar, KA, kostenlosem WLAN. 9 Standardzimmer (Saison/außerhalb) 180/150 Lari, 9 Lux-Zimmer 240/200 Lari Ü/F. Dachgartenrestaurant, Lift, Parkplatz, Videoüberwachung, Flughafenshuttle auf Anforderung. Rezeption englischsprachig. Hier wohnte im November 2010 *Placido Domingo*.

■ **Hotel Ritsa,** Gamsachurdiastr. 16, Tel. 27 32 92, www.hotelritsa.com. Standard-DZ 80–100 Lari, Pol-Lux 120 Lari, Lux 180 Lari, Zi. 101 mit 4-Säulen-Bett, Kinder zahlen 70 Lari. Zentral gelegenes Hotel mit 10 sehr gut ausgestatteten Zimmern mit Föhn in guten Bädern, Klimaanlage, Kühlschrank; keine Nachttischlampen (Taschenlampe). Restaurant mit landestypischem Frühstück, 24 Stunden Wäscheservice (als Room Service bezeichnet), Sauna, Kabel-TV mit englischen Programmen, (in Zi. 205 ZDF auf Kanal 35), WLAN in den Zimmern. Die freundliche Rezeptionistin spricht etwas englisch.

■ **Hotel L-Bakuri,** Tschawtschawadse 121/Ecke Gribojedowi, Tel. 27 69 23, 27 69 30, mobil: 593 40 28 44. 34 Zimmer: first class (1½ Zimmer) 120 Lari, first class (DZ) 100/120 Lari, 1½ Zimmer (mit/ohne Klimaanlage) 90/80 Lari, EZ/DZ ohne Klimaanlage 40/90 Lari, 3-BZ 60 Lari, Frühstück 8 Lari, Mittagessen 15 Lari, Abendessen 10 Lari. Sehr gepflegtes Hotel mit Restaurant im 5. Stock, Speisekarte engl./russ./türk., Rezeption englischsprachig, viele Geschäftsleute. Maestro- und VISA-Karte sowie MasterCard werden akzeptiert.

■ **Old City Hotel,** Tavdadebuli 30/Ecke Gorgassali, Tel. 27 24 43, www.old-city.ge. 10 Zimmer mit TV, KA, WLAN. Standardzimmer mit Balkon Ü/F 80–100 €, Suiten ab 125 € Ü/F. Dachterrasse.

Luxushotels

■ **Hotel Sheraton Batumi,** Rustaweli 28, Tel. 22 90 00, www.sheratonbatumi.com. Luxushotel mit Innen- und Außenpool, Wellness-Center und wirklich allem, was ein 5-Sterne-Hotel ausmacht. Das Sat-TV funktioniert bei Starkregen nur eingeschränkt (nur georgische und türkische Programme). Tolles Frühstücksbuffet. Sehr beliebt, daher rechtzeitig buchen, falls man noch eine der günstigeren Raten bekommen möchte: EZ/DZ ab 110 € Ü/F inkl. 18% MwSt.; andernfalls rechne man mit mind. 200 € pro Zimmer.

■ **Radisson Blu Batumi,** Ninoschwili 1, Tel. 25 55 55, www.radissonblu.com/hotel-batumi. Ebenfalls ein 5-Sterne-Haus, 168 Luxuszimmer ab 190 € Ü/F inkl. 18% MwSt. Schöne Aussicht, Flachbild-Sat-TV, Safe, Klimaanlage, Holz-/Parkettböden, Badewanne oder Dusche, Minibar, mehrere Restaurants und Bar, Spa u.v.m.

■ **Hilton Hotel,** Rustaweli 40, Tel. 29 20 92, www3.hilton.com. In zwei Türmen befinden sich über 240 Gästezimmer und Suiten mit dem bekannten Hilton-Standard, eine Shopping Mall, ein Kasino sowie ein Wellness Center, zudem steht ein Parkhaus zur Verfügung.

■ **Hotel ERA Palace,** Surab Gorgiladse 77/Ecke Gribojedowa, www.erapalace.ge, Tel. 22 00 00, mobil: 577 50 45 06. 39 Zimmer mit Flatscreen-Kabel- und Sat-TV, Heizung, Klimaanlage und kostenlosem WLAN. Preise (Saison/außerhalb): 16 Standardzimmer 180/150 Lari, 9 Familienzimmer 280/200 Lari, 9 Semisuiten 250/170 und 5 Lux-Zimmer 350/250 Lari Ü/F. Die Zimmer können locker mit denen im Sheraton oder Radisson Blu mithalten; viele Zimmer mit Balkon. Rezeption englischsprachig, professionell. Dachgartenrestaurant, Frühstücksrestaurant im 8. Stock, voll verglaster Lift, Fitness-Center mit kleinem Indoorpool, Sauna, Massage.

■ **Hotel David,** Barataschwili 33, Tel. 27 17 18, www.hoteldavid.ge, EZ/DZ 50–120 US$, Suiten 110–220 US$ je nach Saison. Zentral gelegenes Hotel mit sehr gut ausgestatteten Zimmern und Restaurant.

■ **Grand Hotel Kempinski,** 5-Sterne-Hotel in der Nähe des Radisson, gimgbatumi.com. 250 Zimmer und Suiten, Penthouse, Spa, Kasino.

Essen und Trinken

Restaurants am Boulevard Batumi
■ **Up & Down (Kiramala),** sehr originelles Gebäude zwischen dem Hotel Marina und dem ehemaligen Restaurant Texel (sieht aus wie eine Windmühle), mobil: 559 96 63 73.
■ **Ukrainotschka** (Die kleine Ukrainerin), Chimschiaschwili am Ardagan-See, mobil: 593 33 02 34. Sehr beliebtes Restaurant mit ukrainischer und russischer Küche, Hauptgerichte 2–7 €, Freisitze auf der Terrasse mit Seeblick, täglich 12–16 Uhr Business Lunch für 8 Lari.
■ **Grand Grill,** Chimschiaschwili, am Ardagan-See, www.grandgrill.net, Tel. 29 33 00. Beliebtes Restaurant mit gutem Service.

Restaurants in Alt-Batumi
■ **Coffee House,** Memed-Abaschidse/Ecke Straße des 26. Mai. Das gemütliche Kaffee wurde 2006 eröffnet, mehrere Vierernischen, Holzinterieur mit grünen Marmortischplatten und grünen Ledersitzen, mehrsprachige Speisekarte. Preise: Chatschapuri 6 Lari, „Coffee with love elixir" 3 Lari, Caipirinha 5 Lari; geöffnet 11–23 Uhr.
■ **Literaturuli Café** (Literatencafé), K. Gamsachurdia 18, mobil: 599 15 54 43. Leckere Kuchen und Torten, aber europäische Preise. Immer gut besucht, daher oft längere Wartezeiten.
■ **Maspindselo,** Melaschwili 31, mobil: 599 55 67 78. Ohne lange Wartezeiten wie im Literaturuli kann man in diesem rustikalen Keller mit Aquarium gleich um die Ecke georgisches Essen genießen. Englische Speisekarte.
■ **Ukraina,** Melaschwili 1, mobil: 555 56 08 48. Sehr gutes ukrainisches Essen, ebenso der Service, öffnet erst ab 12 Uhr.
■ **Press Café,** Melaschwili 2-1/Ecke Sabtscho (neben dem Restaurant Ukraina). 10 % Servicegebühr pro Gericht, georgische und amerikanische Küche, nüchternes Interieur.
■ **Café Nostalgia,** K. Gamsachurdia 6, mobil: 590 89 90 90. Georgische Küche in ehemaligem Süßwarenladen mit orientalischem Interieur. Sehr kühle Klimaanlage.
■ **Privyet iz Batuma** (russ. „Gruß aus Batumi"), Memed-Abaschidse 36, Tel. 27 77 60. Seit Jahren beliebtes Café mit gutem Essen, scheinbar immer voll, man muss also viel Zeit mitbringen.
■ **Schemoichede Ginatswale,** Noe Dschordania 18. Schaschlik ab 5,50 Lari, englische Speisekarte.
■ **Restaurant Bremen,** Parnawas Mepe 61, nahe Hotel David, von außen an Türmchen und rustikaler Eichentür erkennbar, innen rustikales Interieur, Tische auch im 1. Stock. Günstig, da hier vor allem Einheimische essen. 0,5 l Krombacher mit 5 Lari noch das Teuerste, Service georgisch. Englische Speisekarte, georgisches Essen, also kein Bezug zur Stadt Bremen.
■ **The Quiet Woman Pub,** General Masniaschwili/an der Piazza, mobil: 592 31 33 22, www.piazza.ge. Sehr gute Speisekarte, aber nicht ganz billig. Dieser irische Pub zielt preislich eindeutig auf ausländisches Publikum.
■ **Darabebi,** Gorgasali 53/Ecke Wascha Pschawela, mobil: 514 31 10 10. Georgisches und europäisches Menü, am Wochenende klassische Musik.
■ **Restaurant München,** Kutaissi 8/Ecke Kostawa 5, Tel. 22 72 84. Englischprachige Bedienung, Speisekarte bebildert, etwas gehobeneres Preisniveau.
■ **Restaurant HB München,** Kutaissi 8/Ecke N. Dschordania, mobil: 790 90 55 88. Im bayerischen Stil (Lüftlmalerei) gestaltete Innenräume, Kellner in Lederhosen bzw. Dirndl (HB steht für Hofbräuhaus), dennoch georgische Speisen! Die beiden „München-Restaurants" grenzen aneinander, im Sommer mit Tischen draußen.
■ **Clouds Restaurant und Bar,** Ninoschwili 1, Tel. 25 55 55. Entweder zum Essen im Restaurant im 19. Stock des Radisson Blu (mittleres Preisniveau) oder auf einen Cocktail in der Bar auf der Dachterrasse, auf jeden Fall mit Traumblick auf Batumi. Geöffnet 11.30–24 Uhr.
■ **Restaurant Tschargali,** Kldiaschwili 20–22/Eingang um die Ecke in der 26 Maisis, mobil: 574 16 58 56 *(Ija)* und 592 04 11 04 *(Msia)*. Rustikales ge-

orgisches Restaurant auf zwei Etagen, innen viel Holz, zweisprachige Speisekarte mit bezahlbaren Speisen.

An- und Abreise

Flughafen

Der ca. 5 km südlich von Batumi gelegene moderne Flughafen verfügt über Hertz-Autovermietung, TIZ (eine Angestellte spricht deutsch) und davor eine neue Bushaltestelle. Ein Taxi in die Stadt kostet 20 Lari, der Bus Nr. 10 fährt vor dem Ausgang ab: 40 Tetri bei Fahrscheinkauf am Kiosk, beim Busfahrer 80 Tetri, da dann ein Doppelfahrschein gekauft werden muss. Fahrschein im Bus abstempeln lassen.

Tipp: Wer mit Turkish Airlines von Istanbul anreist, sollte sich um einen Platz auf der linken Seite im Flugzeug bemühen, denn dann kann man die tolle neue Skyline des Batumi Boulevards schon beim Landeanflug bewundern.

Bahnhof

Der Bahnhof von Batumi heißt **Machindschauri** und liegt ca. 5 km nördlich der Stadt. Bus Nr. 10 und Marschrutka 101 fahren in die Stadt. Während der Saison sollte man sich umgehend um eine Fahrkarte nach Tbilisi bemühen (schon eine Woche vorher ist ratsam), außerhalb der Saison ist das am gleichen Tag möglich. Fahrplan siehe Anhang.

Neuer Busbahnhof (Awtosadguri)

Der chaotische Busbahnhof befindet sich in der Majakowski-Straße Nr. 1, der verlängerten Zereteli-Straße. Von der Seite Majakowski-Straße fahren die Busse in die Türkei bzw. von Grup Georgia nach Tbilisi ab. Von der rückwärtigen Seite, der Schawscheti-Straße, fahren die Marschrutki zu den verschiedensten Destinationen. Bitte beachten, dass Busse oder Marschrutki auch an der Straße abfahren können – das liegt im Ermessen des Fahrers. Tipp: Über das Hotel ein Taxi zum Bahnhof bestellen und dem Fahrer ein gutes Trinkgeld (2–3 Lari) geben. In der Regel erkundigt er sich dann nach dem richtigen Abfahrtsplatz.

■ **Marschrutki nach Achalziche:** 20 Lari, 8.30 und 10.30 Uhr über Kutaisi, 6 Std.; jeden zweiten Tag über den Goderzi-Pass (Abfahrtszeit am Busbahnhof erfragen).

Den **Fahrer Kotscha,** mobil: 599 49 69 16 (russ.), nach der genauen Abfahrtsposition fragen (lassen), da die Fahrer nach Tbilisi den Kunden oft nicht auf die direkte Marschrutka nach Achalziche verweisen! Sollten Sie in die Marschrutka nach Tbilisi eingestiegen sein: In Chaschuri (15 Lari) an der Tankstelle umsteigen und an der anderen Seite der Tankstelle auf Anschluss nach Achalziche (5 Lari) oder Bordshomi (1 Lar, ca. 25 Min.) warten.

■ **Chulo:** 5–6 Lari, ab 8 Uhr jede volle Stunde, ca. 2½ Std.

■ **Kutaisi:** 10 Lari, jede volle Stunde ab 8 Uhr, ca. 4½ Std.

■ **Poti:** 6 Lari, jede volle Stunde, ca. 1½ Std.

■ **Sugdidi:** 12 Lari, 11, 12, 16 und 18.30 Uhr, ca. 3½ Std.

■ **Tbilisi:** 20 Lari, jede Stunde von 7–2 Uhr (7–22 Uhr außerhalb der Saison), 5–6 Std.

■ **Tbilisi über Poti und Kutaisi:** 20 Lari, 7, 9, 15 und 24 Uhr, ca. 8 Std., moderne Busse von Grup Georgia.

■ **Marschrutki nach Tbilisi** starten ab der Kurve unter der Seilbahn vor einem orientalisch gestalteten Gebäude.

■ **Türkische Busgesellschaften** bieten u.a. folgende Ziele über den Grenzübergang Sarpi an (Infos über *Roland Gorgiladse:* mobil: 593 09 27 27 und 593 35 58 63): **Golden Ltd.:** Trabzon, 20 Lari, 11 und 13 Uhr, 3–4 Std.; **Lüx Karadeniz:** Antalya, 75–80 Lari, 8 und 16.30 Uhr, Ankara, 60 Lari, 14 und 17.30 Uhr; **Ulüsoy Ltd.:** Istanbul, 65 Lari, 10 Uhr.

■ **Vom/zum Grenzübergang Sarpi** fährt man mit dem Bus Nr. 101 oder einem Taxi, das nicht mehr als 25 Lari kosten sollte.

Fähre nach Odessa
■ **Instra-Büro,** Kutaisi-Straße 34, Tel. 27 41 19, Vertretung von Ukrferry (www.ukrferry.com), Tickets nach Poti und Odessa. Donnerstags fährt eine Fähre nach Poti und weiter nach Odessa, aber: Monatlich kommt ein neuer Fahrplan heraus. Website des Hafens: www.batumiport.com mit englischem Link und Terminalplan. Man beachte, dass es zu erheblichen Abweichungen von den auf der Website von Ukrferry genannten Fahrtzeiten kommen kann. Es kann auch vorkommen, dass der Ticketverkäufer erst dann Tickets anbietet, wenn die Fähre bereits im Hafen liegt. Dann sollte man darauf drängen, sich vorher in eine Warteliste eintragen zu lassen.

Schiffsverkehr nach Sotschi
■ Von Batumi nach Sotschi (Visumpflicht für Russland beachten!) verkehrt das Kometa-Tragflächenboot **„Express Batumi";** Auskünfte in Batumi: mobil: 593 33 39 66, in Sotschi: Tel. 07 918 409 12 96.
■ Die Reederei Irakli Ltd. betreibt das Motorschiff **„Michail Swetlow";** Infos in Batumi: Tel. 27 98 01, mobil: 599 94 45 04, in Sotschi: Tel. 07 862 95 90 90.

Es kann zu sehr starken Abweichungen vom Fahrplan kommen! Erkundigungen auch im TIZ möglich bzw. telefonische Hilfestellung.

Stadtbusse

Neben den altbekannten Marschrutki wurden kleinere, hellgrüne Busse angeschafft, die an **gut markierten Haltestellen** stoppen. Informationen unter www.batauto.ge. In den Bussen kauft man einen Doppelfahrschein zu 80 Tetri, der zu zwei Fahrten berechtigt und im Bus abgestempelt werden muss. Nützlich sind folgende Busse:
■ **Nr. 8:** T/C Batumi – Tabidse – Leonidse – Dshawachischwili – Tschawtschawadse – Zereteli – Majakowski – Gogoli – Tamar Mepe – Bhf. Machindschauri (Rückweg: statt über die Zereteli über die Bako).
■ **Nr. 10:** Flughafen Batumi – Kaczinsky – Chimschiaschwili – Rustaweli – Gogebaschwili – Tamar Mepe – Bhf. Machindschauri.
■ **Nr. 13:** Tschawtschawadse (Tbilisi-Platz) – Bako – Tamar Mepe – Bhf. Machindschauri – Tschakwi – Buknari.
■ **Nr. 15:** Seda Ghele – Warschanidse – General Abaschidse – Orbeliani – Chimschiaschwili – Bagrationi – Melikischwili – Rustaweli – Gogebaschwili – Schawschetis Majakowski – Gogoli – Tamar Mepe – Bhf. Machindschauri – Grünes Kap (Landwirtschaftliche Universität) – Sachalwascho.
■ **Nr. 16:** Majakowski – Zereteli – Tschawtschawadse – Abuseridse – Angisa (Kinderkrankenhaus) – Achalsopeli – Gonio (Festung) – Kwariati – Sarpi (Grenzübergang).

Aktivitäten

■ **Sheraton Hotel: Innen- und Außenpool** auch für Gäste nutzbar, die nicht im Hotel wohnen.
■ **Intourist Hotel: Innen- und Außenpool sowie Wellness-Bereich** auch für Gäste nutzbar, die nicht im Hotel wohnen.
■ **Leihfahrräder:** In Batumi wurde eine Netz von rot markierten Radwegen angelegt. Auf dem Batumi Boulevard gibt es mehrere Ausleihstationen. Interessenten müssen sich zunächst unter Vorlage des Reisepasses im TIZ registrieren lassen und erhalten für 20 Lari eine Karte im Scheckkartenformat, die an der jeweiligen Leihstation anwendbar ist. Die Karte kann ein Jahr lang benutzt werden, für eine Stunde Radfahren werden 2 Lari abgebucht.
■ **Tennisplatz:** Am nördlichen Ende des Batumi Boulevards befindet sich eine Tennisanlage mit acht Plätzen. Geöffnet 8–21 Uhr, eine Stunde inkl. Leihschläger kostet 20 Lari.

Die südliche Umgebung von Batumi

Festungsruine Gonio 296/A3

Die Festungsruine Gonio-Apsaros liegt etwa **12 km südlich von Batumi** direkt an der Straße zum türkischen Grenzübergang Sarpi und ist leicht per Taxi oder Marschrutka zu erreichen. Die gut erhaltenen Festungsmauern sind 900 m lang und 5 m hoch. Von den einst 22 Türmen sind noch 18 erhalten. Man geht davon aus, dass mit dieser Festung die Eingänge zu den Schluchten des Tschorochi und Atscharis Zqali geschützt werden sollten. Eventuell wurde hier *Apsaros*, Sohn des kolchischen Königs *Aietes*, begraben, nachdem er von *Jason* ermordet und ins Meer geworfen worden war. Gesichert ist, dass die Festung Gonio, um die herum eine Siedlung angelegt war, eine der ersten Befestigungsanlagen des Römischen und später Byzantinischen Reiches war. In den 1960er Jahren begannen **archäologische Ausgrabungen,** 1974 wurde dabei ein Goldschatz gefunden. Erst seit 1994 laufen systematische Ausgrabungen. *Matthäus,* einer der zwölf Apostel, soll hier begraben sein.

■ **Info:** geöffnet 9–18 Uhr, Eintritt 3 Lari, Audioguide zusätzlich 5 Lari.

Die nördliche Umgebung von Batumi

Info: geöffnet 9–18 Uhr (im Sommer letzter Einlass um 19 Uhr), Eintritt 8 Lari, Kinder 1 Lar. Erreichbar mit Marschrutka Nr. 31 ab der Tschawtschawadse (Hafenseite) oder mit Bus Nr. 15 (unterwegs aussteigen).

Botanischer Garten und Grünes Kap 296/A2-3

Zum **9 km nördlich von Batumi** gelegenen Botanischen Garten (georg. *Botanikuri Bachi*, russ. *Botanitscheskij Sad*) kommt man entweder mit dem Taxi (10 Lari) oder der Marschrutka Nr. 1, die von der Ecke Tschawtschawadse/Gogebaschwili in Batumi abfährt. Der Garten, 1912 gegründet, gehört seit 1950 zur Georgischen Akademie der Wissenschaften. Er liegt am Grünen Kap (georg. *Mzwane Konzchi*, russ. *Seljonij Mys*).

Der 114 ha große Garten erstreckt sich über zahlreiche Hügelketten und ist in neun Abteilungen untergliedert, die 5000 Arten von Pflanzen zeigen, darunter etwa 3300 Baumarten im **Arboretum.** Obwohl in Adscharien subtropisches Klima herrscht, gedeihen hier auch Pflanzen aus Australien, dem Himalaja, Nord- und Südamerika, Mexiko, dem Mittelmeerraum und Ostasien. Bedeutend sind auch die **Eukalyptussammlung** und die bis zu 20 m hohen **Bambusgewächse.**

Man kann hier gut einen ganzen Tag verbringen und sich an den schönen Pflanzen erfreuen. Für die Besucher wurden **Picknickplätze** eingerichtet, man kann sogar Fußball spielen.

◁ Überreste der Festung Gonio

Machindschauri/ Makhinjauri 296/A3

Der Ort etwa 5 km nördlich von Batumi, in dem man Einheimische nach Privatquartieren fragen kann, ist **wegen des Bahnhofs von Bedeutung.** Von Batumi fahren die Marschrutki 101 und 102 zum Bahnhof. Bei Ankunft eines Zuges stehen sie in Scharen vor dem Bahnhof, um die Reisenden nach Batumi zu bringen.

Essen und Trinken

Restaurant Megrul-Lazuri, Tbilisi Highway Nr. 16, schräg gegenüber vom Bahnhof, Tel. 0422 25 30 66, www.megrul-lazuri.ge. Momentan eines der besten Restaurants in Adscharien. In dem schon von außen interessanten Gebäude, das 1917 von einem japanischen Architekten errichtet worden ist, arbeitet ausschließlich ausgebildetes Personal und verwöhnt den Gast auch im wunderschönen subtropischen Garten zu fairen Preisen. Eine Mahlzeit mit alkoholfreiem Getränk kostet etwa ab 15 Lari. Bei so gutem Service sollte man das Trinkgeld nicht vergessen. Empfehlung!

Tschakwi/Chakvi 296/A-B2

Zu Sowjetzeiten gab es im subtropischen Westgeorgien (inkl. Abchasien) **80 Tee-Sowchosen** (Staatsgüter), die auf ca. 70.000 Hektar 325.000 Tonnen Tee ernteten, die nördlichsten Teeanbaugebiete Europas. Vier Staatsgüter befanden sich allein in Tschakwi (engl. Chakvi), ca. 20 km nördlich von Batumi. Der Teeanbau geht auf das Jahr 1848 zurück, als ein zaristischer Beamter, der als Spinner abgetan wurde, mit dem Teeanbau begann. Die Qualität dieses Tees war zunächst so schlecht, dass er nur „zum Vergnügen niederer Dienstränge" gekauft wurde. Doch ab den 1930er Jahren wurde die Qualität kontinuierlich verbessert, die besten Ernten gelangten in die ehemaligen Ostblockstaaten. Teeanbau war einmal ein wichtiger Wirtschaftsfaktor in Sowjetgeorgien. Aufmerksame Reisende können die Teesträucher klar erkennen, die seit der Erlangung der Unabhängigkeit vor sich hingammeln.

Im **Küstenort** Tschakwi, der zwischen Kobuleti und Machindschauri liegt, kann man **gute Unterkünfte** finden, die noch dazu den Vorteil haben, dass sie nicht an der Durchgangsstraße liegen. Ein Schild an der Hauptstraße verweist auf das Hotel Oasis, das man nach ca. 1 km erreicht: Man folgt dem Wegweiser durch ländliches Idyll und biegt dann nach rechts ab, unterquert die Eisenbahnbrücke und wendet sich wieder nach rechts.

Anreise mit jeder Marschrutka von Batumi in Richtung Kobuleti oder Poti.

Unterkunft

■ **Hotel Oasis,** mobil: 599 91 83 81 (Service Managerin *Natela,* engl.), EZ/DZ/Vollverpflegung ab 70 US$. Auf dem weitläufigen Gelände mit Palmen, Agaven, Eukalyptusbäumen und schönen Nadelgehölzen befindet sich das Haupthaus mit 93 Zimmern auf acht Etagen, das Gebäude an der Seeseite (Vermietung nur im Sommer). Das beste Zimmer dürfte Nr. 801 sein (Lux Superior), in dessen Wohnzimmer neben einer Hausbar auch ein Flügel steht. Man erreicht es über einen Vorraum, von dem auch das Schlafzimmer und das geräumige Bad mit Jacuzzi abgehen. Die Standardzimmer sind kleiner, mit Kühlschrank, TV, einfacheren Möbeln und einem kleinen Wannenbad. Im Gebäude zur Seeseite hin einfachere Zimmer und Apartments für Familien, sauber. Im Haupthaus befindet sich eine 25-m-Wettkampfschwimmbahn. Tennisanlage, Kinderspielplatz, ein Jachthafen ist geplant.

Nationalpark Mtirala

Rund um den Berg Mtirala befindet sich der Mtirala-Nationalpark (www.mtiralapa.ge), der mit norwegischen und deutschen Finanzmitteln unterstützt wird. Der Park ist nur teilweise touristisch erschlossen. Die Parkverwaltung stellt im Besucherzentrum zahlreiche Infos zur Verfügung und bietet auch Übernachtungsmöglichkeiten (50 Lari) an, zwei Wanderwege wurden ausgeschildert. Es empfiehlt sich die Anmietung eines Taxis ab Tschakwi (25–30 Lari), da der Nationalpark doch ca. 10 km von Tschakwi entfernt liegt. Auf der Homepage wird ein Auto für 45 Lari angeboten, ein Führer kostet 35 Lari.

■ **Kontakt** über das Besucherzentrum: nino_khakhubia@yahoo.com, mobil: 593 96 74 95, Besucherzentrum mobil: 593 61 84 00.

Vogelbeobachtung

Eine Alternative für vogelkundlich Interessierte bietet die Organisation **Batumi Raptore Count** (BRC), die auch Unterkünfte zu 50 Lari bei Familien vermittelt. Siehe dazu www.batumiraptorcount.org. BRC hat fünf Touren im Angebot, darunter eine dreitägige Tour zur Vogelbeobachtung beim Dorf Sachalwascho (engl. Sakhalvasho). Anfahrt: Evtl. kann man mit dem Zug von Batumi zum Haltepunkt Grünes Kap (Mzwane Konchi) fahren und dort ein Taxi nach Sachalwascho mieten. Besser ist es aber, mit BRC eine Abholung zu vereinbaren.

Zichisdsiri/ Tsikhisdziri 296/B2

Kurz vor Kobuleti kann man den kleinen Ort Zichisdsiri leicht übersehen, liegt er doch hinter Mandarinen, Zitronen- und Bambushainen versteckt. Von Interesse ist hier eigentlich nur die **Festungsruine Petra,** die jedes Fahrzeug auf dieser Straße passieren muss. Sie ist jedoch so von Pflanzen zugewuchert, dass sie nur erkennt, wer um sie weiß. Man sieht ihr nicht mehr an, dass sie im 6. Jh., als Perser und Byzantiner um die Vorherrschaft in Georgien kämpften, strategische Bedeutung hatte.

Atscharis Zqali Cheoba 296,297/A-D3

Eine bisher noch weitgehend unbekannte Tour stellt die sehr reizvolle Route über Achalziche (Samze-Dschawachetien) **entlang der Schlucht des Atscharis-Zqali-Flusses** (Adzharis kali) nach Batumi dar. Sensationelle Landschaften laden zur Erkundung ein und sprechen Wanderer, Biker und Fotofreunde gleichermaßen an. Die Schlucht, die eher ein Tal ist, wird im Norden von den imposanten Höhenzügen der Meßchetischen Gebirgsrücken flankiert, im Süden vom Schawschetischen Gebirgsrücken, der natürlichen Grenze zur Türkei. Zahlreiche **Festungsruinen, Bogenbrücken** und neue **Kirchen** sowie einige **Moscheen** wollen entdeckt werden. Wer diese Tour wählt, interessiert sich für touristisch kaum erschlossene Gebiete und hat keine Scheu vor Kontakt mit der einheimischen Bevölkerung.

Die Strecke kann mit der Marschrutka ab Achalziche in sechs bis acht Stunden bewältigt werden. Doch angesichts der herrlichen, sich ständig ändernden Landschaft und der reichen, bisher vernachlässigten Kulturschätze bieten sich einige Aufenthalte und Umwege an. Die folgende Routenbeschreibung orientiert sich an der Hauptstrecke und bietet einige empfehlenswerte Abstecher.

Alltag, Wirtschaft und Religion

Ist Georgien schon ein wirtschaftlich gebeuteltes Land, so scheint im hier besprochenen Gebiet **die Zeit vor 50 oder 100 Jahren stehen geblieben** zu sein. Haupterwerbszweig ist nach wie vor die Landwirtschaft, die von dem sehr fruchtbaren Boden und Wasserreichtum stark begünstigt wird. Aufmerksame Reisende werden die akkurat bearbeiteten Felder bewundern, denn jeder Quadratmeter wird kultiviert, übrigens fast nur von älteren Frauen. Männer vorwiegend jüngeren Alters sind als Hirten unterwegs und rücken frühmorgens auf die umliegenden Weiden aus. Man kann ihnen begegnen, wenn sie mit ihren Rinder- oder Ziegenherden unterwegs sind. Daneben erzeugen Imker guten Berghonig, den zu probieren es sich lohnt.

Während der **Sowjetzeit** gab es selbst in entfernten und unzugänglichen Orten ein Krankenhaus und eine Schule, die oft das größte Gebäude im Ort war. Die damaligen Kolchosen (Landwirtschaftliche Produktionsgemeinschaften) gibt es nicht mehr und so wandert die Jugend mangels Perspektive ab.

Wie schon erwähnt, war das heutige Adscharien etwa 300 Jahre lang von den Osmanen besetzt, und noch heute ist die Bevölkerung, die entlang der Atscharis-Zqali-Schlucht lebt, **mehrheitlich islamisch geprägt**. Es gibt eine strikte Trennung der Lebensbereiche von Mann und Frau; Frauen arbeiten vor allem auf den Feldern, in den Gemüsegärten oder im Haus, (alte) Männer stehen im Anzug auf den Straßen zusammen und palavern. Verschleierte Frauen sind nicht zu sehen.

Neben dem bekannten **Kloster von S'chalta** (sprich: ß-chalta, „ch" wie in „ach") fallen einige bemerkenswerte Kirchenneubauten ins Auge.

Natur

Entlang der Atscharis-Zqali-Schlucht stehen die **größten Kiefernwälder ganz Georgiens,** Reliktbäume aus dem Tertiär, aber auch Eichen- und Pappelwälder sowie ein guter Eibenbestand. Kenner entdecken seltene Spezies von Rehen und Gämsen. Reichhaltig auch die **Vogelwelt:** Neben Kuckuck, Drossel, Nachtigall und Turteltaube kann man auch Wiedehopfe und Spechte beobachten. Touristen, die sich für Flora und Fauna interessieren, sollten auf spezielle Reiseveranstalter zurückgreifen, da es noch keine Anbieter vor Ort dafür gibt.

Bogenbrücken

Entlang der Strecke gibt es mehrere gemauerte Bogenbrücken, die hauptsächlich über den **Atscharis-Zqali-Fluss,** aber auch über den **Matschachela- und Kintrischi-Fluss** führen und den Besucher in Erstaunen versetzen. Über ihre Entstehungszeit existieren verschiedene Theorien, ihre Baumeister sind unbekannt. Es gibt Annahmen, dass viele von ihnen von den Venetianern und Genuesern, die vom 13. bis 15. Jh. ihre Handelsniederlassungen entlang des Schwarzen Meeres gründeten, erbaut wurden, also nach der Zeit der legendären Königin *Tamar*, die 1184–1213 regierte. Manche Experten datieren zumindest einige Bogenbrücken, etwa die von Machunzeti, Dandalo und Purtio, in die Zeit der Königin. Wahrheit oder Wunschdenken – schwer zu beurteilen. Auf jeden Fall stellen sie wichtige Bausteine adscharischen Kulturerbes dar und faszinieren nicht nur den Fotofreund.

Festungsruinen

Entlang der Schlucht finden sich zahlreiche, unterschiedlich zugängliche Reste von alten **Nachrichtentürmen,** auf denen vor Jahrhunderten im Gefahrenfall

Feuer entzündet wurde, das vom jeweils nächsten Turm aus gesichtet werden konnte. Diese Türme werden gern als Festung bezeichnet, aber dafür sind die meisten einfach zu klein. Leider hat der Zahn der Zeit stark an ihnen genagt, und die osmanischen Besatzer hatten auch kein Interesse an ihrem Erhalt. Viele Festungen dürften auch einfach als Steinbruch für Baumaterial genutzt worden sein. Fast alle dieser Türme werden von Ortsansässigen als Tamarisziche bezeichnet, also als „Festung von (Königin) Tamar", was aber inkorrekt ist.

Der Verlauf der Strecke

Von Achalziche nach Batumi führt die Straße **über Chulo** (Khulo), **Schuachewi** (Shuakhevi), **Keda und Chelwatschauri** (Khelvachauri), die auch gleichzeitig vier der insgesamt fünf Kreisstädte in der Provinz Adscharien sind. Die Tour wird ab Achalziche beschrieben, doch kann man sich selbstverständlich auch in umgekehrter Reihenfolge auf Entdeckungsreise begeben.

Einige Entfernungsangaben (Richtwerte)
- Achalziche – Chulo: 80 km
- Chulo – Batumi: 84 km
- Schuachewi – Batumi: 68 km
- Keda – Batumi: 40 km
- Chelwatschauri – Batumi: 10 km

Neue Kirche in den adscharischen Bergen

⌃ Alte Wassermühle in Chulo

Startpunkt kann der Busbahnhof in Achalziche sein, der sich unmittelbar am geschlossenen Bahnhofsgebäude befindet (siehe Ortskapitel zu Achalziche). Tipp für Auto- und Motorradfahrer: Kurz vor dem Ortsausgang Achalziches in Richtung Goderzi-Pass befindet sich eine Tankstelle!

Etwa 5 km nach Achalziche gabelt sich die bis dahin erstaunlich gute Straße. Nach rechts geht es Richtung Kutaisi, nach links führt die nun sehr schlecht werdende Straße weiter nach Batumi über **Adigeni**, eine Kreisstadt im Nordwestteil der Provinz Samze-Dschawachetien, 25 km von Achalziche entfernt.

Nach etwa 45 km passiert man die Ortschaft **Lodiszili** und erreicht nach weiteren etwa 5 km den **Goderzi-Pass (2025 m),** den man an einer Stele erkennt. Der Pass befindet sich bereits im Kreis Chulo, man hat also die Provinz Adscharien erreicht. Selbst im Juni sind hier Schnee und Nebel nichts Außergewöhnliches. Mehr als sechs Monate im Jahr muss der Pass wegen Schneehöhen von bis zu sechs Metern gesperrt bleiben. Auf den seitlich der Strecke liegenden, sonnenabgewandten Bergrücken liegt noch länger Schnee. Nur wenige Kilometer nach dem Goderzi-Pass, etwa 57 km hinter Achalziche, erblickt man von der Straße aus das über ein weites, tiefes Tal verstreute Dorf Danisparauli.

In **Danisparauli** entsteht ein Skiresort mit der längsten Skipiste Georgiens und mehreren Liften. Es sollen auch Loipen angelegt werden. Im September 2012 erfolgte durch Präsident *Saakaschwili* die Grundsteinlegung für die ersten beiden von insgesamt fünf Hotels des Hotelkomplexes Piazza Alta am Goderzi-Pass. Daneben werden Skilifte für insgesamt 35 km Abfahrten gebaut, aber auch Restaurants und Pensionen. Die österreichische Firma Doppelmayr erhielt den Zuschlag für den Bau einer 1,7 km langen Gondelbahn in Chulo und einer 1,9 km lange Sesselbahn am Goderzi-Pass. Die Finanzierung des 11 Mio. € teuren Projekts wird von Österreich getragen.

Die Straße führt weiter in Richtung Chulo. Etwa 1 km vor dem Ortseingang sieht man zur Rechten an einem kleinen Hang eine noch funktionierende adscharische **Wassermühle.** Der Müller erlaubt gern einen Blick in das kleine Häuschen. Dann hat man Chulo erreicht!

Chulo/Khulo 297/C3
ხულო

Die kleine Stadt war **einst ein Marktflecken auf der mittelalterlichen Verbindungsstraße von Samze-Dschawachetien zum Schwarzen Meer.** Während der osmanischen Besetzung trat die Mehrheit der Bevölkerung zum sunnitischen Islam über. Als um 1870 die Russifizierung begann und damit die Rückkehr des orthodoxen Glaubens, setzte eine starke Abwanderung in Richtung Türkei ein.

Der Kreis Chulo (engl. Khulo) hat etwa **37.000 Einwohner,** die sich hauptsächlich entlang der Flüsse Atscharis Zqali, S'chaltis Zqali und Gordshomis Zqali angesiedelt haben. Im Kreis Chulo herrscht mildes Kontinentalklima.

Der Haupterwerbszweig ist die **Landwirtschaft.** Hauptsächlich werden Kartoffeln angebaut, aber auch Mais und Gemüse, Tabak und Obst. Auch Rinderhaltung ist stark verbreitet, da sich auf den alpinen Wiesen die Weidewirtschaft geradezu anbietet. Viele Familien halten Bienenvölker. Die relativ kurze Vegetationsperiode erlaubt nur eine einmalige Heuernte.

Im Kreis Chulo soll es 25 **Mineralquellen** geben, deren Wasser der Bevölkerung seit jeher als Trinkwasser gedient hat, das aber auch zu medizinischen Zwecken genutzt wird. In den wenigen bisher analysierten Mineralwässern, die eine durchschnittliche Temperatur von 6–15°C haben, wurden Kohlenwasserstoff-, Schwefel- und Chlorid- sowie Natriumverbindungen nachgewiesen.

Die Durchgangsstraße der Stadt heißt **Mamuladse-Straße.** Hier befinden sich das zurzeit einzige Hotel, einige Läden und mehrere Banken. Von hier fahren Marschrutki und Busse ab.

Sehenswertes

Chulo zieht sich den Berghang hoch und ist weitläufiger, als der erste Eindruck vermittelt. Das Gelände fällt in Richtung Batumi von 1600 auf 1300 m ab.

Seilbahn

Unmittelbar rechts neben dem namenlosen Hotel führt ein Weg leicht ansteigend nach oben. Zur Rechten fällt ein wie ein Schwalbennest an den Berg geklebtes rotes Häuschen auf. Das ist die Station der Seilbahn (russ. *Kanatnaja doroga*), die den **Atscharis-Zqali-Fluss** über immerhin 1700 m überquert und nach Tago am anderen Ufer führt. Die Seilbahn fährt ganzjährig täglich 9–12 und 15–19 Uhr, eine Fahrt kostet ganze 20 Tetri.

Chulo

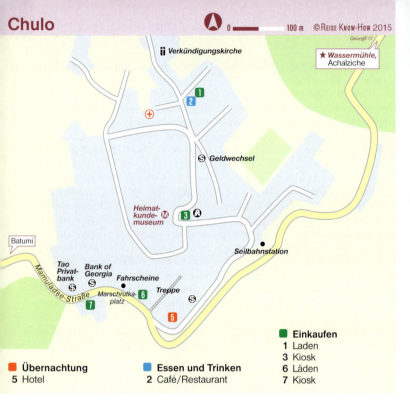

■ **Übernachtung**
5 Hotel

■ **Essen und Trinken**
2 Café/Restaurant

■ **Einkaufen**
1 Laden
3 Kiosk
6 Läden
7 Kiosk

Heimatkundemuseum

Das **sehr sehenswerte Museum** wurde erst vor Kurzem eingerichtet. Man findet es, wenn man der bergan führenden Straße folgt. Das Museum befindet sich auf der linken Seite in einem kleinen Garten, auf der gegenüberliegenden Straßenseite steht ein Kiosk, dessen Seiten die Aufschrift „Nescafé" in lateinischen und georgischen Buchstaben aufweisen. Das Museum besteht aus zwei Räumen und zeigt hauptsächlich **landwirtschaftliches Gerät,** das zum größten Teil heute noch in Gebrauch ist. Gleich im ersten Raum auf der linken Seite steht das Modell der bereits erwähnten Wassermühle, eine Tabakschneidemaschine, ein wasserskiähnlicher Dreschflegel mit Metalleinlagerungen, der von Ochsen über das geschnittene Getreide gezogen wurde und so als Dreschflegel diente (und sicher noch dient), und schließlich ein Holzpflug. Weiterhin stellt das Museum Fotos von Parteiveteranen und das unvermeidliche Stalin-Bild aus, aber – rechts hinten im Raum – auch ein **Ölgemälde,** das den Nationaldichter *Schota Rustaweli* abbildet, der an seiner typischen Mütze zu erkennen ist. Erwähnt sei auch ein Ölgemälde des Malers *Juri Martinow,* das den örtlichen Dudelsackpfeifer *Ademi Schurmanidse* zeigt, und rechts oben an der Wand das alte georgische Wappen mit dem heiligen Georg hoch zu Ross. Im zweiten, hinteren Zimmer stehen ein Modell des in der Nähe befindlichen Klosters S'chalta sowie unterschiedliche Haushaltsgeräte, zum Beispiel ein Spinnrad. Ohne nähere Beschriftung sind **Artefakte** ausgestellt, die bei Ausgrabungen zufällig gefunden wurden. Besonders sehenswert auch die **Fotos,** die in einer Vitrine aufgehängt wurden, historische Schwarz-Weiß-Aufnahmen von Menschen aus dieser Region. Nicht nur ihre Kleidung ist interessant, auch ihre Gesichter beeindrucken. In der gegenüberliegenden Vitrine sieht man ein tönernes Rohr mit einer oben befindlichen Öffnung. Dieses Rohr wurde mit Milch gefüllt; durch Rütteln wurde dann Butter gewonnen. In einer weiteren Vitrine werden alte Dolche und Säbel gezeigt.

■**Info:** geöffnet Mo–Fr 10–18 Uhr, Eintritt frei. Museumsführerin ist Frau *Nana Schantadse.* Wer beabsichtigt, das Museum zu besuchen, sollte sicherheitshalber *Dato Schantadse* (Hotelwirt) bitten anzurufen, damit seine Frau Nana auch wirklich anwesend und das Museum geöffnet ist.

Die Straße durch die Stadt schlängelt sich vom Museum den Berg hoch und passiert nach 500–800 m ein **Café** auf der rechten Seite. Links fällt sofort ein großes weißes Gebäude mit grünem Blechdach auf, das Krankenhaus. Man folgt der Straße weiter und biegt nach links ein. Bald erblickt man auf der rechten Seite hohe Mauern, die die Verkündigungskirche umschließen.

Verkündigungskirche
Diese **erst 1998 errichtete Kirche,** der ein Hof vorgelagert ist, ist allemal einen Besuch wert. Der Altarraum ist mit sehr schönen Fresken ausgemalt, an den gelben seitlichen Wänden hängen schöne Ikonen, die Rückwand schmücken Gemälde der heiligen Nino, König *Dawit Agmaschenebelis,* der Kirche Sweti Zchoweli in Mzcheta sowie der Königin *Ketewan Samebuli.* Im muslimisch dominierten Adscharien wurden mehrere Kirchen neu erbaut und die Verkündigungskirche ist eine davon, in der man die noch jungen Priester *Georgi* und *Ewdemos* kennen lernen kann.

Vater *Mamuka,* der die jungen Priester zeitweise unterstützte und nach einem siebenjährigen München-Aufenthalt fließend deutsch spricht, wies darauf hin, dass nur wenige Kilometer nördlich von Chulo, in der Ortschaft **Didatschara,** im 1. Jh. der heilige Andreas die erste Kirche auf georgischem Territorium erbaute und mit der Missionierung Georgiens begann. Von Didatschara zog der heilige Andreas weiter nach Meßchetien. Die Kirche steht nicht mehr.

Praktische Tipps

■**Vorwahl:** international 00995 423, national 0 423

Informationen
■**Touristeninformationszentrum:** mobil: 577 90 91 32

Unterkunft
■**Hotel/Sastumro,** das namenlose Hotel, georgisch *sastumro,* befindet sich in der Mamuladse-Straße Nr. 2 und überrascht durch seine Ausstattung. Der sympathische und hilfsbereite Besitzer *Dato Schantadse,* mobil: 593 53 66 238, arbeitet tagsüber in dem mittleren der drei kleinen Geschäfte, wo er Werkzeuge und Schulhefte verkauft. 18

Zimmer, eines mit Bad, die anderen DZ, auch mit TV, nutzen ein Gemeinschaftsbad inkl. Duschkabine und separatem Hockklo. Sehr sauber, Miniküche mit Campinggaskocher und Geschirr für Selbstverpfleger. Preis pro Zimmer 20 Lari. Das Zimmer mit Bad hat drei Betten, einen kleinen Schwarz-Weiß-Fernseher und einen Teppich. In jedem Zimmer Steckdosen (Akku für Handy oder Fotoapparat aufladen möglich). Vor dem Hotel fahren frühmorgens Marschrutki und hoch beladene Lastwagen in Richtung Batumi ab. Hirten treiben schon vor sechs Uhr ihre kleinen Rinderherden auf die Weide. Die Glocken der Kühe veranstalten ein gleichmäßiges Konzert. An Schlaf ist dann nicht zu denken, aber man sollte die Gelegenheit zum Studium des ländlichen Lebens nutzen. Selbst aus dem Hotelfenster bieten sich beste Fotomotive.

Essen und Trinken

Mein Tipp: Das zurzeit **einzige Café, eigentlich ein Restaurant,** ist eine echte Entdeckung und lässt bzgl. Angebot und Qualität so manches teure Etablissement an der Küste alt aussehen. Drei unterschiedlich große Gasträume, Holzinterieur, viele einheimische Gäste, gemütlich. An der linken Wand des rechten Gastraumes hängt die von mir übersetzte Speisekarte. Wirtin *Taliko*, Tel. 2 87 06 05, mobil: 599 91 93 59, ist eine liebenswürdige Person und begnadete Köchin. Sehr zu empfehlen: Odschachuri für 4 Lari, Schaschlik für 5 Lari, Gurken-Tomaten-Salat (für 2 Personen) für 2 Lari, Ostri (eine Art Gulaschsuppe, schmeckt göttlich) für 5 Lari, ein Bier kostet 1,5 Lari. Alle genannten Preise beinhalten Rabatt für Hotelgäste! Geöffnet im Sommer von 7 Uhr bis Mitternacht. Ganz große Empfehlung!

■ **Kneipenkiosk** gegenüber dem Hotel, wird vor allem von Männern aufgesucht.

Selbstverpflegung

■ Links neben dem Hotel führt eine endlos lang erscheinende Treppe nach oben in den Ort. In dem Gebäude unmittelbar links neben der Treppe befinden sich nebeneinander **zwei „Magasiny"**, also Tante-Emma-Läden, in denen man nicht nur herrliche Schokoladenpralinen (die angeblich längste Praline der Welt gab es zu schon Sowjetzeiten und hieß und heißt einfach *Konfety*) bekommt, sondern auch Obst und Gemüse und was man sonst noch so benötigt. Hier verkaufen supernette Frauen.

Die Bogenbrücke von Purtio, dahinter die neue Eisenkonstruktion

An- und Abreise

Hier ist zu beachten, dass die aus Chulo stammenden Fahrer die Abfahrtszeiten gelegentlich dem (eigenen) Bedarf anpassen. Neben den Lebensmittelläden befindet sich ein Verkaufsraum für Tickets.

■ **Marschrutki nach Batumi:** 7.50, 8.45, 9.45, 12.10 Uhr, teilweise mehrere pro Stunde, 4 Lari.
■ **Busse nach Batumi:** 12.30, 14 und 15.30 Uhr, 3 Lari.
■ **Marschrutki nach Adigeni:** sporadisch, meist jeden zweiten Tag um 9.30 Uhr, 6 Lari, mit Weiterfahrt nach Aspindsa über Achalziche. Rückfahrt ab Achalziche jeden zweiten Tag etwa um 9.30 Uhr, Ankunft gegen 17 Uhr in Chulo. 4–6 Lari, je nach Fahrer.
■ Busse und Marschrutki nach Batumi halten unterwegs u.a. in **Schuachewi** (1 Lari) und **Keda** (2 Lari) bzw. überall da, wo es der Fahrgast wünscht.

Die Umgebung von Chulo

Die folgende Erkundungstour führt zu Zielen im Südwesten von Chulo. Das adscharische Tourismusministerium bewirbt diese Strecke als eine Möglichkeit für Ökotourismus, wobei eine Erklärung für diesen Anspruch noch nicht gefunden werden konnte.

Brücke von Purtio   297/C3

Die **Bogenbrücke** von Purtio kann als Anhaltspunkt für die ungefähre Grenze zwischen den Kreisen Chulo und Schuachewi gesehen werden.

Die Straße nach Schuachewi führt bergab. Nach ca. 8 km fällt linker Hand eine Art Säule mit der georgischen Beschriftung **„Raioni Chulo"** auf, die die Kreisgrenze markiert. Nach einer Kurve kurz danach erblickt man beidseits der Straße je ein Buswartehäuschen. Hier kann man leicht die im spitzen Winkel abgehende Abzweigung übersehen, die nach unten in Richtung Atscharis Zqali führt. Etwa 1 km ab der Abzweigung erreicht man die Brücke von Purtio, wobei die Straße über eine daneben neu erbaute kleine Brücke führt.

Gleich nach dieser neuen Brücke sieht man zur Linken eine überdachte Toreinfahrt, die zur **Gaststätte** von *Amira Lewanowitsch Beridse* führt (mobil: 595 22 07 88). Mehrere Häuschen aus Weidengeflecht am Ufer des Atscharis Zqali laden zu einer Rast ein. Linker Hand spannt sich die fotogene Brücke von Purtio über den Atscharis Zqali. Dieses Ziel wäre auch eine Wanderung wert.

Kloster S'chalta

Nach der Besichtigung der Brücke von Purtio kann man weitere 9 km entlang der Straße wandern, die von der neuen Brücke nach rechts führt. Sie ist eigentlich ein besserer Feldweg, allerdings ohne große Unwägbarkeiten, und schlängelt sich mit leichten Steigungen den Fluss entlang bis zum Dorf **Qintschauri**, wo sich am Ufer des Flüsschens S'chaltis Zqali das unscheinbare Kloster S'chalta aus dem 13. Jh. befindet. Die Fresken sind nur noch zu erahnen, der Ikonostas fehlen die Ikonen, im halbkreisförmigen Altarraum finden sich drei schießschartenartige Fenster. Besonders beeindruckend kann hier ein Gottesdienst sein, den die Mönche ohne sonstige Gläubige feiern. Man sollte ein paar Kerzen erwerben, um so das Kloster zu unterstützen.

Abstecher nach Chichadsiri/Khikhadziri 297/C3

Das Dorf Chichadsiri liegt ca. 40 km südöstlich von Chulo nur 20 km von der türkischen Grenze entfernt. Der Weg führt über das Kloster S'chalta. Unterwegs sieht man auf der gegenüberliegenden Uferseite des S'chaltis-Zqali-Flusses eine Festungsruine. Die Strecke ist ideal für Motorradfahrer, zumal es in Chichadsiri eine recht gute Übernachtungsmöglichkeit gibt.

Bei Einfahrt in das Dorf Chichadsiri führt ein kurzer Weg unmittelbar nach links (noch vor der Brücke) zu *Roin Gabeidse*. Familie Gabeidse vermietet recht ordentliche Zimmer (s.u.). Der Blick fällt auf ein großes Gebäude im Hintergrund, die Schule des Ortes. Geradeaus blickt man auf ein geschlossenes Geschäft mit der kyrillischen Aufschrift für „Magazin" (Laden) und links daneben auf eine einfache Brücke über den Bach **Chichan.** Nach Überquerung der Brücke kommt man an einer eingefassten **Quelle** vorbei, an deren Rückwand mehrere Reihen Gedenkplaketten mit Fotos für die im Zweiten Weltkrieg aus diesem Dorf Gefallenen befestigt sind. Die untere Reihe ist denjenigen gewidmet, die den Krieg überlebten und zurückkehren konnten.

Nach der Quelle führt ein kurzes Stück des Weges nach rechts und gabelt sich nach links oben, wo eine **Festungsruine** zu finden ist. Biegt man aber nach rechts unten ab und geht entlang des Bachbettes weiter, ist man nach wenigen Schritten bei der zweiten Festungsruine. Beide Festungen, die wohl eher den bereits erwähnten Nachrichtentürmen zuzuordnen sind, werden von den Einheimischen als Tamarisziche bezeichnet, als „Festung (Königin) Tamaras".

In Chichadsiri kann man das **ländliche Leben** besonders gut studieren. Frauen sind kaum zu sehen, sie arbeiten in den Gemüsebeeten oder auf den Feldern. Die Männer stehen beisammen und schwatzen. Alle sind sehr nett und aufgeschlossen, hilfsbereit sowieso.

In Chichadsiri wird Ende September **Tbeloba** gefeiert. Das Fest heißt so zu Ehren des in Chichadsiri geborenen Eristaw (eine Art Kurfürst) *Tbel Abuseridse*, eines mittelalterlichen Philosophen und Astronomen, der von 1190–1240 lebte. Er verfasste umfangreiche historische und astronomische Abhandlungen. Während seiner Herrschaft wurde auch die Festung Chichani erbaut (die uns aber niemand zeigen konnte).

Von Chichadsiri sind es 3 km in südlicher Richtung nach **Kalota,** wo eine Saalkirche (Kalotis eklesia) aus dem 11. bis 13. Jh. zu besichtigen ist. In der Nähe der Kirche befindet sich der Hügel **Seri**, wo eine Kultstätte mit Altar und Opferstätte vom Beginn des 1. Jh. v.Chr. gefunden wurde.

In nördlicher Richtung geht es weiter über **Tchilwana** (ca. 20 km) nach **Beschumi.** Dieser nur wenige Monate im Jahr gangbare Weg sollte nicht ohne Führer in Angriff genommen werden, zumal man sich im Grenzgebiet zur Türkei befindet!

Unterkunft

■ **Privatzimmer bei Familie Roin und Titari Gabeidse,** mobil: 593 47 05 59, 20–30 Lari mit HP/VP. Im geräumigen Haus der netten Familie werden vier bis fünf DZ vermietet, im sehr großen Aufenthaltsraum können notfalls Matratzen oder Schlafsäcke ausgelegt werden. Im Eingangsbereich eine Dusche mit Badeofen sowie die separate Toilette. Vor dem gepflegten Anwesen ein schöner, kleiner Garten mit Blumen, einer Bank und ein paar Hühnern. Vollpension ist zu bevorzugen, da es keine Gaststätte gibt. Motorräder können hier sicher abgestellt werden.

Rückfahrt

■ Wer nicht motorisiert nach Chichadsiri gekommen ist und den Weg zu Fuß zurück scheut, kann ab dem **Marschrutka-Platz** vor dem Magazin morgens gegen 8 Uhr zurück in Richtung Batumi (4 Std., 7 Lari) fahren. Wer zurück nach Chulo möchte, steigt an der Hauptstraße nach der Brücke von Purtio aus.

Schuachewi/ Shuakhevi 297/C3

შუახევი

Die Straße führt nach der Brücke von Purtio, die sich linker Hand über den Atscharis Zqali spannt, direkt in die nächste Kreisstadt, nämlich Schuachewi, ab Chulo sind es 14 km. Das Städtchen liegt an der Mündung des Tschirus-Zqali-Baches in den Atscharis Zqali.

Etwa zwei Drittel des gebirgigen Territoriums in Höhenlagen von 1600 m abfallend bis auf 1200 m sind von Wäldern bedeckt, die höchsten **Berge** sind der Chewa (2812 m) und der Taganuri (2662 m). Der Kreis hat eine 42 km lange **Grenze zur Türkei** und etwa 23.000 Einwohner. Hier gibt es heiße, trockene Sommer und warme Winter. Haupterwerbszweig ist die Landwirtschaft (Mais, Kartoffeln, Bohnen, Obst und Gemüse).

Viele gar nicht oder nur minimal wirtschaftlich genutzte **Mineralquellen** sollen zukünftig auch in Heilbädern genutzt werden, beispielsweise in Schuachewi und Tomascheti.

Die **Kreisstadt Schuachewi** verfügt über ein Touristeninformationszentrum (im Kulturhaus, mobil: 577 90 91 31) und ein Stückchen weiter bergab eine Kneipe, die sich Restaurant nennt. Gegenüber der Kneipe führt eine riesige Treppe zum Gebäude der Kreisverwaltung hinauf. Der **Marschrutka-Platz** ist ziemlich genau 500 m weiter talwärts zu finden. Hier gibt es eine weitere Kneipe mit grusinischen Gerichten in einem rosa Häuschen und einige Läden. Bis 12 Uhr mittags fahren jede Menge Busse und Marschrutki sowohl in Richtung Chulo (1 Lari) als auch nach Batumi (Marschrutki 3 Lari, Busse 2,50 Lari), bis zum Abend verkehren Marschrutki in die umliegenden Dörfer.

Okropilauri

Südlich von Schuachewi bietet sich eine kurze **Wanderung (2,5 km) zur Burgruine** Okropilauri an, die am Zusammenfluss von Tschiruchis Zqali und Lomas Zqali liegt. Man geht ein kurzes Stück ab dem Marschrutka-Platz bergab und überquert den Atscharis Zqali. Beim bald erreichten Dorf Okropilauri biegt man links in den leicht abfallenden Weg ein und nimmt dann die erste Rechtskurve. Der Weg führt durch eine kurze Gasse, die schließlich eine Brücke überquert und auf ein Haus mit einer kurzen Treppe zuzuführen scheint. Nach der Brücke biegt man sofort wieder nach links ab. Der kurze Weg wird rechts von üppigem Grün flankiert. Hier fließt der Bach Tschiruchis Zqali, an dessen tief unten liegendem Ufer zum Recherchezeitpunkt ein Haus gebaut wurde. Schon bald kommt wieder eine Brücke. Hier mündet der Lomas Zqali in den Tschiruchis Zqali. Unvermittelt sieht man die auf einem kleinen Felsenhügel thronende **Festungsruine Okropilauriziche** aus dem 11.–13. Jh. (auch Okropilauri qaleboini bzw. Schuachewiziche genannt), von der nur noch die dem Tschiruchi zugewandte Seitenwand erhalten geblieben ist.

Kreis Keda   296/B3

Etwa 4 km nach Schuachewi sieht man am gegenüberliegenden Ufer des Atscharis Zqali in Höhe des Ortes Chichauri erneut eine Burgruine; nach einem weiteren Kilometer beginnt der Kreis Keda. Je weiter man sich dem Schwarzen Meer nähert, umso mehr fällt das Gelände ab. Die durchschnittliche Höhenlage beträgt jetzt nur noch 400 bis 200 m über dem Meeresspiegel. Entsprechend ändert sich auch die Vegetation, viele Obstbäume gedeihen, Laubbäume und Wein. Im Kreis Keda leben etwa 21.000 Einwohner, die **Obst und Gemüse, Tabak und Wein** anbauen, aber auch Rinder halten und Imkerei betreiben. Auch im Kreis Keda sprudeln zahlreiche Mineralquellen, es gibt Lagerstätten u.a. von Zink, Gold und Kupfer. Der vorhandene Lehm kommt in Ziegelbrennereien zum Einsatz. Die starke Bewaldung ermöglicht Holzeinschlag in großem Stil.

4 km nach Überschreiten der Kreisgrenze passiert man den Ort **Dandalo,** an dessen Ortsausgang in Richtung Batumi ein altes Ortsschild in kyrillischer Sprache überlebt hat. Kurz danach

kommt die berühmte Bogenbrücke von Dandalo. Fotostopp!

Etwa 10 km weiter fällt auf der rechten Straßenseite in einer kleinen Grünanlage ein Panzer auf, den man auf einen Sockel gestellt hat. Der angebrachten Tafel ist zu entnehmen, dass die Bewohner von **Wardshiani** den Panzer zu Ehren von *Dshelil Beridse* aufgestellt haben, der 1943 am Zweiten Weltkrieg teilnahm.

Bei **Snari**, weitere 4 km talwärts, fällt der Blick auf eine imposante Kirche mit strahlend rotem Dach, erbaut auf einem Felsen am Ufer des Atscharis Zqali.

Kreisstadt Keda 296/B3
ქედა

Keda liegt am Unterlauf des Atscharis Zqali. Hier finden sich eine Burg und eine Kirche aus dem Mittelalter sowie eine Bogenbrücke. In der überschaubaren Stadt gibt es noch kein Hotel, am Hauptplatz kann man in Cafés eine Rast einlegen. Sehenswert ist das Heimatmuseum, das sich Historisches Museum nennt (engl. Schild am Eingang) und in dem sich das Touristeninformationszentrum befindet (mobil: 577 90 91 30).

Historisches Museum

Im ersten Stock des Museums, in dem man auch eine englischsprachige Führung erhält, werden Exponate ausgestellt, die man zum Teil in den umliegenden Dörfern gefunden hat. Dazu zählen 8000 bis 10.000 Jahre alte Steinhämmer, 3500 Jahre alte Tongefäße, in denen schon damals Wein aufbewahrt wurde, sowie ein 300 bis 400 Jahre alter Silbergürtel aus dem Dorf Marisi. Besonders interessant auch der **Schmuck** in den Vitrinen, der auf das 7./8. Jh. v.Chr. datiert wird. Tönerne Wasserleitungsrohre belegen den hohen Entwicklungsstand dieser Gegend in alter Zeit. Tischlerwerkzeuge, Waffen und ein Pulverhorn runden das Bild ab. Interessant auch das Modell eines typischen Hauses aus Dschargwali, das aus Baumstämmen gefertigt wurde. Es war geteilt, eine Hälfte für die Menschen, die andere für die Tiere. Heute werden die Kühe im Erdgeschoss untergebracht, die Bewohner leben im Obergeschoss.

Im hinteren Raumteil hängen einige **Kleidungsstücke,** die sofort ins Auge fallen. Dazu gehören ein rosa Hochzeitskleid aus dem Jahr 1900 und ein roter Samtmantel im Tunikastil, der über das Kleid getragen wurde, falls die Hochzeit in den Winter fiel. Die frühere Alltagskleidung wird heute vor allem von Tanzgruppen getragen. Schließlich kann man einige Geldscheine und Münzen in einer Vitrine bestaunen, darunter ein 5000-Boni-Schein aus dem Jahr 1921.

Im rückwärtigen Teil des Raumes fallen wunderschöne geschnitzte **Holzmöbel** auf, die von dem hier bekannten Möbelschnitzer *Kemal Turmanidse* gefertigt worden sind. Man beachte vor allem eine Truhe mit Sonnen. Das Sonnenzeichen findet man heute wieder auf den georgischen Münzen.

Bitte beachten, dass in einem Zimmer am Ende des kleinen Korridors im Obergeschoss die jungen **Führerinnen** sitzen. Man sollte sich bei ihnen melden und nach einer englischsprachigen Führung fragen (kostenlos). Damit zeigt man auch seine Wertschätzung.

■ **Info:** geöffnet täglich 9–18 Uhr, Eintritt frei.

Sendidi

Ziemlich genau gegenüber dem Museum führt ein 1,5 km langer steiler Weg in die **Oberstadt**. Wer die Anstrengung auf sich nimmt, wird nicht nur mit einer fantastischen Aussicht auf den Atscharis Zqali belohnt, sondern kann auch die **Ruinen einer alten Festung** aus dem 16. Jh. in Augenschein nehmen.

Man müht sich bergauf, folgt der Linkskurve des schmalen Weges und biegt dann gleich wieder nach rechts ab. Schließlich steht man vor dem Tor des 4800 m² großen Gehöftes der Familie *Beschanidse*. Da man sich hier auf einem **Privatgelände** befindet, geht man erst einmal zum Haus und fragt um Erlaubnis, sich die Festungsruinen anschauen zu dürfen. Herr *Beschanidse* wird die Gäste herumführen.

Auf dem baumbestandenen Areal fallen zahlreiche Reste der alten Festung ins Auge. Anfang der 2000er Jahre fanden hier archäologische Ausgrabungen statt, die allerdings bis heute ins Leere liefen. Das Gelände ist im Vergleich zu den anderen Festungsruinen recht groß. Man beachte auch das auf vier Stelzen stehende Häuschen, das als Scheune dient – eine typische Bauweise in dieser Region. Dadurch soll verhindert werden, dass sich Mäuse am Erntegut bedienen. Diese **Scheunen auf Stelzen** sieht der aufmerksame Beobachter auf vielen Grundstücken dieser Gegend. Ein gemauerter Torbogen erinnert genauso an die alte Festung wie ein neues Gebäude, das klar erkennbar die Reste der Festungsmauer als Fundament verwendet. Die Besichtigung ist kostenlos.

Keine 200 m entfernt vom Grundstück Beschanidse, ebenfalls auf privatem Boden, sind noch bescheidene **Reste einer Saalkirche** aus dem 9. bis 11. Jh. zu besichtigen. Das von einem hohen Holztor begrenzte Grundstück der Familie *Amiran Nischaradse* erreicht man, wenn man von Beschanidses nach links unten und sofort wieder nach rechts geht. Auch hier gilt es, sich als würdiger Gast zu erweisen. Auf dem Weg zwischen beiden Grundstücken bietet sich ein hervorragender Ausblick auf die Schlucht des Atscharis Zqali.

Machunzeti

Etwa 9 km weiter Richtung Schwarzes Meer fällt eine Brücke über den Atscharis Zqali ins Auge, die als eine Art Dach ein großes beigefarbenes Rohr zu tragen scheint. Diese Rohrleitung bringt das Wasser zum **Wasserkraftwerk** (GES, Gidro-Elektrostanzija) von Machunzeti, dass weiter unten auf der linken Seite zu erkennen, aber leicht zu übersehen ist. Ein blassrosa Haus am Ufer des Flusses, teilweise von Büschen verdeckt und verziert mit Hammer und Sichel, beherbergt die Turbinen.

Kurz nach dem GES spannt sich linker Hand die **Bogenbrücke** von Machunzeti (11./12. Jh.). Ein gelbes Schild weist darauf hin, dass auf der anderen Flussseite ein Restaurant ist.

Schräg gegenüber des Schildes, auf der flussabgewandten Seite der Straße in Richtung Batumi, führt ein unscheinbarer, in Georgisch ausgeschilderter Weg zu einem kleinen **Wasserfall**, ebenfalls mit Restaurant, das im Sommer angenehme Kühle bietet und daher am Wo-

▷ Stelzenscheune in Sendidi

chenende ein beliebtes Ausflugsziel ist. Man folgt dazu dem etwa 200 m langen Weg bis zum Sportplatz, biegt vor diesem links ab und kurz darauf wieder nach links. Der Weg führt an teilweise ausgebrannten Wohnblocks vorbei und biegt nach rechts ein. Hier bieten sich auch Parkmöglichkeiten. Ein Besuch des Restaurants mit seinen Freisitzen unter dem Rauschen des Wasserfalls kann dazu genutzt werden, Kraft zu tanken, bevor man die kurze Strecke nach Batumi durch den Kreis Chelwatschauri in Angriff nimmt.

Kreis Chelwatschauri 296/A3

Der **südlichste Kreis von Adscharien** ist bereits von subtropischem Klima mit einer Jahresdurchschnittstemperatur von 12,8°C und hohen jährlichen Niederschlägen von 1500 mm geprägt. Das Klima begünstigt den Anbau von Tee und Zitrusfrüchten sowie Ackerbau und Weidewirtschaft, hier vor allem die Rinderhaltung. Im Kreis Chelwatschauri leben etwa 96.000 Menschen, fast alle Georgier. Kleinere Baumaterialhersteller und drei Tee verarbeitende Produktionsstätten geben Arbeit. Doch der wichtigste Erwerbszweig ist der **Tourismus,** dessen Potenzial noch lange nicht ausgeschöpft ist. **Badeorte** wie Machindschauri, das Grüne Kap (Mzwane Konzchi), Sarpi oder Gonio werden erst richtig touristisch erschlossen, seitdem Abchasien und seine Küste aus den bekannten politischen Gründen nicht mehr bereisbar ist.

Im Jahr 2006 fanden Bauern aus dem Dorf **Scharabidseebi** zufällig auf ihrem Acker einen mehr als 2000 Jahre alten Kwewri, einen in die Erde eingelassenen

Tonkrug zur traditionellen Weinherstellung. Obwohl sie das zuständige archäologische Amt informierten, gruben sie den Kwewri selbst aus und zerbrachen ihn dabei. Er wird zurzeit in Batumi untersucht. Die Ornamente auf ihm werden auf das 4. bis 3. Jh. v.Chr. datiert.

Atscharis Zqali

Das Dorf Atscharis Zqali ist leicht an seiner **neuen Kirche** mit strahlend rotem Dach zu erkennen. Das Kirchlein wurde unmittelbar an der neuen Brücke gebaut, neben der noch sehr gut die rostige alte Brücke auszumachen ist. Übrigens: Gegenüber der Kirche auf der gleichen Seite der Brücke ist – ein öffentliches WC.

◩ Die Bogenbrücke von Machunzeti

Mündung des Atscharis-Zqali-Flusses in den Tschorochi-Fluss

Etwa 13 km vor Batumi mündet der Atscharis Zqali in den Tschorochi (Chorokh), der aus der Türkei kommend das Territorium Adschariens 26 kurze Kilometer durchfließt, um sich weiter südlich in einem Delta ins Schwarze Meer zu ergießen.

Chelwatschauri/Khelvachauri 296/A3
ხელვაჩაური

Die **Kreisstadt** am Unterlauf des Tschorochi-Flusses, 10 km vom Meer entfernt, bietet nichts von touristischem Interesse. Man durchfährt sie auf einer guten Asphaltstraße, die von herrlichen alten Bäumen flankiert wird, deren ausladende Kronen fast schon ein Dach bilden. Rechts und links der Straße quälen heruntergekommene Wohnblocks das Auge. Die Straße führt zu einem Kreisverkehr und schon kurz danach zu einem zweiten Kreisel, den man in Richtung der Tbel-Abuseridse-Straße verlässt. Nach Überqueren der Gribojedow-Straße (rechts am rosafarbenen Gebäude des Hotels L-Bakuri leicht zu erkennen) ist man auf der Tschawtschawadse-Straße und damit schon im Zentrum Batumis.

■ **Touristeninformationszentrum** im Gebäude der Stadtverwaltung, mobil: 577 90 90 95.

Poti   296/A1
ფოთი

Poti liegt nicht mehr in Adscharien, sondern bereits in der sich nördlich anschließenden **Region Mingrelien**. Obwohl die Hafenstadt an der Mündung des Rioni eng mit der Argonautensaga verbunden ist, da *Jason* hier mit seinen Mannen an Land gegangen sein soll, erinnert nicht wirklich etwas daran. Die Stadt hat nichts von touristischem Interesse zu bieten.

Im 7. und 6. Jh. v.Chr. war die Stadt eine griechische Kolonie mit dem Namen *Phasis*, was archäologische Funde aus dem nahe gelegenen **Paliostomi-See** beweisen. Als Teil der antiken Seidenstraße wurden hier bereits im 5. Jh. Waren aus Indien, Zentralasien, dem Nahen Osten und dem Mittelmeerraum umgeschlagen. Später wurde der Ort zur türkischen Festung und schließlich 1828 von Russland eingenommen.

Als **Alexandre Dumas** 1859 hier eintraf, um seine „Reise durch den wilden Kaukasus" abzuschließen und mit dem Dampfer „Großfürst Konstantin" nach Trapezunt (heute Trabzon/Türkei) überzusetzen, musste er einige Tage in Poti verbringen. Er beschrieb es als ein Ort, in dem jede Menge Schweine durch die Straßen liefen und diese so schlammig waren, dass der Ausrufer, der einem eher desinteressierten Publikum verkündete, Zar *Alexander II.* habe beschlossen, Poti zum 1. Januar 1859 zur Stadt zu erklären, in ihnen regelrecht versank.

Im Jahr 1906 wurde in Poti der erste georgische Fußballverein gegründet. Nachdem die Stadt 1872 an die Transkaukasische Eisenbahn angeschlossen worden war, nahm der Handel einen großen Aufschwung, insbesondere als Ausfuhrhafen für Manganerz.

Aus deutscher Sicht ist Poti insofern von Interesse, als hier am 26. Mai 1918 das **Deutsche Reich** und Georgien ein Abkommen unterzeichneten, in dem Deutschland als erstes Land der Welt die neue georgische Republik anerkannte. 1894–1912 war *Niko Nikoladse* hier Bürgermeister, woran ein Denkmal nahe des Hotels Anchor erinnert.

Praktische Tipps

■ **Vorwahl:** international 00995 493, national 0 493

Informationen

■ **Geldautomat:** Die Pro Creditbank hat eine Filiale links neben dem Hotel Anchor und eine auf der Agmaschenebeli-Straße.
■ **Internetcafé:** in der Agmaschenebeli-Straße.
■ **Websites:** www.poti.ge, Infos über die Stadt; www.potiseaport.com mit englischem Link, Infos über die Terminals sowie Fähren.

Unterkunft

■ **Hotel Prime Poti,** Akaki 53, mobil: 790 90 22 66 und 592 92 92 02. Neues Hotel mit zehn modernen Zimmern, die Flatscreen und WLAN haben. EZ/DZ 53–63 € Ü/F.

■ **Hotel Anchor,** Gegidse 90, Tel. 22 60 00. Gutes Hotel, Rezeption englischsprachig und sehr nett, EZ/DZ/Suite 100/120/200 Lari mit Frühstück im Vorderhaus, im Hinterhaus etwas preisgünstigere Räume. Restaurant sehr gut eingerichtet und schmackhafte, gar nicht mal teure Küche, Verständigung mit wackligem Englisch.

An- und Weiterreise

■ **Marschrutki** kommen auf einem heruntergekommenen Markt (russ. *rynok*) an, auf dem viele Flüchtlinge aus Abchasien versuchen, ihren Lebensunterhalt zu bestreiten. Rechts neben einem relativ gut aussehenden Restaurant, in dem Männer sich die Zeit vertreiben, führt eine kleine Gasse mit Lädchen entlang. Hier erspähe man die Marschrutka Nr. 2, die nach 5–10 Minuten Fahrt via Agmaschenebeli-Straße zum Hotel Anchor bzw. zur Instra-Vertretung fährt. Marschrutki nach Batumi 8–18 Uhr, jede Stunde, 5 Lari.

■ **Der Bahnhof** ist in Marktnähe (über die Rioni-Brücke gehen).

■ **Fähre nach Odessa:** Instra-Vertretung (Ukrferry, www.ukrferry.com), Gegidse 20, InstraPoti@access.sanet.ge, Tel. 32 10 60 (russ., georg.). Das Ticketbüro liegt nur einige Häuser rechts neben dem Hotel Anchor. Der Servicegedanke ist hier wenig

▷ Das Hotel Anchor, eine gute Unterkunft in Poti

ausgeprägt, um es vorsichtig zu formulieren. Der Sohn einer Zimmervermieterin meinte gegenüber der Autorin, dass ohne Beziehungen kein Ticket zu bekommen wäre – das entspricht genau den Erfahrungen der Autorin! Evtl. kann die Rezeptionistin im Hotel Anchor helfen (auch sprachlich); sie verdient dann ein paar Lari als Dankeschön!

Die Einreise in die Ukraine ist für deutsche Staatsbürger mit einem gültigen Reisepass bis maximal 90 Tage pro Halbjahr ohne Visum möglich.

- Anreise | 344
- Ausrüstung und Kleidung | 350
- Auto- und Motorradfahren | 351
- Behinderte auf Reisen | 354
- Die beste Reisezeit | 354
- Diplomatische Vertretungen | 355
- Ein- und Ausreisebestimmungen | 355
- Einkaufen und Souvenirs | 357
- Elektrizität | 357
- Essen und Trinken | 357
- Feste und Feiertage | 365
- Fotografieren | 366
- Geldfragen | 366
- Georgien im Internet | 367
- Gesundheit | 368
- Internetcafés | 369
- Lernen und Arbeiten | 369
- Mit Kindern unterwegs | 371
- Notfälle | 371
- Öffnungszeiten | 373
- Orientierung | 374
- Post | 375
- Radfahren | 376
- Sicherheit | 377
- Sport und Erholung | 378
- Sprache und Schrift | 378
- Telefonieren | 379
- Unterkunft | 380
- Verhaltenstipps | 385
- Verkehrsmittel | 387
- Versicherungen | 390
- Zeitverschiebung | 391

9
Praktische Tipps A–Z

◁ Empfang am Flughafen in Batumi

Anreise

Anreise mit dem Flugzeug

Nonstop-Verbindungen nach Tbilisi gibt es ab München mit Lufthansa sowie ab Wien mit Georgian Airways (Air Zena). Die Flugzeit von München nach Tbilisi beträgt etwa vier Stunden.

Daneben gibt es eine Reihe von **Umsteigeverbindungen** nach Tbilisi, die zwar billiger sein können als die Nonstop-Flüge, bei denen aber auch der Flug insgesamt länger dauert. Diese sind mit den oben genannten Fluggesellschaften von anderen Flughäfen im deutschsprachigen Raum möglich, aber auch z.B. mit Air Baltic über Riga, mit LOT über Warschau, mit Turkish Airlines über Istanbul oder mit Aeroflot über Moskau.

Fluggesellschaften

Die wichtigsten Airlines mit Verbindungen nach Tbilisi sind:

■ **Air Baltic,** www.airbaltic.com. Die lettische Fluglinie bietet von Mitteleuropa aus ein immer größer werdendes Streckennetz in den Kaukasusraum mit Umsteigen in Riga (RIX). Die auf der Homepage angebotenen Preise sollte man genau prüfen, da Angabe von Nettopreisen, d.h. nach Addition von Steuern und Gebühren zuweilen mehr als doppelt so hoch wie ursprünglich angegeben, zudem Anzeige in lettischen Lat, nicht in Euro! Ankunft/Abflug in Tbilisi immer nach Mitternacht.

■ **Austrian Airlines,** www.aua.com. Von Wien (VIE) nach Odessa (ODS), von wo der Weiterflug (falls nicht mit Fähre nach Poti) nach Jerewan (EVN) mit Armenian Airlines (donnerstags) möglich ist und von da aus die Weiterreise nach Tbilisi. Auch Direktflug möglich.

■ **LOT,** www.lot.com. Die polnische LOT fliegt nach Tbilisi über Warschau (WAW) ab Frankfurt (FRA), Düsseldorf (DUS) und Hamburg (HAM).

■ **Lufthansa,** www.lufthansa.com. Von München (MUC) nonstop nach Tbilisi (TBS), von fast allen deutschen und österreichischen Flughäfen sowie von Basel (BSL), Genf (GVA) und Zürich (ZRH) mit Anschlussflügen nach München (MUC).

> Das neue Bürgerhaus in Telawi

■ **Pegasus Airlines,** www.flypgs.com. Türkische Billigairline, relativ neu auf dem georgischen Markt. Tickets in Tbilisi (am Flughafen oder im Courtyard by Marriot Hotel). Für Spontanreisende ab der Türkei eine Option.

■ **Turkish Airlines,** www.thy.com. Über Istanbul nach Trabzon, von dort weiter mit Dolmusch nach Hopa/Sarpi (Grenze), von dort mit Marschrutka (so heißt der Dolmusch in Georgien) nach Batumi. Inzwischen fliegt Turkish Airlines mehrmals wöchentlich über Istanbul nach Batumi.

■ **Ukraine International Airlines,** www.flyuia.com (mit englischem Link). Mehrmals wöchentlich ab Wien (VIE), Frankfurt (FRA), Berlin (TXL), Zürich (ZRH) oder Genf (GVA) nach Kiew (KBP) und von dort weiter nach Tbilisi.

Flugpreise

Ein Economy-Ticket von Deutschland, Österreich und der Schweiz hin und zurück nach Tbilisi bekommt man je nach Jahreszeit und Aufenthaltsdauer **ab 500 €** (inkl. aller Steuern, Gebühren und Entgelte). Fast doppelt so teuer kann es in der Hauptsaison von April bis Oktober werden.

Preisgünstigere Flüge sind meist mit **Jugend- und Studententickets** (je nach Airline junge Leute bis 25 Jahre und Studenten bis 34 Jahre) möglich. Dann gibt es einen Flug z.B. von Frankfurt nach Tbilisi und zurück ab etwa 400 €.

Kinder unter zwei Jahren fliegen ohne Sitzplatzanspruch für 10% des Erwachsenenpreises, ansonsten werden für ältere Kinder die regulären Preise je nach Fluggesellschaft um bis zu 50% ermäßigt. Ab dem 12. Lebensjahr gilt der Erwachsenentarif.

Von Zeit zu Zeit offerieren die Fluggesellschaften **befristete Sonderangebote.** Die Tickets haben in der Regel eine begrenzte Gültigkeitsdauer und eignen sich nicht für Langzeitreisende.

Indirekt sparen kann man als Mitglied eines **Vielflieger-Programms** wie www.star-alliance.com (Mitglieder u.a. Austrian Airlines, LOT, Lufthansa) oder www.skyteam.com (Mitglieder u.a. Aeroflot, KLM). Die Mitgliedschaft ist kostenlos. Die gesammelten Meilen bei Flügen innerhalb eines Verbundes reichen dann für einen Freiflug bei einer Partnergesellschaft beim nächsten Flugurlaub. Bei Einlösung eines Gratisfluges ist langfristige Vorausplanung nötig.

Buchung

Für die Tickets der Linien-Airlines kann man bei folgendem zuverlässigen Reisebüro meistens günstigere Preise als bei vielen anderen finden:

■ **Jet-Travel,** In der Flent 7, 53773 Hennef (Sieg), Tel. 02242 86 86 06, www.jet-travel.de (unter der Auswahl „Flüge").

Bordshomi: Der Zug nach Tbilisi steht bereit

Last Minute

Last-Minute-Flüge werden von einigen Airlines mit deutlicher Ermäßigung **ab etwa 14 Tage vor Abflug** angeboten. Diese Last-Minute-Flüge lassen sich nur bei Spezialisten buchen:

- **L'Tur,** www.ltur.com
- **Lastminute,** www.lastminute.de
- **5 vor Flug,** www.5vorflug.de
- **Holiday Check,** www.holidaycheck.at

Check-in

Nicht vergessen: Ohne gültigen Reisepass kommt man nicht an Bord eines Flugzeuges nach Georgien. Kinder benötigen eigene Dokumente!

Man sollte **zwei bis drei Stunden vor Abflug am Schalter** der Fluggesellschaft einchecken. Je nach Airline kann man das in der Regel ab 23 Stunden vor dem Flug zu Hause im Internet erledigen und muss am Flughafen nur die ausgedruckte Boardkarte mit Barcode nach unten auf den Scanner legen und sein Gepäck am entsprechenden Schalter abgeben. Reist man nur mit Handgepäck, kann man je nach Airline nach einer kurzen Prüfung gleich durch die Schranke in den Boardingraum.

Gepäck

In der **Economy Class** darf man pro Person in der Regel ein Handgepäckstück von bis zu 7 kg in die Kabine mitnehmen (max. 55 x 40 x 20 cm) und zwei Gepäckstücke bis zu jeweils 23 kg aufgeben. In der **Business Class** sind es pro Person meist zwei Handgepäckstücke (insgesamt bis zu 12 kg) und zwei Gepäckstücke bis zu 30 kg. Bei sog. Billigfluggesellschaften gelten andere Gewichtsklassen – man sollte sich beim Ticketkauf über die jeweiligen Bestimmungen informieren.

Beim **Handgepäck** sollte darauf geachtet werden, dass man Getränke oder vergleichbare Substanzen (Gel, Parfüm, Shampoo, Creme, Zahnpasta, Suppe, Käse, Lotion, Rasierschaum, Aerosole etc.) nur in geringen Mengen bis zu jeweils 100 ml mit ins Flugzeug nehmen darf. Diese Substanzen sind separat in einem durchsichtigen Plastikbeutel (z.B. Gefrierbeutel) zu transportieren, den man beim Durchleuchten in eine der bereitstehenden Schalen auf das Fließband legt. Auch das Notebook oder Smartphone muss in eine solche Schale gelegt werden. Hat man einen Gürtel mit einer Schnalle aus Metall, sollte man diesen ebenfalls in die Schale legen, da sonst der Metalldetektor anschlägt und man vom Flughafenpersonal abgetastet wird.

Aus Sicherheitsgründen dürfen Nagelfeilen sowie Messer und Scheren aller Art, also auch Taschenmesser, nicht im Handgepäck untergebracht werden. Diese Gegenstände sollte man unbedingt daheim lassen oder im aufzugebenden Gepäck verstauen, sonst werden sie bei der Sicherheitskontrolle einfach weggeworfen. Zudem dürfen leicht entzündliche Gase in Sprühdosen (Schuhspray, Campinggas, Feuerzeugfüllung), Benzinfeuerzeuge und Feuerwerkskörper etc. weder im Koffer noch im Handgepäck transportiert werden.

Anreise mit der Bahn

Die schönste Art, sich Georgien zu nähern, führt mit dem Zug **über den Balkan und die Türkei.** Gut eine Woche Zeit (oder mehr) sollte man für die Anreise einplanen. Die vielen interessanten Städte auf der Route laden dazu ein, sozusagen im Vorbeifahren entdeckt zu werden.

Wer es eilig hat und ohne große Unterbrechungen reisen möchte, nimmt z.B. den **Nachtzug ab Zürich oder Frankfurt** nach Wien, steigt in den neuen direkten IC nach Belgrad um und fährt von dort mit dem Nachtzug weiter nach Sofia. Hier startet – mehr oder weniger zuverlässig – der Nachtzug direkt **nach Istanbul.** Es kommt vor (wenn auch selten), dass der Zug ausfällt. In diesem Fall helfen die Busse, die dreimal täglich von Sofia nach Istanbul fahren.

Alternativ bietet sich die Anreise **über Budapest** an. Von dort dann entweder mit dem Nachtzug nach Belgrad und nach einem Besichtigungstag weiter im Nachtzug bis nach Sofia, oder – wer lieber etwas länger im Zug sitzt und weniger umsteigen möchte – mit dem neuen direkten Nachtzug von Budapest über Rumänien nach Sofia (17 Uhr).

Es gibt auch die Möglichkeit, mit dem Nachtzug von Budapest nach Bukarest zu fahren und von dort den direkten Nachtzug nach Istanbul zu nehmen.

Ab Istanbul fährt der neue Schnellzug in 4 Stunden **nach Ankara.**

Es folgt eine landschaftlich traumhafte Fahrt mit dem gut ausgestatteten „Dogu-Express" in knapp 20 Stunden **nach Erzurum** oder in 24 Stunden **nach Kars** in Ostanatolien. Solange die Bahnverbindung zwischen dem türkischen Kars und Achalkalaki in Südgeorgien noch nicht fertiggestellt ist, bleibt eine komplette Anreise mit dem Zug erstmals Zukunftsmusik. Es fahren aber täglich Busse über Trabzon **nach Batumi** an der georgischen Schwarzmeerküste. Von dort wird Tbilisi mehrmals täglich mit dem modernen Schnellzug in wenigen Stunden erreicht.

Es gibt auch – wenn die politische Lage es erlaubt – die Möglichkeit der Anreise **über die Ukraine.** Seitdem aber die direkten Schlafwagen von Berlin nach Odessa und Kiew eingestellt wurden, bieten sich hier weder landschaftlich noch kostenmäßig irgendwelche Vorteile, im Gegenteil: Die Anreise gestaltet sich erheblich umständlicher.

Buchung und Infos

Die komplizierteste, mühsamste und meist teuerste Art, so eine Reise zu buchen, führt über den Schalter einer der beteiligten Bahnen oder über deren Internetseiten: Jede Bahn listet nur ihre eigenen Angebote vollständig auf – die der anderen Bahnen dagegen oft gar nicht oder ohne jegliche Sonderpreise.

Wer es **bequem** mag, sich nicht selbst durch den Dschungel der Bahntarife und Fahrpläne schlagen und trotzdem Geld sparen will, erhält bei spezialisierten Bahn-Agenturen kompetente Beratung – und auf Wunsch die Tickets an jede gewünschte Adresse in Europa geschickt. Eine davon ist:

◼ **Gleisnost in Freiburg,** www.gleisnost.de, Tel. 0761 205 51 30. *Tanja Wallner* ist dort die Spezialistin für das in Frage kommende Gebiet. Sie ist häufig selbst auf dem Balkan, in der Türkei und Georgien unterwegs und testet die Tipps, die sie ihren Kunden gibt, persönlich.

▷ Sarpi: avantgardistische Architektur von Jürgen Mayer H. am Grenzübergang zur Türkei

Anreise mit eigenem Fahrzeug und Fähre

Über Italien, Griechenland, Türkei

Die **traditionelle Route** führt **nach Venedig** in Italien und von dort mit der Fähre nach **Igoumenitsa** auf dem griechischen Festland. Fahrpläne und Buchungsmöglichkeiten entweder im Reisebüro oder über www.richtigschiffen.de bzw. www.anek.gr. Tipp: Nach saisonabhängigen Ermäßigungen oder Familienangeboten *(familiy specials)* schauen, um die Kosten im Rahmen zu halten.

Von Igoumenitsa geht es über Ioanina und **Thessaloniki** nach Ipsala zur türkischen Grenze und weiter nach **Istanbul.** Tipp: An der OPED-Tankstelle hinter Istanbul ist ein bewachter Parkplatz, der auch von Fernfahrern benutzt wird. Dort ist kostenloses Übernachten im eigenen Fahrzeug möglich. Die Weiterfahrt führt dann durch die nördliche Türkei über Samsun und **Trabzon** bis Hopa/Sarpi (Grenze zu Georgien). Nach 15 km ist man schon in Batumi.

Über die Ukraine

Über Polen oder Tschechien und die Slowakei gelangt man in die Ukraine **nach Odessa** am Schwarzen Meer. Die Strecke von der deutsch-polnischen bis zur polnisch-ukrainischen Grenze ist 800 km lang und an einem Tag zu bewältigen. Hier bietet sich eine Übernachtung im schönen Lemberg (ukr. L'viv) an.

An **Reisedokumenten** sind erforderlich: ein noch sechs Monate über das beabsichtigte Ende der Reise hinaus gültiger Reisepass, eine in der Ukraine anerkannte Auslandskrankenversicherung und die Grüne Versicherungskarte. Ein Feuerlöscher im Auto ist in der Ukraine zwingend vorgeschrieben.

Die **Hauptstraßen** sind durchweg gut, auf Nebenstrecken jedoch nicht überall ausgebaut, es gibt Schlaglöcher, Tiere überqueren die Straßen. Für Autos deutscher Herkunft gibt es eine relativ gut funktionierende Ersatzteilversorgung. **Tankstellen** mit den gängigen Kraftstoffsorten sind ausreichend vorhanden, viele haben rund um die Uhr geöffnet, Bezahlung mit Geldkarte, MasterCard oder VISA ist in der Regel möglich.

Die Fahrt **über Tschechien und die Slowakei** verläuft fast vollständig über meist mautpflichtige Autobahnen. Bleifreies Benzin ist auch hier kein Problem.

Fähre Odessa – Poti

Etwa 6 km westlich von Odessa liegt **Iljitschowsk** (englisch: Ilyichevsk); hier fahren die Fähren von Ukrferry nach Poti ab (mit Anschluss nach Batumi).

■ **Informationen** zu Fähren, Preisen und Fahrzeiten auf www.ukrferry.com. Die Fährtickets können in Odessa vorab erworben werden (Büro in der Sabanskaja 4a). Man stelle sich auf größere Abweichungen vom Fahrplan ein.

Ausrüstung und Kleidung

Als Faustregel gilt: **So wenig Kleidung wie möglich!** Und bequem und praktisch sollte sie sein. Wer individuell durch Georgien reisen und dabei öffentliche Verkehrsmittel nutzen möchte, tut gut daran, sein **Gepäck** auf ein **Minimum** zu beschränken. In den Marschrutki ist kein Platz für große Koffer, also bietet sich ein Tagesrucksack an. Während man sich in Tbilisi ganz europäisch kleiden kann – wobei teurer Schmuck oder protzige Uhren fehl am Platze sind –, sollte man sich in abgelegeneren Gegenden äußerste Zurückhaltung auferlegen. „Konservative" **Kleidung** (also keine Trägertops oder kurze Röcke bzw. Hosen) ist hier genau richtig.

Die Kleidung richtet sich natürlich in erster Linie auch nach den **Reiseinteressen.** So benötigt man am Schwarzen Meer oder in den Städten andere Schuhe und Textilien als für eine Wandertour in den Bergen, und was genau, hängt natürlich auch von der Jahreszeit ab. Grundsätzlich sollten Kleidung und Schuhe unempfindlich, bequem und robust sein, es ist definitiv nicht nötig, sich für Modenschauen auszurüsten. Aufgrund der schlechten Gehwege empfiehlt es sich, selbst im Hochsommer geschlossenes Schuhwerk zu tragen, um Verletzungen an den Zehen vorzubeugen. In den meisten Hotels kann man etwas zum Waschen abgeben, aber es sollte unempfindlich sein, andernfalls kann das Gewebe einlaufen oder anderweitig Schaden nehmen.

Wichtig sind **Sonnenschutzmittel** und einer **Taschenlampe**. Es sei außerdem dringend auf die Mitnahme einer **Reiseapotheke** und auf benötigte Medikamente hingewiesen (s. u.).

Landkarten

Im world mapping project™ von REISE KNOW-HOW liegt eine **Georgien-Karte** im Maßstab 1:350.000 vor. Sie zeigt farbige Höhenschichten, enthält die wichtigsten Sehenswürdigkeiten und hat einen Ortsindex und Entfernungsangaben. Auf wasser- und reißfestem Material gedruckt, ist sie ein praktischer Helfer für unterwegs. Größere Orte sind auch in Landesschrift(en) wiedergegeben.

In den Hostels liegen kostenlose **Broschüren und Karten** zur Information aus (und bekommen allzu oft lange Beine). Aber auch in den Souvenirläden auf dem Rustaweli-Boulevard, der Leselidse, der Erekle II. und in der Chardin-Straße sind sie erhältlich, teurer bei Prospero's und noch teurer bei www.amazon.de. Meist kostenlos werden Landkarten und Broschüren in englischer Sprache in den zahlreichen **Touristeninformationszentren** (TIZ) abgegeben, wenn auch das Gewünschte nicht immer vorrätig ist. Informativ auch ein Blick auf www.geoland.ge, wo man sich auch einzelne Blätter herunterladen kann.

Auto- und Motorradfahren

Wer mit dem Auto nach Georgien fahren will, sollte ein wirklich guter Fahrer sein und über entsprechende Erfahrungen in anderen Ländern verfügen. Nicht nur unterscheidet sich der **Straßenzustand** erheblich von dem in Mitteleuropa, auch der Fahrstil der Georgier ist gewöhnungsbedürftig. Es gilt grundsätzlich, dass Straßen- und Verkehrssituation nur ein weit langsameres Vorwärtskommen als in Deutschland, Österreich oder der Schweiz zulassen!

Die **Ost-West-Transversale M1** ist eine gut ausgebaute Straße, ebenso die **Straße entlang der Küste** von Poti nach Sarpi an der türkischen Grenze. Auch die Georgische Heerstraße ist erstaunlich gut ausgebaut. Es gibt **zweisprachige Wegweiser,** entlang der M1 sogar

▷ Synagoge in Oni

dreisprachig (man verzichtet nicht auf den Hinweis auf Sochumi in Abchasien, diesen Hinweis gibt es sogar in Russisch). Allerdings: Mittellinien, Straßenbegrenzungslinien oder gar Leitplanken wird man vergeblich suchen. Auf Nebenstrecken, die auch gänzlich unbefestigt sein können, hat man alle Chancen, sich das Auto zu ruinieren.

In den **Bergen** (z.B. in Chewsuretien, Tuschetien, Swanetien) herrschen besondere Bedingungen. Hier ist es generell nur vier bis sechs Monate im Jahr möglich zu fahren. In der übrigen Zeit liegt Schnee oder sind die unbefestigten Wege von Lawinen verschüttet, die Pässe gesperrt. Ohne Allradantrieb ist die Fahrt sowieso nicht ratsam. Es gibt auch keinerlei Schutz vor Steinschlag.

Eine weitere Herausforderung sind **Tiere,** die auf den Straßen herumspazieren oder liegen (und auch oft nicht aufstehen, da sie von einheimischen Fahrern umfahren werden). Generell sollte man **Nachtfahrten vermeiden!** Durch Tiere, plötzlich auftretende Schlaglöcher und oft mangelnde Fahrpraxis kommt es zu einem Fahrstil der Einheimischen, der sich grundsätzlich von dem in Mitteleuropa üblichen unterscheidet.

Die Versorgung mit bleifreiem Benzin (russ. *nje-etilisirowannij bensin*) stellt kein Problem dar, zahlreiche **Tankstellen** verschiedenster Anbieter findet man überall. Im Notfall, z.B. auf Dörfern, verkaufen Familien Benzin aus Flaschen oder Fässern. Hier muss man sich durchfragen, denn nur Einheimische wissen, wer mit Benzin handelt. Die Qualität dieses Benzins kann hier nicht bewertet werden.

Da viele Georgier am Existenzminimum leben, ein Auto aber ein wichtiges Statussymbol ist, borgen einige sich das Geld für ein oft schon sehr klappriges Gebrauchtfahrzeug, für den Abschluss einer **Versicherung** reicht das Geld aber nicht. Sollte ein Unfallgegner tatsächlich über eine Haftpflichtversicherung verfügen (man rechne besser nicht damit), dann ist die Deckungssumme mit Sicherheit wesentlich geringer, als man es etwa aus Deutschland gewöhnt ist.

< An schwierige Straßenverhältnisse muss man sich gewöhnen, wenn man in Bergregionen unterwegs ist

Mietwagenfirmen sind im Kapitel zu Tbilisi aufgeführt.

Einige Verkehrsregeln und Strafen

■ Es gilt die **0,0-Promillegrenze,** andernfalls werden Strafen von 150 bis 200 Lari fällig. Bei Trunkenheit am Steuer wird der Führerschein für sechs Monate einbehalten.
■ Auf allen Fernstraßen, auf denen 80 km/h gefahren werden darf, herrscht **Gurtpflicht,** es drohen 20 Lari Bußgeld.
■ Bei Personen- oder Sachschaden infolge von **Geschwindigkeitsübertretung** wird der Führerschein für ein Jahr eingezogen, Ausländer müssen 300 Lari Bußgeld zahlen.
■ Bei Nichtbeachten von **Parkverbotsschildern** drohen 40 Lari Bußgeld.

Motorradfahren

Motorradfahrern sei empfohlen, keine schwere Maschine, sondern ein **geländegängiges Modell** zu wählen. Das Krad sollte auch tolerant gegenüber etwaigen Unterschieden in der Qualität des Benzins sein.

Wichtig für Kradfahrer, die nach **Aserbaidschan** weiterreisen wollen: Bei der Einreise nach Aserbaidschan müssen 60 Prozent des Zeitwertes als **Kaution** hinterlegt werden (wie dieser Zeitwert ermittelt wird, konnte im Rahmen der Recherche nicht ermittelt werden). Diese Kautions-Regelung gilt nicht für Pkw und nicht für Kräder im Transitverkehr. Bei der Ausreise aus Aserbaidschan wird dann die Kaution erstattet.

Gute Reiseberichte, Tipps und Tricks sowie schöne Fotos findet man auf der Homepage www.hothaus.de/greg-tour.

Entfernungsangaben

Die Angaben sind als Richtwerte zu verstehen. Sie können bei der Planung einer Tour helfen.

■ **Ambrolauri** – Oni: 35 km
■ Ambrolauri – Schowi über Oni: 65 km
■ **Batumi** – Osurgeti: 50 km
■ **Batumi** – Sarpi: 15 km
■ **Bordshomi** – Bakuriani: 30 km
■ **Kasbegi** – Grenzübergang Darjal (Russland): 15 km
■ **Kutaisi** – Ambrolauri: 105 km
■ Kutaisi – Poti über Senaki: 105 km
■ **Kutaisi** – Sugdidi: 110 km
■ **Kutaisi** – Tschiaturi: 80 km
■ **Lentechi** – Ushguli: 130 km
■ **Mestia** – Ushguli: 50 km
■ **Oni** – Schowi: 30 km
■ **Sugdidi** – Batumi via Senaki und Poti: 145 km
■ **Sugdidi** – Mestia: 145 km
■ **Schatili** – Omalo über Tbilisi, Gurdshaani, Telawi: 425 km
■ **Tbilisi** – Achalkalaki über Gori, Chaschuri und Achalziche: 293 km
■ Tbilisi – Bolnisi: 55 km
■ Tbilisi – Bordshomi: 170 km
■ Tbilisi – Gagra: 565 km
■ Tbilisi – Gori: 98 km
■ Tbilisi – Grenzübergang Bawra (Armenien) über Bordshomi, Achalziche, Achalkalaki: 335 km
■ Tbilisi – Grenzübergang Krasnij Most/ Rote Brücke (Aserbaidschan): 60 km
■ Tbilisi – Grenzübergang Lagodechi (Aserbaidschan): 120 km
■ Tbilisi – Gudauri: 110 km
■ Tbilisi – Kasbegi: 150 km
■ Tbilisi – Kutaisi: 255 km
■ Tbilisi – Schatili: 150 km
■ Tbilisi – Suchumi: 470 km
■ Tbilisi – Zchinwali: 35 km

Behinderte auf Reisen

Behinderte führen in Georgien ein schweres Leben, es gibt praktisch keine Maßnahmen zur Integration und auch im Bewusstsein der Menschen wurde noch keine Sensibilität für ihre Probleme geweckt. So wird man keine Gehbehinderten sehen, die in Rollstühlen durch die Stadt fahren, oder Ampeln, die auf die Belange von Blinden eingehen. Die Benutzung öffentlicher Verkehrsmittel ist unmöglich, da weder die Fahrzeuge noch die Bahn- und Bussteige, sofern überhaupt vorhanden, dafür eingerichtet sind. In der Tbilisier Metro gibt es zwar Rolltreppen, aber keinen Fahrstuhl.

Behinderte Familienmitglieder werden von ihren Familien versteckt, die schwer an der materiellen Last tragen müssen. So darf es nicht wundern, dass es für Behinderte praktisch unmöglich ist, in Georgien zu reisen, vor allem Gehbehinderte stehen vor einem Wald von Barrieren.

Erst 2004 wurde von Privatpersonen die **Allianz der georgischen Behinderten** gegründet, die sich als nichtstaatliche Organisation für die Belange Behinderter einsetzt. In den Wirren der politischen Umgestaltung verloren die Behinderten noch jenen bescheidenen Anspruch auf soziale Betreuung, den sie vorher hatten.

Die beste Reisezeit

Die beste Reisezeit sind **Frühjahr und Herbst,** wenn die klimatisch sehr unterschiedlich über das Land verteilten Bedingungen eine umfangreiche Erkundung des Landes erlauben. In den heißen Sommermonaten hält man es am besten an der Küste des Schwarzen Meeres aus, sollte jedoch berücksichtigen, dass das subtropische Klima mit feuchtheißen Sommern nicht jedermanns Sache ist. Auch ist hier dann gerade Hochsaison. Unerträglich heiß ist es in Tbilisi ab Ende Juni bis etwa Mitte September.

Die **Sommermonate** sind jedoch die einzige Zeit, in der die interessanten Orte im Hochkaukasus bereist werden können, da sie oft schon ab Oktober von der Außenwelt abgeschnitten sind. So ist es erst ab Juni möglich, die abgeschiedenen Orte in Chewsuretien (Schatili) zu besuchen, ab Oktober ist damit schon wieder Schluss. Während man es in Tbilisi ohne Klimaanlage kaum aushält, liegt auf den höchsten Gipfeln des Kaukasus noch Schnee oder Tauwetter verwandelt die unbefestigten Straßen in tiefen Morast. Die Straßen sind dann auch für Allradfahrzeuge unpassierbar.

Wintersportfreunde, die die lange Anreise nicht scheuen und Skigebiete suchen, in denen Schlangestehen am Skilift unbekannt ist, können im Kaukasus ihrer Leidenschaft frönen.

Diplomatische Vertretungen

Wer sich intensiver mit Georgien beschäftigen will oder spezielle Fragen hat, kann sich an die Botschaften wenden:

■ **Georgische Botschaft in Deutschland**
Rauchstr. 11, 10787 **Berlin,** Tel. 030 484 90 70, http://germany.mfa.gov.ge
■ **Georgische Botschaft in Österreich**
Konsularabteilung, Marokkanergasse 18, 1030 **Wien,** Tel. 01 710 36 11
■ **Georgische Botschaft in der Schweiz**
Seftigenstrasse 7, 3007 **Bern,**
Tel. 031 351 58 61

Heimatvertretungen in Tbilisi

■ **Deutsche Botschaft**
c/o Sheraton Metechi Palace Hotel, Telawi 20 (Metro: 300 Aragweli), Tel. 032 44 73 00, in dringenden Notfällen Tel. 599 58 61 91, www.tiflis.diplo.de
■ **Österreichisches Honorarkonsulat**
Garekakheti-Straße 20, Tel. 032 274 58 86
■ **Schweizer Botschaft**
Krtsanissi 11 (Stadtteil Ortatschala), Tel. 322 75 30-01/-02, www.eda.admin.ch/tbilisi

Ein- und Ausreisebestimmungen

Die genannten Einreisebestimmungen galten **im Frühjahr 2015.** Man sollte sich vor der Reise noch einmal bei der georgischen Botschaft erkundigen.

Reisende mit einem Reisepass der EU oder der Schweiz können sich innerhalb eines Halbjahres (180 Tage) **bis zu 90 Tage visumfrei** in Georgien aufhalten. In dieser Zeit sind Aus- und Wiedereinreisen möglich, die Aufenthaltstage werden nach Wiedereinreise weitergezählt. Der komplette, addierte Aufenthalt in Georgien darf jedoch 90 Tage innerhalb von 180 Tagen nicht überschreiten. Der **Reisepass** muss mindestens bis zum Zeitpunkt der Ausreise gültig sein. Der Personalausweis reicht nicht für die Einreise nach Georgien. Kindereinträge im Reisepass eines Elternteils sind nicht mehr gültig. Jedes **Kind** benötigt ein **eigenes Ausweisdokument.**

Reist ein **minderjähriges Kind** deutscher Staatsangehörigkeit nur mit einem Elternteil nach Georgien ein, ist das Mitführen der Vollmacht des anderen Elternteils nicht erforderlich. Die Deutsche Botschaft Tiflis rät dennoch dazu, insbesondere bei Kindern deutsch-georgischer Eltern, dass der mit dem Kind reisende Elternteil die Einverständniserklärung des anderen Elternteils bei sich führt. Einer Begleitperson, die nicht Vater oder Mutter des Kindes ist, sollte immer eine Vollmacht der Eltern mitgegeben werden. Eine Beglaubigung der Vollmacht durch die Konsularabteilung der Georgischen Botschaft in Berlin ist nicht erforderlich (Stand: März 2015).

Die **Einreise aus der Russischen Föderation (Nordossetien)** nach Georgien ist für Touristen zwar grundsätzlich über den Grenzübergang Dariali/Hoher Lars möglich, **man beachte jedoch unbedingt die Sicherheitshinweise des Auswärtigen Amtes!**

Zollbestimmungen

Mit Ausnahme der international üblichen Einfuhrverbote bestehen **keine Einfuhrbeschränkungen,** auch nicht für größere Geldsummen. Wer humanitäre Hilfsgüter in größeren Mengen mitbringt, sollte den Empfänger veranlassen, alle Zollfragen im Voraus zu klären.

Die **Ausfuhr von Teppichen** und handelsüblichen **Antiquitäten** erfordert eine Genehmigung des Kulturministeriums, die mit Hilfe der Verkäufer meist in kurzer Zeit erhältlich ist. Besonders wertvolle Antiquitäten und andere bedeutende Kulturgüter unterliegen einem Ausfuhrverbot. Vor Geschäftsabschluss sollte sich der Käufer über mögliche Ausfuhrbeschränkungen informieren.

Bei der Rückeinreise gibt es auch **auf europäischer Seite** (EU und Schweiz) Freigrenzen, Verbote und Einschränkungen. Folgende **Freimengen** gelten:

■ **Tabakwaren** (für Personen ab 17 Jahren): 200 Zigaretten oder 100 Zigarillos oder 50 Zigarren oder 250 g Tabak oder eine anteilige Zusammenstellung dieser Waren.
■ **Alkohol** (für Personen ab 17 Jahren) **in die EU:** 1 l Spirituosen (über 22 Vol.-%) oder 2 l Spirituosen (unter 22 Vol.-%) oder eine anteilige Zusammenstellung dieser Waren, und 4 l nicht-schäumende Weine, und 16 l Bier; **in die Schweiz:** 5 l bis zu 18 Vol.-% und 1 l über 18 Vol.-%.
■ **Andere Waren (in die EU):** 10 l Kraftstoff im Benzinkanister; für See- und Flugreisende bis zu einem Warenwert von insgesamt 430 €, über Land Reisende 300 €, alle Reisende unter 15 Jahren 175 € (bzw. 150 € in Österreich); **in die Schweiz:** 25 l Kraftstoff im Benzinkanister, 1 kg Fleisch/Fisch, 1 kg Butter, 5 kg Speisefette/-öle bzw. ein Gesamtwert von 300 SFr für neu angeschaffte Waren für den Privatgebrauch.

Wird die Wertfreigrenze überschritten, sind **Einfuhrabgaben** auf den Gesamtwert der Ware zu zahlen und nicht nur auf den die Freigrenze übersteigenden Anteil. Die Berechnung erfolgt entweder pauschal oder nach dem Tarif jeder einzelnen Ware zzgl. sonstiger Steuern.

Einfuhrbeschränkungen bestehen u.a. für Tiere, Pflanzen, Arzneimittel, Betäubungsmittel, Feuerwerkskörper, Lebensmittel, Raubkopien, verfassungswidrige Schriften, Pornografie, Waffen und Munition; in Österreich auch für Rohgold und in der Schweiz auch für CB-Funkgeräte.

Nähere Informationen
■ **Deutschland:** www.zoll.de
oder unter Tel. 0351 44 83 45 10.
■ **Österreich:** www.bmf.gv.at
oder unter Tel. 01 514 33 56 40 53.
■ **Schweiz:** www.ezv.admin.ch
oder unter Tel. 061 287 11 11.

Einreise mit eigenem Fahrzeug

Bei Einreise mit dem eigenen Pkw nach Georgien gilt eine **maximale Verweildauer von 90 Tagen** für das Kraftfahrzeug. Kann diese Frist nicht eingehalten werden, muss eine Ummeldung des Kfz erfolgen oder ein Antrag auf Fristverlängerung gestellt werden. Bei Überschreitung der genannten Frist drohen empfindliche Geldbußen.

Einkaufen und Souvenirs

Inzwischen kann man **in Georgien problemlos fast alles kaufen, was man benötigt.** Das Angebot ist natürlich in Tbilisi am besten und vielfältigsten. Hier gibt es **Supermärkte,** die auch deutsche Waren anbieten. Schlecht ist das Angebot in den Bergregionen, mangels Kaufkraft und aufgrund der weitgehenden Selbstversorgung. Das sollte man vor der Reise in diese Regionen berücksichtigen und sich entsprechend eindecken. Das betrifft übrigens auch Bargeld, da es oft weder Wechselstuben noch Geldautomaten gibt. Lebensmittel sind auf **Märkten** weit billiger als in Supermärkten oder Geschäften.

Souvenirs

Auch für Souvenirs ist das Angebot in Tbilisi am größten, zum Beispiel in den Läden um die Leselidse-Straße. Zu empfehlen sind folgende Souvenirs:

- Musikkassetten bzw. CDs/DVDs mit **georgischer Musik** bzw. Aufzeichnungen von Tanzensembles, etwa der „Georgian Legend" des Erisioni-Musik- und Tanzensembles
- **Puppen** in georgischen Nationaltrachten, die je nach Region variieren
- georgischer **Wein**
- **Trinkhörner** *(Kanzi)* aus Ziegen- oder Widderhorn, deren Spitzen und Mundstücke kunstvoll mit Metallarbeiten verziert sind
- **Kleidungsstücke und Kappen,** die den georgischen Trachten nachempfunden sind
- handgefertigte **Dolche und Messer** (nicht ins Handgepäck!)
- georgischer **Branntwein** *(Tschatscha)*
- **Bücher** in deutscher Sprache, z.B. Kochbücher, erstanden in Souvenirläden, u.a. auf dem Rustaweli-Boulevard, der Leselidse-, Chardin- oder Erekle-II-Straße (georg. *Erekles meoris kutscha*) in Tbilisi.

Elektrizität

In Georgien werden wie bei uns **220 V, 50 Hz Wechselstrom** verwendet. Die **Steckdosen** sind wie bei uns zweipolig und können problemlos benutzt werden.

Essen und Trinken

Georgische Küche

Die georgische Küche zeichnet sich durch eine **große Vielfalt** aus, begünstigt durch das Klima und viele Einflüsse der ehemaligen Invasoren. Sie kann daher zu einer richtigen Entdeckungsreise werden. Eine Vielzahl bei uns unbekannter Gemüse-, Fleisch- und Fischgerichte sowie raffinierte Soßen sind ein echter Gaumenschmaus. Vegetarier sind in Georgien gut dran, nicht aber Veganer, da in vielen Speisen Milchprodukte verwendet werden. Immer wird zusätzlich Brot gereicht.

↑ Frische ist Trumpf!

Typische Speisen

Nachfolgend eine Auswahl an Speisen. Wer sich an ihrer Zubereitung versuchen möchte, sollte sich in einem Souvenirladen in Georgien oder im Onlinehandel ein georgisches Kochbuch anschaffen, denn hier können die Gerichte nur im Überblick vorgestellt werden. Eins steht fest: Sie **schmecken gut** – und gesundheitsfördernd sind sie auch, denn sie werden ausschließlich aus **Naturprodukten** hergestellt, also z.B. ohne künstliche Geschmacksverstärker. Farbstoffe sind entweder Safran oder Safranersatz (getrocknete Ringelblumen) oder auch Tomaten. Beliebt sind Walnüsse (*kakali*, ohne Schale *nigosi*). Wer gesunde Hausmannskost liebt, ist in Georgien genau richtig. Es sei nochmals daran erinnert, dass das georgische ch wie im deutschen „ach" gesprochen wird.

Gemüsegerichte und für Vegetarier Geeignetes

■ **Chatschpuri:** Käsepizza, ein Nationalgericht! Weizenmehl und Joghurt oder Wasser werden zu einem Teig vermischt, der wie eine Pizza rund ausgerollt und meist mit Sulguni-Käse belegt wird. Es gibt regional unterschiedliche Ausprägungen, z.B. wird statt des Sulguni auch Büffelmozzarella oder Frischkäse verwendet. In Adscharien wird auf die dort schiffchenförmige Chatschpuri noch ein rohes

Essen und Trinken

Ei aufgeschlagen. So oder so: ein sehr kalorienreiches Gericht!

■ **Elardschi:** Mais-Käsebrei, vergleichbar mit Gomi, jedoch lässt man den Sulguni-Käse einschmelzen und verrührt ihn dann.

■ **Gomi:** Maisbrei, in Westgeorgien verbreitet, wird mit geräucherten Sulguni-Käsescheiben belegt. Gelegentlich auch Hirsebrei.

■ **Lobiani:** Gebäckstück gefüllt mit roter Bohnenpaste.

■ **Lobio:** Eintopf aus roten Bohnen, im Tontopf zubereitet, Zutaten sind Bockshornklee, Koriander und Walnüsse.

■ **Mtschadi:** Maisbrot, aus Maismehl und Wasser hergestellte Brötchen; aufgeschnitten und warm zu Vorspeisen oder Salaten serviert.

■ **Mzwane Lobio Kwerzchit:** Grüne Bohnen mit Ei, Vorspeise; die grünen Bohnen werden gedämpft und anschließend mit geschlagenem Ei übergossen, dann stocken lassen.

■ **Nigswiani Badrishani:** Auberginen mit Walnüssen; in Scheiben geschnittene Auberginen werden angebraten, mit einer Paste aus Chmeli Suneli, gemahlenen Walnüssen, Gewürzen und Korianderkraut bestrichen; auch einfach Badrishani genannt, schmecken vorzüglich zu warmem Brot aus dem Tone-Ofen.

■ **Pchali:** Aus fein gehacktem Spinat, roten Beeten oder Auberginen hergestellte Paste, gewürzt mit Knoblauch, Kräutern und zerkleinerten Walnüssen.

■ **Puri:** Brot, im Ofen gebackenes Weißbrot in Schiffchenform, schmeckt ganz frisch und warm am besten, hält sich aber mehrere Tage. Der Ofen nennt sich Tone. Wenn man über Land fährt, kann man oft Leute an einem unscheinbaren Fenster (eher eine Luke) beobachten, die das georgische Brot kaufen. Über dem Fenster steht lediglich, oft handschriftlich: **Tone** (თონე).

■ **Soko chachwita da kindsit,** Pilze (georg. *Boko*, russ. *griby*) mit Zwiebeln und Koriander; in Öl gebratenen Zwiebeln werden Pilze beigefügt und zum Schluss mit Walnusskernen (georg. *nigosi*) und Koriander vermischt.

Gewürze, Gewürzkräuter und Grünzeug

■ **Chmeli Suneli:** Heißt auf Deutsch „getrocknete Kräuter"; traditionelles kaukasisches Gewürzpulver mit regional leicht variierender Zusammensetzung. Besteht hauptsächlich aus Bockshornklee, Koriander, Dill, Basilikum, Bohnenkraut, Sellerieblättern, Majoran, Minze. Auf Märkten erhältlich, wo man auch probieren kann.

■ **Dshondsholi-Kraut:** Eingelegte Blütenknospen der Pimpernuss (lat. *Staphylea pinnata*), wird besonders oft in Swanetien angeboten und ist bei Touristen der Renner. Als kalte Vorspeise auch zu Brot oder als feine Zugabe zu Fleischgerichten gereicht.

■ **Teller mit Grünzeug:** Achten Sie einmal darauf, wie oft die Georgier zu den auf einem meist länglichen Teller bereitgestellten Frühlingszwiebeln, Petersilie, Basilikum, Radieschen etc. (jahreszeitenabhängig) greifen – Gesundheit pur!

Suppen, Eintöpfe und Fleischgerichte

Suppen und Eintöpfe werden in Georgien fast immer aus ziemlich grob geschnittenen Stücken Fleisch oder Gemüse zubereitet. Das tut ihrem vorzüglichen Geschmack keinen Abbruch. Beachten Sie bitte, dass **in Tontöpfen oder Tonschalen** zubereitete Gerichte sehr heiß sind, auch die Gefäße selbst! Suppen und Eintöpfe werden fast ausschließlich im häuslichen Umfeld genossen, ganz selten auf Festtafeln serviert.

■ **Chartscho:** Rindfleischeintopf mit Reis; man lässt Rindfleischwürfel ca. 2 Std. köcheln, dann wird etwas Reis zugegeben und mit Zwiebeln und anderen Gemüsen sowie Fleischbrühe abgelöscht. Koriander darf nicht fehlen.

■ **Chinkali:** Gefüllte Maultaschen aus Nudelteig; kreisrunde Nudelteigstücke werden mit gewürztem Hackfleisch (u.a. Koriander) belegt und so zusammengezwirbelt, dass oben eine Art Knauf entsteht, an dem die in Wasser gekochten Chinkali zum Verzehr angefasst werden. Man erwirbt bei den Georgiern großes Ansehen, wenn man es schafft, einen Chinkali am Knauf anzufassen, weiter unten ein Loch in das Klößchen zu beißen und die sehr schmackhafte Bouillon auszusaugen, ohne einen Tropfen zu verlieren. Der Knauf wird oft nicht mitgegessen. Im Restaurant werden meist fünf Stück bestellt.

■ **Dolma/Tolma:** Mit Rind- oder Schweinefleisch gefüllte Weinblätter, gewürzt mit Chmeli Suneli, Knoblauch und Tomatenmark. Oft mit Joghurtsoße serviert.

■ **Kababi:** Zu länglichen Zylindern geformtes gegrilltes Hackfleisch, oft mit hauchdünnen, ungesüßten Pfannkuchen umhüllt. Mit Zwiebelringen und Granatapfelkernen verziert, oft auf Spieß aufgezogen. Preisgünstig und sättigend.

■ **Katmis Mchali:** Kalte Vorspeise aus Hühnerfleisch; gekochtes Suppenhuhn wird mit Walnussstücken, Chmeli Suneli und Knoblauch vermengt und mit etwas Hühnerbrühe übergossen. Mit Granatapfelkernen und Paprikastreifen belegt.

■ **Katmis Tabaka:** Hähnchen Tabaka; Stubenküken werden so aufgeschnitten und zurecht gelegt, dass sie quasi die Form eines Schmetterlings annehmen, und in einer Pfanne gebraten. Dazu wird Tqemali-Soße gereicht.

■ **Katmis Tschichirtma:** Hühnersuppe mit Ei; eine schmackhafte Hühnerbouillon wird mit Koriander und geschlagenem Ei vermischt. Oft einfach Tschichirtma genannt (dann ohne Ei); gut, wenn eine Erkältung im Anzug ist! Als Beilage Brot. Tipp: Bevor Sie weitere Gerichte bestellen, versuchen Sie erst einmal, diese Suppen zu schaffen!

■ **Kaurma/Qaurma** (Ka-urma gesprochen): Hammel- oder Schweineleber angebraten und in Brühe unter Zugabe von Tomaten, Koriander, Dill und Estragon gedünstet.

■ **Kubdari:** Chatschapuri gefüllt mit Fleisch, stammt ursprünglich aus Swanetien.

■ **Kupati:** Wurst aus Schweinefleisch, mit Knoblauch, Zwiebeln, Bohnenkraut; vor Verzehr erwärmt, mit Granatapfelkernen und gehackter Zwiebel warm serviert.

■ **M'zwadi,** auch *Basturmis Mzwadi:* Marinierter Fleischspieß, bei uns als Schaschlik bekannt, die Fleischstücke werden in Gewürzmarinade mariniert (besonders gut unter Zugabe von Weißwein) und anschließend auf Spießen gegrillt. M'zwadi wird heute meist nur als Stücke auf dem Teller serviert. Unerlässlich: Tqemali-Soße! Dazu passen auch eingelegtes Dshondsholi-Kraut oder Tomaten-Gurkensalat, der übrigens ohne Essig und Öl, aber mit Zwiebelringen und zuweilen Granatapfelkernen gereicht wird.

■ **Odschachuri:** Fleisch-Kartoffelpfanne; gegrilltes Fleisch und gebratene Kartoffelspalten werden zusammen in einem Tontopf oder einer Tonpfanne (georg. *kezi*) serviert.

■ **Ostri:** Eine Art Gulasch aus Rindfleischstücken und Tomaten, am besten mit Brot essen.

■ **Sapchuli zweni:** Sommersuppe; Suppenfleisch vom Hammel oder Lamm wird gekocht und mit zahlreichen Gemüsesorten und Apfelspalten angereichert.

■ **Schila Plawi:** Reis mit Hammelfleisch, gewürzt mit Zwiebeln und Kümmel.

■ **Schkmeruli** oder *Zizila schkmerulad:* Gebratenes Hühnchen mit Knoblauchsoße; das Schkmerulier Hühnchen wird in etwa so wie das Brathähnchen Tabaka zubereitet, aber mit einer kräftigen Knoblauchsoße übergossen. Schkmeri ist ein Dorf in Ratscha südlich von Oni, aus dem dieses Gericht herstammt.

■ **Tschachochbili:** Geflügeltopf mit Tomaten; Brathähnchen in Stücke zerlegt und mit angebratenen Tomaten und Zwiebeln verfeinert. Dazu passt frisches Brot.

Milchprodukte

■ **Mazoni:** Der georgische Joghurt schmeckt hervorragend und gilt als ein Grund dafür, warum die georgische Küche auch als „Küche der Hundertjährigen" bezeichnet wird. Dünnflüssig wie ein Getränk genossen ein idealer Durstlöscher, stärkt das Immunsystem! Wird auf Märkten in Gläsern verkauft, zuweilen geht ein Mann durch das Stadtviertel und ruft einfach „Mazoni" aus. In festerer Konsistenz ebenfalls verfügbar.

- **Sulguni-Käse:** Wird in großen, runden Laiben auf dem Markt angeboten, frisch oder geräuchert, unerlässlich für Chatschpuri (s.o.).

Soßen

- **Adshika:** Rote Paprikasoße mit Chili; gibt es auch in der grünen Variante aus scharfem grünen Paprika.
- **Tqemalis sazebeli:** Pflaumensoße, hergestellt aus Tqemali-Pflaumen oder grünen Mirabellen, Knoblauch und Kräutern, zu Mzwadi unerlässlich. *Nikita Chruschtschow* wird nachgesagt, er habe anlässlich eines Besuches in Tbilisi gesagt, mit dieser Soße würden sogar Nägel schmecken.

Süßigkeiten

Süßigkeiten werden in Georgien vor allem im Herbst und Winter genossen. Zum Erntedankfest, zu Neujahr und Weihnachten haben nachfolgende Süßigkeiten Hochsaison:

- **Dshandshucha:** Haselnüsse werden aufgefädelt und mehrfach durch eingedickten Traubensaft gezogen. Aus Westgeorgien.
- **Gosinaki:** Snack aus Walnüssen, Honig und Zucker; wird zwischen Silvester und dem orthodoxen Weihnachten in Rhomben geschnitten serviert.
- **Pelamuschi:** Der Traubensaft aus Westgeorgien wird mit Maismehl aufgekocht und erinnert an Pudding.
- **Tatara:** Dieser Traubensaft stammt aus Ostgeorgien und wird mit Weizenmehl hergestellt; erinnert ebenfalls an Pudding.
- **Tschurtschchela:** Ganze Walnüsse werden aufgefädelt und mehrfach durch eingedickten Traubensaft gezogen. Zum Verzehr werden die „georgischen Snickers" in schräge Stücke geschnitten, verkauft werden sie in langen Stangen, die oft an Ständen oder Geschäften hängen. Stammt aus Ostgeorgien.

⌄ Es ist angerichtet – Speisen aus Kachetien

Gaststätten

In vielen Restaurants muss man mit **10–25 Lari einschließlich Getränken** rechnen. Das gilt natürlich nicht für die meisten Hotelrestaurants im Hochpreissektor. In Tbilisi ist es generell etwas teurer. Im Zentrum der Hauptstadt kann man das Mittagsmenü *(Business Lunch)* der beiden Marriot-Hotels probieren, sie bewegen sich preislich bei etwa 75 Lari (Menü inkl. Softdrink). Neben der guten Qualität der Speisen und mehrsprachiger Speisekarte genießt man mitteleuropäischen Servicestandard. Außerdem kommt man in den Genuss einer kostenlosen englischsprachigen Zeitung, die meist dort ausliegen – ihr Anzeigenteil kann eine gute Quelle für Unternehmungen in und um Tbilisi sein!

Trinkgeld (10–15%) wird gern genommen, aber der schleppende Service rechtfertigt das selten. Es ist zum Beispiel (noch) nicht üblich, dass die Bedienung nach einer Weile fragt, ob der Gast noch etwas wünscht! Im Gegenteil, man muss sich oft lange, zum Teil sehr lange bemühen, die Aufmerksamkeit des Kellners zu ergattern, der rauchend und schwatzend mit seinen Kollegen am Tresen lümmelt und sich langweilt. Männliche Gäste werden generell von der Bedienung bevorzugt!

Hat man das Essen an einem Schalter bestellt, wird dort ohne Trinkgeld bezahlt, ansonsten erfolgt die **Bezahlung** am Tisch.

Ein Tipp noch zu Restaurantbesuchen **mit Taxifahrern:** Teilen sich zum Beispiel zwei Reisende ein Taxi für eine Tagestour, so laden sie in der Regel den Fahrer zum Mittagessen ein. Bestellt man nun drei verschiedene Gerichte, so werden meist sechs Portionen serviert! Dadurch kann schnell der ausgehandelte Fahrpreis unbeabsichtigt in die Höhe schnellen, also bei beschränktem Budget besser alle das Gleiche essen und eine Portion weniger bestellen. Pfiffige Traveller nehmen ein Lunchpaket mit, das groß genug ist, um auch dem Fahrer etwas anzubieten. Ein Picknick unterwegs an einem landschaftlich schönen Ort macht Spaß, spart Zeit und Geld. Etwas zu trinken (Mineralwasser, Limonade) sollte man nie vergessen!

Zu fast jedem Mahl wird **Brot** gereicht. Wer das nicht will, muss es deutlich sagen (russ. *bes chleba*). Anders als in Mitteleuropa gibt es **keine festgelegten Gänge.**

Abgesehen von Gaststätten in kleinen Dörfern gibt es inzwischen fast überall eine mehrsprachige **Speisekarte.** Vegetarier dürften in Georgien keinerlei Probleme haben. In vielen Gerichten wird Käse und Joghurt verarbeitet oder diese in unverarbeiteter Form angeboten. Weit verbreitet ist der Einsatz von Nüssen (russ. *orechi*), z.B. Walnüssen.

Man kann das Essen in Restaurants oder an Marktständen im Allgemeinen bedenkenlos verzehren.

Tischsitten

Eine Besonderheit stellt die georgische **Festtafel** *(Supra)* dar, die unter der Leitung eines *Tamada* steht. Dieser **Tischleiter** sorgt für einen geordneten und auch ritualisierten Ablauf des Festessens, bringt Trinksprüche aus und lässt Lieder singen. Zu den Ritualen gehört es, dass ein Glas auf die Verstorbenen, die Frauen, die Freunde, das Land der Gäste usw. geleert wird. Diese Reihenfolge, die leicht variieren kann, wird auch dann eingehalten, wenn man unterwegs zu „einem Gläschen" eingeladen wird.

Es ist übrigens trotz eines unglaublichen Weingenusses absolut verpönt, seine Trunkenheit zu zeigen! Und es ist ein Gerücht, dass man gezwungen wird zu trinken. Immer wieder kann man feststellen, dass Autofahrer ein Glas zum Schein mittrinken. Frauen haben sowieso mehr Freiheiten bei Tisch, und wer absolut nicht trinken mag, tut so, als ob er trinkt, und kann darauf hinweisen, dass er eine Medizin einnimmt, die sich nicht mit Alkohol verträgt.

Sollte man als Tourist zu einer Festtafel eingeladen werden, kann man den Tamada in Aktion erleben. Allerdings steht man als Ausländer immer im Mittelpunkt, was auf Dauer entweder anstrengend oder peinlich oder beides werden kann. Hier muss jeder seine eigenen Erfahrungen sammeln.

Wein aus, nicht zum Bier. **Wein** wird im privaten Kreis ab und zu im Trinkhorn, dem Qanzi (auch Kanzi), serviert. Je nach Geschick des Hausherrn, der die Gefäße meist selbst herstellt, gibt es „einfache" Rinderhörner und auch spiralförmige von Steinböcken oder Widdern. Man muss auf ex trinken, denn das Horn ist nicht abstellbar – dieses besondere Erlebnis macht viel Spaß …

Deutsch	**Georgisch**	**Russisch**
Bier	ludi	piwo
Limonade	limonati	limonad
Mineral-	mineraluri	mineralnaja
wasser	z'qali	woda
Fruchtsaft	z'weni	sok
Kaffee	qawa	kofe
Tee	tschai	tschai

Getränke

Typisch georgische Getränke gibt es eigentlich nicht. Es wird Wein, Bier, Limonade oder Mineralwasser getrunken, außerdem natürlich Kaffee und Tee. *Tschatscha* ist ein Weinbrand.

Die georgischen **Biere** werden nach deutschem Reinheitsgebot gebraut und sind gut. Ein Prost (georg. *gaumardschoß*) spricht man allerdings nur zu

> Straßenverkauf in Sugdidi

Georgischer Wein

Ein Restaurantbesuch sollte immer genutzt werden, um die **hervorragenden georgischen Weine** zu kosten. In der Fußgängerzone der Leselidse-Straße und am Gagarin-Platz in Tbilisi findet man auch gut sortierte Weinhandlungen (siehe Kapitel zu Tbilisi).

Weltweit soll es an die 4000 Rebsorten geben, mindestens ein Viertel davon wird seit Jahrtausenden in Georgien angebaut, besonders im ostgeorgischen **Kachetien**. Klima und Bodenbeschaffenheit sind hier geradezu ideal für vorzügliche Weine. Man geht davon aus, dass das Wort Wein sogar georgischen Ursprungs ist. Schon im 9. Jh. lehrte man an der Akademie von Ikalto in Kachetien neben Fächern wie Astronomie, Philosophie, Mathematik und der griechischen und lateinischen Sprache das Fach Weinbau. Im Laufe der Jahrhunderte entwickelten sich in Kachetien, Imeretien und Kartlien unterschiedliche Methoden, Wein herzustellen. Im 17. Jh. berichtete der französische Reisende *Jean Chardin*, dass er kein Land kenne, das mehr Weinsorten von so guter Qualität wie Georgien herstellt.

Außer in den genannten Regionen wächst guter Wein auch in Ratscha und Letschchumi. Der Name des Weins lässt immer auf sein Anbaugebiet schließen. Folgende Rebsorten werden in den Winzereien Georgiens u.a. verarbeitet: Saperawi, Odschaleschi, Rkatsiteli, Mtswane, Chichwi, Zolikouri, Zizka, Aladasturi, Alexandrouli, Usachelauri, Tschchaweri, Krachuna. Jede georgische Winzerei stellt Weine aus diesen Trauben her, einige Winzereien produzieren jedoch unter verschiedenen Namen. Die Winzerei GWS produziert ein Sortiment mit dem Namen „Tamada" und „Old Tbilisi".

In Georgien werden weiße, rote und Rosé-Weine hergestellt, es gibt sie als Schaumwein, trockenen, halbtrockenen und halbsüßen Wein. Die Klassifikation unterscheidet Tafel-, Spitzen- und Sammlerwein. Im Folgenden einige **bekannte Weine** (in Klammern die englische Schreibweise):

- **Chwantschkara** (Khvanchkara): halbsüßer Rotwein, schmeckt leicht nach Himbeeren, harmonischer, samtiger Geschmack, Region Ratscha.
- **Gurdshaani** (Gurjaani): trockener Weißwein, harmonisches und frisches Bouquet mit leichtem Fruchtaroma, Region Gurdshaani in Kachetien.
- **Kindsmarauli** (Kindzmarauli): halbsüßer oder trockener Rotwein, fruchtiger, harmonischer Geschmack mit gefälliger Süße, Region Kachetien.
- **Manawi** (Manavi): trockener Weißwein, ausgewogenes, fruchtiges Bouquet mit unterschiedlichen Aromen, Region Manawi in Kachetien.
- **Mukusani** (Mukuzani): trockener Rotwein, ausgesprochen samtiger Geschmack mit leicht unterschiedlichem Bouquet und Aroma, Region Mukusani in Kachetien.
- **Napareuli** (Napareuli): trockener Rotwein, fruchtiges Aroma mit ausgewogenem, samtigem Geschmack, Region Napareuli in Kachetien.
- **Odschaleschi** (Ojaleshi): halbsüßer Rotwein mit sanftem Bouquet und Aroma, harmonischer, fruchtiger Geschmack, Region Letschchumi.
- **Usachelauri** (Usakhelauri): halbsüßer Rotwein, delikates, harmonisches Bouquet mit gefälliger Süße und leichtem Geschmack nach wilden Erdbeeren, Region Letschchumi.
- **Zinandali** (Tsinandali): trockener Weißwein, harmonischer, milder und frischer Geschmack mit fruchtigem Aroma, Region Zinandali in Kachetien.
- **Zizka** (Tsitska): trockener Weißwein, harmonischer, gefälliger und frischer Geschmack, Region Imeretien.

Feste und Feiertage

- **Zolikouri** (Tsolikouri): trockener Weißwein, harmonischer, gefälliger und frischer Geschmack, raffiniertes, starkes Aroma mit fruchtiger Restsüße, Region Imeretien.
- **Zwischi** (Tsvishi): halbsüßer Weißwein, belebendes Bouquet, lieblich, Region Letschchumi.

Feste und Feiertage

- **1. Januar:** Neujahrstag
- **7. Januar:** orthodoxes Weihnachtsfest
- **19. Januar:** Epiphanias (orthodoxes Fest, Taufe Jesu)
- **3. März:** Muttertag
- **8. März:** Internationaler Frauentag
- **9. April:** Tag der Wiederherstellung der Unabhängigkeit Georgiens
- **April/Mai:** Ostern nach orthodoxem Kalender (2016: 1. Mai, 2017: 16. April)
- **12. Mai:** St. Andreastag
- **26. Mai:** Nationalfeiertag (Unabhängigkeitserklärung der ersten georgischen Republik am 26. Mai 1918)
- **28. August:** Mariamoba, Mariä Empfängnis nach orthodoxem Kalender
- **23. November:** Giorgioba, St. Georgstag
- Neben den genannten Feiertagen gibt es **Stadtfeste** (in den Ortskapiteln aufgeführt). Besonders hervorzuheben sind **Tbilisoba,** das Stadtfest von Tbilisi am letzten Sonntag im Oktober, sowie **Swetizchowloba,** das Fest der Kleinstadt Mzcheta am 14. Oktober.

⌄ Traditionelle Bäckerei

Fotografieren

Es gibt in allen größeren Städten Fotoshops, wo man Fotoutensilien kaufen und CDs brennen lassen kann. Auch in Georgien gilt: **Militärische Objekte dürfen nicht fotografiert werden!** Herausforderung bei der Motivwahl: Unerwünschte elektrische Oberleitungen, Oberleitungsmasten, wilde Müllkippen, Baukräne usw.

Geldfragen

Seit dem Jahr 1995 gilt in Georgien der **Lari (GEL).** Ein Lar besteht aus **100 Tetri,** die man aber eher selten zu Gesicht bekommt.

Der **Geldwechsel** ist unkompliziert, wenn man Euros oder US-Dollars in bar mit sich führt. In touristischen Gegenden befinden sich zahllose legale **Wechselstuben,** erkennbar an einem einfachen Schild vor der Tür oder an der Wand, das den Wechselkurs in großen Ziffern anzeigt. **Der Euro erzielt den besten Wechselkurs.**

Der **Geldautomat** ist der ideale Ort zur Bargeldbeschaffung. Sowohl mit der Bankkarte (Maestro) als auch mit Kreditkarte muss man dazu den jeweiligen **PIN-Code** eingeben. Aufgepasst: Bankkarten mit dem neuen V-PAY-Logo funktionieren in Georgien nicht! Es gibt in allen touristisch relevanten Orten Geldautomaten mit englischem und russischem Menü, mindestens aber eine Bank, in der mit Kreditkarte Geld abgehoben werden kann (nach Vorlage des Passes). Meist kann man auch US-Dollars abheben.

Ob und wie hoch **Kosten für die Barabhebung** anfallen, ist abhängig von der Bank, die die Karte ausstellt, und derjenigen, bei der die Abhebung erfolgt. Man sollte sich daher vor der Reise bei seiner Hausbank informieren.

MasterCard und VISA sind die gängigen Kreditkarten, mit denen man vorerst aber nur in einigen wenigen teuren Geschäften und in Hotels zahlen kann.

Tipp: Bargeld, Kredit- und Bankkarte sind getrennt aufzubewahren! So ist man sowohl gegen Diebstahl als auch gegen mechanische Beschädigung besser gewappnet. Nicht vergessen: Vor der Reise überprüfen, ob man die PIN noch im Kopf hat, und Notruf-/Sperrnummern notieren. Siehe unter „Notfälle", falls die Geldkarte gestohlen wurde bzw. verloren ging.

Viele Reisende bevorzugen **Travellerschecks.** Diese können natürlich auch in georgischen Banken eingetauscht werden, aber wer einmal das umständliche, eher von Hilflosigkeit geprägte Verfahren durchlitten hat, wird es sich kein zweites Mal antun.

Wer dringend Geld braucht, kann es sich über **Western Union** umgehend

Wechselkurse

- **1 € = 2,36 Lari,** 10 Lari = 4,24 €
- 1 SFr = 2,21 Lari, 10 Lari = 4,53 SFr
- 1 US$ = 2,17 Lari, 10 Lari = 4,60 US$

(Stand: März 2015, 1 € = 1,09 US$)

überweisen lassen (siehe Telefonbuch oder unter www.westernunion.com für eine örtliche Vertretung).

Georgien ist für Mitteleuropäer ein **günstiges Reiseland,** vor allem dann, wenn man auf eigene Faust reist.

Georgien im Internet

Ein Fremdenverkehrsamt für Georgien gibt es in Europa nicht. Umso nützlicher sind folgende **Internetseiten von allgemeinem touristischen Interesse:**

- **www.visitgeorgia.ge:** erfahrene Reiseagentur (seit 1997).
- **www.mfa.gov.ge:** Homepage des Außenministeriums in Englisch, u.a. mit konsularischen und touristischen Informationen.
- **www.tourism-association.ge:** informative Seite privater Touristikfirmen in Georgien.
- **www.gnta.ge:** Website der Georgian National Tourism Administration.
- **www.georgiano.de:** deutschsprachige, sehr informative Website des Georgiers *David Chitadze.*
- **www.sakartwelo.de:** Informationen über Georgien in deutscher Sprache.
- **www.geostat.ge:** Website des georgischen Statistikamtes mit englischem Link.
- **www.georgien-aktuell.de:** Infos zu Politik, Wirtschaft, Kultur, Tourismus (deutsch).
- **www.freunde-georgiens.ch:** Vereinigung der Freunde Georgiens in der Schweiz, unterstützt Projekte auf dem Gebiet von Bildung und Kultur.
- **www.kaukasische-post.de:** deutschsprachige Zeitung in Georgien für die ca. 2000 im damaligen Tiflis lebenden Deutschen, Erstausgabe erfolgte 1906 durch Baron *Kurt von Kutschenbach,* verantwortlicher Redakteur war der aus Breslau zugereiste *Arthur Leist.* Die Zeitung musste 1922 eingestellt werden. 1994 durch den deutschen Journalisten *Udo Hirsch* wiederbelebt, seit 2012 durch *Rainer Kaufmann* fortgeführt.
- **www.georgiatimes.info:** georgische Online-Zeitung mit englischem und russischem Link, gibt einen guten Einblick in das aktuelle Tagesgeschehen im Land.
- **www.tedsnet.de:** Homepage des in Deutschland lebenden Georgiers *Dr. Tedo Tavkheli* mit umfangreichen touristischen und geografischen Informationen.
- **www.eurokaukasia.de:** Reisen und Wissenstransfer, für Touristen und Wirtschaft gleichermaßen interessant.
- **www.georgischekunst.de:** *Hans Uwe Franzen* gibt Künstlern ein Forum zur Präsentation ihrer Werke.
- **www.georgien-art.de:** stellt georgische Künstler vor, deren Gemälde und Gobelins auch käuflich erworben werden können, Annahme von Auftragswerken.
- **www.georgien.bilder-album.com:** Bildergalerie mit Fotos aus allen Landesteilen und aktuelle Informationen über das Land.
- **www.ethnologie-kaukasus.de:** ethnologische Kaukasusforschung der Uni Hamburg.
- **www.geokulturforum.de:** Informationen aller Art über die Kulturszene in Georgien von Popstar bis Sprachgeschichte.
- **www.georgien-news.de:** unregelmäßig erscheinendes Magazin mit Artikeln zu Politik.

Gesundheit

Siehe auch „Reise-Gesundheitsinfos" im Anhang.

Spezielle Impfungen sind für Georgien nicht vorgeschrieben. Natürlich sollte jeder Reisende überprüfen, ob sein Standardimpfschutz noch wirksam ist.

Vor einer Reise nach Georgien sollte man eine **Auslandskrankenversicherung** abgeschlossen haben, die auch den Rücktransport ins Herkunftsland einschließt (s.u.: „Versicherungen").

AIDS (georg.: *schidßi,* russ.: *SPID*) ist in Georgien weit verbreitet, also gegebenenfalls Kondome einstecken.

Unerlässlich ist das Mitnehmen von **Medikamenten,** die täglich eingenommen werden müssen. Man sollte auch nicht vergessen, die üblichen Mittel einer **Reiseapotheke** einzupacken. Dazu gehören Medikamente gegen Durchfall, Erkältung und Schmerzen sowie Sonnenschutzmittel mit hohem Lichtschutzfaktor und Mittel gegen Insektenstiche.

Medizinische Versorgung

Wer einen **Arzt** für „kleine Wehwehchen" sucht, kann sich getrost einem georgischen Arzt anvertrauen, die Behandlung ist sofort zu bezahlen. Es empfiehlt sich, mit seiner Krankenkasse vor Reiseantritt abzuklären, ob gegebenenfalls Kosten erstattet werden und welche Unterlagen dafür einzureichen sind (s.u.: „Versicherungen"). Für dringende Behandlungen, die größere Eingriffe erfordern, sollte man die Botschaft kontaktieren (s.u.: „Notfälle"). Zu beachten ist, dass in abgelegenen Orten oft keinerlei Versorgung möglich ist! Siehe dazu auch die Webseite der Botschaft des Heimatlandes, also beispielsweise die Homepage der deutschen Botschaft in Tbilisi.

In Tbilisi und den größeren Orten des Landes gibt es **Apotheken** der Aversi- oder PSP-Kette, die im Übrigen wesentlich preisgünstiger sind als bei uns.

Hygiene

Öffentliche Toiletten sind rar (Ausnahme zurzeit Batumi). Es ist aber problemlos möglich, die WCs in Restaurants

◁ Internetcafé in einem Hinterhof in der Hauptstadt Tbilisi

oder Hotels aufzusuchen. Die Mitnahme von Papiertaschentüchern kann nicht schaden. „Wo ist bitte die Toilette?" heißt auf Georgisch: „Bodischi, ßadaa ak tualeti?" oder: „Sad aris sapirfaresho?", auf Russisch: „Skashite poschaluista, gde tualet?"

Internetcafés

Internetcafés, deren Anzahl sich (auf dem Land) noch in Grenzen hält, sind **in den Ortskapiteln erwähnt.**

Lernen und Arbeiten

Georgien sucht den Anschluss an Europa und hat sich **Hilfsorganisationen** geöffnet. Es gibt viele Möglichkeiten für Praktika oder soziales Engagement. Einsatzmöglichkeiten hängen natürlich davon ab, ob zum Anfragezeitpunkt gerade ein Projekt läuft.

Wirtschaft und internationale wirtschaftliche Zusammenarbeit

Von den zahllosen in Georgien tätigen Hilfsorganisationen können naturgemäß nur einige exemplarisch genannt werden, was jedoch keine Wertung darstellt (weitere Adressen stehen in den einzelnen Buchkapiteln).

- **Deutsche Gesellschaft für Internationale Zusammenarbeit (GIZ),** www.giz.de.
- **Kreditanstalt für Wiederaufbau (KfW),** www.kfw-entwicklungsbank.de.
- **Direktion für Entwicklung und Zusammenarbeit,** www.deza.admin.ch, Übersicht über verschiedene Entwicklungsprojekte weltweit, die von der Schweiz unterstützt werden.
- **Deutsche Wirtschaftsvereinigung Georgien (DWVG),** www.dwvg.ge, Mitgliederorganisation aus Unternehmen, die in den bilateralen deutsch-georgischen Wirtschaftsbeziehungen aktiv sind.
- **Friedrich-Ebert-Stiftung,** www.fes.ge, Nino Ramischwili 4, nahe Mziuri Park, Apartment 7, Tel. 225 07 28, 291 26 15, das Tbilisier Büro koordiniert die Aktivitäten der Stiftung in den drei transkaukasischen Republiken.
- **Georgisch-Schweizerische Handelsvereinigung,** www.gsba.org.ge, hat ihr Büro in Tbilisi in der Leselidse 44; 2005 gegründet, dient zur Förderung der georgisch-schweizerischen Handelsbeziehungen, arbeitet mit der Deutschen Wirtschaftsvereinigung zusammen.
- **Konrad-Adenauer-Stiftung,** Regionalprogramm Politischer Dialog Südkaukasus, www.kas.de/suedkaukasus/de/about/contact.
- **Robert-Bosch-Stiftung,** www.bosch-stiftung.de, Programme zu Wissenschaft, Gesundheit, Völkerverständigung, Bildung, Gesellschaft, Kultur.

Umwelt- und Naturschutz

- **World Wide Fund For Nature (WWF),** www.wwf.de, ist im Kaukasus sehr aktiv.

Kultur und Bildung

- **Deutscher Akademischer Austauschdienst (DAAD),** www.daad.de, mit Infos über Praktika und Stellenangebote.

- **Deutsche Internationale Schule in Tbilisi,** www.deutscheschule.ge, mit Infos zum Einsatz als Deutschlehrer oder Kindergartenerzieher/in.
- **Österreichischer Akademischer Austauschdienst,** www.oead.ac.at.
- **Goetheinstitute,** www.goethe.de, Einsatzmöglichkeiten als Deutschlehrer.
- **Teach and Learn with Georgia,** www.tlg.gov.ge, Freiwilligenprogramm für deutschen muttersprachlichen Unterricht an georgischen Schulen. Bewerber/innen sollten bereit sein, mindestens sechs Monate vor Ort eingesetzt zu werden und die georgischen Deutschlehrer zu unterstützen. Voraussetzungen: Volljährigkeit, Abitur, englische Sprachkenntnisse. Georgien übernimmt die Kosten für das Flugticket, die Unterbringung in einer Gastfamilie, eine einfache Krankenversicherung und eine Aufwandsentschädigung von umgerechnet 220 € pro Monat. Da diese Summe für georgische Verhältnisse sehr hoch ist, sollte man sie für sich behalten. Tipp der Autorin: Russischkenntnisse sind besonders auf dem Land unerlässlich!

Soziales Engagement

- **CVJM,** www.cvjm.de, engagiert sich mit einem Heim für Flüchtlingskinder in Telawi/Kachetien. Ansprechpartner ist Herr *Lutz Kunze,* Integrative Schule Frankfurt/Main, Platanenstr. 75, 60431 Frankfurt, Tel. 069 57 50 15, isfrankfurt@t-online.de. Informationen dazu auch über die Agentur Achenbach, www.agenturachenbach.de.
- **SOS-Kinderdörfer,** www.sos-kinderdoerfer.de, die Organisation unterhält zwei Kinderdörfer in Georgien, jeweils eins in Tbilisi und in Kutaisi.

△ An Apotheken herrscht in den Städten kein Mangel

■ **Deutscher Bund für Kriegsgräberfürsorge,** www.volksbund.de, bietet jungen Menschen eine Möglichkeit, sich zugleich mit georgischer wie auch deutscher Geschichte zu beschäftigen.

Mit Kindern unterwegs

Kinder sind in Georgien sehr beliebt und werden ziemlich verhätschelt. Trotzdem bringen sie ihren Eltern und überhaupt älteren Menschen einen großen Respekt entgegen. In den Supermärkten Tbilisis findet man Kindernahrung, Windeln, Babykosmetik, zum Teil aus Deutschland importiert. Wer in abgelegene Gegenden fährt, sollte sich vorher damit eindecken. Ein besonderes Kapitel könnte die Reise mit Kindern in der Marschrutka oder den sehr langsamen Zügen werden. Entweder nehmen es die Kinder als Abenteuer oder fangen ob des mangelnden Komforts an zu quengeln. Funparks als besondere Attraktion für Kinder gibt es z.B. in Tbilisi und Batumi.

Notfälle

Verlust von Geldkarten

Bei Verlust oder Diebstahl der Kredit- oder Bankkarte sollte man diese umgehend sperren lassen. Für deutsche Geldkarten gibt es die einheitliche **Sperrnummer 0049 116 116** und im Ausland zusätzlich 0049 30 40 50 40 50. Der TCS (Schweiz) betreibt einen Kartensperrservice; Infos unter Tel. 0844 888 111. Ansonsten gelten für österreichische und schweizerische Karten:

■ **Maestro/Bankomat,** (A-)Tel. 0043 1 204 88 00; (CH-)Tel. 0041 44 271 22 30, UBS: 0041 800 88 86 01, Credit Suisse: 0041 800 80 04 88.
■ Für **MasterCard, VISA, American Express** und **Diners Club** sollten Österreicher und Schweizer sich vor der Reise die Rufnummer der kartenausstellenden Bank notiert haben.

Ausweisverlust/Dringender Notfall

Wird der Reisepass oder Personalausweis im Ausland gestohlen, muss man dies **bei der örtlichen Polizei melden.** Darüber hinaus sollte man sich an die nächste **diplomatische Vertretung** (siehe „Diplomatische Vertretungen") seines Landes wenden, damit man einen Ersatz-Reiseausweis zur Rückkehr ausgestellt bekommt (ohne kommt man nicht an Bord eines Flugzeugs!).

Auch in dringenden Notfällen, z.B. medizinischer oder rechtlicher Art, Vermisstensuche, Hilfe bei Todesfällen, Häftlingsbetreuung o.Ä. sind die Botschaften bemüht vermittelnd zu helfen.

Medizinischer Notfall

Um im Notfall einen deutschsprachigen Arzt konsultieren zu können, wende man sich an seine **Botschaft** in Tbilisi (siehe „Diplomatische Vertretungen"). Wer nicht in der Hauptstadt ist und/oder sich auf Georgisch verständlich machen kann, eventuell mit Hilfe seines Hotels, kann auch bedenkenlos einen georgischen Arzt aufsuchen.

Es ist zu beachten, dass man im Falle einer ärztlichen Behandlung **finanziell** in Vorleistung treten muss. Erkundigen Sie sich bei Ihrer Auslandsreisekrankenversicherung, welche Unterlagen in welcher Sprache der georgische Arzt ausfüllen muss, damit zu Hause das Geld erstattet wird. Reisende, die in ein georgisches Krankenhaus eingewiesen werden müssen, werden dort nicht verpflegt. Dies ist generell Sache der Angehörigen oder von Freunden des Kranken! Ausländer können sich ihr Essen zum Beispiel aus benachbarten Restaurants bringen lassen, was aber auch wieder zu zahlen ist und zwar sofort.

Polizei und Rettungsdienst

Wie in jedem Land kann es auch in Georgien erforderlich werden, die Hilfe der Polizei in Anspruch zu nehmen, etwa bei Diebstahlsmeldungen für die Versicherung oder bei Verkehrsunfällen. Weiterhin könnte die Inanspruchnahme eines ärztlichen Rettungsdienstes nötig sein. Versuchen Sie, mit Hilfe Ihres Hotels die sprachlichen Hürden zu überwinden und nehmen Sie auch sonst Hilfe an.

Notrufnummern

- Feuerwehr: 111
- Polizei: 112
- Erste Hilfe: 113

Autopanne/-unfall

Hilfe ist z.B. für ADACPlus-Mitglieder oder ÖAMTC-Mitglieder in einigen Ländern auf dem Weg nach Georgien teilweise kostenlos. Hier die Kontaktdaten der drei größten **Automobilklubs** für Deutschland, Österreich und die Schweiz:

> 2009/10 errichtet: die Friedensbrücke in Tbilisi

Öffnungszeiten

- **ADAC,** (D-)Tel. 089 22 22 22 bei Fahrzeugschaden (man wird mit einer evtl. deutschsprachigen Notrufstation vor Ort verbunden), (D-)Tel. 089 76 76 76 für medizinische Notfälle.
- **ÖAMTC,** (A-)Tel. 01 251 20 00 oder (A-)Tel. 01 251 20 20 für medizinische Notfälle.
- **TCS,** (CH-)Tel. 022 417 22 20.

Geschäfte öffnen in Georgien kaum vor 10 Uhr. Lebensmittelläden haben später Ladenschluss als bei uns, oft öffnen sie auch sonntags. **Banken** sind von 9.30 bis 17.30 Uhr geöffnet, mit ein bis zwei Stunden Mittagspause. **Telegrafenämter** sind täglich 24 Stunden geöffnet, die **Briefpost** von 10 bis 18 Uhr, mit oder ohne Mittagspause (abhängig von der Größe des Ortes). Behörden und Polizei öffnen meist montags bis samstags von 9 bis 18 Uhr.

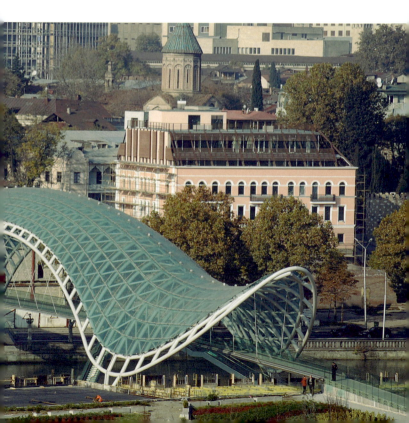

Orientierung

Innerhalb kürzester Zeit ist es gelungen, auch das kleinste Dorf mit einem **zweisprachigen Ortseingangsschild** zu versehen, d.h. in georgischer Schrift und Sprache sowie in lateinischer Schrift und englischer Sprache. Innerorts fehlen aber noch weitgehend Straßenbeschilderungen (auch auf Georgisch). Hinzu kommt, dass selbst Anwohner oft nicht sagen können, wie ihre Straße gerade heißt, ein Ergebnis der radikalen **Straßenumbenennungen** in den letzten Jahren.

⌄ Feste Öffnungszeiten gibt es in Georgien nicht, weder für Straßenverkäufer noch sonst

Post

Briefe und Karten nach Deutschland, Österreich oder in die Schweiz kosten stolze 3 Lari, Briefe ab 5 Lari, und kommen entweder nach 10 bis 14 Tagen an oder gar nicht. Diesbezüglich sind die Erfahrungen der Autorin sehr durchwachsen, z.B. kamen von einer Anzahl „Testkarten", die am gleichen Tag im gleichen Postamt aufgegeben wurden, nicht alle an. Daher schickt sie ihre Postkarten mittlerweile in Deutschland ab. Leser berichten aber von positiven Erfahrungen.

◰ Tanken mit Stil: Autobahnraststätte entworfen von dem Berliner Architekten Jürgen Mayer H.

Radfahren

Georgien ist, wie der gesamte Kaukasus, ideal für **Mountainbiker,** viele Reiseveranstalter bieten dies sogar explizit an. Aber nicht nur die bergige Landschaft ist eine Herausforderung, es sollte beachtet werden, dass die oft eigenwillige Fahrweise der motorisierten Verkehrsteilnehmer eine erhöhte Aufmerksamkeit erfordert. Die **Straßen** sind nicht überall in einem Zustand, der es Gelegenheitsfahrern leicht macht. Besondere Aufmerksamkeit sollte in **Tunneln** gelten, z.B. im Rikoti-Tunnel durch das Surami-Gebirge. Ein englischer Traveller wurde durch den Luftzug eines schnell vorbeifahrenden Fahrzeugs so gegen die Mauer geschleudert, dass er sich mehrere Wochen in Tbilisi kurieren musste.

Radfahren ist eine besonders gute Möglichkeit, mit der örtlichen Bevölkerung in Kontakt zu kommen, ihre Aufmerksamkeit ist gewiss. Gängiges **Werkzeug** sollte man selbst mitnehmen, denn die Wahrscheinlichkeit, es vor Ort zu bekommen, ist eher gering.

Sicherheit

Es sollten unbedingt die **Hinweise des Auswärtigen Amtes** für bestimmte Gebiete beachtet werden. Die Lage ist insgesamt ruhig, aber nicht in allen Landesteilen stabil, was auf die regionalen Konflikte in Abchasien und Südossetien zurückzuführen ist. Aktuelle Reisehinweise, auch zu den Transitländern, und Hinweisen zur Sicherheitslage erteilen die Auswärtigen Ämter:

- **Deutschland:** www.auswaertiges-amt.de, Tel. 030 18 17 20 00
- **Österreich:** www.bmeia.gv.at, Tel. 01 901 15 44 11
- **Schweiz:** www.eda.admin.ch, Tel. 0800 24 73 65

Aktuelle Reisehinweise

Zum Zeitpunkt der Drucklegung dieses Buches, im März 2015, wird von Reisen nach Abchasien und Südossetien abgeraten.

Sicherheit

Abchasien

Grundsätzlich ist Georgien ein sicheres Reiseland. Was die Kriminalität angeht, sind in allen größeren Städten die gleichen Sicherheitsvorkehrungen zu treffen, die auch in Metropolen anderswo angewandt werden. In Tbilisi besteht eine erhöhte Gefahr durch Raubüberfälle besonders in den von Ausländern bevorzugten Stadtteilen Wake, Wera und Saburtalo bzw. in Parks und Naherholungsgebieten. Man sollte auf keinen Fall auffälligen Schmuck oder teure Uhren tragen. Bei Dunkelheit sollte man sich nicht allein auf der Straße aufhalten und einsame Strecken generell meiden.

Die Sicherheitslage ist prekär. In mehreren Gebieten gibt es teils nicht gekennzeichnete **Minenfelder**. Abchasien ist zurzeit nicht für den internationalen Reiseverkehr geeignet. Es gehört völkerrechtlich weiterhin zu Georgien, unterliegt aber nicht dem Einfluss der Regierung in Tbilisi. Wer über die russisch-abchasische Grenze am Psou einreist, wird von den georgischen Grenzbeamten als illegal Einreisender behandelt. Bei anschließender Weiterreise über die Waffenstillstandslinie am Inguri-Fluss bei Sugdidi in benachbarte georgische Landesteile bzw. beim Ausreiseversuch über reguläre georgische Grenzübergänge drohen daher Festnahme und Strafen.

Das **Obere Kodori-Tal** in Ober-Abchasien steht zwar unter georgischer Kontrolle, aber es kam zu bewaffneten Übergriffen durch unbekannte Täter.

Südossetien

Die Sicherheit von Reisenden ist nicht gewährleistet, da es immer wieder zu gewaltsamen Auseinandersetzungen und Schießereien kommt.

Der Justizpalast in Batumi

Sport und Erholung

Reisende, die nach Georgien kommen, erwartet ein vielfältiges Angebot an sportlichen Betätigungsmöglichkeiten. Dazu gehören **Wildwasserrafting** und der Besuch von **Höhlen und Schluchten,** z.B. die Höhle in Sataplia. **Canyoning** ist noch relativ neu, ebenso die Möglichkeiten des **Paraglidings.** Verbreiteter sind **Skilaufen und Snowboarding,** zum Beispiel in Gudauri und Bakuriani. Auch an **Ökotourismus** Interessierte finden in Georgien ein reiches Betätigungsfeld. Es gibt eine faszinierende Flora und Fauna und keinen Massentourismus. Dazu gehört auch die Beobachtung von Vögeln, da viele Vogelfluglinien über das Territorium des Landes führen (siehe www.birding-georgia.com).

Sprache und Schrift

Der **Kaukasus** wurde schon im Altertum als „**Berg der Sprachen**" bezeichnet, da hier etwa 40 Sprachen beheimatet sind. Diese gehören im Wesentlichen zu drei großen Sprachfamilien, dem Abchasisch-Adygeischen, dem Dagestanischen und dem Kartwelischen. Sie gehören weder zur indogermanischen noch zur semitischen (arabischen) Sprachfamilie. Die Bezeichnung Kaukasische Sprache ist eine rein geografische.

Unter den **Kartwelischen Sprachen** werden die Allgemeinen Georgischen San-Sprachen und das Swanische zusammengefasst, wobei zum Allgemeinen Georgischen San das **Georgische** und die San-Sprachen gehören. Die San-Sprachen untergliedern sich wiederum in das Mingrelische und das Lasische.

Georgische Schrift

Die Geschichte der georgischen Literatursprache lässt sich 1500 Jahre zurückverfolgen. **Unklar ist die Herkunft der georgischen Schrift.** In Georgien wird angenommen, dass sie auf König *Parnawas* um 300 v.Chr. zurückgeht. Es sind drei Formen der Schrift bekannt. Die erste Großbuchstabenschrift wird **Assomtawruli** genannt. Aus dieser entstand etwa im 9. Jh. die **Nußchuri**, eine Kleinbuchstabenschrift. Beide Schriftformen werden auch unter Chuzuri (Priesterschrift) zusammengefasst. Diese Schriften wurden vorwiegend in Klöstern und Kirchen verwendet. Erst im 11. Jh. entstand die heute weitgehend verwendete **Mchedruli**, Reiterschrift – auch Kriegerschrift – genannt. Sie besteht nur aus Kleinbuchstaben und wird von links nach rechts geschrieben. In der achten Klasse lernen Schüler auch das Assomtawruli, das vor allem zu dekorativen Zwecken eingesetzt wird.

Zur **Transkription** der georgischen Schrift siehe S. 14.

Verständigung

Der Reise Know-How Verlag gibt in der Reihe Kauderwelsch das Büchlein „Georgisch – Wort für Wort" heraus. Der handliche Sprachführer bietet eine auf das Wesentliche reduzierte Grammatik und viele Beispielsätze für den Reisealltag und hilft auch, sich durch die Schrift zu hangeln. Dazu gibt es einen AusspracheTrainer auf Audio-CD.

Wer **Russisch** kann, ist klar im Vorteil. Überraschend viele Menschen haben in der Schule **Deutsch** gelernt, scheuen sich jedoch oft, es zu sprechen. Jüngere Menschen, auch Kinder, lernen **Englisch** in der Schule oder Universität. Ist man erst mal warm miteinander geworden, wird dem Reisenden eine große Herzlichkeit entgegengebracht.

Telefonieren

Vergewissern Sie sich vor der Abreise, ob Ihr **Handy** für andere SIM-Karten freigeschaltet ist. Der Erwerb einer georgischen SIM-Karte geht unter Passvorlage problemlos vonstatten, z.B. in den Geschäften von Magti, Geocell (sprich: Sheocell) oder Beeline, in Telefonläden oder an Hotelrezeptionen. Auch das Wiederaufladen ausländischer oder georgischer Handys geht absolut problemlos, z.B. an den Pay-Boxes (englisches Menü, ab 1 Lar möglich) mit sofortiger Bestätigung oder in den o.g. Geschäften. Magti hat zurzeit die größte Abdeckung, dicht gefolgt von Geocell.

Wegen **hoher Gebühren** sollte man auf der Website seines Anbieters nachschauen, welcher der Roamingpartner günstig ist und diesen per manueller Netzauswahl voreinstellen. Nicht zu vergessen sind die Kosten der Rufweiterleitung ins Ausland, die der Empfänger bezahlt (also Mailbox eventuell abstellen). Besonders gewarnt seien Nutzer von **Smartphones,** denn die Nutzung des Datapacks im Ausland ist mit horrenden Kosten verbunden. Der Empfang von SMS ist in der Regel kostenfrei.

Georgische **Festnetznummern** beginnen mit der „2"; Tbilisis Festnetznummern sind siebenstellig, im Rest des Landes sechsstellig. Die neunstelligen **Mobilnummern** beginnen mit der „5", mit Ausnahme der Nummern von Silknet und Magtifix, die mit einer „7" beginnen. In Georgien gibt es Orte ohne Festnetz. Die Vorwahl der Orte mit Festnetz ist im jeweiligen Buchkapitel genannt.

Telefonieren mit Mobiltelefon

- Zu einem georgischen Handy: 5xx + Nummer
- Zu Festnetzanschluss: Ortsvorwahl + Nummer
- Aus dem Ausland: 00995 + 5xx + Nummer

Telefonieren im Festnetz

- Zu einem georgischen Handy: 0 + 5xx + Nummer
- Zu Festnetzanschluss: Ortsvorwahl + Nummer
- Aus dem Ausland: 00995 + Ortsvorwahl (ohne 0) + Nummer

Ländervorwahlen

- **Georgien: 00995**
- Deutschland: 0049
- Österreich: 0043
- Schweiz: 0041

> Hotel in Telawi

Georgische Provider

- **Magticom,** www.magticom.ge, Rustaweli 22/Ecke Lagidse (Haus mit Saxofonspielerfigur an der Wand), geöffnet 9–19 Uhr, So 9–18 Uhr.
- **Geocell,** www.geocell.ge, Rustaweli 14, links vom Torbogen, geöffnet 9–21 Uhr.
- **Beeline,** www.beeline.ge, Rustaweli 14, Geschäft von außen schwarz-gelb gestaltet, rechts vom Torbogen, geöffnet 10–17 Uhr.

Ein Zweithandy kostet ab 50 Lari und wird meist mit Startguthaben versehen. Die Autorin hat gute Erfahrungen mit dem Kidobani-Markt zwischen Hauptbahnhof und Dynamo-Stadion gemacht (durchfragen, kennt wirklich jeder!).

Unterkunft

Insgesamt machen die Unterkunftskosten den **größten Teil des Reisebudgets** aus. Bedenkt man, dass der monatliche Durchschnittslohn in Georgien zuletzt bei etwa 600 Lari (ca. 280 €) lag, wovon fast die Hälfte für Lebensmittel benötigt wird, so hilft das, die Höhe der Hotelkosten richtig einzuschätzen und sich bewusst zu werden, in welchen Luxussphären man sich als Tourist bewegt.

Privatzimmer

Die Pioniere der Unterbringung vermieten Zimmer unterschiedlicher Größe innerhalb ihrer oft erstaunlich geräumigen Häuser, wobei die Gäste fast immer das **Bad/WC der Vermieter** mitbenutzen. Die Gäste können auf Wunsch auch verpflegt werden, oft gibt es Hauswein oder selbst gemachte Obstsäfte. Die Unterbringung in einem Privatzimmer kann durch den **Kontakt zum Vermieter und seiner Familie** zu einer sehr herzlichen Angelegenheit werden. Namens- und Hinweisschilder sind die Ausnahme (resultiert noch aus der Zeit der Schwarzvermietung), daher wird in diesem Buch gelegentlich eine etwas umfangreichere Wegbeschreibung gegeben. Preis: **ab 25 Lari** (mit Frühstück). Diese Unterkunftsform trifft man vor allem außerhalb von Tbilisi an.

Hostels/Guesthouses

Hostels bzw. Guesthouses sind in den letzten Jahren regelrecht wie Pilze aus dem Boden geschossen, vor allem in Tbilisi, erstaunlich wenig bisher in Batumi, doch auch Schließungen sind an der Tagesordnung. Meist junge Georgier gehen dieses Business an, wobei fast immer gut englisch gesprochen wird. Neben den **Mehrbettzimmern** (engl. *dorm*) **mit Gemeinschaftsbad** gibt es oft sog. **private rooms,** oft ohne Fenster und meist ebenfalls mit Gemeinschaftsbad. Sie bieten außer einem Bett und mit viel Glück einem Tisch oder Nachttisch oder einem Stuhl kaum mehr. Fast alle Hostels in Tbilisi bieten Flughafentransfer zu unterschiedlichen Preisen (Abholung bei nächtlicher Ankunft in Tbilisi empfohlen!). Fast alle Hostels/Guesthouses haben eine Gästeküche, WLAN (gratis), Kaffee/Tee ganztägig frei, Locker unter oder neben dem Bett, Waschmaschine und Gepäckaufbewahrung. Stadtpläne und Hilfestellung bei der Reise sind

selbstverständlich. Rauchen ist meist nur auf dem Balkon oder – falls vorhanden – im Garten oder auf dem Dach erlaubt. Positiv auch, dass die Unterkünfte ein Firmenschild tragen und somit zu identifizieren sind. Betten gibt es ab 10 Lari, meist jedoch **um die 20 Lari ohne Frühstück.** Einige (höherpreisige) Hotels und Pensionen haben sich bei www.hostelworld.com registrieren lassen. Die Unterkünfte sind oft nur gepachtet, der neue Pächter ändert dann wieder den Namen, die Szene ist also permanent in Bewegung!

Familienhotels

In allen nur denkbaren Orten haben Familien Kredite aufgenommen und kleine Pensionen errichtet, die sie Familienhotel *(familiy hotel)* oder einfach Hotel nennen. In Mitteleuropa würden sie eher als Pensionen bezeichnet werden, haben aber noch selten mitteleuropäischen Standard. Die Räumlichkeiten befinden sich meist in einem Anbau unmittelbar am oder **neben dem Wohnhaus.** In kleinen, sauberen, aber spartanisch eingerichteten Zimmern, oft nur mit Bett, wenn man Glück hat, mit Nachttisch oder Stuhl und wenigstens einem Haken an der Wand, werden die Gäste untergebracht. Eine Taschenlampe ist hilfreich, da es selten Lichtschalter am Bett gibt, wie wir es gewöhnt sind. Das **Gemeinschaftsbad** ist die Regel, Zimmer mit Bad die Ausnahme (und gleich viel teurer); große Terrassen, Veranden oder Balkone sind keine Seltenheit. Einige Vermieter sind durchaus professionell und gehen schnell auf den Gast ein, andere sind etwas zurückhaltender, haben auch Hemmungen, eine Fremdsprache zumindest bruchstückhaft zu sprechen. Deshalb müssen diese Quartiere aber keinesfalls schlecht sein. Noch nicht alle Vermieter haben begriffen, dass ein Firmenschild am Haus unabdingbar ist und die alten Verhaltensmuster kontraproduktiv für eine erfolgreiche Vermietung sind. Ein Bett kostet **ab 35 Lari ohne Verpflegung,** oft versucht der Vermieter bei Einzelbelegung das gesamte Zimmer in Rechnung zu stellen – nicht drauf einlassen! Es gibt genug Quartiere, auch wenn sie angeblich belegt oder der Vermieter verreist oder gar verstorben sei. Viele Vermieter haben noch nicht begriffen, dass auch die Lage den Preis bestimmt. Daher: Handeln Sie! Einige Vermieter bieten dem Gast Taxidienste an, z.T. durch einen Nachbarn, angeblich zum Vorzugspreis. Ob das wirklich so ist, erweist erst der Preisvergleich. Die

Unterkünfte: Abkürzungen im Buch

EZ	Einzelzimmer
DZ	Doppelzimmer
2-BZ	Zweibettzimmer
3-BZ	Dreibettzimmer
4-BZ	Vierbettzimmer (usw.)
MBZ	Mehrbettzimmer (engl. *dorm*)
Ü	Übernachtung
Ü/F	Übernachtung/Frühstück
Ü/HP	Übernachtung/Halbpension (meist Frühstück u. Abendbrot)
Ü/VP	Übernachtung/Vollpension (Frühstück u. zwei Mahlzeiten)
GA	Geldautomat (in Luxushotels)
KA	Klimaanlage

Autorin hat da schon manche Überraschung erlebt!

Hotels der unteren und mittleren Preisklasse

Hier gibt es schon seit Jahren ein (überschaubares) Angebot, wobei festzustellen bleibt, dass eingenommenes Geld nicht immer reinvestiert wird (um es milde auszudrücken). Auch Weiterbildung ist kein Thema, eher Learning by doing. In diesem Segment gibt es Zimmer **mit Bad,** meist auch mit TV-Gerät (selten deutschsprachige, viele russische Kanäle, BBC World und CNN, seltener DW oder gar ZDF). Im Zimmerpreis enthalten ist ein kleines Frühstück, weitere Mahlzeiten sind auf Bestellung möglich. Es kommt gerade in dieser Preisklasse häufig vor, dass Hotels nur gepachtet wurden. Das bedeutet, dass bei einem Pächterwechsel die Verwandtschaft des neuen Pächters als Angestellte mitgebracht wird, die sich erst einarbeiten muss. Einfache Zimmer kosten **ab 30 US\$** mit kleinem, oft täglich gleichem Frühstück, in Tbilisi ab 50 US\$.

Hotels der oberen Preisklasse

Es gibt überraschend gute Hotels auf europäischem Niveau, von denen viele in den Jahren ab etwa 2008 errichtet wurden. **Moderne Zimmer** mit allen heute üblichen Annehmlichkeiten sind Standard, dazu ein Frühstücksrestaurant (das Frühstück überzeugt nicht immer). Fremdsprachenkenntnisse sind eher die Regel als die Ausnahme. Man muss mit Zimmerpreisen **ab 80 US\$** rechnen.

Hotels der internationalen Ketten

Immer mehr der allseits bekannten Ketten investieren in Georgien, vor allem in Tbilisi und Batumi. Sie beschäftigen ausschließlich Personal, das eine Ausbildung an einer Hotelfachschule erhalten hat und mehrsprachig ist. Es sei jedoch nicht verhohlen, dass das Preisniveau, auch im Vergleich zu anderen europäischen Metropolen, nur als astronomisch bezeichnet werden kann: Zimmerpreise **über 200 US\$** sind keine Seltenheit.

Buchung und Bezahlung

Obwohl in Georgien die Bezahlung in Lari gesetzlich vorgeschrieben ist, geben viele Unterkünfte ihre **Preise in US-Dollar oder Euro** an. Diese Angaben wurden in diesem Buch übernommen.

Da fast alle Flugzeuge in Tbilisi zwischen Mitternacht und morgens 6 Uhr ankommen, bucht die Autorin meist die ersten beiden Nächte vor und sucht dann auf eigene Faust weiter. So lassen sich fast immer bessere Preise erzielen. Zahlreiche **Internetportale** wie www.

Hinweis

Alle Angaben im vorliegenden Reiseführer zu Preisen, Öffnungszeiten und Sprachkenntnissen beruhen auf den Auskünften der Eigentümer oder Angestellten der Unterkünfte (bzw. Restaurants oder Museen). Sie können sich jederzeit ohne Vorankündigung ändern! Es gibt in Georgien keine vorgeschriebenen Öffnungszeiten!

booking.com (momentan sehr aktiv in Georgien), www.exotour.ge, www.concordtravel.ge, www.hostelworld.com und viele andere können dazu verwendet werden. Oft bieten Vermieter von sich aus **Rabatt** (russ. *skidka*, engl. *discount*) an, wenn sie das Zögern oder gar den Entschluss zum Weitergehen beim Ankömmling bemerken. Hat man sich nach ein paar Tagen eingewöhnt, bekommt man quasi einen Blick dafür, ob die Unterkunft gut gebucht ist oder man mangels Auslastung gute Chancen hat, einen günstigeren Preis zu erzielen. Das trifft auch auf die *private rooms* der Hostels zu. Bei Internetbuchung zahlt man den vollen Preis (also zwei Betten bei Einzelnutzung), bei Anmietung vor Ort wird oft ein Rabatt angeboten. Besonders in Tbilisi kann man inzwischen von einem **Überangebot** an Hostels sprechen! Übrigens: Einige Vermieter erzählten der Autorin unter dem Siegel der Verschwiegenheit, dass sie gern niedrigere Preise angeben würden, sie würden jedoch von Konkurrenten unter Druck gesetzt, dies nicht zu tun …

Immer noch verbreitete Unsitten der Beherbergungsbetriebe sind: das Ändern oder gar Aufgeben der eigenen **Homepage** zugunsten eines Hotelvermittlungs-Internetportals (oder umgekehrt), das Ändern der Telefonnummer oder gar des Namens der Unterkunft, Websites ohne Preisangaben und/oder mit nichtssagendem Inhalt. Nicht immer erhält man eine Antwort auf E-Mails.

Camping

Es stehen noch keine ausgewiesenen Campingplätze zur Verfügung! Es gibt jedoch Reisende, die ein Zelt mitnehmen, um vor allem in den Bergen zu campen. Das Zelt darf **im freien Gelände** aufgestellt werden. In Ortsnähe empfiehlt es sich, Einheimische zu fragen, ob man es auf ihrem Grundstück aufstellen darf (max. 5 Lari pro Person und Nacht, oft auch kostenlos). Dadurch steht man unter dem Schutz des Gastgebers und kann evtl. die sanitären Anlagen der Familie benutzen. Man denke daran, dass es in den Bergen auch im Hochsommer nachts sehr kühl werden kann, sobald die Sonne untergeht. Wasserflasche nicht vergessen: Wasserquellen und Bäche gibt es reichlich, aber nie da, wo man sie gerade benötigt.

Ein Leser berichtete von folgenden Erfahrungen:

- **Festung Ananuri:** Unterhalb der Festung, direkt am Stausee, finden sich schöne Stell- und Zeltplätze.
- **Kloster von Gelati:** Auf dem Parkplatz vor dem Kloster Stellmöglichkeiten mit schöner Aussicht, auch Zelte können am Rand aufgestellt werden.
- **Bei Gudauri:** Auf dem Wiesenplateau am großen Denkmal Stell- und Zeltplätze mit super Aussicht.
- **Tbilisi:** Im Wake-Park bis nach oben durchfahren zu den Aussichtslokalen. Dort kann man auf den Parkplätzen mit dem Camper gegen geringes Entgelt oberhalb der Stadt (Badesee!) stehen.
- **Wardzia:** Gegenüber dem Höhlenkloster, ca. 1 km vor dem Parkplatz, befinden sich tolle Aussichtsplätze, die sich sehr gut zum Campen eignen. Oder über den Parkplatz hinunter an den Fluss, dort vor allem für Zelte optimal.
- **Weitere Campingmöglichkeiten** im GH Nick und George in Azkuri (siehe Kapitel zu Samzche/Dschawachetien) und im Restaurant und Bar Oasis Club im Dorf Udabno (siehe Kapitel zu Kachetien).

Ein Leser aus Mainz beschrieb seine Erfahrungen mit einem **10-Tonner-Wohnmobil** wie folgt: „Wir haben nie in der Nähe von großen Städten übernachtet, auch nicht vor Polizeiwachen oder in der Nähe von Militär, sondern immer in der Nähe von Dörfern, Klöstern oder im Wald. Am sichersten fühlten wir uns immer auf dem Land. An der Grenze zu Abchasien wurden wir von der Polizei (nachts) kontrolliert. Insgesamt war aber die Übernachtung im Freien kein Problem. Wasser gab es ausreichend an Quellen, Brunnen und Tankstellen. Die Quellen hatten nach unserer Erfahrung Trinkwasserqualität (viele Einheimische füllten sich an ihnen ihre Kanister). Das WC haben wir an großen Tankstellen entleert. Das Brauchwasser (Dusche usw.) wurde in die Kanalisation geleitet, wobei wir biologisch abbaubares Wasch- und Spülmittel benutzt haben. Hauptsächlich ist man bei der Hygiene (Körper) auf die Natur angewiesen!"

Egal ob mit Zelt oder Wohnmobil: Bekommt man ein Grundstück zur Verfügung gestellt, sollte man dem Besitzer/Pächter eine kleine **Entschädigung** anbieten (ca. 5 Lari pro Tag), die dieser zunächst dreimal ablehnen wird; so verlangt es der Brauch. Bitten Sie trotzdem darum, das Geld und/oder ein kleines Souvenir überreichen zu dürfen!

Verhaltenstipps

Im Großen und Ganzen gibt es keine speziellen Verhaltensregeln, die sich grundsätzlich vom mitteleuropäischen Verhaltenskodex unterscheiden würden. Da die Georgier sehr gastfreundlich sind, sind sie auch sehr tolerant. Bleibt die Frage, ob sich jeder Gast entsprechend benimmt. Schlimm ist es, wenn Westeuropäer grundsätzlich besser Bescheid wissen (Politik!) und immer recht haben müssen! **Zurückhaltung und Respekt** sind angebracht.

Es kann nicht schaden, ein paar **Gastgeschenke** mitzunehmen, die allerdings den Gastgeber nicht in Verlegenheit bringen sollten. Für Kinder sind Süßigkeiten immer geeignet, auch ein paar Ansichtskarten oder gut illustrierte Bildreiseführer aus der Heimat nehmen wenig Platz weg im Gepäck. Bitte beachten, dass es nicht üblich ist, das Geschenk auszupacken.

Und wer im Schwarzen Meer baden möchte: **Es gibt keine FKK-Strände, und „oben ohne" ist nicht üblich.**

Frauen allein unterwegs

Mit der Zunahme des Tourismus haben sich die meisten Georgier an allein reisende Touristinnen gewöhnt. Zumindest werden irritierte Blicke, ablehnende Gesten oder „primitive" Bemerkungen weniger. Allein reisende Frauen können sich **sicher** im Lande bewegen und müssen nur noch selten mit Neugier und/oder Unverständnis rechnen, am ehesten noch in abgelegenen Gegenden; in diesem Zusammenhang ist auch das äußere Erscheinungsbild nicht unwichtig (siehe „Ausrüstung und Kleidung").

Trotzdem sollte man sich als Frau darüber im Klaren sein, dass Georgien eine patriarchalisch geprägte Gesellschaft ist. In **Chewsuretien** (siehe Ortskapitel) gelten noch immer besondere Bedingungen, die auf jeden Fall zu berücksichtigen sind.

Wundern Sie sich nicht, wenn …

- … Sie unterwegs von völlig Fremden zu einem Glas Wein oder gar einer Mahlzeit eingeladen werden;
- … man Ihr Herkunftsland über den grünen Klee lobt;
- … Sie unerwartet auf Deutsch angesprochen werden;
- … von deutschen Autobahnen geschwärmt wird, obwohl die Person noch nie eine gesehen hat;
- … Sie, liebe Leserin, vom Taxifahrer, den Sie unterwegs zum Mittagessen eingeladen haben, verschämt darum gebeten werden, ihm das Geld unterm Tisch durchzureichen, denn ein georgischer Mann lässt sich in der Öffentlichkeit nicht von einer Frau einladen;
- … Ihre Gesprächspartner die Fußballer der deutschen Bundesliga evtl. besser kennen als Sie selbst;
- … Ihr georgischer Gesprächspartner „früher in Taschkent Direktor" war (was auch sonst!);
- … man die Höhe Ihrer künftigen Rente wissen will, obwohl Sie noch jung sind (in Georgien gibt es eine Einheitsrente);
- … man Sie darüber „aufklärt", dass in Deutschland z.B. jeder 10.000 Dollar monatlich verdient, was man von dort lebenden Verwandten ganz genau wisse;
- … man Sie darüber „aufklärt", dass jeder Tourist in Deutschland, dem das Geld ausgegangen ist, Unterkunft und Geld vom deutschen Staat bekomme;
- … man Sie fragt, ob Sie in Ihrem Heimatland bei der Arbeitsbeschaffung behilflich sein könnten;
- … Österreich (russ. *Awstrija*) und Australien (russ. *Awstralija*) nicht auseinandergehalten werden können;
- … Sie auf begeisterte Stalin-Anhänger treffen, denn die Verbrechen *Stalins, Berijas* und *Ordshonikidses* werden heute einfach „den Russen" bzw. „Sowjets" in die Schuhe geschoben, nicht aber ihren aus Georgien stammenden Anführern;

Moschee in der Hauptstadt

■ … es in Ihrer Unterkunft bis weit nach Mitternacht sehr laut sein kann – Georgier, aber auch Armenier und Aserbaidschaner haben ein völlig anderes Verhältnis zu Lärm.

Verkehrsmittel

Die gängigsten öffentlichen Verkehrsmittel sind Marschrutka, Taxi, Zug und Bus. Zu Mietwagen siehe bei Tbilisi.

Marschrutka (Mz. Marschrutki)

Hierbei handelt es sich um **meist aus Deutschland importierte VW- oder Ford-Kleinbusse** mit 16 Plätzen. Sie dienen sowohl innerorts als auch für den **Nah- und Fernverkehr** als Transportmittel. Innerorts steht der Fahrpreis auf einem Pappschild im Frontbereich (80 Tetri).

Die Marschrutki sind **nur auf Georgisch beschriftet,** was vor allem am Anfang der Reise irritieren kann. Fragen hilft immer. Sie halten unterwegs da an, wo es der Fahrgast wünscht. Einfach vernehmlich „Gaadscheret" rufen und der Fahrer hält an. Übrigens auch, wenn man unterwegs irgendwo mal aussteigen und ein Foto machen möchte (am besten vorher ankündigen, damit er nicht weiterfährt). Der Gepäckraum ist begrenzt. Marschrutki fahren immer von und zu den **Busbahnhöfen** (Awtosadguri).

Das **Einsteigen** am Abfahrtsbahnhof garantiert einen Sitzplatz. Unterwegs stellt man sich einfach an die Straße und winkt, dabei die flache Hand mit der Handfläche so nach unten bewegen, als würde man einen Ball auf die Straße schlagen. Trotz freier Plätze hält nicht jeder Fahrer an, ein System ist hier nicht zu erkennen. Auffällig: Frauen setzen sich zu Frauen, Männer suchen einen Platz neben einem männlichen Fahrgast! Das trifft natürlich nicht zu, wenn Familienangehörige zusammen reisen.

Taxis

Grundsätzlich und zuallererst vereinbart man den Preis, erst dann steigt man ein!

☐ Im Nah- und Fernverkehr im Einsatz: Marschrutka (hier ein neues Exemplar)

Sowohl innerorts als auch für Fahrten durch das Land eignen sich Taxis. Der Preis versteht sich pro Fahrt, nicht pro Person, auch wenn der eine oder andere Fahrer zu tricksen versucht. Jeder kann als Taxifahrer arbeiten, einen Taxischein muss niemand machen. Auch gibt es keinen TÜV und der Versuch, als Taxifahrer seinen Lebensunterhalt zu verdienen, sagt nichts über die Fahrpraxis oder Streckenkenntnis!

Taxipreise Tbilisi: Flughafen – Zentrum: 25 Lari, Altstadt – Saburtalo: 5–6 Lari, quer durch Tbilisi: 8–10 Lari, kurze Strecken: ab 3 Lari.

Wer beispielsweise auf dem Awtowoksal Didube (Metrostation) eine Marschrutka sucht, wird auch Taxis sehen, die in Reih und Glied dastehen, ein Pappschild hinter die Windschutzscheibe geklemmt haben mit der georgischen Aufschrift des Fahrtziels und auf Kunden warten. Das kann eine bequeme Alternative zur Marschrutka sein, zumal der Fahrer unterwegs für einen Fotostopp überall anhält, wo es der Fahrgast wünscht. Fahrpreis vorher aushandeln und schon im Hotel erfragen, damit man einen Richtwert hat! Am besten darauf drängen, dass die Rezeptionistin ein Taxiunternehmen anruft und sich nach dem Preis erkundigt, um sicherzugehen, dass das Hotel nicht eventuell eigene, oft überteuerte Taxis an den Mann bzw. die Frau bringt. Die Taxipreise innerorts bewegen sich bei ca. 0,70 Lari/km, falls ehrlich abgerechnet.

Gelegentlich wird man auch von Taxifahrern angesprochen, ob man eine **Fernfahrt** wünscht – Vorsicht bei allzu vollmundigen Versprechungen! Viele Taxifahrer in Tbilisi haben den Touristen als Melkkuh entdeckt und verlangen ungeniert den Lari-Preis in US-Dollar, gern auch pro Person anstatt pro Fahrzeug. Besonders auf der Strecke nach Kasbegi werden gelegentlich horrende Preise verlangt; aus 100 Lari, was okay ist, werden dann schon mal 100 Dollar oder Euro!

Bahn

Das **kleine Streckennetz** der georgischen Eisenbahn und die **sehr langsamen Züge** sind kaum ein Anreiz, mit dem Zug zu fahren, obwohl die Fahrpreise außerordentlich günstig sind. Tipp: Wer von Tbilisi nach Batumi oder zurück will, kann getrost den Nachtzug nehmen, so spart man eine Übernachtung ein. Der moderne Zug bietet Vierbettabteile, erste oder zweite Klasse.

Auch der Nachtzug nach Baku in Aserbaidschan (Visum vorher beschaffen!) bietet sich an.

Auf der Website der georgischen Bahn **www.railway.ge** findet sich ein Fahrplan, allerdings ist das Navigieren auf der Website etwas umständlich. Der Verkauf von Schlafwagenkarten innerhalb Georgiens, also nicht nur nach Baku oder Jerewan, erfolgt nur gegen Vorlage des Reisepasses! Im **Anhang** dieses Buches findet sich ein Fahrplan der georgischen Eisenbahn.

Der **Fahrkartenkauf** schließt die Reservierung ein, nicht jedoch in Elektritschki (Nahverkehrszüge). Hier kauft man das Einheitspreisticket beim Schaffner. Außerhalb der Saison kann die Fahrkarte problemlos am gleichen Tag erworben werden. Während der Sommermonate (Juni bis September) ist die Strecke Batumi – Tbilisi stark frequentiert, Fahrkarten sollten dann mindestens eine Woche vorher gekauft werden. In allen Zügen ist es möglich, das Ticket beim Schaffner zu lösen. Fahrkarten nach Jerewan oder Baku sollte man am besten immer einen Tag vorher besorgen und dabei gleich die Abfahrtszeit erfragen. Trotz Fahrplan kann es zu unvorhergesehenen Änderungen kommen.

Nur Tbilisi verfügt über eine Metro

Busse

Innerorts fahren Busse mit georgischer Angabe des Fahrtziels. Die Fahrzeuge sind oft eine Spende von Partnerstädten, manchmal noch mit der alten Aufschrift versehen. Der Fahrer hält selten da, wo es für den Fahrgast bequem wäre auszusteigen, etwa am Bordstein. Auch auf Behinderte oder ältere Menschen wird selten Rücksicht genommen.

Es gibt nur noch wenige Fernstrecken, die von Bussen bedient werden; sie sind in den Ortskapiteln vermerkt.

Innerorts kauft man das **Ticket** im Bus. In den Stadtbussen in Tbilisi ist keine Barzahlung beim Fahrer möglich. Entweder hat man 50 Tetri passend für den Fahrscheinautomaten an der Fahrertür oder man hält die praktische Magnetkarte an den Automaten, der in beiden Fällen einen Fahrschein ausgibt. Die Magnetkarte dient auch zum Passieren der Metrosperre. Das gilt auch für den 37-er Flughafenbus. Tipp: Wer tagsüber am Flughafen ankommt, sollte an einem der Bankschalter etwas Geld tauschen und unbedingt auf einige Tetri-Münzen bestehen. Die wiederaufladbaren Magnetkarten sind gegen ein Pfand von zwei Lari an allen Ticketschaltern in der Metro erhältlich, die gewünschte Summe wird zusätzlich aufgeladen. Dadurch verringert sich der Fahrpreis von 50 auf 40 Tetri pro Fahrt. Wer den Kassenzettel aufbewahrt, kann vor der Rückreise (innerhalb eines Monats nach Kauf) die Karte zurückgeben. In den wenigen anderen großen Städten mit Innenstadtbusverkehr (z.B. Kutaisi) zahlt man bar beim Fahrer. Der aktuelle Buslinienplan von Tbilisi findet sich in englischer Sprache auf www.info-tbilis.com.

Bei **Fernbussen** ist eine Reservierung bzw. der Kauf des Fahrscheins vorab nur für internationale Strecken oder für die Route Tbilisi – Batumi in der Sommersaison nötig. Die Sitzplatznummer steht auf dem Fahrschein. Am Abfahrtsbusbahnhof *(Awtosadguri)* kauft man am Schalter, unterwegs beim Schaffner.

Versicherungen

Für alle abgeschlossenen Versicherungen sollte man die **Notfallnummern** notieren und mit der **Policenummer** gut aufheben! Bei Eintreten eines Notfalls sollte die Versicherungsgesellschaft sofort telefonisch verständigt werden! Der Abschluss einer **Jahresversicherung** ist in der Regel kostengünstiger als mehrere Einzelversicherungen, ebenso die **Versicherung als Familie** statt als Einzelpersonen. Hier sollte man nur die Definition von „Familie" genau prüfen.

Auslandskrankenversicherung

Die Kosten für eine ärztliche Behandlung in Georgien werden von den gesetzlichen Krankenversicherungen in Deutschland und Österreich nicht übernommen, daher ist der Abschluss einer privaten Auslandskrankenversicherung unverzichtbar. Bei Abschluss der Versicherung – die es mit bis zu einem Jahr Gültigkeit gibt – sollte auf einige Punkte geachtet werden. Zunächst sollte ein Vollschutz ohne Summenbeschränkung bestehen, im Falle einer schweren

Krankheit oder eines Unfalls sollte auch der Rücktransport übernommen werden. Diese Zusatzversicherung bietet sich auch über einen Automobilclub an, insbesondere wenn man bereits Mitglied ist. Die Versicherung bietet den Vorteil billiger Rückholleistungen (Helikopter, Flugzeug etc.) in extremen Notfällen.

Wichtig ist auch, dass im Krankheitsfall der Versicherungsschutz über die vorher festgelegte Zeit hinaus automatisch verlängert wird, wenn die Rückreise nicht möglich ist.

Schweizer sollten bei ihrer Krankenversicherungsgesellschaft nachfragen, ob die Auslandsdeckung für Georgien inbegriffen ist. Sofern man keine Auslandsdeckung hat, kann man sich kostenlos bei Soliswiss (www.soliswiss.ch) über Krankenversicherer informieren.

Zur Erstattung der Kosten benötigt man ausführliche **Quittungen** (mit Datum, Namen, Bericht über Art und Umfang der Behandlung, Kosten der Behandlung und Medikamente).

Andere Versicherungen

Ist man mit einem Fahrzeug unterwegs, ist der Europaschutzbrief eines Automobilclubs eine Überlegung wert, der in vielen Ländern auf dem Weg nach Georgien von Nutzen ist.

Ob es sich lohnt, weitere Versicherungen abzuschließen wie Reiserücktrittsversicherung, Reisegepäckversicherung, Reisehaftpflichtversicherung oder Reiseunfallversicherung, ist individuell abzuklären. Gerade diese Versicherungen enthalten viele Ausschlussklauseln, sodass sie nicht immer Sinn machen.

Die **Reiserücktrittsversicherung** für 35–80 € lohnt sich nur für teure Reisen und für den Fall, dass man vor der Abreise einen schweren Unfall hat, schwer erkrankt, schwanger wird, gekündigt wird oder nach Arbeitslosigkeit einen neuen Arbeitsplatz bekommt, die Wohnung abgebrannt ist u.Ä. Es gelten hingegen nicht: Terroranschlag, Streik, Naturkatastrophe etc.

Die **Reisegepäckversicherung** lohnt sich seltener, da z.B. bei Flugreisen verlorenes Gepäck oft nur nach Kilopreis und auch sonst nur der Zeitwert nach Vorlage der Rechnung ersetzt wird. Wurde eine Wertsache nicht im Safe aufbewahrt, gibt es bei Diebstahl keinen Ersatz. Kameraausrüstung und Laptop dürfen beim Flug nicht als Gepäck aufgegeben worden sein. Gepäck im unbeaufsichtigt abgestellten Fahrzeug ist ebenfalls nicht versichert. Die Liste der Ausschlussgründe ist endlos. Überdies deckt häufig die Hausratversicherung schon Einbruch, Raub und Beschädigung von Eigentum auch im Ausland. Für den Fall, dass etwas passiert ist, muss der Versicherung als Schadensnachweis ein Polizeiprotokoll vorgelegt werden.

Zeitverschiebung

Da man in Georgien die **Sommerzeit wieder abgeschafft** hat, rechne man während der Winterzeit in Mitteleuropa für Georgien plus 3 Stunden, während der Sommerzeit plus 2 Stunden. Also: Im Winter ist es in München 6 Uhr morgens, in Tbilisi bereits 9 Uhr, im Sommer in München 6 Uhr, in Tbilisi 8 Uhr.

Alltagsleben, Sitten und Bräuche | 449
Bevölkerung | 447
Bildung und Soziales | 453
Deutschland und Georgien | 440
Flora und Fauna | 403
Geografie | 394
Geschichte und Politik | 408
Klima | 402
Kunst und Kultur | 455
Medien | 434
Religionen | 447
Tourismus | 437
Umwelt- und Naturschutz | 408
Verwaltungsgliederung | 398
Wirtschaft | 435

Bitte freimachen, falls Marke zur Hand!

Deutsche Post
ANTWORT

WORLD INSIGHT
Erlebnisreisen GmbH
Sürther Hauptstraße 190 E-F
50999 Köln

RKH

Ja, bitte schicken Sie mir kostenlos und unverbindlich Ihre aktuellen Reisekataloge mit mehr als 100 Reisezielen weltweit zu!

☐ **ErlebnisReisen:** Bunte Touren voller Leben und Abenteuer. Reisen für alle, die in kleiner Gruppe Land und Leuten auf Augenhöhe begegnen wollen.

☐ **ComfortPlus:** Abwechslungsreiche Touren mit besonders ausgewählten Hotels, extra kleinen Gruppen und einem Plus an Komfort.

☐ **Family:** Touren voller Spaß und Entdeckungen für Leute mit Kids, die gerne mit anderen Familien auf Reisen gehen.

☐ **Individuell:** Spannende Reisebausteine für diejenigen, die sich ihre Individualreise ohne Gruppe selbst zusammenstellen wollen.

☐ Frau ☐ Herr

Vorname / Name _____

Straße / Nr. _____

PLZ / Wohnort _____

world insight®

Lebe deinen Traum!

z.B. von Georgien
14 Tage Erlebnisreise ab € 1.599,-

„Erleben Sie Georgien, das vielseitige Land im Kaukasus! Mit Blick auf die atemberaubende Bergwelt wandern wir durch unberührte Natur und erkunden abgelegene Bergdörfer und Höhlenstädte. Wir übernachten bei Gastfamilien und erhalten so einen authentischen Einblick in jahrhundertealte Traditionen und die landestypische Küche. Gelegenheit zur Entspannung bietet die moderne Hafenstadt Batumi, während die quirlige Hauptstadt Tiflis mit zahllosen Kirchen und Baudenkmälern fasziniert."

Nino Qoridze ist eine unserer 250 deutschsprachigen WORLD INSIGHT-Reiseleiter/innen, die Ihnen ihre Heimat mit viel Herz und Wissen nahebringen.

Weitere Beispiele aus unserem Programm in die Region:

Georgien mit Trekking	14 Tage ab € 1.650,-
Georgien und Armenien	20 Tage ab € 1.999,-
Georgien, Armenien und Aserbaidschan	21 Tage ab € 2.250,-
Seidenstraße	25 Tage ab € 3.759,-
Usbekistan	15 Tage ab € 1.999,-

Alle Preise inkl. Flug, Rundreise, Eintrittsgeldern, deutschsprachiger Reiseleitung.

Kleine Gruppe. Anders. Fair.
Telefon 02236 3836-0 | www.world-insight.de

10 Land und Leute

Alltag auf dem Rustaweli-Boulevard, der Flaniermeile im Zentrum von Tbilisi

Geografie

Georgien erfuhr in seiner Geschichte eine Zuordnung zu Europa, zum Nahen Osten und zu Asien, wozu es häufig gerechnet wird. Obwohl dies letztlich nicht eindeutig zu klären ist, spricht vieles dafür, Georgien als Teil von Europa anzusehen, was auch die meisten Georgier tun. Georgien ist **Teil Transkaukasiens**, das heißt gemeinsam mit Armenien und Aserbaidschan bildet es den Landkorridor zwischen dem Schwarzen und dem Kaspischen Meer.

Georgiens Fläche beläuft sich auf 69.700 km², wobei 87% von Gebirgen und Vorgebirgen bedeckt werden. Im Norden des Landes befindet sich der Große Kaukasus, im Süden der Westausläufer des Kleinen Kaukasus. Wie in einem Becken liegen dazwischen im Westen die Kolchische Tiefebene und im Osten die Transkaukasische Senke.

Gebirge

Der **Große Kaukasus** schirmt die Landfläche auf einer Länge von 1100 km und einer Breite von 180 km gegen Norden ab. Als Ganzes kann er in drei Abschnitte unterteilt werden: Den ersten bilden die etwa 440 km vom Schwarzen Meer bis zum Elbrus (5642 m), den zweiten der Zentralkaukasus, dessen 180 km sich vom Elbrus bis zum Kasbeg erstrecken. Dieser Abschnitt ist mit nur 60 km Breite nicht nur der schmalste, hier befinden sich auch die imposanten 5000-er Gipfel. Der östliche Abschnitt verläuft vom Kasbeg bis zur Halbinsel Apscheron bei Baku am Kaspischen Meer.

Heute bildet der Große Kaukasus die natürliche **Grenze Georgiens zu Russland.** Er ist ein junges Gebirge, da er vor nicht einmal zwei Millionen Jahren entstand. Seine Gipfel sind mit ewigem Eis und mächtigen Gletscherkappen bedeckt. Der höchste Kaukasusgipfel ist mit 5642 m der **Elbrus** in Russland. Der Große Kaukasus ist ein Faltengebirge mit einigen Vulkankegeln, darunter der Kasbeg. Er besteht hauptsächlich aus Graniten und Gneisen und beherbergt **Erdöl- und Erdgaslagerstätten.**

Schaut man von Norden nach Süden, so liegt die Kette der bewaldeten Schwarzen Berge mit etwa 600 m Höhe am nördlichsten. Südlich von dieser Kette folgt der Weidekamm mit etwa 1200 bis 1500 m Höhe und schließlich der Felsenkamm, der bis zu 3600 m verläuft.

Der **Kleine Kaukasus** ist wesentlich älter, entstand er doch schon vor etwa 150 Millionen Jahren. Er bildet die natürliche Grenze zu den südlichen Nachbarländern Georgiens: **Armenien und Aserbaidschan.** Er ist eigentlich kein eigenständiges Gebirge, sondern gehört zum nordanatolisch-nordiranischen Kettengebirge mit vielen jungen Vulkanen. Der Kleine Kaukasus liegt etwa 100 km südlich vom Großen Kaukasus.

Zwei in Nord-Südrichtung verlaufende Gebirge, nämlich das **Surami-Gebirge** und das **Adscharo-Imeretische Gebirge,** verbinden den Großen mit dem Kleinen Kaukasus und unterteilen Georgien in einen westlichen und einen

▷ Der „Berg des Prometheus" bei Kasbegi und die Zminda-Sameba-Kirche

Geografie

östlichen Teil. Gleichzeitig bilden sie eine Wasserscheide, denn alle Flüsse Westgeorgiens fließen ins Schwarze Meer, alle Flüsse Ostgeorgiens ins Kaspische Meer.

Die **höchsten Berge** Georgiens sind der **Schchara** (5068 m) in Swanetien und der **Kasbek** (5047 m) im Zentralkaukasus. Es gibt aber noch weitere Berge um 5000 m Höhe, zum Beispiel den **Rustaweli** (4860 m) und den **Uschba** (4737 m). Ungefähr ein Fünftel des Landes ist von Bergen bedeckt, die höher sind als 2000 m.

Gebirgspässe

Es ist nicht verwunderlich, dass es in einem so gebirgigen Land wie Georgien zahlreiche Pässe gibt. Hier seien einige von ihnen aufgeführt:

- **Abano-Pass:** 2926 m, zwischen Telawi und Omalo, die „Straße" über den Pass ist die höchste des Landes
- **Goderzi-Pass:** 2025 m, zwischen Batumi und Achalziche
- **Gombori-Pass:** 1839 m, zwischen Tbilisi und Telawi
- **Gudamarkari-Pass:** 2374 m, zwischen dem Dorf Sno und Passanauri
- **Kreuzbärenpass:** 2676 m, zwischen Gudani und Schatili, etwa beim Ort Chachmati
- **Kreuzpass:** 2834 m, Georgische Heerstraße, nördlich von Gudauri
- **Nakerala-Pass:** 1217 m, zwischen der Bergwerksstadt Tkibuli und dem Schaori-See
- **Rikoti-Pass:** 997 m, im Surami-Gebirge zwischen Tbilisi und Kutaisi, etwa in Höhe nördlich von Chaschuri
- **Roschka-Pass:** 3056 m, zwischen Djuta und Gudani in Chewsuretien

Deutsche Forscher im Kaukasus

Ab etwa 1770 bis Mitte des 19. Jh. reisten einige namhafte deutsche Wissenschaftler nach Georgien, um das Land in vielfältigster Weise zu erkunden und zu beschreiben. **Johann August Güldenstädt** bereiste im Auftrag des russischen Zaren in den Jahren 1768 bis 1775 den Nordkaukasus und Georgien, offiziell beauftragt von der Russischen Kaiserlichen Akademie der Wissenschaften in St. Petersburg (der damaligen Hauptstadt Russlands). Er wurde sogar von König *Irakli II.* von Ostgeorgien und König *Solomon I.* von Imeretien empfangen. Er hinterließ nicht nur zahlreiche Tagebücher und Landkarten, sondern auch botanische und zoologische Studien, ebenso wie eine Aufstellung über Kranke, die ihn als Arzt konsultierten, gegliedert nach gesellschaftlicher Stellung und Krankheit. Er beschrieb die Stände des Landes und das gemeine Volk, die Bauart der Wohnhäuser, den Bergbau und das Gewerbe, aber auch Münzen, Maße und Gewichte. Weiterhin befasste er sich mit der Rechtspflege der zaristischen Beamten, untersuchte das Wirken des Klerus und schrieb eine Abstammungslehre des Herrschergeschlechts derer von *Bagrationi*. Im Geheimen untersuchte er im Auftrag der Akademie von St. Petersburg auch die Erzvorkommen in Georgien.

Es gab eine Gruppe von Wissenschaftlern, die vor allem aus Neugierde und Forscherdrang reisten. Zu ihnen gehörte **Jacob Reinegg,** der in Konstantinopel den Gesandten König Iraklis II. traf, welcher ihn nach Georgien eingeladen hatte. Reinegg war in den Jahren 1778 bis 1781 Gast König Iraklis II. Neben zahlreichen wissenschaftlichen Untersuchungen auf dem Gebiet des Bergbaus und des Gießereiwesens wurde er politisch tätig. Er fuhr 1781 zurück, wurde aber von Fürst *Potemkin* als Kommissionär an den georgischen Hof gesandt, da er mit den Verhältnissen im Lande vertraut war und außerdem Georgisch sprach. Er wirkte mit an der Gestaltung des Traktats von Georgijewsk, das 1783 zwischen König Irakli II. und *Katharina der Großen* abgeschlossen wurde. Seine Rolle dabei wird von Historikern oft unterschätzt oder er wird einfach als russischer Spion bezeichnet.

Nach der Okkupation Georgiens durch das zaristische Russland entsandte die Kaiserliche Akademie in St. Petersburg erneut Wissenschaftler nach Georgien. Zu ihnen gehörte **Julius von Klaproth,** der 1807/08 Forschungen auf dem Gebiet der Philologie, Ethnografie und Geschichte durchführte. Er überprüfte als Orientalist und Linguist weiterhin die früher durchgeführten Untersuchungen auf ihre Richtigkeit und Vollständigkeit. Seine Forschungsergebnisse wurden 1812/14 in Halle und Berlin unter dem Titel „Reise in den Kaukasus und nach Georgien" veröffentlicht. Er untersuchte auch die russisch-georgischen Beziehungen.

Eduard Eichwald reiste von April bis Juli 1825 im Auftrag der Universität von Kasan nach Georgien und veröffentlichte seine Forschungsergebnisse 1834 und 1837 in Stuttgart und Tübingen unter dem Titel „Reise auf dem Caspischen Meere und in den Kaukasus". Eichwald untersuchte nicht nur die soziale Lage des georgischen Volkes vor und nach der russischen Annexion, sondern auch die eigenständigen Wurzeln der georgischen Sprache und die nationale Vielfalt. Darüber hinaus beschäftigte er sich erstmals mit Sitten und Gebräuchen, beschrieb Krankheiten sowie das von den Russen aufgebaute Gesundheitssystem. Er verwendete große Aufmerksamkeit auf die Beschreibung der Handelswege von Persien nach Tbilisi und von Odessa bis Leipzig. Neu dürfte auch gewesen sein, dass er die Aufstände gegen die Russen in Imeretien, Kachetien und Abchasien beschrieb, ebenso die Kriege Russlands gegen die Türken, Abchasen, Lesghier und Perser.

Als Privatmann war **Moritz Wagner** von 1843 bis 1846 in der Türkei, in Georgien, Armenien und Persien unterwegs. Obwohl er von Haus aus Geograf und Naturwissenschaftler war, beschrieb er sehr detailliert Aussehen, Kleidung und Schmuck der Frauen sowie den damals üblichen Frauenhandel. 1850 veröffentlichte er seine Forschungen in Leipzig unter dem Titel „Reise nach Kolchis und nach den deutschen Kolonien jenseits des Kaukasus". Unter Kolonien sind Dörfer wie Katharinenfeld, Marienfeld, Helenendorf, Alexanderdorf und Annenfeld zu verstehen, wo deutsche Siedler (Schwaben) eine neue Heimat suchten.

Das Leben in diesen Kolonien genannten Siedlungen beschrieb auch **August von Haxthausen,** ein Agrarwissenschaftler und Volksliedsammler. Im Auftrag von Zar *Nikolaus I.* untersuchte er die Lage der Bauern und reiste daher 1843 für zwei Monate nach Georgien. Auffällig in seinen Berichten ist sein kritischer Blick auf die Rolle Russlands und der russischen Okkupationsarmee. Die schlechte wirtschaftliche Lage, die hohe Gewaltbereitschaft und Korruption als Folge der russischen Besetzung beschreibt er in seinem 1856 in Leipzig erschienenen Buch „Transkaukasia, Andeutungen über das Familien- und Gemeindeleben und die socialen Verhältnisse einiger Völker zwischen dem Schwarzen und Kaspischen Meer".

■ **Sagar-Pass:** 2623 m, südlich von Ushguli auf dem Weg nach Lentechi
■ **Sekari-Pass:** 2182 m, nördlich von Abastumani auf dem Weg nach Kutaisi

Flüsse und Seen

Der längste Fluss ist die 1364 km lange Mtkwari (russ. Kura), die Georgien von Süden nach Osten auf 351 km durchfließt. Sie entspringt auf dem Territorium der Türkei, fließt bei Wardzia ostwärts über die Grenze durch Kartlien und Tbilisi bis nach Aserbaidschan, wo sie ins Kaspische Meer mündet.

In Westgeorgien ist der **Rioni** mit 327 km der längste Fluss, der aus dem Ratscha durch Kutaisi ins Schwarze Meer fließt. Weitere Flüsse sind der **Alasani** (351 km) und der **Inguri** (213 km).

Der größte **See** ist der **Parawani,** der sich in einer Höhenlage von 2073 m auf 37,5 km² aus$ehnt.

Quellen und Höhlen

Auf georgischem Territorium befinden sich etwa **2000 Mineralquellen,** auch mit Thermalwasser, von denen bislang die wenigsten genutzt werden. Ungefähr 15% der Landfläche besteht aus Kalkstein und daher nimmt es nicht Wunder, dass wir sehr viele Höhlen finden, von denen aber die wenigsten touristisch erschlossen sind. In der Nähe des heilklimatischen Kurortes Zqaltubo befindet sich zum Beispiel die Gumistawi-Höhle, eine der tiefsten Höhlen der Welt (ca. 1540 m tief).

Verwaltungsgliederung

Die territoriale bzw. administrative Gliederung stammt im Wesentlichen noch aus der Sowjetzeit, da laut Verfassung die endgültige Gliederung erst festgelegt werden kann, wenn die Konflikte mit Abchasien und Südossetien beigelegt sind. Zurzeit gibt es die beiden **Autonomen Republiken Abchasien und Adscharien** sowie das **Autonome Gebiet Südossetien**. Die **zehn** übrigen **Verwaltungsregionen** unterteilen sich wiederum in 55 Landkreise.

Steckbriefe der Regionen

Abchasien

- **Bevölkerung:** 223.000 Einwohner, davon 125.000 Abchasen (45%), 60.000 Armenier (18%), 40.000 Georgier (13%); 1989: über 500.000 Einwohner, davon 48% Georgier und 17% Abchasen
- **Hauptstadt:** Sochumi (abchas. Aqwa, russ. Suchumi)
- **Fläche:** 8600 km²
- **Wirtschaft:** Tourismus, Landwirtschaft (vorwiegend Zitrusfruchtanbau)
- **Minderheiten:** 22.000 Russen und 6000 Esten
- **Geschichte:** Von den Griechen gegründete Handelsplätze lockten die Römer, später die Byzantiner an. Es folgten die Osmanen, die Russen und wieder die Osmanen, bis schließlich Anfang des 20. Jh. die Bolschewisten die Macht übernahmen.

Verwaltungsgliederung

Adscharien

- **Bevölkerung:** 371.000 Einwohner
- **Hauptstadt:** Batumi
- **Fläche:** 2900 km^2
- **Wirtschaft:** Tourismus, Landwirtschaft (vorw. Zitrusfruchtanbau), Hafen von Batumi
- **Minderheiten:** weniger als 30% sind muslimische Georgier, kleine russische und armenische Minderheiten in Batumi
- **Geschichte:** Adscharien war über 300 Jahre lang Teil des Osmanischen Reiches, woraus die verbliebenen Muslime resultieren. 1878 fiel es an Russland und wurde nach dem Ersten Weltkrieg wieder an die Türkei angegliedert. Nach dem Zusammenbruch der Sowjetunion errichtete *Aslan Abaschidse* sein kleines privates Fürstentum, das im Mai 2004 zusammenbrach.

Gurien

- **Bevölkerung:** 160.000 Einwohner
- **Hauptstadt:** Osurgeti
- **Fläche:** 2000 km^2
- **Wirtschaft:** Teeanbau, subtropische Landwirtschaft, Schrottverarbeitung, Seebad Ureki, Mineralquelle Nabechlawi, Kurort Bachmaro
- **Minderheiten:** 5% Russen, 1% Armenier
- **Geschichte:** Obwohl Gurien immer von anderen Kulturen beeinflusst wurde (griechische, türkische und russische Einflüsse), konnte es seine eigene Kultur weitgehend bewahren. In Osurgeti wurde Ende des 19. Jh. die erste Druckerei eröffnet, in dem Dorf Aketi die erste Bibliothek (1892). Seit dem Ende der UdSSR eines der ärmsten Gebiete Georgiens.

Imeretien

- **Bevölkerung:** 407.200 Einwohner
- **Hauptstadt:** Kutaisi
- **Fläche:** 6600 km^2
- **Wirtschaft:** Fahrzeugbau, Metallverarbeitung, Holzverarbeitung, Textilindustrie, Landwirtschaft
- **Minderheiten:** Unter 2% Armenier und Russen
- **Geschichte:** Imeretien war einst Teil des antiken Königreichs Kolchis. Es war von 978 bis 1122 die Hauptstadt des Vereinigten Georgischen Königreichs. Nach dessen Zusammenbruch fiel es unter türkische Herrschaft. König Solomon stellte das Gebiet 1804 unter russischen Schutz. Unter sowjetischer Ägide ein industrielles Zentrum Georgiens mit Fahrzeugbau und Metallverarbeitung.

Kachetien

- **Bevölkerung:** 447.00 Einwohner
- **Hauptstadt:** Telawi
- **Fläche:** 11.340 km^2
- **Wirtschaft:** Weinbau, Landwirtschaft, Schrottverarbeitung
- **Minderheiten:** 7% Aserbaidschaner, weiterhin Russen, Tschetschenen (Flüchtlinge im Pankisi-Tal), Armenier
- **Geschichte:** Kachetien war Teil von Persien, Teil des Osmanischen Reiches und von Russland. Gemeinsam mit seinem östlichen Nachbarn Kartlien bildete es das Königreich Kartlien-Kachetien. Als Russland 1801 Ostgeorgien annektierte und die Monarchie abschaffte, verlor Kachetien seine regionalen Herrscher. Nach der Abspaltung Georgiens von der Sowjetunion verloren die Weinbauern ihren Hauptabnehmer.

Unter-Kartlien (Kwemo Kartli)

- **Bevölkerung:** 494.300 Einwohner
- **Hauptstadt:** Rustawi
- **Fläche:** 6528 km^2
- **Wirtschaft:** Weizenanbau, Tierzucht, Chemische Düngemittel, Goldminen
- **Minderheiten:** Besonders an den Grenzen zu Armenien und Aserbaidschan ungefähr 45% Aser-

baidschaner und 6–7% Armenier, außerdem Griechen, Russen, Ukrainer

■ **Geschichte:** Unter-Kartlien musste sich im Verlauf seiner Geschichte von vielen Invasoren befreien. Es war Ziel der mongolischen Eroberungen im 13. Jh. Im 17. Jh. kamen die Perser unter Schah *Abbas,* die bis zum 18. Jh. blieben. 1783 wurde das Traktat von Georgijewsk unterzeichnet, das ganz Georgien und damit auch Unter-Kartlien unter russische Herrschaft stellte.

Inneres Kartlien (Schida Kartli)

■ **Bevölkerung:** 309.000 Einwohner
■ **Hauptstadt:** Gori
■ **Fläche:** 4808 km² inkl. Gebiet von Südossetien
■ **Wirtschaft:** Landwirtschaft (in Subsistenz)

■ **Minderheiten:** Armenier, Russen
■ **Geschichte:** Der Feldzug des römischen Feldherrn *Pompejus* im Jahre 66 v.Chr. führte zur Errichtung des östlichsten Außenpostens des Römischen Reiches auf dem Gebiet Kartliens. Auch die Perser brachten das Land an sich, im Jahre 1795 kam es zur fast völligen Zerstörung Tbilisis durch Schah *Mohammed.* Nach nur sechs Jahren persischer Herrschaft übernahm das zaristische Russland die Macht. 1991 brach ein Bürgerkrieg mit Südossetien aus; seit 1992 herrscht Waffenstillstand mit häufigen Schusswechseln.

Mingrelien (einschl. Ober-Swanetien)

■ **Bevölkerung:** 407.000 Einwohner
■ **Hauptstadt:** Sugdidi

- **Fläche:** 7505 km²
- **Wirtschaft:** Zitrusfrucht-, Tee- und Haselnussanbau, Hafen von Poti
- **Minderheiten:** Russen, Abchasen, Armenier, Ukrainer, Osseten, Aserbaidschaner, Griechen
- **Geschichte:** Samegrelo (georgischer Name für Mingrelien) war im 9.–6. Jh. v.Chr. Teil des sagenhaften Königreichs Kolchis, im 11. Jh. Teil des Vereinigten Georgischen Königreichs, 1803 fiel es an Russland. Die Einwohner sind Mingrelier, die Mingrelisch sprechen, eine Untergruppe der südkaukasischen Sprachfamilie. Der erste frei gewählte Präsident Georgiens nach Erlangung der Unabhängigkeit 1991 *Swiad Gamsachurdia* kam aus Mingrelien. Nach seiner Absetzung kam es in Mingrelien von 1991 bis 1993 zu bürgerkriegsähnlichen Auseinandersetzungen durch seine Anhänger, die Aswiadisten. Die Stabilität Mingreliens wurde erneut auf eine ernste Probe gestellt, als Abchasien seine Unabhängigkeit erklärte und ethnische Georgier Abchasien verlassen mussten. Besonders Sugdidi war von Flüchtlingen regelrecht überflutet.

Mzcheta-Mtianetien

- **Bevölkerung:** 138.000 Einwohner
- **Hauptstadt:** Mzcheta
- **Fläche:** 6800 km²
- **Wirtschaft:** vorwiegend Landwirtschaft (Subsistenzwirtschaft), vor allem Gemüseanbau und Schafzucht
- **Minderheiten:** 2% Russen, unter 4% Osseten

◁ Die Staatskanzlei in Tbilisi

- **Geschichte:** Mzcheta wurde ab dem 3. Jahrtausend v.Chr. besiedelt, es ist als heidnisches Zentrum nachweisbar. Im 4. Jh. n.Chr. erklärten Königin *Nana* und König *Mirian III.* hier das Christentum zur Staatsreligion. Mzcheta war bis zum 6. Jh. Hauptstadt Iberiens und ist noch heute ein religiöses Zentrum Georgiens.

Ratscha-Letschchumi (einschl. Unter-Swanetien)

- **Bevölkerung:** 55.000 Einwohner
- **Hauptstadt:** Ambrolauri
- **Fläche:** 4900 km²
- **Wirtschaft:** Weinbau, Viehzucht
- **Minderheiten:** Bis in die 1980er Jahre jüdische Minderheit, die jedoch das Land verlassen hat
- **Geschichte:** Ratscha wurde als administrative Einheit erstmals im 10. Jh. erwähnt, war aber meist Teil Imeretiens. Nach mehreren Kriegen, die von lokalen Fürsten angezettelt wurden, um das Königreich Ratscha wieder erstehen zu lassen, wurde es 1789 als eigenständige Region aufgelöst. 1810 wurde es gemeinsam mit Imeretien dem Russischen Reich angeschlossen.

Samzche-Dschawachetien

- **Bevölkerung:** 204.000 Einwohner
- **Hauptstadt:** Achalziche
- **Fläche:** 6413 km²
- **Wirtschaft:** Ackerbau und Viehzucht
- **Minderheiten:** Armenier bilden ca. 55% der Bevölkerung, Georgier 43%, weiterhin Russen, Griechen, Osseten, Ukrainer
- **Geschichte:** In dieser Region lebten Meßcheten, die auf Veranlassung Stalins 1944 nach Mittelasien zwangsumgesiedelt wurden. Ihre Rückkehr verläuft nur schleppend, ist aber Voraussetzung für die Aufnahme Georgiens in die EU. Während des Kalten Krieges war die Region eine Hochsicherheitszone.

Klima

Wegen der vielfältigen Oberflächenstruktur Georgiens gibt es im Land **kein einheitliches Klima.** Am Schwarzen Meer herrscht subtropisch-feuchtes Klima mit relativ hohen Niederschlägen (bis zu 3000 mm), im Osten gemäßigtes, trockenes Kontinentalklima mit geringen Niederschlägen (ca. 400 mm). Der Frühling ist kurz und geht in einen heißen, oft schwülen (Tbilisi) Sommer über und die Winter sind schneearm.

In den Bergen hängt das Klima naturgemäß auch von der Höhenlage ab. So kann es im Mai in Lagen um die 1500 m tagsüber schon sehr heiß werden, über 2000 m taut der Schnee bis Ende Juni. Der Kaukasus ist eine Klimascheide zwischen dem nördlichen, gemäßigten und dem südlichen, subtropischen Klima. Das Surami-Gebirge trennt das feuchte Einzugsgebiet der Rioni-Niederung vom trockenen Gebiet der Mtkwari.

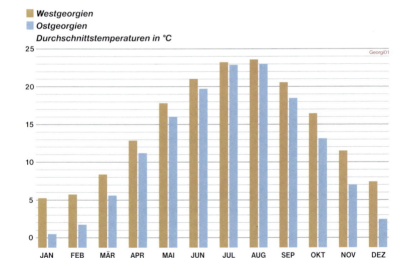

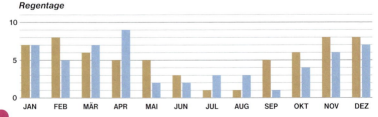

Flora und Fauna

Pflanzenwelt

Die unterschiedlichen Klimazonen bringen eine **große Artenvielfalt** hervor. Ungefähr 44% des Landes sind mit Wäldern bedeckt, davon sind wiederum 5% Urwald. Viele Gegenden sind sehr dünn besiedelt und begünstigen dadurch die Entwicklung von endemischen, d.h. nur an diesem Ort vorkommenden, Arten. Es gibt über 6000 Pflanzenarten, davon gelten etwa 1600 als endemisch.

Man findet in Georgien etwa 400 verschiedene Baum- und Straucharten, wovon an die 60 endemisch sind und weitere 60 auf der Roten Liste stehen, da sie als weltweit bedroht gelten.

Georgien kann in zwei biogeografische Hauptregionen unterteilt werden, nämlich die **kolchidischen und kaukasischen Bergregionen** mit ihren Wäldern, wo sowohl eine Vielzahl autochthoner Pflanzen und Tiere als auch mittel- und osteuropäische Spezies zu finden sind. Als zweite Region kann das **Bergland des Kleinen Kaukasus und die Mtkwari-Region** angesehen werden, wo Spezies aus dem Nahen Osten einschließlich der ariden (trockenen) und semi-ariden Gebiete des Turan (südlich des Kaspischen Meeres im Iran) anzutreffen sind.

Das kolchidische Gebiet umfasst fast ganz Westgeorgien, also die Region zwischen dem Schwarzen Meer, dem Meßchetischen Bergrücken, dem Surami-Sattel und dem Großen Kaukasus. Das Klima ist mild und feucht, es gibt mehr als 1000 mm jährliche Niederschläge und Fröste sind selten. Hier wachsen **subtropische Wälder** und immergrünes Unterholz. Auch **Reliktenpflanzen** aus dem Tertiär wie Kirschlorbeer (Laurocerasus Officinalis), Stechpalme (Ilex aquifolium) und Pontischer Rhododendron (Rhododendron ponticum) sind anzutreffen.

Die **Wälder der Kolchis-Niederung** bestehen hauptsächlich aus Eichen, Kastanien und Linden. In höher gelegenen Regionen wachsen Buchen, Tannen und Fichten mit immergrünem Unterwuchs. Weiterhin findet man Kiefern, Hainbuchen, Wacholder, Kolchisbuchsbaum, Kirschlorbeer, Stechpalmen, die Kolchische Haselnuss, Rhododendronarten, Ebereschen, die kleinblättrige Ulme und die außerordentlich seltene Art des Erdbeerbaums (Arbutus andrachne).

Die **kaukasische Bergregion** im Norden des Landes liegt höher als 2000 m. Das Klima ist rau und es fällt mehr als 1000 mm Niederschlag pro Jahr. Hier kann man die abwechslungsreichsten **Nadel- und Laubwälder** Eurasiens mit subalpinen Buchenwäldern, dunklen Nadelwäldern, Kriechstammwäldern, alpine und subnivale Pflanzengemeinschaften bis hin zu reinem nivalen (also durch Schnee dominiertem) Bewuchs finden. In den südlichen Ausläufern und den unteren mittleren Höhenlagen des Großen Kaukasus findet man dichten Laubwald, an den Südwesthängen als gemäßigter Regenwald bezeichnet. Etwas höher, also etwa in Höhenlagen von 1250 bis 2300 m, wachsen Laubmischwälder. Typische Vertreter sind Birken, Zwergebereschen und einige Rhododendronarten. Selbst stark duftende **Orchideen** und Schmetterlingsorchideen gedeihen in dieser Lage.

In dem Gebiet um Mestia beispielsweise kann der botanisch Interessierte die große rosafarbene Lichtnelke, Nieswurz, Bilsenkraut, Fingerhut, das gelbe Fingerkraut, aber auch Wilderdbeeren und -stachelbeeren finden.

In Höhen zwischen 1800 und 2400 m, also über der Baumgrenze, findet man – in westlicher Richtung – sehr üppige **subalpine Wiesen** mit zahlreichen Heilpflanzen, Lilienarten, Akelei und Rittersporn, Ranunkel, Glockenblumen, Lichtnelken, Wicken, Stiefmütterchen, Kornblumen und Skabiose. In noch höheren Lagen wächst Rhododendron und auf **alpinen Wiesen** höher als 3000 m sind winterharte Stauden beheimatet, die Kissen oder Pflanzenrosetten bilden.

Das Plateau des **Kleinen Kaukasus** ist mehrheitlich baumloses Grasland mit entweder subalpinen Wiesen oder **Bergsteppen.** Es gibt aber auch Wald und semi-aride Steppen. Hier herrscht Kontinentalklima mit jährlichen Niederschlägen von nur 400 bis 800 mm.

Die Mtkwari-Region mit ihren ariden und semi-ariden Steppen umfasst große Teile Kachetiens und Kartliens. Hier überwiegen turanische Spezies. Entlang der Mtkwari, wo warmes Klima (selten unter -5°C) sowie etwa 44 mm Niederschlag vorherrschen, findet sich auch Baumbewuchs.

Die Übergänge zwischen beiden Regionen sind fließend und gehören zu den biologisch interessantesten Gebieten Georgiens. Als erstes von insgesamt drei Übergangszonen kann das Gebiet nördlich von Tbilisi bis zur Bordshomi-Schlucht genannt werden. Dessen gemäßigtes Klima mit Niederschlägen von 400 bis 800 mm jährlich sorgt für eine kaukasische Flora und Fauna von geringer Biodiversität, jedoch sind einige turanische und kolchidische Einflüsse unverkennbar. Das zweite Übergangsgebiet stellen die ostgeorgischen Wälder dar, die einen größeren turanischen Einfluss aufweisen. Hier herrscht subtropisch mildes Klima mit etwa 400 bis 600 mm jährlichem Niederschlag. Das kleinste, aber vielleicht interessanteste Übergangsgebiet findet man in der **Bordshomi-Schlucht,** wo Spezies aus ganz Georgien zu finden sind. Die Bordshomi-Schlucht ist quasi die Trennlinie zwischen dem feuchten Westen und dem trockenen Osten und ein Mittelding zwischen der turanischen und Mittelmeerfauna. Ein gemäßigtes, mildes Klima und jährliche Niederschläge von 800 bis 1200 mm sind die Charakteristika.

Etwa 2000 Spezies werden wirtschaftlich genutzt, etwa als Obstbäume, zur Öl- und Farbstoffgewinnung, als Heil- und Futterpflanzen und schließlich zur Holzgewinnung. Geschätzte 150 Pilzarten sind essbar.

Die zahlreichen **botanischen Gärten** Georgiens können für den Interessierten eine wahre Fundgrube sein, wenngleich auch die Auszeichnung der Pflanzen nicht mehr immer gegeben ist.

Eine Sonderstellung nimmt die Vegetation an der **abchasischen Küste** ein, wo sich trotz der geografischen Lage dank des vor kalten Winden schützenden Bergkamms des westlichen Großen Kaukasus und des warmen Wassers des Schwarzen Meeres ein subtropisches Klima mit Niederschlägen von 1100 bis 1500 mm und Jahresdurchschnittstemperaturen von 15°C herausgebildet hat. Vertreter üppigster **subtropischer Vegetation** sind Agaven, Bambus, Bananenstauden (Bananen reifen jedoch nicht, da „nur" 200 Sonnentage im Jahr), Datteln, Eibenarten, Eukalyptus, Feigen, Götterbäume, Himalajazedern, Hovenien, Kampferlorbeer, Kirschlorbeer, Kokos- und Fächerpalmen, Mandarinen- und Zitronenbäume, Oleander, Pampasgras, Pizundakiefer (stark gefährdet), Rhododendron, Tabak- und Teepflanzen, Wasserlilien und Zypressen.

Die Bestände vieler einheimischer Pflanzenarten leiden unter dem **illegalen Handel**. Die wirtschaftliche Not veranlasst viele Menschen, Pflanzen, obwohl sie auf der **Roten Liste der bedrohten Arten** stehen, auszugraben und an türkische Händler weiterzuverkaufen, die sie dann auf westeuropäischen Märkten anbieten. Besonders betroffen sind Schneeglöckchenzwiebeln (Galanthus ikaria) und das Alpenveilchen (Cyclamen spp).

Hans Heiner Buhr bietet mit seiner Firma Kaukasus-Reisen qualifizierte botanische Wanderungen für einschlägig interessierte Reisende an (Adresse siehe Kapitel „Praktische Tipps A–Z/Reiseveranstalter").

Tierwelt

In Georgien gibt es wahrscheinlich die größte Anzahl von Säugetieren in ganz Europa, etwa geschätzte 110 Arten. Darüber hinaus finden sich 320 Arten von Vögeln (etwa 250 Nestbauer), ca. 50 Reptilien- und 13 Amphibienarten, 160 Fischarten, Tausende von Wirbellosen, 150 Homoptera (Gleichflügler, also Insekten) und acht Schmetterlingsarten. Leider gelten 21 Säugetierarten, 33 Vogel-, 10 Reptilien- und Amphibienarten inzwischen als selten, bedroht oder ge**fährdet**. Dazu gehören beispielsweise die **Persische Gazelle** (wahrscheinlich sogar ausgestorben), die **Gestreifte Hyäne** und der **Kaukasische Leopard**. Eventuell gibt es in den ariden Steppen Südostgeorgiens noch einige. Fast ausschließlich im Großen Kaukasus findet man Säugetierarten wie den Kaukasusmaral, Bären, Wölfe, Luchse, Schakale, Steinböcke, Bergziegen und Mufflons.

Säugetiere

Bemerkenswert sind vor allem die Westkaukasische Ziege, die Dagestanische Ziege, die Bezoarziege und die Gemse. Leider werden diese stark bejagt und so in ihrem Bestand dezimiert. So ist die **Westkaukasische Ziege** (Capra caucasica), eine endemische Art, in ihrem Bestand bereits gefährdet. Auch der **Bärenbestand** leidet unter dem Schmuggel der Galle und Felle der Bären in die Türkei.

Zu den mittelgroßen Säugetieren gehören die Baum- und Steinmarder, der Tigeriltis, die Wildkatze, der Fuchs und der Feldhase sowie das Wiesel. Zu den gefährdeten Arten zählen die **Rohrkatze**, der **Europäische Otter**, der **Kaukasische Nerz** und schließlich der **Goldene Schakal**. Die europäischen Eichhörnchen verdrängen mehr und mehr das einheimische **Persische Eichhörnchen**.

Überweidung und Vergrößerung der landwirtschaftlichen Nutzfläche bedrohen die Bestände vieler kleiner Säugetiere, von deren gefährdeten Arten hier folgende genannt seien: die **Rotwangige Wühlmaus**, der **Kaukasische Goldhamster**, der **Grauhamster** und die **Prometheuswühlmaus** (Prometheomys shaposhnikowi).

Vögel

Die Flugrouten zahlreicher **Zugvögel** führen auf ihrem Weg von den Brutplätzen in Sibirien zu ihren Winterquartieren nach Nordeuropa über Georgien. Daher sind weit weniger als ein Prozent Endemiker. **Bedrohte Vogelarten** sind Lämmer-, Mönchs- und Gänsegeier sowie der Wanderfalke. Viele Raubvögel nisten in den Bergen, können jedoch in der Halbwüste um Dawit Garedscha bei der Jagd beobachtet werden. Dazu gehört das Kaspische Königshuhn und das Kaukasische Birkhuhn.

Es gibt auch eine kleine Population eigentlich in Mittelasien beheimateter **Berggimpel**. Der von Schweden bis Japan vorkommende Karmingimpel überfliegt Georgien auf dem Weg in sein Winterquartier zwischen Iran und China.

An der Schneegrenze der Gebirge lebt eine endemische Unterart des **Alpensteinhuhns** (Alectoris graecea). Im Großen Kaukasus sind folgende Vogelarten zu Hause: der Riesenrotschwanz, die Schwarzkehlbraunelle, der Rotköpfige Girlitz, die Zaunammer, die Zipammer und der Eichelhäher.

In den Wüstengebieten leben der Rotflügelgimpel, der Heckensänger, das Chukarhuhn, die Großtrappe und die Zwergtrappe. Von besonderem Interesse ist auch das Sumpfland am Schwarzen Meer, wo man den **Löffler** und die **Rothalsgans** beobachten kann, weiterhin den Rothalstaucher, den Rosa Pelikan sowie den Krauskopfpelikan, den Seidenreiher, den Braunen Sichler, die Rostgans und die Moorente. Leider wird von einigen Hotels die Jagd auf diese Vögel, zum Beispiel auf dem Paliostomi-See südlich von Poti, angeboten.

Reptilien

Von den 52 Reptilienarten (die Zählung der Arten ist umstritten) sind etwa 25% Endemiker. Zu den **bedrohten Arten** zählen die Glattechse (Eumeces schneideri), die Lidlose Glattechse (Ablepharus pannonicus), die Kletternatter (Elaphe situla), die Halsbandzwergnatter (Elaphe collaris), die Transkaukasische Kletternatter (Elaphe hohenackerii) und die Kaukasische Viper (Vipera kaznakovi). Die am weitesten verbreitete Eidechse ist die Lacerta praticola.

Giftschlangen (Kaukasische Vipern) kommen eigentlich nur in der Halbwüste um Dawit Garedscha und in der heißen, trockenen Halbwüste Schirak vor. Gegen den Biss gibt es ein Gegenmittel, aber geschlossenes Schuhwerk ist immer noch der beste Schutz!

Amphibien

In Georgien kann man vier Arten von **Salamandern** finden, wovon der Kaukasische Salamander (Mertensiella caucasica) ebenso bedroht ist wie von den neun Frosch- und Krötenarten die Spezies Bufo verrucosissimus, Hyla arborea shelkownikowi und Rana camerani. Weitere Amphibienarten sind der Bandmolch, der Teich- und der Kammmolch. Alle Arten sind in ihrem Bestand gefährdet.

Schäfer bei Wardzia im Kleinen Kaukasus

Waltiere (Zetazeen)

Im Schwarzen Meer wurden, obwohl noch nicht genügend erforscht, **Große Tümmler, Schweinswale und gemeine Delfine** gesichtet.

Fische

Etwa ein Viertel der bekannten **160 Fischarten** sind Endemiker. In georgischen Seen ausgesetzte osteuropäische Fischarten bedrohen heimische Spezies; die Karausche (Carassius carassius) bedroht sogar die Molchpopulation.

Umwelt- und Naturschutz

In Georgien werden inzwischen große Anstrengungen unternommen, um die einmaligen Landschaften und natürlichen Ressourcen zu bewahren. Im ganzen Land wurden **Nationalparks, Naturreservate und Naturschutzgebiete** eingerichtet, weitere sind geplant. Hier die Website des Ministeriums für Umweltschutz in Georgien: http://moe.gov.ge. Georgien prüft ständig die Möglichkeit, neue Schutzgebiete auszuweisen, so dass sich ihre Anzahl schrittweise erhöhen wird. Informationen dazu auch auf der Website des Amtes für Geschützte Gebiete Georgiens (http://apa.gov.ge/?site-lang=en). Hervorzuheben ist die **Unterstützung Deutschlands** bei vielen Projekten. Neben der Einrichtung des Nationalparks in Bordshomi-Charagauli wird auch die Arbeit für den Nationalpark Kasbegi durch das deutsche Ministerium für Entwicklungshilfe und wirtschaftliche Zusammenarbeit gefördert. Im Rahmen der Deutschen Entwicklungszusammenarbeit gewährte die Entwicklungsbank KfW 2011 dem georgischen Ministerium für Umwelt und Schutz natürlicher Ressourcen einen Zuschuss von 4 Mio. €. Weitere 500.000 € wurden 2012 zur Verfügung gestellt, um die Naturschutzgebiete in Lagodechi, Waschlowani, Mtirala und Kolcheti bei Poti zu unterstützen.

Hier einige ausgewählte **Schutzgebiete:** Nationalparks Bordshomi-Charagauli (www.nationalpark.ge/), Kasbegi, Mtirala (in Adscharien), Kolchis (www.kpn.ge, bei Poti); Naturschutzgebiete Lagodechi (http://lagodekhi-national-park.blogspot.com/) und Tuschetien in Kachetien sowie das Staatliche Naturreservat Sataplia bei Kutaisi.

Geschichte und Politik

Die Geschichte Georgiens reicht weit zurück. *Noahs* Sohn *Thargamos* soll sich im Land von Japhet angesiedelt haben, irgendwo zwischen den Bergen des Kaukasus und dem Ararat. Der Legende nach stammt das georgische Volk von seinem Ururenkel Karthlos ab und nennt sich daher Volk der Karthier oder Kartwelebi und sein Land Sakartwelo.

Älteste Funde aus der Stein- bis Bronzezeit

Sucht man Spuren menschlichen Lebens auf dem Territorium des heutigen Georgien, so belegen Funde, dass im Gebiet Transkaukasiens schon in der **Altsteinzeit** Menschen siedelten. Die deutsche Archäologin *Dr. Antje Justus* vom Römisch-Germanischen Zentralmuseum in Mainz fand 1992 bei Ausgrabungen in der Nähe des Ortes Dmanisi einen etwa 1,5 bis 1,6 Millionen Jahre alten Kieferknochen. Bei den weitergehenden Grabungen wurde 1998 ein etwa gleichaltriger Schädel entdeckt. Diese Funde sind die bislang ältesten Nachweise menschlichen Lebens im eurasischen Gebiet und genauso alt wie die in Afrika gefundenen Knochen eines Homo Erectus.

Funde aus der frühen Kupferzeit belegen das Vorhandensein einer **hohen Agrarkultur** auf ostgeorgischem Gebiet. Schon ca. 2000 Jahre vor der Zeitenwende bildeten Stämme eine Art **Staatswesen**. In den 1970er Jahren wurden bei Ausgrabungen in Ostgeorgien (Imiris-Gora) Funde aus der Bronzezeit zutage gefördert, die auf das 5. Jh. v.Chr. zurückdatiert werden.

Griechen und Römer

Um 600 v.Chr. fällt die **Gründung des Königreichs Kolchis** in den Tiefebenen Westgeorgiens und die Errichtung griechischer Handelsposten an den Küsten des Schwarzen Meeres. Laut griechischer Mythologie kamen Jason und seine Argonauten hierher, um das Goldene Vlies, ein Schaffell voller Gold, zu rauben (siehe Exkurs im Kapitel „Imeretien").

Nur 200 Jahre später, also etwa 400 v.Chr., wurde in Ostgeorgien das **Königreich Kartlien** gegründet, das die Griechen Iberien (auch Iweria) nannten. Es fiel für kurze Zeit unter die Herrschaft von *Alexander dem Großen* und ab dem ersten Jahrhundert v.Chr. gehörte es als östlichster Außenposten zum **Römischen Reich.** Kartlien wurde von König *Mithridates IV.* regiert, der sich nicht nur gegen Rom wandte, sondern auch Kolchis eroberte. Allerdings musste er sich im Jahre 65 v.Chr. dem Heer unter *Pompejus Magnus* geschlagen geben. Der römische Konsul sorgte dafür, dass Kolchis auch fortan zum Römischen Reich gehörte, und zwar bis zum Jahre 298 n.Chr. In diesem Jahr wurde zwischen dem Römischen und dem Persischen Reich ein Abkommen unterzeichnet, in dem König *Mirian III.,* ein ethnischer Perser und Begründer der Dynastie der Chosroiden, als König von Iberien anerkannt wurde. Im 4. und 5. Jh. n.Chr. fiel Kolchis, das sich damals Lasika nannte, unter **persische Herrschaft.**

Das Christentum wird Staatsreligion

Nino, eine Syrerin, brachte im Jahr 337 n.Chr. das Christentum nach Georgien. In diesem Jahr konvertierte König *Mirian III.* zum Christentum und folgte damit seiner Frau, Königin *Nana,* die schon vorher von der später zur Heiligen ernannten Nino vom Christentum begeistert wurde. Das Jahr 337 bedeutet eine wichtige Zäsur, denn das Christentum wurde zur Staatsreligion erklärt.

Gegen Ende des 5. Jh. regierte **König Wachtang Gorgassali** (446–502) einen Feudalstaat, der Abchasien, Ossetien und Teile Armeniens einschloss. Er verlegte die Hauptstadt aus Kartlien (Iberien) von Mzcheta nach Tbilisi und gewährte der Kirche **Autokephalie** (Eigenständigkeit). Dies bedeutet für die orthodoxen Kirchen, dass sie weder einem Patriarchen, Metropoliten oder Erzbischof noch einer Synode unterstehen und dass sie ihr Oberhaupt ausschließlich selbst wählen.

In der Mitte des 6. Jh. fielen erneut die **Perser** ein und rissen die Macht an sich, gefolgt von den **Byzantinern**. Schließlich eroberten in der Mitte des 7. Jh. die **Araber** Georgien. Letztere ließen jedoch den jeweils herrschenden Königen ihren Thron, so lange diese die Oberhoheit der Araber anerkannten. Sie sollten 200 Jahre bleiben.

Gegen Ende des 8. Jh. standen **armenische Truppen** der Bagratiden-Dynastie an den Grenzen Georgiens. *Ashot Bagratian* wurde zum Kammerherren des byzantinischen Kaisers ernannt, wodurch die Bagratiden zu den eigentlichen Herrschern von Kartlien wurden. Die **Bagratiden-Dynastie** herrschte fast 1100 Jahre, nämlich bis das zaristische Russland die Macht übernahm. *Bagrat III.* wurde 975 zum König von Kartlien gekrönt. Ihm gelang es 1008, Ost- und Westgeorgien zu vereinen.

Im Jahre 1068 kamen **seldschukische Stämme** aus Mittelasien und besiegten 1071 in der Schlacht bei Manzikert die Truppen des Byzantinischen Reiches. Die Seldschuken waren eine muslimische Fürstendynastie (1038–1194) turkmenischer Abstammung, die aus Mittelasien und Nahost kam und den Islam nach Anatolien brachte. Auch unter den Seldschuken behielten wohlgefällige Könige ihre Krone.

Goldenes Zeitalter

Im Jahre 1073 wurde der spätere König *Dawit* geboren, der 1089 als 16-Jähriger die Macht von seinem Vater *Georgi II.* übernahm und als **König Dawit IV.** gekrönt wurde. Er sollte später als *Dawit Agmaschenebeli* („Dawit der Erbauer") in die Geschichte eingehen. Er reformierte 1103 auf einer Synode die Kirche und vergab Ämter und damit verbundene Privilegien und Ländereien nicht mehr per se an Adelige, sondern an dafür geeignete Kandidaten. Im Jahre 1105 annektierte er **Kachetien** und warf 1121 die Seldschuken aus dem Lande. Die Schlacht bei Didgori war die letzte große Schlacht gegen die Seldschuken. Sage

◁ Priester in Gelati

und schreibe 300.000 seldschukische Krieger unterlagen einer nur 60.000 Mann starken georgischen Armee in einer unzugänglichen Bergregion. Noch unfassbarer: Diese Schlacht soll nur drei Stunden gedauert haben. Dawit warf die Seldschuken auch aus Tbilisi hinaus, wohin er ein Jahr später die Hauptstadt zurückverlegte.

Er hatte sich den Beinamen „Erbauer" redlich verdient, denn unter seiner Herrschaft stieg Georgien nicht nur zum wirtschaftlich stärksten Land in Transkaukasien auf, sondern es entstand auch eine bis dahin nie gekannte **Hochkultur.** *Dawit IV.* errichtete Klöster und Kathedralen, gründete Akademien und ließ Straßen und Brücken bauen. Als er 1125 mit nur 52 Jahren starb, hinterließ er seinen Söhnen und Nachfolgern *Demeter I.* (regierte 1125–56) und später *Georgi III.* (1156–84) ein blühendes Reich.

Dawits Sohn *Georgi III.* wurde 1154 die Tochter *Tamar* geboren, die als bis heute sehr verehrte **Königin Tamar** *(Tamar Mepe)* zunächst an der Seite ihres Vaters und nach dessen Tod im Jahr 1184 bis 1213 als Alleinherrscherin regierte. Ihre erste, im Jahr 1185 mit *Georgi Bogoljubow,* Prinz von Sus$al (Kleinstadt bei Moskau), geschlossene Ehe musste nach zwei Jahren wegen Kinderlosigkeit geschieden werden. Georgi soll eher dem Wodka und jungen Männern zugetan gewesen sein. So heiratete sie ein zweites Mal, nämlich den ossetischen Prinzen *David Soslan,* der sich als Heerführer bewährte.

Unter Königin Tamar erstreckte sich das Georgische Reich von den Küsten des Schwarzen Meeres **bis ans Kaspische Meer.** Ihr gelang es, die Türken in den Schlachten von Shamchori (1195) und Basiani (1202) aus dem Land zu vertreiben. Belegt ist auch, dass sie die Todesstrafe und die Verstümmelung von Straftätern abschaffte und eine **Gerichtsreform** durchführte. Sie schuf auf lokaler Ebene Gerichte, gegen deren Urteile Widerspruch beim Obersten Gericht eingelegt werden konnte. Sie vertraute auch dem Obersten Rat (Darbasi), mit dem sie Entscheidungen abstimmte. Der vierte Kreuzzug führte zur Plünderung von Konstantinopel und so konnte Tamar 1204 das Byzantinische Reich mit Trapezunt als Hauptstadt (heute Trabzon/Türkei) wieder entstehen lassen.

Nie wieder sollte Georgien eine solche territoriale Aus$ehnung und wirtschaftliche und kulturelle Blüte wie unter König Dawit IV. und Königin Tamar erreichen. Die Zeit ihrer beider Regentschaft ging als das Goldene Zeitalter in die Geschichte ein.

Mongolische Horden, Osmanen und Perser

Die folgenden Jahrhunderte brachten Georgien eine lange Periode des Niedergangs. 1220 fiel **Dschinghis Khan** mit seiner mongolischen Reiterarmee in Georgien ein. Die Mongolen suchten Weideplätze für ihre Tiere. Die mongolischen Heere konnten zunächst mehrmals zurückgedrängt werden. Im Jahre 1225 schafften sie es aber, Tbilisi einzunehmen, wobei sie Tausende von Menschen umbrachten und sich dabei durch besondere Grausamkeit hervortaten.

Im Jahre 1386 folgte *Tamerlan (Timur Lenk),* ein durch Heirat weitläufiger Verwandter von Dschinghis Khan. Allein zwischen 1386 und 1403 führte er acht

Zeittafel

- **3000–1500 v.Chr.:** Kura-Araxes- und Trialeti-Kultur
- **6. Jh. v.Chr.:** Georgische Königreiche Kolchis im Westen und Iberien im Osten
- **65 v.Chr.:** *Pompejus Magnus* erobert Georgien, römische Herrschaft
- **3. Jh.:** Die Sassaniden drängen die Römer aus dem Kaukasus zurück
- **337:** Christentum wird Staatsreligion
- **446–502:** Regierungszeit von König *Wachtang Gorgassali*, Tiflis wird Hauptstadt, Autokephalie der georgischen Kirche
- **5.–6. Jh.:** Kämpfe zwischen Byzanz und Persien um die Vorherrschaft in Georgien
- **2. Hälfte des 8. Jh.:** Entstehung der georgischen Königreiche Abchasien, Tao-Klardschetien und Kachetien
- **bis 975:** Herrschaft der Araber über georgische Kleinstaaten
- **1008:** *Bagrat III.* vereint West- mit Ostgeorgien, Kutaisi wird Hauptstadt
- **1074–1080:** Seldschuken ziehen plündernd durch Georgien
- **1089–1125:** *Dawit IV. der Erbauer*, Befreiung Georgiens von den Seldschuken, Beginn der Blütezeit des mittelalterlichen Georgien, Aufstieg zum christlichen Großreich
- **1122:** Einnahme des Emirats Tbilisi, Tbilisi löst Kutaisi als Reichszentrum ab
- **1184–1213:** Königin *Tamar:* Höhepunkt und Ausklang der georgischen Blütezeit. Nie wieder wird Georgien territorial größer sein als 1213
- **seit 1220:** Mongolische Einfälle
- **16.–18. Jh.:** Osmanen und Perser kämpfen um die Vorherrschaft in Georgien
- **1783:** Der von Persien und den Osmanen bedrängte König *Irakli II.* unterstellt sich der Schutzherrschaft der russischen Zarin *Katharina II.*
- **1801:** Tod des letzten Bagratidenkönigs *Georg XII.*, Ende der georgischen Monarchie und Autokephalie, Annexion Georgiens durch Russland
- **1917:** Nach der Oktoberrevolution bilden Georgien, Armenien und Aserbaidschan eine transkaukasische Vereinigung, das Deutsche Kaiserreich unterstützt die Bildung eines Kaukasusblocks mit Georgien als Zentrum und entsendet 3000 Soldaten
- **1918:** Unabhängigkeitserklärung Georgiens (26.05.), Rückzug der deutschen Truppen (Okt.)
- **25.02.1921:** Rote Armee besetzt Georgien; Ende der Unabhängigkeit, Transkaukasische SSR aus Georgien, Armenien und Aserbaidschan
- **1936:** Georgien wird eigene Unionsrepublik (Grusinische SSR)
- **1930er bis 40er Jahre:** Weitere Säuberungsaktionen schalten reformwillige, aber auch völlig unpolitische Georgier aus
- **5.3.1953:** *Josef Stalins* Tod in Moskau löst eine Massenhysterie aus
- **1956:** *Nikita Chrustschow* entlarvt auf dem 20. Kongress der Kommunistischen Partei Russlands die Verbrechen und den Personenkult Stalins. Demonstrationen vor dem Hauptpostamt in Tbilisi gegen die vermeintliche Verunglimpfung Georgiens auf dem Kongress
- **1972:** *Eduard Schewardnadse* wird Erster Parteisekretär in Georgien
- **1978:** Russisch soll als Amtssprache in der georgischen Verfassung festgeschrieben werden, was Oppositionelle unter *Swiad Gamsachurdia* zu Widerstand veranlasst. Rücknahme des Beschlusses
- **März 1989:** Demonstrationen gegen die Kommunistische Partei (KP), die Niederschlagung einer Demo in Tbilisi mit 19 Toten im April führt zur Ablösung des KP-Chefs *Patiaschwili*
- **09.04.1989:** Russische Fallschirmspringer setzen Giftgas gegen friedliche Demonstranten auf dem Rustaweli-Boulevard in Tbilisi ein

- **23.11.1989:** Beginn der Unabhängigkeitsbestrebung von Südossetien
- **28.10.1990:** Wahlen zum Obersten Sowjet Georgiens, Block „Runder Tisch" *Gamsachurdias* erhält Mehrheit, Ministerpräsident *Sigua* (erste nicht-kommunistische Regierung)
- **09.04.1991:** Unabhängigkeitserklärung
- **26.05.1991:** *Swiad Gamsachurdia* wird Präsident
- **22.12.1991:** Beginn des Aufstands gegen Gamsachurdia
- **25.12.1991:** Georgien erlangt mit Auflösung der UdSSR die staatliche Unabhängigkeit
- **06.01.1992:** Sieg von *Sigua* und *Kitowani*, Präsident *Gamsachurdia* flieht nach Grosny
- **05.03.1992:** Einsetzung eines Staatsrates unter *Eduard Schewardnadse*
- **1992:** Abchasien erklärt sich für unabhängig (23.07.), Einmarsch georgischer Truppen in Abchasien, Beginn des Krieges (14.08.)
- **11.10.1992:** *Eduard Schewardnadse* wird Staatspräsident
- **30.09.1993:** Niederlage der georgischen Truppen in Abchasien
- **08.10.1993:** Beitritt Georgiens zur GUS
- **07.11.1993:** Mit russischer Hilfe Niederschlagung des Aufstands der Anhänger Gamsachurdias gegen Schewardnadse
- **14.05.1994:** Waffenstillstand in Abchasien
- **24.08.1995:** Georgisches Parlament verabschiedet demokratische Verfassung
- **05.11.1995:** Erste demokratische Parlaments- und Präsidentschaftswahlen bestätigen Schewardnadse im Amt des Präsidenten
- **Mai 1998:** Schwere Zusammenstöße im Bezirk Gali in Abchasien, 40.000 Georgier werden vertrieben
- **31.10.1999:** Zweite demokratische Präsidentschaftswahlen
- **09.04.2000:** Wiederwahl Schewardnadses zum Präsidenten
- **02.11.2003:** Dritte Parlamentswahlen von Wahlfälschungen überschattet
- **22.11.2003:** Demonstrationen unter Führung von *Saakaschwili*, *Burdschanadse* und *Schwania* drängen Schewardnadse aus dem Amt
- **22./23.11.2003:** In Tbilisi und anderen Landesteilen demonstrieren Hunderttausende friedlich gegen Schewardnadse
- **23.11.2003:** Staatspräsident Schewardnadse tritt zurück, Parlamentssprecherin Burdschanadse wird amtierende Staatspräsidentin
- **04.01.2004:** *Michail Saakaschwili* wird mit überwältigender Mehrheit zum Staatspräsidenten gewählt, Amtseinführung am 25.01.2004
- **28.03.2004:** Wiederholung der gescheiterten Parlamentswahlen vom 2.11.2003 mit Sieg des Regierungsblocks Nationalbewegung-Demokraten
- **06.05.2004:** Rücktritt und Ausreise *Aslan Abaschidses* nach Moskau, Reintegration Adschariens in verfassungsgemäße Ordnung, Wahlen zum regionalen Parlament
- **Juli 2006:** Operation georgischer Sicherheitskräfte bringt das obere Kodori-Tal (Ober-Abchasien) wieder unter georgische Kontrolle
- **September 2006:** NATO nimmt Georgien in das Programm „Intensivierter Dialog/ID" auf
- **02.–08. November 2007:** Demonstrationen gegen Saakaschwilis autoritäre Machtausübung mit dem Ergebnis vorgezogener Neuwahlen
- **05.01.2008:** Saakaschwili gewinnt knapp die vorgezogenen Präsidentschaftswahlen
- **07./08.08.2008:** Beginn des Fünftage-Krieges mit Russland
- **01.10.2012:** *Bidsina Iwanischwilis* Partei „Georgischer Traum" gewinnt die Parlamentswahlen (siehe auch Exkurs zu Iwanischwili)
- **Nov. 2013:** *Giorgi Margwelaschwili* wird Präsident, *Irakli Gharibaschwili* nach dem Rücktritt von *B. Iwanischwili* Premierminister
- **März 2015:** Vor dem Hintergrund des Konflikts in der Ostukraine will die EU ihre Beziehungen u.a. zu Georgien ausbauen („Östliche Partnerschaft")

Feldzüge gegen Georgien, 1403 kam es zu einem Vertrag zwischen Tamerlan und König *Georgi VII.*

Nach dem Tod von König *Alexander I.* (1412–43) wurde Georgien unter seinen drei Söhnen aufgeteilt. Adelsgeschlechter in verschiedenen Landesteilen nutzen die Gelegenheit, um ihre eigenen Fürstentümer zu gründen, darunter das Geschlecht der *Dadianis* in Mingrelien, der *Gelovanis* in Swanetien und der *Gurelies* in Gurien. 1490 beschloss der Rat (Darbasi) des Königreichs Kartlien die Aufteilung Georgiens in die drei **Königreiche Kartlien, Kachetien und Imeretien** sowie im Süden das **Fürstentum Samzche.**

Sowohl die Perser als auch die Osmanen kämpften um die Vormachtstellung in Georgien. 1520 fiel Schah *Ismail von Persien* in Kartlien ein, zwischen 1541 und 1554 führte Schah *Tamas* vier Feldzüge nach Kartlien an. Immer wieder kam es jedoch zu Aufständen gegen die persischen und osmanischen Besatzer, das Land fand keinen Frieden. 1614–17 führte Schah *Abbas I.* von Persien erneut vier Feldzüge gegen Kartlien.

Georgien als Teil des Russischen Reiches

Im 18. Jh. trat eine neue Macht auf den Plan: Russland. Unter **Peter I., der Große** genannt, begann 1722 die Eroberung des Nordkaukasus. Ein Jahr später floh König *Wachtang VI.* von Kartlien nach Russland, denn die Osmanen nahmen Ostgeorgien ein und besetzten es bis 1735. Die osmanische Dynastie herrschte von ca. 1299 bis 1923, sie war die entscheidende Macht in Kleinasien, Nahost, auf dem Balkan und der Krim. 1737 übernahmen die Perser die Macht, die bis 1747 blieben. **Irakli II.** (auch *Erekle II.* genannt) wurde 1744 zunächst zum König von Kachetien gekrönt, übernahm aber nach dem Tod seines Vaters auch die Krone von Kartlien. Da er der persischen Vormachtstellung nicht Herr werden konnte, rief er das orthodoxe, also christliche Russland zu Hilfe. 1768 begann der erste Russisch-Türkische Krieg und schon ein Jahr später stieß das russische Heer unter General *Todtleben* bis Tbilisi und Kutaisi vor.

1783 musste Irakli II. erneut um russische Hilfe nachsuchen, da Schah *Murad Ali* von **Persien** nach Georgien strebte. So kam es am 14. Juli 1783 zum Abschluss des **Traktats von Georgijewsk,** in dem Russland Georgien Schutz zusicherte und Georgien seinerseits als Gegenleistung Russland die Bereitstellung von Truppen versprach. Aber Papier war schon damals geduldig. 1785 wurde Herzog *Paul Potemkin,* der Cousin von *Grigorij Potemkin,* einem Liebhaber *Katharinas der Großen,* zum Vizekönig von Tbilisi ernannt. Da sich im gleichen Jahr die Tschetschenen, ein nordkaukasisches Volk, gegen Russland erhoben, zog Russland seine Truppen aus Tbilisi ab, weshalb der persische Schah *Aga Khan Mohammed* ein leichtes Spiel hatte, Tbilisi zehn Jahre später wieder einzunehmen und dem Erdboden gleichzumachen. Chroniken berichten, dass etwa 22.000 Georgier in die Sklaverei verschleppt wurden.

Trotz des Traktats von Georgijewsk entsandte **Katharina die Große** keine Truppen, um der Stadt zu Hilfe zu kommen. Nach ihrem Tod im Jahr 1796 wurden die russischen Truppen sogar an den nordkaukasischen Terek zurückgezogen. 1801 kam **Zar Alexander I.** auf den russischen Thron und erklärte Georgien gleich im ersten Jahr seiner Regentschaft zum **russischen Protektorat**. Am 12.9.1801 erließ er ein „Manifest über die Auflösung des Königreiches Kartlien-Kachetien und die Gründung der Verwaltung Georgiens". Das bedeutete die Angliederung an Russland.

Damit war der georgische Adel plötzlich Teil des russischen Adels geworden und die **Russifizierung** des Landes setzte unwiderruflich ein. Hier half es auch nicht, dass 1802 in Kachetien Unruhen ausbrachen und kachetische Adelige den Sohn König Iraklis II. *Julona* zum König ernannten und einen Bittbrief an Zar Alexander sandten, in dem sie ihn um Anerkennung des neuen Königs baten. Gleichzeitig mit der einsetzenden Russifizierung wurde die georgische Kirche dem russischen Patriarchat unterstellt. *Georgi II.* war der letzte König des Bagratidengeschlechts. Als er 1811 starb, bedeutete das auch das **Ende des georgischen Königtums**, Georgien war endgültig ein Vasall Russlands geworden.

In Imeretien herrschte zwar noch König *Solomon I.*, aber er musste gezwungenermaßen Imeretien in Westgeorgien 1804 unter russische Vorherrschaft stellen. Die Söhne Iraklis II., *Julona* und *Parnaos*, wurden zur Erziehung nach Russland geschickt. Solomon I. erhob sich 1810 gegen die russische Vorherrschaft, was jedoch die Einnahme Imeretiens zur Folge hatte. Auch das Fürstentum Abchasien fiel nun an Russland.

Obwohl Russland zu Beginn des 19. Jh. Kriege gegen Persien (1804–13) und die Türkei (1807–12) führte und *Napoleons* Grande Armée in Richtung Moskau marschierte, fand Russland die Kraft, Aufstände in Imeretien und Kachetien niederzuschlagen. Zar Alexander I. ernannte den Prinzen *Alexander Paskewitsch* zum Vizekönig. 1825 scheiterte in Russland der **Dekabristenaufstand** und missliebige oder der Sympathie oder gar Teilnahme Verdächtige russische Intellektuelle und Adelige wurden **in den Kaukasus verbannt**. Ihr Gedankengut, ihre neuen Ideen nahmen sie dorthin mit. Der Friedensschluss mit Persien 1828 verschaffte Russland freie Hand für einen erneuten Krieg mit der Türkei, wobei Paskewitsch die Städte Kars, Achalziche, Erzurum und Poti einnahm. 1829 wurde in der türkischen Stadt Adrianopel (heute Edirne) ein Vertrag zwischen beiden kriegführenden Parteien geschlossen, wonach Kars und Erzurum der Türkei, das Gebiet Gurien Georgien zugeschlagen wurden.

1829 reiste der junge **Alexander Puschkin** über Tbilisi nach Arsrum (Bezeichnung für Erzurum in seinem Buch „Die Reise nach Arsrum während des Feldzuges im Jahre 1829"), da er die Atmosphäre der Verdächtigungen und politischen Gesinnungsschnüffelei in Russland nicht mehr ertrug.

Das Ende des **Krimkrieges** zwischen Russland, England, Frankreich und Piemont-Sardinien wurde 1856 mit dem Friedensschluss von Paris besiegelt. 1859 wurden in Transkaukasien die Gesetze des Zarenreiches eingeführt und lösten damit die von König Wachtang erlassenen Gesetzestafeln ab. Danach wurde Fürst *Alexander Barjatinski* zum Vizekönig ernannt, er eroberte nun auch Swanetien und Mingrelien. 1865 wurde Abchasien, das bereits unter russischer Vorherrschaft stand, endgültig an Russland angeschlossen. *Michail Scherwaschidse*, der letzte Fürst von Abchasien, wurde abgesetzt und nach Woronjesch in Russland verbannt. Batumi und die Stadt Kars (heute Türkei) wurden als Ergebnis des Russisch-Türkischen Krieges von der Türkei zurückerobert.

Ende der 1860er Jahre führte man umfangreiche **Reformen des Kirchen- und Verwaltungsrechts** sowie der Gerichtsbarkeit durch, um es dem in Russland gültigen Recht anzupassen. Es begann aber auch ein gewisser **wirtschaftlicher Aufschwung** Georgiens. 1870/71 wurde die Leibeigenschaft in großen Teilen des Landes per Gesetz abgeschafft.

Widerstand gegen die Zarenherrschaft

Die fortschreitende Russifizierung hatte jedoch auch andere Folgen. Viele Adelige sandten ihre Söhne zur Ausbildung nach Russland, wo sie mit revolutionärem Gedankengut in Berührung kamen. Auch **in Georgien erwachte ein Nationalbewusstsein** und sozialreformerische Gedanken griffen mehr und mehr Raum. **Fürst Ilja Tschawtschawadse**, der in St. Petersburg Jura studiert hatte, bis er aus politischen Gründen relegiert wurde, gründete mit Gleichgesinnten die „Gesellschaft zur Verbreitung der Lese- und Schreibkunde unter den Georgiern" und war Mitglied des sozialreformerischen Schriftstellerverbandes „Tergdaleulni". Georgische Intellektuelle, darunter Tschawtschawadse, gründeten **georgische Zeitungen** und Theater und gaben erste georgische Bücher heraus.

Die Fertigstellung der **Eisenbahnlinien** Tbilisi – Poti (1872) und Tbilisi – Baku (1883) beförderte den wirtschaftlichen Aufschwung, von dem allerdings die einheimische Bevölkerung nur wenig profitierte. Gegen Ende des 19. Jh. kehrte die nächste Generation der in Russland Ausgebildeten zurück, unter ihnen *Noe Shordania*, der 1918 Premierminister der Ersten Republik werden sollte. Nicht nur in Russland, sondern auch in Georgien kam es immer häufiger zu **politischen Unruhen.** Die 1866 von *Zereteli* und *Meßchi* gegründete Zeitung „Droeba" wurde 1885 von der Regierung verboten, Tschawtschawadse 1907 während einer Reise ermordet, offiziell von Straßenräubern, doch wurden sowohl die zaristische Geheimpolizei Ochrana (russ. „Schutz") als auch kommunistische Agenten verdächtigt.

Im Januar 1905 kam es in St. Petersburg zu **Demonstrationen** gegen die autokratische und erzkonservative Zarenherrschaft. Zehntausende Arbeiter marschierten unbewaffnet zum Winterpalais, um dort unter Führung eines Priesters eine Bittschrift zu überreichen. Sie forderten u.a. die Einführung eines Parlaments und Maßnahmen gegen die hohe Arbeitslosigkeit. Doch Zar *Nikolaus I.* ließ auf die Demonstranten schießen. Dieser Tag ging als **Blutsonntag** in die Geschichte Russlands ein. Es kam im ganzen Land zu Arbeiterstreiks, Enteignungen von Ländereien auf den Dörfern und Meutereien in der Flotte, so z.B. im Juni 1905 auf dem Panzerkreuzer „Potemkin" in Odessa (in dem berühmten Stummfilm „Panzerkreuzer Potemkin" von *Sergej Eisenstein* verfilmt).

> Der Präsidentenpalast in der Hauptstadt Tbilisi

Lenin setzte sich für einen bedingungslosen Kampf gegen den Zaren ein. Dieser richtete zwar ein Parlament (Duma) ein, behielt aber ein Vetorecht gegen alle Entscheidungen, sodass von einem Scheinparlament gesprochen werden muss. Er gewann durch die Spaltung der Opposition langsam wieder die Oberhand, die Revolution scheiterte. Diese Ereignisse konnten natürlich nicht ohne Auswirkungen auf Georgien bleiben. Hier kam es 1905 zu einem **Bauernaufstand.** Da es in Georgien praktisch keine Arbeiterschaft gab, war das Entstehen einer kommunistischen Bewegung wenig aussichtsreich.

Erste georgische Republik 1918–21

Nachdem 1917 die **Februarrevolution** in Russland den Zaren gestürzt hatte, bildeten die drei kaukasischen Republiken Aserbaidschan, Armenien und Georgien das Besondere Transkaukasische Komitee (russ. *Osobij Sakawkaskij Komitet*). Georgien verließ jedoch diese Transkaukasische Föderation und erklärte sich am 26. Mai 1918 als **Demokratische Republik Georgien** für unabhängig. *Noe Shordania* wurde zum sozialdemokratischen Premierminister gewählt. Das Land gab sich eine Verfassung nach dem Vorbild der Schweiz. Als erster ausländischer Staat überhaupt erkannte das Deutsche Kaiserreich den neuen Staat am 28.5.1918 an, der als die erste georgische Republik in die Geschichte einging.

Unterstützung durch das Deutsche Kaiserreich

Durch den Rückzug der russischen Truppen bestand die reale Gefahr, dass türkische Truppen dieses Machtvakuum ausnutzen und nachrücken würden. Die

Georgische Nationalversammlung (Dampudsnebeli Kreba) verhandelte daher mit Deutschland, das bereit war, **3000 deutsche Soldaten** in Georgien zu stationieren. Dafür erhielt Deutschland das Recht zur Ausbeutung der Kupfer- und Manganvorkommen und Vorrechte bei Öllieferungen vom Kaspischen Meer.

Nach dem Ende des Ersten Weltkriegs und der Novemberrevolution 1918 in Deutschland musste **Kaiser Wilhelm II.** abdanken und das geschlossene Abkommen wurde hinfällig. Daher zogen die deutschen Truppen aus Georgien ab und englische Truppen nahmen ihren Platz ein, verließen Georgien allerdings schon Ende 1919 wieder, um Russland nicht herauszufordern.

Georgien als Teil der Sowjetunion

Obwohl Sowjetrussland die Erste Georgische Republik am 20. Mai 1920 anerkannt hatte, marschierte die 11. Armee der Roten Arbeiter- und Bauernarmee kaum ein Jahr später, am 11. Februar 1921, unter dem Vorwand der Beilegung ethnischer Konflikte zwischen Georgiern und Osseten in Georgien ein. Tbilisi wurde am 25. Februar eingenommen und noch am gleichen Tag die Georgische Sozialistische Sowjetrepublik ausgerufen. Noe Shordania und die demokratisch gewählte Regierung mussten über Kutaisi und Batumi ins Ausland fliehen.

Das Vorgehen bei der Sowjetisierung Georgiens erinnert in bestimmten Zügen stark an die Russifizierung ab 1801. Der 1918 entstandene Staat wurde systematisch zerschlagen, sämtlicher Grundbesitz enteignet. Auf dem Staatsgebiet Georgiens wurden die Abchasische Sozialistische Sowjetrepublik, die Adscharische Sozialistische Sowjetrepublik und die Autonome Oblast Südossetien gegründet. Im Dezember 1922 wurde Georgien erneut mit Aserbaidschan und Armenien in der Transkaukasischen Föderativen Sozialistischen Sowjetrepublik (TFSSR) zusammengelegt und in diesem Verbund zum Mitglied der Union der Sozialistischen Sowjetrepubliken, die am 30.12.1922 gegründet wurde. 1936 wurde erneut die Georgische Sozialistische Sowjetrepublik ausgerufen.

Die Sowjetisierung wurde jedoch nicht widerstandslos hingenommen. Es kam am georgischen Himmelfahrtstag im August 1924 zu **Aufständen** gegen die sowjetische Besatzung, die von der Exilregierung in Paris unter *Noe Shordania* unterstützt wurde. Kein Geringerer als **Stalin** selbst ließ den Aufstand niederschlagen und die führenden Köpfe hinrichten.

Anfang der 1920er Jahre wurden schätzungsweise 30.000 Georgier erschossen oder verschwanden in den berüchtigten sowjetischen **Straflagern.** Die Stalinschen „Säuberungsaktionen" von den 1930er bis 1950er Jahren in der gesamten UdSSR wurden auch in Georgien dazu benutzt, unliebsame Oppositionelle auszuschalten.

Zweiter Weltkrieg und die Rolle der Wehrmacht

Unter diesem Aspekt muss man die Tatsache bewerten, dass über 30.000 Georgier und ethnische Kaukasier während des Zweiten Weltkriegs in der sogenannten **Ostlegion der Wehrmacht** kämpf-

Deutsche Kriegsgefangene in Georgien

Das Oberkommando der Deutschen Wehrmacht hatte ursprünglich geplant, bis zu den **Erdölfeldern von Baku** am Kaspischen Meer vorzudringen. Dennoch kam sie nicht über die Gebirgsmassive des Großen Kaukasus, die die natürliche Nordgrenze zu Georgien bilden, hinaus. Im **September 1942** erreichte die Wehrmacht die nördlichen Bezirke der russischen Stadt Noworossisk, weit westlich von Georgien. Deutschen **Gebirgsjägern** gelang es zwar, einige Pässe nördlich von Sochumi einzunehmen, bis in die Stadt selbst gelangten sie aber nie.

Bis Kriegsende sollen etwa 700.000 Georgier in den Reihen der Roten Armee gekämpft haben und etwa 300.000 davon gefallen sein. Ausgehend von einer Bevölkerungszahl von etwa 3,5 Millionen im Jahr 1939 waren das fast 9% der Bevölkerung. Diese fehlenden Arbeitskräfte mussten durch Kriegsgefangene ersetzt werden. Man kann davon ausgehen, dass im südkaukasischen Raum, also vom Schwarzen bis zum Kaspischen Meer, schätzungsweise an die **85.000 deutsche Kriegsgefangene interniert** waren, davon die Hälfte auf heutigem georgischen Territorium.

Von den 85.000 Kriegsgefangenen insgesamt sind etwa 25.000 umgekommen. Im südkaukasischen Raum gab es **elf Lagerverwaltungen,** darunter Rustawi, Tbilisi und Molotowo (Ostgeorgien), Tkibuli (Westgeorgien) sowie Sochumi und Otschamtschira in Abchasien.

Die Arbeit der Kriegsgefangenen war oft genug auf zweifelhafte Projekte des vierten Fünfjahresplanes gerichtet. Zur „Planerfüllung" wurden auch ganz normale Strafgefangene eingesetzt. Kriegsgefangene arbeiteten vor allem im Straßenbau, im Bau von Industrieanlagen und Wohnungen, im Energiesektor und Bergbau, in der Holzverarbeitung und in der Landwirtschaft.

1946 wurden die ersten Gefangenen wieder nach Hause transportiert. Die meisten konnten jedoch erst in den Jahren 1949 und 1950 zurückkehren. Neben deutschen Kriegsgefangenen waren auch junge Männer aus den anderen am Krieg beteiligten Nationen interniert, beispielsweise Österreicher, Ungarn und Rumänen.

Der Volksbund Deutsche Kriegsgräberfürsorge hat mit der georgischen Regierung am 25.6.1993 das **Kriegsgräberabkommen** unterzeichnet, das aber aufgrund der innenpolitischen Lage erst ab November 1996 umgesetzt wurde. Auf georgischem Territorium gab es 61 Lagerstandorte mit 41 Kriegsgefangenenfriedhöfen, die aus Archiven bekannt sind. Davon sind **20 Friedhöfe** bereits restauriert.

Auffällig ist immer wieder der Respekt, der der Arbeitsleistung „der Deutschen" heute noch von Georgiern entgegengebracht wird.

ten. Allerdings kämpften weit mehr als 700.000 Georgier in der Roten Armee gegen Hitlerdeutschland. Es soll der georgische Sergeant *Meliton Kantaria* gewesen sein, der die Rote Flagge auf dem Reichstag gehisst hatte, sein Foto ging um die Welt. Da die Wehrmacht die **kaspischen Ölfelder** und Georgien infolge der Kämpfe bei Stalingrad nicht erreicht hatte, wurden in Georgien zahlreiche Rüstungsfabriken gebaut.

Nach der bedingungslosen Kapitulation Hitlerdeutschlands errichtete man auf georgischem Territorium zahlreiche **Kriegsgefangenenlager.** Der in Österreich lebende deutschstämmige Offizier *Wend Graf von Kalnein* berichtet von seiner fünfjährigen Kriegsgefangenschaft in Georgien in seinem „Georgischen Tagebuch", in dem er auch den Fatalismus der georgischen und sogar russischen Bevölkerung angesichts des allmächtig gewordenen kommunistischen Regimes beschreibt.

Widerstand gegen die sowjetische Vorherrschaft

Obwohl Georgien nach dem Zweiten Weltkrieg eine Welle der **Industrialisierung** erlebte, kam es immer wieder zu Widerstand gegen die sowjetische Vorherrschaft. Hinzu kam, dass *Nikita Sergejewitsch Chrustschow* auf dem 20. Kongress der KPdSU (Kommunistische Partei der Sowjetunion) 1956 in Moskau den Personenkult und die Verbrechen Stalins offenlegte. Obwohl die Georgier ebenso unter seinem Regime gelitten hatten, befürchtete man nun eine kollektive Schuldzuweisung. Es kam zu Demonstrationen in Tbilisi aus Anlass der geplanten Enthüllung eines Stalindenkmals. Durch Giftgaseinsatz kamen zehn Personen zu Tode, viele behielten bleibende gesundheitliche Schäden.

Im Zuge der Industrialisierung entstand auch eine gut florierende **Schattenwirtschaft,** die nur durch Korruption im großen Stil möglich war. Nun war Korruption in der ehemaligen Sowjetunion kein unbekanntes Phänomen, aber der Umfang, den sie in Georgien erreicht hatte und der den Kauf von Ämtern einschloss, veranlasste den damaligen Innenminister Georgiens, **Eduard Schewardnadse,** zum Einschreiten. Der Erste Parteisekretär der Georgischen Kommunistischen Partei *Wassili Mschawanadse* (1954–1972 im Amt) wurde abgelöst und Schewardnadse selbst 1972 zum Ersten Parteisekretär ernannt, was er bis 1985 blieb. Er entlarvte unzählige korrupte Funktionäre und sorgte für die Entfernung aus ihren Ämtern.

In den 1970er Jahren sammelten sich um *Swiad Gamsachurdia,* einem Übersetzer und Dozenten für englische und französische Literatur und Sohn des Schriftstellers *Konstantin Gamsachurdia,* eine Gruppe Oppositioneller. Gamsachurdia war Mitbegründer der Helsinki-Beobachtergruppe Georgiens im Jahr 1976 und verantwortlich für eine starke **nationalistische Strömung.** 1978 sollte das Russische als Amtssprache in der georgischen Verfassung verankert werden. Gamsachurdia und seine Oppositionsgruppe verlangten, die fortschreitende Russifizierung zu stoppen, es kam zu Protesten und Hungerstreiks von Studenten und Mitarbeitern der Staatlichen Universität von Tbilisi. Immerhin musste die Verfassungsänderung rückgängig gemacht werden.

Die sowjetischen Geheimdienste und ihre Gulags

Staatsterror als Herrschaftsprinzip

Georgien als Teil des zaristischen Imperiums und später in fast nahtlosem Übergang als Teil der Sowjetunion war ebenso Repressionen ausgesetzt wie alle anderen ehemaligen Sowjetrepubliken. Auffällig war die Paranoia der jeweiligen Machthaber, das Misstrauen gegen ihre eigenen Bürger, denen sie doch ein Leben in Wohlstand und Gerechtigkeit versprochen hatten.

Kennzeichnend für ein Unrechtssystem ist die Tatsache, dass keineswegs nur Menschen, die ein anderes Leben wollten, umgebracht wurden. **Jeder konnte jederzeit verdächtigt, denunziert, eingekerkert, in Arbeitslager deportiert oder umgebracht werden.** Es bedurfte nur eines Nachbarn oder Kollegen, dem die Nase des Bezichtigten nicht passte, der eifersüchtig war auf was auch immer. Auch völlig unpolitische Personen waren keineswegs vor Verfolgung sicher.

Grundlage für viele Verhaftungen war der berüchtigte „Kaugummiparagraf" §58. Er umfasste praktisch alle möglichen oder unmöglichen Arten von Verbrechen, auch nur beabsichtigte Verbrechen. Es lag im Ermessen des Staatsanwaltes zu bestimmen, ob jemand ein Verbrechen beabsichtigte oder nicht. *Alexander Solschenizyn* beschreibt in seinem „Archipel Gulag" den berüchtigten Paragrafen näher: „Ohne Prozess oder in Schauprozessen, also in Prozessen ohne rechtsstaatliche Grundlage, wurden die Beschuldigten zu jahrelanger oder lebenslanger Haft, Arbeitslager (Gulag) oder zum Tode verurteilt."

Chronologie des Staatsterrors

Georgien wurde 1801 vom zaristischen Russland annektiert. Daher soll die folgende Übersicht mit diesem Zeitpunkt beginnen:

■ 1802: Zar *Alexander I.* gründet ein **Ministerium für innere Angelegenheiten,** zuständig für Polizei, Wachmannschaften und Aufsicht der Regierungsbehörden, Gefängniswesen, Klerus, Postwesen, Brandbekämpfung, Bauwesen, Medizinalwesen etc.

■ Mitte 19. Jh.: Mit dem Anwachsen anarchischer und sozialistischer Bewegungen musste eine **eigenständige Behörde** her.

■ 1881–1917: Wahrnehmung geheimdienstlicher Aufgaben durch die **Ochrana** („Schutz"), die noch heute im Verdacht steht, den georgischen Fürsten *Ilja Tschawtschawadse* 1907 ermordet zu haben. *Joseph Roth* (1894–1939) beschreibt in seinem Roman „Beichte eines Mörders, erzählt in einer Nacht" die Willkür der zaristischen Geheimpolizei.

■ 20.12.1917: *Felix Dszerschinsky* gründet auf Beschluss der Partei die **Tscheka** („Außerordentliche Kommission"). Die Bolschewisten bezeichneten die Tscheka als „bewaffneten Arm der Diktatur des Proletariats", zuständig für ausländische Geheimdienstaktivitäten, hauptsächlich aber zur Bekämpfung der Opposition, der sogenannten Konterrevolution.

■ Beginn des Ersten Weltkrieges: Gründung eines weithin unbekannten Geheimdienstes der Streitkräfte namens **GRU** (*Glawnoje Raswedywatelnoje Uprawlenije,* „Hauptaufklärungsverwaltung").

■ 1922: Umbenennung der Tscheka in **GPU** (*Glawnoje Polititscheskoje Uprawlenije,* „Politische Hauptverwaltung").

- 1923: Umbenennung in **OGPU** (*Objedinjonnoje Gosudarstwennoje Polititscheskoje Uprawlenije*, „Vereinigte Staatliche Politische Verwaltung").
- 1934: Umbenennung in **GUGB** („Hauptverwaltung für Staatssicherheit innerhalb des NKWD", *Narodnij Kommissariat Wnutrennych Del*, „Volkskommissariat für Innere Angelegenheiten").
- 19.4.1943: Das NKWD gründet die SMERSCH (**SMER**t **SCH**pionam, „Tod den Spionen"), Spionageabwehr zur Entlarvung von Verrätern, Deserteuren, Spionen und kriminellen Elementen.
- 1946: Umbenennung des NKWD in **MWD** (*Ministerstwo Wnutrennych Del*, „Ministerium für Innere Angelegenheiten"). Die Volkskommissare nannten sich forthin Minister für Innere Angelegenheiten.
- 1946: Gründung des **MGB** („Ministerium für Staatssicherheit"). In die Zuständigkeit von MWD und NKWD fielen auch die Kriegsgefangenen- und Arbeitslager während und nach dem Zweiten Weltkrieg, die Standorte und Einrichtung der Lager, Behandlung und Einsatz der Kriegsgefangenen sowie deren Repatriierung. Nach Ende des Zweiten Weltkriegs entstanden auch Spezlager in der SBZ („Sowjetisch Besetzte Zone", Vorläufer der DDR, teilweise wurden die KZs der Nazis weiter genutzt). Die Einweisung erfolgte größtenteils völlig willkürlich, zu den Opfern gehörten auch Kinder und Jugendliche.
- 1954: **KGB** („Komitee für Staatssicherheit", am 6.11.1991 aufgelöst), gegründet aus den Abteilungen des Inlandsgeheimdienstes des MWD mit Sitz in Moskauer Ljubjanka. Nach Putschversuch im August 1991 durch konservative Kommunisten war *Michail Gorbatschow* vorübergehend entmachtet, von diesem Zeitpunkt an beschleunigter Zerfall der Sowjetunion.
- 1991: **Georgien wird unabhängig** von der ehemaligen Sowjetunion und entzieht sich damit den dortigen Geheimdiensten bzw. ihren Folgeorganisationen FSB und OMON.

Gulags – das System der Lager

Das System des Staatsterrors wurde auch möglich durch das Netz der Gulags (*Glawnoje Uprawlenije Lagerej*, „Hauptverwaltung der Lager"), Synonym für ein **allumfassendes Unterdrückungssystem** in der ehemaligen Sowjetunion. Es bestand aus Gefängnissen, Straflagern, Zwangsarbeitslagern und Verbannungsorten. Dieses System wurde schon in der Zarenzeit zur Disziplinierung tatsächlicher oder vermeintlicher Verbrecher und politisch missliebiger Personen genutzt.

Während der Sowjetzeit begann *Lenin* 1918 mit dem Bau von **Internierungslagern** für sogenannte Klassenfeinde, politische Gegner, auch bestimmte soziale Gruppen und für gewöhnliche Kriminelle. Dazu gab es sogar einen Erlass „Über den Roten Terror", in dem es hieß, dass Klassenfeinde in „Konzentrationslagern isoliert werden sollen". Symptomatisch ist auch die Terminologie für diese Lager. Es wurde von „Besserung durch Arbeit" gesprochen, wobei allerdings unterschieden wurde zwischen der „Besserungsarbeit" für Häftlinge aus der Arbeiterklasse und Zwangsarbeit für „Konterrevolutionäre". Unter *Stalin* wurde das System straff durchorganisiert, auf Kostendeckung umgestellt und stetig erweitert.

Nach dem Zweiten Weltkrieg wurden auch **Deutsche als Zwangsarbeiter in Lager nach Sibirien** deportiert, häufig in der DDR als vermeintliche Spione verhaftet. Aber auch aus anderen Ostblockstaaten kamen Häftlinge in die Lager.

Es gibt **keine zuverlässigen Zahlen** über die Anzahl der Gefangenen in sowjetischen Lagern. Die jüngere Forschung geht davon aus, dass zwischen dem Ende der 1920er bis Mitte der 1950er Jahre 19–20 Millionen Menschen in Gulags gefangen gehalten und zu Zwangsarbeit gepresst wurden. Auch die Sterberate ist nicht endgültig erforscht. Schätzungen gehen von bis zu 30% aus, für einige Lager wie Workuta oder Kolyma eher von 50%.

Die Inhaftierten starben in Strafkompanien, Strafbunkern, Strafisolation vor allem an Unterernährung, Erfrierungen, Bestrafungen wie Entzug des Essens oder der Kleidung im Winter, an Erschöpfung durch Überarbeitung und Krankheiten infolge mangelnder Hygiene oder medizinischer Versorgung. Hinzu kam der hohe psychische Druck durch völlige Abgeschiedenheit von der Außenwelt und dem Ausgesetztsein von Willkürmaßnahmen aller Art und zu jedem beliebigen Zeitpunkt durch die Wachmannschaften.

Nach dem Tode Stalins 1953 kam es zu einer Neuorganisation der Lager, wobei die Amnestie nur Kriminelle betraf, politische Häftlinge wurden erst ein Jahr später entlassen. 1961 unter *Chrustschow* und später auch unter *Breschnew* wurden erneut Lager eingerichtet, jedoch bei weitem nicht mehr in dem Umfang wie zu Zeiten Stalins. Erst *Michail Gorbatschow* beendete die Verfolgung politisch Andersdenkender.

Alexander Solschenizyn schrieb über die Lager die Bücher „Ein Tag im Leben des Iwan Denissowitsch" und „Der Archipel Gulag".

Abchasiens Streben nach Unabhängigkeit

1978 gab es noch ein weiteres Problem, das bis in die heutige Zeit nicht gelöst wurde. Abchasien drohte von Georgien abzufallen, was in der Sowjetära nicht ohne Moskaus Zustimmung möglich gewesen wäre. Dennoch: Abchasische Politiker verlangten, die **Benachteiligung der abchasischen Volksgruppe** z.B. auf wirtschaftlichem Gebiet zu beenden, aber auch die Anerkennung der abchasischen Sprache und Kultur. Schewardnadse konnte den Streit durch mehr Rechte für die Abchasier abschwächen, aber nicht wirklich lösen. Generell war der Umgang mit Oppositionellen in der Sowjetära durch Repression geprägt, sodass einige Systemkritiker auch zu außergewöhnlichen Mitteln griffen. So wurde 1983 eine Linienmaschine der Aeroflot entführt. Mehrere Georgier wollten sie zur Landung in der Türkei zwingen, was jedoch misslang. Die Entführer konnten überwältigt werden und die Maschine flog zurück, die Entführer wurden ein Jahr später hingerichtet.

Perestroika und Glasnost

1985 betrat in Moskau ein Mann die politische Bühne, der – berücksichtigt man sowjetische Entfernungsmaßstäbe – von gar nicht so weit her kam, nämlich aus dem Gebiet Stawropol nördlich des Kaukasus: **Michail Gorbatschow.** Er ernannte *Schewardnadse* zum Außenminister der Sowjetunion, der frei werdende Stuhl des KP-Chefs Georgiens wurde von *Jumber Patiaschwili* besetzt.

Patiaschwili erkannte die Zeichen der Zeit nicht. Es kam Ende der 1980er Jahre erneut zu nationalistischen Auseinandersetzungen zwischen den kommunistischen Machthabern und der georgischen Nationalbewegung. Besonders die **nationalen Minderheiten** verlangten ihr Recht. War es 1978 noch Abchasien, so pochte nun besonders Südossetien auf mehr Rechte. Es kam zu gewaltfreien Demonstrationen und Streiks im April 1989 vor dem Parlamentsgebäude in Tbilisi, denen von sowjetischen Truppen mit Giftgas begegnet wurde. Bei diesen **Giftgasattacken** kamen über 20 Menschen zu Tode, zahlreiche weitere wurden verletzt.

Unabhängigkeit

Sieht man diese Ereignisse im Kontext mit den Vorgängen in anderen Teilen der ehemaligen Sowjetunion, insbesondere in den drei baltischen Staaten Litauen, Lettland und Estland und im Ostblock, so darf es nicht überraschen, dass immer mehr Georgier zu der Überzeugung kamen, dass nur die staatliche Unabhängigkeit von der Sowjetunion infrage kommen konnte. Am 28. Oktober 1990 wurde in Georgien gewählt und **Swiad Gamsachurdia**, der Vorsitzende des **„Runden Tisches Freies Georgien"** (Mrgvali Magida Tavisupali Sakartwelo), wurde nach dem Wahlsieg des Runden Tisches Vorsitzender des Obersten Sowjets Georgiens. Da Gamsachurdia nationalistisch eingestellt war, beeilte er sich, die Unabhängigkeit Georgiens voranzutreiben. Am 31. März 1991 wurde in einer Volksabstimmung über die staatliche Unabhängigkeit mit 95–98% (je nach Quelle) die Loslösung Georgiens von der Sowjetunion beschlossen. Gamsachurdia forderte noch einmal die Auflösung der sowjetischen Militärbasen in Georgien und verweigerte die Beteiligung Georgiens an der Gründung der **Gemeinschaft der Unabhängigen Staaten (GUS)**. Er wurde am 26. Mai 1991 mit 86% der Stimmen zum ersten Präsidenten Georgiens gewählt.

Von Demokratie hatte Gamsachurdia allerdings ein sehr eigenes Verständnis. Er ließ sich mit fast schon diktatorischen Vollmachten ausstatten und Oppositionelle wurden, wie eh und je, verhaftet. Er konnte jedoch nicht verhindern, dass es am 22. Dezember 1991 zu einem **Militärputsch** kam, eingefädelt von verschiedenen paramilitärischen Gruppen mit offenbar guten Kontakten zu den Waffenkammern der russischen Kasernen und Teilen der Nationalgarde. Sie besetzten das Parlamentsgebäude in Tbilisi und Gamsachurdia flüchtete mit seiner Familie und einigen Anhängern zunächst ins benachbarte Armenien und von dort über Suchumi in Abchasien nach Grosny in Tschetschenien.

Ablösungsversuche der Teilrepubliken

Südossetien erklärte sich im April 1990 zur souveränen Republik, der georgische Oberste Sowjet beendete jedoch die Selbstverwaltung Südossetiens. Damit nicht noch mehr Blut vergossen würde, entsandte die UNO 1992 Friedenstruppen, denen es zumindest bisher gelang, größere Konflikte zu unterbinden.

Im März 1992 kehrte Eduard Schewardnadse nach Georgien zurück. Seine

hohe internationale Reputation sollte Georgien auch im Ausland zu Ansehen verhelfen. Allerdings hatte auch er keine glückliche Hand bei seinen Amtsgeschäften. Ein alter Konflikt sollte ihn einholen. Als im Juli 1992 der Oberste Sowjet Abchasiens die Unabhängigkeit **Abchasiens** von Georgien erklärte, entsandte Schewardnadse die Nationalgarde, angeblich um Versorgungswege zu schützen und Gamsachurdia-treue Militäreinheiten zu verfolgen. Es kam zu **schwersten Kampfhandlungen,** wobei die Nationalgarde eine klägliche Niederlage einstecken musste. Im Juli 1993 wurde ein Waffenstillstand vereinbart, der von abchasischer Seite schon im Oktober 1993 gebrochen wurde. Alle ethnischen Georgier (über 250.000) mussten daraufhin Abchasien verlassen, geschätzte 10.000 kamen dabei um. Es gibt heute kaum einen Ort in Georgien, in dem man nicht auf **Flüchtlinge** aus Abchasien trifft.

Noch im selben Monat schloss sich die georgische Regierung auf Drängen Schewardnadses der **GUS** an, um Russland für die militärische Unterstützung zu gewinnen. Eine seiner umstrittensten Entscheidungen dürfte die Überlassung von drei Militärbasen für einen Zeitraum von 20 Jahren an Russland sein.

Eine kurze Episode waren die Ereignisse in der am Schwarzen Meer gelegenen **Autonomen Republik Adscharien**

Bürgerhaus in Gori

10

Im Krieg gibt es nur Verlierer – georgischer Aufstand auf Texel

Auf der **niederländischen Nordseeinsel Texel** waren im April 1945 Soldaten der Deutschen Wehrmacht ohne Fronterfahrung stationiert. Da auch nach Texel durchgesickert war, dass die amerikanischen und britischen Alliierten im Westen Deutschlands den Rhein überschritten hatten und im Osten die Rote Armee kurz vor Berlin stand, sahen die Soldaten, meist Bunkerbesatzungen, dem Kriegsende und der Heimreise entgegen.

Auf Texel, wo es bis dahin keine Kampfhandlungen gegeben hatte, waren an die **800 georgische Überläufer und Deserteure** des 442. Georgischen Bataillons stationiert. Die meisten waren 1942/43 in deutsche Kriegsgefangenschaft geraten und hatten sich zum **Dienst in der Wehrmacht** entschlossen. In der Wehrmacht hatten bis zu einer Million Rotarmisten gekämpft, um so dem Hungertod in deutschen Kriegsgefangenenlagern als „russische Untermenschen" zu entgehen.

Nun gab es aber den **Befehl Stalins**, bis zur letzten Patrone, bis zum letzten Blutstropfen gegen den Feind zu kämpfen. Andernfalls drohte ihnen als Kollaborateure ein Jahrzehnt Gulag oder gar die Todesstrafe. Und Stalin meinte es ernst, hatte er doch seinen eigenen Sohn *Jakow* aus erster Ehe, der während der Schlacht bei Stalingrad in deutsche Kriegsgefangenschaft geraten und seitens der deutschen Wehrmacht zum Austausch angeboten worden war, fallen gelassen. Stalin lehnte den Austausch ab!

Gleichzeitig hatten sich die Amerikaner und Briten auf der Konferenz von Jalta im Februar 1945 verpflichtet, **Rotarmisten an Stalin auszuliefern.** Was also tun? Das Verhältnis zwischen deutschen und georgischen Wehrmachtsangehörigen war bis zu jenem tragischen 6. April 1945 gut gewesen. Es gab zwischen den beiden Nationen nur einen Unterschied – die Georgier waren nicht bewaffnet, denn hundertprozentig vertraute man ihnen doch nicht. Sie besaßen lediglich kleine Dolche für die Rasur.

Der Bataillonskommandeur ließ am 5. April an 500 Georgier Waffen und Munition austeilen, da sie ab dem Folgetag auf dem Festland gegen die Alliierten kämpfen sollten. Ein folgenschwerer Fehler! Vielleicht sahen die Georgier nun die letzte Chance, einen Aufstand zu initiieren und vor der drohenden Auslieferung ihren Kampfesmut gegen die Wehrmacht zu beweisen.

Noch in der Nacht vom 5. zum 6. April reichte man vielen deutschen Soldaten Wodka in eindeutiger Absicht. Kaum eine Stunde später waren an die 400 von ihnen erstochen worden. Zehn deutsche Offiziere hatten sich freiwillig den niederländischen Untergrundkämpfern ergeben, die sie wiederum den Georgiern weiterreichten. Diese erschossen die Offiziere auf der Stelle. Die **„Nacht der Georgier"** war ein beispielloses Blutbad kurz vor Kriegsende.

Im Norden und Süden von Texel befanden sich befestigte Batteriestellungen, die von den deutschen Truppen bis aufs Letzte verteidigt wurden. Als Verstärkung vom Festland eintraf und die deutsche Truppenstärke auf etwa 2000 Mann anwuchs, nahmen die Kämpfe einen absurden Verlauf, bei dem auf beiden Seiten keine

Gefangenen gemacht wurden. Da von den Batteriestellungen die Insel beschossen wurde, vereinbarten die Niederländer, dass die Deutschen bei Tage auf der Insel patrouillierten und die Georgier sich nachts frei auf der Insel bewegen durften.

Am 5. Mai hatte die Wehrmacht in den Niederlanden kapituliert. Trotzdem sollten die Georgier für ihren Verrat zur Verantwortung gezogen werden und die gegenseitige Hatz ging weiter. Die Deutschen wollten Bestrafung, die Georgier spielten auf Zeit, da sie die Alliierten erwarteten.

Niederländische Untergrundkämpfer hatten inzwischen ein Boot nach England geschickt und um Hilfe gebeten. Aber die Alliierten ließen sich Zeit. Am 8. Mai kam es zur bedingungslosen Kapitulation der Wehrmacht in Berlin, aber erst am 20. Mai landete das 1. Kanadische Armeekorps auf Texel und übergab die 228 überlebenden Georgier in Wilhelmshaven der Roten Armee. Ein Teil von ihnen musste für viele Jahre in **Straflager.** Infolge der Entstalinisierung wurden sie erst 1956 vollständig rehabilitiert.

Die heute noch sichtbare **Bilanz** auf der Insel Texel: Viele deutsche Soldaten liegen auf dem Soldatenfriedhof Ysselsteyn in der Ortschaft Venray begraben, über 500 Georgier wurden auf dem Friedhof Hogeberg bei Oudeschild beigesetzt. Bei diesen tragischen Ereignissen verloren auch mehr als 100 Niederländer ihr Leben. Jedes Jahr am 4. Mai findet auf Texel eine Trauerfeier statt.

(Hauptstadt Batumi). *Aslan Abaschidse* regierte diese ebenfalls selbst ernannte Teilrepublik von 1991 bis zu seinem durch *Michail Saakaschwili* und dessen Wahlsieg erzwungenen Rücktritt 2004 wie ein persönliches Fürstentum. Reisende benötigten für Adscharien besondere Passierscheine, ausgegeben gegen eine Spende für Abaschidses Lieblingsfußballverein!

Swiad Gamsachurdia konnte im September 1993 noch einmal nach Georgien zurückkehren. Geschickt profitierte er von der desolaten Situation der Regierungsstreitkräfte und bedrohte im Herbst 1993 Kutaisi. Doch er hatte die Rechnung ohne Russland gemacht, das sofort Truppen entsandte, um der georgischen Regierung zu helfen. Seine kleine Rebellion scheiterte und er nahm sich Silvester 1993 das Leben, wobei umstritten bleibt, ob es auch Selbstmord war.

Annäherung an den Westen

Schewardnadse knüpfte engere Beziehungen zu den USA, die wegen der geopolitischen Lage Georgiens als Transitland für **Öl vom Kaspischen Meer** größtes Interesse an guten Beziehungen hatten und sich diese Interessen einiges kosten ließen. Schewardnadse unterschrieb eine strategische **Partnerschaft mit der NATO,** erlangte die Aufnahme Georgiens im **Europarat** und erklärte den Wunsch, sowohl der NATO als auch der EU beizutreten. Im Mai 2002 wurde der von Umweltschützern stark umstrittene Bau der **Ölpipeline BTC** von Baku (Aserbaidschan) nach Ceyhan in der Türkei vertraglich festgehalten. Die BTC wurde 2006 eingeweiht.

Geheimdienstchef Lawrenti Berija

„Jeder, den wir verhaften, ist grundsätzlich schuldig." *Lawrenti Berija*

Wer nichts anderes als einen demokratisch und freiheitlich verfassten Staat mit rechtsstaatlichen Gerichtsverfahren kennt und diesen für selbstverständlich hält, kann anhand der Biografie von Geheimdienstchef Lawrenti Berija ins Grübeln kommen.

Lawrenti Pawlowitsch Berija wurde am 17. März 1899 in Mercheuli bei Sochumi als Sohn armer mingrelischer Bauern geboren und besuchte die polytechnische Schule in Baku. 1917 schloss er sich dort den **Bolschewisten** an und wurde als **Spion** in die regierende oppositionelle Partei eingeschleust.

1921 trat er in die **Tscheka** ein. *Ordshonikidse,* ein ranghoher Tschekist, stellte ihn 1926 **Josef Stalin** vor. Berija wurde nach Georgien versetzt, wo Verhaftungen von Oppositionellen durch die Tscheka bereits in vollem Gange waren.

Als Berija 1929 die Leitung der GPU, der Nachfolgeorganisation der Tscheka in Georgien, übernahm, unterdrückte er jeglichen politischen Widerstand in Georgien. 1929 begannen die Maßnahmen der Zwangskollektivierung, der Enteignung der Bauern, verbunden mit der Vernichtung der „Kulaken", derjenigen Bauern, die etwas mehr Land und Vieh besaßen und daher Knechte und Mägde einstellen mussten. Widerständler wurden scharenweise verbannt oder in Konzentrationslager deportiert. Hier wurde die gleiche Vorgehensweise wie in der gesamten Sowjetunion üblich angewandt: **blutige Niederschlagung des Widerstands** durch Miliz, Armee und GPU. Berija schlug Stalin sogar vor, diese Repressionsmaßnahmen vornehmlich der GPU zuzuordnen, was ihm bei Stalin hohes Ansehen einbrachte.

1931 wurde Berija auf Wunsch von Stalin und unterstützt durch den abchasischen KP-Chef *Nestor Lakoba* zum **Vorsitzenden der Kommunistischen Partei Georgiens** ernannt. Parteimitglieder, die von ihrem Parteichef eine andere Vorstellung hatten, wurden unter dem Vorwand der Wirtschaftsspionage oder Sabotage erschossen. 1932 übernahm Berija den Vorsitz in der damals für kurze Zeit bestehenden Transkaukasischen Republik, ab 1934 war er sogar für Transkaukasien und Georgien in Personalunion zuständig. Er konnte gewisse wirtschaftliche Erfolge im Bereich der Teeproduktion, Ölförderung oder der Schwerindustrie verbuchen. Und er setzte den beginnenden Personenkult um Stalin um, indem er ein propagandistisches Geschichtswerk über Transkaukasien schrieb.

Während der sogenannten **Großen Säuberung** (russ. *Tschistka*) initiierte Berija nach Instruktionen aus Moskau **Schauprozesse** in Georgien, wobei zu den Opfern auch sein ehemaliger Gönner Nestor Lakoba gehörte. Zu Tausenden ließ er Menschen aus allen Gesellschaftsschichten inhaftieren und hinrichten.

Im Juli 1938 geriet Berija allerdings selbst unter den Verdacht der politischen Illoyalität und konnte der drohenden Verhaftung nur durch seine guten Beziehungen zu Stalin entgehen. Inzwischen war die GPU in NKWD umbenannt worden und Berija rückte im August 1930 zu dessen Erstem Stellvertretenden Vorsitzenden auf. Im November 1938 wurde er **Volkskommissar des Innern** (NKWS), dem die Inneren Streitkräfte, die Polizei, die Gefängnisse und die Lager des Gulag unterstanden. Mit Berijas Machtantritt fiel das Ende der Großen Säuberung zusammen, was allerdings nicht heißt, dass es damit vorbei war.

Berija setzte die „Säuberungen" fort. 1939 überwachte er persönlich die Erschießung von 413 prominenten Häftlingen. Ihm unterstand das Geheimlabor Nr. 12, in dem Menschenversuche mit Giften durchgeführt wurden. 1940 forcierte er im Politbüro die **Erschießung von 25.000 kriegsgefangenen polnischen Offizieren und Soldaten** in Katyn, was bis 1989 der Deutschen Wehrmacht angelastet worden war. Der polnische Regisseur *Andrzej Wajda* verfilmte das Massaker im Jahr 2007. Der ehemalige russische Präsident *Boris Jelzin* übergab den Originalbefehl Berijas zu diesem Massaker im Oktober 1992 dem damaligen polnischen Staatspräsidenten *Lech Walesa*.

Als die Wehrmacht 1941 kurz vor Moskau stand, ließ Berija kurzerhand Tausende Häftlinge der Moskauer Gefängnisse erschießen. Im Frühjahr 1944 veranlasste er die Verschleppung von 500.000 Tschetschenen und Inguscheten nach Kasachstan und Kirgistan. Im gleichen Jahr wurden weitere 300.000 bis 400.000 Balkaren, Kalmücken und Karatschaier zwangsumgesiedelt, danach an die 160.000 Krimtataren. Zu den Hunderttausenden Zwangsumgesiedelten gehörten auch die Meßcheten und Wolgadeutschen. Laut NKWD-Berichten verloren von etwa 1,5 Millionen Zwangsumgesiedelten eine halbe Million ihr Leben.

Berijas Sadismus zeigte sich auch darin, dass er in jedem Moskauer Gefängnis ein Büro besaß, in dem er die **Gefangenenfolter persönlich überwachte**. Er folterte sogar in seinem Privathaus – mit Wissen Stalins.

Am 18. April 1945 erließ er den Befehl Nr. 00315. Danach wurden in der ehemaligen Sowjetisch Besetzten Zone (SBZ, Vorläufer der DDR) unter dem Vorwand der „Entnazifizierung" Speziallager errichtet, die als gefährlich eingeschätzte Personen aufnahmen. Eines rechtsstaatlichen Verfahrens bedurfte es dabei nicht.

1946 wurde Berija von *Viktor Abakumow* als Minister für Staatssicherheit abgelöst, was er als Erniedrigung empfand. So müssen die Gräueltaten ab dieser Zeit auch Abakumow zugerechnet werden. Es gelang Berija noch einmal zu intrigieren und auf sein Betreiben hin wurden Politbüromitglied *Nikolai Wosnessenski* und Parteisekretär *Kusnezow* hingerichtet. Berija war jetzt nach *Malenkow* der **mächtigste potenzielle Nachfolger Stalins!**

Nach dem Zweiten Weltkrieg begann das Wettrüsten zwischen den ehemaligen Verbündeten. Stalin übertrug Berija die Verantwortung für den Bau der sowjetischen Atombombe. Am 29. August 1949 konnte unter Berijas Leitung die **erste Plutoniumbombe** gezündet werden.

Als Stalin 1953 starb, wurde Berija zunächst unter Malenkow **Erster Stellvertretender Ministerpräsident** und Innenminister in Malenkows Kabinett. Er erkannte in der erneuten Verschmelzung von Innenministerium und KGB eine gute Voraussetzung für einen Sieg im Kampf um den „Erbfolgekrieg" gegen Malenkow und *Nikita Chrustschow*. Im Politbüro hatte er jedoch nicht nur Freunde und wurden den anderen Politbüromitgliedern zu mächtig. Als sich Berija auf einer Sitzung des Politbüros am 2. Juni 1953 für die Wiedervereinigung Deutschlands auf der Basis von Neutralität und Demokratie (oder was er darunter verstand) einsetzte, wurde ihm vorgeworfen, dies zu verlangen, um seine eigene Machtposition zu stärken. Während einer Sitzung des Zentralkomitees am 26. Juni 1953 unter Vorsitz von Chrustschow wurde Berija **verhaftet**. Das Superministerium wurde wieder in Innenministerium und KGB aufgeteilt.

Es fand ein Geheimprozess vor dem Besonderen Tribunal des Obersten Gerichtshofes gegen Berija statt. Angeblich wurde am 23. Dezember 1953 das **Todesurteil** verhängt und Berija noch am gleichen Tage erschossen. Allerdings gibt es auch die Behauptung seines Sohnes *Sergo*, dass sein Vater bereits am 26. oder 27. Juni, wahrscheinlich in seinen Dienstäumen, erschossen worden sei.

Gleichzeitig entsandten die USA Militärberater, die die georgische Armee befähigen sollten, mit den Bedrohungen an der **tschetschenischen Grenze** und im Pankisi-Tal (beides im Grenzgebiet zu Russland) besser fertig zu werden. Es ist nachvollziehbar, dass Russland dieser Verschiebung seiner Einflusssphären nicht tatenlos zusehen würde.

Wirtschaftliche Stagnation

Bei den Wahlen 1995 wurde **Eduard Schewardnadse** in seinem Amt bestätigt, machte jedoch den Fehler, Reformkräfte nur auf vergleichsweise unbedeutende Posten, alte Apparatschiks jedoch auf Schlüsselpositionen zu setzen. Das hatte zur Folge, dass eine nicht für möglich gehaltene wirtschaftliche Stagnation einsetzte. Die Apparatschiks hatten das Volkseigentum des Landes unter sich aufgeteilt und mafiaähnliche Verhältnisse breiteten sich aus, gegen die niemand vorzugehen wagte. Ausländische Investoren kamen nicht zum Zuge und internationale Hilfsgelder versickerten im Nirgendwo. Es darf daher nicht verwundern, dass Georgien in diesen Jahren zu den korruptesten Ländern der Welt gehörte. Zur gleichen Zeit wuchs die Arbeitslosigkeit im Lande, lächerlich geringe Gehälter, die zudem oft gar nicht oder erst Monate später ausgezahlt wurden, reichten nicht, um den Lebensunterhalt auch nur annähernd zu bestreiten. Die Energieversorgung brach zusammen, da Russland die Versorgungsleitungen kappte (auch hier Parallelen zu der Situation in den baltischen Republiken) und die Menschen saßen ohne Wasser und Strom in ihren Wohnungen, prekär besonders im Winter der Ausfall der Heizungen. Massenhaft verließen vor allem gut ausgebildete Russen, aber auch Georgier das Land. 2003 stellte der Internationale Währungsfonds die Zahlungen an Georgien aufgrund des desolaten Staatshaushalts ein.

Absetzung Schewardnadses

Im Herbst 2001 wurde bei der regierungskritischen Fernsehstation Rustawi-2 eine Razzia durchgeführt. Daraufhin kam es unter Führung des damaligen Justizministers **Michail Saakaschwili** zu einer riesigen Demonstration. Schewardnadses Ablösung wurde gefordert. Er konnte sich noch einmal an der Macht halten, indem er den Innenminister und den Geheimdienstchef entließ. Nicht verhindern konnte er allerdings, dass sich die politische Opposition in **zwei neuen Parteien** formierte, nämlich Michail Saakaschwili mit der Nationalen Bewegung und Surab Schwania mit den Vereinigten Demokraten. Am 2. November 2003 kam es zu Parlamentswahlen, bei denen sich die Parlamentspräsidentin *Nino Burdschanadse* den Reformen der Oppositionsparteien anschloss. Diese Parlamentswahlen wurden erst nach mehreren Wochen bestätigt, Schewardnadse wurde massiver Wahlbetrug vorgeworfen, der am 22. November eingestanden werden musste.

Schewardnadse rief den **Ausnahmezustand** aus. Noch in der Nacht vom 22. zum 23. November versammelten sich Demonstranten vor dem Parlamentsgebäude in Tbilisi, deren Zahl im Verlaufe des 23. November auf etwa hunderttausend Menschen anstieg. Dessen ungeachtet wollte Schewardnadse seine Eröffnungsrede halten. Michail Saakaschwili und seine Anhänger stürmten während der Rede den Saal, woran sie nicht gehindert wurden – Schewardnadse musste aus dem Saal flüchten.

Saakaschwili versprach im Falle eines Wahlsieges, in Georgien einen demokratischen Staat nach westlichem Vorbild zu schaffen und umfassende Wirtschaftsreformen durchzuführen. Er übernahm gemeinsam mit Nino Burdschanadse kommissarisch die Amtsgeschäfte. Russland hatte während dieser **Samtenen Revolution** seine Truppen in den Kasernen gelassen. Der russische Außenminister *Igor Iwanow* wurde nach Georgien geschickt. Er versuchte am Morgen des 23. November zu vermitteln, dennoch musste Schewardnadse am Abend des 23.11.2003 seinen Rücktritt erklären. Parlamentspräsidentin Burdschanadse beauftragte Surab Schwania mit der Übernahme der Regierungsgeschäfte bis zur Neuwahl des Parlaments.

Saakaschwili wird Staatspräsident

Diese **Neuwahlen** fanden am 4. Januar 2004 statt; Michail Saakaschwili gewann sie mit überragenden 96% der Stimmen. Er hatte in den USA studiert und es gelang ihm, Auslandsgeorgier zurückzuholen und **Reformen** voranzutreiben. Er bekämpfte die Korruption, ließ bestechliche Beamte verhaften und ihr unrechtmäßig erworbenes Eigentum einziehen. Gleichzeitig wurde die Privatisierung staatlicher Betriebe vorangetrieben.

Im November 2007 kam es in Tbilisi zu mehrtägigen **Demonstrationen** mit bis zu 100.000 Teilnehmern der Opposition, die zwar Saakaschwilis Politik unterstützten, aber seinen autoritären Führungsstil kritisierten. In den Jahren seiner Regierungszeit sei zu wenig zur Armutsbekämpfung getan worden, Korruption und Machtmissbrauch seien wieder an der Tagesordnung. Gegen die Demonstranten wurde mit Tränengas, Schlagstöcken und Wasserwerfern vorgegangen, schließlich der **Ausnahmezustand** verhängt und unabhängigen bzw. regierungskritischen Medien die Arbeit untersagt.

Eine glückliche Hand hatte der Präsident bei der Vertreibung von *Aslan Abaschidse* aus Adscharien und dem **Wiederanschluss Adschariens** an Georgien. Dieser Schritt steht in den abtrünnigen Provinzen Abchasien und Südossetien noch aus, der Zustand dort ist und bleibt sehr labil.

Saakaschwili wurde bei vorgezogenen Neuwahlen am 5. Januar 2008 mit knapper Mehrheit im Amt bestätigt. Den ordnungsgemäßen Verlauf der Wahlen bestätigten internationale Beobachter.

Der Fünf-Tage-Krieg 2008

Nach Jahren aggressiver Rhetorik auf beiden Seiten kam es am 8. August 2008 zwischen **Georgien und Russland** zum Ausbruch eines fünftägigen militärischen Konfliktes. Im September 2009 gab die im Auftrag der EU tätige **Independent Fact-Finding Mission on the Conflict in Georgia** (IIFMCG) beiden Seiten recht, indem sie erklärte, dass die georgische Behauptung eines russischen Einmarsches in Georgien als Begründung für den georgischen Angriff falsch sei und dass die Invasion russischer

Bidsina Iwanischwili – Premierminister für ein Jahr

Wie in Russland leben in Georgien **Multimilliardäre**, die nach dem Zusammenbruch der UdSSR unglaubliche Reichtümer anhäufen konnten. Zu ihnen gehört *Bidsina Iwanischwili*, der noch 2003 Präsident *Saakaschwilis* „Rosenrevolution" unterstützt hatte, doch in der Zwischenzeit zu seinem größten Rivalen wurde. Laut dem US-Magazin „Forbes" soll sich Iwanischwilis Vermögen auf mindestens 5 Mrd. US-Dollar belaufen. Zum Vergleich: Das Bruttoinlandsprodukt des Landes betrug 2011 knapp 14,4 Mrd. Dollar. Iwanischwili ließ nach eigenen Angaben in Georgien u.a. Krankenhäuser und Schulen bauen, finanzierte aber auch den Vergnügungspark am Schwarzen Meer bei Kobuleti, er ließ Theater renovieren und Straßen anlegen.

Als Iwanischwili im Dezember 2011 die **Bewegung „Georgischer Traum"** gründet, wird ihm kurzerhand die georgische Staatsbürgerschaft entzogen, was den Einspruch des Oberhaupts der georgischen Kirche, Patriarch *Ilja II.*, nach sich zieht und trotz aller Reformen Zweifel an der Unabhängigkeit der Justiz nährt.

Iwanischwili spricht sich für eine Wiederannäherung an das Nachbarland Russland aus, aber gegen die Unabhängigkeit der abtrünnigen Konfliktgebiete Abchasien und Südossetien von Georgien. Er verspricht, Justiz, Verwaltung und Pressefreiheit mitteleuropäischen Verhältnissen anzupassen und sich nach spätestens zwei Jahren wieder aus der Politik zurückzuziehen.

Als der deutsche Außenminister *Guido Westerwelle* im März 2012 nach Georgien reist und georgische Oppositionelle trifft, fehlt Iwanischwili, der es ablehnt, sich mit angeblich von Saakaschwili gekauften „Pseudooppositionellen" – so seine Wortwahl – zu treffen.

Im April 2012 kommt es unter seiner Führung zur Gründung des Parteienbündnisses **„Georgischer Traum – Demokratisches Georgien"**, das bei den Parlamentswahlen im Oktober 2012 antritt und auch für die Präsidentschaftswahlen 2013 einen Kandidaten nominieren will (Präsident Saakaschwili darf dann nicht mehr antreten). Parteien sind in Georgien oft sog. Honoratiorenparteien, d.h. voll auf den jeweiligen Vorsitzenden und seine Mannschaft zugeschnitten. Im Mai 2012 beschließt das georgische Parlament eine Verfassungsänderung, die Iwanischwilis Kandidatur bei den Parlamentswahlen ermöglicht. Bei diesen Wahlen am 1. Oktober 2012 kann sich Iwanischwilis „Georgischer Traum" mit 55% der Stimmen durchsetzen. Internationale Wahlbeobachter bewerten die Wahlen als wichtigen Schritt hin zur Festigung der Demokratie, auch wenn die rhetorischen Scharmützel im Vorfeld der Wahlen an Schärfe oft nicht zu überbieten waren; z.B. wurde Iwanischwili als russischer Spion denunziert. Saakaschwili räumt aber seine Niederlage ein, das **Kabinett Iwanischwili** nimmt am 29. Oktober 2012 seine Arbeit auf. Als wichtigste Aufgaben werden die Schaffung von Arbeitsplätzen und die nachhaltige Entwicklung der Wirtschaft angesehen.

Nur ein Jahr später, am 20. November 2013, tritt Iwanischwili von seinem Amt als Premierminister zurück; sein Nachfolger wird der bisherige Innenminister, *Irakli Gharibaschwili*.

Truppen auf georgisches Gebiet außerhalb Südossetiens gegen internationales Recht verstoßen habe. Solange die Konflikte um Abchasien und Südossetien nicht gelöst werden, besteht für Georgien auch keine Chance, in die NATO aufgenommen zu werden.

Umsturzversuch 2009

Im Frühjahr 2009 fanden auf dem Rustaweli-Boulevard in der Hauptstadt **monatelange Demonstrationen** statt, was auch zu Unmutsäußerungen in der Bevölkerung führte, war doch die Hauptverkehrsstraße zwischen Tawisublebis Moedani und Hotel Marriot durch selbst gebaute Büdchen, in denen die Demonstranten auch übernachteten, vollständig blockiert. Ab und an hielt ein Vertreter der Opposition auf einer Bühne vor dem Parlament eine Rede, die zumindest von einigen Passanten beachtet wurde. Diese Demos wurden erst im Juni 2009 kurz vor dem Staatsbesuch des US-Vizepräsidenten *Joe Biden* gewaltsam aufgelöst. Wer finanzierte eigentlich den Lebensunterhalt der dort monatelang campierenden Demonstranten? Jeder Befragte antwortete, dass dies die Opposition täte. Falls ja, woher hatte sie die Mittel? Als Präsident Saakaschwili 2004 an die Macht gekommen war, war die Korruptionsbekämpfung eines seiner Hauptanliegen. Das hatte zur Folge, dass zahlreiche Mafiapaten ins Ausland verdrängt wurden. Unabhängig davon war das Österreichische Bundeskriminalamt georgischen Mafiabossen auf der Spur. Der Besitzer eines Restaurants in Wien fungierte als Bindeglied zu der von Griechenland aus operierenden Lascha-Schubanaschwili-Organisation, deren Tätigkeit sich nicht nur auf Geldwäsche, sondern auch auf Kontakte zur außerparlamentarischen Opposition erstreckte. Der Restaurantbesitzer stand auch in engem Kontakt zu Igor Giorgadze, dem ehemaligen georgischen Staatssicherheitsminister, der sich nach dem gescheiterten Anschlag auf den damaligen Präsidenten Schewardnadse nach Moskau abgesetzt hatte. Aus Abhörprotokollen erfuhren die Ermittler, dass Giorgadze in Georgien einen Umsturz plante, indem Demonstrationen angezettelt und Polizeikräfte provoziert werden sollten. Weiterhin sollten Berichte und Reportagen in von ihm kontrollierten georgischen Medien lanciert werden, um den Umsturz propagandistisch vorzubereiten bzw. zu begleiten. Die unter Leitung der österreichischen Behörden durchgeführten Recherchen führten zu Verhaftungen von insgesamt 75 Personen in Deutschland, Österreich, der Schweiz und Spanien.

Beziehungen zu Russland

Immens wichtig sind Georgiens Beziehungen zum großen Nachbarn Russland, vor allem auch als Absatzmarkt für georgische Waren. Nachdem Georgien 2011 der WTO-Mitgliedschaft Russlands zugestimmt und Bidsina Iwanischwili und der Patriarch von Georgien, *Ilja II.*, sich für eine Verbesserung der Beziehungen zu Russland ausgesprochen hatten, wurde im Juni 2013 das russische Importverbot für georgische Lebensmittel aufgehoben. Endlich konnte wieder Wein nach Russland geliefert werden, aber auch Zitrusfrüchte und Mineralwasser aus Bordshomi. Auch im touristischen Sektor mit seinem Überangebot an Übernachtungsmöglichkeiten sind russische und russischsprachige Gäste aus dem Nordkaukasus sowie den Ländern der ehemaligen Sowjetunion hoch willkommen, sie stellen auch den Hauptanteil der ausländischen Gäste. Inzwischen ist aber eine Generation herangewachsen, die kaum oder gar nicht mehr Russisch sprechen oder lesen kann, und auch ihr Englisch beschränkt sich oft auf ein Minimum, was der Förderung des Tourismus nicht gerade zuträglich ist.

Schon 2011 erlaubte Georgien russischen Bürgern einen 90-tägigen **visumfreien Aufenthalt** im Land. Im November 2012 beschloss Russland, die russischen Fernsehprogramme wieder ins georgische Kabelnetz einzuspeisen (über Satellit waren sie stets empfangbar). Insgesamt erhoffen sich die meisten Georgier wieder erträgliche Reisemöglichkeiten nach Russland, was bisher nur Bürgern mit zwei Pässen möglich ist.

Von den ehemals über 1000 russischsprachigen **Schulen** in Georgien gab es 2012 keine einzige mehr. Englisch und mit einigem Abstand Französisch sind die Fremdsprachen der Stunde an georgischen Schulen und Universitäten.

Staatssymbole

Die georgische **Flagge** zeigt ein rotes Kreuz auf weißem Grund, das vier Quadrate bildet, in denen jeweils ein kleines rotes Kreuz platziert ist.

Auf dem **Staatswappen** ist ein rotes Schild mit dem heiligen Georg zu sehen, das von einer goldenen Krone überdacht ist und jeweils zur Rechten und Linken von zwei auf ihren Hinterpranken stehenden Löwen flankiert wird. Der Spruch unter dem Schild sagt: „In der Einheit liegt die Stärke". Die georgische **Nationalhymne** heißt „Tavisubleiba" (Freiheit).

Medien

Neben dem öffentlichen Rundfunk Georgiens gibt es sowohl im Radio wie auch im Fernsehen private Anbieter, weiterhin Regional-TV und diverse Lokalsender. In den Fernsehsendern haben Soaps (vor allem aus Lateinamerika), Gewinnspiele und Hitparaden in ungeheurem Ausmaß Einzug gehalten. An Zeitungskiosken findet man eine Vielzahl von „Frauenzeitschriften" in russischer und georgischer Sprache, die aus Deutschland oder Österreich bekannt sein dürften.

Englischsprachige Zeitungen (z.B. die „Georgian Times") gibt es an jedem Straßenstand in Tbilisi sowie in teureren Hotels in Tbilisi oder gele-gentlich in Batumi. Deutschsprachige Zeitungen erhält man nur in Ausnahmefällen.

Wirtschaft

Nach einem Einbruch infolge der militärischen Auseinandersetzung mit Russland 2008 und der globalen Wirtschaftskrise der letzten Jahre entwickelt sich die georgische Wirtschaft – nach einer kurzzeitigen „Pause" infolge des Machtwechsels 2012/13 – wieder positiv: Im Jahr 2014 wurde eine **Wachstumsrate** von über 6 % verzeichnet. Der georgische **Außenhandelsumsatz** ist im Jahr 2013 auf 10,8 Mrd. US$ gestiegen, allerdings erhöhte sich damit auch das Außenhandelsdefizit, da Georgien immer noch viel mehr Waren importiert (7,9 Mrd. US$) als exportiert (2,9 Mrd. US$, jeweils 2013). Das Land ist fast vollständig auf den Import von Gas und Erdöl angewiesen, auch 80 % der Lebensmittel müssen importiert werden. Die wichtigsten **Handelspartner** waren im Jahr 2014 die Türkei, Aserbaidschan, China, Russland, die Ukraine und Deutschland. Ausfuhrwaren nach Deutschland waren u.a. Nüsse, Früchte und Gemüse sowie Kupferschrott, die wichtigsten Importwaren Pkw und Lkw, elektrische Transformatoren, Generatoren und Arzneimittel. Zunehmend wichtig als Wirtschaftsfaktor wird der Tourismus (s.u.).

Das **Bruttoinlandsprodukt** (BIP) betrug im Jahr 2013 über 16,1 Mrd. US$, pro Kopf also fast 3600 US$, die Staatsverschuldung sank leicht auf knapp 37 % des BIP. Die **Inflation** hat sich 2013/14 bei etwa 2 % eingependelt.

Assozierungsabkommen mit der EU

Am **29. November 2013** wurde im litauischen Vilnius ein Assoziierungsabkommen zwischen der EU und Georgien unterzeichnet, mit dem Ziel einer engeren wirtschaftlichen Zusammenarbeit. Profitiert Georgien von diesem Abkommen, oder wird es z.B. zu einem Anstieg der Preise und zu einer Erhöhung der negativen Außenhandelsbilanz kommen? Was genau bedeutet **„freier Handel"** zwischen der EU und Georgien? Nach Meinung des georgischen Wirtschaftsexperten *Demur Giorchelidse* besteht das grundsätzliche Problem darin, dass der Handel sowohl den Export als auch den Import umfasst. Aber was hat Georgien der EU an Waren zu bieten? Schon heute ist die Außenhandelsbilanz des Landes katastrophal (s.o.). Und wenn erst die Limitierungen für ausländische Waren vollständig gefallen sind, was bleibt dann noch von der kränkelnden georgischen (Land-)Wirtschaft übrig? Giorchelidse beunruhigen auch die Aussagen hochrangiger georgischer Politiker, die davon ausgehen, dass europäische Firmen nun ins Land kommen, Produktionsstätten bauen und sogar selbst die Märkte für die hergestellten Erzeugnisse aussuchen werden. Dann, so Giorchelidse, könne man das Land gleich ans Ausland verpachten und anderen überlassen. Wenn keine Arbeitsplätze in der Industrie und im Dienstleistungssektor geschaffen werden, wird

Leben in Armut – zwei Frauen aus Tbilisi erzählen

Anaida erzählt: „Wir sind seit zwölf Jahren verheiratet und haben drei Töchter, die jüngste ist fünf, die beiden älteren gehen in die Grundschule. Uns ging es früher gut, wir hatten eine kleine Druckerei in der Wohnung, konnten sogar Angestellte beschäftigen. Aber dann wendete sich das Blatt, niemand wollte mehr etwas drucken lassen. Obwohl ich viele Ideen für einen Kleinhandel hatte, z.B. einen Gemüsestand, einen Gebrauchtwarenladen, ein Café oder eine Bäckerei – mein Mann fürchtete das Finanzamt. Zweimal übersiedelten wir nach Baku. Dazu verkauften wir unsere Einzimmerwohnung. Aber weder lief dort unsere neue Druckerei noch wollten die Aseris meine Chatschapuris kaufen.

Wir kamen nicht nur mit völlig leeren Taschen zurück, unsere Töchter hatten auch ein ganzes Schuljahr verloren. Zum Glück ist der Schulbesuch in Georgien kostenlos, Freunde helfen uns mit Heften, Stiften, gebrauchten Büchern. Ich gebe den beiden älteren Töchtern jeden Tag 1 Lari, damit sie sich etwas zu Mittag kaufen können. Die Eltern meines Mannes können uns ab und an etwas zustecken.

Heute leben wir zu fünft von 125 US$ Sozialhilfe (ca. 210 Lari). Außerdem bekommen wir 10 Tetri pro Tag für die Nutzung öffentlicher Verkehrsmittel und das Recht, täglich in öffentlichen Küchen eine Mahlzeit einzunehmen. Letzteres geht jedoch nicht immer, da ich meine älteren Töchter von der Schule abholen muss. Und wir sind jetzt krankenversichert.

Ich kaufe jeden Morgen zwei Teebeutel für 10 Tetri, die ich mehrfach aufbrühe. Für 60–70 Tetri kaufe ich 1,5 kg Kartoffeln und zwei Lawaschbrote. Ich brate die Kartoffeln und wir trinken dazu Tee. Abends kaufe ich vier Eier für 27–30 Tetri. Meine Nachbarin hilft mir mit Sonnenblumenöl, das sie von der katholischen Kirche bekommt. Wenn mir 2–3 Lari übrig bleiben, kaufe ich Mehl für 1 Lari, Kartoffeln und Zwiebeln und bereite daraus Kartoffelpuffer zu, aus dem restlichen Brot Croutons.

Wir würden jede Arbeit in Tbilisi annehmen, aber wir sehen hier keine Zukunft. Sobald sich uns eine Möglichkeit bietet, werden wir wieder ins Ausland gehen."

Schuschuna erzählt: „Ich wohne zusammen mit meiner Tochter und den Enkeln. Ich bekomme 125 Lari Rente, wovon 60–70 Lari für Medikamente draufgehen. Meine Tochter bäckt Piroggen, die sie in einem Laden verkaufen kann. Sie kann so 6–7 Lari pro Tag verdienen. Ich bekomme auch noch 22 Lari monatlich Sozialhilfe, da wir Flüchtlinge aus Suchumi sind. Meine Tochter bekommt deswegen 28 Lari plus die 50 Lari ihres vor ein paar Jahren verstorbenen Mannes. Es ist unser größter Wunsch, wieder in unser Haus nach Suchumi zurückkehren zu können. Ich bin zum Glück berechtigt, in den Tafeln namens „Katharsis" zweimal täglich essen gehen zu können. Dort essen vor allem Rentner. Was kann man schon von 125 Lari Rente kaufen? Zum Beispiel kostet ein Kilo Fleisch 14–15 Lari, 1kg Butter 6 Lari, Käse 7–8 Lari, Zucker 10 Lari, ein Lawaschbrot 60–70 Tetri, ein Ei 30 Tetri. Die monatlichen Nebenkosten belaufen sich auf ca. 70 Lari. Nie bleibt von der Rente etwas übrig. Wir bräuchten 400–500 Lari monatlich, um normal leben zu können. Während europäische Rentner reisen und sich die Welt anschauen, denken georgische Rentner nur daran, wie sie jeden Monat über die Runden kommen."

in Georgien keine Besserung eintreten. Die EU mag bei der Entwicklung der georgischen Volkswirtschaft helfen, aber Verantwortung, Initiative und Erträge müssen bei den Georgiern selbst liegen.

Selbstversorgung

Der Viehbestand soll sich seit der Erlangung der Unabhängigkeit vervierfacht haben: Kühe, Pferde, Schafe, Hühner und Schweine laufen einem überall über den Weg. Sie sind Teil der auf dem Land vorherrschenden **Subsistenzwirtschaft,** die den Menschen das Überleben sichert: Man baut die wichtigsten Lebensmittel selbst an und hält Tiere. Für eine zielgerichtete und ertragreiche Landwirtschaft fehlen geeignete Maschinen. Und so ist die **Landwirtschaft** mit über 50% aller Beschäftigten der größte Arbeitgeber, trägt aber weniger als 10% zum Bruttosozialprodukt bei.

Arbeitslosigkeit

Die offizielle **Arbeitslosenquote** liegt bei knapp 15 %, inoffizielle Schätzungen gehen **bis zu 50 %,** eine Ziffer, die auch der Autorin durchaus realistisch erscheint. Arbeitslose müssen sich nicht registrieren lassen, also tut es auch kaum einer – warum auch, schließlich gibt es ja **kein Arbeitslosengeld.** Da die Landbevölkerung im Zuge der Landreform 1992 ihre Grundstücke geschenkt bekam und nun als „selbstständig" gilt, kann sie per definitionem auch nicht arbeitslos werden.

Tourismus

In den Jahren der Präsidentschaft von *Michail Saakaschwili* wurden unglaublich viele Unterkünfte verschiedenster Preisklassen errichtet, die Gründung von Unternehmen finanziell, steuerlich und organisatorisch gefördert. Es ging hauptsächlich um die **Schaffung von Einkommensquellen** mangels anderer Arbeitsplätze. Fast alle Unterkünfte (ausgenommen die Hotels der großen internationalen Ketten) wurden und werden von **Quereinsteigern** errichtet. Fehlendes Know-how und die Unterschätzung der Komplexität der Arbeit im Tourismus führen zu häufigen Weiterverkäufen oder Schließungen von Hotels oder Hostels. Ein Beispiel unternehmerischer Naivität: Ein junges Tbilisier Ehepaar berichtete der Autorin, dass es am Stadtrand von Tbilisi ein Grundstück kaufen wolle, um darauf ein Hotel zu errichten. Beide hatten noch nie etwas mit Tourismus zu tun, die Reiseerfahrung der jungen Frau beschränkte sich auf Besuche ihres in Baku tätigen Ehemanns mit Übernachtung in dessen Wohnung und auf Kurzaufenthalte innerhalb Georgiens. Warum also der Einstieg in den touristischen Sektor? Antwort: Es sei doch egal, ob das Hotel gut oder schlecht ist, man wisse genau, dass die Hotels immer ausgebucht sind! Das muss nicht weiter kommentiert werden.

Die meisten Touristen kommen aus der Türkei, gefolgt von Armeniern und Aserbaidschanern, viele Gäste sind aus Russland, der Ukraine, aus Polen und Israel. Urlauber aus Deutschland spielen zahlenmäßig kaum eine Rolle, noch ge-

Architektur in Georgien – Repräsentation und Restauration

Als Georgiens Ex-Präsident *Michail Saakaschwili* in einer Münchner Buchhandlung einen Bildband über **avantgardistische Architektur** entdeckte, wurde er auf den Berliner Architekten **Jürgen Mayer H.** (sein Mittelinitial hat Mayer nach hinten gesetzt, um Verwechslungen zu entgehen) aufmerksam. Kaum eine Woche später saß Mayer H. im Flugzeug nach Tbilisi und avancierte zu einem der Lieblingsarchitekten Saakaschwilis. Bis zu dessen Abwahl 2013 realisierte der deutsche Architekt in Georgien zwölf Bauwerke, darunter in Mestia das Flugplatzgebäude, die Polizeiwache und das Justizgebäude, in Sarpi südlich von Batumi den Grenzübergang zur Türkei, den neuen Bahnhof in Achalkalaki, einige Tank- und Raststätten und die neue Pier in Lasika, einer Stadt, die nördlich von Batumi in einem Naturschutzgebiet errichtet werden sollte, aber nun wohl nie gebaut wird. Ein weiterer von Saakaschwili favorisierter Architekt war der Italiener **Michele de Lucchi**, der den Präsidentenpalast, das Innenministerium und die Friedensbrücke in Tbilisi sowie den Justizpalast in Batumi und die Hängebrücke in Mzcheta entwarf (die 320 m lange Brücke ist noch nicht verwirklicht).

Skandalös ist der **Bau des Parlamentsgebäudes in Kutaisi;** 83.000.000 US$ sollen geflossen sein, wobei die Finanzierung alles andere als transparent war. Auch hier hieß der Initiator Saakaschwili. An der Stelle des Gebäudes befand sich vor dem Bau ein 46 m hohes Denkmal, das an die georgischen Opfer in den Reihen der Roten Armee im 2. Weltkrieg erinnern sollte. Das Denkmal ließ Saakaschwili sprengen, wobei eine Frau und ihre Tochter zu Tode kamen. Bei Redaktionsschluss stand der Verwendungszweck des Parlamentes noch nicht fest. Das Gebäude der japanischen Architekten **Mamoru und Kenichi Kawaguchi** war im Mai 2012 eröffnet und nach nur einer oder zwei (je nach Quelle) Parlamentssitzungen von *Bidsina Iwanischwili* auch schon wieder geschlossen worden. Die Qualität der Bauausführung war miserabel, Teile des Daches stürzten bald nach der Eröffnung ein.

Saakaschwili wollte **Bauten mit hohem Wiedererkennungswert** errichten lassen, um Investoren und Touristen ins Land zu locken. Während seiner Amtszeit verging kaum eine Woche ohne persönlich von ihm vorgenommener Einweihungen spektakulärer Bauwerke, stets begleitet von einem großen Presseaufgebot. Dabei spielte es oft keine Rolle, ob das Bauwerk tatsächlich schon fertig war. Und Fragen nach der Sinnhaftigkeit vieler Projekte stellten sich erst recht nicht.

Generell wurde und wird in georgischen Ortschaften und Städten **viel renoviert;** das sozialistische Grau und Einerlei soll aus den Ortsbildern verschwinden. **Gleichzeitig verfielen und verfallen** viele alte traditionelle Wohnhäuser. Die Autorin war in Tbilisi mehrfach Zufallszeugin von Zwangsräumungen – die Häuser waren von Einsturz bedroht (russ. *awarinij dom*), eine Nutzung schlicht zu gefährlich.

ringer ist die Zahl der Gäste aus Österreich und der Schweiz. Immerhin: Bei deutschen Touristen gab es im Jahr 2012 einen Zuwachs von 35%, wenig allerdings im Vergleich zu den 60% bei russischen Besuchern (nach Wiedereröffnung der Grenzen und Wiederaufnahme der Flüge von Aeroflot). Auch Kasachen drängen verstärkt nach Georgien. Unter Vernachlässigung der Türkei, Polens und Israels kommen also die meisten Gäste aus russischsprachigen Ländern der früheren Sowjetunion.

Die vergleichsweise geringe Anzahl von **Touristen** aus den kaufkraftstarken Ländern **Mitteleuropas** hat viele Ursachen: Was wissen die Menschen überhaupt von Georgien? Verwechseln Mitteleuropäer Georgien im Kaukasus vielleicht sogar mit Georgia/USA? Welche der herausragenden Sehenswürdigkeiten des Landes sind in Mitteleuropa bekannt? Wer denkt schon bei Georgien z.B. an die Boomtown Batumi, den Berg des Prometheus, Weinbau und Argonautensaga? Welche Marketing- und Werbemaßnahmen unternimmt der Staat, um das Land ins Bewusstsein europäischer Urlauber zu heben? Eigentlich keine außer der Teilnahme an Tourismusmessen, z.B. der ITB in Berlin. Präsenz im Internet? Fehlanzeige! Auch die meisten Hotels und Guesthouses stehen erst am Anfang einer effektiven und modernen Vermarktung.

Ein praktisches **Hindernis** ist auch die teure Anreise per Flugzeug, fast immer mit Umsteigeverbindungen (also umständlich), verbunden mit Ankunft und Abflug nach Mitternacht. Eine Zumu-

⌄ Neue Hotels spiegeln
den Geschmack ihrer Eigentümer wider

tung ist ferner der Zustand der Verkehrsinfrastruktur, etwa von Busbahnhöfen bzw. Marschrutkaplätzen, wo nur in Ausnahmefällen Fahrpläne aushängen, oft nur auf Georgisch und laufend Änderungen unterworfen; die Fahrzeuge sind mit handschriftlich auf Georgisch verfassten Zielschildern versehen. Busverbindungen im Internet nachzuschauen ist bisher Zukunftsmusik. Wenigstens den Fahrplan der Bahn kann man sich inzwischen herunterladen.

Die steigende Anzahl von **Unterkünften** erfordert dringend die Schaffung von Qualitätskriterien bzw. Kategorisierungen. Als „Hotel" darf sowohl eine Dreizimmerwohnung mit Gemeinschaftsbad und Möbeln aus dem Sperrmüll sowie Einheitsfrühstück von 9 bis 10 Uhr als auch ein Dreißigzimmerhaus mit Bad auf dem komfortablen Zimmer, Buffetfrühstück und fremdsprachlich geschultem Personal firmieren. Und dabei sind die Preisunterschiede oft nur marginal!

Verbesserungsbedarf besteht auch in der **Gastronomie.** Einheitsmenüs, „billige" Einrichtungen und ungelernte Servicekräfte, die oft keinerlei Fremdsprachenkenntnisse haben, sind noch immer an der Tagesordnung.

Deutschland und Georgien

Wirtschaftliche Beziehungen

2007 wurde in Tbilisi die **Deutsche Wirtschaftsvereinigung in Georgien** gegründet. Hierbei handelt es sich um einen Zusammenschluss von in Georgien ansässigen deutschen Unternehmen und georgischen Unternehmen mit

> Der neue Fahrradweg in Batumi

deutschem Management oder starker Bindung an den deutschen Markt. Der Unternehmer **Prof. Dr. Claus Hipp** ist seit 2008 Vorstandsvorsitzender der Vereinigung und auch Honorarkonsul von Georgien in Bayern und Baden-Württemberg. Sein Unternehmen Hipp Georgia produziert seit 2007 Apfelkonzentrat in der Nähe von Gori und beschäftigt saisonabhängig bis zu 200 Mitarbeiter. Das Unternehmen **HeidelbergCement Georgia** hat die führende Position auf dem georgischen Zementmarkt inne und beschäftigt mehr als 1100 Mitarbeiter in den Provinzen Rustawi und Kaspi. Es betreibt auch die Firma Heidelberg-Beton Georgia. 2009/10 wurden zwei Transportbetonwerke in Betrieb genommen, 2011 in Supsa (Provinz Gurien) ein neues Zement-Terminal eingeweiht.

Eine unendliche Geschichte: Die verschollenen Beutekunstbücher

Nach Ende des Zweiten Weltkriegs ließ die Literaturkommission der Roten Armee in Abstimmung mit den West-

alliierten etwa zwei Millionen wertvolle Schriften und Bücher nach Moskau und ins damalige Leningrad verbringen, gleichermaßen als **Kriegsbeute** wie als **Reparation** für zahllose von der Wehrmacht gestohlene oder zerstörte sowjetische Kulturgüter. Zu diesen Büchern gehörten wertvolle Bände der ältesten Deutschen Akademie der Naturforscher, der Leopoldina in Halle an der Saale, der einst Größen wie *Goethe* und *Einstein* Erstausgaben gespendet hatten, aber auch eine Naturgeschichte von *Nicolaus Kopernikus* sowie Werke von *Paracelsus, Kepler* und *Giordano Bruno* waren Eigentum der Leopoldina. Als die anglo-amerikanischen Bombenangriffe auf deutsche Städte begonnen hatten, war die Bibliothek der Leopoldina in einen Kalischacht im Mansfelder Land im heutigen Sachsen-Anhalt ausgelagert worden. Allein die Leopoldina vermisst nach wie vor an die 7000 Bücher. Aber auch Bibliotheken in Berlin und Bremen suchen noch immer nach verschollenen Schriften und Büchern.

Quasi bei Nacht und Nebel verbrachte die Rote Armee 1945/46 die Bücher in Richtung Osten. Weder in den riesigen **Geheimarchiven** in Moskau noch in Leningrad fand sich genügend Platz für die erbeuteten Bücher. *Stalin* höchstpersönlich verfügte 1952 die Auflösung der Geheimarchive und der sogenannten Literaturkommission. Die Archive wurden vernichtet und die Bücher in alle Winkel des riesigen Sowjetimperiums verschickt. So verlor sich ihre Spur. Eine unbekannte Anzahl wurde unter anderem nach Tbilisi und ins armenische Jerewan

⌵ Auf dem alten deutschen Friedhof in Asureti

Gagra in Abchasien – der erste Kurort der kaukasischen Schwarzmeerküste

Die Stadt Gagra war der erste Kurort an der kaukasischen Schwarzmeerküste, und dies dank des Prinzen von Oldenburg, **Peter Friedrich Georg von Holstein-Gottorp** (geb. 21.11.1868 in St. Petersburg, gest. 11.3.1924 in Biarritz), einem Schwager des letzten russischen Zaren **Nikolaus II.** Er ließ den wunderschönen Ort ab dem Jahr 1901 umgestalten und gilt als der Begründer des Tourismus in Gagra, hatte er doch die Vision, ein **russisches Monte Carlo** zu schaffen. Auf „allerhöchstes Geheiß" des Zaren ließ er einen Kurpark, einen Palast, mehrere Spielbanken, ein Hotel, ein Luxusrestaurant im Wiener Stil sowie zahlreiche Villen und Pavillons errichten. Der Zar verfolgte damit das Ziel, den Abfluss des russischen Geldes in ausländische Luxuskurorte zu stoppen.

Dafür erhielt von Holstein-Gottorp drei Millionen Rubel aus der Staatsschatulle und 14.000 Desjatinen Land (Desjatine: altes russisches Flächenmaß, entspricht 1,09 ha). Zahlreiche Anwohner wurden in das Brachland zwangsumgesiedelt, das später als Neu-Gagra bezeichnet wurde, eine Politik, die die Kommunisten später an vielen Küstenorten weiterverfolgten.

Der Prinz verbrachte die Sommer mit seiner Frau *Olga Alexandrowna Romanowa,* Schwester des letzten russischen Zaren Nikolaus II., in Gagra und ließ Feste und Militärparaden abhalten. Ab 1911 legten **deutsche Kreuzfahrtschiffe** an. Die damalige **High Society Russlands** fand hier alles, was sie für ein standesgemäßes Leben benötigte. Dazu muss man wissen, dass Nikolaus II. (1868–1918) die deutsche Prinzessin **Alice von Hessen-Darmstadt und bei Rhein** (1872–1918) geheiratet hatte. Es war eine Liebesheirat. **Kaiser Wilhelm II.** war ein Cousin von Alice. Die Verlobung erfolgte 1894 in Coburg, am 26.11.1894 fand die Hochzeit im Winterpalais von St. Petersburg statt. Alice nahm den orthodoxen Glauben an und nannte sich fortan *Alexandra Fjodorowna*. Das Zarenpaar hatte zusammen vier Töchter und einen Sohn, der Bluter war. Die gesamte Familie einschließlich der fünf Kinder wurde 1918 von den Bolschewiki erschossen.

▷ Historisches Foto: Peter Friedrich Georg von Holstein-Gottorp mit seiner Frau Olga Alexandrowna Romanowa

gebracht. Man darf getrost davon ausgehen, dass es noch in anderen ehemals sowjetischen Städten Geheimarchive mit Büchern, aber auch Gemälden gibt, wie z.B. in Odessa, wo ein bayerisches Urlauberpaar Gemälde aus einer Aachener Galerie entdeckte.

Nachdem Georgien seine Unabhängigkeit wiedererlangt hatte, vereinbarte Georgiens vormaliger Präsident *Eduard Schewardnadse* mit dem damaligen deutschen Außenminister *Hans-Dietrich Genscher* die spektakuläre **Rückgabe** von ca. 100.000 gefundenen Werken. War damit das Kapitel Beutebücher – Georgien betreffend – abgeschlossen?

◩ Deutsche bzw. österreichische Spuren in Georgien: Gedenktafel für Walter Siemens und das Wohnhaus Bertha von Suttners

2006 verstarb der Direktor der **Unibibliothek Tbilisi** und es schien zunächst, als hätte er ein Geheimnis mit ins Grab genommen. Seit Jahren stellte aber ein Kamerateam des Mitteldeutschen Rundfunks, in dessen Sendegebiet auch Sachsen-Anhalt liegt, Nachforschungen an, die 2008 dann von Erfolg gekrönt waren! Die beiden Journalisten *Nico Wingert* und *Uwe Korsowsky* fanden gemeinsam mit Angestellten der Unibibliothek eher zufällig vier Etagen unter der Erde einen verschlossenen Raum und trauten ihren Augen nicht, als dieser endlich geöffnet werden konnte: Seit 1952 schimmelten hier Bücher vor sich hin, die den Stempel deutscher Bibliotheken trugen. Fachleute gingen davon aus, dass bei sofortigem Handeln eine große Anzahl der Werke gerettet werden könnte. Es wurde vereinbart, die Bücher unverzüglich nach Deutschland zu bringen, um zu retten, was noch zu retten war. Plötzlich aber sah die georgische Seite **Schwierigkeiten** und bestand darauf, Restauratoren auszubilden und die Bücher in Tbilisi zu sanieren – allein die Ausbildung dürfte Jahre dauern. Insgesamt ein bizarrer Vorgang, auch angesichts der Millionen Euro Unterstützung, die Deutschland Georgien alljährlich zukommen lässt. So verzögert sich die Rückgabe auf unbestimmte Zeit, si-

Manfred von Ardenne in Sochumi

Manfred Baron von Ardenne, geboren 1907 in Hamburg, gestorben 1997 in Dresden, war **einer der bedeutendsten Physiker des 20. Jh.** Mit 15 Jahren erfolgte die erste Patentanmeldung für die Mehrfachelektronenröhre – es sollten noch fast 600 Patente folgen. Gefördert von *Siegmund Loewe,* studierte er ohne Abitur in Berlin Physik, Chemie und Mathematik, brach sein Studium ab, arbeitete als Autodidakt weiter und gründete in Berlin-Lichterfelde das „Forschungslaboratorium für Elektronenphysik", nachdem er bei Erreichen der Volljährigkeit über sein ererbtes Vermögen verfügen konnte. Ihm gelang die weltweit erste Fernsehübertragung mit einer Kathodenstrahlröhre (Weihnachten 1930).

Nach dem Ende des Zweiten Weltkriegs, als die USA und die Sowjetunion um die Dienste deutscher Wissenschaftler wetteiferten, bot Ardenne sich den Russen an. In Person von *Werner Heisenberg* (Nobelpreis für Physik 1932) und *Otto Hahn* (Nobelpreis für Chemie 1944, Entdecker der Kernspaltung) hatten schon zwei prominente deutsche Wissenschaftler bei den Westalliierten „angedockt" (Internierung in Farm Hall bei Cambridge/England). Außerdem war der Raketenpionier *Wernher von Braun* mit vielen Mitarbeitern in die USA gegangen.

Mit dem Abwurf der Atombomben auf Hiroshima und Nagasaki erlangten die USA einen strategischen Vorsprung und die Russen nahmen Ardenne mit offenen Armen auf. Es störte die Russen genauso wenig wie die Amerikaner, das die von ihnen akquirierten Experten vorher für die Nazis geforscht hatten. Das Wettrüsten der ehemaligen Verbündeten hatte begonnen.

Ardenne richtete sich in Sinop bei Suchumi ein **Institut für Grundlagenforschung** ein, in dem deutsche und russische Wissenschaftler arbeiteten. Es befand sich in einem von Geheimdienstchef *Berija* persönlich ausgesuchten Sanatorium, umgeben von einem weitläufigen Park. Die deutschen Wissenschaftler verdienten das Doppelte wie ihre russischen Kollegen, dennoch lebten sie in einem goldenen Käfig. Die Geheimdienstberichte liegen noch immer als verschlossene Akten in Moskau. Ardenne leitete das Institut von 1945–1955.

1949 gelang die Zündung der ersten sowjetischen Atombombe auf dem Versuchsgelände bei Semipalatinsk (heute Kasachstan) – das atomare Wettrüsten kam jetzt richtig in die Gänge.

1955 übersiedelte Ardenne in das Villenviertel Weißer Hirsch in Dresden und nahm sein gesamtes Forschungsinstitut mit. Er richtete sich dort das **einzige private Forschungslabor der damaligen DDR** ein, wurde Abgeordneter der Volkskammer, erhielt zahlreiche Ehrungen und Auszeichnungen und konnte privilegiert leben. In den letzten Jahren seines Lebens beschäftigte er sich vor allem mit der Krebsforschung.

Deutsche Siedler in Georgien

Zwischen 1817 und 1819 wanderten **schwäbische Pietisten** nach Georgien, aber auch nach Armenien und Aserbaidschan aus. Zahlreiche Missernten nach dem Ende der napoleonischen Besatzung und religiöse Probleme veranlassten sie, nach einer neuen Heimat zu suchen. Zar *Alexander I.* erteilte ihnen im Mai 1817 die Genehmigung zur Siedlung, woraufhin ungefähr 500 Großfamilien in der Umgebung von Tbilisi acht Kolonien gründeten, die von den Einheimischen bald als **Schwabendörfer** bezeichnet wurden. In **Katharinenfeld,** der größten Siedlung, siedelten sich 95 Familien an. Der Ort wurde nach der Schwester Zar Alexanders I., der Großfürstin *Jekaterina Pawlowna* (*10.5. 1788 in Zarskoje Selo, † 9.1.1819 in Stuttgart) benannt, die 1816 in zweiter Ehe den württembergischen Kronprinzen *Wilhelm* (1781–1864) heiratete und sich danach Königin *Katharina* nannte.

Die Siedler gründeten nicht nur eine **deutsche Zeitung,** sondern auch fünf Fußballmannschaften. Sie errichteten eine Grundschule und erbauten eine **evangelisch-lutherische Kirche.** Es gab sogar eine Theatergruppe und einen Jagdverein.

In Tbilisi, im Stadtteil **Neu-Tiflis,** siedelten Handwerker, Kaufleute und Hoteliers. Sie gründeten ein deutsches Gymnasium und bauten ebenfalls eine evangelisch-lutherische Kirche. In Abchasien entstanden **Siedlungen** wie Neudorf, Lindau und Gnadenberg bei Sochumi. 1918 gab es mehr als 20 kaukasiendeutsche Dörfer. Der Schriftsteller und Journalist *Arthur Leist* war Chefredakteur der von *Kurt von Kutschenbach* von 1906 bis 1922 in Tbilisi verlegten deutschen Wochenzeitung „Kaukasische Post".

Doch das Glück währte nicht lange. Nach der Okkupation Georgiens durch die Rote Armee im Jahr 1921 wurde Katharinenfeld in **Luxemburg** (nach *Rosa Luxemburg*), 1941 in Bolnisi umbenannt. Auch andere Dörfer erhielten neue Namen, zum Beispiel wurde aus Marienfeld Sartischala und Elisabethental hieß fortan Asureti. Alexandersdorf wurde von Tbilisi eingemeindet.

Ab den 1930er Jahren wurden deutsche Siedler im Kaukasus besonders intensiv **politisch verfolgt.** In Luxemburg wurden 352 Einwohner verhaftet, verschleppt oder ermordet.

1941 lebten ungefähr 24.000 Deutsche in Georgien und 23.000 in Aserbaidschan. *Stalin* siedelte alle, die nicht mit einem georgischen Ehepartner verheiratet waren, nach **Sibirien oder Kasachstan** um. Deutsche Kriegsgefangene mussten 1946/47 die evangelisch-lutherische Kirche in Tbilisi (sie stand auf dem heutigen Mardshanaschwili-Platz) abreißen.

Die Brüder *Walter* (gest. 1868) und *Otto* (gest. 1871) *Siemens*, die zwischen 1858 und 1863 die Telegrafenlinien Moskau – Wladikawkas – Tbilisi – Poti sowie 1868 von Tbilisi nach Baku errichten ließen, wurden in Tbilisi begraben. Erwähnung verdient weiterhin der Danziger *Gustav Radde* (1831–1903), der nicht nur als Erster Swanetien erforschte, sondern das einst modernste völkerkundliche Museum Russlands, das Kaukasische Museum in Tbilisi, gründete.

cher das Todesurteil für viele unersetzliche Bücher.

Präsident *Margwelaschwili* übergab bei seinem Antrittsbesuch in Berlin einige Bücher an Bundeskanzlerin *Merkel* und versprach seine Unterstützung in der Angelegenheit.

Bevölkerung

Etwa 70% der Bevölkerung sind **Georgier,** unter 10% **Russen,** etwa 7% **Armenier,** 6% **Aseris** (Aserbaidschaner) und 7% sonstige Nationalitäten, also Osseten, Ukrainer und andere. Schätzungen gehen davon aus, dass **nach 1991 etwa eine Million Menschen Georgien verlassen** haben, um Armut, Perspektivlosigkeit und Bürgerkriegen zu entfliehen. Den Statistiken trauen die Georgier jedoch noch weniger als wir das tun, behaupten sie doch, dass seit 1990 nur 114.000 Emigranten das Land verlassen hätten. Experten berufen sich auf die Volkszählung von 1989 mit 5,4 Millionen Einwohnern und auf die von 2002 mit 4,4 Millionen. Man kann also sagen, dass einer von fünf Einwohnern das Land verlassen hat – Grund genug sogar für die UNO, sich für diesen Massenexodus zu interessieren. Heute wird die **Einwohnerzahl auf 4,7 Mio. geschätzt.**

Bis dato wird an der Grenze nur der Grenzübertritt erfasst, nicht aber, ob jemand emigriert, im Ausland studiert oder einfach nur verreist. Viele reisen auch mit einem mehrmonatigen Touristenvisum nach Europa, in die Türkei oder in die USA, um dort schwarz zu arbeiten.

Nach der „Rosenrevolution" gingen viele Russen in ihre Heimat, was durch ihre im Allgemeinen hohe Qualifikation und die nicht vorhandene Sprachbarriere begünstigt wurde. Präsident *Michail Saakaschwili* lud nach seiner Amtsübernahme die Emigranten zur Rückkehr ein. Diejenigen, die seiner Einladung gefolgt sind, bedauern das zumeist und denken oft über eine erneute Auswanderung nach. Jeder Emigrant überweist ungefähr 1000 US$ pro Jahr an seine Familie, was bei einer Million Auswanderern immerhin eine Milliarde US$ pro Jahr ausmacht.

Religionen

Apostolische Kirche

Etwa drei Viertel der Bevölkerung Georgiens bekennt sich zur Georgisch-Orthodoxen Apostelkirche, die Verfassungsrang genießt und keine Steuern zahlen muss. Patriarch der autokephalen Kirche ist *Ilja II.,* der am Unabhängigkeitstag zusammen mit der Regierung auf dem Podium steht und dem Parlament zu Beginn der Legislaturperiode seinen Segen erteilt.

Die beiden **Apostel Simon und Andreas** sollen von Nazareth ausgesandt worden sein, um das damalige Iberien zu missionieren. Die Georgier beteten heidnische Gottheiten an, etwa Natur- und Stammesgottheiten. Auch gab es eine Reihe von Feueranbetern (Zoroastrier). Die Bergvölker verehrten besonders ihre Göttin Dali, vor allem in Swanetien als Schutzgöttin der Jagd.

Die heilige *Nino* brachte im 4. Jh. den christlichen Glauben nach Mzcheta, das damals Hauptstadt war. Der Legende nach gelang es ihr, Königin *Nana* für das Christentum einzunehmen. Die Königin überzeugte ihren Gemahl, König *Mirian III.*, von der neuen Lehre und so wurde das Christentum im Jahre 337 zur **Staatsreligion** erklärt und auch beibehalten.

Weiterhin ist immer wieder von den **syrischen Vätern** die Rede, die missioniert haben; viele von ihnen wurden ermordet. Einer der bekanntesten war *Dawit*, der im damaligen Tiflis die Zoroastrier missionierte. Als diese ihn daraufhin verleumdet haben sollen, zog er sich nach Garedscha zurück, um dort als Eremit zu leben.

König *Wachtang Gorgassali* gewährte der Kirche Iberiens im 5. Jh. **Autokephalie** (Eigenständigkeit), die ihr nach dem Anschluss an das zaristische Russland wieder genommen wurde.

Die Armenische Apostolische Kirche vertritt bis heute das Postulat von der Einen Natur Jesu. Auf dem Konzil von Chalkedon im Jahr 609 erkannte der georgische Katholikos *Kirion I.* die Doppelnatur Christi an, also die göttliche und menschliche Natur. Das führte damals zum **Bruch mit der Armenischen Apostolischen Kirche.** Die Georgische Kirche orientierte sich an der orthodoxen Kirche von Byzanz. Als das Christentum im Jahr 1054 in den katholischen Westen und den orthodoxen Osten zerfiel (Schisma), behielt die Georgische

Kirche diese „rechtgläubige" Orientierung bei. Während es bei den Katholiken einen Vertreter Christi auf Erden gibt, den Papst, erkennen die Orthodoxen Christen keinen Vertreter Christi auf Erden an. Die orthodoxe Kirche ist in Autokephalien gegliedert, denen ein **Katholikos** bzw. **Patriarch** vorsteht. Die Bezeichnung Katholikos lässt also nicht auf den katholischen Glauben schließen.

Nach der Unabhängigkeit Georgiens 1991 sollte die **georgische Liturgie und Kirchensprache** wieder eingeführt werden. Doch das erwies sich als schwierig, da es kaum ausgebildete Priester gab. So traten viele Laienpriester ihren Dienst an, denen jedoch ein theologisches Grundlagenstudium fehlte. Inzwischen gibt es wieder einige Priesterseminare.

Weitere Religionen

In Georgien leben etwa 376.000 **Muslime** (ca. 11% der Bevölkerung), vor allem in Adscharien, die zur Zeit der osmanischen Herrschaft zum Islam übergetreten sind. Daneben gehören etwa 4% der **armenisch-gregorianischen Kirche** an, weniger als 1% sind **Katholiken,** außerdem gibt es noch einen geringen Bevölkerungsanteil an **Protestanten** und **Juden.** Letztere haben nach 1991 das Land zu großen Teilen verlassen.

In den letzten Jahren der Regierungszeit von *Eduard Schewardnadse* kam es zu Ausschreitungen gegen die **Zeugen Jehovas** und gegen **Baptisten,** die jedoch strafrechtlich verfolgt wurden und somit ein Ende fanden.

◁ Interview mit einem Geistlichen am Rande der Alilo-Prozession in der Hauptstadt

Alltagsleben, Sitten und Bräuche

Die Georgier sind trotz ihrer prekären wirtschaftlichen Lage immer **hilfsbereit, aufgeschlossen und gastfreundlich.** Man kommt leicht mit ihnen in Kontakt. Im Folgenden soll versucht werden, einige typische Merkmale der georgischen Mentalität herauszuarbeiten, damit man sich auf das Land gut vorbereiten kann.

Kleidung

Georgier legen großen Wert auf ihre Kleidung und das äußere Erscheinungsbild – und trotzen dabei auch ihrer oft prekären wirtschaftlichen Lage. Ob Frisur, Kleidung, Schuhe – alles muss **ordentlich aussehen.**

Zeitfaktor

Das Leben beginnt in Georgien viel später am Tag als in Mitteleuropa und endet demzufolge auch später. Kaum jemand besitzt eine Armbanduhr, **Zeit spielt keine Rolle,** erst recht nicht für die vielen Arbeitslosen. Man geht generell alles sehr ruhig an, für ein Schwätzchen hat man immer Zeit. Als Tourist profitiert man natürlich davon, denn niemand ist in Eile. Es kann aber auch richtig nervig werden, wenn man beispielsweise ein Geschäft betritt und der Schwatz der Angestellten ungeniert fortgeführt wird, ohne dass der Kunde auch nur eines Blickes gewürdigt wird.

Pünktlichkeit ist nicht eben eine georgische Tugend. Man sollte jedoch fair sein, denn die Infrastruktur macht es meist unmöglich, auch nur annähernd pünktlich zu sein. Vorteil: kommt man selbst später als verabredet, wird das niemand krumm nehmen.

Die Frau in der Gesellschaft

Wie im Kapitel zur Geschichte ausgeführt, war Georgien in den über 5000 Jahren seines Bestehens **häufig von muslimischen Eroberern beherrscht**. Das blieb nicht ohne Auswirkungen, auch wenn Georgien das zweitälteste christliche Land der Welt ist. Zwar gibt es auch in Mitteleuropa Phänomene wie den Männerstammtisch und die „beste Freundin", aber **traditionelle Rollenbilder** leben in Georgien in einer Weise

Markt in Zqaltubo

fort, die schon erstaunt. Ich habe beispielsweise immer wieder feststellen müssen, dass es nur selten möglich ist, als Frau mit einem georgischen Mann ein Gespräch zu führen, das in Mitteleuropa als ganz normales Alltagsgespräch gelten würde. Gelingt das doch einmal, dann endet es spätestens in dem Moment, wenn andere Männer dazukommen. Man wird einfach nicht mehr mit einbezogen – natürlich nachdem die Frauen im Allgemeinen und man selbst im Besonderen gelobt worden ist.

Durch die starke Rollenteilung obliegt der Frau der gesamte **Haushalt,** die **Kindererziehung,** oft noch das Versorgen des Viehs und eine **berufliche Tätigkeit,** sofern vorhanden. Entstammt die Frau einer Familie, in der schon die Mutter berufstätig war, wird sie das als selbstverständlich ansehen und auch eine Berufstätigkeit anstreben oder ihr nachgehen. Es ist aber auch denkbar, dass der Ehemann die Berufstätigkeit verbietet.

Während in Mitteleuropa geschiedene oder verwitwete Frauen oft nicht wieder heiraten, da das Leben als Single attraktiver erscheint, ist es in Georgien für diese Frauen schwer. Unabhängig vom finanziellen Aspekt fehlt ein Mann als Repräsentant der Familie nach außen. **Scheidung** ist weit weniger verbreitet als in Deutschland. Mir haben die georgischen Frauen immer wieder besonders imponiert. Sie tragen nicht nur die gesamte Last der Haushaltsführung, sondern verfügen auch über einen hohen Bildungsgrad. Ein Gespräch mit einer georgischen Frau hat mir fast immer viel gegeben.

Familiengründung

Es ist schier unglaublich, wie früh die Georgier die Ehe eingehen. Praktisch gilt die Zahl 25 als „magische Zahl". Wer **mit spätestens 25 Jahren** nicht verheiratet ist, findet nur noch schwer einen Partner, da die potenziellen Kandidaten schon „weg" sind. Es wird größter Wert darauf gelegt, dass die Braut noch Jungfrau ist. Ein Zusammenleben ohne Trauschein ist undenkbar, wenngleich es erste Ausnahmen gibt. Oft „helfen" die Eltern bei der Eheschließung nach. Das ist

sicher weniger in Tbilisi der Fall, aber in ländlichen Gegenden noch immer Sitte. Bis ins 19. Jh. hinein wurden die Kinder oft schon bei der Geburt verlobt. Heute darf man ab 16, gelegentlich auch schon ab 14 Jahren heiraten.

Schwangere Frauen beteiligen sich weniger am öffentlichen Leben. Sie würden kaum zu Verwandten reisen, „es könnte ja etwas passieren". Angesichts der Verkehrsinfrastruktur ist das verständlich. Früher durfte das Baby in den ersten 40 Tagen niemandem gezeigt werden, damit es nicht einer Ansteckungsgefahr ausgesetzt oder vom bösen Blick getroffen wird. Am 40. Tag nach der Geburt wird es getauft, denn von da an, so der Glaube, hat es einen Schutzengel.

Soziale Kontrolle und Privatsphäre

In Georgien wird man **ungeniert ausgefragt** nach den persönlichsten Dingen. Wer sich sprachlich verständlich machen kann und auch den Kontakt sucht, wird unverzüglich nach dem Familienstand, der Anzahl der Kinder, der Höhe des Gehaltes und der zu erwartenden Rente befragt. Danach wird die „Neuigkeit" genauso ungeniert weitererzählt, gern auch im Beisein des eben Befragten. Jeder kennt jeden, und jeder weiß „alles" über jeden, was für die Menschen nicht immer einfach ist. So erzählte mir ein Tourist aus Liverpool, dass er eine georgische E-Mail-Freundin habe, die 36 Jahre alt sei und noch unverheiratet. Er durfte sich mit ihr nur bei der Familie treffen (in deren Wohnung), damit sie nicht „ins Gerede" käme. Es war immer jemand aus der Familie zugegen, und sie habe ihm hoch und heilig versichert, dass sie noch Jungfrau sei. Freundschaften zwischen Männern und Frauen oder Bekanntschaften „ohne Hintergedanken" sind in Georgien nicht denkbar.

Die Georgier können das in Mitteleuropa übliche Bestreben der Menschen, ab und zu mal für sich zu sein, nicht nachvollziehen. Der **Mangel an Privatsphäre** hat aber auch positive Aspekte: Als ich während einer Reise mal erkrankte, kam die halbe Nachbarschaft mit Medikamenten zu Hilfe.

Bestattungen

Der Leichnam wird traditionell in der Wohnung der Familie aufgebahrt. Die Familie geht schwarz gekleidet, in Mingrelien wird sehr laut geklagt. Die Beerdigung findet nach ca. fünf bis sechs Tagen statt, jedoch nicht montags oder mittwochs. Feuerbestattungen sind nicht üblich. Zwei Tage vorher kommen die Verwandten, um Abschied zu nehmen. Nach der Beerdigung findet die Trauerfeier mit dem Leichenschmaus statt. Die Trauergäste beteiligen sich an den Kosten der Bestattung. Die Familie geht für 40 Tage schwarz gekleidet, Witwen kleiden sich für immer schwarz. Einige Männer rasieren sich 40 Tage nicht, und es wird in dieser Zeit kein Fernsehen geschaut. Nach den 40 Tagen trifft sich die Familie am Grab des Verstorbenen und gedenkt seiner durch ein gemeinsames Mahl.

Bildung und Soziales

Bildungswesen

Seit dem Zusammenbruch der Sowjetunion gibt es praktisch **keine Berufsausbildung** mehr. Damals konnte man nach neun Jahren Schule an einem Technikum lernen. Inzwischen können Auszubildende einen 1000-Lari-Gutschein (weniger als 500 €) zur Einlösung bei Bildungsträgern erhalten. Dem georgischen Freundesnetzwerk der Autorin ist jedoch keine einzige Berufsschule im Land bekannt. Die unzureichende Qualifikation z.B. von Bauarbeitern veranlasst viele türkische Unternehmen, eigene Arbeiter auf ihren Baustellen in Georgien zu beschäftigen. Die EU will Georgien beim Aufbau entsprechender Bildungseinrichtungen mit 27 Mio. € unterstützen, denn es gibt freie Stellen, aber kaum geeignete Bewerber. Auch die Firmen HeidelbergCement, Knauf und Caparol haben in Zusammenarbeit mit der GIZ ein Projekt zur Förderung einer Bauberufsschule initiiert.

Ein georgischer Universitätsabschluss hat nicht annähernd mitteleuropäisches Niveau und entspricht oft kaum dem Abschluss der zehnten Klasse in Deutschland. Statt des Abiturs müssen georgische Studienbewerber eine Aufnahmeprüfung ablegen (in Deutschland nicht anerkannt). Georgische Studienbewerber, die sich in Deutschland an einer Universität einschreiben wollen, müssen mindestens vier Semester in Georgien studiert haben, was dann als Abitur gilt. Mittlerweile gehen georgische **Schüler** zwölf Jahre zur Schule. Viele Lernformen, die bei uns selbstverständlich sind, kennt man in Georgien nicht. Dazu gehören das Erledigen von Hausaufgaben, bei Studenten das Mitschreiben von Vorlesungen oder das Ausarbeiten von Referaten. Sogar Hochschulabsolventen wissen nicht, wie ein Geschäftsbrief aufzusetzen ist. **Praktika** gibt es nicht. Absolventen lernen also erst bei Arbeitsantritt die praktische Seite ihres Berufs kennen. In Tbilisi gibt es mittlerweile eine Reihe **ausländischer Bildungsinstitute,** an denen sogar in englischer oder französischer Sprache unterrichtet wird. Der Besuch ist besonders prestigeträchtig, dementsprechend hoch sind die Studiengebühren. Die wichtigsten Bildungseinrichtungen sind die Staatliche Universität Tbilisi, in der rund 30.000 Studenten an 18 Fakultäten eingeschrieben sind, ferner die Technische Universität, die Staatliche Pädagogische Universität, die Staatliche Medizinische Universität sowie die Staatliche Universität für Sprache und Kultur, allesamt in Tbilisi. In Kutaisi befindet sich die Akaki-Zereteli-Universität.

Im September 2012 eröffnete Ex-Präsident *Saakaschwili* in Batumi ohne vorherige Absprache mit US-Universitäten die **Georgisch-Amerikanische Technische Universität** in einem imposanten Hochhaus. Geplant war die Ausbildung vor allem von IT-Spezialisten. Ein Viertel von ihnen sollte an dieser Uni eine kostenlose (und weltweit anerkannte) Ausbildung über ein Stipendium erhalten. Über die Finanzierung der Stipendien machte sich Michail Saakaschwili offenbar wenig Gedanken. Es konnte dann auch keine US-Universität gewonnen werden, da sich herausgestellt hatte, dass georgische Abiturienten den Anforderungen an US-Unis nicht gewachsen waren. Die georgischen Lehrer wurden kritisiert, ihre Schüler und Studenten nicht zu selbstständigem Lernen zu befähigen. So wurde die Universität in Batumi schon im Februar 2013 wieder geschlossen, einen Lehrbetrieb hat es nie gegeben. Die künftige Verwendung des Gebäudes stand bei Redaktionsschluss noch nicht fest.

Laut **Global Competitiveness Report** der Weltbank 2012/13 liegt Georgien auf Platz 114 von 144 Ländern im Bereich Bildungsstandards, auf Platz 125 im Bereich Wissenschaft und Forschung und auf Platz 116 im Bereich Innovationsfähigkeit – deutliche Belege für die Rückständigkeit des Landes.

Rente und Sozialhilfe

Georgische Männer können ab 64 Jahren, Frauen ab 60 Jahren eine **Altersrente** beziehen. Rentner sind krankenversichert. Rentenanspruch besteht auch bei Tod des Haupternährers der Familie oder als anerkannter Behinderter. In den letzten Jahren hat sich die **private Rentenversicherung** stark entwickelt. Die Einzahlung kann entweder vom Versicherten, seiner Firma oder anteilig von beiden geleistet werden.

Personen mit besonderen Pflegebedürfnissen, arme Familien und Obdachlose können einen **Unterhaltszuschuss** (eine Art Sozialhilfe) beantragen, sofern die Berechtigung anerkannt wurde. Der Zuschuss beträgt 30 Lari pro Erwachsenem bzw. 24 Lari pro Kind. Neben den finanziellen Hilfen gibt es bestimmte Sachleistungen, z.B. die Berechtigung, in öffentlichen Suppenküchen ein Essen zu erhalten.

Medizinische Versorgung

2012 wurde die „Bewilligung des staatlichen Gesundheitsprogramms 2012" verabschiedet. Georgische Staatsbürger und Staatenlose mit legalem Aufenthaltsstatus können u.a. folgende **Leistungen** kostenlos in Anspruch nehmen: Behandlung bei psychischen Erkrankungen, stationäre Behandlung (außer bei Erkrankungen infolge von Alkoholmissbrauch), Behandlung von Tuberkulose, HIV/AIDS, Krebsfrüherkennung, Kinderkrankheiten, Impfungen, Schwangerenbetreuung außer bei stationärem Aufenthalt im Wochenbett. Auch Kinder bis zum fünften Lebensjahr, Studenten und Menschen mit Behinderung genießen jetzt eine staatliche Krankenversicherung. Allerdings: Ohne „Umschlag" (= Bestechungsgeld) sollte man gar nicht erst beim Arzt erscheinen.

Georgiens Ex-Präsident *Saakaschwili* initiierte das Programm **„Georgien lächelt"**, d.h. die kostenlose Versorgung mit Zahnersatz. Das Programm sollte eine Laufzeit von zwei Jahren haben und Personen über 50 Jahren helfen. Es hatte im August 2012 kaum begonnen, da fanden im Oktober die Parlamentswahlen statt und die neue Regierung stoppte es, da es jetzt wichtigere Dinge zu finanzieren gäbe.

Kunst und Kultur

Architektur

Ein- und dreischiffige Kirchen

Die ersten Christen bauten bescheidene Versammlungsräume von meist nur leicht rechteckigem Grundriss, die sich dennoch **Basilika** (Palast) nannten. Im Inneren dieses Rechtecks verliefen parallel zu den Längsseiten zwei Säulenreihen, das Dach war im Mittelteil höher.

Man findet in Georgien aber auch eine Reihe einschiffiger Kirchen. Gemeinsam ist allen der **gegenüber dem Eingang befindliche Altarraum,** entweder in Form einer nischenartigen Aussparung in der Wand oder als halbkreisförmiger oder auch eckiger Anbau gestaltet. Exemplarisch für die frühgeorgische Kirchenbaukunst sei die Dshwari-Kirche (Kreuzkirche) im alten Kloster von Schuamta genannt.

Zum Ende des 5. Jh. wurde die rechteckige Form der Kirchen deutlicher herausgearbeitet, d.h. die Längsachse wurde länger gestaltet und das **Tonnengewölbe** setzte sich durch, was man sehr gut an der Antißchati-Kirche in Tbilisi erkennen kann. Auch sie ist eine Basilika. Dieser Baustil herrschte etwa bis ins 10. Jh. vor.

Kreuzkuppelkirchen

Daneben gab es ab dem 6. Jh. Kreuzkuppelkirchen, vor allem in Klöstern, wobei der **Grundriss streng quadratisch** gehalten war. Etwa ab Ende des 6. Jh. wurden sie mit gerundeten Wänden gebaut, d.h. die Kreuzform wurde beibehalten, aber die Wände hat man halbrund nach außen gezogen. Dieser Baustil wird bis heute beibehalten. Interessant ist, dass der Kuppelgestaltung nicht die gleiche Beachtung geschenkt wurde wie in orthodoxen Kirchen anderer Länder, etwa in Russland (Stichwort: Zwiebeltürme). Auf einem gut sichtbaren Berg bei Mzcheta steht die immer gut besuchte Dshwari-Kirche (Kreuzkirche), eine Vertreterin der Kreuzkuppelkirchen aus jener Epoche.

Vor allem ab dem 7. Jh. wurde unter Beibehaltung der Kreuzkuppelform mit der **Gestaltung der Außenwände** experimentiert. Wurden bis dahin nur die Seitenwände mit halbkreisförmigen

Ältestes Goldbergwerk der Welt entdeckt

Etwa 50 km südlich von Tbilisi bei Sakdrissi wurde das wahrscheinlich älteste, heute bekannte Goldbergwerk (touristisch nicht zugänglich) entdeckt. Es handelt sich um ein frühbronzezeitliches Bergwerk aus der Zeit von **3000 v.Chr.**

Gefunden wurde es von einem Archäologenteam aus Experten des Deutschen Bergbau-Museums in Bochum und dem Institut für Archäologie Georgiens, gesponsert durch die Volkswagenstiftung.

Der Fund war eine Riesenüberraschung, da das Gold in Stollen abgebaut wurde. Bis dato war man von der alleinigen Gewinnung in Flüssen ausgegangen, etwa mit Schaffellen, worauf ja z.B. die Sage vom Goldenen Vlies beruht.

Ausbuchtungen versehen, hat man nun die vier Ecken des Rechtecks zusätzlich gerundet oder abgeschnitten. So entstand ein Grundriss in Form einer achtblättrigen Blüte, wobei jedes zweite Blatt kleiner ist.

Freskenmalerei

Beim Besuch einer georgischen Kirche wird man fast immer Fresken bzw. deren Reste vorfinden. Das 11. bis 13. Jh. war die Blütezeit der kirchlichen Freskenmalerei in Georgien, wobei die georgischen Meister auf die byzantinische Ikonenmalerei zurückgriffen. Es gab **zwei Schulen für die Freskenmalerei,** nämlich die im Kloster Davit Garedscha gelehrte und die vom Kloster in Tao-Klardschetien (heute Türkei) vertretene. Es wurden nicht nur Heilige, sondern auch Könige und Fürsten dargestellt. Mit dem Einfall der Mongolen im 13. Jh. und der Eroberung von Byzanz durch die Osmanen verlor die Freskenmalerei ihre Bedeutung. Viele Fresken wurden in zahlreichen Kriegen übermalt oder anderweitig zerstört.

Als Faustregel für die meist mehretagigen Freskenmalereien kann folgendes gelten: Die Zentralkuppel zeigt Christus,

den Weltenherrscher, die Kuppel über dem Altar die Muttergottes mit dem Jesuskind auf dem Arm. Die Wände sind ganz oben mit Szenen aus dem Alten Testament, darunter aus dem Leben Jesu und verschiedener Heiliger ausgemalt. Sehr oft wurden in der untersten Etage die Kirchenstifter verewigt.

Im Kloster Kinzwissi bei Gori kann man Fresken im harmonischen Stil, wie er vom 11. bis 13. Jh. gepflegt wurde, bestaunen, während im Kloster Sapara bei Wardzia Fresken aus dem 14. Jh. zu bewundern sind.

Im 18. Jh. ließ König *Wachtang VIII.* die erste Druckerei Georgiens errichten, er gab ein **georgisches Wörterbuch** heraus und verlegte La Fontaines Fabeln.

Zu den herausragenden Vertretern der georgischen Literatur im 19. Jh. gehören **Ilja Tschawtschawadse** („Der Einsiedler", 1895, siehe auch Kapitel Kachetien: Kwareli), **Akaki Zereteli** („Suliko", „Der Tutor") und **Alexander Kasbegi** (siehe auch Kapitel „Georgische Heerstraße/Stepanzminda"). Als Vertreter bzw. Gründer der georgischen Romantik gelten Fürst *Alexander Tschawtschawadse, Grigol Orbeliani* und *Nikolos Barataschwili,* die sich nach dem Anschluss Ge-

Literatur

Erste Werke georgischer Literatur lassen sich bis ins 5. Jh. datieren. **Jakob Zurtaweli** schrieb „Das Martyrium der Heiligen Schuschanik". Während des Goldenen Zeitalters im 11./12. Jh., als König *Dawit Agmaschenebeli* und Königin *Tamar* herrschten, blühte die Literatur auf. Bekanntester Vertreter dieser Epoche ist **Schota Rustaweli,** der das Epos „Der Recke im Tigerfell" *(Vep'his tqaosani)* verfasst hat, gelegentlich auch als „Recke im Pantherfell" übersetzt. Ein Exemplar dieses Werkes findet sich in fast jedem georgischen Haushalt.

◁ Kloster Timotesubani

▷ Fresko in der Muttergotteskirche von Gelati mit dem einzigen erhaltenen Bildnis von König Dawit dem Erbauer (der Stifter hält immer ein Kirchenmodell in der Hand)

orgiens an Russland um den Erhalt der Literatur in georgischer Sprache Verdienste erwarben (siehe auch Kapitel „Kachetien/Zinandali").

In den Jahren zwischen 1915 und 1921 formierte sich die avantgardistische Gruppe „Blaue Hörner", die nach der kommunistischen Machtübernahme jedoch unterdrückt wurde. Zu den wichtigsten Autoren des 20. Jh. gehört **Konstantin Gamsachurdia** (der Vater von *Swiad Gamsachurdia*) mit seinen Werken „Die rechte Hand des großen Meisters" aus dem Jahr 1939 sowie „Dawit der Erbauer". Gamsachurdia studierte 1912–19 an der Berliner Humboldt-Universität, wo er auch promovierte. Ein weiterer bekannter Autor ist *Grigol Robakidse* („Das Schlangenhemd", 1928; „Die gemordete Seele", 1933).

Der wohl bekannteste Gegenwartsschriftsteller ist der in Moskau lebende Krimiautor **Boris Akunin,** der auch erfolgreich im deutschsprachigen Raum verlegt wird (Fandorin-Reihe, Pelagia-Reihe). Boris Akunin ist sein Künstlername, eine japanische Wortspielerei für „Schlingel". Akunin hat als junger Mann in Japan gearbeitet. Sein richtiger Name ist *Grigori Schalwowitsch Tschchartischwili*. Er wurde 1956 in Tbilisi geboren, seine Eltern zogen jedoch 1958 nach Moskau. Seine Werke wurden in 17 Sprachen übersetzt, die Weltauflage beträgt zurzeit sechs Millionen verkaufte Romane; allein in Deutschland konnte er 300.000 Bücher verkaufen. Und seine Fangemeinde wächst ständig! Nicht nur, dass einige seiner Bücher in Russland verfilmt wurden, auch Hollywood hat Interesse angemeldet.

Bildende Kunst

Malerei

Wer an georgische Malerei denkt, dem fällt vielleicht der Name **Niko Pirosmanaschwili** (1862–1918) ein, der posthum auch als **Pirosmani** bekannt wurde. Er lebte und starb bitterarm, verdiente seinen Lebensunterhalt oft als Maler von Wirtshausschildern. Erst nach seinem Tod galt er als großer naiver Maler. Sein Leben wurde von *Giorgi Schengelaja* 1969 unter dem Titel „Pirosmani" verfilmt.

Ein weiterer bedeutsamer Maler war **Giorgi (Gigo) Gabaschwili** (1862–1936), dem 2007 eine Ausstellung in Tbilisi gewidmet war. Gabaschwili studierte bei *Franz Rubo* an der Keppen-Schule Schlachtenmalerei. Später assistierte er Rubo und reiste nach Kars (heute Türkei), um dort Details für Bilder über den Russisch-Türkischen Krieg 1877/78 zu studieren. 1886 bis 1888 studierte er bei *B.W. Villevalde* in St. Petersburg Malerei von Schlachtfeldern und Kriegsszenen. Er war der erste Georgier überhaupt, dem 1891 in Tbilisi eine eigene Ausstellung gewidmet wurde. 1893 reiste er zu Studienzwecken durch den Kaukasus und nach Mittelasien sowie 1893/94 nach München, um dort bei *A. Wagner* an der Akademie der Künste zu studieren. In München malte er „Am Wasserbecken des Diwan Beg" und „Basar in Samarkand". Diese Bilder stellte er zuerst in München aus. 1896/97 und 1902/03 unternahm er weitere Reisen durch Europa. 1897 gründete er eine Kunstakademie, gleichzeitig unterrichtete er von 1900 bis 1920 an der Akademie für Malerei und Bildhauerei der Kaukasischen Gesellschaft zur Beförderung der Künste. Neben den oben genannten Bildern gibt auch das Gemälde „Alt Tbilisi" aus dem Jahr 1885 (Öl auf Leinwand) einen guten Eindruck vom sehr orientalisch geprägten Leben im Tbilisi der damaligen Zeit.

Ikonenmalerei

Obwohl in vielen Kirchen noch unterschiedlich gut erhaltene Ikonen zu bewundern sind, gilt es festzuhalten, dass es keine Blütezeit der Ikonenmalerei in Georgien gab. Leider gingen viele Ikonen auch durch die zahlreichen Kriege verloren, da ihre Einfassungen aus Gold und Edelsteinen stets Begehrlichkeiten weckten.

Goldschmiedekunst

Besonders im Kunstmuseum in Tbilisi, aber auch in der Schatzkammer des Museums für Geschichte und Ethnografie in Kutaisi kann man zahlreiche Artefakte bewundern, die den hohen Stand der Goldschmiedekunst schon in der Frühzeit Georgiens zeigen. Die Namen der Meister sind fast immer unbekannt.

Film

Das erste Kino in Tbilisi wurde 1896 eröffnet, der erste Dokumentarfilm anlässlich des 72. Geburtstages *Akaki Zeretelis* entstand 1912, der erste Spielfilm 1916 (die Literaturverfilmung „Christine"). Ende der 1920er Jahre erlebte der georgische Film eine erste Blüte mit Filmen wie „Eliso" (1928), einem Stummfilm über die Deportation der Tschetschenen durch das zaristische Russland im Jahre 1864, die die Liebe der Muslimin Eliso zu dem christlichen Chewsuren Wadschia zerstört. Die Romanvorlage stammte von *Alexander Kasbegi,* der Regisseur war *Nikolai Schengelaja.* 1929 wurde die Satire „Meine Großmutter" von *Konstantin Mihaberidse* verfilmt, ein vertonter Stummfilm, der sich gegen Protektionismus und Spießbürgertum richtete und daher zum ersten in Georgien verbotenen Film avancierte.

1930 gab der Kameramann *Michail Kalatosischwili* (russifizierter Name: Kalatosow) sein Regiedebüt mit dem ethnografischen Stummfilm „Das Salz Swanetiens", ein Klassiker des **sowjetisch-georgischen Dokumentarfilms.** Er begleitet im Jahr 1935 den Bau der Straße in das bis dahin von der Außenwelt praktisch abgeschlossene Swanetien. Seine Spannung bezieht der zum Teil recht grausame Film aus dem Widerspruch zwischen wunderschönen Landschaftsaufnahmen und den rückständigen, jahrhundertealten Traditionen in Swanetien. Dieser Film wird von der internationalen Filmkritik zu Recht mit *Luis Buñuels* „Las Hurdes" verglichen.

Während der Zeit des **Stalinismus** wurden Helden im Sinne der staatstragenden Ideologie verlangt. *Stalin* machte *Michael Tschiaureli* zu seinem „Hofregisseur". Er drehte u.a. den Film „Der Fall von Berlin" (1950), in dem er Stalin durch den Schauspieler *Michael Gelowani* verkörpern ließ. Stalin selbst war zwar in Potsdam (zur Potsdamer Konferenz) gewesen, aber nie in Berlin, wie in dem Film behauptet wird.

Nach Stalins Tod im Jahr 1953 wehte in den Studios von Grusiafilm (georgisch: Kartuli Film) wieder ein kritischer Wind. Es begann mit *Michail Kalatosows* Antikriegsfilm „Wenn die Kraniche ziehen" und dem sozialismuskritischen Werk *Tengis Abuladses* „Magdanas Esel". In letztgenanntem Film wird die Armut breiter Teile der Bevölkerung hinterfragt. Die Regisseure und Drehbuchautoren verstanden es meisterhaft, die **sowjetische Zensur** durch Satire und Parabeln zu umgehen. Die Zensur hatte ja schon dem Film „Die Großmutter" von 1929 bis 1967 ein Aufführungsverbot auferlegt. Auch *Giorgi Schengelajas* Film „Pirosmani" war zwei Jahre lang verboten. *Otar Iosselianis* „Ein Sommer auf dem Dorf" kam ebenfalls in den 1980er Jahren auf den Index. Iosseliani emigrierte daraufhin ins Ausland. Großes Aufsehen erregte *Tengis Abuladses* Film „Die Reue", eine schonungslose Abrechnung mit dem Stalinismus. Der Film wurde 1984 gedreht, durfte aber erst 1986, in Moskau erst 1987 gezeigt werden. Zur Erinnerung: 1985 kam *Michail Gorbatschow* an die Macht und mit ihm Glasnost und Perestroika. Dennoch gelang der Film nur mit Unterstützung *Eduard Schewardnadses* in die Kinos.

Georgische Filme wurden auch während der Sowjetzeit in georgischer Sprache gedreht und erst danach russisch synchronisiert. Die georgischen Regisseure galten vor 1991 als sowjetische Regisseure.

Nach 1991 kam die Filmproduktion zum Erliegen. Viele Regisseure gingen ins Ausland, darunter *Dito Zinzadse* und *Nana Dschordadse,* die nach Deutschland emigrierten. Seit 2001 das Nationale Zentrum für Kinematografie gegründet wurde, können wenigstens zwei Filme pro Jahr produziert werden. Zinzadses Film „Der Mann von der Botschaft" mit *Burghart Klaußner* in der Hauptrolle lief 2007 in ausgewählten Programmkinos.

Musik und Theater

In Georgien wird in den Familien noch viel gesungen. Der **polyphone Gesang** wird sowohl in der Folklore als auch als Kirchenmusik gepflegt und steht seit 2001 auf der Liste des **UNESCO-Welterbes** in der Rubrik „Meisterwerke des mündlichen und immateriellen Erbes der Menschheit". Wer einmal die Gelegenheit hatte, den harmonisch klingenden mehrstimmigen Gesängen zu lauschen, die nicht nur eine Sache von Ensembles sind, wird sie nie mehr vergessen. Auch die **Gesang- und Tanzensembles** mit ihren im wahrsten Sinne des Wortes mitreißenden Aufführungen lassen ins Schwärmen geraten. Zu den bekanntesten Ensembles gehören „Erisioni" und „Rustawi".

Die Regisseure *Kote Mardshanaschwili* und *Sandro Achmeteli* gelten als Begründer des modernen Schauspiels zwischen 1920 und 1930. Durch die sich damals etablierende Sowjetmacht bekamen sie massive Schwierigkeiten und wurden antisowjetischer Einstellung bezichtigt. Kote Mardshanaschwili starb 1933 eines natürlichen Todes, Achmeteli wurde 1937 erschossen. Das nach Mardshanaschwili benannte **Schauspielhaus** (Dramatisches Theater) befindet sich in der Nähe der gleichnamigen Metrostation in Tbilisi.

In den 1970er bis 1990er Jahren waren *Mischa Tumanischwili* und *Robert Sturua* die bekanntesten Regisseure, die am **Rustaweli-Theater** in Tbilisi auch international beachtete Aufführungen der Werke *Shakespeares* herausbrachten. 1980 wurde „Richard III." aufgeführt, schon 1975 brachten sie den „Kaukasischen Kreidekreis" auf die Bühne. In Anlehnung an das Werk *Brechts* verstanden sie es, die Umklammerung eines Landes durch eine Diktatur darzustellen, womit auch diese Aufführung internationales Aufsehen erregte.

Schließlich sei noch das **Puppentheater** *Rezo Gabriadses* erwähnt.

Heute gibt es in Tbilisi eine große Anzahl von Bühnen. Ein Blick in englischsprachige Zeitungen mit ihren Anzeigen lohnt sich. Es werden auch Aufführungen angekündigt, die nicht Georgisch sprechende Zuschauer über Kopfhörer mit englischer Simultanübersetzung verfolgen können.

Wer in Tbilisi auf dem Rustaweli-Boulevard entlangspaziert, kommt am schon durch sein Äußeres auffälligen Paliaschwili-Opernhaus im maurischen Stil vorbei. **Sakaria Paliaschwili** war ein Komponist, der im 19. Jh. als erster georgische Musiktraditionen in klassischen Kompositionen aufgriff. **Meliton Balantschiwadse** (1862–1937) komponierte die erste georgische Oper „Tamar zbieri", die später georgisch umbenannt wurde in „Daredjan zbieri" und im Deutschen unter „Die listige Tamar" bekannt ist. Sein Sohn *Andria* komponierte Ballettmusiken, eine weitere Oper und Symphonien. Weit bekannter wurde jedoch sein zweiter Sohn *Giorgi Balantschiwadse,* der im Januar 1907 in St. Petersburg geboren wurde und im April 1983 in New York starb. Er begann im Alter von neun Jahren mit einer Ballettausbildung in St. Petersburg. Eine Auslandsreise im Jahr 1924 nutzten er und einige Kollegen zur Flucht in den Westen, da er die Zeichen der Revolution von 1917 wohl richtig einschätzte. Er nannte sich danach **George Balanchine** und stieg zu einem der bedeutendsten Choreographen des 20. Jh. auf. Er führte in den USA die klassische Petersburger Ballettschule ein und gründete zusammen mit *Lincoln Kirstein* das New York City Ballet.

Während der Sowjetzeit lag der Schwerpunkt auf der Pflege folkloristischer Traditionen. Gesang und Tanz machten Georgien in aller Welt bekannt. 2008 eroberte die junge Sopranistin *Nino Matschaidse* die Salzburger Festspiele im Sturm.

Die Autorin | 491
Fahrplan der georgischen Bahn | 468
Georgisches Alphabet | 472
Kleiner Sprachführer | 470
Literaturtipps
  Georgien und Kaukasus | 474
Orts- und Straßennamen | 466
Register | 482
Reise-Gesundheitsinfos | 464
Zahlen | 473

11 Anhang

Georgische Spezialität aus Traubensirup und Walnüssen: Tschurtschchela

Reise-Gesundheitsinfos

Stand: März 2015
© Centrum für Reisemedizin 2015

Die nachstehenden Angaben dienen der Orientierung, welche Gesundheitsvorsorgemaßnahmen für eine Reise in das Land zu berücksichtigen sind. Die Informationen wurden uns freundlicherweise vom *Centrum für Reisemedizin* zur Verfügung gestellt. Auf www.crm.de werden diese Informationen stetig aktualisiert. Es lohnt sich, dort kurz vor Reiseantritt noch einmal nachzuschauen.

Einreise-Impfvorschriften

Für die Einreise nach Georgien besteht zurzeit **keine Impfpflicht**.

Empfohlener Impfschutz

Standardimpfschutz überprüfen, ggf. ergänzen bzw. auffrischen. Je nach Reisestil und Aufenthaltsbedingungen im Land (siehe dazu die Kriterien auf www.crm.de) ist ein **Impfschutz zu erwägen** gegen Hepatitis A, Hepatitis B, Tollwut, Cholera, Typhus und Meningokokken Serotypen A, C, W135, Y.

Wichtiger Hinweis: Welche Impfungen letztendlich vorzunehmen sind, ist abhängig vom aktuellen Infektionsrisiko vor Ort, von der Art und Dauer der geplanten Reise, vom Gesundheitszustand sowie dem eventuell noch vorhandenen Impfschutz des Reisenden.

Da im Einzelfall unterschiedlichste Aspekte zu berücksichtigen sind, empfiehlt es sich immer, rechtzeitig (4 bis 6 Wochen) vor der Reise eine persönliche Reise-Gesundheits-Beratung bei einem reisemedizinisch erfahrenen Arzt oder Apotheker in Anspruch zu nehmen.

Malaria

Im Sommer und Herbst geringes Risiko herdförmig im Südosten (Distrikte Signachi und evtl. Marneuli – Grenzgebiete zu Aserbaidschan), alle übrigen Landesteile sind malariafrei.

Vorbeugung: Ein konsequenter Mückenschutz in den Abend- und Nachtstunden verringert das Malariarisiko erheblich (**Expositionsprophylaxe**). Die wichtigsten Maßnahmen sind:

In der Dämmerung und nachts Aufenthalt in mückengeschützten Räumen (Räume mit aircondition, Mücken fliegen nicht vom Warmen ins Kalte).

Beim Aufenthalt im Freien in Malariagebieten abends und nachts weitgehend körperbedeckende Kleidung (lange Ärmel, lange Hosen).

Anwendung von insektenabwehrenden Mitteln an unbedeckten Hautstellen (Wade, Handgelenke, Nacken). Wirkungsdauer 2–4 Std.

Im Wohnbereich Anwendung von insektenabtötenden Mitteln in Form von Aerosolen, Verdampfern, Kerzen, Räucherspiralen.

▷ Prachtvolle Architektur in Batumi: das Sheraton Hotel

Schlafen unter dem Moskitonetz (vor allem in Hochrisikogebieten).

Ergänzend ist die Einnahme von Anti-Malaria-Medikamenten (**Chemoprophylaxe**) evtl. zu empfehlen. Zu Art und Dauer der Chemoprophylaxe fragen Sie Ihren Arzt oder Apotheker, bzw. informieren Sie sich in einer qualifizierten reisemedizinischen Beratungsstelle. Malariamittel sind verschreibungspflichtig.

Orts- und Straßennamen

Es gibt verschiedene Systeme zur **Übertragung der georgischen Schrift** in lateinische Buchstaben. In Georgien verbreitet ist die englische Transkription, die man auf Orts- und Straßenschildern vorwiegend antrifft und die auch in den Übersichtskarten in diesem Buch verwendet wird. Ansonsten findet die ans Deutsche angelehnte Transkription Anwendung, weil sie eine korrekte Aussprache erleichtert und man sich so besser verständlich machen kann, wenn man Einheimische nach dem Weg fragt. Im Folgenden eine Liste von Orts- und Straßennamen in englischer und deutscher Transkription. Bitte beachten: Das „ch" in der deutschen Fassung wird immer wie in „Ach" gesprochen.

> Holzschnitzerei im Kloster Nekresi

Ortsnamen (Auswahl)

Deutsch	Englisch
Achalkalaki	Akhalkalaki
Achalziche	Akhaltsikhe
Alawerdi	Alaverdi
Beschumi	Beshumi
Bodbe	Bodbe
Bordshomi	Borjomi
Bulatschauri	Bulachauri
Chachmati	Khakhmati
Chichadsiri	Khikhadziri
Chichani	Khikhani
Chichauri	Khikhauri
Chulo	Khulo
Didi Dshichaschi	Didi Jikhashi
Duscheti	Dusheti
Gatschiani	Gachiani
Gurdshaani	Gurjaani
Jerewan	Yerevan
Kasbegi (auch Qasbegi)	Kazbegi
Kwareli	Kvareli
Lagodegi (sprich Lagodechi)	Lagodeghi
Lentechi	Lentekhi
Machindschauri	Makhindjauri
Muzo	Mutso
Mzcheta	Mtskheta
Nikorzminda	Nikortsminda
Ortatschala	Ortachala
Ratscha	Racha
Sagaredscho	Sagarejo
Samze-Dschwachetien	Samtskhe-Javakheti
Schowi	Shovi
Sestaponi	Zestaponi
Signagi (sprich Signachi)	Sighnaghi
Sochumi/Suchumi	Sokhumi/Sukhumi
Sugdidi	Zugdidi
Tchilwani	Tkhilvani
Tschiruchi	Chirukhi
Telawi	Telavi

Orts- und Straßennamen

Uplisziche (sprich Uplißziche)	Uplistsikhe
Wani	Vani
Wardzia	Vardzia
Zqaltubo	Tskhaltubo
Zchinwali	Tskhinvali
Znori	Tsnori

Straßennamen (Auswahl)

Deutsch	Englisch
Barataschwili	Baratashvili
Barnow	Barnov
Chodaschenis	Khodashenis
Dawit Agmaschenebeli	Davit Agmashenebeli
Gamsachurdia	Gamsakhurdia
Gogebaschwili	Gogebashvili
Gribojedowa	Griboedova
Kasbegi	Kazbegi
Kote Meßchi	Kote Meskhi
Mardshanaschwili	Marjanashvili
Masniaschwili	Mazniashvili
Matschabeli	Machabeli
Melikischwili	Melikishvili
Memet Abaschidse	Memet Abashidze
Ninoschwili	Ninoshvili
Noe Dschordania	Noe Jordania
Petriaschwili	Petriashvili
Schanidse	Shanidze
Schota Rustaweli	Shota Rustaveli
Tschachruchadse	Chakhrukhadze
Tschawtschawadse	Chavchavadze
Tschintscharadse	Chincharadze
Tschitaja	Chitaia
Tschkalow	Chkalov
Tschubinaschwili	Chubinashvili
Wachtang Gorgassali	Vakhtang Gorgassali
Wascha Pschawela	Vasha Pshavela
Waschlowani	Vashlovani
Zereteli	Tsereteli
Zubalaschwili	Zubalashvili

Fahrplan der georgischen Bahn

Der nachfolgend aufgeführte Fahrplanauszug kann naturgemäß nur als Richtwert gelten, da es auch in Georgien zu Fahrplanwechseln kommt. Im Sommer werden vor allem zwischen Batumi und Tbilisi zusätzliche Züge eingesetzt. Gelegentlich fahren die Züge 5–10 Minuten früher ab!
Den jeweils aktuellen Fahrplan findet man unter www.railway.ge mit englischem Link.
Wer vorhat, mit dem Zug zu fahren, sollte sich den aktuellen Fahrplan kurz vor der Abreise nach Georgien ausdrucken.

Zug Nr.	von – nach	Abfahrt	Ankunft	Rückfahrt	Ankunft	Hinweis
Internationale Züge						
37/38	Tbilisi – Baku	17.30	09.10	20.30	11.45	täglich
371/372	Tbilisi – Jerewan	20.20	06.55	21.30	7.50	An ungeraden Tagen
Nachtzüge						
602/601	Tbilisi – Sugdidi	21.10	06.25	21.30	6.35	täglich
622/612	Tbilisi – Machindshauri	22.45	6.55	22.10	7.00	täglich
622/27	Tbilisi – Machindshauri	22.40	7.00 + 1	9.15	16.20	täglich
644/643	Tbilisi – Kutaisi 1	21.10	2.50	0.20	6.35	Kurswagen bis Rioni
654/653	Tbilisi – Osurgeti	21.10	6.50	20.30	6.35	Kurswagen bis Samtredia
Schnellzüge						
12/11	Tbilisi – Osurgeti	8.50	18.20	9.10	18.20	Kurswagen bis Samtredia
18/17	Tbilisi – Kutaisi 1	8.50	14.17	12.25	18.20	Kurswagen bis Rioni
24/23	Tbilisi – Sugdidi	8.50	17.25	9.55	18.20	täglich
870/869	Tbilisi – Sugdidi	7.30	13.50	17.55	23.45	täglich
683/684	Machindshauri – Kutaisi 1	16.05	22.01	4.50	11.05	täglich
852/851	Tbilisi – Machindshauri	8.40	14.05	16.30	22.01	täglich
872/871	Tbilisi – Poti	8.20	13.45	17.40	22.55	täglich
874/873	Tbilisi – Poti	17.50	23.17	8.00	13.10	täglich
683/684	Machindshauri – Kutaisi-1	8.03	11.50	16.45	20.50	täglich

Machindschauri ist der Bahnhof 5 km nördlich von Batumi, vor dem Marschrutki und Taxen nach Batumi warten.

Fahrplan der georgischen Bahn

Elektritschki (Personenzüge) und Schmalspurbahn

618/617	Tbilisi – Bordshomi	7:05	11.15	16.40	21.30	täglich
6467/6468	Bordshomi – Bakuriani	7.15	9.40	10.00	12.23	SSpur
6469/6470	Bordshomi – Bakuriani	10.55	13.21	14.15	16.23	SSpur
6305/6303	Machindshauri – Osurgeti	17.30	19.45	7.55	9.58	täglich
6323/6224	Kutaisi 1 – Tkibuli	9.20	12.10	12.50	15.55	täglich
6325/6326	Kutaisi 1 – Tkibuli	18.00	20.50	5.15	8.20	täglich
6372/6371	Kutaisi 1 – Zqaltubo- Kutaisi 2	5.40	7.48	8.00	8.48	täglich
6374/6372	Kutaisi 2 – Zqaltubo	9.10	9.58	10.10	10.58	täglich
6376/6375	Kutaisi 2 – Zqaltubo	15.00	15.48	16.00	16.48	täglich
6378/6377	Kutaisi 2 – Zqaltubo- Kutaisi 1	17.35	18.23	18.35	20.30	täglich

Flughafentransfer zwischen Flughafen Tbilisi und Hauptbahnhof (Wagslis Moedani)

6603/6604	Tbilisi HBF – Flughafen	8.00	8.35	8.45	9.20	täglich
6607/6608	Tbilisi HBF – Flughafen	17.20	17.55	18.05	18.40	täglich

In Zügen mit vierstelliger Zugnummer wird der Einheitsfahrpreis vom Schaffner kassiert. Kinder zahlen 50 % des Preises.

2015 soll der Zugverkehr von Tbilisi über Achalkalaki nach **Kars/Türkei** aufgenommen werden. Hinweise dazu findet man auf der o.g. Homepage, aber auch unter www.seat61.com.
Bitte beachten Sie, dass auch im Schienennetz der Türkei umfangreiche Modernisierungsarbeiten im Gange sind.

Kleiner Sprachführer

Es sei auch auf die **Kauderwelsch-Sprachführer „Georgisch – Wort für Wort"
und „Russisch – Wort für Wort"** (beide Reise Know-How Verlag) verwiesen.

Deutsch	**Georgisch**	**Russisch**
Grüße Euch!/Grüße Sie!	Gamardshobat!	Sdrawstwuite!
Wie geht es Dir?	Rogora char?	Kak u was djelo?
Danke gut, und Ihnen?	Gmadlobt, k'argad ta tikwen?	Spasibo, a u was?
gut	k'argi	charascho
schlecht	zudi	plocho
Entschuldigung	Bodischi	Iswinite
Bitte (um etwas)	Tu scheidsleba	Poschaluista
ja/nein	diach/ara	da/njet
Auf Wiedersehen	Nachwamdiß	Do swidanija
Zum Wohl!/Prost!	Gaumardschoß	Sa sdorowje
Ich bin …	Me war …	Ja …
… Deutsche/r	… germaneli	… is germanii
… Niederländer/in	… holandieli	… is golandii
… Österreicher/in	… awstrieli	… is awstrii
… Schweizer/in	… schweizarieli	… is schweizarii
Ich spreche nicht Georgisch/Russisch	Me kartuli/rusuli ar wizi	Nje znaju grusinski/ russki jasyk
Ich verstehe nicht	Wer gawige	Nje ponimaju
Wie bitte?	Rogor?	Poschaluista?
Warum?	Ratom?	Potschemu?
Wann?	Rodiß?	Kagda?
Bis wann?	ßanamde?	Do kakich por?
Was?	Ra?	Schto?
Wer?	Win?	Kto?
Wie?	Rogori?	Kak?
Wie viel?	Ramdeni?	Skolko?
Wo?	Sad?	Gdje?
Wohin?	Sait?	Kuda?
Hotel	sastumro	gostiniza
Privatzimmer	K'erdzo bina	tschastnaja komnata
Einbettzimmer	ertßaz'oliani otachi	odnomestnij nomer
Zweibettzimmer	orßaz'oliani otachi	dwuchmestnij nomer

Deutsch	Georgisch	Russisch
Allee	gamziri	prospekt
Brücke	chidi	most
Straße	kutscha	uliza
Platz	moedani	ploschadj
Kirche	eklesia	zerkow
Moschee	metscheti	dshamija
Festung	ziche	krepost
Fluss (auch Wasser)	zqali	reka
Gebirgspass	ucheltechili	perewal
Hirte	tuchetsi	pastuch
Hund	dsagli	sobaka
Pferd	zcheni	loschadj
reiten	tscheneba	skakatj na loschadi
Weg (Trampelpfad)	gsa	trapinka
vorgestern	guschin'zin	posawtschera
gestern	guschin	wtschera
heute	dges	sewodnja
morgen	chwal	sawtra
übermorgen	seg	poslesawtra
Bahnhof	sadguri	woksal
Busbahnhof	awtosadguri	awtowoksal
Flughafen	aeroporti	aeroport
Hafen	porti	port; morski woksal
Haltestelle	gatschereba	stojanka
Marschrutka	marschrutka	marschrutka
Bitte anhalten!	Gaadscheret!	Ostanawitjes!
Ticket, Fahrschein	bileti	biljet
Zug	matarebeli	pojesd
Wann ist Abfahrt?	Radis gadis?	Kogda otprawljajetsa?

Ich möchte meine Fotos auf CD brennen lassen. Me msurs kopireba tschawaketo sidise (= CD) foto suratebis. Mne chotschetsa skopirowat na CD (sprich „sidi") fotografii.

Digitalkamera	zifruli potoaparati	zifrowoi fotoapparat
Datei	fail	fail
drucken	dabetschwda	raspetschatatj
E-Mail	schetkobineba	soobschenije
löschen	zaschla	steretj
senden	gagsawna	otprawitj
speichern	failis schenachwa	sochranitj

Georgisches Alphabet

©Reise Know-How 2015

Das Georgische hat seine eigene Schrift. Die Übertragung in unsere lateinische Schrift orientiert sich in diesem Buch an der Aussprache im Deutschen, damit der Reisende Ortsnamen und Ähnliches möglichst korrekt aussprechen kann. In den Ortskapiteln wurde neben dem Ortsnamen die georgische Schreibweise des Ortes inkludiert.

Häufig wird in georgischen Aufschriften eine Transliteration verwendet, die sich am Englischen orientiert, wenn auch nicht immer einheitlich. Die Übersichtskarten im Buch lehnen sich ebenfalls ans Englische an. Im Georgischen gibt es keinen F-Laut. So wird dann z.B. aus Frankfurt eben Prankpurti. In Aufschriften kann man lesen: Tamar Mepe oder auch Tamar Mefe (Königin Tamar).

ა	a	Wie a in Sand
ბ	b	wie b in Bank
გ	g	wie g in Gold
დ	d	wie d in denken
ე	e	wie e in Bett
ვ	w	wie w in Wind
ზ	s	stimmhaftes s wie in Sonne oder Sugdidi (ზუგდიდი)
თ	t	stark behauchtes T wie in Tbilisi (თბილისი)
ი	i	wie i in Bild
კ	k	offenes k wie das Schluss-K in Glück
ლ	l	wie L in Löwe
მ	m	wie m in Mann
ნ	n	wie n in Name
ო	o	offenes o wie in Bottich
პ	p	offenes P wie in Lappen
ჟ	sh	stimmhaft wie in Regie
რ	r	hartes, gerolltes R wie in Gori (გორი)
ს	s	wie s in Essen
ტ	t	hartes T wie in Schatili (შატილი)
უ	u	wie in Busch
ფ	p	stark behauchtes P wie in Papier oder Poti (ფოთი)
ქ	k	wie K in Kegel oder Kobuleti (ქობულეთი)
ღ	g'	wie das französische R in Paris oder wie in Signagi (სიღნაღი)
ყ	k	etwa wie k, Kehlkopflaut ohne Entsprechung im Deutschen bzw. in Kwareli (ყვარელი), vergleichbar dem k im Schweizerisch gesprochenen „Danke".
შ	sch	wie in Schule oder Schowi (შოვი)
ჩ	tsch	wie tsch in Tschechien oder Tschochatauri (ჩოხატაური)
ც	z	wie z in Zelt oder Mzcheta (მცხეთა)
ძ	ds	stimmhaftes ds wie in Fundsache
წ	z	wie stimmhaftes ts in Ratsherr oder Ninozminda (ნინოწმინდა) oder Znori (წნორი)
ჭ	tsch	kürzeres tsch ohne Entsprechung im Deutschen bzw. in Atschara (აჭარა)
ხ	ch	wie ch in Buch oder Chulo (ხულო)
ჯ	dsh	entspricht dem J im englischen John bzw. in Bordshomi (ბორჯომი)
ჰ	h	wie h in Hand

Zahlen

	georgisch	*russisch*
0	nuli	nolj
1	erti	odin; ras
2	ori	dwa; dwe (wbl)
3	ßami	tri
4	otchi	tschetirje
5	chuti	pjatj
6	ekwßi	schestj
7	schwidi	sjemj
8	rwa	wosjem
9	zchra	dewjat
10	ati	desjat
11	tertmet'i	odinnadzatj
12	tormet'i	dwenadzatj
13	zamet'i	trinadzatj
14	totchmet'i	tschetirnadzatj
15	tchutmet'i	pjatnadzatj
16	tekwßmet'i	schestnadzatj
17	tschwidmet'i	sjemnadzatj
18	twramet'i	wosjemnadzatj
19	zchramet'i	dewjatnadzatj
20	ozi	dwazatj
21	ozdaerti	dwadzat odin/odna (wbl)
30	ozdaati	tridzatj
40	ormozi	sorok
50	orzmozdaati	pjatdesjatj
60	ßamozi	schestdesjatj
70	ßamosdaati	semdesjatj
80	otchmozi	wosjemdesjatj
90	otchmozdati	dewjanosto
100	aßi	sto
101	aß erti	sto odin/sto odna (wbl)
200	oraßi	dwesti
300	ßamaßi	tristo
1000	ataßi	tysjatschj

Literaturtipps Georgien und Kaukasus

Belletristik, Bildbände u.a.

- *Boris Akunin:* **Der Tod des Achilles,** Aufbau Verlag. Moskau 1862: General *Sobolew,* genannt *Achilles,* wird ermordet. Welche Rolle spielt *Ahimaz Welde,* Sohn eines Kaukasiendeutschen und einer Kaukasierin, als Kind Augenzeuge des Mordes an seinen Eltern? *Fandorin* ermittelt.
- *Philipp Blom* und *Veronica Buckley:* **Das russische Zarenreich – Eine fotografische Reise,** Brandstätter Verlag Wien-München. Mit 362 tollen Fotos, u.a. von Prokudin-Gorski im Dreifarbendruck.
- *Alexandre Dumas der Ältere:* **Gefährliche Reise durch den wilden Kaukasus 1858–1859,** Edition Erdmann. Ein Klassiker, der für spannende und dennoch geschichtlich relevante Unterhaltung sorgt. Mit 23 Abbildungen und einer Karte.
- *Maria Enichlmair:* **Abenteurerin Bertha von Suttner. Die unbekannten Georgienjahre 1876 bis 1885,** Edition Roesner Wien. Eine gut lesbare Beschreibung der Situation Mingreliens und Imeretiens im 19. Jh.
- *Wilfried Feldenkirchen:* **Werner von Siemens. Lebenserinnerungen.** Piper Verlag. Wohl kaum jemand weiß um die Aktivitäten von Werner von Siemens zur Errichtung der Telegrafenleitungen von Moskau über Wladikawkas nach Tiflis und weiter nach Poti. Beeindruckendes Buch.
- *Nino Haratischwili:* **Das achte Leben (Für Brilka).** Dieses Buch kann man nicht mehr aus der Hand legen, hat man sich erst einmal an die 1275 Seiten gewagt. Die Familiensaga beginnt im Jahr 1900 mit der Geburt der Ur-Urgroßmutter *Stasia,* Tochter eines wohlhabenden Schokoladenfabrikanten, und spannt einen Bogen über acht Generationen. Der in Hamburg lebenden Autorin ist es auf spannende Weise gelungen, die Geschichte Georgiens zu schildern. Ganz dicke Empfehlung! Frankfurter Verlagsanstalt.
- *Fasil Iskander:* **Onkel Sandro aus Tschegem,** Ein Schelmenroman. Fischer Taschenbuchverlag.
- *Fasil Iskander:* **Der Hüter der Berge oder Das Volk kennt seine Helden,** Neues aus dem Leben des Sandro von Tschegem. S. Fischer Verlag.
- *Fasil Iskander:* **Tschik. Geschichten aus dem Kaukasus.** Fischer Taschenbuchverlag.
- *Fasil Iskander:* **Das Sternbild des Ziegentur.** Verlag Volk und Welt, Berlin. Die Kreuzung einer Ziege mit einem kaukasischen Tur wird in der fiktiven Suchumier Zeitung „Rote Subtropen" zur Staatsangelegenheit hochstilisiert. Iskander macht sich zweifellos nicht nur über die missglückten Kreuzungsversuche von Schimpansen und Menschen Anfang des 20. Jh. in Suchumi lustig. Er führt auch die nicht nur in Abchasien verbreitete Sensationspresse ad absurdum. Lachsalven garantiert! Die Bücher des in Moskau lebenden abchasischen Autors, der mit *Mark Twain* verglichen wird, zeichnen ein reiches Sittengemälde über das so andere Leben in Abchasien. Sicher wählt Iskander die Ausdrucksform der Satire auch deswegen, um Schereien mit der Zensur zu umgehen.
- *Wend Graf von Kalnein:* **Georgisches Tagebuch,** Fibre Verlag Osnabrück, Edition Zeitbrücke. Sehr gut lesbares Buch über die Kriegsgefangenschaft des deutschstämmigen Offiziers von Kalnein in Georgien.
- *Fried Nielsen:* **Wind, der weht,** Wieserverlag.
- *Ingo Petz:* **Kuckucksuhren in Baku,** Droemer Verlag. Der Autor reiste 2004 nach Baku und kam so zu einer neuen Sicht auf Deutschland. Humor pur.
- *Fritz F. Pleitgen:* **Durch den wilden Kaukasus,** Fischer Taschenbuch. Pleitgen unternahm den Versuch, mit einem Fernsehteam der Reiseroute von Alexandre Dumas (s.o.) zu folgen. Klassiker!
- *Alexander Sergejewitsch Puschkin:* **Die Reise nach Arsrum während des Feldzuges im Jahre 1829,** SWA-Verlag Berlin, mit Erläuterungen.

Literaturtipps Georgien und Kaukasus

■ *Marcel Raabe* und *Alexander Burkhardt:* **Anstoß in Baku: Berichte von Fußballreisenden in Südosteuropa & Transkaukasien.** Verlag Burkhardt & Partner.

■ *Tom Reis:* **Der Orientalist. Auf den Spuren des Essad Bey.** Osburg Verlag München. Der 1905 als Sohn eines jüdischen Ölmagnaten in Baku geborene Lev Nussimbaum alias Essad Bey alias Kurban Said beschreibt seine abenteuerliche Flucht nach Berlin über Batumi nach Revolution und Enteignung im aserbaidschanischen Baku.

■ *Kurban Said* und *Leo Noussimbaum:* **Ali und Nino,** List Taschenbuch. Die genannten Autoren sind ein und dieselbe Person! Der von einem baltendeutschen Kindermädchen in Baku erzogene Lev Noussimbaum schrieb dieses Buch in Berlin, trotzdem gilt es als aserbaidschanisches Nationalepos – kaum ein Aserbaidschaner weiß, dass es zuerst in deutscher Sprache erschien.

■ *Martha Schad:* **Stalins Tochter – Das Leben der Swetlana Allilujewa,** Lübbe Verlag.

■ *Hermann von Skerst:* **Der Gralstempel im Kaukasus.** Urchristentum in Armenien und Georgien.

■ *Gustav Schwab:* **Das Goldene Vlies,** Aufbau Taschenbuchverlag. Die antike Sagenwelt der Alten Griechen.

■ *Carola Stern:* **Isadora Duncan – Sergej Jessenin. Der Dichter und die Tänzerin.** Rowohlt Verlag, Berlin.

■ *Leo Tolstoi:* **Der Gefangene im Kaukasus und andere Erzählungen,** Verlag von J. Habbel, Regensburg. Ein Klassiker, der zum Verständnis der Lage im Kaukasus beiträgt.

■ *Leo Tolstoi:* **Hadschi Murat. Eine Erzählung aus dem Land der Tschetschenen,** Insel Taschenbuch. Vor dem historischen Hintergrund der kriegerischen Auseinandersetzung Russlands im Kaukasus schildert Tolstoi die menschlichen Probleme in allen Schichten der Russen und veranschaulicht den Kontrast zum Lebensstil der Kaukasier. Wie viele andere Söhne der reichen russischen Oberschicht, angelockt von den romantischen Werken *Puschkins* und *Lermontows*, reiste der junge Graf Tolstoi 1851–53 in den Kaukasus, da sein älterer Bruder dort als Offizier Dienst tat. Er schloss sich einer Artillerieeinheit an und erlangte so nach und nach Einblick in das Leid, das auf beiden Seiten entstand.

■ *Vanessa Winship:* **Schwarzes Meer,** mare dreiviertel Verlag. Die Fotografin bereiste mehrmals alle Länder rund ums Schwarze Meer und stellt in diesem Buch sehr aussagekräftige SW-Fotos vor.

Bücher zu Geschichte und Politik

■ *Herbert R Bauer:* **Medizinmann auf Friedensmission. Erlebnisse eines Bundeswehrsoldaten im Kaukasus,** Engelsdorfer Verlag 2007. Der Sanitätssoldat *Bauer* beschreibt seinen Einsatz im Rahmen der UNOMIG.

■ *Alan Bullock:* **Hitler und Stalin – Parallele Leben,** Goldmann Verlag 1999. Ein dickes, aber sehr interessantes Buch über erstaunliche Parallelen im Leben der beiden Diktatoren.

■ *Jens-Rainer Berg* und *Dr. Sandra Dahlke:* **Stalin 1917–1953. Der Tyrann und das Sowjetreich.** GeoEpoche, Heft 38/2009, www.geoshop.de. Heft über das Leben des Despoten, seinen Terror gegen die eigene Bevölkerung, die Hungerkatastrophen infolge Enteignung der Bauern, die Entrechtung der Künstler und das teuflische System der kommunistischen Konzentrationslager (Gulag). Mit Landkarten und zahlreichen, z.T. schockierenden Fotos.

■ *Bernhard Chiari von Schöningh:* **Wegweiser zur Geschichte des Kaukasus,** Schöningh Verlag.

■ *Mari-Carin von Gumppenberg* und *Udo Steinbach:* **Der Kaukasus. Geschichte, Kultur, Politik,** C.H. Beck Verlag.

■ *C. von Hahn:* **Bilder aus dem Kaukasus: Neue Studien zur Kenntnis Kaukasiens,** Verlag Biblio-Bazaar.

■ *Albert Jeloschek, Friedrich Richter, Ehrenfried Richter:* **Freiwillige vom Kaukasus – Tschetschenen auf deutscher Seite,** Stocker Verlag 2003.

■ *Simon Sebag Montefiore:* **Stalin. Am Hofe des Roten Zaren,** S. Fischer Verlag 2005. Der englische Historiker und Biograf Stalins untersucht das Privatleben des Diktators, seine Marotten und die seiner Entourage. Er geht der Frage nach, ob der Diktator intelligent war oder nicht und ob er sich ohne den Zweiten Weltkrieg so lange hätte halten können.

■ *Bogdan Musial:* **Stalins Beutezug: Die Plünderung Deutschlands und der Aufstieg der Sowjetunion zur Weltmacht,** Propyläen Verlag.

■ *Manfred Quiring:* **Pulverfass Kaukasus. Konflikte am Rande des russischen Imperiums,** Ch. Links Verlag Berlin. Exzellente, sehr gut lesbare Analyse der Situation aller nord- und südkaukasischen Republiken. Der Autor, Korrespondent der „Welt" und ein ausgewiesener Kenner der Region, verknüpft Geschichte mit aktueller Politik. Empfehlung der Autorin.

■ *Erich Reiter:* **Der Sezessionskonflikt in Georgien,** Böhlan Verlag.

■ *Albrecht Rothacher:* **Stalins langer Schatten: Medwedews Russland und der postsowjetische Raum,** Ares Verlag Graz. Lesetipp der Autorin! Knappe Situationsanalyse zu allen 15 ehem. Sowjetrepubliken in angenehm verständlicher Sprache.

■ *Alexander Solschenizyn,* **Ein Tag im Leben des Iwan Denissowitsch,** Knaur Verlag 1999. Handelt zwar in einem unbenannten Straflager, ist aber für an der Geschichte des Stalinismus Interessierte lesenswert. Beschreibt anhand des genauen Tagesablaufs in einem Lager die Absurdität eines unmenschlichen Systems.

■ *Alexander Solschenizyn,* **Archipel Gulag,** Scherzverlag Bern 1974. Beschreibt die gesamtgesellschaftliche Dimension des stalinistischen Staatsterrors gegen die eigene Bevölkerung, dem niemand entrinnen konnte. Der Terror wurde von *Lenin* vom viel geschmähten zaristischen System übernommen und von *Stalin* und *Berija* zur „Blüte" weiterentwickelt. Man ist als Leser uneins, ob man von der

Fülle der Informationen über die allgegenwärtigen Schikanen oder die räumlichen und/oder zeitlichen Dimensionen des Terrors mehr erschrocken sein soll. Selbst einem nicht Betroffenen wird klar, dass das Buch nur lesbar ist durch die sanfte Ironie Solschenizyns.

■ *Nikolai Tolstoy:* **Die Verratenen von Jalta. Die Schuld der Alliierten vor der Geschichte,** Heyne-Buch. Beim Treffen der „Großen Drei" in Jalta stimmten Churchill und Roosevelt der von Stalin geforderten Rückführung aller sowjetischen Staatsbürger, auch der Revolutionsflüchtlinge von 1918, sofort zu, obwohl völlig klar war, was die Zwangsrepatriierten dort erwartete: Hinrichtung, Folter oder langjährige Zwangsarbeit in den sowjetischen Gulags. Der Historiker Tolstoy ist ein in England lebender entfernter Verwandter des großen gleichnamigen Schriftstellers. Zahlreiche Originalfotos.

Sprache

■ *Lascha Bakradse:* **Georgisch – Wort für Wort,** aus der Kauderwelsch-Reihe, REISE KNOW-HOW Verlag, Bielefeld. Der handliche Sprachführer bietet eine auf das Wesentliche reduzierte Grammatik und viele Beispielsätze für den Reisealltag; ebenfalls erhältlich: AusspracheTrainer auf Audio-CD.

Landeskunde

■ *Olaf Jöris:* **Der altpaläolithische Fundplatz Dmanisi (Georgien, Kaukasus):** Archäologische Funde und Befunde im Kontext der frühen Menschheitsentwicklung. Schnell und Steiner.

◁ Herbststimmung am Schaori-Stausee in der Umgebung von Ambrolauri

Das komplette Programm zum Reisen und Entdecken von
REISE KNOW-HOW

- **Reiseführer** – alle praktischen Reisetipps von kompetenten Landeskennern
- **CityTrip** – kompakte Informationen für Städtekurztrips
- **CityTrip**^PLUS – umfangreiche Informationen für ausgedehnte Städtetouren
- **InselTrip** – kompakte Informationen für den Kurztrip auf beliebte Urlaubsinseln
- **Wohnmobil-Tourguides** – alle praktischen Reisetipps für Wohnmobil-Reisende
- **Wanderführer** – exakte Tourenbeschreibungen mit Karten und Anforderungsprofilen
- **KulturSchock** – Orientierungshilfe im Reisealltag
- **Kauderwelsch Sprachführer** – vermitteln schnell und einfach die Landessprache
- **Kauderwelsch plus** – Sprachführer mit umfangreichem Wörterbuch
- **world mapping project**™ – aktuelle Landkarten, wasserfest und unzerreißbar
- **Edition REISE KNOW-HOW** – Geschichten, Reportagen und Abenteuerberichte

Zu Hause und unterwegs – intuitiv und informativ
▶ www.reise-know-how.de

- **Immer und überall** bequem in unserem Shop einkaufen
- Mit **Smartphone, Tablet** und **Computer** die passenden Reisebücher und Landkarten finden
- **Downloads** von Büchern, Landkarten und Audioprodukten
- Alle **Verlagsprodukte** und **Erscheinungstermine** auf einen Klick
- **Online** vorab in den Büchern **blättern**
- Kostenlos **Informationen, Updates** und **Downloads** zu weltweiten Reisezielen abrufen
- **Newsletter** anschauen und abonnieren
- Ausführliche **Länderinformationen** zu fast allen Reisezielen

www.diamir.de

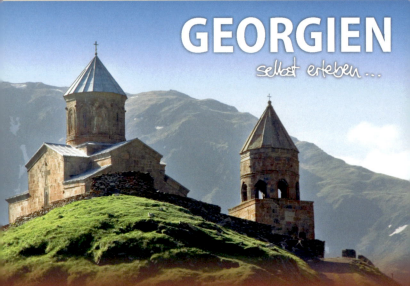

GEORGIEN
selbst erleben...

Kleingruppenreisen und individuelle Touren

Kaukasus – Vom verborgenen Swanetien zum Prometheus-Berg
12 oder 17 Tage Trekking mit zwei Gipfeloptionen ab 1550 €

Zu den Bergfestungen des Kaukasus
15 Tage Trekking in Tuschetien und Chewsuretien ab 2290 €

Prometheus-Berg Kasbek (5047 m)
8 oder 11 Tage Trekking- und Expeditionsreise im Kaukasus ab 1650 €

Haute cuisine des Kaukasus
7 Tage kulinarische Reise ab 1550 €

Georgien • Armenien – Vom Großen in den Kleinen Kaukasus
17 Tage Natur-, Wander- und Kulturreise ab 2750 €   Alle Touren inkl. Flug

Georgien à la carte – individuelle Reisebausteine ab 2 Personen

Natur- & Kulturreisen, Trekking, Safaris, Fotoreisen, Familienreisen, Kreuzfahrten & Expeditionen in mehr als 120 Länder weltweit

Katalogbestellung und Beratung
DIAMIR Erlebnisreisen GmbH
Berthold-Haupt-Str. 2 · 01257 Dresden
Tel.: (0351) 31 20 77 · Fax: (0351) 31 20 76
E-Mail: info@diamir.de

GEORGIEN UND ARMENIEN

TSA - Travel Service Asia Reisen - Wir planen Ihr Abenteuer!

* Die Länder auf Rund- und Wanderreisen entdecken
* Unterbringung in Hotels und Gastfamilien
* Touren mit privatem Pkw, eigenem Fahrer und Reiseleiter

Individuelle Ausarbeitung Ihres Wunschprogramms
Informationen & Programme anfordern: www.tsa-reisen.de

TSA - Travel Service Asia Reisen e.K.
Inh. Hans-Michael Linnekuhl
Riedäckerweg 4 * D 90765 Fürth
Tel.: 0911-979599-0 * Fax: 0911-979599-11
E-mail: info@tsa-reisen.de * www.tsa-reisen.de

Seit 1987 – Profitieren Sie von 28 Jahren Erfahrung!

Weitere Titel für die Region
von REISE KNOW-HOW

Kauderwelsch
Georgisch – Wort für Wort
Lascha Bakrasde
978-3-89416-795-0

192 Seiten | 7,90 Euro [D]

Kauderwelsch
Russisch – Wort für Wort
Elke Becker
978-3-8317-6433-4

192 Seiten | 9,90 Euro [D]

Im Kauderwelsch Sprachführer sind Grammatik und Aussprache einfach und schnell erklärt. Wort-für-Wort-Übersetzungen machen die Sprachstruktur verständlich und helfen, das Sprachsystem kennen zu lernen. Die Kapitel sind nach Themen geordnet, um sich in verschiedenen Situationen zurechtfinden und verständigen zu können – vom ersten Gespräch bis zum Arztbesuch. In einer Wörterliste sind die wichtigsten Vokabeln alphabetisch einsortiert und ermöglichen so ein rasches Nachschlagen. Einige landeskundliche Hinweise runden diesen handlichen Sprachführer ab.

www.reise-know-how.de

Register

A

Abano 179
Abanotubani-Bäderviertel (Tbilisi) 43, 44
Abchasien 132, 377, 398, 423, 425
Achali Schuamta (Kloster) 220
Achalziche 283
Adigeni 326
Adischi-Bibel 149
Adscharien 295, 399, 425
Adscharo-Imeretisches Gebirge 394
Agmaschenebeli, Dawit 410
Agmaschenebeli-Boulevard (Tbilisi) 59
Akunin, Boris 458
Alasani-Fluss 397
Alasani-Tal 202
Alawerdi-Kirche 221
Alawerdoba 221
Algeti-Wasserreservoir 82
Alilo 61
Alisgori 209
Alltagsleben 449
Amaschukeli, Wassili 113
Ambrolauri 161
Amphibien 407
Anaklia 141
Ananuri-Festung 174
Andaki-Fluss 197, 206
Anreise 344
Antschischati-Kirche (Tbilisi) 32
Apostolische Kirche 447
Apotheken 368
Apsny 132
Aragwi-Fluss 173
Arbeiten 369
Arbeitslosigkeit 437
Architektur 438, 455
Ardenne, Manfred von 445
Ardoti 197, 206
Argonauten 106
Argo-Seilbahn (Batumi) 308
Armenien 255, 394
Armut 436
Arscha 179
Arzt 368
Aserbaidschan 248, 353, 394
Aseris 254
Asureti 80
Ateni-Sioni-Kirche 99
Atscharis Zqali 338
Atscharis Zqali Cheoba 323
Atscharis-Zqali-Fluss 323
Auslandskrankenversicherung 390
Ausrüstung 350
Auswärtiges Amt 377
Autofahren 351
Automobilklubs 372
Awlabari-Viertel (Tbilisi) 37, 77
Azkuri 283
Azunta-Pass 197, 206, 208

B

Bahn 347, 388
Bakuriani 276
Bärenkreuzpass 181, 193
Barisacho 192
Batonisziche-Schloss (Telawi) 213
Batumi 300
Batumi Boulevard 303
Behinderte 354
Benzin 352
Berge 395
Berija, Lawrenti 428
Beschumi 333
Beslan 172
Beutekunst 441
Bevölkerung 447
Bier 363
Bildende Kunst 458
Bildungswesen 453

Birtwissi 82
Biso 193
Bodbe-Kloster 236
Bogenbrücken 324
Bolnisi 255
Bordshomi 265
Bordshomi-Charagauli-
 Nationalpark 275
Bordshomi-Wasser 271
Botanischer Garten (Tbilisi) 43
Botschaften 355
Bräuche 449
Brutsabdsela-Berg 177
Bruttoinlandsprodukt 435
Busse 390

C

Camping 384
Chachmati 193
Chardin-Straße (Tbilisi) 36
Chari 165
Charissari-Berg 177
Check-in 347
Chelwatschauri 338
Chertwisi-Festung 290, 291
Chewa-Berg 333
Chewsuren 188
Chewsuretien 188, 192, 206, 208
Chichadsiri 332
Chichan-Bach 332
Christentum 409
Christianisierung 86
Chulo 327

D

Dadiani, Jekaterina 138
Dadiani-Fürsten 136
Dadiani-Palais (Sugdidi) 137
Dandalo 334

Danisparauli 326
Darjal-Schlucht 188
Dartlo 204, 207
Datwi Dshwari Ucheltechili 181, 193
Dawit der Erbauer 120, 410
Dawit Garedscha (Kloster) 246
Dawit IV. 410
Dedopliszqaro 245
Deutschland 440
Didi Ateni 99
Didi Dshichaischi 125
Didveli-Berg 278
Diklo 204
Dinosaurier 121
Diplomatische Vertretungen 355
Dmanisi (Ausgrabungsstätte) 261
Dotschu 209
Dschuta 180
Dshugaschwili,
 Josif Wissarionowitsch 91, 93
Dshwari Ucheltechili 177
Dshwari-Kirche 86
Dzweli Schuamta (Kloster) 220

E

Eichwald, Eduard 396
Einkaufen 357
Einreise 355
Elbrus-Berg 394
Elektrizität 357
Elisabeththal 80
Emigration 447
Entfernungsangaben 353
Erdöl 309
Erekle II. 213
Erekle-Gasse (Tbilisi) 35
Erzurum 348
Essen 357
EU 435
Euro 366
Export 435

F

Fähre 349, 350
Familie 451
Familienhotels 382
Fauna 403
Feiertage 61, 365
Feste 365
Film 459
Flagge 434
Flora 403
Flughafen Tbilisi 25
Flugzeug 344
Flüsse 397
Fotografieren 366
Frauen (in Georgien) 450
Frauen allein unterwegs 385
Freiheitsplatz (Tbilisi) 29
Freilichtmuseum (Tbilisi) 58
Fremdenverkehrsamt 367
Freskenmalerei 456
Friedensbrücke (Tbilisi) 34
Fünf-Tage-Krieg 431

G

Gabaschwili, Giorgi (Gigo) 458
Gagra 443
Gamsachurdia, Konstantin 458
Gamsachurdia, Swiad 424
Gaskartuschen 68
Gebirge 394
Gebirgspässe 395
Geheimdienste 421
Gelati-Kloster 120
Geld 366
Geldautomat 366
Geografie 394
Georgian Military Highway 173
Georgisch 379, 470
Georgische Heerstraße 169
Gepäck 347, 350
Geschichte 408
Gesundheit 368, 464
Getränke 363
Gharibaschwili, Irakli 432
Ghebi 167
Girewi 206, 207
Glasnost 423
Goderzi-Pass 326
Gold 104, 124, 455
Goldenes Vlies 106
Gomerzi-Fluss 203
Gomerzi-Tal 202
Gomezari-Talschaft 209
Gonio 320
Gorbatschow, Michail 423
Gorgassali, Wachtang 19, 37, 409
Gorgassali-Platz (Tbilisi) 42
Gori 91
Gremi-Wehrkirche 221
Griechen 409
Griechenland 349
Großer Kaukasus 169, 394
Grünes Kap 321
Grünes Kloster 273
Gudani 193
Gudauri 176
Gudschareti-Bach 283
Guesthouses 381
Gulag 421
Güldenstädt, Johann August 396
Gurdshaani 224
Gurgeniani 240
Gurien 399
Gweso 159

H

Handel 435
Handy 379
Hatsvali-Skigebiet 150
Haus der Georgischen Schriftstellervereinigung (Tbilisi) 49

Haxthausen, August von 397
Heerstraße 169
He-Lischi (Reiterfest) 150
Herkuleskraut 209
Hilfsorganisationen 369
Historisches Museum (Keda) 335
Höhlen 397
Hostels 72, 381
Hotels 74, 383
Hygiene 368

I

Iberien 82, 86
Igoumenitsa 349
Ikalto-Kloster 221
Iljitschowsk 350
Imeretien 101, 399
Impfschutz 368, 464
Import 435
Inflation 435
Informationen 367
Inguri-Fluss 141, 397
Inguri-Stausee 144
Inneres Kartlien 400
Internet 367
Internetcafés 369
Intourist Palace (Batumi) 315
Irakli II. 414
Islam 299, 449
Istanbul 348
Italien 349
Iwanischwili, Bidsina 432

J

Jason 106
Jekaterinenquelle 271
Jessenin, Sergej 306
Jugendstil 46

K

Kachetien 199, 399
Kalota 333
Kars 348
Karten 351
Kasbeg-Berg 395
Kasbegi 181
Kasbegi, Alexander 182
Kasbek-Vulkan 186
Katharinenfeld 255, 446
Kaukasus 169, 265, 394
Keda 335
Ketrisi 179
Kinder 371
Kintrischi-Fluss 324
Kirche 447
Kirchen 455
Kistani 194
Klaproth, Julius von 396
Kleidung 350, 449
Kleiner Kaukasus 265, 394
Klima 402
Kochta Gora 1 278
Kochta Gora 2 278
Kolchis 101
Korscha 192
Kreditkarte 366, 371
Kreuzkuppelkirchen 455
Kreuzpass 177
Krichula-Fluss 161
Kriegsgefangene (deutsche) 419
Kriminalität 377
Küche 357
Kudebi-Berg 177
Kultur 455
Kunst 455
Kutaisi 105
Kwaschweti-Kirche (Tbilisi) 53
Kwemo Alwani 209
Kwemo Mleti 176
Kwescheti 176
Kweschi 258

L

Lagodechi (Ort) 240
Lagodechi-Naturschutzgebiet 239
Landbesitz 145
Landkarten 351
Lar 366
Larowani-See 207
Last Minute 347
Lentechi 159
Lernen 369
Leselidse-Straße (Tbilisi) 41
Literatur 457
Literaturtipps 474
Lodiszili 326

M

Macharaschwili, Giorgi 224
Machindschauri 321
Machunzeti 336
Magaroskari 189
Malaria 464
Malerei 458
Margwelaschwili, Giorgi 413
Marneuli 255
Marschrutka 62, 387
Matscha 240
Matschachela-Fluss 324
Matschubi-Familienmuseum (Mestia) 147
Mayer H., Jürgen 438
Mazimi 240
Mchedruli 379
Medien 434
Medizinische Versorgung 368, 371, 454
Melik-Asariants-Haus (Tbilisi) 55
Mestia 145
Metechi-Brücke (Tbilisi) 36
Metechi-Kirche zur Heiligen Jungfrau (Tbilisi) 39
Metro (Tbilisi) 29
Mietwagen 70
Militärputsch 424
Mingrelien 136, 339, 400
Mirsaani 237
Motorradfahren 353
Motsameta-Kloster 119
Mtazminda-Berg (Tbilisi) 58
Mtirala-Nationalpark 322
Mtkwari-Fluss 269, 397
Muri 159
Museen (Batumi) 308
Musik 460
Muzo 197, 208
Mzcheta 82
Mzcheta-Mtianetien 401

N

Nachtzug 347
Nakalakari 261
Narikala-Festung (Tbilisi) 45
Naturschutz 408
Nekresi-Kloster 224
Nikoladse-Hausmuseum 125
Nikorzminda 160
Nino (Heilige) 86, 236, 409
Nino Chewi 240
Nobel, Robert 309
Nordmann, Alexander von 162, 268
Nordmann-Tanne 268
Nordossetien 169
Notfälle 371, 372
Notrufnummern 372
Nuri-Geli-See 306
Nußchuri 379

O

Ober-Swanetien 127
Odessa 319, 340, 349, 350
Öffnungszeiten 373

Okrokana 179
Okropilauri 334
Omalo 203, 207
Oni 163
Orbeliani, Sulchan 259
Orientierung 374
Ortsnamen 466

P

Paliostomi-See 339
Pandora 187
Panslawismus 255
Parawani-See 397
Parlament (Kutaisi) 114
Parlament (Tbilisi) 52
Parsma 206
Passanauri 175
Perestroika 423
Periszwaleba-Kloster (Tbilisi) 40
Pflanzenwelt 403
Pirikiti-Fluss/-Tal 202, 203
Pirikiti-Talschaft 204
Pirosmanaschwili, Niko 458
Pirosmani 237, 458
Pirosmanischwili, Nikos 237
Pirosmanoba 237
Pistazien 245
Politik 408
Polizei 372
Posof 289
Post 375
Poti 339, 350
Pozchowi-Fluss 283
Privatzimmer 380
Prokudin-Gorski,
    Sergej Michailowitsch 309
Prometheus 187
Prometheus-Höhle 123
Provider 380
Pschawela, Wascha 189
Pschawien 192

Purtio 331
Puschkin-Straße (Tbilisi) 31

Q

Qintschauri 332
Qumlisziche 176

R

Rabati (Achalziche) 286
Radfahren 376
Ratscha-Letschchumi 159, 401
Reinegg, Jacob 396
Reiseapotheke 368
Reisepass 355
Reisezeit 354
Religion 299, 447
Reptilien 406
Republik 417
Restaurants 65, 362
Riesenbärenklau 209
Rioni-Fluss 101, 163, 397
Römer 409
Roschka 181, 193
Roschka-Pass 193
Rtweli 199
Russifizierung 415
Russland 188, 197, 394, 414, 431, 433
Rustaweli, Schota 457
Rustaweli-Berg 395
Rustaweli-Boulevard (Tbilisi) 51

S

Saakaschwili, Michail 430, 431
Sadsele-Berg 177
Sagar-Pass 158
Samzche-Dschawachetien 265, 401
Sankt-Nino-Quelle 237

Sapara-Kloster 290
Sataplia-Naturschutzpark 121
Satschino-Palast (Tbilisi) 36
S'chalta-Kloster 332
Scharabidseebi 337
Schatili 194, 206
Schawi Klde 240
Schawnabada-Kloster 80
Schchara-Berg 156, 395
Schenako 204
Schewardnadse, Eduard 420, 430
Schiomgwime-Kloster 86
Schmalspurbahn 282
Schota-Rustaweli-Theater (Tbilisi) 53
Schowi 167
Schrift 378
Schtrolta 203
Schuachewi 334
Schwarzes Meer 295
Schwefelbäder (Tbilisi) 44
Seen 397
Sendidi 336
Separatisten 254
Shinwali-Stausee 174, 189
Sicherheit 377
Siedler (deutsche) 446
Signachi 228
Sioni-Sameba-Kloster (Dmanisi) 261
Sitten 449
Smartphone 380
Smirnow-Haus (Tbilisi) 46
Snari 335
Sno-Tal 179
Sochumi 445
Sololaki-Viertel (Tbilisi) 46, 78
Sommer 354
Sotschi 319
Souvenirs 357
Sowjetunion 418
Sozialwesen 454
Speisekarte 362
Speisen 358
Sport 378
Sprache 378
Sprachführer 470
Stadtrundgänge in Tbilisi 31, 41, 46, 51
Stalin 91, 93
Stalin-Museum (Gori) 91
Stepanzminda 181
Strabon 104
Straßen 351
Straßennamen 467
Strom 357
Subsistenzwirtschaft 437
Südossetien 172, 378, 424
Sugdidi 136
Sugrugascheni 257
Sulchan-Saba-Museum (Tandsia) 259
Surami-Gebirge 394
Surami-Pass 101
Suttner, Arthur von 138
Suttner, Bertha von 60, 138
Swanen 127
Swanetien 127, 149
Sweti-Zchoweli-Kirche (Mzcheta) 83

T

Tabak 241
Taganuri-Berg 333
Talschaften (Tuschetien) 202
Tamar (Königin) 411
Tandsia 259
Tankstellen 352
Taxis 387
Tbeloba 333
Tbilisi (Tiflis) 19
Tbilisoba 62
Tchilwana 333
Telawi 211
Telefonieren 379
Tergi-Fluss 173, 179
Tetri 366
Texel 426
Theater 460

Tichonow, Manfred 81
Tierwelt 405
Tiflis (Tbilisi) 19
Timotesubani-Kloster 283
Toilette 368
Tourismus 300, 437
Traktat von Georgijewsk 169, 414
Trans-Chewsuretien 188
Transkaukasien 394
Travellerschecks 367
Trekking 207
Trinken 363
Trinkgeld 362
Truso-Schlucht 178
Tschagma-Talschaft 203
Tschakwi 321
Tschala 203
Tschanschchowani-Talschaft 202
Tschargali 189
Tschawtschawadse, Alexander 218
Tschawtschawadse, Ilja 60, 416, 457
Tschescho 205, 207
Tschinti 189
Tschitachewsk 272
Tschontio 207
Tschorochi-Fluss 338
Türkei 289, 332, 349
Tuschen 202
Tuschetien 199, 209

U

Udabno-Kloster 248
Ukraine 349
Umweltschutz 408
Unabhängigkeit 424
Unter-Kartlien 251, 399
Unterkunft 72, 380
Unter-Swanetien 158
Uplisziche-Höhlenfestung 99
Uschba-Berg 395
US-Dollar 366

Ushguli 155
Uzera 166

V

Verhaltenstipps 385
Verkehrsmittel 387
Verkehrsregeln 353
Versicherungen 390
Verwaltungsgliederung 398
Visum 355
Vögel 406

W

Wagner, Moritz 397
Währung 366
Wake (Tbilisi) 57
Wani (Ausgrabungsstätte) 123
Wappen 434
Wardshiani 335
Wardzia-Höhlenkloster 291
Waschlowani-Nationalpark 245
Watschnadse, Nato 225
Wechselkurs 366
Wehrtürme 127, 145, 155, 195
Weihnachtsbaum 162
Wein 160, 199, 215, 227, 232, 363, 364
Werchowani 209
Were (Tbilisi) 57
Wintersport 276
Wirtschaft 435
Wladikawkas 172
Woronzow, Michail 22, 50

Z

Zachweri 282
Zageri 158
Zahlen 473

Register, Hilfe!

Zatazqali-Fluss 202
Zcheniszqali-Fluss 158
Zchinwali 172
Zeit 449
Zeitungen 435
Zeitverschiebung 391
Zemi 282
Zereteli, Akaki 113
Zichisdsiri 323
Zinandali 217
Zionskirche (Bolnisi) 256
Zionskirche (Tbilisi) 35
Zis-Chewsuretien 188
Zminda-Sameba-Kathedrale (Tbilisi) 40
Zminda-Sameba-Kirche (Stepanzminda) 181
Znori 235
Zoll 356
Zqaltubo 122
Zug 347, 388

HILFE!

Dieser Reiseführer ist gespickt mit unzähligen Adressen, Preisen, Tipps und Infos. Nur vor Ort kann überprüft werden, was noch stimmt, was sich verändert hat, ob Preise gestiegen oder gefallen sind, ob ein Hotel, ein Restaurant immer noch empfehlenswert ist oder nicht mehr, ob ein Ziel noch erreichbar ist oder nicht, ob es eine lohnende Alternative gibt usw.

Unsere Autoren sind zwar stetig unterwegs und versuchen, alle zwei Jahre eine komplette Aktualisierung zu erstellen, aber auf die Mithilfe von Reisenden können sie nicht verzichten.

Darum: Schreiben Sie uns, was sich geändert hat, was besser sein könnte, was gestrichen bzw. ergänzt werden soll. Nur so bleibt dieses Buch immer aktuell und zuverlässig. Wenn sich die Infos direkt auf das Buch beziehen, würde die Seitenangabe uns die Arbeit sehr erleichtern. Gut verwertbare Informationen belohnt der Verlag mit einem Sprachführer Ihrer Wahl aus der über 220 Bände umfassenden Reihe „Kauderwelsch". Bitte schreiben Sie an:

REISE KNOW-HOW Verlag
Peter Rump GmbH | Postfach 140666 | 33626 Bielefeld
oder per E-Mail an: info@reise-know-how.de

Danke!

Die Autorin

Als **Marlies Kriegenherdt** (Jg. 1953) im Jahre 1984 das erste Mal nach Tbilisi, damals noch Hauptstadt der Grusinischen Sozialistischen Sowjetrepublik, und 1986 nach Sochumi, damals Hauptstadt der Autonomen Sozialistischen Sowjetrepublik Abchasien, flog, war für sie klar, dass diesen Reisen viele weitere folgen würden. Die außerordentlich sympathischen und warmherzigen Menschen begeisterten sie ebenso wie die unterschiedlichen Landschaften auf engstem Raum.

Obwohl sie mittlerweile 70 Länder auf allen Kontinenten besucht hat, die meisten davon mehrmals und fast immer als Individualreisende, kehrt Marlies Kriegenherdt regelmäßig nach Georgien zurück. Die dabei gesammelten Erfahrungen und Eindrücke bilden den Grundstock für den vorliegenden Reiseführer.

Danksagung

Dieser Reiseführer hätte in der vorliegenden Form nicht entstehen können ohne die Unterstützung zahlreicher Freunde in Georgien. Aber auch konstruktive und z.T. sehr hilfreiche Briefe von engagierten Lesern haben ihren Teil beigetragen. Vor Ort erwiesen sich einige Touristeninformationszentren (TIZ) als sehr hilfreich und kooperativ. Hierbei sollen besonders erwähnt werden: *Giorgi* aus Kutaisi, *Marika* aus Bakuriani, *Artur* aus Bordshomi und *Karina* aus Batumi. Große Unterstützung gewährten auch *Tamuna,* Herr *Tschartolani* und *Nino Ratiani* aus Mestia, *Nasi Tschkareuli* aus Stepanzminda, *Nana Kokiaschwili* aus Signachi, Herr *Tengis Meßchi* aus Tbilisi und viele, viele andere. Nicht vergessen sei mein Lektor *Michael Luck*, der mit den vielen Änderungen in dieser Auflage fertig werden musste.

Fulminantes Gastmahl in Ushguli – die Autorin mit Angehörigen der georgischen Armee